中国社会科学院文库
哲学宗教研究系列
The Selected Works of CASS
Philosophy and Religion

中国社会科学院创新工程学术出版资助项目

中国社会科学院文库 · 哲学宗教研究系列
The Selected Works of CASS · Philosophy and Religion

《中观心论》及其古注《思择焰》研究

（上卷）

A STUDY OF THE MADHYAMAKAHṚDAYAKĀRIKĀ
AND THE TARKAJVĀLĀ

何欢欢　著

中国社会科学出版社

图书在版编目(CIP)数据

《中观心论》及其古注《思择焰》研究：以对数论派、胜论派、吠檀多派的批判为中心／何欢欢著．—北京：中国社会科学出版社，2013.4（2019.4 重印）

ISBN 978-7-5161-2271-6

Ⅰ.①中… Ⅱ.①何… Ⅲ.①中观派—研究 Ⅳ.①B946.9

中国版本图书馆 CIP 数据核字(2013)第 055516 号

出 版 人 赵剑英
责任编辑 冯春凤
责任校对 徐 楠
责任印制 张雪娇

出 版 中国社会科学出版社
社 址 北京鼓楼西大街甲 158 号
邮 编 100720
网 址 http://www.csspw.cn
发 行 部 010-84083685
门 市 部 010-84029450
经 销 新华书店及其他书店

印 刷 北京君升印刷有限公司
装 订 廊坊市广阳区广增装订厂
版 次 2013 年 4 月第 1 版
印 次 2019 年 4 月第 2 次印刷

开 本 710×1000 1/16
印 张 53.25
插 页 4
字 数 739 千字
定 价 136.00 元（全二册）

《中国社会科学院文库》出版说明

《中国社会科学院文库》（全称为《中国社会科学院重点研究课题成果文库》）是中国社会科学院组织出版的系列学术丛书。组织出版《中国社会科学院文库》，是我院进一步加强课题成果管理和学术成果出版的规范化、制度化建设的重要举措。

建院以来，我院广大科研人员坚持以马克思主义为指导，在中国特色社会主义理论和实践的双重探索中做出了重要贡献，在推进马克思主义理论创新、为建设中国特色社会主义提供智力支持和各学科基础建设方面，推出了大量的研究成果，其中每年完成的专著类成果就有三四百种之多。从现在起，我们经过一定的鉴定、结项、评审程序，逐年从中选出一批通过各类别课题研究工作而完成的具有较高学术水平和一定代表性的著作，编入《中国社会科学院文库》集中出版。我们希望这能够从一个侧面展示我院整体科研状况和学术成就，同时为优秀学术成果的面世创造更好的条件。

《中国社会科学院文库》分设马克思主义研究、文学语言研究、历史考古研究、哲学宗教研究、经济研究、法学社会学研究、国际问题研究七个系列，选收范围包括专著、研究报告集、学术资料、古籍整理、译著、工具书等。

中国社会科学院科研局

2006 年 11 月

序　一

《中观心论》及其古注《思择焰》是研究印度古代佛教与其他宗教哲学的极为重要的文献。二者在古代没有汉译，文献中的梵文和藏文资料极具史料价值，一直受到国际学界的高度重视。何欢欢博士的这部专著以文献中佛教中观派对其他印度古代哲学派别的批判为主要研究对象，选题有很强的理论意义，是国内外印度哲学与佛教学研究的前沿课题。

作者对有关文献的研究非常深入扎实，从辨认《中观心论》梵文贝叶写本的古代字体入手，同时互勘五版藏文大藏经中的《中观心论》与《思择焰》的相关三品，完成了文本的校订和汉译，在文献整理方面作出了突出的成绩。此外，这一专著在研究中参考了大量国际一流学者的研究成果，使用资料丰富。

作者认为，《中观心论》及其古注《思择焰》对数论、胜论、吠檀多三大外道思想的转述大多直接来源于各派外道的根本经典，即《数论颂》、《胜论经》、奥义书等，较少受到其他注释性文献的影响；两部文献在批判数论、胜论、吠檀多三派思想理论时，主要使用了四种批判手法，即因明三支法、中观归谬法、圣言说教法、譬喻说理法；文献中对三派外道思想的批判归根结底是要否定其“有我论”和“主体解脱”论，推行中观派的“无我论”和“实相涅槃”的思想。这些观点是作者的创新性研究成果，具有明显的学术价值。

这一专著对材料的分析细致，主要观点正确，论证充分，逻辑性强，写作规范。由于所研究的文献具有较高难度，翻译文本以现在的面目呈现出来已属不易。从总体上说，此专著的写作是成功的，提出了自己的独到见解，填补了本学科研究领域中的空白。联系到作者在文献学方面的贡献，可以说这是一部较优秀的学术专著。

当然，印度古代哲学与佛教哲学内容艰深，而这一专著涉及的问题又极为复杂，要彻底理清佛教与其他主要印度哲学派别的关系及相关思想并不是短期内能够做到的。由于种种原因，要真正完全解决其中的一些重要问题需要长期的不断努力。书中的观点也只是一家之言，都是可以继续探讨的。希望这部书的出版能引起更多的人关注印度古代的宗教哲学，把相关研究推向深入。

何欢欢博士学风端正，学习刻苦，追求上进，基础理论扎实，专门知识丰富，通晓多种语言（梵、藏、英、日等），具有较强的科研能力，是本专业青年学者中的佼佼者，曾受到国外著名学者的高度评价，是不可多得的人才。这部专著是其数年艰苦努力，呕心沥血之作。书中虽然不可能没有疏漏或不当之处，但在这个年龄段能做出这样的研究成果，实属难能可贵。我祝她能再接再厉，成为我国研究东方哲学的栋梁之才。

姚卫群

2012 年 7 月于北京大学中关园

序　二

印度的大乘佛教思想史，在公元 6 世纪迎来了一个新的时代。前一世纪，即五世纪时，无著和世亲两兄弟把瑜伽行唯识的思想体系化了。其后，陈那（约 470-540）作为说有相唯识的代表论师而活跃，同时又建立了佛教论理学的基础。这是在 5 世纪末至 6 世纪前半叶。

此后，清辩（Bhāviveka，又译分别明）一方面批判了瑜伽行唯识思想，另一方面继承了陈那的论理学与经量部的思想，而且重新评价了以《中论》为代表的龙树（约 150-250）的中道（中观）思想。清辩与护法（约 530-561）、安慧（约 510-570）活跃在同一时代，是建立名实相应的中观学派（Mādhyamika）的论师，在后期印度佛教史以及西藏佛教史上都有着巨大的影响。

清辩的代表作是《中观心论》，其主要著作还有《中论》的注释《般若灯论》以及《大乘掌珍论》。其中，《中观心论》有藏译（阿底峡 Atiśa 及其弟子楚成杰瓦 Nag tsho Lo tsā ba Tshul khrims rgyal ba 译，11 世纪前半叶），且是唯一流传有梵文写本的；《般若灯论》留存有汉译（波罗颇蜜多罗译，630 年代初）与藏译（龙幢 Klu'i rgyal mtshan 译，9 世纪初）；《大乘掌珍论》则只有汉译（玄奘译）传承至今。此外，传为《中观心论》著者自注的《思择焰》的藏译（译者同《中观心论》）也保存了下来。

虽然清辩的主著《中观心论》极为重要，但梵文写本的公开却较晚，所以与《般若灯论》的研究相比较为落后。这一情况的改变是 1991 年蒋忠新公布了梵文写本的影印版。从那以后，基于梵本的全面研究才开始。

这 20 年间，《中观心论》全体十一品的研究，以第一品至第五品与佛教相关的论题的研究为中心，发表了不少论文和译注研究。相比之下，第六品以后，即著者清辩从中观思想的立场对印度哲学各流派学说的批判性考察的各章，近年没有校订文本出版，亦未出现全面的研究成果。特别是第六品以后所传的数论派、胜论派、吠檀多派、弥曼差派等印度哲学各流派的学说，作为所传是各派最初期思想这一点来说具有极高的资料价值，一直期待真正的研究。

在上述研究史的状况下，本书以第六品（数论学说）、第七品（胜论学说）、第八品（吠檀多学说）为对象，加以系统而敏锐的考察，是非常重要、具有很大贡献的研究成果。本书第一章详细叙述了相关文献。第二章至第四章，分别深入论述了上述三派学说。在此基础上的最后第五章“综合评述”，呈现了清辩所介绍的上述三派学说的特色，同时挖掘了清辩的论辩方法、各学派学说与清辩的论争点，深入分析了问题的背景。这些论议十分缜密且很具说服力。此外，本书附录（下卷）安排了作为本书研究对象的第六至第八品的《中观心论》（梵本、藏译）与注释《思择焰》（藏译）的严谨的校订本。这是可信度很高的优秀的校订文本，对学界的贡献很大。

如上所述，本书是非常新颖的，通过敏锐的分析和缜密系统的论述，成功地提出了贡献度很高的优秀的研究成果。不仅在清辩与中观思想史的研究，而且在整个印度哲学、佛教学领域都应该作为最前沿的研究成果而给予很高的评价。

斎藤明

2012 年 7 月于东京大学

目　录

序　一 …………………………………………………………姚卫群（1）
序　二 …………………………………………………………斋藤明（3）

上　卷

导　言 ………………………………………………………………………3

第一章　《中观心论》与《思择焰》的文本及相关文献 …………11
　第一节　概述 ………………………………………………………11
　第二节　《中观心论》梵文本 ……………………………………13
　　一　SG 手抄本 …………………………………………………13
　　二　蒋忠新照片本……………………………………………14
　　三　布达拉宫本………………………………………………15
　　四　本书所用梵文本…………………………………………16
　第三节　《中观心论》和《思择焰》的藏译本 ………………17
　　一　《中观心论》藏译本 ……………………………………17
　　二　《思择焰》藏译本 ………………………………………17
　　三　本书所用藏译本…………………………………………18
　　四　藏译本与梵文本比较……………………………………19
　第四节　《中观心论》与《思择焰》的基本结构 ……………22

一 各品梵、藏、汉品目……22
二 各品大意……23
第五节 与《中观心论》、《思择焰》相关的佛教文献……25
一 《大乘掌珍论》……25
二 清辩的其他论著……27
第六节 《中观心论》与《思择焰》中涉及的外道及其相关文献……29
一 数论派及其文献……30
二 胜论派及其文献……34
三 吠檀多派及其文献……39

第二章 《中观心论》与《思择焰》对数论派思想的批判……44
第一节 《入抉择数论之真实品》的义理结构……44
一 科判……44
二 批判理路……47
第二节 对数论派自性论的叙述与批判……48
一 《入抉择数论之真实品》所传之自性论……50
二 破自性有……60
第三节 对数论派人我论的叙述与批判……81
一 《入抉择数论之真实品》所传之人我论……82
二 破人我有知……88
三 破人我是享受者……100
四 破人我是作者……105
第四节 对数论派映像说的叙述与批判……109
一 数论派的映像说……110
二 《入抉择数论之真实品》所传之映像说……113
三 破人我模仿觉作用……116
四 破人我生起映像而解脱……118
第五节 对数论派解脱观的叙述与批判……120

一 《入抉择数论之真实品》所传之解脱观 ……………………122
二 破真实见……………………………………………………128
三 破自性解脱…………………………………………………133
四 破人我解脱…………………………………………………136

第三章 《中观心论》与《思择焰》对胜论派思想的批判 ………140
第一节 《入抉择胜论之真实品》的义理结构 ………………140
一 科判…………………………………………………………140
二 批判理路……………………………………………………141
第二节 《入抉择胜论之真实品》所传之句义思想 …………143
一 实句义………………………………………………………145
二 德句义………………………………………………………152
三 业句义………………………………………………………154
四 同句义………………………………………………………155
五 异句义………………………………………………………156
六 和合句义……………………………………………………156
第三节 对胜论派我论的叙述与批判…………………………157
一 《入抉择胜论之真实品》所传之我论……………………159
二 破觉等德与我合 …………………………………………162
三 破意等实与我合 …………………………………………172
四 破同等句义与我合 ………………………………………180
第四节 对胜论派解脱理论的叙述与批判……………………184
一 《入抉择胜论之真实品》所传之解脱观…………………186
二 破“断灭觉等我之德” …………………………………204
三 破“所谓我就住意中” …………………………………206
四 破“从根拔除法非法” …………………………………212
五 破“即是胜论许解脱” …………………………………213

第四章 《中观心论》与《思择焰》对吠檀多派思想的批判 219
第一节 《入抉择吠檀多之真实品》的义理结构......220
一 科判 220
二 批判理路 222
第二节 《入抉择吠檀多之真实品》所传之原人思想......224
一 原人的存在 226
二 神话性原人 228
三 思辨性原人 243
四 哲学性原人 253
第三节 对吠檀多派原人思想的批判......264
一 批判原则 265
二 破见原人解脱 266
三 破思辨性原人 272
四 破哲学性原人 280
五 破二我说与不一不异论 297
第四节 对吠佛两派学说异同的比较......319
一 胜义观 320
二 四句法 324
三 自性论 326

第五章 综合评述......337
第一节 外道主张的展示......337
一 《入抉择数论之真实品》所展示的数论派思想......338
二 《入抉择胜论之真实品》所展示的胜论派思想......342
三 《入抉择吠檀多之真实品》所展示的吠檀多派思想......346
第二节 批判手法的使用......350
一 因明三支法 351
二 中观归谬法 361

三 圣言说教法 ……369
四 譬喻说理法 ……372
第三节 不同观念的对立……385
一 我有与我无 ……386
二 主体解脱与实相涅槃 ……391

下 卷

缩略符……399

附录一:《入抉择数论之真实品》梵本、藏译校订及汉译……403

附录二:《入抉择胜论之真实品》梵本、藏译校订及汉译……535

附录三:《入抉择吠檀多之真实品》梵本、藏译校订及汉译……603

参考文献……800

后 记……825

英文简介……828

上　　卷

导　　言

公元五至六世纪，佛教中观派经过几百年的传承与发展，“内弘龙猛之学”的清辩不仅批判同门之佛护，使中观派有了应成与自续的二分，而且与护法展开“空有之争”，以辨中观与唯识的高下。这些宗内争论早已为教界和学界耳熟能详。但是，“外示僧佉之服”的清辩与各派“外道”间的往复论辩却少人问津，中国佛教学者很少有人从事这方面的专门研究。这与清辩论师的主要著作《中观心论》及其古注《思择焰》一直没有汉译不无关系。虽然《大乘掌珍论》和《般若灯论》中也有不少批判数论、胜论等外道思想的内容，但大都混杂少序，往往被当作论证之辅助而忽略了它们的重要性。《中观心论》与《思择焰》开辟了单独的篇章来分别破斥数论派、胜论派、吠檀多派、弥曼差派，与对小乘部派佛教和大乘瑜伽行派的批判相并列，这显示了以清辩为代表的中观派论师实际上充分重视对外道思想的批判。

《中观心论》（*Madhyamakahṛdaya-kārikā*）是迄今发现的清辩唯一存世的梵文著作。论师以此开创了古印度宗义书写作的先河，在深入佛教内外道原典、把握各流派思想的基础上，对异己学说进行了系统批判。仅保存在藏文大藏经中的《思择焰》（*Tarkajvālā*）是《中观心论》的唯一古注。由于《中观心论》是文辞简略的偈颂体，没有注释的帮助很难理解，因而《思择焰》就成了我们理解颂文不可或缺的依据。这两部百科全书式的论著详细阐述了论主对中观思想的独特理解，着力批判了小乘部派佛教和大乘瑜伽行派的主要理论，系统破斥了数论、胜论、吠檀多、弥曼差等印度其他宗教哲学流派的主要观点，是了解、认识公元五至六世纪佛教内外诸学派情形和思想流布的宝贵资料，在印度思想史中占有重要地位。

《中观心论》及其古注《思择焰》中的第六《入抉择数论之真实品》、第七《入抉择胜论之真实品》以及第八《入抉择吠檀多之真实品》是目前所知最早系统叙述并批判数论派、胜论派、吠檀多派思想学说的佛教文献。这三品充分展示了佛教与这三派外道的论辩内容，彰显了中观派的教理特点及其与各派外道间的分歧矛盾，涉及思想之深广、批判论证之精彩在《中观心论》与《思择焰》全十一品中独树一帜。

本书撰写的出发点就是试图通过对印度佛教哲学鼎盛时期的典型论著——《中观心论》及其古注《思择焰》——中相关内容的译解与研究，考察佛教中观派如何实现对数论、胜论、吠檀多三大派外道思想的客观叙述与有效批判，从而对印度古代哲学的主要理论形态有一个比较清晰的了解。

笔者主要运用文献研究与思想研究相结合的方法，分四个步骤进行研究与写作——文本校订、梵藏译汉、思想释读、综合评述——将《中观心论》与《思择焰》中的这三品置于广阔的空间予以考察和分析，探讨这两部论著提供的认识数论派、胜论派、吠檀多派等外道的新资料，开拓用佛教义理来批判外道思想的新视野。其中，文本校订是基础，梵藏译汉是难点，这两部分主要运用文献研究的方法；思想释读是重点，综合评述是提升，这两部分主要运用思想研究的方法。

从文献研究的角度来讲，校订《中观心论》及其古注《思择焰》中的这三品能给我们提供一个可读性很强的梵藏文对照精校本，为通达梵藏文者考察第一手材料提供方便与参考；在此基础上翻译而成的汉文，能基本满足不谙原文者以汉译为媒介了解两部全新的论著，为研究提供可能。从思想研究的角度来说，对《中观心论》及其古注《思择焰》中的这三品进行逐颂释读，有助于我们全面认识两部论著的体系与特色，解析其中传达的信息、思想与方法；对这三品作一综合评述，则能使我们从哲学的高度把握两部论著的思想精华，以独特的视角还原当时思想界的状况。本书的研究方法与内容具体如下：

一　文本校订：面对艰深的、没有古代汉译的梵、藏文文献，仔细校订其原文是进行分析研究的第一步，文本校订的优劣将直接决定后续翻译、释读、评述的准确性。《中观心论》的梵文本虽已有 Lindtner 等现代学者所作的校订，但由于学者们或没有利用较晚公布的写本照片，或没有充分借鉴藏译注释，因而长期以来缺乏理想的精校本。

笔者以蒋忠新先生公布的照片为底本，从辨认梵文贝叶写本的古代字体入手，将原始梵文字体转写为拉丁字母，同时参考了 Gokhale 的手抄本和 Lindtner 的校订本，并且综合利用了前人的几乎所有校订成果，如中田直道校订的第六品第 1-7 颂，Qvarnström 校订的第八品等等，以期获得一个完善的三品梵文精校本（拉丁字母转写本）。

在校订藏译本时，以学界公认的最佳版本《德格版·丹珠尔》为底本，与目前所知的另外四大权威版本——《卓尼版》、《那塘版》、《北京版》、《金写版》进行逐一比对，列举字词差异，选取最佳用法。笔者还同时校订了五版丹珠尔中的单行本《中观心论》，也就是说，校订藏译偈颂时利用了十个不同版本，校订藏译注释时利用了五个不同版本，可以较好地保证藏译底本的准确性。

此外，笔者还仔细对照校勘了梵文本和藏译本，即以梵文写本为基准，修订了藏译本中部分误译的词句和错乱的行文顺序（主要是同时留存有梵文和藏译的偈颂部分），完成了这两部文献上述三品的首次完整精校。文字转写、句读校勘、文法比对、义理考析无一不是研究的必用路数，由此得出的梵、藏文精校本才敢用作翻译释读的底本、思想辨析的基础——直接研究第一手资料所传递出来的语文、历史信息以及哲学思想等等。

二　梵藏译汉：本书的第二步工作是在上述精校本的基础上将梵文、藏文译成汉文。《中观心论》及其古注《思择焰》批判数论派、胜论派、吠檀多派的三品篇幅较大，内含各派的大量哲学思想，涉及范围广泛、论述旁征博引，翻译工作难度很大。笔者在试译过程中尽可能参考了相关的梵、藏、汉文原典和英、日文等现代研究成果，但无奈学识浅薄，对于很多不畅的译文仍感到力不从心，只能留待日后慢慢完善。

初次翻译如此庞杂深奥的印度哲学、佛教学经典，诚惶诚恐。翻译时以忠实于原文思想为首要原则，同时尽量兼顾文义通达与文采优美，偈颂部分译成传统七言诗歌形式，长行部分译成现代白话散文形式。为了通顺文义且便于理解，梵本和藏译中的大量省略词汇都用圆括号标明后加入到汉译中，并给一些关键词注出了梵文原文。而为了不增加阅读负担，译文中尽量少出现注释，只保留了必须的少量注释和对七言偈颂的白话解释。

本书下卷附录中的梵、藏文精校本及其汉译五万余言，是笔者从文献学角度研究《中观心论》及其古注《思择焰》第六、七、八品的主要成果。

三 思想释读：完成了文本的校订和翻译之后，就进入了思想解读的程序。梳理清楚《中观心论》及其古注《思择焰》如何描述并批判数论派、胜论派、吠檀多派的思想是本书重点要解决的问题。

为了最大程度地理解这三品传达的思想内涵，笔者先对每一品的每一颂进行了分析解读，在逐颂把握思想含义的基础上再通盘整体考察每一品的科判结构与批判理路，努力勾画出《中观心论》与《思择焰》批判各派外道思想的主要轮廓和理论特色。

为了准确理解文本含义、深入剖析文本信息，笔者一方面结合数论派、胜论派、吠檀多派自身的经典，如《数论颂》、《胜论经》、各种奥义书等，从横向考察《中观心论》与《思择焰》所传的这三派的哲学思想以及他们的文献来源，帮助理解公元五至六世纪活跃于印度社会的这三大宗教哲学流派的历史发展与思想潮流；另一方面，同时结合《般若灯论》、《大乘掌珍论》、《大乘广百论释论》等相关佛教文献，从纵向分析《中观心论》与《思择焰》对数论、胜论、吠檀多三派哲学思想的记叙与批判，帮助解明佛教与外道间的理论分歧。由此得出以下主要结论：

《入抉择数论之真实品》主要描述并批判了数论派的自性论、人我论、映像说、解脱观。其中，对自性论的描述以自性的特征和自性转变说为主，但对其的批判则主要限于对数论派证明“自性有”的“五支作法”的破斥；对人我论的描述和批判围绕人我的各种属性展开，突出强调了“有知”作为人我属性的特殊意义；对映像说的叙述和批判以解释非作者、无变化的人我如何成为认识外界的知者、享受者、支配者为要旨，并将其与数论派的解脱理论相关联；对解脱观的描述例举了数论派内部有关“人我解脱”和“自性解脱”两种不同的学说，在批判时从破“真实见”入手，对两种解脱观分别进行了较为彻底的破斥。

《入抉择胜论之真实品》主要描述了胜论派的句义论、我论、解脱观，重点批判了我论和解脱观。其中，对句义论的描述以转述《胜论经》的内容为主，解释了“六句义”中的每一个句义；对我论的描述主要围绕“我”的各种特性展开，批判时则侧重分析觉等德、意等实、同等句义这些特殊概念与“我”之间的关系；对解脱思想的描述主要从解脱的定义、方法、状态等角度入手，对此的批判则围绕德、意与我的关系来破斥获得解脱的诸要素以及解脱的状态等。

《入抉择吠檀多之真实品》主要描述并批判了吠檀多派的原人思想，并且比较了吠檀多派学说与佛教思想的异同。其中，对三种原人思想的描述和批判围绕其各自的特殊属性展开，原人作为最高实体的存在性是三种原人的共同点，也是批判的中心话题。有关两派学说异同比较的内容主要从胜义观、四句法、自性论三方面展开，提出了吠檀多派窃取佛教思想以为已用，但歪曲理解了佛陀的教法，因而不能获得解脱的观点。

对应于上述三品的本书第二、三、四章是论述的主体。这三章根据《中观心论》与《思择焰》的叙述，是平衡展开的三章，在写作手法上有一定的相似性，如都首先介绍了每一品的科判、批判理路，都着重分析了批判的过程等等。但是，这三章又因为所描述、批判的对象和内容的不同而构成了完全各异的三章。

四 综合评述：这部分内容是笔者在全面分析解读《入抉择数论之真实品》、《入抉择胜论之真实品》、《入抉择吠檀多之真实品》的思想内涵之后，对《中观心论》及其古注《思择焰》批判外道思想作出的全方位总结性评述，意在从前文较为零散的思想释读中提取出系统的哲学理念，总结《中观心论》及其古注《思择焰》的史料价值，归纳这两部论著使用的主要批判手法，分析佛教中观派与三派外道间的根本理论分歧，综合提升本书的论述层次，集中阐释笔者的“一家之言”：

第一，《中观心论》及其古注《思择焰》对数论、胜论、吠檀多三大外道思想的转述大多直接来源于各派外道的根本经典，即《数论颂》、《胜论经》、奥义书等，较少受到其他注释性文献的影响。两部论著所传之外道学说涵盖了三派理论体系中的大部分重要思想，描述之丰富、准确、客观在一般佛教论著中极为少见。《中观心论》与《思择焰》对这三派外道思想体系的描述，显示出论主对当时古印度哲学整体的较全面把握，提供给我们认识古印度哲学的新资料，具有极高的史料价值与思想研究价值。

第二，《中观心论》及其古注《思择焰》在批判数论、胜论、吠檀多三大外道的思想理论时，主要使用了四种批判手法：因明三支法、中观归谬法、圣言说教法、譬喻说理法。特别是对陈那新因明理论的借鉴运用，从自立论证的角度来正面批判诸外道的思想，有别于传统的中观论著，彰显了自续派的新宗风。而对龙树的中观归谬法的继承演绎则提醒我们应该以广阔的视角去看待中观自续与应成的区别，不被固有的成见所束缚。此外，《中观心论》与《思择焰》在批判手法的使用上针对性很强，外道用何种方法证明自己的观点，论主就用相应的手法批判之。而就批判的整体而言，四种批判手法往往是有效地结合在一起使用，这就使得批判论证具有很强的说服力，充分展示了《中观心论》与《思择焰》的论辩特色和思想精髓。

第三，《中观心论》及其古注《思择焰》与数论派、胜论派、吠檀多派之间的根本理论分歧在于是否承认绝对存在者。佛教以“无我论”为根本教义，而三派外道都主张“有我论”，这种根本理念上的矛盾与双方的解脱观密不可分，三派外道的解脱观基本都属于“主体解脱”论，而《中观心论》与《思择焰》则承袭了《中论》“实相涅槃”的思想，这两种解脱观念的对立是不可调和的：数论、胜论、吠檀多三派外道都认为有绝对者存在，并将这种实在的绝对者当作轮回与解脱的主体，认为解脱的关键就在于认识这种主体的本质，摆脱各种束缚就可以使所谓人我、我、原人等主体达到解脱；佛教中观派则否认任何恒常的绝对存在者，反对将这种绝对存在者当作轮回与解脱的主体；而是主张看到事物的本来面目，认识“诸法实相”，脱离不实在之物的束缚才是真正的解脱。所以，《中观心论》与《思择焰》对三派外道各种理论学说的批判归根结底是为了否定其“有我论”和“主体解脱”的思想，弘扬中观派的“无我论”与“实相涅槃”的教义。

最后，需要说明的是，本书的研究范围主要限于《中观心论》及其古注《思择焰》中的第六《入抉择数论之真实品》、第七《入抉择胜论之真实品》、第八《入抉择吠檀多之真实品》，重点关注其中描述的数论派、胜论派、吠檀多派三大外道的哲学思想以及论主对他们的批判，所以基本不涉及《中观心论》与《思择焰》其他几品的内容。此外，文献学方面的考察不是本书的重点，因而除了附录中的文本校订、梵藏译汉以及第一章例举的梵本与藏译的差异之外，没有再做单独的文献学方面的研究。

《中观心论》与《思择焰》虽然不为国内学界所熟知，但自1910年起就广泛受到国外学者的关注，各种研究成果层出不穷。然而，整部《中观心论》与《思择焰》篇幅浩大、内容艰深，此前尚未有学者在全面校订、翻译《入抉择数论之真实品》、《入抉择胜论之真实品》、《入抉择吠檀多之真实品》的基础上系统研究两部论著对这三派外道思想的叙述与批判。希望本书的出版能推动国内外《中观心论》、《思择焰》以及有关清辩思想等的学术研究，为促进佛教中观派文献的整理、译注与义理解明等工作尽一点微薄之力。

第一章 《中观心论》与《思择焰》的文本及相关文献

第一节 概 述

《中观心论》梵文名为 *Madhyamakahṛdaya[kārikā]*，直译为《中观心（颂）》，偈颂体，是清辩论师（约 490-570[1]）现存著作中唯一留存有梵文本的作品，也是目前所见最早的梵文宗义书，[2] 极具学术研究价值。中国古代虽然没有将这部论著翻译成汉语，但圆测（613-696）《解深密经疏》、惠沼（650-741）《成唯识论了义灯》、太贤（约 750-850）《成唯识论学记》中都有关于清辩和《中观心论》的记载。因此，本书沿用古译，将 *Madhyamakahṛdayakārikā* 称为《中观心论》。[3]

《思择焰》（*Tarkajvālā*）是《中观心论》目前所知的唯一古注，"思择"（Tarka）意为思索、思辨，"焰"（jvālā）意为火焰。《思择焰》现只存藏译。根据藏译跋文等传统记载，《思择焰》为清辩论师自注，但学界对此颇有争议。早在 1910 年，Walleser 就提出《般若灯论》与《思择焰》的作者是否为同一人的问题，[4] 其后，Gokhale、江

---

[1] 参见 Seyfort Ruegg[1981], p.61；江島恵教[1990]；Kajiyama[2005], pp.193-203。

[2] 《中观心论》梵文本发现之前一般认为耆那教著名学者师子贤（Haribhadrasūri，约 8 世纪）的《六派哲学集成》（*Ṣaḍdarśanasamuccaya*）是最早的梵文宗义书，参见 Qvarnström[1989], p.98。

[3] 清辩在不同的著作中至少使用了四个不同的标题来称呼《中观心论》：*Madhyamakahṛdaya*（《中观心》），*Tarkajvālā*（《思择焰》），*Tattvāmṛtāvatāra*（《入真实甘露》），*Madhyamakahṛdayatattvāvatāra*（《入中观心真实》），参见斎藤[2005]。《中观心论》与《思择焰》的藏译题名参见本章第三节，pp.17-18。

[4] 详见 Walleser[1910], p.17。

島惠教、斋藤明等学者从《思择焰》本身发现的问题推断其作者可能不是清辩，但一直没有定论。[1] 本书着重从哲学思想的角度研究《中观心论》与《思择焰》这两部文献本身，不考察其作者问题。[2] 由于《中观心论》的文辞简略，光凭偈颂很难理解文义，《思择焰》对偈颂的注释就成了理解颂文的直接甚至唯一依据。因此，笔者在论述时并不刻意区分《中观心论》与《思择焰》展现出来的哲学思想可能存在的异同之处，这种区分在现有的文献与研究状况下既不可能也无必要，借助《思择焰》的注释来理解《中观心论》的偈颂是本书的研究原则与处理方法。

《中观心论》的作者清辩论师，又名分别明、明辩等，[3] 音译婆毗吠伽，梵文一般写作 Bhāvaviveka、Bhāviveka 或 Bhavya，[4] 藏文名为 Legs ldan 'byed。论师生于南印度，上承龙树（约 200-300）空性之精髓，下开中观自续之宗风，广破佛护（Buddhapālita，约 470-540）应成之论证，在印、藏、汉佛教史上都占有重要地位。

汉文史料一般认为清辩上接青目（约 5 世纪）。[5] 藏文文献中则说清辩是众护（Saṃgharakṣa，约 3 世纪）的学生，且对寂护（Śāntarakṣita，725-784/788）有很大影响。[6] 清辩的思想博大精深，玄奘大师（约 600/602-664）在《大唐西域记》中曾如此评价清辩："论师雅量弘远，至德深邃，外示僧佉之服，内弘龙猛之学。"[7] 这一评价除了告诉我

[1] 参见 Gokhale & Bahulkar[1985]；江島惠教[1980b][1990]；Seyfort Ruegg[1987]；斎藤明[2005][2008]。

[2] 目前学界对清辩的著作的研究还不够充分，在全面解读《中观心论》、《思择焰》以及清辩的其他著作之前谈论作者是否为同一清辩的问题是意义甚微的。

[3] 清辩的异名和异写很多，汉译最常用的是清辩或清辨，本书采用"清辩"。

[4] 当前学界常用 Bhāviveka，参见江島惠教[1990]; Krasser[2012], p.535。

[5] 参见法藏《华严经探玄记》，《大正藏》35, No.1733, p.112a2；澄观《大方广佛华严经疏》，《大正藏》35, No.1735, p.509b25。

[6] 吕澂先生认为："说清辩、佛护上接青目或者说是众护门人，恐怕都是从学说渊源上看的。"吕澂[2002]，pp.251-252。

[7] 玄奘《大唐西域记》，《大正藏》51, No.2087, p.930c25。《大唐西域记》中还记载了一段有关清辩找护

们清辩的学问之高深外，也透露出他可能不是以佛教徒的身份在社会上活动，而是经常“混迹”于数论派等外道之中，这与他形成独特的学说思想不无关系。

清辩论师著作甚多，但遗存较少，除了《般若灯论》汉、藏译齐全外，现存汉译只有《大乘掌珍论》，藏译则有《中观心论》、《异部宗精释》等。[1]

《中观心论》及其古注《思择焰》在讨论数论派、胜论派、吠檀多派等外道思想时常常引经据典，体现了论主对各学派的认识决非是泛泛的道听途说，而是具备了出入其原典的扎实功夫。本书着眼于《中观心论》与《思择焰》对外道思想的记述与批判，以对数论派、胜论派、吠檀多派的破斥为主要研究内容，详细解读《入抉择数论之真实品》、《入抉择胜论之真实品》、《入抉择吠檀多之真实品》，还原论主对当时流行的外道思想的记载与认识，分析文本的立论依据和破斥特点，以期更好地了解当时印度哲学界的思想潮流，特别是佛教与印度其他宗教哲学流派论争的情况。

第二节 《中观心论》梵文本

目前所知的《中观心论》梵文本是：SG手抄本、蒋忠新照片本、布达拉宫本，其中前两本源自同一贝叶。另有现代学者所作的一些基于写本照片的校订本。

一 SG手抄本

“SG手抄本”即Sāṅkṛtyāyana（S）和Gokhale（G）誊抄、整理的梵文本《中观心论》。这个梵文本最早由Sāṅkṛtyāyana在西藏夏鲁寺

法（Dharmapāla，约6世纪）辩论未果而发愿长生待弥勒降生后决疑的故事。

[1] 清辩论著的具体情况详见本章第五节，pp.27-29。

发现并抄出（1936 年 8 月），题名《思择焰经》（*Tarkajvālā-Sūtra*），并于第二年在印度进行了报道。[1] 后来 Sāṅkṛtyāyana 把自己抄写的这个本子送给了 Gokhale，Gokhale 又誊抄了一遍。从 1957 年开始，利用 Gokhale 抄录本的研究成果就开始陆续发表。

1972 年，Gokhale 在 Tucci 从西藏带回去的梵文贝叶经照片中发现了源自同一贝叶的《中观心论》梵文写本照片。此后，Gokhale 便以 Tucci 的照片为依据，参考 Sāṅkṛtyāyana 的抄录本，重新抄写、校订了《中观心论》，也就是本书简称的“SG 手抄本”。

1994 年，Bahulkar 将“SG 手抄本”的影印版在日本发表。[2]

二　蒋忠新照片本

原来保存在西藏夏鲁寺的梵文贝叶写本，也就是 Sāṅkṛtyāyana 最初发现的梵文写本，后保存于北京民族文化宫时，经王森先生整理编为“梵文贝叶经”0029 号。1991 年由蒋忠新先生首次编辑整理、影印刊布。[3]

根据蒋忠新先生的研究，“梵文贝叶经”0029 号《中观心论》抄本所使用的书写材料是棕榈树叶，每叶的长度约为 58 厘米，高度约为 4.7 厘米；正、反两面书写；每一面写 5 行或 6 行。该抄本所使用的字体，Sāṅkṛtyāyana 认为属于“公元 10 世纪的未经修饰的蓝查体（inornate Rañjanā characters）”，江島恵教则认为是“原始孟加拉与马提拉混合字体（Proto-Bengali-cum-Maithili）”。贝叶上没有关于这个梵文本抄写年代的记录，Gokhale 认为根据铭文应该不晚于公元 10 世纪，江島恵教则认为抄写年代为 11 世纪。[4]

---

[1] 详见 Sāṅkṛtyāyana[1937]。

[2] Bahulkar[1994]。

[3] 蒋忠新[1991]。

[4] Gokhale[1958], p.165；江島恵教[1980a], p.263；蒋忠新[1991], p.112。

“蒋忠新照片本”总共约 928 颂，分为长短不一的 11 品。[1] 遗憾的是，这个抄本并不完整，现存 24 页，缺少第 18（18a-18b）页。根据《中观心论》相应藏译及上下文推测，佚失部分介于第六、七品之间，即《入抉择数论之真实品》第 49-64 颂[2]和《入抉择胜论之真实品》第 1-27 颂。也就是说，现在可以利用的《入抉择胜论之真实品》梵文只有第 28、29 最后两颂，位于 19a1 贝叶。

另外，据蒋忠新先生介绍，这一写本的每张贝叶左、右两端均有破损，原有的页码无一幸存，两端的文字也略有残缺。这些情况和半个多世纪以前 Sāṅkṛtyāyana 在西藏夏鲁寺所见到的完全相同。不同的情况只有一点，即 Sāṅkṛtyāyana 在这个抄本上没有看到任何页码，而蒋忠新先生却看到了各叶正、反两面的小孔上方依次编上了号码或页数：从 1 起，至 24 结束。蒋忠新先生认为这些数字来历不明，初看上去应该是某一位或两位整理者为这个抄本编定的顺序正确的页数，但是仔细推敲起来却“发现它们只能把读者引入迷宫，而与这个抄本原应有的页数毫无关系。”[3]

三　布达拉宫本

罗炤先生曾经报道，西藏布达拉宫藏有尚未公之于众的另一较为完整的《中观心论》纸质梵文抄本。该抄本共 12 页，每页长 64.5 厘米，宽 8.5 厘米，分 10 行书写，可惜每页左边少许部分因被焚烧而损毁。但是，这一抄本很可能可以较好地补充“SG 手抄本”和“蒋忠新照片本”中佚失的那一片贝叶。[4]

非常期待不久的将来能看到这一新的梵文抄本，以帮助解决现存梵本和藏译中诸多难懂之处，弥补当下研究的不足。

---

[1] Gokhale & Bahulkar[1985], p.76.

[2] 笔者校订的藏译《中观心论》与《思择焰》偈颂号，详见本书下卷附录。下同。

[3] 蒋忠新[1991], p.112。

[4] Ye[2009], pp.317-318.

四　本书所用梵文本

毋庸置疑，“蒋忠新照片本”是目前研究《中观心论》与《思择焰》最为可靠的梵文写本，因为这些照片较为清晰，减少了再度传抄带来的讹误。因此，笔者以“蒋忠新照片本”为底本，对《中观心论》第六、七、八品进行了仔细辨认、转写、解读。

其次，正如Bahulkar指出的，“蒋忠新照片本”公布之后，“SG手抄本”的意义虽然大为下降，但是Gokhale对写本的整理，尤其是对一些模糊不清的字体的辨认、对有可能误抄的字体的纠正、以及随文给出的注释与建议，对我们现在辨认“蒋忠新照片本”、解读《中观心论》仍具有很大的参考意义与价值。[1] 因此，笔者将“SG手抄本”列为帮助解读“蒋忠新照片本”的最重要参考文献。

第三，Lindtner曾根据“蒋忠新照片本”校订出版了整部《中观心论》（天城体），并根据《中观心论》的藏译本增补、改订了部分模糊不清或缺漏甚至有误的梵文。[2] 这是目前唯一一部对《中观心论》全十一品进行研究的专著，虽然Lindtner的校订工作并不完善，如仅就本书所考察的第六、七、八品来看就有颇多不妥之处（详见下卷附录）。但是Lindtner对整部《中观心论》的通读以及对藏译的重视具有不少借鉴价值，所以笔者在解读《中观心论》梵文本时也非常重视Lindtner的校订成果。

此外，笔者还参考了中田直道利用“SG手抄本”校订的《中观心论》第六品第1-7颂，[3] Gokhale校订的第八品第1-16颂，[4] 中村元校订的第八品第18-96颂[5]以及Qvarnström[6]综合前人成果校订的第八

---

[1] Bahulkar[1994], p.iv.

[2] Lindtner[2001a].

[3] Nakada[1972], [1983].

[4] Gokhale[1958].

[5] Nakamura[1975]；中村元[1989a]。

[6] Qvarnström[1989].

品全部偈颂等相关研究成果。

第三节　《中观心论》和《思择焰》的藏译本

早在完成于公元 824 年的《丹噶目录》（*lDan dkar ma*）中就曾出现过有关《中观心论》和《思择焰》的记载，但是否在当时就已经被译成藏文尚不为人知。[1] 目前所见到的藏译《中观心论》和《思择焰》都是后来由阿底峡（Atiśa, Jo bo rje, 981/982-1054）和楚呈杰瓦（Nag tsho Lo tsā ba Tshul khrims rgyal ba, 1011-约 1070）翻译并审定，保存于《德格版》等藏文大藏经（丹珠尔）中的版本。

一　《中观心论》藏译本

《中观心论》藏译本题名 *dBu ma'i snying po'i tshig le'ur byas pa*，直译《中观心颂》，七言偈颂体。《德格版》No.3855，fol.: Dza 24b1-31a7；《卓尼版》fol.: Dza 24b1-31a6；《北京版》No.5255，fol.: Dza 27a5-34a7；《那塘版》No.3246, fol.: Dza 24b4-31a4；《金写版》fol.: Dza 32a4-41b1。

二　《思择焰》藏译本

《思择焰》藏译题名 *dBu ma'i snying po'i 'grel pa rtog ge 'bar ba*，直译《中观心论注・思择焰》（*Madhyamakahṛdayavṛtti Tarkajvālā*），偈颂长行复合体，即由《中观心论》颂文和注释组成，现只存藏译。《德格版》No.3856，fol.: Dza 227a7-270b7；《卓尼版》fol.: Dza 227a7-270b5；《北京版》No.5256，fol.: Dza 253b7-305b6；《那塘版》No.3247, fol.: Dza 243b6-292b7；《金写版》fol.: Dza 326b3-389a2。

经过详细比对，《思择焰》中的偈颂部分与单行本的《中观心论》略有出入，但大都只是文字写法或个别文法上的差异，不影响整体文

---

[1] 详见斎藤明[2005], pp.832-838 (esp. 834-835)；Lalou[1953], No.732。

义理解。按照一般的译经传统，丹珠尔中的单行本《中观心论》很可能是从《思择焰》中抽取出来后独立成书的。

三 本书所用藏译本

笔者在校订、翻译、研究时采用了目前最常见的五个权威版本的丹珠尔，按照国际通行惯例，以《德格版》为底本，详细比对了《卓尼版》、《北京版》、《那塘版》、《金写版》。本书所用藏译本具体如下：

《德格版·丹珠尔·中观心论》：*sDe dge bsTan 'gyur* (No.3855, fol.: Dza 24b1-31a7), Delhi Karmapae Chodhey, Gyalwae Sungrab Partun Khang, 1985.

《德格版·丹珠尔·思择焰》：*sDe dge bsTan 'gyur* (No.3856, fol.: Dza 227a7-270b7), Delhi Karmapae Chodhey, Gyalwae Sungrab Partun Khang, 1985,.

《卓尼版·丹珠尔·中观心论》：*Co ne bsTan 'gyur* (fol.: Dza 24b1-31a6), Photographed by Photoduplication Service, Library of Congress.

《卓尼版·丹珠尔·思择焰》：*Co ne bsTan 'gyur* (fol.: Dza 227a7-270b5), Photographed by Photoduplication Service, Library of Congress.

《北京版·丹珠尔·中观心论》：*The Tibetan Tripitaka, Peking edition* (No.5255, fol.: Dza 27a5-34a7)—kept in the Library of the Otani University, Kyoto—, reprinted under the supervision of the Otani University, edited by Daisetz T. Suzuki, Tokyo-Kyoto, Tibetan Tripitaka Research Institute, 1957.

《北京版·丹珠尔·思择焰》：*The Tibetan Tripitaka, Peking edition* (No.5256, fol.: Dza 253b7-305b6)—kept in the Library of the Otani University, Kyoto—, reprinted under the supervision of the Otani University, edited by Daisetz T. Suzuki, Tokyo-

Kyoto, Tibetan Tripitaka Research Institute, 1957.

《那塘版 • 丹珠尔 • 中观心论》: *sNar thang bsTan 'gyur* (No.3246, fol.: Dza 24b4-31a4), Print from the Narthang blocks preserved in the Library of Tibet House, New Delhi.

《那塘版 •丹珠尔 •思择焰》: *sNar thang bsTan 'gyur* (No.3247, fol.: Dza 243b6-292b7), Print from the Narthang blocks preserved in the Library of Tibet House, New Delhi.

《金写版 •丹珠尔 •中观心论》:《大藏经〈丹珠尔〉金写影印本》（fol.: Dza 326b3-389a2），中国民族图书馆整理，天津古籍出版社，1988。

《金写版 •丹珠尔 •思择焰》:《大藏经〈丹珠尔〉金写影印本》(fol.: Dza 326b3-389a2），中国民族图书馆整理，天津古籍出版社，1988。

上述藏译本除了《北京版 • 丹珠尔》以外，全部采用“藏传佛教资源中心”（Tibetan Buddhist Resource Center, TBRC）的扫描版本。

四 藏译本与梵文本比较

在分别校订了《中观心论》及其古注《思择焰》中的《入抉择数论之真实品》、《入抉择胜论之真实品》、《入抉择吠檀多之真实品》现存的梵文本和藏译本之后，笔者将梵、藏文偈颂作了仔细对勘，例举了各藏译本与梵文本之间的差异。总的来说，现存梵文本偈颂与藏译本偈颂基本对应，但也有不少出入。这里仅简单举出三品的藏译与梵本的明显不对应之处，详细情况参见本书附录（下卷）。

（一）《入抉择数论之真实品》

由于“蒋忠新照片本”第 18a-18b 贝叶已经不存，目前我们所能见到的《入抉择数论之真实品》梵文本现存四十八颂半，位于第 16a4-17b6 贝叶。本品藏译共六十四颂，几乎每颂都有相对独立的长行前言和长行注释。《入抉择数论之真实品》梵本与藏译本的差别主要如下：

（1）梵本第 12cd 颂无独立藏译偈颂，藏译第 12 颂长行注释中有与梵本 12cd 颂类似的表述。

（2）梵本第 30 颂无独立藏译偈颂，藏译第 29 颂注释最后一句话与梵本第 30 颂意思相近，笔者将此长行计为藏译第 30 颂，其后藏译偈颂编号作相应调整。

（3）梵本第 33ab 颂无独立藏译偈颂，藏译第 32 颂与第 33cd 颂之间有一段长行与梵本第 33ab 颂基本一致。

（4）梵本第 35ab 颂无独立藏译偈颂，藏译第 34 颂长行注释末句与梵本第 35ab 颂意思相近。

（5）梵本第 38ab 颂无独立藏译偈颂，藏译第 37cd 颂与第 38cd 颂之间有一段长行注释与梵本第 38ab 颂意思相近。

（6）梵本第 39ab 颂无独立藏译偈颂，藏译第 38cd 颂与第 39cd 颂之间有一段长行注释与梵本第 39ab 颂意思相近。

（7）现存梵本最后半颂没有对应的藏文偈颂或长行，由于其后贝叶已经佚失，目前难以判定这一颂的完整意思和归属。

（二）《入抉择胜论之真实品》

“蒋忠新照片本”佚失的第 18 贝叶（18a-18b）覆盖了《入抉择胜论之真实品》的绝大部分内容，目前可以利用的《入抉择胜论之真实品》的梵文只剩下第 19 贝叶（19a1）中的第 28、29 最后两颂。这两颂的藏译除了一个词的明显误译之外，[1] 其他与梵本几乎完全吻合。

（三）《入抉择吠檀多之真实品》

《入抉择吠檀多之真实品》的梵文分布在三片贝叶上，即第

[1] 第 28 颂第三句中的“mi ’dzin”应该“’dzin pa (agṛhīta)”，详见本书下卷附录二，pp.592。

19a-21b 贝叶。本品梵本与藏译最大的区别是：梵本第 76-82 颂既没有出现在藏译单行本《中观心论》中，也没有出现在偈颂、长行一体的《思择焰》中，而且《思择焰》中也没有发现对梵本第 76-82 颂的注释，藏译为何缺失这七颂目前不得而知，很有可能这 7 句梵文偈颂是后来加入的。与此同时，梵文本缺失了本应与藏译本相对应的第 11cd、50cd、51cd 颂。

总体来说，《入抉择吠檀多之真实品》的藏译译文要明显优于前两品，尤其比《入抉择数论之真实品》较少误译与难解之处，但根据梵本仍然可以判定藏译本存在四处明显的疏漏：

（1）藏译第 7 颂注释中有四句偈颂在《中观心论》和《思择焰》中都被当作了颂文，而梵本无此四句，根据上下文，应是藏译误将这四句本属于第 7 颂长行注释的引文当作了独立的颂文。

（2）藏译第 22 颂前言中有四句偈颂在《中观心论》和《思择焰》中都被当作了颂文，梵本无此四句，根据上下文，应是藏译误将这四句本属于第 22 颂长行前言的引文当作了独立的颂文。

（3）藏译第 27 颂注释中间的一句长行对应于梵本第 28 颂，其后的长行应是对第 28 颂的注释。在藏译本中，这句偈颂连同其后的长行都被当作了第 27 颂的注释。

（4）藏译单行本《中观心论》将第 68 颂前言中引用的第 13ab 颂当作了新的独立偈颂，《思择焰》则没有将其误当作新的独立偈颂。

《入抉择数论之真实品》、《入抉择吠檀多之真实品》的藏译本对偈颂的认同、处理与梵文本差异之大，是笔者在对勘之前没有料到的。由于《中观心论》与《思择焰》的藏译者很可能不甚了解数论派、胜论派、吠檀多派等外道学派的理论，导致所译藏文晦涩难懂，尤其对一些外道哲学术语的翻译颇多生硬甚至混乱之感，这大大增加了我们翻译、解读《中观心论》与《思择焰》的思想学说的难度，这也是有关藏译本的学术研究一直以来较少出现令人满意的成果的主要原因。

第四节 《中观心论》与《思择焰》的基本结构

一 各品梵、藏、汉品目

《中观心论》与《思择焰》总共分十一品，具体品目梵、藏、汉三文对照，以及梵本、藏译每品偈颂数（品目后括号内数字）[1]如下：

品目	梵文	藏译	汉译
一	Bodhicittāparityāga (33)	Byang chub kyi sems mi gtong ba'i le'u (33)	不舍菩提心品
二	Munivratasamāśraya (12)	Thub pa'i brtul zhugs la yang dag par brten pa'i le'u (12)	正法牟尼戒律品
三	Tattvajñānaiṣaṇā (356)	De kho na nyid kyi shes pa tshol ba'i le'u (360)	探究真实之知品
四	Śrāvakatattva-niścayāvatāra (74)	Nyan thos kyi de kho na nyid la 'jug pa'i le'u (74)	入抉择声闻之真实品
五	Yogācāratattva-viniścaya(113)	rNal 'byor spyod pa pa'i de kho na nyid gtan la dbab pa la 'jug pa'i le'u (114)	（入）抉择瑜伽行之真实品

[1] 每品偈颂数采用 Gokhale 和 Bahulkar 的统计，参见 Gokhale & Bahulkar[1985], p.76。Gokhale 和 Bahulkar 只是粗略地统计了每品的偈颂数，根据笔者校订，第六品藏译应为 64 颂，第八品藏译应为 95 颂，第八品梵本应为 102 颂。

续表：

品目	梵文	藏译	汉译
六	Sāṃkhyatattvāvatāra (49+?)	Grangs can gyi de kho na nyid la 'jug pa'i le'u (61)	入（抉择）数论之真实品
七	Vaiśeṣikatattva-viniścaya (?+2)	Bye brag pa'i de kho na nyid la 'jug pa'i le'u (29)	（入）抉择胜论之真实品
八	Vedāntatattva-nirṇayāvatāra (103)	Rig byed kyi mtha' rgyur smra ba'i de kho na nyid la 'jug pa'i le'u (96)	入抉择吠檀多之真实品
九	Mīmāṃsātattva-nirṇayāvatāra (181)	dPyod pa'i de kho na nyid gtan la dbab pa la 'jug pa'i le'u (228)	入抉择弥曼差之真实品
十	Sarvajñatāsiddhi-nirdeśa (2)	Thams cad mkhyen pa nyid du grub par bstan pa'i le'u (14)	广说一切智之成就品
十一	Stutilakṣaṇanirdeśa (3)	bsTod pa dang mtshan bstan pa'i le'u (3)	广说叹相品

二 各品大意

综合前人的研究成果，《中观心论》与《思择焰》各品的主要内容可以概述如下：

第一品：序品，总说造论缘起与目的，以三颂“皈敬偈”为开头，阐述由世尊和龙树菩萨的慈悲发起的大菩提心，根据佛教的教义，追寻自利利他的成就。[1]

第二品：叙述根据释迦牟尼的戒律，应该修行真正的佛道，即利益有情、发大誓愿、大慈大悲、听闻大乘、不吝法施、禅定智慧等。[2]

第三品：本品内容约占整部《中观心论》(《思择焰》) 三分之一的篇幅，以积极宣扬中观立场为核心，阐述了对二谛、空性等中观思想的独特理解，是论主建立自己观点的一品。[3]

第四品：描述并批判了小乘部派佛教的主要观点，阐述了声闻乘区别于大乘的理由，例举了部派佛教十八派的学说特征，并从各部派所依的佛典不符合中观教义等角度对其进行了批判。[4]

第五品：详细描述了瑜伽行派的学说理论，主要从阿赖耶识、三性等角度出发批判了瑜伽行派的唯识说。[5]

第六品：描述并批判了数论派的自性论、人我论、解脱观等。[6]

第七品：描述并批判了胜论派的句义论、我论及解脱思想等。[7]

第八品：描述并批判了吠檀多派的原人思想等，比较了吠檀多学说与佛教思想的异同。[8]

第九品：描述并批判了弥曼差派的祭祀方法、吠陀启示说、祭祀功德说、声常住论、解脱思想等。[9]

第十品：主要阐述了佛教的真实智是中道的所依，并详细解释了这种真实智。[10]

---

[1] 详见 Gokhale & Bahulkar[1985]。

[2] 详见 Gokhale[1972]。

[3] 详见江島恵教[1980a]；Gokhale[1963]。

[4] 详见释会晟[1997]。

[5] 详见山口益[1941]；Lindtner[1995]；Iida[1966]；斎藤明[2007a]。

[6] 详见本书第二章，pp.44-139。

[7] 参见宮坂宥勝[1958]；详见本书第三章，pp.140-218。

[8] 参见中村元[1989a]；Qvarnström[1989]；详见本书第四章，pp.219-336。

[9] 详见川崎信定[1992]；Lindtner[2001b]。

[10] 详见川崎信定[1992]。

第十一品：结品，总结全论并赞叹，强调只有中观学说才是真正的佛说。

第五节　与《中观心论》、《思择焰》相关的佛教文献

《中观心论》是清辩论师建立自己的佛教理念，全面破斥非中观思想的独立论著，不像《般若灯论》那样依附于其他的佛典（如《中论》）。因此，与《中观心论》、《思择焰》相关的佛教文献主要是清辩的其他著作，特别是与这二者密切相关的《大乘掌珍论》和《般若灯论》。此外，就是《中观心论》、《思择焰》中偶尔提及的《中论》、般若类经等中观派的基本文献。[1]

一　《大乘掌珍论》

《大乘掌珍论》，简称《掌珍论》，共2卷，唐·玄奘译，收于《大正藏》第30册，No.1578，现只存汉译。Shastri曾将本论还原为梵文，于1949年以*Karatalaratna*之名发表刊行。[2] 而早在20世纪30年代，La Vallée Poussin就将《掌珍论》译成了法文。[3]

《掌珍论》以著名的"掌珍比量"——"真性有为空，如幻缘生故，无为无有实，不起似空华"——为纲领，充分运用因明论法，通过破斥各类外道、小乘部派、瑜伽行派等的谬见，论证了中观空性。

《掌珍论》在清辩论师著作中的地位，尤其是与《中观心论》等论著的关系一直是学者们颇为关心的问题。20世纪50年代，吕澂先生从藏文翻译了《中观心论》第五《入抉择瑜伽师真实品》和对应部分的《思择焰》。[4] 吕澂先生根据《掌珍论》中出现的"入真甘露已具

[1] 《中论》、般若类经等基本佛教文献广为人知，本书不再专门介绍。

[2] Shastri[1949].

[3] La Vallée Poussin[1933].

[4] 吕澂先生的译文一直以来被认为在"文革"中佚失了，幸而近来由肖永明先生整理刊布，详见吕澂

分别”和“品首有句云入真性甘露，故今谓之入真甘露也”[1]认为藏译《入抉择瑜伽师真实品》的要点“唐人已集入《掌珍论》中了，唐人还把这一品开辟出来名《入真甘露品》”。[2] 吕澂先生的意思是《掌珍论》是《中观心论》(《思择焰》)[3]的提要翻译,《掌珍论》中称为“入真甘露”的论著就是《中观心论》第五品《入抉择瑜伽师真实品》。

Gokhale 同意 Ruegg 的观点，认为《掌珍论》中提到的“入真甘露”(*Tattvāmṛtāvatāra*)是指《中观心论》(《思择焰》)第三品。Gokhale 还主张《中观心论》(《思择焰》) 第一至三品的内容最初独立成书，体现了清辩的主要思想，后来再加入了第四至十一品才形成了目前所见的规模。[4]

蒋忠新先生根据《中观心论》梵文本品末题记指出:《中观心论》前三品是作者立说的部分，第一品讲信仰、第二品谈修行、第三品论哲学可能曾经独立成书；第三《探究真实之知品》题名为《入真实甘露》，就是《掌珍论》中所提到的“入真甘露”，并说“这个名称出现在第三品的品末题记中，而不见于别的任何一品的题记中，也可以证明这一点”。[5] 蒋忠新先生还认为清辩是先写了《中观心论》(《思择焰》) 的前三品，然后写《掌珍论》，最后写《中观心论》(《思择焰》) 的其他几品。

由于相关材料的缺失，目前难以给《掌珍论》与《中观心论》(《思择焰》) 的关系下确定结论，但是它们相互间的关系之密切是毫无疑问的。研究《掌珍论》有助于全面理解《中观心论》与《思择焰》，而对

[2011]。

1 《藏要》第 3 辑，pp.597, 599。

2 吕澂[2002], p.253。

3 吕澂先生没有对《思择焰》是否为清辩自注提出过质疑。

4 Gokhale[1958], pp.165-166；Gokhale[1972], pp.41-42；Gokhale & Bahulkar[1985], p.78.

5 蒋忠新先生所据梵文本第三品品末题记为：“Tattvāmṛtāvatāre tattvajñānaiṣiṇāparicchedo nāma tṛtīyaḥ samāptaḥ”，蒋忠新[1991], pp.113-115。

《中观心论》与《思择焰》的校订、翻译、释读也将促进对《掌珍论》的认识。[1]

《掌珍论》中亦有大量对数论、胜论、吠檀多等外道思想的描述与批判，如对数论派的自性转变说的描述和批判：

> 有数论师作如是难："我立大等诸转变聚是所显性，'缘生故'因有不成过；一切皆有一切体故，诸根遍在一切处故，彼幻士中亦有此体，立此性空，无同法喻。"[2]

对胜论派的我论的引述与破斥：

> 诸胜论师复作是说："诸入出息、闭目、开目、命、意、行动、根、变等相定有所相，是能相故，如见烟等。"此就世俗，若以总相立彼诸相，定有所相，不辩差别，便立已成，世俗共知我非无故；若立彼相有所相，我常住、周遍、乐等所依，便无同喻，违所立故。若就胜义，亦有如是喻不成过。[3]

《掌珍论》对数论派、胜论派、吠檀多派哲学思想的记述、批判与《中观心论》(《思择焰》)有颇多相似之处，是笔者研究《中观心论》与《思择焰》的思想学说的重要参考文献。

二　清辩的其他论著

清辩论师的其他论著大都秉承其一贯的叙述与论辩风格，因而各

---

[1] 梶山雄一认为《掌珍论》的汉译极为难解，对其的研究非常有限。详见梶山雄一，《中观思想的历史与文献》，蓝吉富[1985]，第 63 册，p.17。

[2] 《大正藏》30, No.1578, p.271b20-b23。

[3] 《大正藏》30, No.1578, p.275c10-c15。

部论著对中观空性的阐述、对内外道思想的批判，常常可以相互补充理解，尤其是明确属于清辩又影响广泛的《般若灯论》和《异部宗精释》[1]对理解《中观心论》与《思择焰》具有重要意义。

（一）《般若灯论》

《般若灯论》汉文由唐•波罗颇蜜多罗（Prabhākaramitra, 565-633）翻译，收于《大正藏》第 30 册，No.1566。藏译题名为 *dBu ma rtsa ba'i 'grel pa shes rab sgron ma*，由智藏（Jñānagarbha, 700-760?）和焦若•鲁坚赞（Cog ro klu'i rygal mtshan, 约 8 世纪）翻译，《德格版》No.3853，《北京版》No.5253。

《般若灯论》是对《中论》的注释，限于体裁和《中论》原有的思路，注释者不易展开并彻底发挥自己的思想。但是，《般若灯论》中亦随处可见对数论派、胜论派、吠檀多派等外道思想学说的引述和批判，如《般若灯论》将数论派和胜论派的相似理论放在一起比较考察，对两派的“我有论”作了如下描述：

> 鞞世师人言：“身及诸根觉等之外而别有我，能与苦乐等作依止，是作者、是无心、是常、是遍，作如是说。”复有僧佉人言：“有如是我，云何有耶？因果之外别有于我，然非作者，是受食者、是净、是遍、无听闻等具。”[2]

《般若灯论》也转述了不少吠檀多派的思想，如：

---

[1] 目前公认属于清辩的著作是《中观心论》及其注释《思择焰》、《大乘掌珍论》、《般若灯论》、《异部宗精释》。只存藏译的《中观宝灯》（*dBu ma rin po che'i sgron ma*，《德格版》No.3854，《北京版》No.5254）和《摄中观义》（*dBu ma'i don bsdus pa*，《德格版》No.3857，《北京版》No.5258）是否属于同一清辩尚有争议。参见 Seyfort Ruegg[1987]。

[2] 《大正藏》30, No.1566, p.104b25-c1。

复次彼执丈夫为生因者，说如是言："一切世间丈夫为因故，是义云何？如丝齐织网、如月珠出水、如树生枝叶等，一切众生以彼为因，亦复如是。"[1]

《般若灯论》所描述并批判的数论、胜论、吠檀多等派的思想内容亦是笔者研究《中观心论》与《思择焰》的重要参考依据。

（二）《异部宗精释》

《异部宗精释》（*sDe pa tha dad par 'byed pa dang rnam par bshad pa*）现只存藏译，亦由阿底峡和楚呈杰瓦翻译并审订，《德格版》No.4139，《北京版》No.5640。

《异部宗精释》是研究部派佛教历史非常重要的史料。此书在内容上与《思择焰》第四《入抉择声闻之真实品》中介绍的小乘部派佛教的历史与思想有很大的相似性。《异部宗精释》与《异部宗轮论》（玄奘译）的关系也是学者们历来关注但尚未解决的重要问题。[2]

《异部宗精释》主要描述并批判了小乘部派佛教，几乎没有涉及数论派、胜论派、吠檀多派等外道的历史与教义，因而不是本书重点关注的文献。

第六节 《中观心论》与《思择焰》中涉及的外道及其相关文献

《中观心论》与《思择焰》考察的"外道"主要是数论派、胜论派、吠檀多派、弥曼差派，分别对应第六《入抉择数论之真实品》、第七《入抉择胜论之真实品》、第八《入抉择吠檀多之真实品》、第九《入

---

1 《大正藏》30, No.1566, p.54a1-a3。

2 详见肖平、杨金萍[2006], p.62。

抉择弥曼差之真实品》。

本书重点研究《中观心论》及其古注《思择焰》对数论派、胜论派、吠檀多派哲学思想的叙述与批判，所以下文择要介绍这三派的思想发展与主要文献，暂不考察弥曼差派等印度其他宗教哲学流派的相关情况。

一 数论派及其文献

数论派（Sāṃkhya）是印度宗教哲学流派中最早成立的学派之一，即汉译佛典中常说的“数论外道”，[1] 又被称为雨众外道（Vārṣagaṇya，毗梨沙迦那）、频阇诃婆娑（Vindhyavāsin）等，[2] 与瑜伽派（Yoga）关系密切。相传迦毗罗仙人（Kapila，前 350-250）是此派初祖。[3]

数论派的主要学说有：自性人我二元论、转变说、因中有果论等。

现存数论派的经典，以自在黑（Īśvarakṛṣṇa）撰于公元四、五世纪的《数论颂》（*Sāṃkhya-kārikā*，简称 SK）为最古，[4] 数论派内部各派都尊奉其为根本圣典。根据《金七十论》等记载，《数论颂》是在《六十科论》（*Ṣaṣṭitantra*，已失传）的基础上创作的。[5] 现在没有独立的《数论颂》流传下来，目前所能见到的《数论颂》都是从注释书中抽取出

---

[1] 本多惠系统梳理了佛教文献中涉及的数论思想，详见本多惠[1980], pp.73-307。

[2] 自在黑以前的数论派常以雨众外道、频阇诃婆娑等著称。详见中村了昭[1982], pp.156-185。

[3] 《金七十论》：“昔有仙人，名迦毗罗，从空而生。”（《大正藏》54, No.2137, p.1245a8）《成唯识论述记》：“有外道名劫比罗，古云迦毗罗，讹也。此云黄赤，鬓发面色并黄赤故。今西方贵波罗门种，皆黄赤色也，时世号为黄赤色仙人。”（《大正藏》43, No.1830, p.252a26-a29）。《金七十论》所载数论派传承谱系为：迦毗罗→阿修利→般尸诃→褐伽→优楼佉→跋婆利→自在黑。《摩特罗评注》（下详）所载数论派传承谱系为：Kapila→Āsuri⋯→Pañcaśikha→Bhārgava→Ulūka→Vālmīki→Hārīta→Devala⋯Īśvarakṛṣṇa。此外，真谛译《婆薮槃豆法师传》等汉文资料中也都有关于数论派传承历史和基本教义的记载。

[4] 有关自在黑年代的考证详见山本快竜[1933]；中村了昭[1982], pp.233-244。《数论颂》之前的数论派相关文献本多惠已经做了较好整理与归纳，参见本多惠[1954], pp.135-136。

[5] 《六十科论》的有关情况可参见中村了昭[1982], pp.215-224；《六十科论》与《数论颂》的关系参见山本快竜[1939], pp.46-63。

来的，或者说《数论颂》是伴随着注释而得到流传的。同时，数论派的经典文献也以对《数论颂》的注释为主。

《数论颂》的注释书很多，现在公开发行的主要有九种，鉴于《中观心论》大约完成于公元六世纪，与本书研究相关的《数论颂》的注释书主要是:《金七十论》以及乔荼波陀（Gauḍapāda）、摩特罗（Māṭhara）等人的注释（下详），[1] 这些典籍大都出现于公元六至八世纪。[2]

直到公元15世纪，数论派中才又有不同于《数论颂》及其注释的《数论经》（*Sāṃkhya-sūtra*）问世。另外，较为重要的数论派文献是年代不明的《真理要目》（*Tattva-samāsa*）。

（一）《金七十论》

陈•真谛（499-569）于公元546年译出，汉译又作《僧佉论》、《迦

[1] 各种注释书中所传的《数论颂》略有差别，本书所用《数论颂》梵文偈颂均选自Mainkar校订的《乔荼波陀注》（*Gauḍapāda-bhāṣya*，下详），汉译偈颂（《金七十论》）选自姚卫群校订本，为了简洁起见，引用时只标注偈颂号，不再标明具体页码，参见Mainkar[1964]，姚卫群[2003]。

[2] 其他六种注释书分别是：(1) *Sāṃkhya-Saptati-Vṛtti*: Esther A. Solomon (ed.), Gujarat University, Ahmedabad, 1973。梵文本校订者Solomon认为此书与《摩特罗评注》基本一致，《摩特罗评注》是该书的修订增补版，但学界对此无定论。(2) *Sāṃkhya-Vṛtti*: Esther A. Solomon (ed.), Gujarat University, Ahmedabad, 1973。梵文本校订者Solomon认为此书是现存《数论颂》的最早注释，与《金七十论》比较相近；但中田直道等学者认为*Sāṃkhya-Vṛtti*晚于《金七十论》。另外，*Sāṃkhya-Vṛtti*的梵文本脱落较多、难以理解，大部分学者认为该书的年代难以确定。(3) *Yuktidīpikā*（《道理之光》）: Albrecht Wezler and Motegi Shujun (ed.), *Yuktidīpikā: the Most Significant Commentary on the Sāṃkhyakārikā*, vol. 1, Franz Steiner, Stuttgart, 1998。该书涉及数论派内部及其他学派的异说较多，且文本脱落不少，颇为费解，对该书的研究目前不够深入。(4) *Jayamaṅgalā*: *Sāṃkhya-kārikā of Śrīmad Īśvarakṛṣṇa with the Māṭharavṛtti of Māṭharācārya*, edited by Viśṇu Prasad Śarmā, and *The Jayamaṅgalā of Śrī Śaṅkara*, critically edited with an introduction by Śri Satkāriśarmā Vaṅgīya, Chowkhamba Sanskrit Series Office, 1994。该书作者与吠檀多派的大学者商羯罗同名，完成年代存疑。(5) *Sāṃkhya-Tattva-Kaumudī* (*Tattva-Kaumudī*，《真理的月光》): Ganganatha Jha, ed., Oriental Book Agency, Poona, 1957。该书大约完成于公元976年，其作者（Vācaspati-miśra）试图注释几乎所有印度哲学流派的经典。(6) *Sāṃkhya-Candrikā* (*Candrikā*，《月影疏》): *Sāṃkhyakārikā with Sanskrit commentary "Sāṃkhya-Candrikā"*, Chowkhamba Sanskrit Series Office, 1953，该书与*Tattva-Kaumudī*有较多一致之处，书中提到了《数论经》，可知该书是15世纪以后的作品。参见村上真完[1982], pp.16-35。

毗罗论》，收在《大正藏》第 54 册，No.2173。《金七十论》是《数论颂》现存最古老的释论之一，总共包含七十二颂“数论颂”，几乎每颂都有长行注释，系统阐述了数论派的基本教义。

关于《金七十论》的作者和名称来源，汉传文献说法不一，一般以吉藏（549-623）的《百论疏》和窥基（632-682）的《成唯识论述记》所传为代表，认为是迦毗罗或其弟子伐里沙所作。[1]

此外，根据《婆薮槃豆法师传》等的记载，世亲（Vasubandhu，约 380-480）曾作《七十真实论》来批判《金七十论》。[2]《七十真实论》又称《第一义谛论》、《胜义七十论》，[3] 有可能是对“七十颂”《数论颂》的逐一批判，因而以“七十”命名。遗憾的是，这一批判《数论颂》的论著现已不存，只能从窥基等人的叙述中略知一二。[4]

一般来说，《金七十论》的偈颂与现存《数论颂》相当吻合，应该出于自在黑之手。[5] 但其注释是否同为自在黑所作，或是其弟子伐里沙等人所作，目前学界尚无定论。

《金七十论》在中国古代几乎从未被研究，没有注释文献传承下

---

[1] 吉藏《百论疏》：“迦毘罗此云黄头仙，亦云金头，头有金色，故以名之《金七十论》。”（《大正藏》42, No.1827, p.244a8）。窥基《成唯识论述记》：“谓有外道名劫比罗……其后弟子之中上首，如十八部中部主者名伐里沙……其造数论及学数论名数论者，此师所造《金七十论》。”（《大正藏》43, No.1830, p.252a26-b11）

[2] 真谛译《婆薮槃豆法师传》：“愿我身未坏之前我所着《僧佉论》亦不坏灭，故此论于今犹在。……天亲弥复愤懑，即造《七十真实论》破外道所造《僧佉论》，首尾瓦解无一句得立。”（《大正藏》50, No.2049, p.190a23-b3）

[3] 窥基《成唯识论述记》：“世亲菩萨为往昔时，东天竺有僧共数论师学徒论议。……王见信受僧佉外道，遂辱此僧令乘驴等，然彼外道为王重己，造七十行颂论，王赐千金以显扬之，故今《金七十论》即其由致也。世亲乃造《第一义谛论》，亦名《胜义七十论》，以对彼论而破彼外道。”（《大正藏》43, No.1830, p.397b11-b22）

[4] 如窥基《因明入正理论疏》：“《胜义七十》对《金七十》，亦征彼云：必为他用，是何他也？若说积聚他，犯相符过；若不积聚他，能别不成，阙无同喻。”（《大正藏》44, No.1840, p.129c9-c11）

[5] 《金七十论》长行注释中亦有“七十”偈颂为自在黑所作的记载：“如是次第，自在黑得此智，见大论难可受持，故略抄七十偈。”（《大正藏》54, No.2137, p.1262b15）

来。日本僧人却留下了不少注释，主要有：晓応厳蔵（1724-1785）的《金七十論備考》(《金七十论》现存最古注释)、智幢法住（1723-1800）的《金七十論疏》、林常快道（1751-1810）的《金七十論藻鏡》等收于《日本大藏经》中的作品；另还有未收进《日本大藏经》的海応（1771-1833）的《金七十論啓義》。[1]

虽然尚未发现梵文本，但由于翻译年代较早，译者权威，《金七十论》向来都被当作是研究数论派思想的最重要文献之一。笔者在翻译《入抉择数论之真实品》时基本沿用真谛译《金七十论》时所造的数论派专门术语，如萨埵（sattva）、罗阇（rajas）、多磨（tamas）等，在分析数论派思想时也主要以《金七十论》为来源和依据。

（二）《乔荼波陀注》（*Gauḍapāda-bhāṣya*）

大约完成于公元八世纪，是乔荼波陀（Gauḍapāda）对《数论颂》的注释。《乔荼波陀注》中共有七十二颂“数论颂”，乔荼波陀注释了前六十九颂。该注释书的内容与《金七十论》相去不远，高楠顺次郎等学者认为《乔荼波陀注》是参考了《金七十论》的梵文原本另行编纂而成的。[2]

关于该注释的作者乔荼波陀，学界一般有三种看法：一、这位乔荼波陀与吠檀多派创作《圣教论》的乔荼波陀为同一人；[3] 二、这位乔荼波陀与吠檀多派创作《圣教论》的乔荼波陀并不是同一人；[4] 三、就《乔荼波陀注》和《圣教论》难以判定作者是否为同一人，但大致都活跃于公元八世纪。[5]

《乔荼波陀注》的梵文本出版较多，现在通用的主要是 Sharma

---

[1] 详见興津香織[2006], pp.20-23。

[2] 详见高木訷元[1991], p.78。

[3] 以 Hall、Garbe 等学者为代表，参见中村了昭[1982], p.252。

[4] 以 Jacobi 等学者为代表，参见中村了昭[1982], p.253。

[5] 以 Radhakrishnan 等学者为代表，参见中村了昭[1982], p.253。

和 Mainkar 的校订本。[1] 本书的研究主要依据 Mainkar 的精校本，同时参考 Sharma 的注释。

（三）《摩特罗评注》（*Māṭhara-vṛtti*）

《摩特罗评注》的作者是摩特罗（Māṭhara）。该注释的完成年代尚没有定论。一般认为《摩特罗评注》的内容与《金七十论》比较接近，与《金七十论》的完成年代应该相去不远，但学界对此一直有争议，推定《摩特罗评注》的完成年代从公元二、三世纪至公元八、九世纪，众说纷纭。[2] 至于《摩特罗评注》与《乔荼波陀注》的年代关系，目前也没有有效证据能够考证清楚。[3]

《摩特罗评注》共包含七十三颂“数论颂”，摩特罗对这七十三颂逐一作了注释。

此书的梵文本最早于 1922 年公开出版，[4] 本书所用《摩特罗评注》主要以现在通行的 Śarmā 的精校本[5]为主。

二 胜论派及其文献

胜论派（Vaiśeṣika）是印度六派哲学中有较大影响的一派，与正理派（Nyāya）为“姊妹学派”。[6] 胜论派和当时的数论学派一起被佛

---

[1] *The Sāṃkhya-kārikā : Īśvara Kṛṣṇa's memorable verses on Sāṃkhya philosophy with the commentary of Gauḍapādācārya*, Har Dutt Sharma, The Oriental Book Agency, Poona, 1933. 姚卫群先生曾根据此书所载梵文翻译了《数论颂》，姚卫群[2003], pp.145-172。*The Sāṃkhyakārikā of Īśvarakṛṣṇa: with the commentary of Gauḍapāda translated into English and with notes*, T.G. Mainkar, The Oriental Book Agency, Poona, 1964。

[2] Belvalkar 甚至认为《摩特罗评注》是《金七十论》的梵文原本，完成于公元 400 年左右，Belvalkar[1917], pp.171-184。另，参见高木訷元[1991], pp,76-77；中村了昭[1982], pp.255-257。

[3] 参见高木訷元[1991], p.80。

[4] *Māṭhara-vṛtti-saṃhitā*, edited by Viśṇu Prasad Śarmā, Chowkhamba Sanskrit Series Office, Benares, 1922.

[5] *Sāṃkhya-kārikā of Śrīmad Īśvarakṛṣṇa with the Māṭharavṛtti of Māṭharācārya*, edited by Viśṇu Prasad Śarmā, and *The Jayamaṅgalā of Śrī Śaṅkara*, critically edited with an introduction by Śri Satkāriśarmā Vaṅgīya, Chowkhamba Sanskrit Series Office, Varanasi, 1994.

[6] 胜论派与正理派在 10 世纪之后开始混合发展，两派的具体关系参见 Potter[2004], pp.1-210。

教认为是诸外道的代表学派，受批判最多。中国古代把胜论派音译为吠世史迦、毗世师、卫世师等。[1]

相传，胜论派的创立者是公元前二世纪的迦那陀（Kaṇāda），[2] 迦那陀之后的传承没有明确史料记载。汉译佛教文献，如《成唯识论述记》简要介绍了胜论派传承过程中的两个主要人物及其学说：般遮尸弃（Pañcaśikhī）继承了迦那陀的六句义说；般遮尸弃传给慧月，慧月著《胜宗十句义论》，宣扬十句义说。[3] 但胜论派的具体传承由于史料不足，目前无法详知。[4] 胜论派以论述自然哲学著称，其理论主要有：句义论、极微论、因中无果论等等。

与数论派的情况相似，本书所涉及的胜论派文献主要是早于或大致同时于清辩的典籍，但考虑到胜论派发展历史模糊不清、文献的年代问题争议较大，[5] 笔者在必要时也参考了甚至晚于《中观心论》与《思择焰》藏译年代的一些胜论派著作。

（一）《胜论经》（*Vaiśeṣika-sūtra*，简称 VS）及其注释

《胜论经》的作者相传为胜论派创始人迦那陀，但现存的《胜论经》有后来追加的成分，大致成形于公元二至三世纪。[6] 现在通行的《胜论经》共有 370 颂，分为十章，围绕胜论派的句义理论展开，是胜论派的根本经典。目前所知的《胜论经》古代注释主要有以下四种：

1. 《旃陀罗阿难陀注》（*Candrānanda-vṛtti*，简称 VS-C）

现存最早的包含《胜论经》经文的注释文献是大约完成于公元六

---

1 《成唯识论述记》："旧云蹇尼陀，讹也。亦云吠世史迦。此翻为胜，造六句论，诸论罕匹，故云胜也。或胜人所造故名胜论。旧云卫世师，或云鞞世师，皆讹略也。"（《大正藏》43, No.1830, p.255b26-b29）

2 迦那陀的生平参见金倉圓照[1971], pp.10-13。

3 详见《成唯识论述记》卷一末，《大正藏》43, No.1830, p.255b20-b29。

4 胜论派的历史概况、年代判定、起源等参见宇井伯寿[1965a], pp.424-465；宇井伯寿[1965b], pp.307-308。

5 中村元曾归纳整理了胜论派的几乎所有文献，详见中村元[1996b], pp.783-816。

6 参见金倉圓照[1971], pp.15-23。

至八世纪的《旃陀罗阿难陀注》（亦可意译为《月喜疏》）。[1] 一般认为作者旃陀罗阿难陀（Candrānanda，月喜）的生活年代不晚于公元 600 年。该注释所载经文共 384 颂，分为十章（adhyāya），前七章每章都分为两节（āhnika），后三章内部没有小节区分。

这部注释书与《中观心论》的完成年代较为接近，因而对考察《中观心论》与《思择焰》所涉及的胜论派哲学思想价值最大，是笔者引述、分析《胜论经》以及早期胜论派思想时的主要文献依据和理论来源。

2. 《巴达伐定陀罗注》（简称 VS-Bh）

《旃陀罗阿难陀注》之后现存最早的《胜论经》注释书是巴达伐定陀罗（Bhaṭṭa Vādīndra，约 12 世纪）[2]的注释，有广本和略本之分。广本一般称为《迦那陀经集释》（*Kaṇādasūtranibandha*）或《思择海》（*Tarkasāgara*）；略本是广本的删节本（abridgement），一般常称为《巴达伐定陀罗注》。[3]

《巴达伐定陀罗注》虽然已经晚于《思择焰》的藏译年代，但是作为仅次于《旃陀罗阿难陀注》的古代注释，其中引用的《胜论经》经文本身及其理解都有一定的参考价值。[4]

---

[1] *Vaiśeṣikasūtra of Kaṇāda with the commentary of Candrānanda*, critically edited by Muni Śrī Jambūvijayajī, Baroda, 1982 (Second Edition)。参见金倉圓照[1971]；Miyamoto[1996]。《旃陀罗阿难陀注》于 1874 年左右被发现，各写本的年代、特征等情况参见 Isaacson[1995], pp.143-156。

[2] 巴达伐定陀罗有不少异名，主要有 Mahādeva、Harakiṃkara、Śaṃkarakiṃkara、Vādīśa，详见 Isaacson[1995], p.1 注 1。巴达伐定陀罗的年代、著作、主要思想等参见 Isaacson[1995], pp.1-40。

[3] 该注释书的题名存在争议，广本可能的题名还有《胜论经广注》（*Vaiśeṣikasūtravārttika*）、《迦那陀经广注》（*kaṇādasūtravārttika*）、《胜论广注》（*Vaiśeṣikavārttika*）等，详见 Isaacson[1995], pp.12-13。Thakur 亦称略本为"*Vyākhyā*（注释）"、"无名氏注"（anonymous commentary，Thakur[1957]书名），容易造成误解，如 Halbfass 就误认为《思择海》（广本）与"无名氏注"的作者不同，参见 Halbfass[1992], pp.75-79。Isaacson 称广本为《思择海》，略本为"《思择海》删节本"（A bridged version of the *Tarkasāgara*）。Isaacson 还考订了广本与略本的关系等问题，详见 Isaacson[1995], pp. 13-22。

[4] 广本与略本所引《胜论经》经文存在一定差异，目前对两本注释书的研究都不够深入，主要是 Thakur [1957]（略本校订）、Thakur[1985]（广本校订）、Isaacson[1995]（略本第 6-7 章校订与翻译）等。本书

3. 商羯罗弥施洛的《补注》(*Upaskāra*, 简称 VS-U)

目前学界流传最广的《胜论经》是从商羯罗弥施洛（Śaṅkaramiśra, 约 15 世纪）的注释，即《补注》(*Upaskāra*)[1]中抽取出来的。

《补注》包含 370 颂经文，分为十章，每章分两节。《补注》本身问题很多，早已为学者们所诟病。而且，商羯罗弥施洛距离清辩近千年。因此，《补注》对理解《中观心论》与《思择焰》所传并批判之胜论派学说的意义不大，笔者只在必要时参考。

4. 《罗瓦那释》(*Rāvaṇa-bhāṣya*)

根据商羯罗弥施洛的《补注》以及巴达玛阿帕弥施洛（Padmanābha-miśra，约 16 世纪）等人的记载，还有一种甚至比《旃陀罗阿难陀注》更早的《胜论经》的注释书存在，即《罗瓦那释》(*Rāvaṇa-bhāṣya*)，但此注释书现已不存，只能根据商羯罗弥施洛等人的记载作一些推测而已。[2]

（二）《摄句义法论》(*Padārthadharmasaṃgraha*，简称 PDhS)

又名 *Praśastapāda-bhāṣya*，即《钵罗奢思多波陀注》。[3] 大约成书于公元五至六世纪，作者钵罗奢思多波陀（Praśastapāda）的生活年代一般认为与陈那（Dignāga，约 480-540）相去不远。[4] 该注释虽然题

主要参考了略本（《巴达伐定陀罗注》）。

[1] *Vaiśeṣikasūtropaskāra of Śrī Śaṅkara Miśra with the 'Prakāśikā' Hindī Commentary by Ācārya Ḍhuṇḍhirājaśāstrī*, edited by Śrī Nārāyaṇa Miśra, Varanasi, 1969 (The Kashi Sanskrit Series 195). 另外，姚卫群先生曾根据 Gough, *The Vaiśeṣika Aphorisms of Kaṇāda* 将《胜论经》经文和部分《补注》释文译成了汉文，收于姚卫群[2003], pp.1-43。

[2] 详见金倉圓照[1971], pp.30-32。

[3] *The Praśastapāda Bhāṣya with Commentary Nyāykandalī of Śrīdhara*, edited by Vindhyesvari Prasad Dvivedin, Sri Satguru Publications, Delhi, 1984 (Reprinted from Vizianagram Sanskrit Series, Banaras 1895). 参见金倉圓照[1971]；Miyamoto[1996]。另外，姚卫群先生曾根据 Radhakrishnan 和 Moore 英译本节译了《摄句义法论》，收于姚卫群[2003], pp.44-62。

[4] 钵罗奢思多波陀的生卒年代推定详见金倉圓照[1971], p.40。

名“注疏”（bhāṣya），但并不是一般意义上对《胜论经》经文本身的逐条解释，而是重新系统阐述了胜论派的“六句义”等理论，内容清晰、条理清楚、自成一家。

《摄句义法论》对后来胜论派的发展影响极大，是除了《胜论经》以外最能代表胜论派思想学说的古代文献，而且一度有取代《胜论经》成为胜论派最重要文献的趋势，在胜论派思想发展历史中占有重要地位。因此，《摄句义法论》亦是笔者在探讨《中观心论》与《思择焰》所传并批判之胜论派思想时的重点参考文献。

印度现存不少有关《摄句义法论》的复注，成为研究胜论派思想的重要依据。最著名的是弗优摩湿伐（Vyomaśiva，约 10 世纪）的《弗优摩伐蒂》（*Vyomavatī*），[1] 乌德衍那（Udayana，约 10 世纪）的《光之颈饰》（*Kiraṇāvalī*），[2] 希里达罗（Śrīdhara，约 10 世纪）的《正理的芭蕉树》（*Nyāyakandalī*）[3]等等。

（三）《胜宗十句义论》

慧月造，唐·玄奘于公元 648 年译出，收录于《大正藏》第 54 册，No.2138，是唯一一部有古代汉译的胜论派文献，尚未发现梵文本和藏译本。

《胜宗十句义论》与《摄句义法论》一样，不是逐条引用《胜论经》经文后进行解释的注释书，而是主要阐释了“十句义”的理论，但其十句义说在印度基本失传，对当时及后世的影响都很小。

---

[1] *The Praśastapādabhāṣyam by Praśastadevācārya with Commentaries (up to dravya), Sūkti by Jagadīśa Tarkālaṅkāra, Setu by Padmanābha Miśra, and Vyomavatī by Vyomaśivācārya (to the end),* eds.by Pandit Gppinath Kaviraj and Pandit Dhundhiraj Shastri, Chowkhamba Sanskrit Series Office, Benares, 1930.

[2] *The Aphorisms of the Vaiśeṣika Philosophy by Kaṇāda with the Commentary of Praśastapāda, and the Gloss of Udayanācārya*, eds. by Mahāmahopādhyāya Vindhyeśvarī Prasāda Dvivedī and Dhuṇḍirāja Śāstri, Benares Sanskrit Series, Benares, 1919.

[3] *Praśastapādabhāṣya with Śrīdhara's Nyāyakandalī*, edited and translated by Durgdhara Jha, Varanaseya Sanskrit University, Varanasi, 1963.

《胜宗十句义论》的完成年代及其与《摄句义法论》的相互关系等是学者们一直颇为关心但久无定论的问题，一般认为慧月与钵罗奢思多波陀基本同时。[1]

笔者在翻译《入抉择胜论之真实品》时着重参考了《胜宗十句义论》对胜论派专门术语的翻译与理解，如“句义”（padārtha）、“实”（dravya）、“德”（guṇa）、“业”（karman）、“同”（sāmānya）、“异”（viśeṣa）、“和合”（samavāya）等专有名词。

三 吠檀多派及其文献

“吠檀多”（Vedānta）[2]一词主要有两种意思：吠陀的终末和吠陀的秘义。吠陀的终末即奥义书（*Upaniṣad*），吠檀多派哲学理论与奥义书关系密切，其论师同时也被称为“奥义书论者”（Upaniṣadvādin）。由于吠檀多派以“梵”为中心论题，商羯罗（Śaṇkara, 700-750）[3]之后一般又自称“梵论者”（Brahmavādin）。[4] 吠檀多派是印度六派哲学中最“正统”的一派，影响深远广泛。

虽然吠檀多派的思想渊源可以追溯到奥义书和史诗《摩诃婆罗多》（*Mahābhārata*），但其作为独立的宗教哲学流派则出现于公元前一世纪左右，兴旺发达于公元七、八世纪。一般认为，创作《梵经》（*Brahma-sūtra*）的跋多罗衍那（Bādarāyaṇa，又称 Vyāsa，约前 100）[5]是吠檀多派的始祖，之后以乔荼波陀（Gauḍapāda，约 640-690）[6]、商羯罗、罗

---

[1] 参见宇井伯寿[1965a]；金倉圓照[1971]；Miyamoto[1996] [2007]。

[2] Vedāntavāda, Vedāntavādin, Vedāntin 这几个梵文词的具体用法详见中村元[1989a], p.156。

[3] 商羯罗的生平年代及思想学说详见中村元[1989a], pp.63-86；中村元[1989e]。

[4] 参见中村元[1989a], pp.157-158。

[5] 跋多罗衍那的生平传说详见中村元[1989b], pp.52-58。可以把跋多罗衍那之前（《梵经》形成之前）的吠檀多派看作是萌芽时期的吠檀多派，代表人物有 Kārṣṇājini、Kāśakṛtṣṇa、Ātreya、Auḍulomi、Āśmarathya、Bādari、Jaimini，这些学者的名字都曾出现在《梵经》、《弥曼差经》等文献中，但生卒年代都不详，而且他们在作为吠檀多派学者的同时也是弥曼差派的代表，详见中村元[1989b], pp.3-53。

[6] 与给《数论颂》做注释的乔荼波陀可能为同一人，学界对此尚无定论，详见本节“数论派及其文献”。

摩奴阇（Rāmānuja，约 11-12 世纪）等为吠檀多派的代表人物。[1]

吠檀多派始终最为关注梵与我的关系问题，由于对最高实体——梵——的不同解释而出现了不同的理论系统，影响较大的主要是跋多罗衍那的“不一不异论”（bhedābheda）[2]、乔荼波陀和商羯罗的“不二一元论”（advaita）、罗摩奴阇的“限定不二论”（viśiṣṭādvaita）以及摩陀婆（Madhva，约 13 世纪）的“二元论”（dvaita）。

与《中观心论》、《思择焰》相关的吠檀多派文献主要是其早期阶段的典籍，即商羯罗之前的吠檀多派著作。商羯罗之前的吠檀多派尊崇的经典除了奥义书、《薄伽梵歌》（*Bhagavadgītā*）之外，[3] 传承下来的主要是《梵经》、伐致呵利的《文章单语论》[4]以及乔荼波陀的《圣教论》[5]。这三部论著是笔者在考察吠檀多派哲学思想时的主要文献依据。

此外，虽然商羯罗的生活年代晚于清辩，但由于《梵经》本身简

---

[1] 乔荼波陀之前有一位吠檀多派的著名人物——文法学家伐致呵利（Bhartṛhari，约 450-500），代表作为《文章单语论》（*Vākyapadīya*）和对钵颠阇梨（Patañjali，前 150）的《大疏》（*Mahābhāṣya*）所作的《大疏解明》（*Mahābhāṣyadīpikā*）。商羯罗和乔荼波陀之间有两位较为著名的吠檀多派人物——乔频陀（Govinda）和曼陀纳弥室罗（Maṇḍanamiśra），前者相传是乔荼波陀的学生、商羯罗的老师，在商羯罗的众多著作中都可以看到他自称是乔频陀的学生的记载，但乔频陀的具体学说无法详知；后者相传是弥曼差派的枯马力拉（Kumārila，约 7-8 世纪）的弟子，曾经与商羯罗展开争论，后成为商羯罗的弟子，论述语言哲学、主张“不二一元论”。商羯罗之后的吠檀多派由于距离《中观心论》的成书年代较远，不是笔者关注的对象，不再作介绍。此外，其他商羯罗之前的吠檀多派代表学者主要还有：Upavarṣa、Bodhāyana、Brahmānandin、Draviḍa、Bhartṛprapañca、Śabarasvāmin、Bhartṛmitra、Śrīvatsāṅkamiśra、Sundarapāṇḍya、Brahmadatta 等，详见中村元[1989b],pp.3-78；中村元[1989c], pp.5-276。

[2] “不一不异论”是《梵经》的核心思想之一。

[3] 奥义书和《薄伽梵歌》既是吠檀多派崇尚的经典，也受到印度众多宗教哲学流派的共同重视，很多流派的宗教哲学思想或多或少都能在奥义书和《薄伽梵歌》中找到一些痕迹。奥义书和《薄伽梵歌》已有中译本，广为人知，下文不再赘述其概况和主要内容，详见徐梵澄[2007]，张保胜[2007]。

[4] *The Vākyapadīya: a treatise on the philosophy of Sanskrit grammar by Bhartrī Hari (Brahma-kānda),* with the Bhāvapradīpa Sanskrit commentary & notes by Sūryanārāyaṇa Śukla, edited with Hindi commentary etc. by Rāmagovinda Śukla, Chowkhamba Sanskrit Series Office, Varanasi, 1961.

[5] *The Māndūkyopanishad with Gaudapāda's Kārikās and the Bhāshya of Śankara*, translated by Manilal N. Dvivedi, Bombay, 1894.

略难懂，而商羯罗的注释对吠檀多派乃至整个印度思想界影响巨大，笔者亦择要参考了商羯罗的《梵经注》（*Brahmasūtra-bhāṣya*）[1]等著作。

（一）《梵经》（*Brahma-sūtra*）

《梵经》是吠檀多派的根本经典，又被称为《吠檀多经》（*Vedānta-sūtra*）、《吠檀多弥曼差论》（*Vedānta-mīmāṃsā-śāstra*）等。[2] 相传跋多罗衍那撰写了《梵经》的最初部分。《梵经》的出现是吠檀多派成为一个独立派别的标志。[3] 目前所见到的《梵经》大约定型于公元 400-450 年，[4] 共有 4 篇 16 章 555 颂，[5] 每一颂文字极其简略，如果没有解说传授往往难以理解。《梵经》现有姚卫群先生的中译本。[6]

《梵经》承袭了吠陀的冥思方式，主要阐明了“梵我不一不异”的理论，并批判了其他学派的思想。总共 555 颂经文中，批判数论派的有 60 颂，批判佛教 17 颂，批判胜论派 7 颂，批判耆那教 4 颂，批判顺世论 2 颂。此外，一些学者还认为《梵经》与其说是独立的哲学论著，不如说是一部较为系统的对奥义书的综合注释书。[7]

《梵经》在后世极具权威，吠檀多派的很多学者都站在自己的立场为之作注，其中最重要的注释书莫过于商羯罗的《梵经注》。[8]

---

1 *Brahmasūtraśāṅkarabhāṣyam: Bhāmatyādivyākhyopavyākhyānavakopetam*, edited by Shri Anant Krishna Sastri, foreword by Jagadguru Shankaracharya, introduction by Dr. Madan Mohan Agrawal, Chaukhamba Sanskrit Pratishthan, Delhi, 1995.

2 《梵经》的各种异名详见中村元[1989b], pp.81-86。

3 巫白慧先生曾指出：奥义书提出的“梵我同一”的理论，是吠檀多哲学的形成阶段；《薄伽梵歌》继承“梵我同一”理论，同时吸收其他哲学观点，是吠檀多哲学的发展阶段；《梵经》发展为“梵我不二论”，完善了吠檀多哲学体系，是成熟阶段。所以，奥义书、《薄伽梵歌》、《梵经》三书通常合称为吠檀多哲学的三支柱。巫白慧[1989], p.13。

4 中村元考订，详见中村元[1989b], pp.94-97。

5 黄心川先生曾列表对《梵经》的内容作了总体说明，参见黄心川[1986], pp.34-35。

6 姚卫群[2003], pp. 245-357。

7 详见 Qvarnström[1989], p.16。

8 商羯罗的其他重要著作还有：《广林奥义书注》（*Bṛhadāraṇyakopaniṣadbhāṣya*）、《薄伽梵歌注》

（二）《文章单语论》（*Vākyapadīya*）

作者伐致呵利（Bhartṛhari，简称 Hari，约 450-500）是古印度著名的文法学家，也是吠檀多派中语言哲学的集大成者。[1]《文章单语论》的梵文本经过 50 多年的校订于 1937 年完成出版。[2]

义净在《南海寄归内法传》中曾记载过伐致呵利及其著作对当时印度社会的广泛影响：

> 次有《伐致呵利论》，是前《朱尔》议释，即大学士伐致呵利所造，有二十五千颂。斯则盛谈人事声明之要，广叙诸家兴废之由，深明唯识，善论因喻。……次有《薄迦论》，颂有七百，释有七千，亦是伐致呵利所造，叙圣教量及比量义。次有《荜挐》，颂有三千，释有十四千，颂乃伐致呵利所造，释则护法论师所制，可谓穷天地之奥秘，极人理之精华矣。若人学至于此，方曰善解声明。与九经百家相似，斯等诸书，法俗悉皆通学，如其不学，不得多闻之称。[3]

其中的《薄迦论》七百颂与《文章单语论》的第一、二章的颂数相符合。《朱尔》（Cūrṇi）即钵颠阇梨的《大疏》，因为伐致呵利在《大疏解明》（《伐致呵利论》）中称钵颠阇梨为“朱尔作者”（Cūrṇikāra）。《荜挐》具体所指不详。[4]

《文章单语论》主要阐述了“声不二”（śabdādvaita）思想，提

（*Bhagavadgītābhāṣya*）、《我之觉知》（*Ātmabodha*）、《问答宝鬘》（*Praśnottararatnamālikā*）、《五分法》（*Pañcīkaraṇa*）、《示教千则》（*Upadeśasāhasrī*）等。印度后世对《梵经》的注释情况详见中村元[1989b], pp.98-100。

1 伐致呵利在印度文法学史上的地位高于其在吠檀多派发展史上的地位，但他对早期吠檀多哲学有很大的贡献，因此说他是文法学家的同时也常把他归入吠檀多派。参见中村元[1989d], pp.54-61。

2 详见中村元[1989d], pp.6-17。

3 《大正藏》54, No.2125, p.299a17-b29。

4 详见中村元[1989d], pp.9-14。

出声是万物的本质，文法学是关于“内我”的学说，哲学的目的则是追求有关“梵”的知识，即解脱。[1] 古印度哲人曾对《文章单语论》作过不少注释，但大多散佚，留存极少。[2]

（三）《圣教论》（*Āgama-śāstra*）

作者为乔荼波陀（Gauḍapāda），又名《乔荼波陀颂》（*Gauḍapādīya-kārikā*），原本是对《蛙氏奥义书》（*Māṇḍūkya Upaniṣad*）的注释，所以又称为《蛙氏奥义颂》（*Māṇḍūkya-kārikā*）。[3] 此论大约成型于公元五至七世纪。现有巫白慧先生的中译本。[4]

由于乔荼波陀既承袭了奥义书的思想，又深受大乘佛教中观、唯识等学派的影响，所以《圣教论》不仅是对《蛙氏奥义书》的梳理解读，而且形成了自己独具特色的理论体系。[5]

《圣教论》第一次较为系统地阐述了吠檀多派的“不二一元论”思想，是吠檀多派成为一个成熟而系统的哲学流派的标志之一，并为商羯罗进一步发展吠檀多派学说奠定了基础，在吠檀多派中占有特殊而重要的地位。

---

[1] 参见孙晶[2004], p.9。

[2] 详见中村元[1989d], pp.10-13。

[3] *The Āgamaśāstra of Gauḍapāda*, edited by Vidhushekhara Bhattacharya, University of Calcutta, Calcutta, 1950.

[4] 巫白慧[2007]。

[5] 《圣教论》的文本、思想、影响等具体情况参见巫白慧[2007]。

第二章 《中观心论》与《思择焰》对数论派思想的批判

《入抉择数论之真实品》是《中观心论》及其古注《思择焰》批判外道思想的第一品，涉及数论派思想之艰深广泛，批判论证之淋漓尽致，从中可以看出论主清辩与数论派关系之密切，这也印证了玄奘对清辩论师的评价"外示僧佉之服，内弘龙猛之学"。[1] "外示僧佉之服"即表示清辩极有可能熟知数论派的学说并以数论师的身份在社会上活动。

第一节 《入抉择数论之真实品》的义理结构

《入抉择数论之真实品》的藏译言简意赅、晦涩难懂，一直以来被认为是《中观心论》与《思择焰》中最难理解的一品。不过，该品梵文本的发现却给混乱不清的藏译提供了另一种思考理路和解读依据。笔者在校订、对勘梵文本与藏译本之后，通盘整体考虑《入抉择数论之真实品》的义理结构，给出了一个较为可行的科判。

一 科判

《入抉择数论之真实品》总共可以分为三个部分：前分所破、后分能破、总结陈词。其中，前分所破集中叙述了数论派的主要学说，基本确立了后文批判的对象和范围；后分能破主要批判了数论派的人

[1] 《大唐西域记》，《大正藏》51, No. 2087, p.930c25。

我论、自性论和解脱观，是全品的重点；总结陈词概括并明确了本品的写作目的。具体科判如下：

I 前分所破：叙述数论派的主要思想（kk.1-4[1], 227a7-230b6[2]）

I.1 自性论、转变说、人我论等（k.1）

I.2 映像说（k.2）

I.3 人我解脱说（k.3）

I.4 自性解脱说（k.4）

II 后分能破：批判数论派的主要思想（kk.5-60, 230b6-242a3）

II.1 批判人我论之一：破人我有知（kk.5-16, 230b6-231a5）

II.1.1 数论派观点一：有知是人我的本性。（k.5）

II.1.2 破观点一：人我既不具有知也不是无知。（kk.6-7）

II.1.3 数论派观点二：知依止于觉，觉依止于人我。（k.8）

II.1.4 破观点二之第一：破觉不是有知。（kk.9-11）

II.1.5 破观点二之第二：破觉是有知。（kk.12-13）

II.1.6 破观点二之第三：破人我、觉、知三者一体。（kk.14-16）

II.2 批判解脱理论之一：（kk.17-24, 232b5-234a7）

II.2.1 数论派的解脱定义：只要认识到自性和人我是不同的时候就是解脱。（k.17）

II.2.2 破解脱定义：轮回的时候，“自性是人我”是不合理的。解脱的时候，不可能产生区分自性与人我的认识。（k.18）

II.2.3 破自性解脱：自性是人我的共同的系缚。（k.19）

II.2.4 破人我解脱：人我是多、遍在。（kk.20-21）

II.2.5 破映像说。（kk.22-23）

---

1 表示《入抉择数论之真实品》偈颂号，此处即第 1-4 颂，下同。

2 为简洁起见，只标出德格版《思择焰》的页号（D Dza），详见本书下卷附录。下同。

II.2.6 总结评破数论派的解脱理论。（k.24）

II.3 批判自性论：破自性（胜因）有（kk.25-42, 234a7-239a3; kk.47-50ab, 239b5-240a7）

II.3.1 数论派观点：个体物都具有随行、变异、有能力、因果关系、多样性的特征，所以个体物都具有胜因。（kk.25-26）

II.3.2 总破数论派论证的五项理由。（k.27）

II.3.3 分破数论派论证的五项理由。（kk.28-42）

II.3.3.1 破随行（理由一）。（kk.28-32）

II.3.3.2 破变异（理由二）。（k.33-35ab）

II.3.3.3 破能力（理由三）。（kk.35cd-36ab）

II.3.3.4 破因果关系（理由四）。（kk.36cd-39cd）

II.3.3.5 破多样性（理由五）。（kk.40-42）

II.3.4 总结数论派论证的错误：（kk.47-50ab）

II.3.4.1 总结（一，破因）：随行等因不能证明胜因的存在。（kk.47-48）

II.3.4.2 总结（二，破喻）：数论派论证用的栴檀喻不能成立。（kk.49-50ab）

II.4 批判人我论之二：破人我是享受者、知者、作者（kk.43-46, 239a3-239b5; kk.50cd-57, 240a7-241b5）

II.4.1 破人我是享受者。（kk.43-46, kk.50cd-51）

II.4.2 破人我是知者。（kk.52-53）

II.4.3 破人我是作者。（kk.54-56）

II.4.4 总结：数论派关于人我的论证是错误的。（k.57）

II.5 批判解脱理论之二：（kk.58-60, 241b5-242a3）

II.5.1 数论派观点：由真实见可获解脱。（k.58ab）

II.5.2 破真实见之第一：数论派的真实见不是真正的真实见。（k.58cd）

II.5.3 破真实见之第二：看见“人我自性互不同”的真实见不能获解脱。（kk.59-60）

III 总结陈词（kk.61-64，242a3-242a7）

III.1 正面总结：数论派的真实完全违背道理且前后矛盾。（k.61）

III.2 反面讽刺：数论派的谬论甚为精巧。（kk.62-64）

需要说明的是，上述科判中的画线部分是根据梵文本对藏译本作出的调整，解决了对后分能破进行结构分层的两大难点：（一）藏译把部分偈颂混入进了长行，使得上下文文义难以贯通；（二）第 47-50ab 颂及其注释与前后文关联不大，有错乱之嫌，难以给其准确定位。[1]

笔者将梵本与藏译作了精细校勘，把梵文偈颂有效融入对藏译的理解，以补充现存藏译本的不足，在此基础上全译整品之后，提出以下看法：第 43-50ab 颂很可能在传抄过程中被混乱了顺序——第 47-50ab 颂应该紧跟在第 42 颂后面，作为批判数论派“自性有”论证的总结；而第 43-46 颂则应该与第 50cd-57 颂连成一体，构成对数论派人我论的再次批判。

二　批判理路

《入抉择数论之真实品》的总体批判理路秉承了印度哲人的一贯思路，即前分所破、后分能破、总结陈词的论述模式。

前分所破从宏观的角度整体叙述了数论派的主要思想理论，这部分内容共有四颂，第 1 颂主要介绍了数论派的自性论、转变说、人我论、量论、因中有果论等，第 2-4 颂分别转述了数论派的映像说、人我解脱说、自性解脱说。

需要注意的是，第 1 颂的注释虽然冗长，但并没有重点介绍数论派的“自性人我”理论的核心观点，而只是概要地提出了自性、人我

[1] 参见本书第一章第三节所列藏译与梵本不对应之处，p.20。

的属性等。第1颂注释把重点放在了由自性理论延伸出来的转变说上，尤其详细解释了转变的过程，以及与此相关的九喜、八成、二十八无能、五疑倒等等内容。自性转变说占了第1颂注释的四分之三强，然而却没有被当作批判的重点对象出现在后分能破中。

《入抉择数论之真实品》后分能破对数论派思想的批判主要以前分所破的叙述为基础，批判了数论派的人我论、自性论、解脱观。其中，人我论是批判的重点，所占篇幅最大。自性论是批判的难点和亮点，该部分充分运用因明格式，批判规整而有力。解脱观是批判的落脚点，对人我、自性的批判最终都是为了达成对数论派解脱思想的否定。此外，映像说也被纳入解脱理论一并破斥。

最后，总结陈词从正反两方面总结了数论派思想理论的荒谬，完满地结束了本品的叙述与批判，结构清晰、内容明了，无需更多解释。结尾巧妙的反讽之颂令人回味无穷。

可以说，在调整了部分偈颂的排列顺序、厘清科判结构之后，总观《入抉择数论之真实品》的义理结构和批判理路就不会再觉得本品庞杂无序、无从下手，而是容易发现本品展现出来的严谨的辩论思路和自成体系的论证逻辑，也就能较好地把握本品艰深的思想内容，进而探讨佛教中观派与数论派交锋的具体哲学问题。[1]

第二节　对数论派自性论的叙述与批判

自性（prakṛti），是数论派基本哲学体系“二元二十五谛”[2]中的

---

[1] 本多惠等学者在研究《入抉择数论之真实品》时，由于没有很好地调整部分偈颂的顺序，给出的科判结构有欠妥当。参见本多惠[1980], pp.127-166。

[2] “二元”是数论派提出来的展现世间事物和人生现象的两个主要实体，即人我和自性。“二十五谛”是包括人我和自性在内的二十五个基本概念，其余二十三个是：觉（大）、我慢、十一根（眼、耳、鼻、舌、皮、口、手、足、排泄器官、生殖器官、心）、五唯（香、味、色、触、声）、五大（地、水、火、

“二元”之一，是数论思想的基石和关键概念。

自性被数论派认为是世界（万物）的质料因、第一根源因，所以又称为“胜因”（pradhāna）、“本性”。自性也是事物尚未展开、没有变化的本体，所以亦可称为“非变异”（avikṛti），与从其展开（转变）的其他二十三种变异物形成对比。[1] 自性还是微细、不能被直接觉察的，只能从它的结果（“大”等转变物）来认识，[2] 所以亦被称为“未显”（avyakta），与作为世界物质的“显”相对应。[3] 自性与其转变物都由“三德”（三种元素）构成。三德即萨埵（sattva）、罗阇（rajas）、多磨（tamas）。当三德处于平衡状态时，自性不显现；当三德失去平衡时，自性就开始转变出自然万物和人身心的各种机能等。

《数论颂》关于自性的讨论主要集中在第 7-16, 22, 24-25 颂。其中，第 15 颂提出了能够证明自性存在的五项理由：

别类有量故，同性能生故，因果差别故，遍相无别故。[4]

《数论颂》第 10、11 颂例举了自性的特征：

有因无常多，不遍有事没，有分依属他，变异异自性。[5]

风、空），这二十三个基本概念被认为是自性的转变物。

[1] *Sāṃkhya-kārikā*(3): mūlaprakṛtir avikṛtir mahadādyāḥ prakṛtivikṛtayaḥ sapta/ ṣoḍaśakas tu vikāro na prakṛtir na vikṛtiḥ puruṣaḥ// 《金七十论》(第 3 颂)：“本性无变异，大等亦本变，十六但变异，知者非本变。”

[2] *Sāṃkhya-kārikā*(8): saukṣmyāt tadanupalabdhir nā ’bhāvāt kāryatas tadupalabdhiḥ/ mahadādi tac ca kāryaṃ prakṛtivirūpaṃ sarūpaṃ ca// 《金七十论》(第 8 颂)：“性细故不见，非无缘可见，大等是其事，与性不似似。”

[3] *Sāṃkhya-kārikā*(2): dṛṣṭavad ānuśravikaḥ sa hy aviśuddhikṣayā ’tiśayayuktaḥ/ tadviparītaḥ śreyān vyaktā ’vyaktajñavijñānāt// 《金七十论》缺此颂。姚译：“天启的（方法与一般）可见的（方法）类似，因为它与不净、可灭性、不平相关联。与这（上述两种）方法不同的（方法）是较好的，因为（它产生于对）显、未显和知者的（正确）认识。”姚卫群[2003], p.146。

[4] 《金七十论》第 15 颂，这句经文的具体含义详见后文第 57-58 页。

[5] 《金七十论》第 10 颂，这句经文的具体含义详见后文第 51-52 页。

三德不相离，尘平等无知，能生本末似，我翻似不似。[1]

上述三颂涵盖了数论派自性论的主要内容。

此外，自性论的另一大特点是由其延伸出来的“转变说”，[2] 即从自性这一根本因如何展开出世界万物的理论。

自性作为数论派的核心概念之一，一直以来备受佛教徒讨伐，《入抉择数论之真实品》也毫不例外地将其作为重点叙述和批判的对象。

一 《入抉择数论之真实品》所传之自性论

《入抉择数论之真实品》开篇第 1 颂介绍了数论派的自性论，这部分内容主要围绕自性的特点和自性转变说两方面展开。另外，后分能破中还有关于数论派“自性有”论证的详细叙述。

（一）自性的特点

考察自性的特点是了解数论派自性论最直观、最便捷的途径，《入抉择数论之真实品》开宗明义首先指出了数论派的自性的特点：

自性本是无知者，
即为三德与生体，
彼复相异于人我，
此等皆应常修习。（1）

意思是：自性是无知者、由三德构成、是能生的本体，这自性还与人我正相反，这些教义需要经常反复学习、修行。

---

[1] 《金七十论》第 11 颂，这句经文的具体含义详见后文第 58 页。

[2] “转变说”这一概念最早由 15-16 世纪的 Madhusūdana Sarasvatī 提出，后经宇井伯寿完善成为与“积聚说”、“化现说”并列的概括印度六派哲学学说的重要观点。

这一颂前三句指出了自性最重要的四大特点：无知、由三德构成、能生、与人我正相反。

第 1 颂注释还补充了自性的另外一些重要属性：

> 自性是那种没有意识的存在，而且具有不生、常住、是作者、被享受、唯一、遍在、三德等（特性）。此性是“未显”，因为即使根据特殊的色、量、相等，对于天、非天、人等来说，（自性）都不会现前。（第 1 颂注释，227b1-227b2）

概括来讲，自性具有无知、三德、能生、不自生、常住、被享受、唯一、遍在、未显等特性。其中，无知、具有三德、能生三大属性与偈颂的意思重复。所以，综合偈颂与注释，《入抉择数论之真实品》前分所破所传的自性具有以下十种特点：

无知、由三德构成、是能生的本体、与人我正相反、不自生、常住、被享受、唯一、遍在、未显。

这里，除了“不自生”、“被享受”在《数论颂》中没有明确提及之外，其他七项都可以在《数论颂》第 10、11 两颂中找到几乎完全一致的表达。

> 有因无常多，不遍有事没，有分依属他，变异异自性。[1]

这一颂直接例举的是自性的转变物所具有的、与自性相反的九种特征：有因、无常、多、不遍（非遍在）、有事（有轮回等作用）、没（大等转变物没入自性）、有分（有部分）、依他、属他。所以，与此相反的自性就具有以下九种特征：无因、常住、唯一、遍在、无轮回、

---

1 《金七十论》第 10 颂，*Sāṃkhya-kārikā*(10): hetumad anityam avyāpi sakriyam anekam āśritaṃ liṅgam/ sāvayavaṃ paratantraṃ vyaktaṃ viparītam avyaktam//

不没、无部分、不依他、不属他。[1]

《数论颂》第 11 颂举出了自性与其转变物共同具有的六种特征：

> 三德不相离，尘平等无知，能生本末似，我翻似不似。[2]

意思是自性还具有：与三德不相离、是尘（人我的对象）、平等、无知、能生这五种特性。[3]

《入抉择数论之真实品》中提到的“不自生”、“被享受”实际上与《数论颂》中的“无轮回”、“尘”的意思基本相同。

由此看来，前分所破描述的数论派的自性所具有的十大特点与《数论颂》的表达基本一致。

（二）自性转变说

数论派自性论的另一种表现形式是其转变说，即以自性为根本因来解释世间万物和人生现象如何产生的思想学说。《入抉择数论之真实品》花了很大篇幅来介绍这种理论：

> “根本自性非变异，大等皆是七种谛，此七既本又变异，一十六谛只变异，人我非本非变异。”这就是（数论派的）宗趣。“根本自性”是没有变异的有法，所以是非变异。因为（根本自性）产生觉（buddhi），所以（根本自性）是本。觉本身就是大（mahat）。觉因为能够生起我慢（abhimāna），所以是本；因为（觉）从根本自性中清净生起，所以（觉）是变异。同样，我慢也因为产生五唯（tanmātra），所以是本；而因为觉是（我慢的）因，所

[1] 参见《金七十论》第 10 颂注释。

[2] 《金七十论》第 11 颂，*Sāṃkhya-kārikā*(11): triguṇam aviveki viṣayaḥ sāmānyam acetanaṃ prasavadharmi/ vyaktaṃ tathā pradhānaṃ tadviparītas tathā ca pumān//

[3] 参见《金七十论》第 11 颂注释。

以（我慢）是变异。（五）唯等也因为转变出（五）大（mahābhūta）、产生（十一）根（indriya）等，所以是本；因为从我慢产生，所以（五唯）是变异。如是，那些大、我慢、五唯是“既本又变异”的七种谛，而根本自性则是第八（谛）。（五）唯生起的时候，有十六种变异，即如下：地、水、火、风、空、耳、皮、眼、舌、鼻、手、足、大遗、人根、口，这十六种[1]既因减损而变异又因爱欲而变异。（第 1 颂注释，227b2-227b7）

这一长段注释开头的偈颂与《数论颂》第 3 颂的内容基本一致：

本性无变异，大等亦本变，十六但变异，知者非本变。[2]

上述长行的描述与《金七十论》中第 3 颂的注释较为相似，但比《金七十论》第 3 颂注释更为详细地解释了各种转变物成为“本”和“变”的理由。

此外，上述略显繁琐的自性转变过程可以图示如下：

十一根
↗
自性→大[3]→我慢[4]→五唯
↘
五大

显然，这一转变过程与《数论颂》的说法[5]并完全不相同：

---

[1] 事实上此处只例举了十五种，缺了“意”（manas）（《金七十论》译为“心（根）”）。

[2] 《金七十论》第 3 颂，*Sāṃkhya-kārikā*(3): mūlaprakṛtir avikṛtir mahadādyāḥ prakṛtivikṛtayaḥ sapta/ ṣoḍaśakas tu vikāro na prakṛtir na vikṛtiḥ puruṣaḥ//

[3] 《金七十论》第 22 颂注释：“大者，或名觉，或名为想，或名遍满，或名为智，或名为慧，是大即于智故，大得智名。” 把“大”称为“觉、智”可能来源于《广林奥义书》（*Bṛhadāraṇyaka* Up.）：idaṃ mahad bhūtam anantam apāraṃ vijñānaghana eva/(2.4.12) （这种大有无尽、无边，只是智的积聚），参见本多惠[1980], p.5。

[4] 《金七十论》第 22 颂注释：“我慢者，或名五大初，或名转异，或名焰炽。”

[5] 关于转变的顺序，数论派不同的文献有不同的说法，详见本多惠[1980], pp.291-307。

自性次第生，大我慢十六，十六内有五，从此生五大。[1]

我慢我所执，从此生二种，一十一根生，二五唯五大。[2]

《数论颂》中的自性转变过程可以图示如下：

十一根

自性→大→我慢 ↗ ↘

五唯→五大

《入抉择数论之真实品》后分能破第 25 颂注释中也提到了数论派自性转变说的转变过程：

自性→大→我慢→五唯→五根→五大。[3]

这与《数论颂》、《入抉择数论之真实品》第 1 颂注释所传的转变过程亦不完全相同。

由此可见，“自性→大→我慢”这一转变顺序是毫无疑问的，但“我慢”之后的转变顺序就各不相同了。《入抉择数论之真实品》前分所破和后分能破分别转述的这两种不同的转变顺序目前还没有在数论派典籍中找到完全一致的表述。

另外，《数论颂》解释了自性为什么能转变出其他事物，这是《入抉择数论之真实品》没有提到的属于自性转变说的重要内容：

性变异生因，三德合生变，转故犹如水，各各德异故。[4]

---

[1] 《金七十论》第 22 颂，*Sāṃkhya-kārikā*(22): prakṛter mahān tato ’haṅkāras tasmād gaṇaś ca ṣoḍaśakaḥ/ tasmād api ṣoḍaśakāt pañcabhyaḥ pañcabhūtāni//

[2] 《金七十论》第 24 颂，*Sāṃkhya-kārikā*(24): abhimāno ’haṅkāras tasmād dvividhaḥ pravartate sargaḥ/ ekādaśakaś ca gaṇas tanmātraḥ pañcakaś caiva//

[3] 《入抉择数论之真实品》：“变异”是永恒的有法，即从自性产生大，从大产生我慢的本性，从我慢（产生）唯的行相，从唯（产生）根的行相，从根产生大种的本性。（第 25 颂注释，234b3-234b4）

[4] 《金七十论》第 16 颂，*Sāṃkhya-kārikā*(16): kāraṇam asty avyaktam pravartate triguṇataḥ samudayāś ca/ pariṇāmataḥ salilavat pratipratiguṇāśrayaviśeṣāt//

在数论派看来，自性可以通过与三德的结合而发生作用，由于各德的所依物不同，就像同一种味道的雨水降落到地面之后，根据地面气味的不同会产生不同的味道，自性的转变显现出来的差别就是世间各种各样的事物。[1]

总体来说，《入抉择数论之真实品》前分所破描述的数论派的自性转变说基本符合《数论颂》的记载。至于对“我慢”之后的转变顺序的不同描述，很有可能是依据了当时比较流行的数论派内部的某些支派的说法，这些大同小异的学说未必全部流传至今，本品的记载可以丰富我们对数论派哲学思想的认识。

需要补充说明的是，“前分所破”第 1 颂注释还详细介绍了“大”、“我慢”、“五唯”、“五根”“五大”等各种转变物的具体含义和特性。由于这部分内容与自性的特点及自性转变说并无直接关系，而且叙述较为繁琐，此处不再一一解读，可参考本书附录中相应部分的译文。

（三）“自性有”的论证

《入抉择数论之真实品》第 25、26 颂转述了数论派著名的有关“自性有”的论证，也就是证明“胜因是存在的”这一命题的“五支作法”：[2]

胜因是有诸个物，
随行故且变异故，
因与果之关系故，
多样性故能力故。（25）

---

[1] 《金七十论》第 16 颂注释：“天水初一味，至地则变异，转为种种味，各各器异故。”

[2] “五支作法”是包括佛教在内的古印度各宗教哲学流派曾经普遍使用的逻辑论证方法，是由宗、因、喻、合、结五支构成的推理论式，属于古因明。

同样据前所叙述，
犹如破陶之碎片，
如是个物亦具彼，
是故个物具有因。（26）

宗：自性（胜因）是存在的。

因：个体物具有随行、变异、因果关系、有能力、多样性的特征。

喻：如同破陶的碎片。

合：破陶的碎片具有随行等特征，所以有原因；个体物也具有随行等特征，所以也都有原因。

结：因此，个体物具有因（胜因）。

第25、26两颂的注释具体解释了宗、因、喻、合、结这五支，尤其对因支和喻支作了详细的说明：

1. 宗：

萨埵、罗阇、多磨等平衡不显现就是胜因，这（是）有法。“那（胜因）是存在”是它的法，即所立。法和有法相结合就是宗。（第25-26颂注释，234b3）

有法、法、宗都是因明用语，因明中把宗（命题）的主词称为“有法”，述词称为“法”，即宗的主词含有述词之法义。这里在提出“胜因是有”这一命题之前再次定义了“胜因（自性）”——“萨埵、罗阇、多磨等平衡不显现就是胜因”，是为了明确宗的含义。

2. 因：注释分别解释了偈颂中提到的五项因，[1] 数论派论证的重点就在于这五项“理由”：

[1] 《入抉择数论之真实品》：“个体物的随行”等五项是因，称为“毗达”（vīta）。（第25-26颂注释，234b2-234b3）

（1）随行故（anvayāt）：

对于一切个体物来说，自性遍在（于一切个体物）就是“随行”，因为一切个体物都具有乐、苦、痴的本性。

（2）变异故（pariṇāmataḥ）：

“变异”是永恒的有法，即从自性产生大，从大产生我慢的本性，从我慢（产生）唯的行相，从唯（产生）根的行相，从根产生大种的本性。

（3）因果关系故（kāryakāraṇabhāvāt）：

“胜因”是根本因，大和我慢等既是果又是因，因为具有变异的本性。

（4）能力故（śaktitaḥ）：

“能力”即因为自性是生的有法，所以（自性）具有产生一切个体的能力；对于大等来说，产生各自的果需要因的能力。

（5）多样性故（vaiśvarūpyataḥ）：

“多样性”是大、我慢、唯、根、大种的各种各样的特殊性；就像从种子产生芽、茎、枝、细枝、叶、花等所有部分一样，这些（部分）的作者都是同一个种子。同样，不显的胜因是同一而无差别的，所以（一切个体物）被认为只有一个作者。

（第25-26颂注释，234b3-234b7）

《数论颂》在证明自性存在时例举了以下五项理由：

别类有量故，同性能生故，因果差别故，遍相无别故。[1]

根据《金七十论》第15颂注释，《数论颂》提出的五项理由的意

[1] 《金七十论》第15颂，*Sāṃkhya-kārikā*(15): bhedānāṃ parimāṇāt samanvayācchaktitaḥ pravṛtteś ca/ kāraṇakāryavibhāgād avibhāgād vaiśvarūpyasya//

思具体如下：

（1）别类有量故（bhedānāṃ parimāṇāt）：个体物都是有数量限定的，譬如陶师用一定量的土只能做一定量的陶器；同样，大等转变物的量是确定的，即大与我慢都是一，唯是五，根是十一等。

（2）同性故（samanvayāt）：譬如破碎的栴檀木虽然有很多，但栴檀性是始终如一的；同样，大等转变物虽然各不相同，但是"三德性"是同一的。

（3）能生故（śaktitaḥ pravṛtteḥ）：作为根本因的自性具有产生其他物的"能力"（śakti），譬如陶师有做瓦器的能力，所以能制作瓦器，但是没有做衣服的能力所以不能制作衣服。

（4）因果差别故（kāraṇakāryavibhāgād）：根据土不能盛水而由土做成的瓶却能盛水，可以看出因和果是有差别的；同样，大等果由自性这一因转变出来但又不同于自性。

（5）遍相无别故（avibhāgād vaiśvarūpyasya）："遍相"是个抽象名词，直译为"多样性"；"遍相无别"的意思是世界万物的多样性在消亡的时候是没有差别的，即大等转变物最终都要没入自性之中。

由此可见，《入抉择数论之真实品》中提到的"随行"、"变异"、"因果关系"、"能力"、"多样性"与《数论颂》例举的五项理由并不完全相同，但是大致可以分别等同于其中的"同性"、"别类有量"、"因果差别"、"能生"、"遍相无别"。

3. 喻：结合上述五项因，《入抉择数论之真实品》第25、26颂注释详细解释了偈颂中的譬喻是如何具体应用于这五项因的：

> （1）就像破瓶的所有碎片跟随地性，而栴檀片却跟随味性一样，"随行"是确定的。
>
> （2）"变异"是就像瓶变成瓦砾的状态以及（栴檀）变成栴檀片一样。
>
> （3）"因果关系"即瓶是瓦砾的作者而栴檀是（栴檀）片的

作者。

（4）“能力”是瓶产生瓦砾、梅檀变成碎片的力量。

（5）“多样性”是从瓶产生各种各样的瓦砾或者从梅檀的一根茎产生各种各样的梅檀片。

（第 25-26 颂注释，235a1-235a4）

结合上述注释对喻支的解释，我们能够更好地理解《入抉择数论之真实品》转述的数论派证明“胜因有”的因支。

需要指出的是，《入抉择数论之真实品》偈颂中用的是破陶喻（“如同破陶之碎片”），而长行注释则主要用破陶（瓶）喻同时结合梅檀喻来说明。梅檀喻和破陶喻都是数论派文献中常见的譬喻，《金七十论》在注释“同性故”这一理由时使用了梅檀喻，而在解释“别类有量故”、“能生故”和“因果差别故”时都用了破陶喻。[1] 另外，《般若灯论》、《大乘掌珍论》等也都提到过数论派对梅檀喻的运用。[2]

4. 合：第 25、26 颂注释简明扼要地指出了偈颂中的“如是个物亦具彼”就是五支作法中的“合”：

“如是个物亦具彼”等就是“随行”等等，这是“合”的意思。（第 25-26 颂注释，235a4）

5. 结：与注解“合”一样，第 25、26 颂注释仅指明偈颂中的“是故个物具有因”是“五支作法”中的“结”：

---

[1] 详见《金七十论》第 15 颂注释。

[2] 《般若灯论》：“复次僧佉人言：如我立义，彼自性为因，谓梵摩为初，下至住持际，诸法果生皆因自性。如彼内入为苦乐痴因，决定作因，彼具有故。若世间物，彼具有者，我知为因，如梅檀札，如瓦器片。”（《大正藏》30, No.1566, p.54a27-b2）《大乘掌珍论》：“诸数论师复作是说：我虽不能亲现成立最胜士夫，然就共知诸变异聚方便成立，彼体实有，谓诸显事。有性为因，有种类故，诸有种类一切皆见。有性为因，如檀片等。”（《大正藏》30, No.1578, p.275b16-b19）

“是故个物具有因”就是“结”。（第25-26颂注释，235a4）

以上就是《入抉择数论之真实品》后分能破所传的数论派运用“五支作法”对“自性有”的证明，叙述详细而完整，为其后批判“自性有”作了充分铺垫。

由此我们可以看出，《入抉择数论之真实品》前分所破以展示数论派自性论中自性的特征和自性转变说为主，其中绝大部分内容准确地转述了《数论颂》的思想。后分能破记载的“自性有”证明亦可追溯到《数论颂》。所以，《数论颂》是《中观心论》与《思择焰》描述的数论派自性论思想的主要来源和依据。

二 破自性有

《入抉择数论之真实品》对数论派自性论的批判充分抓住问题的关键，主要破斥了其自性论的核心观点——以五支作法来证明“自性有”。在五支作法中，因支是最主要的，破除了因，五支作法就会彻底倒塌。所以，后分能破在批判“自性有”的五支作法时，较少涉及其他四支（宗、喻、合、结），主要牢牢抓住因支，分析破斥了数论派提出的每一项因。

（一）破宗

《入抉择数论之真实品》首先指出数论派用五支作法来证明“自性有”是多余的证明。因为如果数论派的观点是“个体物都具有原因的话”，其立宗从因明的角度来讲就犯了“相符极成过”：

如若个物具有因，
则证已经被证明，（27ab）

“相符极成过”是指对论辩双方都承认的命题再次予以提出论证，因此是多余的证明。第 27ab 颂注释详细说明了数论派犯有这一错误的原因：

> 如果根据你（数论派）的理解，所谓“大等的个体物都具有因”就是证明已经成立的。（因为）我们（佛教）也（认为）一切事物由因和缘如实产生，事物不是无因的。（第 27 颂注释，235a5-235a6）

佛教把因缘和合生万物作为基本教义之一，比数论派更为强调“任何事物都有因”，就这一点来说“大等的个体物都具有因”这一命题在佛教徒看来是不证自明的。因此，数论师在与佛教徒辩论的时候，如果试图通过事物都具有因来证明自性的存在，就会违背因明的一条基本规则，犯下“相符极成过”。

但事实上，这里的批判有偷换概念之嫌，因为数论派所说的“任何事物都有因”不仅说任何事物都有直接或具体的、即相当于佛教所说的因缘和合的因，更重要的是任何事物都具有自性这一根本因。而佛教徒所说的“任何事物都有因”只是指因缘和合的因，而不涉及任何恒常不变的根本因。所以，数论派所说的“任何事物都有因”不同于佛教徒所说的“任何事物都有因”，两派的说法表述相似而意义相异。严格来说，此处指认数论派犯有“相符极成过”并不十分恰当。

（二）破因

《入抉择数论之真实品》指出数论派所谓的随行、变异等因不符合“因三相”，是“不成因”：

> 随行亦是不成立，
> 因即成为不成因。（27cd）

在因明论式中，“因”须具备三相——遍是宗法性、同品定有性、异品遍无性——才能成为“正因”，缺乏任何一相都是“似因”。其中，缺乏第一相“遍是宗法性”而不能证明立宗的即称为“不成因”。

第27cd颂注释给出了数论派用来论证“自性有”的五项因都是“不成因”的具体理由：

> 如果“自性是一”能被证明的话，那（自性）也能同时被证明，但是，我们（佛教徒）认为那自性不能被证明，（自性是）未显的缘故，就像兔角等一样。“任何（未显）如何拥有（显）”对于他们（数论师）来说也是不成立的。“变异”等等“因”也因为这样的错误而被破除。（第27颂注释，235a7-235b1）

这里的批判要点是：自性是未显的，而个体物是显现的，未显的事物不可能具有显现物的特征，而显现的事物也不可能具有未显物的特征，所以个体物不可能具有自性的特征，那么，变异等显现物的特征就会因为与自性的未显的属性相矛盾而不能证明自性的存在。用因明的术语来讲，自性是“自性有”这一命题中的有法，变异等五项理由是证明这一命题的因，按照数论派对自性及变异等的定义，变异等作为显现物的特性在外延上不能完全涵盖自性的特性，而只是涉及宗有法的一部分外延的话，这样的因就是不具备“遍是宗法性”的“不成因”。所以，缺乏“遍是宗法性”是数论派的随行、变异等五项因犯有的共同错误。

然而，仅用一个偈颂指出数论派论证过程中的错误略显不足，本品接着用15个偈颂（第28-42颂）详细批判了数论派“五支作法”的因支中的每一项“因”。

1. 破随行

《入抉择数论之真实品》并没有直接指出随行作为论证“自性

有”的因的错误，而是通过与数论派的多回合辩论最终让人信服随行不能证明“自性有”。

首先，《入抉择数论之真实品》再次解读了数论派用个体物的存在来证明自性存在的论证模式：

> 先前的共相是存在的而后来的别相也是存在的，因为（个体物都）具有共相，或者因为共相没有差别，就像先前的胜因的状态一样。（第28颂前言，235b1-235b2）

“共相”指的是自性，“别相”指的是个体物的随行等属性，这里用“共相”和“别相”来解释自性与个体物之间的依存关系。

对此，第28颂批判道：

> 若许先前共相性，
> 如有共相性之故，
> 实则共相与别相，
> 如前一般无喻例。（28）

意思是：如果认为个体物具有先前的共相，因为个体物具有像共相一样的性质的话；那么共相和别相就像先前的“胜因”一样是没有喻例的。

满足数论派所说的“无因”等十五种性质的胜因是极为特殊的东西，这样的胜因即使存在也没有相类似的事物可作比较，所以数论派在证明“胜因是有”的时候不可能有喻例。[1] 没有譬喻的论式就是不

[1] 《入抉择数论之真实品》：这里，你（数论派）的这个证明中没有喻例。胜因，即乐等，存在于一切事物的本性中，在证明个体物的“随行”时所说的喻例没有说服力，或者对于他们（数论派）来说也不成立。（第28颂注释，235b2-235b3）

完整的证明，不符合因明规则，是数论派和佛教都不能认可的。所以说：

> 像胜因一样，随行等是不存在的，任何你（数论派）对先前的共相的证明完全没有有力的喻例。（第 28 颂注释，235b4）

第 28 颂及其注释通过否定自性的属性以及个体物的随行等属性的存在性来间接否定胜因与个体物的存在。但是，数论派认为他们的论证是有喻例的，并提出了反驳：

> 破瓶的碎片等也具有乐等的本性，无差别故。你（佛教徒）不能说“无喻例”这样的话，我们的命题中有双方都承认的譬喻。如果问：“（譬喻）是什么？”（回答:）“（个体物）是以乐、苦、痴为本性的蕴，是蕴故，如受蕴。”（第 29 颂前言，235b4-235b6）

因为第 28 颂及其注释连个体物的存在都否定了，所以这里数论派提出了一个所谓论辩双方都承认的宗、因、喻齐全的论式，试图以“蕴”为媒介来证明个体物的存在性，以此间接维护自性（胜因）的存在。

《大乘掌珍论》有与此相同的说法：

> 四蕴皆是苦乐痴性，是蕴性故，如受蕴。[1]

《大乘掌珍论》中对这种论证的批判是“此所说痴非受蕴摄，同喻不成。”[2] 那么，《入抉择数论之真实品》中的批判是否也与此类似？

---

[1] 《大正藏》30, No.1578, p.275b27。

[2] 《大正藏》30, No.1578, p.275b28。

第29颂[1]及其注释指出的数论派的主张“（个体物）是以乐、苦、痴为本性的蕴，是蕴故，如受蕴”事实上可以分解为三个论式：

（1）宗：（个体物）是以乐为本性的蕴。
因：是蕴故。
喻：如受蕴。
（2）宗：（个体物）是以苦为本性的蕴。
因：是蕴故。
喻：如受蕴。
（3）宗：（个体物）是以痴为本性的蕴。
因：是蕴故。
喻：如受蕴。

就前两个论式来说，论证的喻例是不确定的，因为受有乐受、苦受、不苦不乐受三种：

> “‘是蕴故’要么像乐受一样蕴成为乐性；要么‘是蕴故’像苦受一样（蕴）成为苦性；或者（蕴）成为不苦不乐性”是不确定的。证明（蕴是）苦性的时候也是这样的错误。（第29颂注释，235b7-236a2）

就第三个论式来说，受是非痴性的，即佛教徒承认苦、乐都具有受性，但是认为痴没有受性，因为受只能是乐受、苦受、不苦不乐受三种与苦、乐相关的受，而不可能是痴受。[2] 这与《大乘掌珍论》的

[1] 《入抉择数论之真实品》：乐等等之本性故，如同受蕴不被许，是蕴故则苦乐等，各各差别不决定。（29）

[2] 《入抉择数论之真实品》：所谓“蕴是痴性，是蕴故，如受蕴”，因为受是非痴性的，对象是空无的话，譬喻也就是错误的。（第29颂注释，236a1-236a2）

批判一致。此外，《般若灯论》中也有类似说法。[1]

因此，“（个体物）是以乐、苦、痴为本性的蕴，是蕴故，如受蕴”这种说法不成立。

数论派对此提出了反驳：

> 痴也是受性的，具有因故，犹如乐受和苦（受）。[2]（第30ab颂，236a2）

对此，佛教徒的说法是：

> 即是喻例有错误，
> 彼之证明不被许。（30cd）

具体来说：

> 即使断灭不确定，
> 如此亦是义未办。（31ab）

偈颂的意思是：即使断灭不确定性，（数论派）这样的意义也不能成立。

佛教徒认为，即使“痴要么成为同一的受性、要么根本不能成为

[1] 《般若灯论》：“僧佉人言：‘如我立义，彼自性为因，谓梵摩为初，下至住持际，诸法果生皆因自性，如彼内入为苦乐痴因，决定作因，彼具有故。若世间物，彼具有者，我知为因；如栴檀札、如瓦器片，金庄严具，如是等总别因故，由彼内入具有乐苦痴等故，说内入为彼乐苦痴因，如是应知色想行识诸阴皆是乐苦痴等自性。何以故？由阴故，譬如受阴。是故因及譬喻义皆得成。’论者言为此故，第一义中，栴檀等譬不成，以无体故。于世俗中，痴者行阴摄故，譬喻不成。彼乐苦等二，异外诸法，非乐苦自性，应如是知，何以故？所量故，譬如觉验不相应。”（《大正藏》30, No.1566, p.54a27-b10）

[2] 《入抉择数论之真实品》：亦或痴为受性故，具有因故如苦乐。（30）

受性”[1] 这样的不确定性可以被断灭，数论派主张的“痴是受性”的意义也不能成立，因为痴与受性根本无关，所以数论派提出“痴也是受性”的挽救不能成功。

最后，《入抉择数论之真实品》总结归纳了数论派把“随行”作为论证“自性有”的因的两个错误：

随行等之比量故，
违害立宗过错故。（31cd）

根据因明法则，“随行”等因是“有法自相相违因”，因为：

“随行”等是非常住、非遍在等的，而作为比量就与常住、遍在于一切等相违背，所以就是有法自相相违。（第 31cd 注释，236a5-236a6）

“有法自相相违”是指在因明对论中，立论者所设立的因与自己设立的宗有法所陈述的内容相矛盾，这样的因不仅不能证明宗有法，反而成为否定宗有法的理由，问难者于是就可以利用这样的因来证明相反的命题。[2]

就随行等因来说，数论派所设立的随行等作为因与他们想要证明的“自性有”的命题中的有法——自性——的定义相矛盾，因为随行等是非常住、非遍在的，而自性被数论派规定为是常住和遍在的，所以用随行等因不仅不能证明“自性有”，反而可以证明这样的自性是

---

[1] 《入抉择数论之真实品》：具有因故，要么痴成为受性；或者具有因故，像瓶等一样，（痴）不成为乐等的本性。（第 31ab 注释，236a3-236a4）

[2] 《因明入正理论》：“有法自相相违因者，如说有性非实、非德、非业，有一实故、有德业故，如同异性。此因如能成遮实等，如是亦能成遮有性，俱决定故。”（《大正藏》32, No.1630, p.12a23-a26）

不存在的。

“随行”等因还是“有法差别相违因”，如第 32ab 颂[1]注释所述：

> 随行和变异等的存在就像破瓶的碎片等的存在一样，用随行等因能证明胜因的话，同样也能证明产生性、有尽性，而（数论派）认为“胜因是不生、无尽的”，所以“彼之差别相违”就是有法差别相违因，即与（宗的）含义相矛盾。（第 32ab 颂注释，236a6-236b1）

“有法差别相违”是指在因明对论中，立论者所设立的因与宗阐述的含意（“差别”）相矛盾，致使所立的宗不能成立。[2] 随行等因只适用于证明破瓶的碎片那样有产生性、有尽性的事物，当用随行等来证明“自性有”时，随行等因就会与“自性有”这一命题所隐含的自性的不生、无尽的属性相矛盾，也就不能证明自性。如此，随行作为因在证明“自性有”时就是“有法差别相违因”。

所以，随行不能作为证明“自性有”的正因。而且，上述批判同样适用于否定“变异”等其他四项因。

2. 破变异

为了引出对变异这一因的破除，《入抉择数论之真实品》再次重新解读了数论派“自性有”这一立宗的含义：

> 所谓“胜因是有”的宗的含义是什么？（含义是）要么“大等一切的因是同一个胜因”，要么“胜因是大的因，大是我慢的

---

[1] 《入抉择数论之真实品》：不生以及无尽等，彼之差别相违故。（32ab）

[2] 《因明入正理论》：“有法差别相违因者，如即此因，即于前宗有法差别作有缘性，亦能成立与此相违作非有缘性，如遮实等，俱决定故。”（《大正藏》32, No.1630, p.12a26-a28）

因，我慢是唯的（因）等各自为因”。（第33ab颂注释，236b3-236b4）

显然，这里是刻意从变异的角度来理解“胜因是有”这一命题的。对这种说法的批判分为两方面：

> 首先，是“一前因”（ekakāraṇapūrvatva）的话，就会与其他因相矛盾。如果问：“为什么？”（回答：）（我们）看见那些存在物都有不同的因，譬如，土是瓶的因、瓶是瓦砾（的因）等等。同样，栴檀树是干的因、干是枝的因，所以根据“一前因”证明的（胜因的）本性是无。因此，“有性”不从“一前因”产生，根据比量只能证明“无性”，所以是有法自相相违。（第33ab颂注释，236b3-236b6）

对于“胜因是有”的宗的第一种含义“大等一切的因是同一个胜因”，这里用世俗世界的所见所闻来破除。我们看见各种不同的事物有不同的因，所以各种不同的事物具有同一个因（胜因）就是错误的。因此“大等一切的因是同一个胜因”这种说法不仅不能证明“自性有”，反倒证明了“自性无”。用来证明的因（“一前因”）也就是“有法自相相违因”。

其次，

> 如是差别因之时，
> 无有喻例能被许。（33cd）

如果“胜因是有”的意思是“差别因”，即“胜因是大的因，大是我慢的因，我慢是唯的（因）等各自为因”的话，那么就没有同喻能够被承认。因为同喻必须是相同类的事物作比较，而常住的自性之外的其他任何事物都是非常住的，仅这点来说就没有与自性相同类的事物，[1] 更不用说数论派规定的自性还具有其他很多独特的属性。所以从“胜因是大的因，大是我慢的因，我慢是唯的（因）等各自为因”这个角度来解释“胜因是有”也是行不通的。

但是，数论派不认为他们的论证没有喻例，[2] 而且为了证明个体物与胜因一样也具有常住性，提出了一个新的论证：

> 栴檀变为碎片时，
> 不被损减是应知，
> 力色以及量等等，
> 持续故彼如同我。（34）

意思是：栴檀变为栴檀片的时候，栴檀的本性并没有被损减；因为栴檀的力、色、量等等是持续性的，所以那栴檀就像“我（胜因）”一样是常住的。数论派试图通过持续性的力、色、量来证明个体物（以栴檀为例）的常住性，这样就既可以证明自性是恒常存在的，同时又反驳了对自性没有同类物的批判。

第 34 颂注释详细解释了数论派所谓的“持续力”、“持续色”、“持续量”：

> 持续性即持续的本性。完全不舍离同类因的自性。其中，“持续力”是即使已经成为栴檀片等之后，也能根据药等的需要，用相同的香和味如是饶益（他物）的力量。“持续色”是白等相应的色性。“持续量”是栴檀的大枝中有许多碎片，（大枝）小的

---

1 《入抉择数论之真实品》：胜因是大的因，随行故，无论什么样的譬喻都以同类事物为对象，常住的本性是不存在的，所以没有喻例。（第 33cd 注释，236a7）

2 《入抉择数论之真实品》：难道我们没有提出破瓶的碎片等的喻例？或者（难道我们没有解释）即使破器的碎片等是非常住的而胜因是常住的有法的话，两者如何相似？（第 34 颂前言，236b7-236a1）

时候碎片也少，但只要“持续性”是存在的，那些（碎片）就不会变成无，就像不变成碎片的那个栴檀的自性一样。（第 34 颂注释，237a3-237a5）

所以，数论派总结说：

就“差别因”来说，我（数论派）也有喻例。（35ab）

《入抉择数论之真实品》没有直接对此作出批判，而是根据数论派提出的栴檀的持续力、持续色、持续量引出了对“能力”这一因的破斥。

3. 破能力

《入抉择数论之真实品》紧接着数论派提出的栴檀性不被损减的论证，指出：

力之本性彼若有，
如同前述无喻例。（35cd）

如果认为个体物也具有自性的力的本性的话，那么，这种论证就像前面已经说过的一样是没有喻例的。因为：

胜因的力也存在于大等的个体物中的话，即使“随行”等的因能够成立，因为没有其他不显的事物，所以“随行”不能证明，因为没有喻例。（第 35cd 颂注释，237a6-237a7）

一方面，“随行”不能作为因的话，自性的力就不可能存在于大等的个体物中，因为随行的意思就是自性遍在于一切个体物中，使一切个体物都具有乐、苦、痴的本性，也就是说，个体物只有与胜因相随行，才可能具有自性之力。

另一方面，“随行”可以作为因，即自性的力能存在于大等的个体物中的话，这样的自性也应该具有个体物的显的性质，这就会与数论派的宗趣相背离，因为根据数论派的基本教义，自性是未显，与显现物相反，不可能具有显现物的性质。[1]

所以，由于“随行”的牵绊，胜因的力不就可能存在于“大”等个体物中，具体到栴檀就是栴檀不可能具有持续性的能力。因此，数论派在第34颂中补充论证变异时提出的栴檀喻不能成立，即数论派的论证就成了“没有喻例”的。如此，持续性的能力被否定了，也就是个体物产生各自的果的能力被否定了。根据数论派论证“自性有”时对能力的说明，向前推论，自性就不可能具有产生一切个体物的能力。这样一来，“能力”就不能作为证明“胜因是有”的正因。

4. 破因果关系

“因果关系”作为数论派证明“自性有”的一项因的意思实际上就是其“因中有果”论，即“果和因具有相同的本性”、“因果同一性”、“果和因不异”等主张。直接说明这样的“因果关系”比较困难，所以数论派采取了迂回的手法，即先证明栴檀与其碎片具有同一性，如果作为因的栴檀与作为果的栴檀碎片是相同的话，那么就能证明因和果两者是同一的：

> 栴檀和碎片具有同一性的话，同样，就因和果两者来说也能够证明因和果是同一性的。（第36cd颂前言，273b1）

---

[1] 《入抉择数论之真实品》：显之本性彼若有，教义应是被舍离。（36ab）如果（数论派）说：“显的本性也是那胜因的，个体物因随行而存在”的话，就与（数论派的）宗趣相违背，因为根据（数论派的）教义“胜因是未显”。（第36ab颂注释，237a7-237b1）

对此，《入抉择数论之真实品》分三方面进行破斥：

首先，指出数论派所谓的梹檀与其碎片具有同一性本身就是一个需要证明的命题，不能用一个尚未确证的命题来证明另一个命题。[1]

其次，对于同类事物来说，果和因本来就是同一的，证明论辩双方都认可的命题就会犯“相符极成过”。[2]

第三，佛教徒认为因果的同一性仅限于同类事物，在同类性以外讲因果的同一性是不被允许的，因为对于不同类的事物来说，因果的同一性会违背父子关系等世俗因果现象。[3]

数论派试图用“觉具有同一性”来挽救自己的观点：

> 先前觉（pūrvabuddhi）是不灭的，即现在存在。（第 38ab 颂注释，237b4）

对此，佛教徒认为：

> 如果由设立同类事物的相续来证明先前觉等就是现在存在的，即是证明已经成立的。（第 38ab 颂注释，237b5）

这句话的意思是，如果认为觉是同类事物的相续，也就是没有变化的话，证明觉的同一性会犯“相符极成过”，因为如前所述，同类事物的因果同一性是被论辩双方所接受的，这样的命题不需要再次证明。如果承认变异之后的觉的同一性的话，就会产生觉是灭而不具有同一性的问题，就会与数论派的主张相矛盾，[4] 这样的论证显然不能

---

1 《入抉择数论之真实品》：因与果是同一性，论证即如已说理。（36cd）

2 《入抉择数论之真实品》：同类之理是同一，论证即是证已成。（37ab）

3 《入抉择数论之真实品》：这是前面《探究真实之知品》中说过的（错误）：“因和果成为同一性的话，就违背了父和子的分别施设，所说的因、果、作者、业也就不存在了。”（第 37cd 颂注释，237b3-237b4）

4 《入抉择数论之真实品》：如果（数论派）认为：“（先前觉等）是不灭的，变异而同一”的话，其

成立。所以，觉的同一性也不能被证明。

数论派接着提出：

> 一切实有物是同一性的，根据以乐、苦、痴为本性的随行等各种因，我能很好地证明（同一性）。（第 38cd 颂前言，237b6-237b7）

对此，《入抉择数论之真实品》认为就个体物来说，证明苦受性质的“随行”等的时候，其乐受性是不确定的，因为：

> 就个别来说，乐受性的随行就是所说的“像乐受一样”，其中，“要么这随行像乐受一样成为乐性？要么这随行像苦受一样成为苦性？”的犹豫就会产生。（第 38cd 颂注释，237b7-238a）

而且，论辩双方共同允许的能证明随行于乐、苦、痴的本体（自性）的喻例是不存在的。[1] 所以，数论派的证明不成立，一切实有物不可能具有相同的乐、苦、痴的本性，也就不可能具有同一性。[2]

最后，《入抉择数论之真实品》通过否定“果和因不异”来强调“因果关系”不能证明“自性有”。

如果“果和因不异”的意思是：

> 凡是作者都不异于源自它的结果。（第 39ab 颂注释，238a3）

他的对象就不会产生。如果（其他的对象）产生的话，（先前觉等）就是灭而不是同一性的了。（第 38ab 颂注释，237b5-237b6）

[1] 《入抉择数论之真实品》：就全体来说，证明的时候，乐、苦、痴的本性的随行具有什么样的譬喻？双方共许的同类的事物的本性是不存在的，所以，那（譬喻）不起作用，所有因也都是不共的。（第 38cd 颂注释，238a2-238a3）

[2] 《入抉择数论之真实品》：任何时据乐苦等，诸种因是不确定。（38cd）

那么这种证明就是多余的，因为佛教徒也承认对于同类事物来说，其因和果是同一的，也就是不异的（参见第 37 颂）。证明双方都承认的观点就犯了“相符极成过”，这是本品一再强调的因明规则。

为了反驳上述批判，数论派提出了另一种对“果和因不异”的解释：

> 时无差别故不异（39c）

意思是：因为产生因和果的时间没有差别，所以因和果不是不同的。第 39c 颂注释还补充道：

> 因为时间接近，果就和因同时生起。（第 39cd 颂注释，238a5-238a6）

但是，这种说法违背了世间人们的基本常识，错误是显而易见的：

> 对于世人来说，“种子的时候不是（芽的时候），芽的时候也不是（种子的时候）；同样，住胎期不是（生的时候），生的时候也不是（住胎期）”才是世间共许。（第 39cd 颂注释，238a6-238a7）

这样，《入抉择数论之真实品》通过由栴檀到人的觉再到世间万物与时间的举例论证，否定了“因果关系”作为论证“自性有”的因的前提，即“因果关系”（因果同一、因果不异等）本身就是不成立的。

5. 破多样性

《入抉择数论之真实品》在破除多样性这一因时，仍然以栴檀及其碎片为案例进行分析和批判。

数论派的观点是：

> 梅檀不显并不是无，因为所谓“梅檀性”有第六格之说；而且即使宣说过去等世的时候，也像现在的刹那等一样。（第 40 颂前言，238a7-239b1）

这段话中的“第六格”（ṣaṣṭhī-vibhakti, Drug pa'i dbye ba），是梵文文法概念，“第六格”也可称为“属格”。数论派说明“梅檀不显并不是无”的第一个理由，即“第六格”的意思是：前文在讲梅檀性的时候，“梅檀性”一词可以作为第六格来理解，即梅檀性是属于梅檀的干、枝等其他个体物的属性，梅檀性因此具有多样性。其次，“刹那”这一概念可以给梅檀以持续的存在性，以补充“第六格”的理由。

对此，《入抉择数论之真实品》提出：梅檀不显现就是无，那所谓“梅檀不显并不是无”不能被证明，即使数论派以第六格、刹那为理由。[1] 梅檀的干、枝等多样性显现不能证明不显的梅檀的存在，同理，数论派提出的多样性的个体物以同一而无差别的自性为根本因的说法也不能成立，换句话说，“多样性”这一因不能证明不显的自性的存在。

最后，《入抉择数论之真实品》引述了《薄伽梵歌》中迦尔纳和苟陀迦的战斗过程来总结数论派论证“自性有”的五项因的荒谬：

> 有这样的传说：帝释天给了迦尔纳（Karṇa）能够杀死仇敌的武器——镖枪（śakti），他（迦尔纳）为了杀害阿周那（Arjuna）一直隐持着（镖枪）。迦尔纳和怖军（Bhīmasena）之子，即森林

---

[1] 《入抉择数论之真实品》：梅檀不显即是无，知彼不能被证明，即使说时与第六，犹如现在之刹那。(40)

> 魔女所生的名为“如发上竖瓶者”（Ghaṭotkaca，苟陀迦）战斗直到第三次中间的时候，他（苟陀迦）被迦尔纳打败了，迦尔纳为了杀害苟陀迦投出了镖枪。当苟陀迦变成蛇的形状的时候，那镖枪就变成金翅鸟的形状；当苟陀迦变成猫的形状时候，那镖枪就变成猫头鹰的形状而逼近；当苟陀迦变成火的时候，镖枪就变成水而追赶；这样，不管他（苟陀迦）变成什么样的形状，镖枪都会变成对治的那种形状而追赶。就像从变成妻子的形状到那（镖枪）杀死苟陀迦期间产生的变化一样。同样，你（数论师）执持（自性的）其他异名而出现的话，对于这些（异名）来说，要消除前面所说的错误是非常困难的。这样，就像镖枪追赶苟陀迦一样，你虽然为了隐藏错误而尽力（变化名称），但是错误还是存在的。（第41颂注释，239b2-238b7）

这里把数论派比作苟陀迦，数论派即使极力隐藏自己的过错，他们的学说的错误也会一直跟随他们，就像镖枪追赶苟陀迦一样，[1] 并且最终把他们置于死地。

从理论上讲，数论派有关“自性有”论证的错误的关键在于：

> 如果（自性）以力性而存在的话，（论证）就没有喻例；[2] 如果（自性）以显性而存在的话就会与（数论派的）宗趣相违背。（第41颂注释，238b7-239a1）

换句话说，随行、变异、能力、因果关系、多样性这五项因归根结底都无法解释或者解决“自性”的上述两个根本矛盾，因而也就不

[1] 《入抉择数论之真实品》：即使如此费劲力，隐藏自宗谬误时，所说过错非不随，犹如苟陀迦与枪。(41)

[2] 参见《入抉择数论之真实品》第25、28、33cd、34颂。

能证明“自性有”。

（三）破喻

虽然《入抉择数论之真实品》第26颂转述的数论派“五支作法”所用的譬喻为破陶喻（“犹如破陶之碎片”），但第26颂注释以及其后的偈颂、注释在补充说明时都主要使用了栴檀喻，而被破斥的喻例也是栴檀喻。

《入抉择数论之真实品》指出，数论派所谓的“栴檀不显并不是变成无”这一表述是错误的，因为按照这样的说法的话，就既不能说栴檀和栴檀片是不同的，也不能说栴檀和栴檀片是相同的。[1] 理由如下：

> 彼无所取无能取，
> 色等非异如彼性，
> 相异物故非非异，
> 以及能知所知故。（49）

这一颂有两层意思：第一，没有所取的话也就没有能取，所以形色等等（=栴檀的碎片等）与栴檀（性）不是不同的，因为它们具有相同的本性。具体来说就是：

> 在碎片等中，色等是存在的，因为依赖于栴檀，所以那些色等无所取的话，碎片等也就没有了所取，就像栴檀的茎的本性一样。（第49颂注释，240a4-240a5）

---

[1] 《入抉择数论之真实品》：如果说“栴檀不显并不是变成无”，那么，如此就不能说“（栴檀的）碎片等不是不同于栴檀的，那栴檀是此性”。（第49颂前言，240a3-240a4）

第二，因为能知和所知是不同的，所以就人们的认识来说，梅檀和梅檀碎片又是不相同的，也就是不能说二者是相同的。理由如下：

> 梅檀是一而碎片是多，就像这样计算，所知有二十四种，而知者是一，所以他们（梅檀的碎片与梅檀）不是相同的。（第 49 颂注释，240a5-240a6）

这里的“所知”指二元二十五谛中的人我的认识对象，也就是除人我之外的其他二十四谛，“知者”指人我。对于“知者”来说，仅从数量上看，梅檀和梅檀片就是不同的两种对象，所以不能说梅檀和梅檀片是相同的。

最后，《入抉择数论之真实品》指出梅檀不是未显、也不是结果，以此来进一步否定梅檀喻在论证“自性有”时的有效性：

> 是故非为不显现，
> 结果亦不被承许。（50ab）

具体理由阐述在第 50ab 颂注释中：

> 因为（梅檀）能产生碎片，所以并不是不显现。因为远离梅檀的茎的本体，所以是原因但不是结果。（第 50ab 颂注释，240b7）

这样，“五支作法”中的另一关键支——喻支——也被破除了。

（四）破合、结

数论派并不信服上述对其“五支作法”的批判，他们重新陈述了自己的观点：

你（佛教徒）前面说的，用随行等诸因来（证明）胜因的德是不确定的，那是不合理的；因为随行等诸因被认为在不同的事物中有差别，所以胜因的各种德并没有变成相同的东西而依止于胜因。（第 47 颂前言，239b5-239b6）[1]

对此，《入抉择数论之真实品》从两方面总结了数论派上述观点的错误，即：

胜因是存在的，因为随行等的差别（个体物）是存在的。只要没有个体物就没有随行等，证明“那是存在的”就成了证明“胜因是不存在的”，因为其中没有差别。如果（数论派）说：“胜因中也有差别，所以随行等是（因）”的话，那么，就像差别（个体物）作为显而存在、是作者也是结果、还是有因一样，胜因也会具有显性、作者性、所作性、有因性，这样的话（随行等）就成了“有法自相相违因”，（这就是）“相违”的意思。（第 48 颂注释，240a1-240a4）[2]

概括来说，这段话的意思是：如果认为胜因中没有差别的话，数论派所谓的“胜因是有”的证明就会变成“胜因是无”的证明，因为没有差别就没有随行等因；用随行等因能证明胜因的存在的话，反之没有这些因的时候就成了证明“胜因是不存在的”。如果认为胜因中有差别的话，就是“有法自相相违”的论证，因为内部有差别的胜因就会与数论派给胜因规定的种种特殊属性相违背。所以，不管哪种情况，数论派的“随行”等五项因都不能证明“自性有”。

---

[1] 《入抉择数论之真实品》：随行等等诸因项，个体物中是被许，根据胜因之诸德，彼等实非不确定。（47）

[2] 《入抉择数论之真实品》：具有能作所作等，是有因之比量者，有差别故诸因项，如此于彼是相违。（48）

这样，《入抉择数论之真实品》针对数论派论证“自性有”的“五支作法”，从多角度指出其中的宗、因、喻、合、结或与因明规则不相符合或违背了佛教的基本教义，从而破斥了数论派用“五支作法”来证明的“自性有”，即从根本上否定了自性的存在，批判了数论派自性论的核心思想。

第三节 对数论派人我论的叙述与批判

人我（puruṣa），是与自性一起构成数论派二元论的另一个重要概念，古代汉文也有译为神我、我、人、神、知者等等，本文采用《金七十论》的主要译语——人我。[1]

“人我”一词广泛出现于印度宗教哲学的各个流派和领域，这个“人我”有别于更为常见的“阿特曼”（ātman）。[2] 阿特曼一般译为“我”，较人我的意义更为广泛，通常情况下，阿特曼的主体、主观意味是人我所没有的。人我则主要有男人、人的魂、灵的意思。也就是说，人我相对于阿特曼来说少了一些主体自我的意味，是一种比较客观或者说客体的魂、灵。需要注意的是，数论派有时也把人我称为阿特曼。[3]

数论派认为人我确实是存在的。《数论颂》第 17 颂是对人我存在的直接证明：

聚集为他故，异三德依故，食者独离故，五因立我有。[4]

---

[1] 《金七十论》有时也将 puruṣa 译为“我”、“人”。

[2] 吠陀和奥义书中就有关于 puruṣa 和 ātman 及其区别的论述，村上真完对此作过详细考察，参见村上真完[1978], pp.23-144。

[3] 人我最初也有宇宙的巨人、原人的意思。参见村上真完[1978], p.3。

[4] 《金七十论》第 17 颂，*Sāṃkhya-kārikā*(17): saṃghātaparārthatvāt triguṇādiviparyayād adhiṣṭhānāt/ puruṣo ’sti bhoktṛbhāvāt kaivalyārthaṃ pravṛtteś ca//

这一颂提出的证明人我存在的五项理由的意思分别如下：[1]

“聚集为他故”（saṃghātaparārthatvāt）：世间一切聚集物都是为了他物而存在的，譬如床席等必定是为人而设定的；同理，身体等也有其存在的目的，即都是为了人我而积聚的，所以必然有人我存在。

“异三德故”（triguṇādiviparyayāt）：自性与二十三谛都离不开萨埵、罗阇、多磨这三德，但人我是与三德无关的存在。

“依故”（adhiṣṭhānāt）：身体能发挥作用是依赖于人我的指挥控制，自性也是在人我的指挥下才能转变出世间万物。

“食者故”（bhoktṛbhāvāt）：世间有酸、甜、苦、辣等饮食味道，则必定有食者（享受者）存在；二十三谛就像食物，所以必定有享受这二十三谛的食者——人我——存在。

“独离故”（kaivalyārthaṃ pravṛtteḥ）：“独离”就是解脱，如果只有流转于轮回的身体而没有可以达到独离的人我，那么所谓的解脱就成了不可能的和无意义的，所以必然有可以达到解脱的人我存在。

《数论颂》第17颂不仅证明了人我的存在，同时说明了数论派的人我的多种特性，可以说是最可能体现数论派人我思想的一句偈颂。

数论派的人我论显然与佛教的无我论直接相对立，在《入抉择数论之真实品》中被批判最多。

一　《入抉择数论之真实品》所传之人我论

《入抉择数论之真实品》第1颂主要转述了数论派的自性论，仅一句“彼复相异于人我”指出人我是不同于自性的。根据第1颂注释，人我与自性的不同之处主要在于：

> 人我不是本，因为非（由其他）生；也不是变，因为不生（其他）。（第1颂注释，227b7）

[1] 参见《金七十论》第17颂注释。

《入抉择数论之真实品》前分所破还描述了人我的其他特征：

那就是我，即不异于有知、不生、常住、无动作、食者、首脑、遍在、非作者、与三德相反。具有不生的性质、能生起获得缘的智慧、不具有萨埵等性相的缘故，不是德、没有开始的缘故，修习不生的有法的缘故，所以“有境”。没有产生和坏灭的缘故，所以“常住”。是本和变以外的其他，所以“无因”。是同一，所以“无分”。没有开头和终结的缘故，所以“无尽”。这些就是人我的性相。（第 1 颂注释，229b3-229b5）

概括来说，上述人我具有以下几种特征：有知、不生、常住、无动作、食者、首脑、遍在、非作者、异于三德、有对象、无因、无分、无尽。这些特征基本都可以在以下几句《数论颂》中找到出处。

《数论颂》第 19 颂明确指出人我具有五种主要特性：

翻性变异故，我证义成立，独存及中直，见者非作者。[1]

“证义”（sākṣitvam）意为：不同于三德的人我是三德发生作用时的证人。

“独存”（kaivalyam）意为：当人我与自性相分离的时候，人我就可以回归到本来独存的清净状态。

“中直”（mādhyasthyam）意为：三德能伸缩就会轮回生死，而人我是中立正直且不对外物作判定的，就像一心向道的出家人一样“不随他去来，唯见他来去。”

“见者”（draṣṭṛtvam）意为：人我是精神性的，能看见自性及三

1 《金七十论》第 19 颂，*Sāṃkhya-kārikā*(19): tasmāc ca viparyāsāt siddhaṃ sākṣitvam asya puruṣasya/ kaivalyaṃ mādhyasthyaṃ draṣṭṛtvam akartṛbhāvaś ca//

德的活动。

“非作者”（akartṛbhāvaḥ）意为：自性具有能作性，人我是不同于具有三德的自性的，所以人我不具有能作性，即不是作者。[1]

此外，根据《数论颂》第 10 颂：

有因无常多，不遍有事没，有分依属他，变异异自性。[2]

这一颂例举了“显”具有而“未显”不具有的九种特殊属性：有因、无常、多、不遍（非遍在）、有事（有轮回等作用）、没（大等转变物没入自性）、有分、依他、属他。也就是说，未显的自性具有与这九项相反的特征，人我则与这未显的九种性质中的八种相似。换句话说，人我具有八种与“显”相反、与“未显”相同的特性，即：无因、常住、遍在、无作用、不没（不会消亡）、无分、不依他（不依止于其他物）、不属他（不属于其他物）。

另据《数论颂》第 11 颂：

三德不相离，尘平等无知，能生本末似，我翻似不似。[3]

这一颂例举了“未显”和“显”共同具有的六种特征：三德（具有三德）、不相离（与三德不相离）、尘（是人我的对象）、平等（由一切我共用）、无知、能生性。人我具有与这六种未显和显共有的特征相反的属性，即：无三德，这一性质是人我的根本特征，由此才可以导出人我是非作者、独存等说法；人我与三德相分离；人我是主体而不

---

[1] 参见《金七十论》第 19 颂注释。

[2] 《金七十论》第 10 颂，*Sāṃkhya-kārikā*(10): hetumad anityam avyāpi sakriyam anekam āśritaṃ liṅgam/ sāvayavaṃ paratantraṃ vyaktaṃ viparītam avyaktam//；并参见《金七十论》第 10 颂注释。

[3] 《金七十论》第 11 颂，*Sāṃkhya-kārikā*(11): triguṇam aviveki viṣayaḥ sāmānyam acetanaṃ prasavadharmi/ vyaktaṃ tathā pradhānaṃ tadviparītas tathā ca pumān//，并参见《金七十论》第 11 颂注释。

是对象；人我是独立自存的，不存在与其他物的平等之处；人我是有知的；人我不能产生其他任何物。

所以，合并《数论颂》中的重复表达，数论派的人我总共具有以下十七种特性：证义、独存、中直、见者、非作者、异于三德、享受者、有知、不生、无因、常住、遍在、不没、无分、不依他、不属他。

由此可见，《入抉择数论之真实品》第1颂注释提到了其中的绝大部分属性，而且把“有知”看作是人我最重要的特性。此外，还用“田”和“知田”的譬喻来说明“人我有知”：

> 从本变产生的所有这些都是变异，而对于所谓“田”来说，因为（人我）认识那田，所以人我是“知田”，即（人我）远离本和变的性相。（第1颂注释，229b2-229b3）

“田”与“知田”是古印度哲学中的特殊概念，在奥义书中就已经出现。“田”指地、水、火、风、人的身体意识等可变灭之物，“知田”指人我或阿特曼。《薄伽梵歌》第13章《田与知田有别瑜伽》中有关于田和知田的专门而详细的论述。[1]

《金七十论》第70颂注释也用到了田与知田这一对概念：

> 最初唯暗生，此暗中有智田，智田即是人，有人未有智，故称为田，次回转变异，此第一转生乃至解脱。

---

[1] 《薄伽梵歌》第13章《田与知田有别瑜伽》：阿周那说：“我想了解什么是田，什么是知田，什么是原质，凯舍婆！什么是布鲁舍，什么是智慧，什么是可知？”薄伽梵说：“恭底耶！这身体称为‘田’，明白这个道理的人们把知身者称为‘知田’。你要知道，在诸田中，我是知田，婆罗多！有关田和知田的智慧，都被认为属于我。什么是田，有什么性质，它来自何物，变化如何，知田是谁，有何性能，听我概要地把它们叙说。此为不同仙圣分别以各种不同韵律所歌颂，亦以富于推理的梵经格言所吟咏。五大、我慢、觉、十根、五根境、非显和一心，欲、嗔、苦、乐、和合、觉、坚毅，凡此合称则为田，共寓之性为变异……”（张保胜[2007], pp.146-155）

另外，《入抉择数论之真实品》后分能破开篇也强调了人我的有知的本性：

> 数论派的宗趣是："有知"（caitanya）是人我的本性，就像火的热一样。如果问："所谓'有知'是什么？"（数论派答：）认识"所知"（jñeya）即是"有知"。（第5颂注释，230b7-231a1）

"有知是人我的本性"，而"认识'所知'即是'有知'"，这两句话连在一起的意思也就是：认识所知（对象）是人我的本性。

《入抉择数论之真实品》后分能破还转述了数论派证明"人我有知"的方法：

> 执持所知行相故，
> 觉中有知被承许，
> 性质依止实体故，
> 彼即依止此人我。（8）

数论派认为"所知（认识对象）"的行相是能够被执持的，所以觉中有知；因为性质依止于实体，所以"知"这样的性质依止于"觉"这一实有，而觉又依止于人我，如此，人我也就成为有知的。

数论派的上述论证并不直接证明人我有知，而是通过"觉"这样一个中介，来连接人我与有知。正如第8颂注释所说：

> 数论派的宗趣如下：根与境是相应的，而根认识对象之后，心也就认识了（对象），但心认识的对象需要通过觉来判定，即随顺"所知行相"的那种认识就是所说的"知"。知的性质依止于称为"觉"的实体，就像颜色（依止于）衣服一样。因此，那（觉）只是随侍而且依止于能利益的人我。（第8颂注释，231b1-

231b3）

在理解这段话之前，首先要弄清楚数论派的两个概念：“心”（manas）和“觉”（buddhi）。“manas”更为常见的古代汉译是“意”，而真谛在翻译《金七十论》时将数论派的“manas”译为“心”，本书沿用真谛的译法。《数论颂》关于“心”的特性和作用的表述都不是很明确，综合《数论颂》的相关内容，可知“心”主要起统御、支配感觉器官和行为器官的作用，是能分别之物。[1] 觉则主要起决智作用，也就是判定心所分别的外物。[2]

《入抉择数论之真实品》第 8 颂注释转述的认识过程中的心和觉的作用与《数论颂》第 30 颂基本相同：“觉慢心及根，或俱次第起，已见未见境，三起先依根。”[3] 这一认识过程概括来说就是：五作根或五知根感知外部事物（认识对象）→心进行思维分别→我慢生起与自己是否相关的妄执→觉进行决定性判断。[4]

根据这样的认识过程，数论派提出“知的性质依止于称为‘觉’的实体”从而使得觉具有知，而这样有知的觉又依止于人我，进而推论出人我具有知。

由此看来，《入抉择数论之真实品》中记载的人我思想基本都可以在《数论颂》中找到出处和依据。但需要指出的是，《数论颂》并没

---

[1] *Sāṃkhya-kārikā*(27): ubhayātmakam atra manaḥ saṃkalpakam indriyaṃ ca sādharmyāt/ guṇapariṇāma-viśeṣān nānātvaṃ bāhyabhedāś ca// 《金七十论》第 27 颂：“能分别为心，根说有两种，三德转异故，外别故各异。” 并参见《金七十论》第 27 颂注释。

[2] *Sāṃkhya-kārikā*(23): adhyavasāyo buddhir dharmo jñānaṃ virāga aiśvaryam/ sāttvikam etad rūpaṃ tāmasam asmād viparyastam// 《金七十论》第 23 颂：“决智名为大，法智慧离欲，自在萨埵相，翻此是多磨。” 并参见《金七十论》第 23 颂注释。

[3] 《金七十论》第 30 颂，*Sāṃkhya-kārikā*(30): yugapac catuṣṭayasya tu vṛttiḥ kramaśaś ca tasya nirdiṣṭā/ dṛṣṭe tathāpy 'dṛṣṭe trayasya tatpūrvikā vṛttiḥ// 但是《入抉择数论之真实品》第 8 颂没有涉及我慢。

[4] 详见《金七十论》第 30 颂注释。

有突出强调人我的“有知”这一特征，“有知”作为人我的属性在《数论颂》中仅仅在与自性及其转变物的对比中显示出来，与人我的其他属性是并列的。《入抉择数论之真实品》有意放大了“有知”这一特性在人我中的地位和特殊意义，[1] 进而把“人我有知”作为数论派人我论的主要内容来批判。

二 破人我有知

《入抉择数论之真实品》后分能破对“人我有知”这一观点的批判虽然建立在前分所破的基础上，但是所涉及的内容要比前分所破丰富、复杂很多。为了便于分析，笔者根据数论派提出的观点把后分能破对“人我有知”的批判分为三部分：破“有知是人我的本性”、破“知依止于人我的觉”、破“人我是知者”。

（一）破“有知是人我的本性”

《入抉择数论之真实品》后分能破首先表明佛教徒的立场，即“人我有知”是不被承认的，[2] 理由如下：

若认所知即有知，
所知无则彼亦无，
有知或者无知者，
于此谁能是人我？（6）

意思是：如果数论派认为“认识所知即是有知”的话，那么所知不存在的时候，有知也不会存在；因为“认识所知即是有知”也就意

[1] 如前所述，根据《数论颂》的表述，“无三德”才是人我的根本特征，因为由此才能导出人我是非作者、享受者、独存等其他属性。

[2] 《入抉择数论之真实品》：我是有知不被许。（5d）

味着有知是依赖于所知（对象）而存在的。那么，有知或者无知到底哪一个才是人我的本性？佛教徒的回答显然是后者。

第6颂注释从两方面进一步细化、扩展了这一颂的意思：

> 如果根据依止于所作和能作的觉作用，对象的本性能被直接认识的话，那么，还灭那样的所作和能作的时候，因为没有觉作用，什么样的认识可以被称为“知”？解脱的时候，人我要么是有知，要么是无知。如果那（人我）是有知者的话，为什么（有知的人我）不能认识所知？但是（人我）是无知的话，就与（数论派的）宗趣相异，即损减了（人我的）本性。（第6颂注释，231a2-231a4）

这里首先对《入抉择数论之真实品》第5颂注释中给出的数论派对有知的定义[1]提出了质疑，认为根据数论派的基本理论，他们所认为的“认识”（有知）是建立在“依止于所作和能作的觉作用”的基础之上的，也就是认识的根基是觉作用所依止的能作和所作，而不单单是外在对象。

根据《入抉择数论之真实品》第1颂及其注释，数论派的“所作”是地等五大，“能作”是眼等十根（五知根、五作根）。[2] 而《数论颂》认为“所作”是“声等五尘，语言等五事”十种，能作是“五知根、五作根、觉、慢、心”十三种。[3]《入抉择数论之真实品》对所作和能

---

[1] 《入抉择数论之真实品》：数论派的宗趣是：“有知”（caitanya）是人我的本性，就像火的热一样。如果问：“所谓‘有知’是什么？”（数论派答：）认识“所知”（jñeya）即是“有知”。（第5颂注，230b7-231a1）

[2] 详见本书下卷附录二《入抉择数论之真实品》第1颂注释，pp.408-409。

[3] *Sāṃkhya-kārikā*(32-33): karaṇaṃ trayodaśavidhaṃ tadāharaṇadhāraṇaprakāśakaram/ kāryaṃ ca tasya daśadhāhāryaṃ dhāryaṃ prakāśyaṃ ca// antaḥkaranaṃ trividhaṃ daśadhā bāhyaṃ trayasya viṣayākhyam/ sāmpratakālaṃ bāhyaṃ trikālam ābhyantaraṃ karaṇam//；《金七十论》第32-33颂：“作具数十三，能作牵执照，其事有十种，应引持照了。内作具有三，十外具三尘，外具取现尘，内取三世尘。”并参考《金七十论》第32-33颂注释。

作的描述要比《数论颂》狭窄一些，但无论如何，这些所作和能作在数论派看来都是要“还灭”，也就是消失的。[1] 所作和能作消失之后，觉作用就没有了依靠，也就不复存在。此时，建立于觉作用的基础之上的认识也就不存在了，“有知”就变成了无知。所以，数论派所谓“认识所知即是有知”这一对“有知”的定义本身是经不起推敲的。

其次，有知和无知是一组对立的概念，解脱的时候，人我要么是有知，要么是无知。第 6 颂注释就是根据这组概念的矛盾对立性提出了两个反问：如果人我是有知的话，为什么数论派却说解脱的时候人我不能认识所知？[2] 如果人我是无知的话，这一假设就与数论派“有知是人我的本性”这一宗趣相矛盾。所以，不管有知还是无知都不适用于人我。换句话说，即使数论派所谓的人我是存在的，这人我也不可能具有与知相关的属性，这样就否定了“人我有知”这一主张。

数论派提出了一个譬喻，作为对上述批判的一次反驳：

> 就像火烧木块一样，燃烧殆尽变成炭的状态的时候，依然不舍弃火的本性，同样，人我即使还灭所作和能作之后仍旧不舍弃“知”的本性。（第 7 颂前言，231a4-231a5）

数论派把人我具有知的本性比作火具有热的本性，试图以此来对抗第 6 颂中指出的人我既不是有知也不是无知的观点，巧妙地把有知转化为知性来讨论。这样一来，始终存在于人我中的知性就可以不顾

---

1 所作和能作的消失是解脱状态的标志之一。参见《金七十论》第 64 颂注释。

2 数论派认为人我解脱的时候没有觉作用，不再认识“所知”。参考《金七十论》第 64 颂及其注释对解脱状态的描述：“如是真实义，数习无余故，无我及我所，无倒净独智。如是真实义者，如前已说二十五义。数习无余故者，于六行中数数修习故。无余者，修习究竟，故智慧得生，因此智慧无执、我执、我所执，此三执及五疑并得灭尽，一切事及身皆自性所作，非无、非我、非我所悉属自性故，因此修智慧得生清净独存，因此智我得解脱。” *Sāṃkhya-kārikā*(64): evaṃ tattvābhyāsān nāsmi na me nāham ity apariśeṣam/ aviparyayād viśuddhaṃ kevalam utpadyate jñānam//

所作和能作的消失而持续存在于人我中，使人我成为有知者。

《入抉择数论之真实品》明确指出这一譬喻是不符合事实的：

> 燃烧已烧不合理，
> 无烧故如有前量，
> 是故根据燃烧喻，
> 有知人我不成立。（7）

燃烧已经被烧过的东西是不合理的，因为没有东西可烧，就像有前比量一样；因此用燃烧的比喻，不能证明人我是有知的。

“有前比量”是数论派量论的一个概念，数论派把比量分为“有前比量”、“有余比量”、“平等比量”三种。其中，有前比量是指从因推果，如看见天上出现乌云，可以推知将要下雨。有余比量指从果推因，平等比量指同类推理。[1]

第 7 颂提出“如有前量”的意思是：看到烟，就可以推知有燃烧；但是反过来，如果没有烟的话就不能得到燃烧的名，如注释所说：

> 没有烟和焰，即使用火烧木炭而变成灰的时候，也得不到所谓“烧”的名。（第 7 颂注释，231a5-231a6）

所以，数论派用来证明“人我有知”的燃烧喻不能成立，也就是说，没有所作和能作，没有认识发生的过程，即使人我具有知性，人我也得不到所谓“有知”的名。[2] 隐含的意思就是人我不具有知性。

---

[1] 《金七十论》第 5 颂注释：“比量三别知者，一有前，二有余，三平等。此三种智因证量故，能别此三境及三世，是名比量。如人见黑云，当知必雨；如见江中满新浊水，当知上源必有雨；如见巴吒罗国庵罗树发华，当知憍萨罗国亦复如是。”

[2] 《入抉择数论之真实品》：同样，即使人我只要有认识就是有知是合理的，但是完全还灭所作和能作的时候，就像火变成灰的状态一样，（人我）没有“知性”。所以，根据譬喻，喻例宣说的意义不能成

第 7 颂注释末尾总结道：

> 解脱的时候，人我不具有知，而且（人我是无知的话，就与数论派的宗趣相异）也就损减了（人我的）本性。（第 7 颂注释，231a7）

从第 5-7 颂的批判、反驳与再批判，我们可以看出，为了破除“有知是人我的本性”这一数论派人我论的基本观点，《入抉择数论之真实品》在批判的时候偷换了一个概念，即数论派在提出“有知是人我的本性”时并没有把这样的人我限定在解脱的状态，而第 5-7 颂却只强调“解脱的时候”（还灭能作和所作的时候）的人我不是有知的，甚至也不是无知的。

那么，处于轮回中的人我是否有知？如何否定轮回中的人我的有知？第 8-16 颂详细讨论了这一问题。

（二）破“知依止于人我的觉”

《入抉择数论之真实品》对数论派所谓“知依止于觉、觉依止于人我”[1]的说法批判如下：

> 无变人我自境时，
> 彼与此宗相违背，
> 觉外无他是有知，
> 其余如何被思量？（9）

根据第 9 颂注释，这一颂的意思是：首先，如果人我是有变异的

立。（第 7 颂注释，231a6-231a7）

[1] 参见前文已解读的第 8 颂及其注释，pp.86-87。

话，那么觉依止于这样的人我是可以的，因为觉从不依于人我到依止于人我会使人我产生一定的变化；但有变化的人我就会与数论派定义的常住、无变异、不生的人我相矛盾；所以，“觉依止于人我”这一说法不能成立。[1] 其次，如果除了觉以外没有其他的知的话，也就不能证明人我具有知，因为人我的知是觉以外的知。所以，数论派的论证有自相矛盾之嫌。[2]

但事实上，数论派并没有把知、有知完全等同于觉，所以第 9 颂第二层意思可以说是佛教徒刻意作出的有利于自己的批判的解读。数论派对这种“弯曲”的解读进行了反驳：

觉是有知不合理，
具有因故犹如瓶，
是故觉非有知者，
应对觉作如是思。（10）

意思是：根据数论派的理论，觉不是有知者，不能把有知者和觉相等同，因为觉是有原因的，就像瓶一样，而有知者是无因的；因此，应该认为“觉不是有知者”。

数论派这里是为了反驳第 9 颂中把知（有知者）等同于觉才要澄清自己的观点：知依止于觉，但是知和觉是不同的。也就是说，虽然知依止于觉，但觉本身并不是有知者，[3] 隐含的意思是，只有人我才

---

[1] 《入抉择数论之真实品》：在其他具有变异性质的形色的模仿中，这里所谓的“觉”是合理的，但人我是常住、无变异的，且不生其他的形色，（所以）在这里没有能够证明（人我）具有觉的性相的方法。（第 9 颂注释，231b4-231b5）

[2] 《入抉择数论之真实品》：除了所谓“觉”的名称以外没有其他的“知”，怎么能思考“不属于觉的其他的人我的知”？（第 9 颂注释，231b5）

[3] 《入抉择数论之真实品》：因为觉是有因的，根据所作性等法的共同点，觉不是有知者，（否则）瓶等也能成为有知者。（第 10 颂注释，231b7-231b8）

是有知者，其他万物包括自性、觉在内都是无知者。既然觉不是有知者，那么通过否定人我具有觉的性相来否定“人我有知”就不成立了。

针对数论派的上述反驳，《入抉择数论之真实品》作了以下回复：

> 如若觉不同于知，
> 论证则无譬喻例。（11ab）
>
> 如果（数论派）说“称为‘人我本性’的知不同于觉，无因故”的话，譬喻是什么？没有喻例就不能证明不同。（第11颂注释，232a1-232a2）

一个完整的论证必须宗、因、喻俱全，三者缺一就不能构成合理的论证。数论派在第10颂进行反驳时提出了“如瓶”这一譬喻来说明“觉不是有知”，但是他们并没有提出譬喻来完成“称为‘人我本性’的知不同于觉，无因故”这一论式，所以数论派的反驳不能成立。换句话说，数论派的论证不足以证明人我的知是除了觉以外的其他的知，这样就维护了第9颂的批判。

而且，

> 若说觉中无彼故，
> 自宗理趣则被损。（11cd）
>
> 如果（数论派）说“觉中没有知”的话，就与自己的宗趣相违背，就会导致人我没有知的结果，人我的知不依赖于觉的缘故。（第11颂注释，232a2）

这里的意思是，如果数论派说“觉中没有知”的话，就会与第8颂注释中提出的宗趣“知的性质依止于称为‘觉’的实体，就像颜色（依止于）衣服一样”相矛盾，因为知依止于觉就是觉中有知的意思。而且觉没有知的话，根据有知的觉依止于人我得出的人我有知也就不成立了，即会导致人我没有知的结果。

《入抉择数论之真实品》第 12 颂[1]及其注释对上述“觉不是有知”的批判作了小结：

> 人我不是有知者，不生性故，如兔角。在人我中，首先，不存在知，知（只是）看上去是这样的存在。所以，只有随顺对象生起的觉（具有知）是合理的，但不是不生的人我。（第 12 颂注释，232a3-232a4）

知依止于有生（随顺对象生起）的觉是可以被承认的。但人我是不生的，也就是如兔角般根本不存在的，有生的觉不可能依止于无生的人我，同理，知也不可能存在于无生的人我中，这样就比较彻底地否定了“人我有知”。

在批判了数论派的自救“觉不是有知”之后，《入抉择数论之真实品》又给了数论派另一个机会，即假设数论派用来反驳的观点是“觉是有知”，以此来维护“知依止于觉、觉依止于人我”：

> 如果（数论派）这样想：模仿动作的行相而变异的觉作用是无差别的，假名施设行为之后，应该说“（觉中）有知”。（第 13 颂前言，232a4-232a5）

对此的批判如下：

> 觉之作用无分别，
> 是故承许知作用，
> 无分别存个体中，

[1]《入抉择数论之真实品》：不生者非有知者，不生性故不合理，如若无中有存在，是故仅觉被认彼。（12）

谓此无故彼亦无。（13）

如果数论派认为因为觉作用是无分别的，所以知作用能被承认的话。那么，因为无分别存在于个体事物中，个体事物不存在的话，那无分别也就不存在了，因而以无分别为特性的觉作用也就不存在了。第 13 颂注释明确了这一颂的意思：

> 根据自己的性相的差别，在不同的事物中，所谓“与这相似，与那也相似”能证明无分别。而在同一个觉中，所谓“那知是实有而人我是假名施设”的话，在同一个觉中，分别从何产生？（第 13 颂注释，232a4-232a6）

在同一个觉中，不可能同时存在实有的知和非实有（=假名施设）的人我。数论派以觉为桥梁连接人我和知，即“知依止于觉、觉依止于人我”，但此处把这一概念转换为人我和知都处于觉中，即人我、觉、知三者是一体的，而且还认为知是实有，但人我绝对不是实有而只是假名施设（这一说法以佛教的“无我论”为先导），这样一来，同一个觉中就不可能同时存在实有的知和非实有的人我。所以，即使觉是有知，“人我有知”也不能据此成立。

这里的批判有两点狡猾之处：一是偷换了数论派的观点，数论派并没有关于人我和知都处于觉中的说法；二是把佛教的人我是假名施设（非实有）的观点强加给数论派，而数论派恰恰认为人我是实有的存在而不是假名施设。

数论派用“石柱喻”来说明人我、觉、知三者的相互关系：

复次应是人我知，
只要如实能被许，
只要与彼相颠倒，

如同柱中之柱知。(14)

对于人我的知来说，有些是符合真实的人我的，有些则是颠倒人我的。只要与人我相符合的都能被承认；只要与人我相颠倒的，就像在石柱中产生的石柱的知一样，都是不被承认的。第14颂注释分析了石柱喻：

就像在石柱和木头等等之中，因为迷惑，人的错误的认识就会产生；没有迷惑的时候，则生起“这只是石柱而不是人”的正确如理的认识。同样，在觉等之中，虽然因为迷惑而分别知等，但是看见真实的时候，(就会认识到)如实的人我就是知等。(第14颂注释，232a6-232b1)

这里的数论派认为：虽然容易因为错误认识而把觉当作人我，把觉当作知，但是用数论派的智慧来真实分辨的时候就能认识到只有人我才是有知者。认识不到“人我有知”完全是因为认识者被颠倒迷惑了，而不是数论派的人我理论有问题。

对此，《入抉择数论之真实品》分别从世俗、胜义两方面进行了破斥：

在以心为对象的觉中，“人我”(这个)词在世俗谛层面，我们也是承认的；(这样的话)用无分别的觉来如实证明就是证明已经成立的。(第15颂注释，232b1-232b2)[1]

其次，在胜义谛层面，“人我有知”不存在，数论派用觉来证明

1 《入抉择数论之真实品》：无论何处如实者，若据世俗证已成，如实即是心对象，于此人我被我许。(15)

“人我有知”的论式是没有喻例的。[1]

因此，

> 不论在胜义还是世俗，除了觉以外的人我不能被证明，也没有能够证明那知的喻例。所以，这两方面都不能证明人我的知，而只是损减（人我的）本性。（第 16 颂注释，232b4-232b5）[2]

这样，“知依止于觉、觉依止于人我”这一以觉为桥梁来嫁接人我和有知的说法就被破除了。

通过对“有知是人我的本性”、“知依止于人我的觉”两方面的批判，“人我有知”就基本没有了立足的余地。

（三）破“人我是知者”

《入抉择数论之真实品》不仅在第 5-16 颂花了大量篇幅来批判数论派“人我有知”的观点，而且在第 52-53 颂从“人我是知者”的角度再次进行了破斥，可见对人我的“知”这一属性的重视。

第 52 颂前言再次明确了数论派对“知”的定义：

> 能够确切认识所知的就是知。（第 52 颂前言，240b4）

这与第 5 颂注释中指出的“认识所知即是有知”的意思基本一致。那么，这里的批判是否与对第 5 颂的批判相同呢？

> 确切认识若是知，

1 《入抉择数论之真实品》：如果（数论派说：）“所谓‘觉是常住、遍在、无作用的人我本身’是胜义层面的如理，是觉故”的话，说譬喻是什么的时候却没有譬喻。（第 16 颂注释，232b3-232b4）

2 《入抉择数论之真实品》：若说遍在性等等，具相者中知如理，不论真实或世俗，喻例均是不存在。（16）

则应释彼属于谁？
性质依止于实体，
如同衣等染于色。（52）

偈颂的意思是：如果确切认识就是知的话，应该解释那知是属于谁的？性质依止于实体，就像衣服等染于颜料一样。所以，知必须依止于恰当的实体。第 52 颂注释对此有进一步解释：

所谓“有知”（caitanya）即是认识（cetana），这里是表示性质的接尾辞（bhāva-pratyaya），性质是必然依止于实体的，就像衣服染于颜料一样。染色就是变异，就像（煮熟的）米等一样。这里，在知中，无知的实体不可认识的话，这依据什么而是知？（第 52 颂注释，240b5-240b6）

这段话要表明的观点是：有知者的知性不可能依止于无知的实有，因为有知和无知是两种完全相反的属性；所以，数论派对知的定义“能够确切认识所知的就是知”不能成立，因为这个定义中的知是建立在无知的实有的基础上的。

《入抉择数论之真实品》还以对“声”的认识为例，继续批判了数论派关于“人我是知者”的观点：

声等不成为认识，
然而认识是什么？
声等能成为认识，
然而认识是什么？（53）

如果声等不能被人我认识的话，人我怎么能被称为是知者？所谓认识者或知者应该能够认知一切事物，人我不能认识声等自然现象就否定了“人我是知者”的说法。

如果声等能够被人我认识的话，那么人我如何认识声等？人我从不认识声到认识声的过程中必然发生一些变化，但是人我不变异是数论派的基本观点，所以，人我能认识声，即人我能成为知者的说法也会与数论派的人我定义相矛盾。[1]

因此，不管声是否能被人我认识，人我都不可能成为知者。这样利用数论派理论自身的缺陷就较好地否定了“人我是知者”的主张。

三　破人我是享受者

《入抉择数论之真实品》转述了数论派“人我是享受者”的观点：

> 耳朵等等这些因为是无知的，所以是被享受的，而那有知者才是享受者。（第43颂注释，239a4-239a5）

对此，佛教徒首先以退为进，提出：

> 耳等具有享受性，
> 无知故彼应被许，
> 特性不被宣说时，
> 享受者是证已成。（43）

如果数论派认为耳朵等等因为是无知的而具有享受性的话，那么

[1] 《入抉择数论之真实品》：首先，如果（人我）确定模仿觉，而变异不存在这（人我）中的话，这（人我）如何成为认识者？是不变的本性的缘故，就像画的肖像或熟睡而颠倒的状态一样。其次，如果声等能够成为认识，这些变异产生的时候，是变异的有法的缘故，就像脸等的映像一样，必然导致非常住等的过错，所以是损减自性的话，这（人我）如何成为认识者？（第53颂注释，240b7-241a1）

当享受者（人我）的各种特性不被提及的时候，证明这样的享受者就是证明已经成立的，也就是多余的论证。

偈颂中的“特性”一词，第43颂注释作了说明，即“常住、遍在于一切等的特性”。佛教徒认为“耳朵等的根与境和合产生的意识是享受者”，所以如果不说享受者（人我）具有“常住、遍在于一切等的特性”的话，这样的享受者（人我）就与佛教所承认的享受者——“耳朵等的根与境和合产生的意识”——本质相同而只是名称不同而已。把这样的“人我”称为享受者是论辩双方都承认的，对此再次进行论证就是多余的。[1]

但是，一旦人我有了如数论派所说的“中直”、“常住”等特性，佛教徒就不承认这样的人我是享受者。因为如果按照数论派所说的人我具有中直、常住等等特性的话，那么，这样的人我就没有同类物，数论派的证明就不可能有喻例，而缺乏同喻的论式是不完整的。此外，由于人我没有作用，即使存在这样的人我，这种人我也不可能成为享受者，因为享受者在享受的时候必然有所作为。[2]

第44颂注释补充解释了上述论证，使得批判思路更为清晰：遍在一切、常住、中直的人我是享受者的话，这样的享受者是没有同类物的，那么，数论派的论证就缺乏同喻；没有作用的人我就像所有手脚都被束缚的人一样，或者像睡者、醉者一样，即使有知也不可能成为享受者。[3]

---

[1] 《入抉择数论之真实品》：如果不主张（有知者具有）常住、遍在一切等的特性，而证明（有知者）是享受者的话，就是证明已经成立的，因为我（佛教徒）也同样承认耳朵等的根与境和合产生的意识是享受者。（第43颂注释，239a5-239a6）

[2] 《入抉择数论之真实品》：若有中直常特性，何处能有同类者？无作用故纵有知，享受者是不被许。（44）

[3] 《入抉择数论之真实品》：如果问：“遍在一切、常住、中直、享受者的人我是存在的，是享受者故，（譬喻）是什么？”同类事物的不同对象是不存在的，所以同类者（anvaya）不成立。其次，即使（人我）是有知是正确的，（人我）是享受者也是不合理的，因为（人我）没有作用，就像所有手脚都被束缚的人一样，或者就像睡者或醉者一样。（第44颂注释，239a6-239b1）

数论派没有立即放弃“人我是享受者”的主张，提出以下观点来反驳：

> 我们认为罗阇即是享受的本性，当它占据主导作用的时候，一切实有物就都变成有作用的。所以，只要通过接近它而（获得）利益，人我也就会具有作用而能享受。（第 45 颂前言，239b1-239b2）

数论派借用罗阇来说明人我如何成为享受者看似非常巧妙。“罗阇”是数论派理论体系中构成自性及其转变物的三德之一，具有忧和冲动的本质。[1]

需要注意的是，这里的人我成为享受者是人我通过接近罗阇而获得利益，从而具有作用来实现的。但人我非作者、无作用的属性是数论派人我论的基本观点之一，在数论派看来人我虽然是享受者但不具有作用。所以，这里的人我以有作用为享受的前提，很有可能是《入抉择数论之真实品》的刻意理解而不是数论派的真实观点。

此外，人我具有作用还是后分能破批判“人我是享受者”的切入点之一：

> 实有物乃无作用，
> 是所量故被得知，
> 如此说则如彼识，
> 犹如快乐与愚痴。（45）

---

[1] *Sāṃkhya-kārikā*(12): prītyaprītiviṣādātmakāḥ prakāśapravṛttiniyamārthāḥ/ anyo 'nyā 'bhibhavā 'śrayajananamithunavṛttayaś ca guṇāḥ// 《金七十论》第 12 颂：“喜忧暗为体，照造缚为事，更互伏依生，双起三德法。”

偈颂的意思是：一般认为"实有物是没有作用的，实有物是认识对象的缘故"，像那样说就像那样认识，就像快乐和愚痴一样。也就是说，认识对象不能变成认识者，没有作用的实有物不能变成作者和享受者。如果数论派认为人我是实有的存在的话，人我就不能通过具有作用而成为享受者，就像快乐和愚痴只能是享受的对象而不能成为享受者一样。

上述破斥的关键在于：佛教认为享受是一种行为作用，享受过程是一种行为作用的过程，所以如果说人我是享受者的话，人我必然有所作用。因此，当数论派提出人我通过罗阇而受益从而具有作用的时候，佛教徒指出人我作为实有物必须坚持无作用的本性。人我不能具有任何作用也就无法成为享受者，人我的无作用性与享受性是相互矛盾、不能共存的。

前文已经指出，人我具有作用而享受很有可能是《入抉择数论之真实品》的刻意理解而不是数论派的真实主张。数论派认为人我是无作用的享受者，就像看戏时的观众一样，人我享受舞台上的种种变化，但并不参与舞台上的任何活动。[1] 所以《入抉择数论之真实品》第 43-45 颂对"人我是享受者"的批判较为牵强。

此外，数论派抓住第 45 颂中使用的"快乐与愚痴"的比喻，提出第 45 颂批判论证时使用的"所量"等因无法证明苦不能享受。[2] 因为按照数论派的理论，代表罗阇的是苦而不是乐与痴，与乐相应的是萨埵，与痴相应的是多磨。[3]

第 46 颂提出了一个新的论式来批判数论派的这一反驳：

---

[1] 参见《金七十论》第 65 颂注释："人我见自性，如静住观舞者，如观伎人安坐直住，我亦如是，种种事中观此自性，我终不动。"

[2] 《入抉择数论之真实品》：所谓"苦"也依据罗阇，所以是不确定的。（第 46 颂前言，239b3）

[3] 参见前引《金七十论》第 12 颂，p.102。

应知苦也无作用，
其亦具有原因故，
无知故是所诠故，
是所量故犹如痴。（46）

宗：应该知道苦也是没有作用的。
因：因为苦是有因的、无知的、所诠的、所量的。
喻：就像痴一样。[1]

这样就证明了没有作用的苦也无法享受，即苦也像乐和痴等一样不能成为享受者。如此，以苦为本性的罗阇也就不能使人我成为享受者。

但是，数论派再次提出了自己的论式：

具有食之此享受，
如床等是享受故，
有知者是享受者。（51abc）

宗：具有享受的是这种享受，
因：是享受的缘故，
喻：就像享受床一样。
所以，有知者（人我）就是享受者。

对于这种说法，《入抉择数论之真实品》直截了当回答：

彼之证明无效用。（51d）

---

[1] 《入抉择数论之真实品》：以罗阇为自性的苦在这里是有法，“远离作用”是它的法，这就是所立。“任何有因、无知、所诠、所量都是没有作用的，就像痴一样”是所立的肯定的补充。（第46颂注释，239b4-239b6）

具体理由在该颂注释中得到了展开：

就像积聚性的享受者倚赖于卧具和坐具等一样，证明有知者也是积聚的自性是“有法差别相违”，是相违的意思。（第 51d 颂注释，240b3）

这句话的意思是：倚赖于卧具和坐具等的享受者是积聚性的，凡是积聚性的事物都会毁灭，而数论派的人我是恒常存在的。因此，把人我比喻论证为积聚性的享受者，就会与人我的根本属性相违背，就会犯“有法差别相违过”。

通过上述三个不同角度的层层深入分析，数论派的“人我是享受者”的观点就被基本否定了。

四 破人我是作者

数论派的人我明明是无作用的，[1] 怎么会成为作者？这也是《入抉择数论之真实品》提出的一个疑问。[2] 数论派回答道：

因为确定模仿而且跟随觉，所以这（人我）就是作者。（第 54 颂前言，241a2）

这一观点的前半句可以在数论派的映像说（详见本章第四节）中找到相应内容，但是后半句没有在现存数论派文献中找到相似的表述，反而是相反的定义，即“人我非作者”。因此，很难说“确定模仿而且跟随觉”这一条件限定下的人我成为作者是否是数论派的真实观

[1] *Sāṃkhya-kārikā*(19): tasmāc ca viparyāsāt siddhaṃ sākṣitvam asya puruṣasya/ kaivalyaṃ mādhyasthyaṃ draṣṭṛtvam akartṛbhāvaś ca// 《金七十论》（第 19 颂）：“翻性变异故，我证义成立，独存及中直，见者非作者。”

[2] 《入抉择数论之真实品》：这（人我）是无作用的话，如何成为作者？（第 54 颂前言，241a2）

点。这里暂不追究这一思想的来源，先来看对此的否定：

> 无有能作不生故，
> 如何承许是作者，
> 如若不生为假名，
> 人我则成为施设。（54）

这一颂包含两层意思：首先，如果人我存在的话，那么根据数论派对人我的定义，人我没有作用也不产生他物，这样的人我怎么能被认为是作者？

其次，如果不产生他物的作者可以被看作是一种假名施设的作者的话，那么人我也就会成为假名施设，然而：

> 即使进行假名施设，作者本身不生的缘故，就像兔角一样，是不合理；因为不生，这样的施设怎么能够成立？（作者）是产生的话，进行施设，那么这样的知也成了假名。（第 54 颂注释，241a3-241a4）

所以，不生的人我连成为假名施设的作者都不可能。

数论派对这种说法提出了反驳：

> 就像施设火的燃烧一样，这里也应施设；就像说“女贼烧村庄”，存在于火中的烧设施为女贼一样，存在于觉中的知设施为人我，这里也能说，即使人我没有作用，也能施设为作者，习惯存在的缘故，就像施设火的燃烧一样。（第 55 颂前言，241a4-241a5）

《入抉择数论之真实品》没有直接否定这一反驳，而是通过间接分析“作者”一词，指出人我既不可能是真实的作者，也不可能是假名施设的作者：

作者之词所说故，
犹如火则汝人我，
有因有果且享受，
具有作用是能生。（55）

因为“作者”是语言的对象，就像作为语言对象的火一样，把人我施设为与火性质相似的“作者”的话，这样的人我就会具有因、具有果、能享受、具有作用、能产生他物。但是，人我“像火一样产生和变化，（这是）你不承认的”，[1] 因为常住、无变化是数论派的人我的基本特性。由此，人我就不可能成为作者了。

另外，佛教徒认为“作者”还需要具备如下性质：

非不相同于自性，
非遍满且非人我，
彼之特殊自相性，
如此即成相违背。（56）

这一颂指出：作者不是不同于自性的、不是遍满于一切的、是非人我的；这样的作者的特殊属性就会（与人我的属性）相违背。[2]

所以第 56 颂注释指出数论派关于“人我是作者”的证明既是

[1] 《入抉择数论之真实品》第 55 颂注释。

[2] 《入抉择数论之真实品》：这（作者）不遍在于一切，是一种所行的对象的缘故，就像火一样。也不是不同于自性，是自性的变化的缘故，就像火一样。即使是人我也不成为（人我），具有不同于知者的性相的缘故，就像火一样。（第 56 颂注释，241a7-241b1）

“有法自相相违”又是“法差别相违”。[1] 也就是说，“非遍满、非不同于自性、非人我”这三个因如果能证明“人我是作者”的话，同时也就证明了这样的人我不是数论派所说的那个人我。

由此看来，《入抉择数论之真实品》在明知数论派的观点是“人我是无作用的”或“人我是非作者”的情况下，批判了有条件限定的“人我是作者”的说法，其真正目的不是要否定“人我是作者”，而在于指出“确定模仿而且跟随觉”的人我与数论派给人我的基本定义——常住、不生等相矛盾，这样的人我即使存在也不是数论派所谓的人我，最终达到否定人我存在的根本目的。所以，笔者认为，《入抉择数论之真实品》提出“人我是作者”之说只是双方论辩过程中的一种权宜说法，并不是实指数论派有这样的观点，也不是为了批判这一观点本身，而是为了否定观点背后的根本命题——人我的存在性。

综上所述，《入抉择数论之真实品》认为数论派关于人我是有知、是享受者、是作者的说法都不能成立，第 57 颂总结归纳了数论派人我论的错误：

> 是故于彼作回答，
> 损减故宗非无过，
> 犹如自在因论说，
> 是与知等相违背。（57）

错误的具体内容说明在第 57cd 颂注释中：

> 就像自在因论者说：“独一、常住、不生的自在天是一切众生的因。”不生性的比量就像石女儿等一样是不存在的，所以是

[1] 《入抉择数论之真实品》：所以，你（数论派）自己关于人我（的证明）既是“有法自相相违”又是“法差别相违”。（第 56 颂注释，241b1）

违背了那（宗的）自性差别的证明，也就难以避免与自己的言词相违背。同样，你（数论派）的知者是显现的缘故，立宗难以避免被自己的言词所损减。（第 57cd 颂注释，241b3-241b5）

这样，数论派的人我论就被佛教徒比较彻底地否定了。

第四节　对数论派映像说的叙述与批判

“映像说”（pratibimba），或称“影像说”，是数论派解释人我与自性及其转变物的关系，特别是人我与觉的关系的理论，巧妙地解决了数论派自性人我论的两大难题：非作者、无变化的人我如何成为能认识外界的知者、享受者、支配者？无知的自性及其转变物，尤其是觉，如何参与甚至产生知性的活动？[1]

简而言之，数论派的映像说就映像的方向来说有两种不同的主张：一、从人我到觉的映像：为了说明无知的觉成为有知，提出知性就是人我在觉中的投影，也就是说，人我映现在觉中，以此来解释无知的觉如何参与并产生知性的活动。二、从觉到人我的映像：为了说明人我能感知苦、乐等外物，提出觉反映在人我中，也就是说，苦、乐等感受认识是觉在人我中的投影，以此来解释非作者、无变化的人我如何成为能认识外界的知者、享受者等。

至于数论派的主流思想是倾向于从人我到觉的映像还是从觉到人我的映像，甚至人我与觉相互映像，是一个非常复杂的问题，学界尚没有统一的看法。

下文先简要叙述数论派文献中有关映像说的主要内容，然后结合《入抉择数论之真实品》的描述与批判来解读数论派的映像说及其相

---

[1] 一般来说，数论派的觉之于外界对象是主观精神性的东西，但对于人我来说又具有客观实在性。人我和觉如何相互区分又配合运作是数论派理论体系中的难点。

关思想。

一　数论派的映像说

《数论颂》中没有关于映像说的直接阐述，《数论颂》的较早注释书如《金七十论》、《乔荼波陀注》、《摩特罗评注》等中也没有关于映像说的内容。《道理之光》（*Yuktidīpikā*）、《真理的月光》（*Tattva-kaumudī*）、《月影疏》（*Candrikā*）都只是略微提及了映像说。而直到《数论经》才有关于映像说的较为明晰的论述。[1] 另外，佛教和耆那教的一些文献中引述并批判了数论派的映像说，最典型的就是《中观心论》与《思择焰》对映像说的描述与破斥。

（一）《道理之光》的映像说

《道理之光》中没有“映像”（pratibimba）、“投影”（chāyāpatti）等词，著者只是简单地用水晶的比喻暗示了映像说。

《道理之光》把觉比作水晶，人我的知性在觉中得到反映。《道理之光》同时提出了反对论者的看法：把人我比作水晶，并暗示觉的相在人我中得到反映。

论主和反对者的以上两种说法可以看作是《道理之光》提示的两种映像说。[2]

（二）《真理的月光》的映像说

《真理的月光》在注释《数论颂》第 5 颂（有关数论派的现量理论），说明觉的作用时提及了两种映像说，概括来说就是：一、说明人

---

[1] Keith, Deussen 等学者认为映像说是以《数论经》为中心的后期数论派才出现的理论，而 Garbe 却认为《数论颂》中隐含了映像说的思想，从而推知自在黑时代就已经有了映像说的萌芽。关于映像说的起源年代，学界至今尚无定论。详见羽田野伯猷[1943], p.7。

[2] 参见 Pandeya[1967], p.87[16-23]；村上真完[1978], pp.342-343。

我具有知、乐等的时候，是觉反映在人我中，即知、乐等是觉在人我中的投影；二、说明无知的觉成为有知的时候，有知就是人我在觉中的投影，即人我反映在觉中。[1]

《真理的月光》在注释《数论颂》第6颂时，为了说明觉的决智作用，用到了“投影”（chāyāpatti）一词，投影就是人我在觉中的“知的投影”（citicchāyāpatti）的意思。[2]

在注释第37颂时，《真理的月光》运用映像说解释了无知的觉如何具有知：这种知是当觉靠近人我时，人我在觉中的投影。[3]

由此可见，《真理的月光》的映像说也有两种：一、觉投影在人我中，用来解释非作者、无变化的人我如何具有知、乐等；二、人我投影在觉中，用来说明非知的觉如何产生知性的活动。但是，《真理的月光》并没有给出任何譬喻来补充说明映像说，而且对“citicchāyāpatti”这一复合词没有作具体解释，所以映像说在《真理的月光》中并没有得到清晰的阐述。

（三）《月影疏》的映像说

《月影疏》在注释《数论颂》第20颂时提到了两种映像说：一、用人我投影于觉来说明觉的决智作用；二、用觉投影于人我来说明人我能够成为知者。但是《月影疏》也没有使用任何譬喻来补充解释映像说。[4]

---

[1] so ’yaṃ buddhitattvavartinā jñānasukhādinā tatpratibimbitas tacchāyāpattyā jñānasukhādimān iva bhavatīti cetano ’nugṛhyate// <u>citicchāyāpattyā</u> ’cetanā ’pi buddhis tadadhyavasāyo ’py acetanaś cetanavad bhavatīti// 对于划线复合词的理解，学者们的看法并不一致，详见村上真完[1978], pp.344-345，笔者采用 Richard Garbe、金倉円照等学者的理解。

[2] 参见金倉円照[1984], p.75；村上真完[1978], p.347。

[3] 参见金倉円照[1984], p.188；村上真完[1978], p.347。

[4] 参见村上真完[1978], pp.348-349。

（四）《数论经》的映像说

《数论经》中虽然没有用到“映像”、“投影”等术语，但有镜子（4-30）和水晶（6-28）两个譬喻，实际上暗示了两种映像说：一、镜子喻暗示人我反映在觉中；二、水晶喻暗示觉反映在我中。

《数论经》的注释者 Vijñāna Bhikṣu 在此基础上提出了第三种映像说——人我和觉相互反映。[1] 虽然 Vijñāna Bhikṣu 很少用到“投影”（chāyāpatti）一词，却经常使用“映像”（pratibimba）以及与此相关的 pratibimbita、pratibimbana 等词。

《数论经》的另一部注释《数论经注》（*Sāṃkhyasūtra-vṛtti*, 作者 Aniruddha）中则经常出现“投影”（chāyāpatti）一词，但“映像（pratibimba）”一词却几乎没有出现。[2]

（五）瑜伽派的映像说

数论派较古的资料对映像说的阐述非常少见，而被称为数论派的姊妹学派的瑜伽派却屡屡提及映像说。虽然二者的映像说有一些差别，我们不妨利用瑜伽派的映像说来帮助理解数论派的映像说。

瑜伽派的“心”（citta）大体上相当于数论派的“觉”（buddhi），这个心由人我来认识。[3] 但《瑜伽经》（*Yoga-sūtra*）中并没有关于映像说的言论，直到毗耶舍（Vyāsa，约 500）的《瑜伽经注》（*Yogasūtra-bhāṣya*）才比较明确地提出了映像说。

一般认为，《瑜伽经》4-23 提出的“心被能观和所观着色是全部的事实”[4]暗示了映像说。《瑜伽经注》在注释这一句经文时把心比喻为水晶珠，心以一切为对象，反映一切就像水晶珠反映外物，这一切

1 Vijñāna Bhikṣu, *Sāṃkhya-pravacana-bhāṣya*；参见村上真完[1978], p.406。

2 参见村上真完[1978], pp.405-424。

3 《瑜伽经》（4-18）：“对于这（心的）主宰者神我（来说），心的变化总是被认知的，因为（神我）是不变的。”姚卫群[2003], p.212。

4 姚卫群[2003], p.213。

中就包含了人我。所以，这里的意思就相当于心（=觉）反映人我。[1]

商羯罗（Śaṇkara，约 700-750）对《瑜伽经注》所作的复注（*Yogasūtrabhāṣya-vivaraṇa*）在解释毗耶舍对《瑜伽经》4-23 的注释时增加了镜子的譬喻，以说明对象在心中得到反映，但没有明确阐述人我和心的关系。[2]

直到公元 9 世纪婆察斯巴蒂弥施洛（Vācaspatimiśra）的《真理明晰》（*Tattva-vaiśāradī*）中才出现用映像说来明确解释人我与心的关系。婆察斯巴蒂弥施洛把心比作澄清的水，把具有知性能力的人我比作月亮，人我反映在心中，由此人我成为享受者，同时人我也能跟随觉的作用而认识外物。《真理明晰》中还有与商羯罗的复注相同的镜子喻：把觉比作镜子，人我在觉中的投影即人我的映像依靠觉就可以认识外物、享受外物。[3]

（六）其他映像说：

吠檀多派理论中也有映像说，吠檀多论师用映像说来解释“最高我”与“个我”的关系。佛教唯识宗的“唯识无境”理论在某种程度上也可以被称为映像说。但这些理论与数论派的映像说关系不大，此处不再赘述。

二 《入抉择数论之真实品》所传之映像说

《入抉择数论之真实品》第 2 颂专门叙述了数论派的映像说，是目前为止有关数论派映像理论最早、最详细的资料。

心中萨埵增长时，

---

[1] 参见村上真完[1978], pp.352-353。

[2] 参见村上真完[1978], pp.353-354。

[3] 参见村上真完[1978], pp.354-355。

人我之中起映像，
或者如是转变故，
实乃模仿觉作用。（2）

偈颂本身比较简要，光凭偈颂很难完整理解这种映像说的具体内容，因此需要结合注释来考察：

> “萨埵”（satva）是所说的具有照明本质的东西。“增长”即增盛作用，只要这种萨埵增长，那就是“心中萨埵增长时”。“心”开始分别对象的时候，分别的映像在人我中生起，如同在不动的水中看见月亮的映像，而（月亮的映像在水中的）变化无论何时都不是实有。同样，人我没有变化，而是通过觉生起遍知的对象的映像，所以（对象的映像在人我中的）变化无论何时都不是实有。或者，（人我）通过觉而模仿的认识对象就像镜子的映像一样，（对象的映像）有变化而（人我本身）不变异。（第2颂注释，230a1-230a3）

“心中萨埵增长时”其实就是认识过程中的一个准备阶段。具体来说，当“心根”开始辨别对象的时候，这种认识对象的映像就在人我中生起。为了使得这种说法更简明易懂，《入抉择数论之真实品》运用了“月影喻”来进一步说明，即把人我比作“不动的水”，把认识对象比作“月亮”。众所周知，虽然月亮在水中的倒影会随着水波等的变化而变化，但是月亮本身并不发生变化，而月亮在水中的映像只是假象而不是实有。同样，人我本身是没有作用、不会变化的，所以只能在觉的帮助下（决智作用）生起觉分别对象的映像，以此来实现人我作为知者、享受者等等的角色。

“或者如是转变故，实乃模仿觉作用”实际上是从另外一个角度解释人我的知性行为。因为数论派认为人我是非作者，没有行为作用，不产生变化，所以这两句偈颂指出人我看上去有变化实际上只是模仿了“觉作用”（buddhivṛtti）而已。注释用一个“镜子喻”明确了这种说法：把人我比作镜子，认识过程就像照镜子的过程一样。外界对象在光线等的帮助下，能在镜子中映现出来，或者说是镜子模仿了光线等的作用而展现出对象的模样；同样，认识对象在觉的作用下，能在人我中映现出来，也可以说是人我模仿了觉作用而展现出认识对象，从而实现自己作为知者、享受者等的功能。

所以，笔者认为《入抉择数论之真实品》第2颂及其注释是从人我的主动和被动两个方面阐述了数论派的映像说。主动的人我：镜子喻，人我通过模仿觉作用，使认识对象映现在人我中，从而使自己成为知者、享受者等等。被动的人我：月影喻，即在觉的决智等作用的帮助下，认识对象的映像在人我中生起，以使得人我成为名副其实的知者、享受者等等。

由此可见，《入抉择数论之真实品》所转述的映像说与前文介绍的数论派文献中的映像说不尽相同。目前所见的记载了映像说的数论派文献主要就映像的方向把映像说分为两类：从人我到觉的映像——人我反映在觉中，以此来解释非知的觉如何产生知性的活动；从觉到人我的映像——苦、乐等感受认识是觉在人我中的投影，以此来解释非作者、无变化的人我如何具有苦、乐等。

《入抉择数论之真实品》记载的映像说按照映像的方向来看的话，比较接近第二种映像说，即从觉到人我的映像。但显而易见的是，数论派文献中的两种映像说都是人我和觉之间的直接映像，而在《入抉择数论之真实品》中觉只是起到了辅助作用，映像过程中的真正主角是人我和认识对象。所以，从本质上讲，《入抉择数论之真实品》所传的映像说既不是从人我到觉的映像也不是从觉到人我的映像，而是认识对象投影或映现在人我中，觉在这个投影或映现过程中只是起了桥梁作用。

此外，《入抉择数论之真实品》所传的映像说只能解决数论派人我、自性理论两大难题中的第一大难题，即非作者、无变化的人我如何成为能认识外界的知者、享受者、支配者？至于无知的自性及其转变物，尤其是觉，如何产生知性的活动？这一大难题用此处的单一映像说就很难回答。

这样看来，《入抉择数论之真实品》所传的映像说不仅不能在现存数论派文献中找到明确出处，甚至与现存数论派、瑜伽派文献记载的映像说有较大差别。那么，这里所描述的映像说是否属于数论派的观点？或者说本品是否如实记载了数论派的映像说？

根据前文对《入抉择数论之真实品》所传的自性、人我理论的分析解读来看，本品转述的数论派学说相当忠实于《数论颂》及其主流注释文献，少见为了利于批判而作的增减修改。由于目前所知的记载了映像说的数论派文献的年代基本都晚于清辩的活动年代，最早明确提出映像说的数论派文献——《数论经》——甚至晚于《思择焰》的藏译年代。所以，我们不能断言《入抉择数论之真实品》所传的映像说不是早期数论派的观点，对于其所描述的映像说的来源问题，限于目前所见资料和本人学识，暂时只能存疑，但这种映像说作为我们了解早期数论派哲学思想的重要价值是毋庸置疑的。

三　破人我模仿觉作用

《入抉择数论之真实品》对映像说的批判并没有像对自性、人我理论的批判那样集中、系统，而是仅仅用第 22、23 两颂对映像说中的“人我模仿觉作用”、“人我生起映像而解脱”这两个观点进行了破斥，而且这两颂可以说亦包含在对数论派解脱思想的批判中。鉴于映像说在数论派中的特殊地位，笔者特地将本品对映像说的批判从对解脱理论的批判中摘选出来，以求更全面地了解映像说。

《入抉择数论之真实品》第 22 颂前言转述的数论派观点“人我就是模仿觉作用”（233b7）的意思是：在认识过程中，人我通过模仿觉的作用，使认识对象映现在人我中，这样本来没有变化的人我看上去就有了变化，就像本来平整清洁的镜面有了一个木偶人的映像。这一映像说与前分所破描述的人我的主动的映像说基本一致。

对这种映像说的批判如下：

若说人我有变化，
人我则是无知者，
非非因又非遍在，
有变化故如同乳。（22）

第一句“若说人我有变化”指的是前分所破第 2 颂中的第 3 句“或者如是转变故”，意为：如果人我有看上去那样的变化的话，那么，第 22 颂后三句的批判推理就都能成立，即：人我是无知的、非非因的、非遍在的，因为人我有变化，就像乳一样。

第 22 颂后三句是一个宗、因、喻完备的论式：

宗：人我则是无知者，非非因又非遍在；

因：有变化故；

喻：如同乳。[1]

数论派在规定人我的属性时指出人我是有知的、无因的、遍在一切的，所以人我有看似那样的变化。但模仿觉作用的话，这样的人我就会与数论派人我论的根本理念相矛盾。因此，不能发生任何变化的人我无法使认识对象映现在自身中，这样一来，“人我模仿觉作用”的说法就不能成立了。然而，这一批判把“看似变化”当作了实际的变化，很难说没有过于苛责数论派的理论，或者说这一批判事实上较为牵强。

---

[1] 也可以如第 22 颂注释一般，把这一个论式分解为三个宗因喻完备的论式。《入抉择数论之真实品》：人我不是有知者，（人我有）变化的缘故，就像乳一样。人我不是非因的，就像乳一样。人我不是遍在于一切的，就像乳一样。（第 22 颂注释，233b7-234a1）

四　破人我生起映像而解脱

《入抉择数论之真实品》把对映像说的批判纳入对数论派解脱理论的批判，与映像说相关的解脱理论也就成了被批判的重点。第 23 颂及其注释就从“人我解脱”[1]的角度再次叙述了映像说，并对其进行了破斥。

首先来看数论派的观点：“人我生起映像而解脱”（第 23 颂前言，234a1），这句话需要结合注释来理解：

> 就像脸的形象是在水等中生起映像的原因，即使（水）靠近（脸），（脸本身）也没有变化一样；心的认识也只是觉看见的对象的映像，即使靠近能利益的因本身，靠近的时候（心）也没有变化。（第 23 颂注释，234a2-234a3）

这里的数论派把人我比作脸的形象，觉比作水，所以“脸的形象是在水等中生起映像的原因”说的就是人我是在觉中生起映像的原因。换句话说，人我投影或映现在觉中，这一过程就像本来一无所有的水面出现了一弯明月或一张脸孔的倒影。

这一映像说与本品前分所破描述的映像说不同，而就映像的方向来说与数论派文献中记载的第一种映像说——人我映现在觉中——相同。根据这种映像说，认识过程可以概括如下：人我本身并没有变化、不产生认识，当觉靠近人我的时候，人我在觉中产生映像，“心的认识”由映现在觉中的人我的映像产生。

但是，这一映像说与数论派文献中记载的映像说较为不同，因其不是用来说明非知的觉如何参与甚至产生知性的活动，而是为了解释当人我在觉中生起映像的时候，这一映像人我就能在觉的决智作用的帮助下，产生对外界事物的认识，乃至认识到人我与自性的不同而解

[1] 详见本章第五节相关内容，pp.136-139。

脱，因为“只要认识到自性和人我是不同的时候就是解脱”（第 17 颂前言，232b5）是数论派对解脱的一种定义。[1] 因此，人我在觉中生起映像从而使人我获得解脱就是“人我生起映像而解脱”的意思。

此外，第 23 颂注释中的数论派特别强调人我没有变化，这一方面是为了补救第 22 颂的过错，另一方面也可以说第 22、23 颂实际上是给数论派设置了一个陷阱：首先假设人我有看似那样的变化，即人我通过模仿觉作用，使认识对象映现于人我中，从而导致这样有变化的人我与数论派人我论的根本旨趣相矛盾的结果。这样一来，数论派就不得不退回到人我没有变化的根本堡垒，也就是第 23 颂注释描述的映像说。

然而，即使如第 23 颂注释阐述的映像说那样，人我在认识过程中没有变化，可以与数论派规定的人我的属性保持一致，但是《入抉择数论之真实品》指出用来证明映像说的有知、无因、遍在等因是“有法自相相违因”，不能作为证明人我生起映像的正因。就像脸面一样，作为映像的因的事物都应是无知、无因、非遍在的，也就是说遍在等属性与作为映像的因的属性相矛盾。[2] 人我不能在觉中产生映像，就更不可能由生起映像而解脱。

需要说明的是，虽然第 23 颂转述的数论派的观点是“人我生起映像而解脱”，但第 23 颂及其注释在批判时并没有涉及与解脱有关的内容，而只是否定了作为生起映像的原因的人我。关于解脱的批判虽然体现在紧接着的第 24 颂中，但是映像说与解脱之间的关系是否真如“人我生起映像而解脱”那么紧密是值得怀疑的，或者“人我生起映像而解脱”这一观点本身是否如实体现了数论派的思想就值得商榷。笔者认为第 22、23 颂把映像说纳入解脱理论较为牵强，虽然《入抉择

---

[1] 数论派的解脱观详见本章第五节，pp.120-139。

[2] 《入抉择数论之真实品》：这里也像映像一样，作为因本身的人我就像脸面的形象一样。无知性、非非因性、非遍在性是有法自相相违因，即具有与生起映像的因相矛盾的意义。（第 23 颂注释，234a3-234a4）

数论之真实品》这么做的原因很可能是考虑到人我作为映像说的主体也是解脱的主体，两者之间存在着同一关系。但事实上，就数论派的学说体系来看，映像说是数论派特殊的认识理论，与其解脱思想的直接关系并不大，所以“人我生起映像而解脱”这种说法很有可能是《入抉择数论之真实品》的独特理解，修改数论派思想本义的可能性较大，这从第23颂注释对这一观点不甚清楚的解释中也能略见一斑。

总之，映像说是数论派尤其是早期数论派最模糊不清的理论之一，也是数论派诸多哲学思想中的难点。《入抉择数论之真实品》前分所破和后分能破分别举出了两种不同的映像说，虽然目前尚不能在数论派文献中找到完全对应的表述，但是不能否定其源于早期数论派思想的可能性。笔者试图把《入抉择数论之真实品》所描述、批判的映像理论作为了解数论派（早期）思想的宝贵资料加以利用、研究，并期待将来能发现新的数论派文献，更深入地探讨有关映像说的理论与历史问题。

第五节　对数论派解脱观的叙述与批判

解脱问题是包括数论派在内的印度各宗教哲学流派都最为关注的问题。《数论颂》开篇就提出了解脱的重要性和迫切性：

> 三苦所逼故，欲知灭此因，见无用不然，不定不极故。[1]

其中灭除“三苦”[2]就是解脱，这一颂同时也指出了依靠天启的方

---

[1] 《金七十论》第1颂，*Sāṃkhya-kārikā*(1): duḥkhatrayābhighātāj jijñāsā tadabhighātake hetau/ dṛṣṭe sā ’pārthā cen naikāntātyantato ’bhāvāt//

[2] 即依内苦、依外苦、依天苦，参见《金七十论》第1颂注释。

法和一般的方法[1]都无法获得真正的解脱，而只能靠数论派独特的哲学探索，即对未显、显以及人我这二十五谛的正确认识。[2]

早期数论派内部对解脱问题的看法并不统一，主要是因为《数论颂》中对轮回、解脱的主体出现了前后不一致的说法。根据其对解脱主体的不同论述，大致可以归纳为两种解脱观：人我解脱（《数论颂》第56、57、58颂等）和自性解脱（《数论颂》第62、63颂等）。这两种解脱思想及其分歧也都被记载在了《入抉择数论之真实品》中。

值得一提的是，数论派把人我的属性定义为非作者，那么，无所作为的人我如何成为轮回和解脱的主体就成了一个问题。所以，一部分数论师提出了轮回的主体是由自性展开而来的觉、我慢、五唯这七种“细身”（liṅga）[3]，细身“因善法向上，因非法向下，因智厌解脱，翻此则系缚。”[4]这里的“向上”是善好的境界——如天堂，“向下”是苦厄的处所——如地狱，两者相加就构成了简单的轮回。[5]但严格来说，细身并不能成为解脱的主体，因为细身是无知的，不能感受苦乐等，没有苦乐感受就没有离苦得乐的诉求，而只有有知的人我才能感受苦乐、才会有摆脱痛苦向往快乐的欲求，这种有欲求的主体才能成为解脱的主体。[6]

---

1 “天启的方法”即依靠吠陀等圣典进行祭祀等的方法，“一般的方法”即日常的对治各种痛苦的方法，如吃药治病等。参见高木訷元[1965], pp.171-160。

2 *Sāṃkhya-kārikā*(2): dṛṣṭavad ānuśravikaḥ sa hy aviśuddhikṣayātiśayayuktaḥ/ tadviparītaḥ śreyān vyaktāvyaktajñavijñānāt// 《金七十论》第2颂：“汝见随闻尔，有浊失优劣，翻此二因胜，变性我知故。”

3 *Sāṃkhya-kārikā*(40): pūrvotpannam asaktaṃ niyataṃ mahadādisūkṣmaparyantam/ saṃsarati nirupabhogaṃ bhāvair adhivāsitaṃ liṅgam// 《金七十论》第40颂：“前生身无著，大慢及五唯，轮转无执尘，有熏习细相。”有关细身的属性等理论参见足立修[1955], pp.508-509。

4 《金七十论》第44颂；*Sāṃkhya-kārikā*(44): dharmeṇa gamanam ūrdhvaṃ gamanam adhastād bhavaty adharmeṇa/ jñānena cāpavargo viparyayād iṣyate bandhaḥ//

5 《金七十论》第44颂注释：“……微细身向上生八处：一梵，二世主，三天，四乾达婆，五夜叉，六罗刹，七阎摩罗，八鬼神……向下五处生：一四足，二飞行，三胸行，四傍形，五不行……”

6 *Sāṃkhya-kārikā*(55): tatra jarāmaraṇakṛtaṃ duḥkhaṃ prāpnoti cetanaḥ puruṣaḥ/ liṅgasyāvinivṛttes tasmād duḥkhaṃ svabhāvena// 《金七十论》第55颂：“此中老死苦，唯智人能受，体相未离时，故略说是苦。”

一 《入抉择数论之真实品》所传之解脱观

《入抉择数论之真实品》分别在第3、4颂转述了数论派的两种解脱观，即人我解脱和自性解脱。

（一）人我解脱

根据《数论颂》第11、19颂阐述的人我的多种特性，不难看出数论派的人我论与其解脱观有着极为密切的联系。《入抉择数论之真实品》第3颂明确提出了数论派的人我解脱理论：

> 人我自性互不同，
> 看见如此真实时，
> 还灭能作与所作，
> 即谓人我得解脱。（3）

偈颂的意思是：看见“人我不同于自性，自性也不同于人我”这样的真实的时候，还灭能作和所作，就是数论派所说的人我获得解脱。

第3颂注释从系缚、轮回、解脱三方面来说明人我是如何获得解脱的。首先来看数论派的系缚：

> 简而言之，（偈颂）的词义是：人我从“三种系缚”的束缚中产生“三种脱离”就是所谓“解脱”。三种系缚是：自性缚、变异缚、财物缚。其中，首先，“财物缚”是住家者、梵行者或者林栖者等由于获得财物而被系缚，即所谓“得百财或得千财”等。“变异缚”是“出家者等因为贪着可见，由于声、触、味、色、香等产生（五）根的变异而被系缚。”“自性缚”是天、非天、人、傍生等的各种不同的身体在各种行相的自性中产生变异的本性，即具有乐、苦、痴的本性，所以也就具有我慢、唯、根的特殊性相。（第3颂注释，230a4-230b1）

这里的表述与《金七十论》第44、45颂及其注释较为相似：

> 系缚有三种：一者自性缚，二者变异缚，三者布施缚。[1]
>
> 后轮转时，于三世间更受粗身，故说厌离，故没自性中，是名自性缚。忧欲故生死者，忧欲者，如有人计，我今行大施、作大祠天事，今饮须摩味，于后世间我应受乐因。此忧欲受生，生死诸梵处等乃至兽生，是名布施缚。由自在无碍者，自在者喜乐种类有八分，微细轻光等，由此自在故，故在梵王等处所有八种无碍，此八种自在与觉相应故，故名变异系缚。……[2]

这三种系缚中，“自性缚”是最根本的，也是使人我处于轮回痛苦的最主要原因。

其次，《入抉择数论之真实品》第3颂描述的人我从轮回走向解脱的过程如下：

> 在轮回中，因为对对象的爱欲，人我和自性中有相同的痴。智慧增盛的时候，为了完全满足所有对象，看见“自性不同于（人我），人我也不同于（自性）”的真实的时候，还灭地等等所作以及眼等等能作，就能从自性等的系缚中解脱人我。（第3颂注释，230b1）

人、畜等流转于轮回的直接原因是对外界对象有贪爱、欲望，这同时也造成了人我和自性中有相同的痴，这种痴使得人们不能辨别人我和自性的相异性。从轮回走向解脱需要修习数论派的教义，使智慧增长，在对外物的爱欲得到满足的同时认识到“自性不同于（人我），

---

[1] 《金七十论》第44颂注释。

[2] 《金七十论》第45颂注释。

人我也不同于（自性）”就能获得解脱。也就是说，去除了人我和自性中相同的痴，消灭地等等所作以及眼等等能作的时候，人我就能摆脱自性等的束缚而获得解脱。

概括来说，人我是因为被自性、财物、变异三者所束缚而流转于轮回，人我获得解脱的途径是修习数论派的教义使智慧增盛，人我解脱的标志是看到“自性不同于(人我),人我也不同于(自性)”的“真实”，并“还灭地等等所作以及眼等等能作”。这就是《入抉择数论之真实品》记载的数论派的人我解脱论。

（二）自性解脱

《入抉择数论之真实品》还记载了数论派的另一种解脱观，即自性解脱，其中的“特别”[1]一词透露出这种解脱理论在数论派内部的特殊地位，即很可能是针对人我解脱论提出来的对立观点：

我非我所是遍知，
且是义成恩惠故，
由是自性得解脱，
才是数论说真实。(4)

偈颂的意思是：所谓“我不是我所（=人我不是自性）”是普遍正确的认识，而且自性对于人我来说是达成目的的恩惠，所以“自性从人我解脱”才是数论派宣说的真实。

这里的“我非我所是遍知”与第3颂人我解脱论中的“人我自性互不同”实际上是一个意思，所以不管是自性解脱还是人我解脱，首先都要认识到数论派所谓的这种“真实”。

《入抉择数论之真实品》转述的这种自性解脱论出自《数论颂》

---

[1] 《入抉择数论之真实品》：另一些（数论师）有特别的自宗理趣。（第4颂前言，230b2）

第 62 颂：

人无缚无脱，无轮转生死，轮转及系缚，解脱唯自性。[1]

这一颂明确指出轮回的主体是自性，系缚的主体是自性，解脱的主体也是自性。所以说自性获得解脱。

一般来说，人我作为数论派的解脱的主体是基本确定且易于理解的。梳理《数论颂》的文脉可以看出，《数论颂》的总体思路是以论证人我如何获得解脱而展开的：《数论颂》首先提出人生是苦，需要探求离苦得乐的方法，这种方法随着自性理论的展开阐述而逐渐明晰，自性与其他二十三谛都为了人我的最终解脱而活动。[2] 但《数论颂》第 19 颂提出了人我本来就是独存的观点，[3] 独存就是解脱的状态。[4] 换句话说，人我本来就是解脱的，那么就无所谓系缚和摆脱系缚而得解脱了。这就为《数论颂》第 62、63 等颂以自性为解脱主体的自性解脱论埋下了伏笔。

《入抉择数论之真实品》从轮回和解脱两方面具体解释了自性解脱论：

据此，首先，轮回的时候，从唯一的自性（产生）的、被人

1 《金七十论》第 62 颂，*Sāṃkhya-kārikā*(62): tasmān na badhyate nāpi mucyate nāpi saṃsarati kaścit/ saṃsarati badhyate mucyate ca nānāśrayā prakṛtiḥ//

2 *Sāṃkhya-kārikā*(21): puruṣasya darśanārthaṃ kaivalyārthaṃ tathā pradhānasya/ paṅgvandhavad ubhayor api saṃyogas tatkṛtaḥ sargaḥ// 《金七十论》第 21 颂：“我求见三德，自性为独存，如跛盲人合，由义生世间。”

3 *Sāṃkhya-kārikā*(19): tasmāc ca viparyāsāt siddhaṃ sākṣitvam asya puruṣasya/ kaivalyaṃ mādhyasthyaṃ draṣṭṛtvam akartṛbhāvaś ca// 《金七十论》第 19 颂：“翻性变异故，我证义成立，独存及中直，见者非作者。”

4 *Sāṃkhya-kārikā*(68): prāpte śarīrabhede caritārthatvāt pradhānavinivṛttau/ aikāntikam ātyantikam ubhayaṃ kaivalyam āpnoti// 《金七十论》第 68 颂：“舍身时事显，自性远离时，决定及毕竟，二独存得成。”

我享用的各种各样的对象，作为非不同于（自性）之物而运作。（其次），解脱的时候，生起“我（aham，=自性）不是这个人我的，这个人我也不是我的（mama，=自性的）”这样的真实见的时候，人我被给予了对象的一切受用，那我（=自性）是给予者，所以（人我）就是我（=自性）的“目的达成”，而且对于人我来说，一切都是（自性的）恩惠，所以是自性从人我得解脱。（第4颂注释，230b3-230b6）

这段解释与第3颂注释在说明人我解脱时的角度不一样。如果说第3颂注释关注的是人我作为解脱的主体必然也是系缚、轮回的主体，着眼于人我如何摆脱系缚来说明人我的解脱问题，即是主动式解脱的话。那么，第4颂注释解释的自性与人我的给受活动体现了一种被动式解脱的意味，这与《数论颂》第62、63颂的说法有所出入。

如果把《入抉择数论之真实品》第4颂注释中的自性与人我分别比作仆人与主人则可以更直观地理解这种解脱方式：

仆人自始至终、无私无畏地为主人服务，提供给主人任何想要的享受，主人的一切受用都来自于仆人，让主人满意就是仆人的意乐和目的。所以当一直围着主人转的仆人认识到自己并不属于主人，主人也不是自己追求的那种真实的时候，仆人就要离开主人，也就是从主人那里解脱出来。这就像为人我服务、以人我为中心的自性从人我解脱一样。

第4颂第2句“且是义成恩惠故”可以在《数论颂》第60颂找到原型：

以种种方便，作恩于无恩，有德于无德，为他事无用。[1]

[1] 《金七十论》第60颂，*Sāṃkhya-kārikā*(60): nānāvidhair upāyair upakāriṇy anupakāriṇaḥ puṃsaḥ/ guṇavaty aguṇasya satas tasyārtham apārthakaṃ carati//

《金七十论》第 60 颂注释详细解释了自性与人我的这种施恩与受恩关系：

> 以种种方便，作恩于无恩者，声、触、色、味、香等尘能显现于我义，说显是事，我汝更互异，我受性恩已，无一恩酬性。有德于无德，为他事无用者，自性有三德，谓喜、忧、暗痴，我则无此德。犹如有人利亲益友不望彼恩。如是自性从初为我作随意事乃至解脱，我无一时报彼恩事，故说为他事无用。[1]

在数论派看来，人我受到了自性的很多恩惠，但是人我不给予自性任何回报，自性为人我所作的一切都是无私的，自性就像一个经常做好事利益他人而不追求回报的人一样服务于人我，从一开始帮助人我觉察外界、享受外物，到最后帮助人我获得解脱，甚至可以说自性完全是为了人我而存在并活动的。但是，人我自始至终都不曾为自性做任何事情。

《数论颂》第 56-58 颂也表达了“且是义成恩惠故”的意思，与第 60 颂基本同义，即：人我的解脱只有在自性的帮助下才能获得，自性的各种活动完全是为了人我的解脱，就像无知的牛乳完全是为了牛犊子的成长一样。[2]

由此我们可以看出，《入抉择数论之真实品》记载的自性解脱论有充分的文献依据，甚至比前述人我解脱论更准确地传达了《数论颂》

---

[1] 《金七十论》第 60 颂注释。

[2] *Sāṃkhya-kārikā*(56): ity eṣa prakṛtikṛtau mahadādiviśeṣabhūtaparyantaḥ/ pratipuruṣavimokṣārthaṃ svārtha iva parārtha ārambhaḥ// *Sāṃkhya-kārikā*(57): vatsavivṛddhinimittaṃ kṣīrasya yathā pravṛttir ajñasya/ puruṣavimokṣanimittaṃ tathā pravṛttiḥ pradhānasya// *Sāṃkhya-kārikā*(58): autsukyanivṛttyarthaṃ yathā kriyāsu pravartate lokaḥ/ puruṣasya vimokṣārthaṃ pravartate tadvad avyaktam// 《金七十论》第 56 颂：“自性事如此，觉等及五大，为脱三处人，为他如自事。”《金七十论》第 57 颂：“为增长犊子，无知转为乳，为解脱人我，无知性亦尔。”《金七十论》第 58 颂：“为离不安定，如世间作事，为令我解脱，不了事亦尔。”

中有关自性解脱的思想。但需要注意的是《金七十论》第56-58、60颂及其注释事实上亦都隐含有人我解脱的思想。[1]

《入抉择数论之真实品》明确指出数论派的解脱观有两种，这可以佐证《数论颂》中前后不一致的说法很可能在后来形成了两种不同的学说，至于数论师如何调和两种解脱理论之间的矛盾则需待日后的专门研究。

二　破真实见

数论派的两种不同的解脱理论有一大共同点，即不论人我解脱还是自性解脱，都以认识“真实见”为解脱的标志。所谓“真实见”就是《入抉择数论之真实品》第3、4颂中所讲的“人我自性互不同”、“我非我所是遍知”。后分能破第17颂进一步明确了这种真实见对于解脱的意义：

> （数论派）认为：“只要认识到自性和人我是不同的时候就是解脱。”（第17颂前言，232b5）

“认识到自性和人我是不同的”与“人我自性互不同”、“我非我所是遍知”意思相同，只不过表述不同而已。这种“真实见”是数论派获得解脱的锁钥，如《金七十论》说：“如是我见自性时，即得解脱。”[2]“见自性、变异、我三法，得解脱。”[3]

纵观《数论颂》有关解脱思想的内容以及《入抉择数论之真实品》前分所破所传的数论派解脱理论，“只要认识到自性和人我是不同的时候就是解脱”是数论派解脱观的核心理念，因为这是不管人我解脱

[1] 参见《金七十论》第56-58、60颂及其注释。

[2] 《金七十论》第21颂注释。

[3] 《金七十论》第22颂注释。

还是自性解脱都必须具备的：人我解脱和自性解脱首先都要认识到人我是不同于自性的。人我解脱与自性解脱的区别主要在于：认识到真实见之后，即“认识到自性和人我是不同的时候”，是人我摆脱自性的系缚回归于解脱，还是自性摆脱人我的系缚得到解脱。

所以，“只要认识到自性和人我是不同的时候就是解脱”这一定义不涉及解脱的主体问题，可以通用于人我解脱和自性解脱，是对数论派解脱定义的概括性描述，具体意思如下：

> 无知者非有知者，
> 有知者非变化者，
> 于谁真实智生起，
> 彼是能获解脱者。（17）

数论派认为：无知者（即自性）不是有知者（即人我），有知者（即人我）不变化；那个真实智生起的（人）就是能够获得解脱的人。

第 17 颂注释是对偈颂的批判：

> 首先，自性是无知的，所以（自性）不能认识其他。人我虽是无变化的有法，但从贪着先前的同一性到认识相异性的时候是变异，而其他的觉并不产生，所以对于除了人我以外的其他来说，“在真实中，只要智产生就解脱”是“不存在”的意思。（第 17 颂注释，232b6-233a1）

数论派规定自性是无知的，所以自性不能认识任何事物，当然也就无法认识“自性和人我是不同的”。人我在数论派看来虽然是有知的，但同时也是不变化的，如果人我能够认识到“自性和人我是不同的”话，那么这样的人我就会产生变化。正如《入抉择数论之真实品》第 3 颂注释所说，轮回的时候自性和人我有相同的痴。从贪着于这种同一性到认识其相异性就是一种变化。所以，自性和人我都不可能认识到“自性和人我是不同的”这一数论派所谓的真实见，也就都不可能获得解脱。

《入抉择数论之真实品》接着分别从轮回和解脱的状态回溯人我和自性互不相同是不成立的：

> 首先（在轮回中），即使自性和人我两者的受用与享受者的本性是相同的，那时产生“自性是人我”的认识也是不合理的，因为（自性）是绝对无知的。（第 18 颂注释，233a1-233a2）

要认识到“自性和人我是不同的”，首先就要有自性和人我是相同的观点，这种观点在数论派看来就是轮回的状态，如《入抉择数论之真实品》第 3 颂注释所说“在轮回中，因为对对象的爱欲，人我和自性中有相同的痴”（230b1）这种相同的痴就让轮回中的人们以为“自性和人我两者的受用与享受者的本性是相同的”，也就是认为自性和人我是相同的。

但是，在佛教徒看来，即便如此，轮回的时候所谓自性和人我是相同的认识也不可能产生，因为数论派在定义自性和人我时就规定了自性是无知的，而人我是有知的。所以，即使处于轮回的苦厄，自性和人我中有相同的痴来诱导人们，作为认识自性和人我是不同的前提——自性和人我是相同的——也是不可能存在的，因为自性和人我的本质区别（无知与有知）是先于人们对痴的认识而存在。这样就否定了“只要认识到自性和人我是不同的时候就是解脱”这一定义的前提条件。甚至可以说，自性和人我的不同是轮回中的本来状态，这样就会导致解脱与轮回无异的严重后果。

其次，从解脱的状态来说：

> 看见（自性和人我）是不同的时候（即解脱时），还灭人我执

> 持的（恩惠），“我（aham，=自性）不是人我的，人我也不是我的（mama，=自性的）”的认识如何产生？（第 18 颂注释，233a2-233a3）

“还灭人我执持的（恩惠）”也就是《入抉择数论之真实品》第 3 颂注释所说的“还灭地等等所作以及眼等等能作”（230b2）。但是，如果连所作和能作都完全消失的话，就不可能产生区分自性与人我的认识，甚至任何认识都不可能产生，因为认识的产生首先需要所作和能作的接触，然后再传达给心根、觉等等。[1]

> 因此，这（“只要认识到自性和人我是不同的时候就是解脱”）是绝对不合理的。（第 18 颂注释，233a3）

另外，《入抉择数论之真实品》第 58-60 颂再次讨论了数论派的“真实见”。数论派认为：

> 根据模仿觉的认识的人我，“我（=自性）不是这（人我）的，这（人我）也不是我（=自性）的”是产生的真实见。（第 58 颂注释，241b5-241b6）

“人我不是自性的，自性也不是人我的”就是“自性和人我是不同的”意思，这种相似表述在《入抉择数论之真实品》中多次出现。对于数论派来说，认识到人我和自性的不同，即获得真实见是通向解脱的关键。

然而，“人我不是自性的，自性也不是人我的”真实见以佛教教义的标准来看只是世间的一般认识而已：

---

[1] 数论派有关认识过程的理论参考本章第四节，pp.109-120。

由见人我相差异，
并不能够获解脱，
是异识故如看见，
被用者与主人异。（59）

认识到人我与自性的不同并不能获得解脱，因为这种认识只是关于差异的认识而已，就像看见仆人和主人的不同、女人和男人的不同一样。也就是说，数论派所谓的真实见实际上只是世间一般的普通认识。[1] 这里同时回应了第 18 颂注释的说法。所以，《入抉择数论之真实品》总结道：

如是具有分别故，
犹如看见人不同，
由见人我相差异，
如是解脱不被许。（60）

按照数论派的理论，人我与自性本来就具有区别，就像男人与女人之间存在着本质差异一样。所以，看见人我不同于自性就像看见男人不同于女人一样普通，通过这种见地获得解脱是不被佛教徒认可的。

第 60 颂注释还指出数论派有关解脱的定义亦决定了这种真实见不能导向解脱：

（数论派）还主张“完全穷尽就是解脱”，看见这样没有所作和能作的相异（就是解脱）怎能合理？（第 60 颂注释，242a3-

[1] 《入抉择数论之真实品》：看见被享受的胜因和享受者人我相异的时候，并没有获得解脱，如果问“原因是什么？”（回答：）是不同的认识的缘故，就像看见被享受的女人和男主人两者的不同一样。（第 59 颂注释，241b7-242a1）

242a4）

“完全穷尽就是解脱”、“没有所作和能作的相异”这一观点在《入抉择数论之真实品》第 3 颂及其注释中已经有所体现，且与《金七十论》第 64 颂及其注释的表达相似。[1]

然而，一旦“真实见”存在就不是真正的“完全穷尽”，“完全穷尽”必须是包括真实见在内的任何事物全部消亡。因此，由真实见而解脱一定程度上与“完全穷尽就是解脱”这一说法相矛盾，那么即使自性与人我的不同能够被认识到，这种“真实见”也不能导向真正的解脱。

由此我们可以看出，《入抉择数论之真实品》第 17-18、58-60 等颂对数论派解脱观的批判并没有关注解脱的主体问题，而是直指数论派解脱问题的根源，即批判了数论派有关解脱定义本身的矛盾性。解脱的定义都不能成立，即对解脱本身的理解就有误的话，基于这种理解的具体的解脱的主体、过程等细节问题就不攻自破了。但是为了进一步否定数论派的解脱观，《入抉择数论之真实品》后分能破还是花了不少笔墨来分别批判“自性解脱”与“人我解脱”。

三 破自性解脱

自性解脱简单来说就是自性摆脱人我的系缚获得解脱，《入抉择数论之真实品》后分能破只用一颂就较为彻底地批判了这种解脱观：

还灭亦为不合理，

[1] *Sāṃkhya-kārikā*(64): evaṃ tattavābhyāsān nāsmi na me nāham ity apariśeṣam/ aviparyayād viśuddhaṃ kevalam utpadyate jñānam//《金七十论》第 64 颂及其注释：“如是真实义，数习无余故，无我及我所，无倒净独智。如是真实义者，如前已说二十五义。数习无余故者，于六行中数数修习故。无余者，修习究竟，故智慧得生，因此智慧无执、我执、我所执，此三执及五疑并得灭尽，一切事及身皆自性所作，非无、非我、非我所悉属自性故，因此修智慧得生清净独存，因此智我得解脱。”

彼多而且共同故，
如一死夫之女子，
亦有群奴是被许。（19）

偈颂中的“还灭”就是“（自性）解脱”的意思，这种解脱被认为是不合理的。因为根据数论派的理论，唯一的自性是众多人我的共同的系缚，所以即使自性从一个人我解脱，这一自性仍然会被其他众多人我系缚，这种情况就像一个死了丈夫的多情女人（=自性）一样，仍然有一群奴隶（男情人）围绕身边。

这一颂批判的关键在于自性是一而人我是多，唯一的自性不能同时摆脱所有人我的束缚。虽然自性的唯一性是数论派一直以来毫无争议的说法，但人我究竟是一还是多在数论派内部并没有定论，《入抉择数论之真实品》前分所破在转述人我的各种属性时也没有提及一、多问题。

《数论颂》第 17 颂[1]论证人我是实有的五项理由中的“聚集为他故”、“依故”、“食者故”主要依据个体的身体等来论证人我的存在，很容易得出人我是多数的结论。正如《数论颂》第 18 颂所说：“生死根别故，作事不共故，三德别异故，各我义成立。”[2] 概括来说这一颂的意思是：世间每个人的生、死、身体器官、行为活动、性格能力等等都是不一样的，依存于每个个体中的人我因而也必然是多数的，否则将违背世间常识。所以，根据《数论颂》第 17、18 颂只能得出人我是多而不是一的结论。[3] 《金七十论》第 18 颂注释还明确提出了人

---

1 *Sāṃkhya-kārikā*(17): saṃghātaparārthatvāt triguṇādiviparyayād adhiṣṭhānāt/ puruṣo 'sti bhoktṛbhāvāt kaivalyārthaṃ pravṛtteś ca// 《金七十论》第 17 颂：“聚集为他故，异三德依故，食者独离故，五因立我有。”

2 《金七十论》第 18 颂，*Sāṃkhya-kārikā*(18): jananamaraṇakaraṇānāṃ pratiniyamād ayugapat pravṛtteś ca/ puruṣabahutvaṃ siddhaṃ traiguṇyaviparyayāc caiva//

3 参见《金七十论》第 18 颂注释。

我是多而且同时否定了人我是一的说法："汝说贯珠及毗纽譬故我一者，是义不然，是故因五义则知我有多。"

但是，《金七十论》第10颂注释却指出人我具有遍在的属性，[1] 一般来说，遍在和多数是相互矛盾、不能共存的。此外，《乔荼波陀注》、《摩特罗评注》也认为人我是唯一而遍在的，不是多数的。[2]

根据早期数论派的基本理论，每个人的生、死、活动、性格等等与人我本身并没有直接关系，生、死、活动等都只属于自性及其转变物的范畴，这是《数论颂》第18颂论证人我是多时难以自圆其说的一大问题。《乔荼波陀注》等注释试图通过把人我区分为解脱前和解脱后两种不同的状态来解决这一矛盾，即：多数的人我是解脱前的状态，也就是处于轮回中的状态，而解脱后独存的真我则是唯一的；或者说与个人的身体等对应的人我是多数的，而与唯一未显的自性对应的人我则是唯一的，即真正的人我是唯一的而不是多数的。人我的一、多问题直接催促了后期数论派有神论思想的萌芽与发展。[3]

由此可以看出，《入抉择数论之真实品》和《数论颂》中有关人我是多的倾向较好地反映了早期数论派的观点。

另外，数论派把自性是看作是阴性的，把人我看作是阳性的，所以《入抉择数论之真实品》第19颂把自性比作一个多情的女人，把人我比作女人的男情人，一个多情女人被众多男情人所系缚，这一比喻十分有趣。《金七十论》第11颂注释中有与此相似的譬喻：

> 四平等者，大等变异一切我共用，如一婢使有众多主同共驱役，故自性亦如是，一切我同用，是故说相似。

---

[1] 《金七十论》第10颂注释："自性及我遍一切处，谓地空天，大等诸物则不如是，不遍一切故，是故与性异。"

[2] 参见村上真完[1978], pp.474-476。

[3] 《乔荼波陀注》、《摩特罗评注》中都有关于解脱后的"最高我"（paramātman）是一、遍在的论述，详见《乔荼波陀注》、《摩特罗评注》第11颂注释，参见村上真完[1978], pp.254-256。

《金七十论》把自性比作婢使（女仆），把人我比作主人，一个女仆需要服侍众多的主人或者说主人们共同使唤一个女仆。

此外，《摩特罗评注》在注释第 37 颂时也把自性比作一个多情的女人，把人我比作男情人，[1] 与《入抉择数论之真实品》的譬喻完全一致。

《入抉择数论之真实品》对上述自性解脱思想的批判就从自性是一而人我是多这一关键点切入的：

> 还灭的时候（即解脱时），因为自性是一，而人我是多，所以这里（自性）从一个人我解脱而不是从所有（人我）解脱，因为（自性）是众多人我的共同的系缚，一个人我坏灭的时候，那个（人我）远离爱染，但是不能从那个（人我）以外的其他活着的人我解脱。（第 19 颂注释，233a3-233a4）

上述对数论派自性解脱理论的批判虽然简单，但是切中要害。

四　破人我解脱

人我解脱顾名思义就是人我回归（获得）解脱，即人我只要摆脱自性等的系缚就可以回归（获得）解脱。《入抉择数论之真实品》第 20-24 颂批判了这种解脱观，其中与映像说相关的第 22、23 两颂已在前文作了解读，[2] 下文不再重复。在佛教徒看来，人我解脱的错误在于：

> 人我诸我不异境，
> 心中萨埵最旺盛，

[1] 详见高木訷元[1991], pp.227-228。

[2] 参见本书 pp.116-120。

且无覆时如何许，
看见真实乃决定？（20）

这一颂需要结合注释来理解：

数论派的宗趣如下："人我也存在于天、非天、人、傍生等各种众生各自的身体中，而且所有那样的人我遍在于一切（众生）中。"对此，（佛教徒反驳：）当这样的人我获得解脱的时候，只从一个（众生的身体）如何（解脱）？因为，当萨埵占优势的心没有障覆的时候，一个人我能从那些（众生的身体）获得解脱的话，所有的人我也应该得解脱；但其他所有的人我由于系缚而住于（众生中），那么一个（人我）如何获得解脱？因为（所有的人我安住的）境域是没有区别的。（第20颂注释，233a6-233b2）

这里的意思是：根据数论派的人我论，人我甲既存在于身体甲中也存在于其他一切众生中，即所有不同众生的各自的人我同时存在于其他众生中。换句话说，甲中既有甲自己的人我又有其他所有众生的人我，也就是一切人我安住于一切众生中。这样的话，只能是所有人我同时一起从所有安住的境域解脱，一个人我独自获得解脱是不合理的。

换个角度说：一个人我享受法的时候，一切人我也会享受法；一个人我进入非法的时候，一切人我也都会具有非法；一个人我活动的时候，一切人我也会活动；一个人我断灭一切活动的时候，一切人我也会断灭一切活动；这样的话就没有了所谓婆罗门的业和首陀罗的业的区别，也就不能区分父、子、敌、亲等等一切世间的差别。[1] 所以，

[1] 《入抉择数论之真实品》：对于声等来说，那些耳等的作用也能获得所有人我的同一性，即一个（人我）享受法的时候，所有人我也安住于法；而一个（人我）进入非法的时候，所有（人我）也都会具有

只要数论派给人我规定了多而遍在的属性，人我解脱就会出现上述各种各样的矛盾而与世间常识相违背。

最后，《入抉择数论之真实品》从二谛（世俗与胜义）的角度总结了数论派人我解脱论的错误：

> 人我乃无分别故，
> 异于我说不合理，
> 若说施设故无过，
> 解脱只是假说尔。（24）

意思是：人我是无分别的，所以“人我不同于自性”这种说法不合理，如果因为这种说法只是世俗谛上的施设而没有过错的话，那么解脱也就只是假说的解脱而不是胜义的解脱。

偈颂中颇具佛教特色的“无分别”（akalpakatva, rTog pa med pa）一词指的是人我虽然是知性的，但同时也是无变化、无动作的，所以人我并不能分别、判定外物。如此无分别的人我怎么可能区别自身与自性的不同从而获得解脱？

数论派对此有所反驳：

> （人我）是无分别的，在觉中由分别而设立的人我是假名和方便。（第24颂注释，234a6-234a7）

非法。所以看见（真实）不一定就是解脱。如果问“为什么？”（回答：）因为境域没有差别，就像天空的一角（同时）有黑暗和光明两者、或者降雨和放晴两者是不合理的一样。人我是遍在于一切的话，还会产生如下错误：“因为（人我）遍在于一切，所有（人我）也就安住于一切众生的本性中，我等就成了混合物，身、根、觉等等也成为共同的。一个（人我）活动的时候其他（人我）也会活动，一个（人我）断灭一切活动的时候，所有（人我）也会断灭（一切）活动。也就没有了‘婆罗门的业是这样的，而首陀罗的业是那样的’说法，也就不能建立四种姓，也就不能区分父、子、敌、亲”等。（第21颂注释，233b2-233b7）

然而，这样的反驳与其说是补救还不如说是陷阱，因为将人我定义为由分别而来的假名施设的话，那么由这样的分别而获得的解脱也就成了假名施设，假名施设的解脱当然不是真正的、胜义的解脱，如此也就把数论派的解脱导向了非终极的意义。

在《入抉择数论之真实品》看来，非终极、世俗谛的解脱是没有意义的，或者说这种世俗谛假名施设的解脱无关大局、无伤大雅，因为世俗谛的一切事物最终都会被否定，关键在于胜义谛上必须坚持佛教的一切皆空、实相涅槃的解脱观。

所以，把人我解脱引入或限定于世俗谛的范畴实际上是非常狡猾的批判。

最后，《入抉择数论之真实品》总结指明数论派的两种解脱观都是不合理的：

> 因此，不是自性（解脱）也不是人我（解脱），所以（数论派）提出的解脱是不恰当的。（第 24 颂注释，234a7）

综上所述，《入抉择数论之真实品》后分能破从对“真实见”、“自性解脱”、“人我解脱”三个方面的不同批判，比较彻底地否定了数论派的解脱思想，同时以佛教的基本理论一定程度上瓦解了数论派的整个哲学体系。

第三章　《中观心论》与《思择焰》对胜论派思想的批判

《入抉择胜论之真实品》是《中观心论》与《思择焰》批判外道思想的第二品。与其他佛教文献相比，本品对胜论派哲学思想的叙述尤为集中、详细，而且比历来公认的记载胜论派思想的最佳佛教文献——寂护（Śāntarakṣita，约 725-788）的《真理纲要》（*Tattvasaṃgraha*）还要早约 200 年。

《入抉择胜论之真实品》很好地展现了公元五、六世纪的胜论派学说发展状况及其与佛教的理论纷争，可以说是考察早期胜论派思想潮流的最佳文献之一。

第一节　《入抉择胜论之真实品》的义理结构

《入抉择胜论之真实品》梵文本偈颂不全，仅剩最后两颂（第 28、29 颂）；藏译本共二十九颂，几乎每颂都配有长短不一的前言和注释，以辩论的表现形式，描述并批判了胜论派的句义论、我论、解脱观等主要思想。

一　科判

与《中观心论》、《思择焰》的其他各品相比，《入抉择胜论之真实品》的结构特征就是开篇首先叙述了一大段相对独立于后文偈颂和注释的胜论派理论，笔者将这部分内容单列出来，称为“序论”。序论之后的内容结构与《入抉择数论之真实品》相同，即分为典型的前分所破、后分能破、总结陈词三大部分。《入抉择胜论之真实品》的具体科判如下：

I 序论（242a7-244a6）：

I.1 我论

I.2 句义论

I.3 解脱观

II 前分所破：胜论派的解脱观（k.1, 244a6-244b2）

III 后分能破：（kk.2-28, 244b2-250a4）

III.1 破觉等德与我合（kk.2-7, 11-14; 244b2-245a5）

III.2 破意等实与我合（k.8-10, 245a5-246a6）

III.3 破同等句义与我合（kk.15-22, 247a1-248b7）

III.4 破胜论派的解脱观（kk.23-28, 248b7-250a4）

III.4.1 破“断灭觉等我之德”（k.23）

III.4.2 破“所谓我就住意中”（kk.24,26）

III.4.3 破“从根拔除法非法”（k.25）

III.4.4 破“即是胜论许解脱”（kk.27-28）

IV 总结陈词：胜论派的真实是邪见（k.29, 250a4-251a1）

二　批判理路

《入抉择胜论之真实品》的批判理路要比《入抉择数论之真实品》清晰很多。具体来说，序论部分以描述胜论派的解脱观为核心，同时转述了胜论派的我论、句义论等主要哲学思想。

前分所破只有一个偈颂，高度概括了胜论派的解脱理论，几乎没有讨论胜论派的其他思想。

后分能破以批判胜论派的我论为切入点，以否定我的存在为中心话题，分为两部分：

第一，批判了胜论派的“我有”以及与此相关的理论体系（第 2-22

颂）。“我有”虽然不是胜论派的标志性思想，但却与佛教的关系最大，因为“我无”是佛教的根本教义之一，也是佛教区别于“外道”的重要理论特点。因此，后分能破紧紧抓住胜论派有关我的教理学说，主要破斥了“觉等德与我合”、“意等实与我合”、“同等句义与我合”，凸显了佛教论著“无我论”的立场，以及在批判外道时结合佛教思想对外道理论所作的取舍缩放。

第二，批判了胜论派的解脱思想（第23-28颂）。后分能破紧紧围绕前分所破提出的胜论派解脱观而展开，逐一详尽破斥了前分所破中提出的获得解脱的三大要素和结论，即分别否定了“断灭觉等我之德”、“从根拔除法非法”、“所谓我就住意中”、“即是胜论许解脱”。

《入抉择胜论之真实品》把对胜论派解脱思想的批判作为目的和重点。一般而言，解脱思想在《胜论经》中所占篇幅较小，后世的注释和论述也较少。但是，解脱是几乎所有印度宗教哲学流派共同追寻的根本目的，能否成功获得解脱甚至可以说是检验各派教理的最终标准，佛教和胜论派都不例外。《胜论经》以“现在，我们解释法；由此可以获得升天和至善的那种（东西）就是法。”[1] 为开头就很好地说明了胜论派对解脱问题的关注并不亚于其他任何流派；而且从宗教实践的角度讲，各种句义归根结底都只是获得解脱的手段。[2] 所以，和《入抉择数论之真实品》一样，本品也把对解脱思想的批判作为最终落脚点。

---

[1] VS-C.1-1-1~1-1-2: athāto dharmaṃ vyākhyāsyāmaḥ// yato 'bhyudayaniḥśreyasasiddhiḥ sa dharmaḥ//; VS-U. 1-1-1~1-1-2: athāto dharmaṃ vyākhyāsyāmaḥ// yato 'bhyudayaniḥśreyasasiddhiḥ sa dharmaḥ//（姚译：现在，我们解释法。法是这样一种东西：通过它可变得崇高，达到至善。）本书所引《胜论经》汉译参考姚卫群译本，详见姚卫群[2003], pp.1-43，后文不再标注姚译页码。

[2] VS-U.1-1-4: dharmaviśeṣaprasūtād dravyaguṇakarmasāmānyaviśeṣasamavāyānāṃ padārthānāṃ sādharmya-vaidharmyābhyām tattvajñānān niḥśreyasam//（姚译：至善来自对真理的认识，来自特别的法，即借助(关于)实、德、业、同、异、和合句义的相似与差别(的知识)获得。）

最后，本品第 29 颂是总结陈词，简要概括了胜论派思想理论的各种错误，强调了佛教教义的正确性。

第二节 《入抉择胜论之真实品》所传之句义思想

句义，梵文为 padārtha，由“句”（pada）和“义”（ārtha）两词构成，“句”意为词语、概念，“义”意为对象、事物，所谓“句义”就是指与概念相对应的实在物。胜论派认为包括自然现象和人生现象在内的世间万物归根结底都可以概括为若干句义。句义论是胜论派思想体系的根基与核心，胜论派的哲学思想一般都体现在对各个句义以及句义间相互关系的具体解释中。[1] 然而，胜论派内部对句义的看法并不一致，主要有“六句义”、“十句义”和“七句义”三种说法：

最常见的胜论派句义理论是“六句义”，即：实、德、业、同、异、和合六种句义。从商羯罗弥施洛的《补注》中抽取出来的《胜论经》VS-U.1-1-4 列举了这六种句义：

> 至善产生于特别的法，来自借助实、德、业、同、异、和合（六）句义的同法和异法（获得的）真实智。[2]

《摄句义法论》也提出句义有实、德、业、同、异、和合六种：

> 有关实、德、业、同、异、和合这六句义的同法和异法的真

[1] 参见姚卫群[2006], p.70。

[2] 现存《胜论经》的最早注释——《旃陀罗阿难陀注》（VS-C），以及大约成书于公元 13 世纪的《巴达伐定陀罗注》（VS-Bh）中都没有这一句经文，这两部注释书都没有明确指出句义有六种，而只有关于实、德、业、同、异、和合等句义的零散说明。

实智是获得至善的原因。[1]

其中，“实”（dravya）即实体，指事物自体，可以分为地、水、火、风、空、时、方、我、意九种。“德”（guṇa）即性质，指事物的静的特征。“业”（karman）即运动，指事物的动的特征，包括了自然物的运动、身体的运动等一切运动形式。“同”（sāmānya）即普遍性、共通性，可分为“上同”和“下同”，是与“异”相对的一个概念。“异”（viśeṣa）即特殊性，指事物之间的相对的差别，异句义的极端就是“边异”（事物的最终差别），边异与上同构成同异关系的两端，分别是绝对的异和绝对的同。“和合”（samavāya）即内在联系，指事物所具有的自体与属性等的不可分的因果关系。[2]

胜论派的“十句义”说目前只见于《胜宗十句义论》和一些佛教文献的零星记载，十句义在上述六句义的基础上增加了：有能、无能、俱分、无说四个句义。[3]

“七句义”说由公元 10-11 世纪的胜论派思想家湿婆迭蒂（Śivāditya）在所著的《七句义论》（*Saptapadārthī*）中系统提出。七句义是在六句义的基础上增加了与《胜宗十句义论》中的“无说句义”基本一致的“无句义”（abhāva, asat）。另外，希里达罗的《正理的芭蕉树》和乌德衍那的《光之颈饰》中也提到了由六句义和无句义构成的七句义说。12 世纪以后，七句义成为胜论派和正理派共同承认的句义理论的定说，流传至今。[4]

《中观心论》与《思择焰》中的《入抉择胜论之真实品》明确指

---

[1] dravyaguṇakarmasāmānyaviśeṣasamavāyānāṃ ṣaṇṇāṃ padārthānāṃ sādharmayavaidharmyatattvajñānaṃ niḥśreyasahetuḥ// (PDhS, p.6)

[2] 参见姚卫群[2006], p.71。另外，有关六句义的具体解释，《胜论经》的各种注释书等胜论派文献相互间并不完全一致，其间的差别不是本书查考的重点。

[3] 这四个句义的具体含义参见姚卫群[2006], p.72。

[4] 详见宇井伯寿[1965b], p.637。

出胜论派的句义有六种：

根据六句义，应知一切事物概括如下:“实、德、业、同、异、和合”。（序论，242b6）

《入抉择胜论之真实品》序论部分还具体阐述了各个句义的内涵外延，对胜论派句义理论的叙述翔实而准确。下文结合《胜论经》的相关内容，逐一解读序论所传之六句义思想。

一 实句义

《入抉择胜论之真实品》对实句义转述如下：

称为“实”的句义有九种，即称为“地、水、火、风、空、时、方、我、意”的诸实。（序论，243a1）

这一定义与《胜论经》VS-C.1-1-4 完全一致：

地、水、火、风、空、时、方、我、意是实。[1]

本品还具体描述了各种实的特性：

那些地、水、火、风的极微也是常住的，即按照数的话（分别）具有四种属性、三种属性、两种属性、一种属性，也就是与触、味、色、香相应。那些（地等极微）观待于非触的同类能够构成与己同和（与己）异的结果。方、空、时也是不生、遍在、

[1] VS-C.1-1-4: pṛthivy āpas tejo vāyur ākāśaṃ kālo dig ātmā mana iti dravyāṇi//; VS-U.1-1-5: pṛthivy āpas tejo vāyur ākāśaṃ kālo dig ātmā mana iti dravyāṇi//（姚译：地、水、火、风、空、时、方、我、意是实。）

常住、无活动的。意是常住、有活动、分别的。（序论，242b2-242b4）

应该说各种实的特性，即具有色、味、香、触是地的实。具有色、味、触是水（的实），即湿性和润性。火具有色和触。风具有触，是不可见相。空具有声的德。“此和彼、同时和异时、快和慢”是时的标志。“此处和彼处”是方的标志，即“根据先前有太阳生起而且后来也有（太阳升起）是东，同样，南、西、北”就是所说的方的区别。根、境俱在即是我。没有智的本性和有（智的）本性是意的标志。（序论，243b1-243b4）

这两段内容分别位于序论描述的句义论的开头和结尾，第一段文字较为简单，描述也比较模糊，第二段文字可以看作是对第一段的补充。综合两段内容可以得到《入抉择胜论之真实品》对实句义的较完整表述。

其中，两段内容都涉及的地、水、火、风、空、时、方、意的各自的基本特性与《胜论经》的描述几乎完全相同：

VS-C.2-1-1：地具有色、味、香、触。[1]
VS-C.2-1-2：水具有色、味、触、液、润。[2]
VS-C.2-1-3：火具有色和触。[3]
VS-C.2-1-4：风具有触。[4]
VS-C.2-1-26：（声）是空的特性。[5]

---

[1] VS-C.2-1-1: rūparasagandhasparśavatī pṛthivī//; VS-U.2-1-1: rūparasagandhasparśavatī pṛthivī//（姚译：地具有色、味、香、触。）

[2] VS-C.2-1-2: rūparasasparśavatya āpo dravāḥ snigdhāś ca//; VS-U.2-1-2: rūparasasparśavatya āpo dravāḥ snigdhāḥ//（姚译：水具有色、味、触、液、润。）

[3] VS-C.2-1-3: tejo rūpasparśavat//; VS-U.2-1-3: tejo rūpasparśavat//（姚译：火具有色和触。）

[4] VS-C.2-1-4: vāyuḥ sparśavān //; VS-U.2-1-4: sparśavān vāyuḥ//（姚译：风具有触。）

[5] VS-C.2-1-26: liṅgam ākāśasya//; VS-U.2-1-27: pariśeṣāl liṅgam ākāśasya//（姚译：(声)因而只能是空的德。）

VS-C.2-2-6：此、彼、同、异、慢、快这类概念是时的标志。[1]

VS-C.2-2-12：此处、彼处这类概念是方的标志。[2]

VS-C.2-2-16：（方被称为）东是由于过去、将来或现在与太阳的关联。[3]

VS-C.2-2-17: 南、西和北亦是如此。[4]

VS-C.3-2-1：在我与根的境接触时，认识的存在与非存在是意的标志。[5]

此外，第一段文字中提到而第二段文字中没有出现的方、空、时、意的特性 ——“方、空、时也是不生、遍在、常住、无活动的；意是常住、有活动、分别的”—— 中的“不生”在《胜论经》中没有明确提到。空的“遍在”则在《胜论经》中有直接说明：

VS-C.7-1-28：空是大的，因为（它）是遍在的。[6]

方和时的“遍在”可以间接推导出来：

---

1 VS-C.2-2-6: aparasmin paraṃ yugapad ayugapac ciraṃ kṣipram iti kālaliṅgāni//; VS-U.2-2-6: aparasmin paraṃ yugapac ciraṃ kṣipram iti kālaliṅgāni//（姚译：此、彼、同时、慢、快这类概念是时的(存在)标志。）

2 VS-C.2-2-12: ita idam iti yatas tad diśo liṅgam//; VS-U.2-2-10: ita idam iti yatas tad diśyaṃ liṅgam//（姚译：此处、彼处这类概念是方的(存在)标志。）

3 VS-C.2-2-16: ādityasaṃyogād bhūtapūrvād bhaviṣyato bhūtāc ca prācī//; VS-U.2-2-14: ādityasaṃyogād bhūtapūrvād bhaviṣyato bhūtāś ca prācī//（姚译：(方被称为)东是由于过去、将来或现在与太阳的关联。）

4 VS-C.2-2-17: tathā dakṣiṇā pratīcyudīcī ca//; VS-U.2-2-15: tathā dakṣiṇā pratīcī udīcī ca//（姚译：(方被称为)南、西和北亦是如此。）

5 VS-C.3-2-1: ātmendriyārthasannikarṣe jñānasyābhāvo bhāvaś ca manaso liṅgam//; VS-U.3-2-1: ātmendriyārthasannikarṣe jñānasya bhāvo ’bhāvaś ca manaso liṅgam//（姚译：在我与根的境接触时，认识的存在与非存在是意(存在)的标志。）

6 VS-C.7-1-28: vibhavād mahān ākāśaḥ//; VS-U.7-1-22: vibhavān mahān ākāśas tathā cātmā//（姚译：空是大的，因为(它)是遍在的，我亦如此。）

VS-C.7-1-31：根据（方的）德，方（的遍在性）得到了表明。[1]

VS-C.7-1-32：时与因相关联（因此是遍在的）。[2]

方、空、时的“常住”、“无活动”在《胜论经》中都有表述：

VS-C.2-1-27：（空的）实性和常住性通过风（的实性和常住性）得到解释。[3]

VS.C.2-2-7：（时的）实性和常住性通过风（的实性和常住性）得到解释。[4]

VS-C.2-2-13：（方的）实性和常住性通过风（的实性和常住性）得到解释。[5]

VS-C.5-2-23：方、时、空是无活动的，因为（它们）与有活动的（东西）不同。[6]

意的“常住”、“有活动”在《胜论经》中也都有提到：

VS-C.3-2-2：（意的）实性和常住性通过风（的实性和常住性）得到解释。[7]

---

[1] VS-C.7-1-31: guṇair dig vyākhyātā//; VS-U.7-1-24:guṇair dig vyākhyātā//（姚译：根据(方的)德，方(的遍在性)得到了表明。）

[2] VS-C.7-1-32: kāraṇena kāla iti//; VS-U.7-1-25: kāraṇe kālaḥ//（姚译：时与因相关联(因此是遍在的)。）

[3] VS-C.2-1-27: dravyatvanityatve vāyunā vyākhyāte//; VS-U.2-1-28:dravyatvanityatve vāyunā vyākhyāte//（姚译：(空的)实性和常住性通过风(的实性和常住性)得到解释。）

[4] VS.C.2-2-7: dravyatvanityatve vāyunā vyākhyāte//; VS-U.2-2-7: dravyatvanityatve vāyunā vyākhyāte//（姚译：(时的)实性和常住性通过风(的实性和常住性)得到解释。）

[5] VS-C.2-2-13: dravyatvanityatve vāyunā vyākhyātaḥ//; VS-U.2-2-11:dravyatvanityatve vāyunā vyākhyāte//（姚译：(方的)实性和常住性通过风(的实性和常住性)得到解释。）

[6] VS-C.5-2-23: dikkālākāśaṃ ca kriyāvadbhyo vaidharmyān niṣkriyāṇi//; VS-U.5-2-21:dik kālāv ākāśañ ca kriyāvad vaidharmyān niṣkriyāṇi//（姚译：方、时、空是无活动的，因为(它们)与有活动的(东西)不同。）

[7] VS-C.3-2-2: dravyatvanityatve vāyunā vyākhyāte//; VS-U.3-2-2:tasya dravyatvanityatve vāyunā vyākhyāte//

VS-C.5-2-14：火向上燃烧，风横向地吹，极微和意最初的业，这些是由不可见力引起的。[1]

由此可以看出，前述两段文字中，只有“根、境俱在即是我”在现存《胜论经》中没有找到相对应的内容。因此，总体来说，《入抉择胜论之真实品》序论的这部分内容相当准确地引述了《胜论经》的经文。

需要说明的是，上文没有具体解释实句义中的第八种“我”，是因为《入抉择胜论之真实品》将“我”作为我论的主要内容单独另处描述并批判。[2]

《入抉择胜论之真实品》还举出了实句义的其他一些特性：

根据实，其他实产生。（序论，243a5-243a6）

实既不与因相违也不与果相违。（序论，243a6）

实的共同的特性是有业、有德、（是）和合因，（这些）就是实的特性。（序论，243a6）

实是（多实）共同的因。（序论，243a7)

这些描述分别来自于：

VS-C.1-1-8: 实产生另一实。[3]

（姚译：(意的)实性和常住性通过风(的实性和常住性)得到解释。）

1 VS-C.5-2-14: agner ūrdhvajvalanaṃ vāyoś ca tiryakpavanam aṇumanasoś cādyaṃ karmety adṛṣṭakāritāni//; VS-U.5-2-13:agner ūrddhvajvalanaṃ vāyos tiryakpavanam aṇūnāṃ manasaś cādyaṃ karmādṛṣṭakāritam//（姚译：火向上燃烧，风横向地吹，极微和意最初的业，这些是由不可见力引起的。）并参考 VS-C.5-2-16,5-2-17, 5-2-19; VS-U.5-2-15,5-2-16,5-2-17。

2 参见本章第三节，pp.157-184。

3 VS-C.1-1-8: dravyāṇi dravyāntaram ārabhante//; VS-U.1-1-10: dravyāṇi dravyāntaram ārabhante guṇāś ca guṇāntaram//（姚译：实产生另一实，德产生另一德。）

VS-C.1-1-11：实不与果相违也不与因相违。[1]

VS-C.1-1-14：有业、有德、是和合因，就是实的特性。[2]

VS-C.1-1-22：一实是多实共同的果。[3]

特别值得一提的是，《入抉择胜论之真实品》提到了一个令人颇为费解的譬喻——“二指喻”（dvyaṅgula）：

各种实是实的果，就像“二指”一样。（序论，243b1）

二指喻[4]在现存《胜论经》、《摄句义法论》、《胜宗十句义论》中都没有发现，巴达伐定陀罗和商羯罗弥施洛等人的注释中也都未提及，而只出现在了《旃陀罗阿难陀注》的释文中。

旃陀罗阿难陀在注释 VS-C.1-1-11, 1-1-15, 7-1-16, 7-2-10, 7-2-11 时多次用到了二指喻，如：[5]

VS-C.7-2-10 注：“随一业生的合”就是鹰与一不动的柱子的合。“俱业生的合”就是两个力士的合。“合生的合”就是因与非因之物的合，果与非果之物的合，例如，由（两根）手指与（各自的）

---

[1] VS-C.1-1-11: kāryāvirodhi dravyaṃ kāraṇāvirodhi ca//; VS-U.1-1-12: na drayaṃ kāryaṃ kāraṇaṃ ca badhati//（姚译：实不被果灭，也不被因灭。）

[2] VS-C.1-1-14: kriyāvad guṇavat samavāyikāraṇam iti dravyalakṣaṇam//; VS-U.1-1-15: kriyāguṇavat samavāyikāraṇam iti dravyalakṣaṇam//（姚译：实的特性是有业与德，并是和合因。）

[3] VS-C.1-1-22: dravyāṇāṃ dravyaṃ kāryaṃ sāmānyam//; VS-U.1-1-23: dravyāṇāṃ dravyaṃ kāryaṃ sāmānyam//（姚译：一实(可)是(多)实的共同果。）

[4] 《入抉择胜论之真实品》第 29 颂注释引述的偈颂中也多次提到了二指喻，详见下卷附录二，pp.596-599。

[5] VS-C ad 1-1-11: tathāhi aṅgulidravyaṃ kāryaṃ dvyaṅgulaṃ janayiṣyat tadarthena karmaṇā tatkṛtena saṃyogena tato jātena dvyaṅgulena na virudhyate/ (VS-C, p.4); VS-C ad 1-1-15: tathāhi aṅgulyor ākāśasaṃyogo dvyaṅgulākāśasaṃyogo karttavyo dvyaṅgulotpattim apekṣate/ aṅgulyoḥ parasparavibhāgo dvyaṅgulākāśavibhāgaṃ prati kāryavināśam apekṣate/ (VS-C, p.5); VS-C ad 7-1-16: dvyaṅgule kāraṇāṅgulimahattvaṃ mahattvaṃ karoti/ (VS-C, p.54)

虚空的合产生“二指”与虚空的合。[1]

VS-C.7-2-11 注：“随一业生的离”就是鹰脱离（柱子）而产生的离。“俱业生的离”就是两只羊相互分开而产生的离。“离生的离”就是两根手指相互一分开“二指”就消失，产生“（二）指”与虚空的离；或者从作为（身体的）因的手与不是（身体的）因的虚空分开产生身体与虚空的离。[2]

二指喻在《旃陀罗阿难陀注》中的意思是：“二指”本身是一个独立的实体，“二指”不是两根手指的简单相加，而是两根不同的手指作为实体相结合而产生的结果。换句说话，“二指”这一实是两根不同的手指这两种实的果，所以可以用二指喻来说明“各种实是实的果”这一比较抽象的观点。

二指喻在胜论派文献中极为少见，但是《旃陀罗阿难陀注》却前后五次用这一譬喻来说明实等句义的部分内涵，可见旃陀罗阿难陀对这个譬喻的重视。其他胜论文献中没有出现这一譬喻，可能是二指喻本身不容易理解，而且在辅助说明“各种实是实的果”时并不十分贴切，所以后来的胜论师几乎没有沿用旃陀罗阿难陀的这一譬喻。此外，一般胜论派文献中常见的“破瓦喻”[3]与二指喻作用类似，且在解释“各种实是实的果”时更为清晰易懂，所以后来的胜论师很有可能用破瓦喻替代了二指喻。

从只见于《旃陀罗阿难陀注》而不见于胜论派其他文献的二指喻等，我们基本可以判定《入抉择胜论之真实品》很有可能受到了《旃

---

[1] VS-C ad 7-2-10: anyatarakarmajaḥ saṃyogaḥ śyenasyopasarpaṇakarmaṇā sthāṇunā/ mallayor upasarpaṇād ubhayajaḥ/ saṃyogajaḥ kāraṇākāraṇayoḥ saṃyogāt kāryākāryagataḥ yathāṅgulyākāśasaṃyogābhyāṃ dvyaṅgulākāśasaṃyogaḥ// (VS-C, p.57)

[2] VS-C ad 7-2-11: anyatarakarmajo vibhāgaḥ śyenasyāpasarpaṇāt/ ubhayakarmajo meṣayor apasarpaṇāt/ vibhāgajastu aṅgulyor anyonyavibhāgād vinaṣṭamātre dvyaṅgule 'ṅgulyākāśavibhāgaḥ kāraṇākāraṇayor vā hastākāśayor vibhāgāccharirākāśavibhāgaḥ/ (VS-C, p.57)

[3] “破瓦喻”详见宇井伯寿[1965a], p.442。

陀罗阿难陀注》的影响，或者说《入抉择胜论之真实品》有可能主要通过《旃陀罗阿难陀注》（包括经文）来认识胜论派的句义思想。因此，笔者暂时把《入抉择胜论之真实品》（《中观心论》及其古注《思择焰》）推定为《旃陀罗阿难陀注》成立年代的最下限。[1]

二　德句义

《入抉择胜论之真实品》指出德句义有二十四种，但是在具体例举时只谈到了其中的十七种：

> 德句义有二十四种德，即称为“色、味、香、触、数、量、别体、合、离、彼体、此体、觉、乐、苦、欲、瞋、勤勇”的是德。（序论，243a2）

《胜论经》认为德句义有十七种，具体内容与此处所例举的完全相同。[2]

《摄句义法论》和《胜宗十句义论》都认为德有二十四种，即在上文十七种的基础上增加了：重体、液体、润、行、不可见力（分为法和非法两种）、声[3]七种德。[4] 这二十四种德后来成为胜论派句义论

---

[1] 《中观心论》及其古注《思择焰》与《旃陀罗阿难陀注》的年代关系，本章第四节亦有论述，pp.184-218。

[2] VS-C.1-1-5: rūparasagandhasparśāḥ saṃkhyāḥ parimāṇāni pṛthaktvaṃ saṃyogavibhāgau paratvāparatve buddhayaḥ sukhaduḥkhe icchādveṣau prayatnāś ca guṇāḥ//; VS-U.1-1-6: rūparasagandhasparśāḥ saṃkhyāḥ parimāṇāni pṛthaktvaṃ saṃyogavibhāgau paratvāparatve buddhayaḥ sukhaduḥkhe icchādveṣau prayatnāś ca guṇāḥ//（姚译：色、味、香、触、数、量、别体、合、离、彼体、此体、觉、乐、苦、欲、瞋、勤勇是德。）

[3] 《胜论经》虽然没有明确把声加入十七种德中，但是在很多地方表示声是一种特殊的德，如：VS-C. 2-1-24~2-1-26,2-2-26; VS.U.2-1-24~2-1-27,2-2-25。

[4] PDhS: guṇāś ca rūparasagandhasparśasaṃkhyāparimāṇapṛthaktvasaṃyogavibhāgaparatvāparatvabuddhisuk-haduḥkhecchādveṣaprayatnāś ceti kaṇṭhoktāḥ saptadaśa/ ca śabdasamucchitāś ca gurutvadravatvasnehasaṃskā-rādṛṣṭaśabdāḥ saptaivety evaṃ caturviṃśatir guṇāḥ// (PDhS, p.10) 《胜宗十句义论》：“德句义云何？谓二十四德，名德句义。何者名为二十四德？一色，二味，三香，四触，五数，六量，七别体，八合，九离，

中有关德的种类的标准说法。

在《胜论经》的十七种德中，前四种——色、香、味、触，属于地、水、火、风特有的性质，是可见的德；后六种——觉、乐、苦、欲、瞋、勤勇，是“我”特有的性质，不属于其他任何实，是不可见的德；中间七种——数、量、别体、合、离、彼体、此体，是一切实体都具有的普遍、一般的性质，即是诸实共有的德。

《入抉择胜论之真实品》转述的德句义的特性主要有以下四点：

（1）有些德是常，有些（德）是无常。（序论，242b4）

这一说法散见于《胜论经》，如：VS-C.7-1-4：“地中的色、味、香、触由于实的非常住而成为非常住。”VS-C.7-1-8：“在水、火、风中（的德），由于实的常住而成为常住。”[1]

（2）根据德，其他德也产生。（序论，243a5）

这句话出自《胜论经》VS-C.1-1-9：“德产生另一德。”[2]

十彼体，十一此体，十二觉，十三乐，十四苦，十五欲，十六瞋，十七勤勇，十八重体，十九液体，二十润，二十一行，二十二法，二十三非法，二十四声。如是为二十四德。”本书所引《胜宗十句义论》采用姚卫群校订本，详见姚卫群[2003], pp.358-367，后文不再标注具体页码。

[1] VS-C.7-1-4: pṛthivyāṃ rūparasagandhasparśā dravyānityatvād anityāḥ//; VS-U.7-1-2: pṛthivyādi rūparasagandhasparśā dravyānityatvād anityāś ca//（姚译：地等中的色、味、香、触由于实的非常住而成为非常住。）VS-C.7-1-8: apsu tejasi vāyau ca nityā dravyanityatvāt//; VS-U.7-1-4: apsu tejasi vāyau ca nityā dravyanityatvāt//（姚译：在水、火、风中(的德)，由于实的常住而成为常住。）VS-C.7-1-9: aniteyeṣv anityā dravyānityatvāt//; VS-U.7-1-5: aniteyeṣv anityā dravyānityatvāt//（姚译：(德)在非常住的东西中是非常住的，因为实是非常住的。）

[2] VS-C.1-1-9: guṇāś ca guṇāntaram//; VS-U.1-1-10: dravyāṇi dravyāntaram ārabhante guṇāś ca guṇāntaram//（姚译：实产生另一实，德产生另一德。）

（3）依止于实，不具有其他德，不是合与离的独立的因，就是德的特性。（序论，243a6）

这句话与《胜论经》VS-C.1-1-15：“依止于实，不具有德，不是合与离的因，就是德的特性。”[1]一致。

（4）从德产生德，就像从色产生色一样。（序论，243b1）

这一说法与前引《胜论经》VS-C.1-1-9：“德产生另一德”的意思基本相同。

三　业句义

《入抉择胜论之真实品》指出：

业（句义）有五种，即称为“取、舍、屈、伸、行”的诸业。（序论，243a3）

这一说法与《胜论经》完全一致：

VS-C.1-1-6：取、舍、屈、伸、行是业。[2]

这五种业用现代词语来表述就是：向上运动、向下运动、收缩运动、伸展运动、方向不定的运动。

---

[1] VS-C.1-1-15: dravyāśrayī aguṇavān saṃyogavibhāgeṣv akāraṇam anapekṣa iti guṇalakṣaṇam//; VS-U.1-1-16: dravyāśrayī aguṇavān saṃyogavibhāgeṣv akāraṇam anapekṣa iti guṇalakṣaṇam//（姚译：德的特性是依一实，没有德，不是合与离的因。）

[2] VS-C.1-1-6: utkṣepaṇam avakṣepaṇam ākuñcanaṃ prasāraṇaṃ gamanam iti karmāṇi//; VS-U.1-1-7: utkṣepaṇam avakṣepaṇam ākuñcanaṃ prasāraṇaṃ gamanam iti karmāṇi//（姚译：取、舍、屈、伸、行是业。）

关于业句义的特性，《入抉择胜论之真实品》中只有简单的描述：

业的特性是（依止于）一实，没有德，是合与离的独立的因，这就是业的特性。（序论，243a7）

这句话出自《胜论经》VS-C.1-1-16："依止于一实，没有德，是合与离的独立的因，就是业的特性。"[1]

四　同句义

《入抉择胜论之真实品》有关同句义的解释如下：

因为产生的所谓"实、德、业是有"的（观念）是不同于实、德、业的对象的存在的，这就称为"同"。（序论，243a3）

这句话虽然与《胜论经》的文字表述不完全相同，但其内容本质上与《胜论经》并无二致：

VS-C.1-2-7："有"是从它产生实、德、业的（观念）。[2]
VS-C.1-2-8：有是与实、德、业不同的东西。[3]
VS-C.1-2-4：有仅是同。[4]

---

[1] VS-C.1-1-16: ekadravyam aguṇaṃ saṃyogavibhāgeṣv anapekṣaṃ kāraṇam iti karmalakṣaṇam//; VS-U.1-1-17: ekadravyam aguṇaṃ saṃyogavibhāgeṣv anapekṣaṃ kāraṇam iti karmalakṣaṇam//（姚译：业的特性是依一实，没有德，是合与离的独立原因。）

[2] VS-C.1-2-7: sad iti yato dravyaguṇakarmasu//; VS-U.1-2-7: sad iti yato dravyaguṇakarmasu sā sattā//（姚译：有是(这样一种东西)，从它产生实、德、业是存在的(观念)。）

[3] VS-C.1-2-8: dravyaguṇakarmabhyo 'rthāntaraṃ sattā//; VS-U.1-2-8: dravyaguṇakarmabhyo 'rthāntaraṃ sattā//（姚译：有是与实、德、业不同的东西。）

[4] VS-C.1-2-4: bhāvaḥ sāmānyam eva//; VS-U.1-2-4: bhāvo 'nuvṛtter eva hetutvāt sāmānyam eva//（姚译：有仅是同，因为它是无处不在的因。）

同句义主要指事物之间相对的共通、普遍的关系，可以分为“上同”和“下同”两种。“有”（bhāva/sattā，存在性）是同句义最重要的内涵，用“有”来解释同句义突显了其中“上同”的意味。

“有”在一些文献中被记载为是不同于同句义和异句义的一个单独的句义——有句义。如《成唯识论述记》记载胜论派的六句义为“一实、二德、三业、四有、五同异、六和合。”[1] 但是，也有胜论师认为“有”完全等同于“同”，把“有性”当作同句义的别名，如《胜宗十句义论》：“同句义谓有性。”

五　异句义

《胜论经》中没有关于异句义的定义或直接解释。《入抉择胜论之真实品》用非常简单的语言结合譬喻对异句义做了说明：

> 有差别是“异”，就像“白和黑”的差别一样。（序论，243a4）

事物之间的差别就是异句义，白和黑的差别就是一个典型。

六　和合句义

《入抉择胜论之真实品》指出：

> “和合”就像说“此中有”，（是）觉正确认识的对象。（序论，243a4）

和合的这一说法源于《胜论经》VS-C.7-2-29：“根据因与果，能产生‘此中有’（的观念的）就是和合。”[2]

---

[1] 《大正藏》43, No.1834, p.992b16。

[2] VS-C.7-2-29: iheti yataḥ kāryakāraṇayoḥ sa samavāyaḥ//; VS-U.7-2-26:ihedam iti yataḥ kāryakāraṇayoḥ sa

各个句义间的区分主要是概念上的，而在实际上，它们都要遵循因果规则，统一在事物自身（实）上面，产生这种自体与属性等不可分的关系的就是和合句义。[1]

综上所述，《入抉择胜论之真实品》序论所描述的胜论派的实、德、业、同、异、和合六句义，除了个别表述外，几乎逐字逐句引用了《胜论经》的相关经文，其转述的准确程度在整部《思择焰》中都较为少见。二者在意义表达上惊人的相似性让我们毫无必要再把《入抉择胜论之真实品》所传的句义思想追溯为《摄句义法论》、《胜宗十句义论》等与《胜论经》本身差别较大且较晚出的胜论派文献。[2] 更重要的是，序论引述的这些《胜论经》思想与《旃陀罗阿难陀注》所载经文更为接近，而且很可能受到了《旃陀罗阿难陀注》的影响，这对我们研究早期胜论派的教义学说及其与佛教的理论交锋具有很大的意义与价值。

需要说明的是，《入抉择胜论之真实品》所传的句义思想主要集中在序论部分，前分所破和后分能破都没有再单独叙述或批判六句义理论，但是在转述和批判胜论派的我论以及解脱观时略有涉及相关的句义思想，这部分内容留待后面随文解释。

第三节　对胜论派我论的叙述与批判

胜论派虽然以研究自然哲学著称，但其对以“我”（ātman）为中心的有关人的哲学也很关注，认为通过研究与句义有关的“法”可以

---

samavāyaḥ//（姚译：和合就是指：(借助于它，)关于因与果(可以说)“这个在这里”。）

[1] 参考姚卫群[2006], p.71。

[2] 宫坂宥勝和服部正明均认为《入抉择胜论之真实品》深受《摄句义法论》的影响，并据此把清辩作为钵罗奢思波陀生活年代下限的可靠基准点，详见宫坂宥勝[1954a], p.37-39; Hattori [1994], p.706。《入抉择胜论之真实品》和《摄句义法论》的关系在本章第四节中亦有论述，pp.184-218。

使人“变得崇高、达到至善”。[1] 所以，胜论哲学归根到底也是以人为核心、为目的的哲学。《入抉择胜论之真实品》后分能破大力批判了胜论派这一隐藏着的理论特征——有我论，贯彻了佛教的无我思想。

胜论派与绝大多数印度宗教哲学流派一样，认为有一个实实在在的“我”存在。《胜论经》对我的描述虽然不如《数论颂》等数论派经典丰富，但也从多个角度讨论了我的属性，论证了我的存在等等。

根据《胜论经》，“我”是九种实中的第八种，不依赖其他任何实体，与其他实体一样具有常住、遍在、是和合因、具有同和异等等属性。[2] 我还具有觉、乐、苦、欲、瞋、勤勇等特殊的德（属性）。[3] 此外，我还是个人的灵魂或意识主体，不同的身体有不同的我。胜论派根据身体中存在着的各种生命现象，如呼吸、意的运动、根的变化以及欲望等等来证明我的存在，[4] 对我的这种经验性论证是胜论派我论的一大特点，常常被佛教等其他宗教哲学流派攻击。

在探讨胜论派的我论时，需要特别注意辨别我（ātman）、意（manas）、觉（buddhi）这三个密切相关又互不相同的概念间的关系：

意是与我并列的另一个独立的实体。我不能直接认识外物，需要意的帮助才能实现认识过程。意本身是无知的，即不具有知性，只有我才具有知的属性，所以意只是我认识外物的媒介。

觉与我、意都不同，觉不是实体。觉与苦、乐一样是只存在于我中的一种德，即仅仅是我的一种属性，而且是我的众多属性中最为特殊和重要的一种。觉大致相当于知性，为我提供知的属性，觉与我、意都有根本区别。[5]

---

[1] VS-C.1-1-2: yato 'bhyudayaniḥśreyasasiddhiḥ sa dharmaḥ//; VS-U.1-1-2: yato 'bhyudayaniḥśreyasasiddhiḥ sa dharmaḥ//（姚译：法是这样一种东西：通过它可变得崇高，达到至善。）

[2] VS-C.1-1-7,1-1-14,2-2-13,2-1-13,3-2-2,7-1-28; VS-U.1-1-8,1-1-15,2-2-11,2-1-13,3-2-2,7-1-22.

[3] VS-C.3-2-4; VS-U.3-2-4.

[4] VS-C.3-2-4~3-2-17; VS-U.3-2-4~3-2-21.

[5] 《摄句义法论》对觉的描述非常详细，概括来说：觉与了解、知、观念等同义；觉是无限多数的，总体来说可以分为“明”和“无明”两类：无明的觉即疑、颠倒、不定、梦四大类，明则可以分为现量、

一 《入抉择胜论之真实品》所传之我论

《入抉择胜论之真实品》一开篇就提出了胜论派的我是作者等有关“我”的理论：

我们（胜论派）的我不是非作者。如果问：“（我）是什么？”（回答：我是）作者（kartṛ）、享受者（bhoktṛ），所以觉等属性以外还有其他的我（的属性），那（我的其他属性）是不生、常住、作者、享受者、遍在、无活动。（序论，242b1-242b2）

这里主要例举了我的以下特性：作者、享受者、具有觉等德、不生、常住、遍在、无活动。

其中，具有觉等德、常住、遍在的特性分别见于下述《胜论经》经文：

VS-C.3-2-4：呼气、吸气、闭眼、睁眼、生命活动、意的运动、其他根的变化、乐、苦、欲、瞋、勤勇，是我（存在）的标志。[1]

VS-C.3-2-5：（我的）实性和常住性通过风（的实性和常住性）得到解释。[2]

VS-C.7-1-28，7-1-29：空是大的，因为（它）是遍在的，我亦如此。[3]

比量、记忆、超人智四大类。

[1] VS-C.3-2-4: prāṇāpānanimeṣonmeṣajīvanamanogatīndriyāntaravikārāḥ sukhaduḥkhe icchādveṣau prayatnaś cety ātmaliṅgāni//; VS-U.3-2-4: prāṇāpānanimeṣonmeṣajīvanamanogatīndriyāntaravikārāḥ sukhaduḥkhecchād-veṣaprayatnāś cātmano liṅgāni//（姚译：呼气、吸气、闭眼、睁眼、有生命、意的活动、其他感官的作用、乐、苦、欲、瞋、勤勇是我(存在)的标志。）

[2] VS-C.3-2-5: dravyatvanityatve vāyunā vyākhyāte//; VS-U.3-2-5:tasya dravyatvanityatve vāyunā vyākhyāte//（姚译：(我的)实性和常住性通过风(的实性和常住性)得到解释。）

[3] VS-C.7-1-28: vibhavād mahān ākāśaḥ//, VS-C.7-1-29: tathā cātmā//; VS-U.7-1-22: vibhavān mahān ākāśas tathā cātmā//（姚译：空是大的，因为(它)是遍在的，我亦如此。）

《胜宗十句义论》间接提到了我是无活动的：

> 五有动作，谓地、水、火、风、意。四无动作，谓此余实。

然而，作者、享受者与无活动这一属性看似矛盾，他们如何共存于同一个“我”中？早期胜论派文献没有对此作出直接解释，反倒是护法在《大乘广百论释论》中转述了胜论派关于无活动的我如何成为作者的说明：

> 云何此我能造诸业？若谓与身合故能造，由此内我有勤勇德，因此德故，与身和合起诸作业，此德作业虽待依身，而属于我。如以金石投于树枝，重德相应故有摇动，是德作用虽待树枝，而属金石。[1]

我的勤勇等德是化解无活动与作者性之间的矛盾的关键。我的各种德使得我能够与身体结合从而产生各种活动，各种活动虽然依赖于身体，但却是属于我的，即归根到底是由我发起的，这样的我本身没有活动但可以被称为“作者”。护法的叙述中把我比喻为金石、把身体比作树枝，无活动的我成为发起活动的作者的过程就像把一块石头投掷于树枝，由于各种因素相互作用，树枝摇曳摆动，各种因素虽然依赖于树枝，活动也属于树枝，但真正使树枝摇动的却是本身不能活动的石头。

《入抉择胜论之真实品》强调了我的这两个看似矛盾实则暗藏玄机的属性：

> 另一些（胜论师）说：“作者（即 ātman）是有，所作（即 ātman

[1] 《大正藏》30, No.1571, p.197a27-b2。

的动作）是无。”（序论，242b6-242b7）

清辩的《般若灯论》中也多次出现有关胜论派的我是作者的记载，并与数论派的非作者的人我进行比较，同时还提到了我的常住、遍在等特性，与《入抉择胜论之真实品》所述基本一致：

> 鞞世师人言：“身及诸根觉等之外而别有我，能与苦乐等作依止，是作者、是无心、是常、是遍，作如是说。”复有僧佉人言：“有如是我，云何有耶？因果之外别有于我，然非作者，是受食者、是净、是遍、无听闻等具。”[1]

数论派的《金七十论》亦把胜论派“是作者”的我与数论派“非作者”的人我相并提：

> 外曰：“我此中有疑，是我者为作者、非作者？”若言：“云何有此疑？”“世流布语故，世间说人去、人来、人作，僧佉说人非作者，卫世师说人是作者，是故我疑。”[2]

由此看来，胜论派的我作为“作者”是基本没有疑问的。“无活动”（无动作）因为与“作者”有着一定的矛盾性，所以并不是被胜论派经常提及的一个属性。换句话说，《入抉择胜论之真实品》提出我具有“无活动”的属性很可能是有意放大了胜论派的相关理论，与《胜论经》、《摄句义法论》等主流胜论派经典有一定的出入。[3]

此外，《入抉择胜论之真实品》中提到的我的“不生”的属性没有

---

1 《大正藏》30, No.1566, p.104b25- c1。

2 《金七十论》第 18 颂注释。

3 如前所述，《胜宗十句义论》提到了我是无活动的，说明胜论派内部确实有关于我是无活动的说法。

在《胜论经》、《摄句义法论》、《胜宗十句义论》等文献中找到相同的内容。“不生”很有可能是《入抉择胜论之真实品》根据胜论派的我的一些属性作出的推断，因为在佛教看来，常住、遍在之物理所当然就是不生的，产生之物不可能常住，不生不灭才可称为“常住”。值得注意的是，“不生”这一在胜论派中并不明确的我的属性在《入抉择胜论之真实品》后分能破中却成为了被批判的重点靶子之一（详见下文）。因此，笔者认为《入抉择胜论之真实品》序论部分提到我具有不生的属性很有可能是为了利于后文的批判而预先埋下的一个伏笔。

《入抉择胜论之真实品》中有关胜论派我论的描述主要就是上文已经分析的位于序论开头的这一段话。可以看出，序论所传的胜论派我论基本源自《胜论经》，与句义论一样，没有必要把其来源归结于《摄句义法论》、《胜宗十句义论》等其他胜论派文献。此外，后分能破在批判我论时也有不少关于我的特性的叙述，这部分内容将结合后文的批判一起考察。

二　破觉等德与我合

胜论派的我需要通过觉、乐、苦、欲、瞋、勤勇等各种德才能得到证明和体现，如《胜论经》VS-C.3-2-4 所述：

> 呼气、吸气、闭眼、睁眼、生命活动、意的运动、其他根的变化、乐、苦、欲、瞋、勤勇，是我（存在）的标志。[1]

所以，如果破除了各种德与我的合，我就无法得到体现了，这样

[1] VS-C.3-2-4: prāṇāpānanimeṣonmeṣajīvanamanogatīndriyāntaravikārāḥ sukhaduḥkhe icchādveṣau prayatnaś cety ātmaliṅgāni//; VS-U.3-2-4: prāṇāpānanimeṣonmeṣajīvanamanogatīndriyāntaravikārāḥ sukhaduḥkhecchād-veṣa prayatnaś cātmano liṅgāni//（姚译：呼气、吸气、闭眼、睁眼、有生命、意的活动、其他感官的作用、乐、苦、欲、瞋、勤勇是我(存在)的标志。）

的我就成了空口而无法落实，即能间接否定胜论派的我的存在性。

由于《入抉择胜论之真实品》前分所破只有一颂，直接阐述的是胜论派的解脱观。[1] 后分能破以解脱为主题，首先否定了解脱时有我的存在：

广如前说之次第，
断灭非真实之生，
或全断灭实有时，
欲瞋等德成为无。（2）

意思是：根据前文仔细说明的次第，断灭非真实的产生或者完全断灭实有的时候，欲、瞋等我的德是不存在的。“断灭非真实之生”和“全断灭实有”是对胜论派的解脱状态的描述。所以，这一颂的意思也就是解脱的时候，欲、瞋等我的德是不存在的。如此，我也就不可能存在于解脱中，因为没有欲、瞋等德的我就不是胜论派所谓的我。

《入抉择胜论之真实品》第 3 颂接着指出：

不生不符合作者，
定果必有作者故，
譬如蜂蜜之原因，
非是空中之花蔓。（3）

本颂是一个宗、因、喻完备的论式：

宗：不生与作者不相符，

因：确定的果必定有作者作用，

喻：就像产生蜂蜜的原因不是空中的花蔓（而应该是真实的

[1] 详见本章第四节，pp.198-204。

花蔓）一样。

“不生”和“作者”都是《入抉择胜论之真实品》序论已经谈到的胜论派的我的属性。[1] 第 3 颂指出不生和作者是一对相互矛盾的概念，因为“作者”这一概念隐含了能生的性质，也就是能产生相应的（确定）的结果。所以，既是不生又是作者的我不能成立。进一步说，

不生非是能产生，
如同空华之不生，（4ab）

不生不是产生，就像空华是不会产生的一样。这半颂解释了不生的意思，言外之意是这样的不生与作者这两种属性不能共存于人我之中。第 3、4ab 颂有关不生和作者的论述是为下述批判而作的铺垫：

> 如果（我的德）是无因的，那么就否定了优楼迦徒所认识的生；而欲和瞋等的自性不存在的话，我的德将如何产生？（第 4ab 颂注释，244b4-244b5）

在佛教徒看来，“无因”的事物是不能产生的，这样就把“不生”转移到胜论派所谓的无因的欲、瞋等德之上，即无因、不生就意味着欲、瞋等德是不存在的，不存在之物就不能作为我的特殊属性而产生了，也就是欲、瞋等不能成为我的德。

如果说第 4ab 颂及其注释是世俗谛层面的论述的话，那么，第 4cd 颂将这“不存在”的批判扩展到了胜义谛：

纵使大种自性等，
胜义之中非是有。（4cd）

---

[1] 参见前文 pp.159-162。

“大种”(mahābhūta)是构成物质的最基本要素，大种的自性在胜义谛上是不存在的，那么，更不用说其他事物了。换句话说在胜义谛中“一切法的自性被完全否定。”（第 4cd 颂注释，244b5）所以说：

在真实中，称为“德”句义的事物是不存在的，因此我和那（德）的结合都不存在的话，将如何断除（这种结合）？（第 4cd 颂注释，244b5-244b6）

“在真实中”即就胜义谛来说，意指解脱的时候。所以，这句话不仅回应了第 2 颂，否定了我的德在终极意义上的存在性，同时也否定了胜论派的解脱——《入抉择胜论之真实品》第 1 颂指出胜论派的解脱就是断除我与我的各种德之间的合所达到的无分别的状态[1]——我的德不存在就无所谓断灭我和我之德的合。

上述第 2-4 颂是从全体我德的角度指出我的德是不存在的，即德与我之间没有所谓的“合”的关系。接下来的批判以“觉”这一特殊的我德为例，具体阐述了我不具有德、德不属于我的原因，从而推出具有德的我是不存在的，也就是得出胜论派的我是不存在的结论。

首先，转述了胜论派的观点：

依止于因和缘，在依（因缘）而生的共性中，认为那（德）是存在的。（第 5ab 颂前言，244b6）

在佛教徒看来，作为诸德之一的觉不可能依止于常住的我：

觉不依于常住我，
有原因故如同瓶。（5ab）

[1] 详见本章第四节，pp.198-204。

宗：觉不依止于常住的我，

因：觉是有原因的缘故，

喻：就像瓶一样。

这里的破斥以胜论派的我具有常住性为前提。觉依止于因和缘的话，就是像瓶一样有原因的东西，有原因的东西就会有生灭，就不是常住的。所以，非常住的觉不能依止于常住的我。

《入抉择胜论之真实品》在注释第5ab颂时还把觉定义为“由根、境、意和合产生的现前识。”[1] 这一说法很可能出自《胜论经》VS-C. 3-1-13：

> 由我、根、意、境接触而产生的（觉）是证明（我存在的）另一个（因）。[2]

《胜论经》还把“由我、根、意、境接触而产生的（觉）”作为证明我存在的一个理由。《摄句义法论》和《胜宗十句义论》另有把觉分为现量和比量两种的说法。[3]

简而言之，因为觉是有原因的非常住之物，所以即使觉能被称为德，觉也不能与常住的我相结合而成为我的德。这样一来就不能用觉的存在来证明我的存在了。

从觉是有生的角度来看，觉也不能成为我的德：

所谓觉是我之德，

---

[1] 《入抉择胜论之真实品》：“即使那由根、境、意和合产生的现前识在胜义中依止于常住的我”也是不合理的，（现前识）具有原因等共性的缘故，就像瓶等一样。（第5ab颂注释，244b6-244b7）

[2] VS-C.3-1-13: ātmendriyamano ’rthasannikarṣād yan niṣpadyate tad anyat//; VS-U.3-1-18: ātmendriyārthasannikarṣād yan niṣpadyate tad anyat//（姚译：从我与感官的对象结合产生的(知识)是不同（于似因）的。）

[3] PDhS: buddhir upalabdhir jñānaṃ pratyaya iti paryāyāḥ// (p.171)；《胜宗十句义论》：“觉云何，谓悟一切境。此有二种：一现量，二比量。”另，参见前文 p.158 注 5。

非理因其有产生，
犹如彼之诸德中，
色等不会被承许。（6）

宗：觉是我的德是不合理的，
因：觉是有生的缘故，
喻：就像在我的各种德中，色等不被认为是其中之一。

如前所述，胜论派认为我特有的德有觉、乐、苦、欲、瞋、勤勇等六种，此外我还具有各种实共通的数、量、别体、合、离等德。虽然色是一般意义上的德，但色这种德只属于地、水、火、风而不被认为是我德的一种。[1]

在《入抉择胜论之真实品》看来，色不被胜论派纳入我德的范畴是因为色是有生的，任何有生的都不能作为我的德，因为有生之物与有因之物一样是非常住的，非常住之物不能与常住的我相结合。所以，由根、境、意合而生的觉就像由因缘和合而生的色一样，最终因其非常住性而不能成为我的德。[2] 用《入抉择胜论之真实品》的话来说：

非合之故不属我，
合理因其无常故。（7ab）

这两句话实际上是总结了第5、6颂对觉这一德与我合的批判：觉不与我合，所以“觉不是我的德”是合理的，觉是无常的缘故。遗憾的是偈颂中没有提及同喻，所以不能构成完整的因明论式。不过，第

---

[1] VS-C.2-1-1, 2-1-2, 2-1-3; VS-U.2-1-1, 2-1-2, 2-1-3; PDhS, pp.149-151；《胜宗十句义论》：“我由几德说名有德？谓由十四。何者十四？一数，二量，三别体，四合，五离，六觉，七乐，八苦，九欲，十瞋，十一勤勇，十二法，十三非法，十四行。”另，参见前文 pp.153。

[2] 《入抉择胜论之真实品》：觉是我的德是不合理的，如果问：“为什么？”（因为）任何有生的东西是我的德是不被承认的，就像色一样。（第6颂注释，245a1）

7ab 颂注释补充了一个譬喻：

> 就像色不是先前就存在的，那（觉）也是如此。（第 7ab 颂注释，245a2）

所以，上述论证可以整理如下：

宗：觉不与我合，觉不是我的德，

因：觉是无常的缘故，

喻：就像色不是先前就存在的一样。[1]

觉和色一样都不是无始以来就存在的，而是刹那生灭的，所以都不是常住之物，而是无常性的。常住的我不能含有无常的属性，否则胜论派的教义就成了自相矛盾之说。

在以“有因”（第 5ab 颂）、“有生”（第 6 颂）、“无常”（第 7 颂）为理由否定了觉是我的德之后，乐、苦等其他胜论派所谓的我之德也可以如同觉一样被否定：

> 如此乐与苦等等，
> 彻底破除是应知。（7cd）

这一颂的注释以乐为例，举出了两个与破“觉是我德”时相似的论式：

宗：乐不是我的德，

因：乐是有生的缘故，

喻：就像色一样。

[1] 《入抉择胜论之真实品》：（佛教徒反驳：）“那（觉）不是与我恒常相合的存在”是宗。如果问：“为什么？”（回答：）因为（觉是）无常的，或者因为在根、境结合之前（觉）不存在，例如色不与我结合。（第 7ab 颂注释，245a2-245a3）

宗：乐不与我合，

因：乐是无常的缘故，

喻：就像色一样。[1]

所以，《入抉择胜论之真实品》小结道：

苦、欲、瞋等等各种（德）也应该被破除。（第 7cd 颂注释，245a4-245a5）

证明了胜论派所谓的觉、乐、苦、欲、瞋等等属性都不能成为我的德，就是间接证明了拥有这些特性的我是不存在的。

此外，《入抉择胜论之真实品》第 11-12ab 颂还对上述论证进行了补充说明：

若说觉生有变异，
汝则损减我本性，
但若不变则非知，
知又非知怎合理？（11）

这里向胜论派提出了觉与我合的时候，是有变异产生还是没有变异产生这样一个两难的问题：[2]

如果觉与我合的时候有变异产生的话，这种觉本身就是含有变异性的，因为我不会产生任何变化（无变异性）是胜论派对我的基本规

---

1 《入抉择胜论之真实品》：乐是产生性的所以也不是我的德，具有生的缘故，就像色一样。乐不与我合，无常的缘故，或者之前不存在的缘故，就像色一样。（第 7cd 颂注释，245a4）另外，《般若灯论》中也有与此类似的批判："然常遍我非苦、乐等依止，有起故，譬如色等。"（《大正藏》30, No.1566, p.104c11-c12）

2 《入抉择胜论之真实品》：我与觉合的时候，那时是有变异产生还是没有（变异产生）？（第 11 颂注释，246a7）

定，而有变异的就是非常住的，所以这样的觉是不能与常住的我相结合的。[1]

如果觉与我合的时候没有变异产生的话，这样的合如何被认识到？认识是从先前的无分别的状态变成到后来的有分别的状态，所以能够被认识到的合必然是一个从无到有、有变化产生的过程，那么这样的合就是非常住而变异的，也就与我的常住的本性相违背而不可能存在。[2]

上述批判始终抓住觉是非常住的而我是常住的根本矛盾来否定觉与我的合。但是胜论派并不承认觉是非常住的。所以，为了让胜论师们信服，《入抉择胜论之真实品》紧接着提出了觉与我合的时候，觉的自性是有变异还是无变异的问题。[3]

胜论派的观点：

> 因为是常住性的，所以这样的觉的自性不是变异。（第11颂注释，246b3）

对此的批判分为两方面：如果觉的自性不是变异的话，觉与我合这种认识产生的时候，因为我被胜论派规定为是非知性的，所以合这种认识只能由觉产生，有产生就会有变异，这就与觉的自性不是变异这一大前提相矛盾了。所以，觉的自性只能是变异而非常住的。[4]

---

[1] 《入抉择胜论之真实品》：首先，如果这（合）产生的时候有变异的话，因为是变异的有法，就像烧等一样，就是非常住性。（第11颂注释，246a7-246b1）

[2] 《入抉择胜论之真实品》：但如果说“没有变异”的话，那么这（合）如何被认识？因为无变化，就像虚空一样。先前是无分别的自性，而后来成为有分别的自性的时候，因为完全舍弃了先前的自性，所以（这样的合）就是非常住而变异的。（第11颂注释，246b1-246b2）

[3] 《入抉择胜论之真实品》：这（我）与觉合的时候，觉的自性是变异还是不（变异）？（第11颂注释，246b2-246b3）

[4] 《入抉择胜论之真实品》：“（我）与觉合”的认识产生的时候，我是非知性的，即先前的自性以外的其他不会产生的缘故。（第11颂注释，246b3-246b4）

如果觉的自性是变异的话，即合的认识产生于觉的自性的话，那无用多说这样的觉就是非常住的。[1] 非常住的觉不能与常住的我相结合是前文已经反复强调的。

所以，第 11 颂及其注释事实上又把觉拉回到非常住，逼迫胜论派承认觉只能是无常的。但是，胜论派还是为挽救自己的主张提出了一个新的论式：

宗：我与觉合是存在的，

因：我与觉是一起的缘故，

喻：就像持杖人和杖一样。[2]

这一论式的亮点在于最后的喻例，宗和因事实上都只是“老调重弹”。

对该论式的破斥亦没有新意，即是遵循了前文的批判思路，以我是常住的而觉是非常住的为依据，指出常住之物与非常住之物的不同就像热和寒的不相容一样，两者完全不能相结合。所以胜论派所谓的我与觉在一起等关系统统不能成立。[3]

最后，《入抉择胜论之真实品》再次把觉不能与我合推广到胜论派的所有我德都不能与我合，[4] 并且以乐为例提出了两个论式：

宗：乐不依止于常住的我，

---

[1] 《入抉择胜论之真实品》：如果（我）与觉合的时候，这（知）产生于觉的自性的话，因为（觉的自性）不同于乐和苦的自性，就像德一样，其中也就会产生非常住等的过错。（第 11 颂注释，246b4）

[2] 《入抉择胜论之真实品》：如果（胜论派）说：“我与觉合是存在的，那（我）与觉是一起的缘故，就像杖和持杖人一样。”（第 12ab 颂前言，246b4-246b5）《百论》中也记载了一个与此类似的论式：“外曰：如有杖，譬如人与杖合故，人名有杖，不但名杖，杖虽与人合，杖不名有人，亦不名人。如是神与知合故，神名能知，不但名知，亦非是知与神合故，知名为神。”（《大正藏》30, No.1569, p.171c10-c14）

[3] 《入抉择胜论之真实品》：合被破除之时刻，与彼结合亦非理。（12ab）根据我（佛教）的观点，这里，“合被破除”即合不存在，那么他们的结合也就不存在了。如果问：“为什么？”回答：“我是常住的而觉是非常住的，常住和非常住二者是不同的缘故，就像热和寒一样是没有关系的。（第 12ab 颂注释，246b5-246b6）

[4] 《入抉择胜论之真实品》：乐苦以及勤勇欲，瞋等亦是此道理。（12cd）

因：乐是有因的缘故，

喻：就像瓶一样。

宗：乐不是我的德，

因：乐是有产生的缘故，

喻：就像色等一样。[1]

这两个论式，即第 13-14 颂，实际上是再次重申了或者说总结了觉、乐、苦等等所谓我的各种德都不能与我“合”，即都不能成为我的特殊属性的原因。没有觉、乐、苦等特性的我即使存在也不是胜论派规定的我，这样就间接否定了胜论派的我的存在。

三 破意等实与我合

在否定了我之德与我的合而破除了胜论派所谓的我之后，我们再回过头来看《入抉择胜论之真实品》批判的我与其他实的结合关系，即作为一种实的“我”是否能与以“意”为代表的地、水、火、风、空、时、方等其他实相结合。

《入抉择胜论之真实品》首先引述了胜论派的观点：

> 即使觉等是无常的，所以不与我合；但意在这里是常住的，所以能与那（我）合。（第 8ab 颂注释，245a5-245a6）

胜论派认为意是存在于身体内部的、不可见的实体，连接我与外部感官。每个人的身体中都有一个意，[2] 意只有极微般大小，[3] 在人的身体中飞快地运转，意的最初的运动与极微一样，都来自“不可见

[1] 《入抉择胜论之真实品》：乐不依于常住我，具有因故犹如瓶，复次不会被承许，乐亦即是我之德。（13）具有生故如色等，不被认可是彼德，复次不会被承许，这些合亦存我中。（14）

[2] VS-C.3-2-1~3-2-3; VS-U.3-2-1~3-2-3.

[3] VS-C.7-1-30: tadabhāvād aṇumanaḥ//; VS-U.7-1-23: tadabhāvād aṇumanaḥ//（姚译：意是微小的，因为(它)没有(遍在性)。）

力”（adṛṣṭa）。[1] 需要注意的是，《胜论经》等文献中并没有关于意具有常住性这一属性的明确表述，然而《入抉择胜论之真实品》却特别指出并批判了意的常住性：

认为意是非常住，
是所诠故如同瓶。（8ab）

宗：意是非常住的，
因：是所诠的缘故，
喻：就像瓶一样。

“所诠”就是能被言语诠说的意思，能用言语诠说的意就像瓶一样不是常住的。所以非常住的意不能与常住的我相结合。[2] 而且：

此并非是我作具，
是实有故如同乐。（8cd）

宗：意不是我的作具，
因：是实有的缘故，
喻：就像乐一样。

胜论派把意归为九种实中的一种，即意具有实有性，而且意在我实现认识的过程中起到了非常重要的媒介作用，因而可以认为意是我认识外界对象的一种作具（工具）。但是，《入抉择胜论之真实品》指出实有性的意不能成为我的作具，因为意与我一样都属于九种实，处于相同的层次。但是，第 8cd 颂论式中用到的譬喻“如同乐”却不太

---

[1] “不可见力”参见本章第四节，pp.188-189。

[2] 《入抉择胜论之真实品》：（佛教徒）认为：“意也不是常住的，被言语诠说的缘故，就像瓶等一样。（意）不是常住性的话，如何与那（我）合？”（第 8ab 颂注释，245a6）

恰当，因为作为德的乐并不具有实的属性，不足以补充说明实有的意不能成为我的作具的理由。

此外，在胜论派看来，两种实除了“合”以外，还可以能依与所依来维持相互关系。《入抉择胜论之真实品》第9颂就从这一角度出发否定了我的所依性，那么作为能依的意也就无处可依了：

虽然已破我是有，
此处还应再思量，
不是依缘而生故，
我无如同空中华。（9）

这一颂前两句的意思是：虽然已经破除了“我是有”的主张，这里还应该再次考察。根据注释，偈颂中的“虽然已破我是有”指的是这种恒常存在的我与自在天相似，在《中观心论》与《思择焰》的第三《探求真实之知品》中已经被破除了。[1] 此外，《入抉择数论之真实品》在批判数论派的人我思想时也提到了《探求真实之知品》对自在天的否定。[2]

偈颂后两句是一个宗、因、喻完备的论式：

宗：我无（我不存在），

因：不是依因缘而产生的缘故，

喻：就像空中之华一样。

具体来说：

---

[1] 《入抉择胜论之真实品》：与破除自在天相似，我也被破除了；而根据其他的道理（我）还应该被批判。（第9颂注释，245b1）另，参考《探求真实之知品》第93-98, 134-136, 215-223颂，详见江島惠教[1980a], pp.259-474。

[2] 《入抉择数论之真实品》第5颂注释：根据《探究真实之知品》中对“自在天”（Īśvara）的破斥以及对“显”的考察，胜因和人我两者已经被简要地证明是不合理的，本品将（再次）详细辨别它们是不合理的。详见本书附录一，p.427。

> "我是无"是宗。因是什么？（因是）不论分散还是聚集，（我）也完全不摄受生的缘，所以（我）不是缘起之物。这里，"无"（的意思）是那（我）不是摄受分散或聚集的缘而生起的，就像空华一样。"有"（的意思）是那是摄受分散或聚集的因和缘而生起的，就像意是摄受色、光、空、作意、根等的缘而生起的一样。（第 9 颂注释，245b1-245b4）

在《入抉择胜论之真实品》看来，世俗中的一切存在物都是由因缘和合而产生的，除此之外没有任何其他事物存在于世俗世界。"我是无"的意思就是我不是由因缘和合而产生的，也就是说，这样的我实际上根本不可能产生，或者说根本不存在，就像空中之花一样，只是一种假名言说而已。相对来说，"有"就是由因缘和合而产生的存在，但是这样的有并不是恒常存在的，而是刹那生灭的，即是世俗世界中瞬息万变的事物。

这里提出佛教的基本教义——缘起说——来批判我是实有的主张。"我是无"成立之后，我与意之间的依止关系就不攻自破了，因为意等其他实不可能依止于非存在的我。第 9 颂及其注释事实上已经把批判的重点从否定意与我的合转移到了直接否定我的实在性（存在性）上，意作为其他八种实的代表不能与我合的根本原因在于我不是实有的存在，即从根本上讲我作为实的一种是不被佛教徒所接受的。

《入抉择胜论之真实品》第 9 颂注释提出了另一组论式来说明我不是实有的存在：

宗：我是无，

因：没有色成、亲证、持相、加行、了别识的性相的缘故，

喻：就像石女儿一样。[1]

---

[1] 《入抉择胜论之真实品》：此外，"我是无"，那（我）没有色成、亲证、持相、加行、了别识的性相的缘故，就像石女儿一样。（第 9 颂注释，245b4）

先简单解释因支中的几个关键词：

色成：识之对境，即色、声、香、味、触所具有的共相。

亲证：感受、知觉。

持相：持有的相状。

加行：加功用行、努力。

了别识：能够分别认识外物的智识。

佛教徒认为胜论派的我不具有上述“色成”等五种特性，所以这样的我就像石女儿一样是虚妄的，因而不能与作为实的意构成所依与能依的关系。

值得一提的是，《般若灯论》中也用了与上述论证相似的证明来批判胜论派的我：

> 复次，若我非阴相，我则无生，如空华，如石女等。[1]
>
> 鞞世师等言诸阴外别有我者，亦复不能令物信解，论者知故，说偈答云：“我异诸阴，则非阴相。”非者言无，非阴相者，阴无我故，言无阴相，今当说验。第一义中色阴等外无别有我，无阴相故，譬如石女儿。[2]

对此，胜论派提出了反驳：

> 那（胜论派）认为“就像蕴是和合的相续一样，根据所作，在世俗中，因为个我存在，所以个我的同存在。”（第 10ab 颂注释，245b5）

在世俗世界中，具体的个我就像和合相续的蕴一样存在是被这里

[1] 《大正藏》30, No.1566, p.105a21-a22。

[2] 《大正藏》30, No.1566, p.104c3-c7。

的佛教所承认的。胜论派认为由个我的存在性可以推导出“个我的同”的存在。所谓“个我的同”就是个我的共性，即胜论派讲的作为实的抽象的“我”。胜论派试图从具体的个我的存在推导出抽象的实我的绝对存在，以此来证明自己的我论。这样的偷换概念虽然巧妙，但显然不被佛教徒所接受，《入抉择胜论之真实品》对此的批判如下：

此非遍在非常住，
是所知故如同瓶。（10cd）

宗：这（个我的同）是非遍在、非常住的，
因：是被认识的缘故，
喻：就像瓶（的同）一样。[1]

上述论证并不是直接否定“个我的同”（抽象的实我）的存在性，而是指出“个我的同”是非遍在、非常住的，那么这种“抽象的实我”即使存在也与胜论派规定的遍在、常住的我相矛盾。所以，归根结底胜论派所谓的作为“实”的一种的我是不存在的。

胜论派提出了另一个论式来反驳：

宗：我是遍在的存在，
因：遍在于一切的缘故，
喻：就像虚空一样。[2]

“遍在性”作为我的属性之一在《胜论经》、《摄句义法论》、《胜宗十句义论》中都有说明。[3]

1　《入抉择胜论之真实品》：通过瑜伽师们禅定的眼睛，这（我的同）被认识，所以是“所知”。“是所知故”，就像瓶的同一样。因此，这（我的同）既不是遍在的也不是常住的。（第 10cd 颂注释，245b6-245b7）

2　《入抉择胜论之真实品》：如果（胜论派）说：“我是遍在的存在，遍在于一切的缘故，就像虚空一样。”（第 10cd 颂注释，245b6-245b7）

3　如《胜论经》VS-C.7-1-28: vibhavād mahān ākāśaḥ//, VS-C.7-1-29: tathā cātmā//; VS-U.7-1-22:vibhavān

《入抉择胜论之真实品》对上述论式的批判主要抓住了其中的喻例的不正当：

> 这是不合理的，因为譬喻本身与立宗相似，事物的对象是其本身都需要被证明的话，那么，如何还能证明（事物的对象）是其他？（第10cd颂注释，245b7）

首先，“就像虚空一样”这一譬喻中的虚空的遍在性不被这里的佛教徒所接受，也就是这一喻例本身与立宗一样都是需要证明的，这样的譬喻显然不能用来证明命题。那么，虚空为什么不是遍在的？《入抉择胜论之真实品》的回答如下：

以极微的内部为例，极微的内部是否有虚空存在？如果极微的内部有虚空存在的话，就会使极微成为有方分的东西而与极微的定义相矛盾；如果极微的内部没有虚空存在的话，这样的虚空就不能说是遍在于一切的，因为虚空并没有遍在到极微的内部。[1] 所以，譬喻所需的内在含义——虚空是遍在于一切的——不能成立。同喻不恰当，论式就不能成立，“我是遍在的存在”这一立宗自然也就被否定了。

其次，即便“就像虚空一样”这一譬喻中隐含的虚空是遍在的意思能够成立，胜论派的说法也会陷入自相矛盾的境地：

> 如果（我）遍在于一切的缘故，与虚空相似，那么这（我）

---

mahān ākāśas tathā cātmā//（姚译：空是大的，因为(它)是遍在的，我亦如此。）

[1] 《入抉择胜论之真实品》：如果虚空是遍在于一切的话，那么在极微内部，虚空是有还是无？那两种观点都有系缚的绳索，即：如果虚空和极微两者是同一的话，那么所谓“极微的方分和虚空的方分”互不相同，因为二者也都具有方分，所以（虚空和极微都）成为非常住性的，即能被区别的缘故，就像瓶一样；如果说“极微的内部没有虚空”的话，不仅极微成为非常住性的，而且虚空也不能成为遍在于一切的。所以，应该认为：虚空不是遍在于一切的，或者极微中有方分。因此，两种说法都是有错误的。（第10cd颂注释，245b7-246a3）另，参考《大智度论》中龙树批判极微论的四种方法中的第三种：“若有极微，则应有虚空分齐；若有分者，则不名极微。”（《大正藏》25, No.1509, p.147c28-c29）

与身体结合的时候，是一部分结合还是一切（结合）？（第 10cd 颂注释，246a3）

意思是：如果是一部分结合的话，因为我被分成了部分也就成为了有方分的，有方分的就是非常住的，这样的我就会与胜论派定义的常住的我相矛盾；如果一切我与身体结合的话，与一个身体结合的时候就无法与其他身体结合，或者会导致一切众生同时感受苦乐、同时被系缚、同时得解脱这样的巨大错过。[1] 所以，无论是一部分我与身体结合还是一切我与身体结合，都显示了胜论派理论不可避免的内在矛盾，由此可以推出“我是遍在的存在”这种说法不能成立。

《般若灯论》中也有类似的批判与胜论师的反驳：

汝所立我亦非是遍，何以故？是实故，譬如瓶，应如前验。鞞世师人言：“如虚空是实、是遍，我亦如是。”如彼所立，验者不然，非一向是实者皆不遍。[2]

所以，根据因缘和合而生的具体个我在世俗世界中的存在性并不能够证明胜论派的我作为一种抽象的实的绝对存在性。

由此可见，批判以意为代表的实与我的合事实上是为了引出对我作为一种实的否定，非实有的我或者说不具有实有、遍在等特性的我必然不是胜论派所主张的我。

---

[1] 《入抉择胜论之真实品》：对此，如果（胜论派）说“一部分结合”的话，是有部分的缘故，我就成为非常住性和有方分性的，就像瓶一样。如果（胜论派说）“是一切我结合”的话，那么与一个身体结合，结合的时候不能获得其他的身体，遍在于一切的缘故，必然导致一切众生同时感受苦乐的过错。此外，这样也将导致不仅下界的众生能享受上界的快乐，上界的众生也会感受下界的痛苦；而且一人被系缚的时候一切（众生）都被系缚，一人解脱的时候一切众生都得解脱。（佛教徒）如此（考察）。（第 10cd 颂注释，246a3-246a6）

[2] 《大正藏》30, No.1566, p.104c12-c17。

四　破同等句义与我合

《入抉择胜论之真实品》第 15ab 颂前言转述了胜论派有关“同”的一个观点：

> 那称为“我有”的认识是共许，那（我与）大同（mahāsāmānya）相结合，这（我有）产生（第 15ab 颂前言，247a1）

这里的“大同”即绝对或最高的同，与“大有”（mahāsattā）是同义词，[1] 也相当于《摄句义法论》中的“上同”（para）。胜论派认为，我与大同（大有、有性）相结合就能产生“我有”这种认识，换句话说，我与大同相结合就能证明胜论派的我是存在的。

《入抉择胜论之真实品》为了对此予以否定，指出：

> 与大同相结合（的时候），我是有自性的还是没有自性的？（第 15ab 颂前言，247a1）

回答是：

> 若与大有相结合，
> 有无皆为不合理，
> 有则彼合无意义，
> 无则彼亦成为无。（15）

这里的意思有两层：首先，我与大同相结合的时候，如果我是有自性的话，那么，我与大同的结合就没有了意义，因为不再需要通过与大有的结合来证明我的自性，这就像对于已经被证明的瓶来说没有

[1] 参见金倉圓照[1971], p.27。

必要再证明一样。其次，我与大同相结合的时候，如果我是无自性的话，那么，所谓的结合就根本不存在，因为无自性的东西就是不存在的，也就无所谓与他物相结合，就像石女儿无法与其他任何事物相结合一样。因此，通过我与大同相结合而产生“我有”的认识这种说法是不成立的。[1]

对此，胜论派提出了“我”能通过“大有”（大同）的显现来获得存在性，补救自己的理论：

> 我确实是存在的，通过大有而显现，但是有的本性不是能生的。（第 16ab 颂前言,247a4）

《入抉择胜论之真实品》以胜论派之矛攻其自身之盾，提出我能显现的话就成了其他事物而不是胜论派的我：

> 能显现是他法故，
> 彼又如何是能显？（16ab）

偈颂的意思是：胜论派所谓的我是非显性、非作性（无活动性）的，这样的我与显现这一动作本身相矛盾，所以我无法通过大有而获得显现。[2] 这用因明的格式来说就是：

宗：非显现即是不能被显现，

因：是非显性的缘故，

---

1 《入抉择胜论之真实品》：称为“有”的认识是不存在的，“同”与“大有”相结合的时候，自性是有的话，自性是有的缘故，我就不会与大有相结合，就像已经被证明的瓶没有必要再证明一样。（自性）是无的话，与“大有”相结合就不存在，不是有的缘故，就像石女儿一样。（第 15cd 颂注释，247a3-247a4）

2 《入抉择胜论之真实品》：你（胜论派）的我是非显性（avyaktatva），即非作性（akṛtakatva，无活动性）的话，那（我）如何通过大有而显现？（第 16ab 颂注释，247a5）

喻：就像空华一样。[1]

具体来说：

> “显现性”是通过获得缘而显现，就像根据泥团、棒、轮、陶师的想法等的缘的和合做成的瓶通过灯光显现一样。（第 16ab 颂注释，247a6）
>
> 就“作性”来说，通过看见显现，在不同类的法中实现显现。（第 16ab 颂注释， 247a7）

所以，非显现、无动作的我不能通过大有得到显现，也就不能由此证明我的存在。

如上所述，我与同的合就从“结合”与“显现”两个角度被破除了。

同是六句义的代表，所以否定了同句义与我的合之后，《入抉择胜论之真实品》第 19 颂就运用佛教的空性理论来总结胜论派的各种句义与我的合都是错误的：

> 犹如我则诸句义，
> 如此即是彼空性，
> 虽然努力隐秘藏，
> 食米斋仙终被显。（19）

意思是：就像我一样，其他句义也如此是那空性的；虽然努力隐藏错误，但是食米斋仙人的错误还是被显明了。

胜论派的六句义都是空性的话，也就不存在我与同等句义的结合

[1] 《入抉择胜论之真实品》：非显现即不能被显现，是非显性的缘故，就像空华一样。（第 16ab 颂注释，247a5-247a6）

关系：

> 这些（句义）和我一起的话，实现自己的性相的时候，因为与我相分离而不再执持于自己的本性的话，有、无、一、多、常住、非常住等等怎能存在？（第19颂注释，248a2-248a3）

所以，应该积极宣扬佛教的空性理论来破除胜论派的主张。《入抉择胜论之真实品》不仅提出了空性的概念而且解释了为什么这样的空性才是唯一的真实：

> 我们的教义如下："色既不是常住、也不是非常住、既不是乐、也不是苦、既不是我、也不是无我。"如果问："为什么？"（回答：）色性是无的话，既常住又非常住如何可能？所以，我的性相是空性的缘故，虽然你（胜论派）说了很多种（理论），但是空性才是应该宣说的真实，因此，只有我们的主张才是成立的。（第18、19颂注释，248a4-248a6）

在说明了佛教空性理论的正确性后，胜论派的学说就成了边见：

> 此等执持相之故，
> 看见真实乃非理，
> 相是非真实产生，
> 有见被认非真理。（20）

胜论派执持各种行相（如"我"等），所以他们所谓的看见真实并不符合道理；因为行相是虚妄产生的，行相的自性就是非常住的、不真实的，所以胜论派执持各种行相的见地只能是虚妄的边见，即：执持觉等非常住的行相就是断见，执持地等的极微是常住则是常见，断见和常见合称为“边见”，都不是正见。[1]

综上所述，虽然《入抉择胜论之真实品》序论只是简要提到了我的几种属性，没有展开描述胜论派的我论；前分所破仅把我作为解脱的主体但无暇阐述诸如觉等有关我的各种属性的具体问题。但是，后分能破却用了很大篇幅（第 2-22 颂），从“觉等德与我合”、“意等实与我合”、“同等句义与我合”等角度较为彻底地破斥了胜论派关于我的各种说法。这一方面是因为“我有”与“我无”是佛教最为关注的问题之一；另一方面，《入抉择胜论之真实品》把对胜论派解脱理论的批判（而非对其六句义学说的破斥）作为写作本品的最终目的，“我”作为胜论派的解脱主体自然应是被重点关注和批判的对象。

第四节 对胜论派解脱理论的叙述与批判

胜论派一直以来被贴着“自然哲学”的标签，以至于很多人都认为解脱并不是胜论派所关注的重点，胜论派的解脱思想也少有值得引起注意的地方。但是，我们通过阅读《胜论经》、《摄句义法论》等胜论派文献发现，[2] 解脱理论在胜论派哲学思想体系中虽然所占文献分量不大，但绝对不能被忽视，因为它是支撑整个胜论哲学体系的最终落脚点。

胜论派研究句义、实践修行的目的都是为了达到至善，也就是解

[1] 《入抉择胜论之真实品》：“那些虚妄产生的觉等是非常住的，所以是断（见）；而地等是与常住的极微一起产生的，所以执着常（见）。因此，（胜论派的）这两种类，根据所见的相，都不是正（见）而是边见。”（佛教徒）这样认为。（第 20 颂注释，248a7-248b1）

[2] 《胜宗十句义论》中几乎没有直接谈论解脱的内容，只有在谈到法、非法时可以隐约看出与解脱有关的思想：“法云何？此有二种：一能转、二能还。能转者，谓可爱身等乐因我和合，一实与果相违，是名能转。能还者，谓离染缘正智喜因我和合，一实与果相违，是名能还。非法云何？谓不可爱身等苦邪智因我和合，一实与果相违，是名非法。”

脱，这是在《胜论经》开篇就提出来的本派的宗旨：

> 现在，我们解释法；由此可以获得升天和至善的那种（东西）就是法。[1]

这里的升天（abhyudaya）是指通过遵循吠陀的权证获得的善好的果报，至善（niḥśreyasa）则是通过研习六句义的真知获得的真正的解脱。升天和至善是两个不同层次的状态，升天不管有多美好都尚未脱离轮回的束缚，而至善则是摆脱轮回的最高境界。所以，胜论派把至善也就是解脱作为本派的最高也是最终的目的，而《胜论经》主要以阐释获得解脱的智慧——六句义——为核心而展开。

《胜论经》对解脱的具体说明主要集中在第 5 卷第 2 章和第 6 卷第 2 章后半部分的几个偈颂。[2] 其中，VS-C.5-2-20 是对解脱的最明确定义：

> 这（不可见力）没有的时候，（我与意的）结合就没有，（其他的身体）不产生，这就是解脱。[3]

《胜论经》还指出虽然真正理解各个句义的本质就能获得解脱，但是由于心的混乱，人们并不容易真正理解句义，所以在研习句义理

---

[1] VS-C.1-1-1~1-1-2: athāto dharmaṃ vyākhyāsyāmaḥ// yato 'bhyudayaniḥśreyasasiddhiḥ sa dharmaḥ//; VS-U. 1-1-1~1-1-2: athāto dharmaṃ vyākhyāsyāmaḥ// yato 'bhyudayaniḥśreyasasiddhiḥ sa dharmaḥ//（姚译：现在，我们解释法。法是这样一种东西：通过它可变得崇高，达到至善。）

[2] 北條賢三将《胜论经》的解脱观归纳为以下五点：（1）脱离"法"和"非法"即解脱；（2）"不可见力"没有的时候解脱产生；（3）修习瑜伽才能获真解脱；（4）六句义的真知只不过是获得解脱的手段；（5）解脱在死后才能实现。详见北條賢三[1977a], pp.23-29。

[3] VS-C.5-2-20: tadabhāve saṃyogābhāvo 'prādurbhāvaḥ sa mokṣaḥ//; VS-U.5-2-18: tadabhāve saṃyogābhāvo 'prādurbhāvaś ca mokṣaḥ//（姚译：当这(不可见力)不存在时，(我与身的)合就不存在，(身体)不出现，(这就是)解脱。）对于这句经文的理解详见下文，p.192。

论的同时还需要实践修行，也就是修习以制约意的活动为中心的瑜伽：

> 当意安住于我，身体中没有乐和苦的时候，这就是瑜伽。[1]

总的来说，胜论派的解脱观并不复杂，胜论派对解脱没有展开过多的论证与阐述，而是直接告诉人们如何行为就能获得解脱。在胜论派看来，通向解脱的方法和过程概括来说就是：研习并真正理解六句义的真知，修习瑜伽，使意安住于本来清净的我，从而摆脱轮回，达到永离苦乐、寂静的解脱状态。

批判胜论派的解脱观是《入抉择胜论之真实品》的根本目的，从序论、前分所破对胜论派解脱思想的叙述，再到后分能破对其的逐一分层批判，都显示出论主对胜论派解脱理论的熟悉与重视。

一　《入抉择胜论之真实品》所传之解脱观

《入抉择胜论之真实品》所传的胜论派解脱观主要集中在序论和前分所破。那么，这两部分所描述的胜论派解脱思想是否如句义论一样几乎全部源自《胜论经》？还是有可能更多地受到了《摄句义法论》等其他胜论派文献的影响？叙述过程是否添加了佛教的理解成分以利于后分能破的批判？下文将主要围绕这几个问题，结合胜论派的经典文献，详细解读本品对胜论派解脱观的叙述与认识，并考察序论与前分所破所传之胜论派解脱观的思想渊源。

（一）序论所传之解脱观

《入抉择胜论之真实品》序论所描述的胜论派解脱思想占了整个

---

[1] VS-C.5-2-17: ātmasthe manasi saśarīrasya sukhaduḥkhābhāvaḥ sa yogaḥ//; VS-U.5-2-16: tadanārambha ātmasthe manasi śarīrasya duḥkhābhāvaḥ sa yogaḥ//（姚译：当意安住于我，无活动时，身体中无痛苦，这就是瑜伽。）对于这句经文的理解参见下文，pp.206-207。

序论的三分之一强，这比历来公认的最详细、最集中说明胜论派解脱思想的《摄句义法论》第 8 章第 24 节“轮回与解脱”（*Saṃsārāpavarga-prakaraṇa*）还要丰富很多。序论部分尚未涉及任何批判，可以看作是对胜论派经典的直接引述或转载说明。根据序论文脉，这些内容大致可以分为三个部分：解脱的目的、解脱的定义、解脱的方法。

1．解脱的目的

胜论派认为：轮回虽然是无始的，但却不是无终的，因为依靠真实智（tattvajñāna）可以把轮回终结于解脱，[1] 而产生轮回的直接原因是贪、瞋，[2] 导致贪、瞋的是乐和苦，再往前追溯，产生乐、苦的则是法（dharma）和非法（adharma）。[3] 所以说“进入这样的法和非法的性相所以无始以来都被系缚”（序论，243b7），即轮回的根本原因是法和非法，而摆脱轮回则是解脱的目的。

通读《胜论经》不难发现，第 6 卷第 2 章后半部分有七句经文与上述轮回思想非常相似：

> 从乐增长贪欲。由此（乐）生成的（是贪欲）。从满足（产生贪欲）。从不可见力（产生贪欲）。从特殊的出生（产生）特殊的贪欲。因为贪和瞋，法和非法中（有）活动。所以，（有）合与离。[4]

---

[1] 《入抉择胜论之真实品》：如果问：“就像轮回是无始的一样，（轮回的）无终的本性是否是唯一的？”（回答：）那不是（唯一）的，（因为）有解脱，即依据真实智（轮回的）终末是解脱。（序论，243b7-244a1）

[2] 《入抉择胜论之真实品》：受那（贪和瞋）的影响，就会如此再生而且轮回。（序论，243b6-243b7）

[3] 《入抉择胜论之真实品》：进入这样的法和非法的性相（就会产生）乐和苦，其中有贪和瞋。（序论，243b6）

[4] VS-C.6-2-12~6-2-18: sukhād rāgaḥ// tanmayatvāt// tṛpteḥ// adṛṣṭāt// jātiviśeṣāc ca rāgaviśeṣaḥ// icchādveṣa-pūrvikā dharmādharmayoḥ pravṛttiḥ// tataḥ saṃyogo vibhāgaś ca//; VS-U.6-2-10~6-2-15: sukhād rāgaḥ// tan-mayatvāc ca// adṛṣṭāc ca// jātiviśeṣāc ca// icchādveṣapūrvikā dharmādharmapravṛttiḥ// tat saṃyogo vibhāgaḥ//（姚译：从乐产生欲。此外，(欲与瞋)通过根深蒂固的(印象而产生)。(欲和瞋)还通过不可见力(而产生)。

这几句经文的意思是：乐、满足、不可见力等是贪欲的原因，贪、瞋使人产生法和非法的活动，所以就有我与身体等的结合、分离，也就是轮回。

旃陀罗阿难陀对 VS-C.6-2-18 的注释很好地补充了上述《胜论经》略显模糊的表述：

> 法和非法积集的时候，（我）与身、根相结合就称为“生”。当（法和非法）二者消亡的时候，（我与身、根）就分离。而且，根据这样的法和非法，“（我）与身等的结合与分离”就像人无始以来流转于辘轳一样。[1]

这里的法和非法合起来就是“不可见力”（adṛṣṭa），不可见力是胜论派用来说明一些不好解释的自然、人生现象的特殊用词，直译为“不可见”。

在胜论派看来，这种不可见力是把我与身体结合、分离、再结合、再分离的力，也就是产生轮回、使人不断流转于轮回的力。根据《胜论经》经文的表述，“不可见”虽然在不同的地方有不同的含义，但所指都是不可知的神秘力量。而且，《胜论经》把几乎所有不可见、不可知的神秘力量都称为不可见力，如各种自然现象[2]、人的善恶行为[3]等都是由不可见力引起的。不可见力从实、德、业三句义产生，与世界的创造毁灭息息相关。

但是，《胜论经》并没有明确指出不可见力的特性，从 VS-C.5-1-15,

(欲和瞋)还通过出生的不同(而产生)。在(产生)法与非法的活动之前，(先有)欲和瞋。(由法与非法产生生与死这样的)合与离。）

[1] VS-C ad. 6-2-18: sañcitau yadā dharmādharmau bhavataḥ tadā śarīrendriyaiḥ saṃyogo janmākhyo bhavati kṣīṇayoś ca tayor maraṇakāle viyogaḥ/ punar apy ābhyāṃ dharmādharmābhyāṃ śarīrādisaṃyogo vibhāgaś cety evam anādir ayaṃ ghaṭīyantravad āvartate jantuḥ// (VS-C, p.51)

[2] VS-C.5-1-15,5-2-2,5-2-8,5-2-14,5-2-19; VS-U.5-1-15,5-2-2,5-2-7,5-2-13,5-2-17.

[3] VS-C.5-1-15,5-2-20, 6-2-2,6-2-15; VS-U.5-1-15,5-2-18,6-2-2,6-2-12.

5-2-8, 5-2-19[1]等经文推断，不可见力是一种不同于自然物、身体，也不同于意、我等的独立的存在物，而且具有能动性，不可见力最重要的活动就是制造不断流转的轮回。[2]

关于法和非法，《入抉择胜论之真实品》中也有具体描述：

> 这里，欲解脱者们应该亲近上师、圆满具足内外两方面，即：由沐浴、灌顶、守饥行、梵行、住师家、林栖、祭祀、布施、供奉、星宿、时节看见修行的不可见力就称为“法”；修行它的对象也是“法”。与此相反则是“非法”。（序论，243b4-243b6）

这一长句对法和非法的描述可以在《胜论经》中找到相应的经文：

> VS-C.6-2-2~6-2-3: 遵守关于沐浴、守饥行、梵行、住师家、林栖、祭祀、布施、供奉、方位、星宿、圣典、时节（的规定），导致不可见的果报。（婆罗门教的）生活的四个行期（的义务已作了叙述）。不忠实与忠实（是非法与法的因）。[3]

---

[1] VS-C.5-1-15: maṇigamanaṃ sūcyabhisarpaṇam ity adṛṣṭakāritāni//; VS-U.5-1-15: maṇigamanaṃ sūcyabhisarpaṇam adṛṣṭakāraṇakam//（姚译：宝石(趋向盗贼)的业、针(向磁石)的接近，是不可见(力)引起的。）VS-C.5-2-8: vṛkṣābhisarpaṇam ity adṛṣṭakāritam//; VS-U.5-2-7: vṛkṣābhisarpaṇam ity adṛṣṭakāritam//（姚译：树中树液的上升是由不可见力引起的。） VS-C.5-2-19: apasarpaṇam upasarpaṇam aśitapītasaṃyogaḥ kāryāntarasaṃyogāś cety adṛṣṭakāritāni//; VS-U.5-2-17: apasarpaṇam upasarpaṇam aśitapītasaṃyogāḥ kāryāntarasaṃyogāś cety adṛṣṭakāritāni//（姚译：(身体中意的)出与入，(身体)与吃喝物的合，与其他果的合，是由不可见力引起的。）

[2] 有关“不可见力”，参见金倉圓照[1974a], p.389。

[3] VS-C.6-2-2~6-2-3: abhiṣecanopavāsabrahmacaryagurukulavāsavānaprasthyayajñadānaprokṣaṇadiṅnakṣatramantrakālaniyamāś cādṛṣṭāya// cāturāśramyam upadhāc cānupadhāc ca//; VS-U.6-2-2~6-2-3: abhiṣecanopavāsabrahmacaryagurukulavāsavānaprasthayajñadānaprokṣaṇadiṅnakṣatrakālaniyamāś cādṛṣṭāya// cāturāśramyam upadhā anupadhāś ca//（姚译：(遵守关于)沐浴、禁食、梵行、师家住、林中隐居、祭祀、布施、供奉、方位、星宿、圣典、时节(的规定)，导致不可见的果报。(婆罗门教的)生活的四个行期(的义务已作了叙述)。不忠实与忠实(是非法与法的因)。）

《旃陀罗阿难陀注》中的释文还详细说明了经文中所举的沐浴等各项仪式的具体含义。[1] 虽然这里的 VS-C.6-2-2~6-2-3 和前面所引的七句经文一样，都没有明确指出这些内容就是轮回思想，但根据《胜论经》的叙述思路，一般认为第 6 卷第 2 章是对轮回解脱思想的集中阐述。

《摄句义法论》第 8 章第 22、23 节则在讨论法和非法时扩展了《胜论经》VS-C.6-2-2~6-2-3 的内容，详细描述了四姓和四行期的生活方式，并认为这是必定能获得法的手段，[2] 与法相对立的诸如违背圣典等行为是非法。[3]

所以，《入抉择胜论之真实品》中直接引用的“进入这样的法和非法的性相（就会产生）乐和苦，其中有贪和瞋。”（序论，243b6）这句话可以说来源于《胜论经》。

此外，《摄句义法论》中也有类似但内容丰富很多的表述：

> 有贪瞋的凡愚之人，因为从事伴有轻微的非法的殊胜的法，就会在梵天界、因陀罗界、生主界、父祖界、人间界中与顺应志力、欲望的身根境的乐等相结合。同样，（有贪瞋的凡愚之人，）因为（从事）伴有轻微的法的恶劣的非法，就会在饿鬼、畜生胎处与没有欲乐的身根境的苦等相结合。如此，因为伴有非法的法以流转为特性，所以轮回的系缚就会在天、人、畜生、地狱中不断产生。[4]

---

[1] 详见 VS-C, p.48。

[2] 详见 PDhS, pp.272-273。

[3] 详见 PDhS, pp.280。

[4] PDhS: aviduṣo rāgadveṣavataḥ pravartakād dharmāt prakṛṣṭāt svalpādharmasahitād brahmendraprajāpatipitṛ-manuṣyalokeṣv āśayānurūpair iṣṭaśarīrendriyaviṣayasukhādibhir yogo bhavati/ tathā prakṛṣṭād adharmāt svalpadharmasahitāt pretatiryagyonisthāneṣv aniṣṭaśarīrendriyaviṣayaduḥkhādibhir yogo bhavati/ evaṃ pravṛtt-ilakṣaṇād dharmād adharmasahitād devamanuṣyatiryaṅnārakeṣu punaḥ punaḥ saṃsārabandho bhavati/ (PDhS, pp.280-281).

出自《摄句义法论》第 8 章第 24 节的这段话对轮回的描述非常具体，可以很好地补充《胜论经》对轮回叙述的不足。《摄句义法论》之后的胜论师大都奉此轮回理论为正统，这一说法基本成为延续至今的胜论派轮回理论的定说。

值得一提的是，《入抉择胜论之真实品》中“任何修习法和非法的人不断轮回，进入像辘轳的轮辋一样的轮回。”（序论，244a1）中的“辘轳”（ghaṭīyantra）譬喻没有出现在《胜论经》和《摄句义法论》中，而只出现在了旃陀罗阿难陀对 VS-C.6-2-18 的注释中（详见前引文）。这让我们更倾向于把《旃陀罗阿难陀注》的年代定位在《中观心论》(《思择焰》)之前。

需要说明的是，很多学者把 VS-C.5-2-19 看作是《胜论经》对轮回的典型描述：[1]

> （意的）退去与接近、与吃喝物的结合、与其他果的结合，都是由不可见力引起的。[2]

这句经文的意思是：世间的人们在去世的时候，意就会凭借不可见力从死亡的身体中脱离出去，进入到另一个新的身体，这就是轮回。然而，《入抉择胜论之真实品》在转述胜论派的轮回思想时并没有提及这一内容，所以，至少《中观心论》与《思择焰》没有把这句经文当作胜论派轮回思想的重点。

2．解脱的定义

在叙述完解脱的目的之后，《入抉择胜论之真实品》转述了胜论

---

[1] 详见野沢正信[1981], pp.460-461。

[2] VS-C.5-2-19: apasarpaṇam upasarpaṇam aśitapītasaṃyogaḥ kāryāntarasaṃyogāś cety adṛṣṭakāritāni//; VS-U.5-2-17: apasarpaṇam upasarpaṇam aśitapītasaṃyogāḥ kāryāntarasaṃyogāś cety adṛṣṭakāritāni//（姚译：(身体中意的)出与入，(身体)与吃喝物的合，与其他果的合，是由不可见力引起的。）

派有关解脱的定义：

> 那（法和非法）没有，再生性结合也没有，就是解脱，如同将灭的酥油灯的光。（序论，244a1-244a2）

这一说法与《胜论经》定义的解脱基本一致：

> VS-C.5-2-20：这（不可见力）没有的时候，（我与意的）结合就没有，（其他的身体）不产生，这就是解脱。[1]

《胜论经》经文的意思是：彻底灭除前世今生留下来的各种不可见力，我不再与意、身体等相结合，就是解脱。这句经文是胜论师历来公认的本派对解脱的权威定义，如旃陀罗阿难陀在注释 VS-C. 6-2-19[2]时就引用了 VS-C.5-2-20 来说明解脱，[3] 其后的《巴达伐定陀罗注》虽然没有注解 VS-Bh.5-2-18，但在注释 VS-Bh.6-2-18 时也引用了这一句经文来说明解脱。[4]

由此可见，《入抉择胜论之真实品》对胜论派的解脱的定义把握得相当准确，序论对这一定义还有进一步解释：

> 有身（śarīra）的我（ātman）与意（manas）结合就是命（jīvana）。

---

[1] VS-C.5-2-20: tadabhāve saṃyogābhāvo 'prādurbhāvaḥ sa mokṣaḥ//; VS-U.5-2-18: tadabhāve saṃyogābhāvo 'prādurbhāvaś ca mokṣaḥ//（姚译：当这(不可见力)不存在时，(我与身的)合就不存在，(身体)不出现，(这就是)解脱。）

[2] VS-C.6-2-19: ātmakarmasu mokṣo vyākhyātaḥ//; VS-U.6-2-16: ātmakarmasu mokṣo vyākhyātaḥ//（姚译：解脱被认为依赖于我的德行。）

[3] VS-C ad 6-2-19: ātmeti manaḥ, manaḥ karmasu tadabhāve saṃyogābhāvo 'prādurbhāvaś ca sa mokṣa iti mokṣo vyākhyātaḥ// (VS-C, p.51)

[4] VS-Bh ad 6-2-18: ātmā prāṇaḥ/ tatkarmasu nirūpyamāṇeṣu mokṣo vyākhyātaḥ/ tadabhāve saṃyogābhāvo 'prādurbhāvaś ca sa mokṣa iti sūtreṇa sakalātmaviśeṣaguṇocchedaś ca mokṣaḥ // (VS-Bh, p.63)

由于那样的不可见力不产生、（我与意的合）成为无的时候就是没有结缚，即没有再生，所以最初的身体等等就永远不生。（序论，244a2-244a3）

这与旃陀罗阿难陀对 VS-C.5-2-20 的注释基本一致：

> 如此，无始以来的作为身体的“退去”等原因的不可见力没有的时候，称为“命”的我与意的结合也就没有，而且其他的身体不再产生，这就是解脱。[1]

《入抉择胜论之真实品》转述的解脱的定义可以归纳为四个要素：第一，没有不可见力（法和非法）；第二，没有我与意的结合；第三，没有身体的再生；第四，“如同将灭的酥油灯的光”。

如前所述，这里的“意”不是一般所说的意识或者思量，而是胜论派的一个特殊概念，是九种实中的一种，是外界感官与我之间的一种特殊媒介物质。当意把眼、耳等各个感觉器官获得的外界信息传达给我时，人就会产生感受和知觉等。意与我的关系是胜论派理论体系中非常重要但经典表述比较暧昧的一个问题，尤其在说明瑜伽和解脱的状态时，意与我的关系甚至比不可见力还要重要。

《入抉择胜论之真实品》非常敏锐地注意到了这一理论要点，所以不仅在序论中不厌其烦地多次提及意以及意与我的关系，而且在前分所破和后分能破中也将此作为胜论派解脱思想的一个核心概念和批判突破口来详细阐述。例如，序论以“虽然遍在的我是无活动的，但是意执持所谓‘我’，所以说‘（我）与意没有结缚就不会再生’。”（序论，244a5-244a6）作为整个序论的结束句，亦可见《入抉择胜论之真

1 VS-C ad 5-2-20: evaṃ rūpasyānādyapasarpaṇādinimittasyādṛṣṭasyābhāve jīvanākhyasyātmamanaḥ saṃyog-asyābhāvo 'nyasya ca śarīrasyāprādurbhāvo yaḥ sa mokṣaḥ// (VS-C, p.43)

实品》与《胜论经》及《旃陀罗阿难陀注》一样，都较为重视我与意的关系在解脱时的作用与状态。

“如同将灭的酥油灯的光”与《摄句义法论》中的“就像燃料耗尽的火一样，是寂灭，即所谓‘解脱’”[1] 比较相近，都意味着完全的休止状态。这个比喻在印度各宗教哲学流派描述解脱状态时都较为常见，也是胜论派比较喜欢使用的一个譬喻。[2]

《入抉择胜论之真实品》还引用了一句偈颂[3]总结性地概括了胜论派的解脱观：

> 这里，就是（胜论派）宣称的“完全断灭身以及对意的错误认识之后，无垢的出离就是解脱，就像木尽之火一样。”（序论，244a5）

其中，“完全断灭身以及对意的错误认识”基本等同于前面所讲的解脱定义中的第二、三要素；而“木尽之火”的比喻则与第四个要素基本相同。“无垢的出离”虽是佛教色彩较浓的一种表达，但也可以说与《摄句义法论》中提到的“寂灭”一词相近。所以，虽然暂时没有找到这句偈颂的合适出处，但不外于《胜论经》、《旃陀罗阿难陀注》、《摄句义法论》等早期胜论派文献。

3．解脱的方法

明确解脱的含义之后，自然要解决如何获得解脱的问题。因为法和非法是胜论派解脱思想中的关键概念，也最具特色，所以《入抉择胜论之真实品》首先设问：“法和非法如何变成无？”（序论，244a3），

---

[1] PDhS: dagdhendhanānalavad upaśamo mokṣa iti// (PDhS, p.282)

[2] 参考宫坂宥勝[1954b], p.126。另外，佛教也常用类似的“油尽灯灭”来形容涅槃，如《大庄严经论》：“最后之身今入涅槃，如油尽灯灭。”（《大正藏》04, No.201, p.335c26）

[3] 藏译为偈颂形式，为了便于理解译成长行白话。

意思也就是如何达到《胜论经》VS-C.5-2-20所说的解脱？

> 将来（的法和非法）不产生而且断灭（以前的法和非法的）积集就是认识到其中不同于身、根、意的我的时候，乐不产生，完全断除这样的因，将来（的法和非法）也就不会产生；断灭（以前的法和非法的）积集也就是认识到身体的真实的时候，贪不产生。确切认识胜义的我而且真正理解六句义的真实的时候，法（和非法）就会变成无。（序论，244a3-244a5）

这里描述的胜论派的解脱方法可以概括为四个要点：第一、制止将来的法和非法；第二、断除以前的法和非法；第三、确切认识第一义的我；第四、真正理解六句义的真实。

其中，前两个要点相辅相成，应把乐理解成乐和苦，把贪理解成贪和瞋等等。满足以上四个要点时，法和非法就会变成无，那时就能消除我与意的结合、停止身体的再生，也就能达到《胜论经》VS-C.5-2-20所说的解脱。

然而，《胜论经》在VS-C.5-2-20给解脱下了定义之后就立即转换了话题而没有进一步讨论解脱问题。[1]《胜论经》虽然多次提及不可见力，如前文已引的VS-C.5-1-15、VS-C.5-2-8、VS-C.5-2-19、VS-C.6-2-2、VS-C.6-2-15等等，但都没有具体说明如何使这种不可见力（法、非法）变成无以达到解脱。

旃陀罗阿难陀在注释VS-C.1-1-6[2]时提出了类似《入抉择胜论之真实品》序论第三、第四要点的解脱方法：

---

[1] 详见VS-C, p.43。

[2] VS-C.1-1-6: utkṣepaṇam avakṣepaṇam ākuñcanaṃ prasāraṇaṃ gamanam iti karmāṇi//（取、舍、屈、伸、行是业。）

以上所说的是实、德、业，接下来将解释同、异、合。这样，对六句义的同法和异法的全面认识，是根据看见对象的错误而生起离欲、获得至善的法的原因，（也是）获得升天的法的原因。[1]

而且在整个注释最后，旃陀罗阿难陀又强调道：

这样，（通过）全面认识实等的同法和异法、根据离欲生起智慧，而且通过获得"我应该被认识"等言论取得知识，由此证得至善。[2]

旃陀罗阿难陀所说的"至善"（niḥśreyasa）就是解脱，有他自己的话语为证：

"升天"是在婆罗门等的世界中获得想要的身体、去除不幸；"至善"是内我的特殊德的无的本性，即解脱。[3]

胜论派寻求解脱的方法归根结底就是旃陀罗阿难陀所说的要全面认识六句义的相同性（同法）和差异性（异法）、生起离欲，同时通过认识我等获得真知。用《入抉择胜论之真实品》中的话来说也就是"确切认识胜义的我而且真正理解六句义的真实"。

此外，《摄句义法论》第 8 章第 24 节详细描述了获得解脱的方法和过程：

---

[1] VS-C ad 1-1-6:…evam uddiṣṭāni dravyaguṇakarmāṇi/ tadanuṣaṅgāt sāmānyaviśeṣasamavāyā api vakṣyante/ evaṃ ṣaṇṇāṃ padārthānāṃ sādharmyavaidharmyaparijñānaṃ viṣayadoṣadarśanadvāreṇa vairāgyotpattau satyāṃ niḥśreyase sādhye dharmahetuḥ/ abhyudaye sādhye dharmahetutvaṃ… (VS-C, p.3)

[2] VS-C ad 10-21: evaṃ dravyādīnāṃ sādharmyavaidharmyaparijñānād vairāgyadvāreṇa jñānotpatteḥ "ātmā jñātavyaḥ" ityādivākyebhyaś copāsākrameṇa vijñānāvāpter niḥśreyasādhigamaḥ// (VS-C, p.76)

[3] VS-C ad 1-1-2: abhyudayo brahmādilokeṣv iṣṭaśarīraprāptir anarthoparamaś ca/ niḥśreyasam adhyātmano vaiśeṣikaguṇābhāvarūpo mokṣaḥ// (VS-C, p.2)

> 当人根据知识行动而不考虑后果时，就会出生在一个清净的家庭。为了找到消除痛苦的方法，他亲近阿阇梨、获得关于六句义的真知、消除无知，此时，已经没有欲望的他就不会再有贪欲、瞋恚等等，这时，法和非法也不会再生。（他）前生积集的（法和非法）也因为已被享用而耗尽时，就会生起满足的快乐和对身体的漠视。当贪欲等消亡的时候，以寂灭为特性的纯一的法在直观胜义、生起快乐之后消失。这样消失之后，对于“无种的”我来说，（现在的）身体等消灭而且（其他的）身体不再产生的时候，就像燃料耗尽的火一样，是寂灭，即所谓解脱。[1]

《摄句义法论》的描述看似与《入抉择胜论之真实品》所转述的胜论派解脱方法不尽相同，但仔细分析不难发现，钵罗奢思多波陀略显繁琐的叙述实际上正包含了《入抉择胜论之真实品》序论所传的解脱方法的要点一、二、四，即：

“制止将来的法和非法”约等于“法和非法也不会再生”；“断除以前的法和非法”约等于“前生积集的（法和非法）也因为已被享用而耗尽”；“真正理解六句义的真实”约等于“获得关于六句义的真实智”。

此外，钵罗奢思多波陀在《摄句义法论》开篇也曾提出有关六句义的真实智是获得解脱的锁钥的说法。[2]

值得一提的是，护法在《大乘广百论释论》中也记载了与此类似

---

[1] jñānapūrvakāt tu kṛtād asaṃkalpitaphalād viśuddhe kule jātasya duḥkhavigamopāyajijñāsor ācāryam upasaṅgamyotpannaṣaṭpadārthatattvajñānasyājñānanivṛttau viraktasya rāgadveṣādyabhāvāt tajjayor dharmādharmayor anutpattau pūrvasañcitayoś copabhogān nirodhe santoṣasukhaṃ śarīraparicchedaṃ cotpādya rāgādinivṛttau nivṛttilakṣaṇaḥ kevalo dharmaḥ paramārthadarśanajaṃ sukhaṃ kṛtvā nivartate/ tadā nirodhāt nirbījasyātmanaḥ śarīrādinivṛttiḥ punaḥ śarīrādyanutpattau dagdhendhanānalavad upaśamo mokṣa iti// (PDhS, pp.281-282)

[2] dravyaguṇakarmasāmānyaviśeṣasamavāyānāṃ ṣaṇṇāṃ padārthānāṃ sādharmayavaidharmyatattvajñānaṃ niḥśreyasahetuḥ// (PDhS, p.6)

的胜论派的解脱观：

> 复次，胜论外道作如是言："若能永拔苦乐等本，弃舍一切，唯我独存，萧然自在，无所为作，常住安乐，名曰涅槃。如是涅槃决定应许。若唯苦灭无有我者，便为断坏，何谓涅槃？又此涅槃离诸系缚，自在为相，智者欣乐，体若都无，何所欣乐？"[1]

由此可见，《旃陀罗阿难陀注》加上《摄句义法论》的"精华"完全可以给《入抉择胜论之真实品》序论所传的解脱的方法提供足够的理论支持，同时《入抉择胜论之真实品》的详细描述丰富了我们对早期胜论派解脱思想的认识。

综上所述，《入抉择胜论之真实品》序论所传的胜论派解脱思想主要源自《胜论经》，而且涵盖了《胜论经》中有关轮回与解脱思想的几乎所有经文，但同时也很有可能受到了《旃陀罗阿难陀注》与《摄句义法论》的一定影响。总体来说，序论所传之解脱思想中几乎没有佛教理论的痕迹，可以说是较准确又完整地转述了胜论派的解脱观。

（二）前分所破所传之解脱观

《入抉择胜论之真实品》在结构上的特点除了上文详细讨论的序论的冗长外，还有前分所破的精短，即前分所破只有一颂、只讲了胜论派的解脱思想。这足以体现写作本品的目的是批判胜论派的解脱观。那么，前分所破描述的解脱思想有何特点，是否与序论所传一致？

《入抉择胜论之真实品》第 1 颂前言指出，前分所破这一颂是根据胜论派的"真实"（de kho na nyid）作出的高度概括：[2]

---

[1] 《大正藏》30, No.1571, p.193b6-b10。

[2] 《入抉择胜论之真实品》：根据那（胜论派）主张的真实，阿阇梨（ācārya）概说如下。（第 1 颂前言，

断灭觉等我之德，
从根拔除之行者，
所谓我就住意中，
即是胜论许解脱。（1）

偈颂的意思是：断灭觉等等我的德，从根本上拔除法和非法的瑜伽行者，当所谓的我安住于意中的时候，就达到了胜论派认为的解脱。第 1 颂注释依次对每一句颂文作了补充解释：

1．“断灭觉等我之德”

“我”就是 ātman，我之德即 ātman 的各种特殊属性，即：

所谓“觉、乐、苦、欲、瞋、勤勇、法、非法、智、有为”是我的九种德。（第 1 颂注释，244a7-244b1）

德格等五个版本的藏译都明确说有“九种德”（yon tan dgu），而北京、那塘、金写版却加上“法”成了十种。而在注释第 23 颂时，五版藏译的注释则都例举了“觉、乐、苦、欲、瞋、勤勇、非法、法、智、行”（第 23 颂注释，248b7-249a1）十种我的德。

胜论派经典对我的德的说明不尽相同：《胜论经》认为十七种德中只有觉、乐、苦、欲、瞋、勤勇六种专属我（我的特殊德）。[1]旃陀罗阿难陀在注释 VS-C. 3-2-17[2]时指出我有八种特殊德：“觉、乐、苦、欲、瞋、勤勇、不可见力、行。”[3] 其中，把不可见力分为法和非法来计算的话就是九种德。《胜宗十句义论》与《摄句义法论》都认为我

244a6）

[1] 参见本书 p.153。

[2] VS-C.3-2-17: śāstrasāmarthyāc ceti//（根据圣典的权威。）

[3] VS-C ad 3-2-17: tasya guṇāḥ buddhisukhaduḥkhecchādveṣaprayatnādṛṣṭasaṃskārā vaiśeṣikāḥ// (VS-C, p.31)

的特殊德有九种：觉、乐、苦、欲、瞋、勤勇、法、非法、行。

此外，护法在《大乘广百论释论》中记载的胜论派的我也有九种特殊德：

> 我不共德略有九种：一苦、二乐、三贪、四瞋、五勤勇、六法、七非法、八行、九智。[1]

由此可见，《入抉择胜论之真实品》第 1 颂长行列举的九（十）种德中的“有为”（’dus byas = saṃskṛta）很有可能是“行”（saṃskāra = ’du byed = byas pa’i shugs[2]）的误写，而“觉”（blo = buddhi）与“智”（shes pa = jñāna）有重复之嫌，德格、卓尼版则明显脱落了“法”。所以，《入抉择胜论之真实品》前分所破转述的“我”的各种特殊德很有可能是与《旃陀罗阿难陀注》、《摄句义法论》以及《胜宗十句义论》所述最为接近的“觉、乐、苦、欲、瞋、勤勇、法、非法、行”这九种。

《入抉择胜论之真实品》前分所破指出，觉等这些德都是我的特殊属性，要获得解脱首先要“断灭”这些德，也就是消除这些德以前的积集，并且使他们在将来的时候不再产生，[3] 只有这样才能使我达到“无垢的出离”的状态。《入抉择胜论之真实品》序论在转述使法和非法变成无的方法也就是解脱的方法时亦提到了“乐不产生，完全断除这样的因……贪不产生”（序论，244a3-244a5）相当于这里的“断灭觉等我之德”。只不过在序论中，乐、苦是我的各种特殊德的代表，而前分所破以觉为我的特殊德的代表，但基本意思是相同的，即：不让这些附着于我的特殊德再产生，因为这些德一旦再生就是无终的轮

---

1 《大正藏》30, No.1571, p.195b15-b17。

2 参考《入抉择胜论之真实品》第 23 颂注释，本书下卷附录二，pp.584-585。

3 《入抉择胜论之真实品》：那些（德）的“断灭”即将来的时候不生并消除积集。（第 1 颂注释，244b1）

回，如此往复则不可能获得解脱。[1]

《胜论经》和《摄句义法论》中都没有明确的关于断除我的特殊德对于解脱的重要性的论述，只有《摄句义法论》中“当贪欲等消亡的时候”等不甚清楚的表达。也就是说，《胜论经》经文与《摄句义法论》并没有把断灭我的特殊德作为获得解脱的重要手段或者步骤，而只是法和非法消亡之后自然就能获得的结果之一。

《旃陀罗阿难陀注》中则有与《入抉择胜论之真实品》意思相近的明确表述：“至善是内我的特殊德的无的本性，即解脱。”[2] 更有意思的是，笔者在成立年代至少比清辩晚500年，甚至比《中观心论》和《思择焰》的藏译都要晚一两百年的《巴达伐定陀罗注》VS-Bh.6-2-18中发现了与《入抉择胜论之真实品》第1颂第一句几乎完全相同的说法：“断灭所有我的特殊德就是解脱。”[3] 这不得不又让我们猜想《入抉择胜论之真实品》很可能参考了现在已经佚失的早期《胜论经》的注释文献。

2．“从根拔除之行者”

《入抉择胜论之真实品》第1颂注释只用了一句话来解释“从根拔除之行者”：

> “从根拔除”即究竟断除那些法和非法，“从根拔除”也就是还灭一切。（第1颂注释，244b1）

这句话的意思与序论部分[4]的核心意思基本相同，此处不再赘述。

---

[1] 参见《入抉择胜论之真实品》序论，本书下卷附录二，pp.544-547；VS-C, p.3, p.76；PDhS, pp.281-282。

[2] VS-C ad 1-1-2: abhyudayo brahmādilokeṣv iṣṭaśarīraprāptir anarthoparamaś ca/ niḥśreyasam adhyātmano vaiśeṣikaguṇābhāvarūpo mokṣaḥ// (VS-C, p.2)

[3] VS-Bh ad 6-2-18: sakalātmaviśeṣaguṇecchedaś ca mokṣaḥ// (VS-Bh, p.63)

[4] 参见前文解读，pp.187-198。

3．“所谓我就住意中”

《入抉择胜论之真实品》前分所破第三句颂文“所谓我就住意中”颇难理解，其注释如下：

> 这样的时候，从进入作意（manasikāra）退出，因为是分别，所以在自身中，当称为“我”的对象达到无分别的状态时，就是解脱。（第 1 颂注释，244b1-244b2）

当觉等我的各种特殊德都被断灭，法和非法等一切也都被从根本上拔除的时候，“作意”就停止了活动，我作为意的对象在意自身中达到无分别的状态，就是解脱。

这里用“无分别”（rnam par mi rtog pa）一词来具体描述我安住于意中时的状态，意思是我安住于意就是“无分别”，也就是解脱的状态。但是颂文“所谓我就住意中”以及长行对此的解释与《入抉择胜论之真实品》序论所介绍的解脱定义四要素中的第三个要素“没有我与意的结合”相矛盾，也就是与《胜论经》VS-C.5-2-20 中的“(我与意的)结合就没有”相抵触。那么，“所谓我就住意中”这种观点是佛教徒对胜论派解脱思想的独特理解还是另有典据？《入抉择胜论之真实品》第 24、26 颂是对这一句的直接批判，为了方便阐述，此处暂不展开讨论，将在后文结合第 24、26 颂详细分析我与意在胜论派哲学体系中的位置与关系。[1]

4．“即是胜论许解脱”

《入抉择胜论之真实品》第 1 颂注释用“优楼迦徒们”（’ug pa pa）解释了颂文第四句中的“胜论（师）”（bye brag pa）。“’ug pa”即胜论派的开山祖师迦那陀（Kaṇāda，意为“食米斋仙”）的另一称呼，

---

[1] 详见本书 pp.206-212。

意为"枭"（猫头鹰）。[1] "'ug pa pa"即 Ulūka（"优楼迦"为音译[2]）的弟子们的意思。《入抉择胜论之真实品》第 4 颂、第 27 颂及其注释中也用'ug pa 和'ug pa pa 来称呼胜论派的创始人及其弟子。[3]

汉文佛典对迦那陀的名号有很多记载，如吉藏《百论疏》："优楼迦，此云鸺鹠仙，亦云鸺角仙，亦云臭胡仙。"[4] 窥基在《成唯识论述记》、《因明入正理论疏》中还详细解释了优楼迦、食米斋仙等称呼的意思和来源。[5]

此外，现代很多学者认为"Ulūka"一词来自希腊语，且猫头鹰是希腊智慧女神的象征，这暗示胜论派有可能受到古希腊哲学的影响。[6]

"即是胜论许解脱"这一句颂文是对前三句的总体概括，直截明了，无需解释。

最后，值得一提的是，《入抉择胜论之真实品》第 1 颂及其注释从对断灭我的各种特殊德到"达到无分别的状态"的描述与护法在《大乘广百论释论》中描述的胜论派的解脱思想非常相似：

> 复次，胜论外道作如是言："若能永拔苦乐等本，弃舍一切，唯我独存，萧然自在、无所为作，常住安乐，名曰涅槃……"[7]

---

[1] 《入抉择胜论之真实品》第 19 颂、第 28 颂及其注释也提到了"食米斋仙"（gzegs zan）这一称呼，详见本书下卷附录二，pp.578-578；pp.593-596。

[2] 如《百论》："优楼迦弟子，诵《卫世师经》。"（《大正藏》30, No.1569, p.171b7）

[3] 详见本书下卷附录二，pp.550-551，pp.590-593。

[4] 《大正藏》42, No.1827, p.244b10-b13。

[5] 《成唯识论述记》："名嗢露迦，此云鸺鹠，昼避色声匿迹山薮，夜绝视听方行乞食，时人谓似鸺鹠因以名也，谓即獯猴之异名焉，旧云优娄佉，讹也。或名羯拏仆、羯拏云米济，仆翻为食，先为夜游惊他稚妇，遂收场碾糠粃之中米济食之，故以名也，时人号曰食米斋仙人，旧云蹇尼陀，讹也。亦云吠世史迦，此翻为胜，造六句论，诸论罕匹故云胜也，或胜人所造故名胜论，旧云卫世师，或云鞞世师皆讹略也。"（《大正藏》43, No.1830, p.255b19-b29）

[6] 详见金倉圓照[1971], pp.9-13。

[7] 《大正藏》30, No.1571, p.193b6-b8。

总体来看,《入抉择胜论之真实品》前分所破与序论所传之胜论派解脱思想基本一致，但是，前分所破用更加精致和简练的语言阐述了胜论派解脱思想的核心理念，重点突出，有助于我们准确把握胜论派思想的纲要。

二　破“断灭觉等我之德”

《入抉择胜论之真实品》对胜论派解脱思想的直接批判集中在第23-28颂，这六颂没有按照序论的思路来进行批判，[1] 而是完全针对前分所破提出的胜论派的解脱观进行破斥，即对第1颂进行了逐句分析否定：第23颂破第1句“断灭觉等我之德”；第25颂破第2句“从根拔除之行者”；第24、26颂破第3句“所谓我就住意中”；第27、28颂破第4句“即是胜论许解脱”。下文将结合前分所破具体分析这六颂，深入探讨《入抉择胜论之真实品》对胜论派解脱观的理解与批判。

首先来看对“断灭觉等我之德”的批判：

> 我不与觉以及苦，
> 乐等诸德相分离，
> 是德之故如同数，
> 是故无德即非我。（23）

这一颂前三句是宗、因、喻完备的论证格式，直接批判了前分所破中的“断灭觉等我之德”：

宗：我不与觉以及苦、乐等诸德相分离，

因：是德的缘故，

喻：就像数一样。

---

[1] 这是笔者在科判时将序论单列的原因之一。

《大乘广百论释论》中有一个与此几乎完全相同的论式：

> 苦乐等无余依中应不永离自所依我，是我德故，犹如数等。[1]

如果胜论派认为觉等是我的德的话，那么，这些德就不能与我相分离，因为没有这些德的我就不能被称为胜论派的我，而能与我相分离的那些属性就不能成为我之德，所以说“断灭觉等我之德”是不可能的，没有可被断灭的我的德的缘故。

前文已经提到，《入抉择胜论之真实品》第 23 颂注释首先例举了觉等十种我的特殊德，此处不再重复。[2]

其次，第 23 颂注释把“不相分离”限定在胜义中，[3] 可见我与我德的不可分离只是限定于胜义谛，在世俗中所见所闻的我与我德相分离未被讨论。

“断灭觉等我之德”还会导致不得解脱的严重后果：

> 解脱的时候，因为是我性而从“数一”不能解脱。同样，从觉等（德）在任何情况下都不得解脱，我与德相分离确实不能成立的缘故。（第 23 颂注释，249a2-249a3）

作为胜论派的我必须始终保持觉等特殊属性，我一旦失去这些特殊属性就不再是胜论派的我了。与此同时，解脱是我的解脱，而不是觉等我之德的解脱，也不是我与觉等德分离之后获得的解脱，所以，在觉等我德上下功夫是不可能获得解脱的。

---

[1] 《大正藏》30, No.1571, p.193b18-b19。

[2] 参见本书 pp.199-200。

[3] 《入抉择胜论之真实品》：“那（德）在胜义中与我不相分离”是“法”。“是德之故”是因。那德就是在真实中不与我相分离的，就像数一样。（第 23 颂注释，249a1-249a3）

这一批判看似有理，实则诡辩，但这可能与胜论派没有明确阐述我之德在解脱前后的变化或不同有关，给了佛教徒以可乘之机。

三　破“所谓我就住意中”

《入抉择胜论之真实品》引用了胜论派的一句原文，开辟了一个新的论辩话题：

> 如果（胜论派）说：“意安住于自我时就是解脱。”（第 24 颂前言，249a3）

这句引文与《胜论经》VS-C.5-2-17 中对瑜伽的描述“当意安住于我，自身没有乐和苦，这就是瑜伽”[1] 中的“ātmasthe manasi”相当吻合，藏译“yid rang gi bdag la gnas pa”很有可能直接来源于此。

但是，“意安住于自我”中对我与意的关系的描述正好置换了前分所破第三句“所谓我就住意中”的我与意的位置关系。在缺少梵文本的情况下，我们很难判断《思择焰》的藏译是否有误，况且各个版本的《胜论经》对 VS-C.5-2-17 以及前后几句经文的记载与注释都不甚相同，[2] 所以目前只能根据文献本身提出如下两种可能的猜测：

依据《胜论经》VS-C.5-2-17、《入抉择胜论之真实品》第 24 颂注释、以及第 26 颂中把我与意的关系称为所依与能依（下详）判定第 1 颂“所谓我就住意中”这一藏译对我与意的位置关系理解有误，也就是说，前分所破第三句应该改为“意住所谓我之中”。

根据《胜论经》VS-C.5-2-20、《入抉择胜论之真实品》第 8 颂及其注释，在理解我与意的相互关系时，淡化这种相互依止的位置关系，

---

[1] VS-C.5-2-17: ātmasthe manasi saśarīrasya sukhaduḥkhābhāvaḥ sa yogaḥ//; VS-U.5-2-16: tadanārambha ātmasthe manasi śarīrasya duḥkhābhāvaḥ sa yogaḥ//（姚译：当意安住于我，无活动时，身体中无痛苦，这就是瑜伽。）

[2] 参见 Wezler [1982]。

而只是将其看作我与意的某种特殊结合，这样的话前分所破的“所谓我就住意中”与后分能破的“意安住于自我”以及《胜论经》VS-C.5-2-17的“意安住于我”都是可以大体相通的。

但是，这两种理解方式都存在一个很大的问题，即《胜论经》中的“意安住于我”指的是瑜伽，而《入抉择胜论之真实品》中的“所谓我就住意中”和“意安住于自我”都指解脱。瑜伽和解脱在胜论派思想体系中是两个不同的概念：瑜伽是我与意的特殊结合——“意安住于我”，而解脱则是要彻底断除我与包括意在的内各种事物的相互结合，这在《胜论经》VS-C.5-2-20中有明确表述：

> 这（不可见力）没有的时候，（我与意的）结合就没有，（其他的身体）不产生，这就是解脱。[1]

《入抉择胜论之真实品》序论也间接引用了这种观点：

> 那（法和非法）没有，再生性结合也没有，就是解脱。（序论，244a1-244a2）。

旃陀罗阿难陀在注释《胜论经》VS-C.5-2-17时对瑜伽亦有明确的说明：

> 因此，当意不住于诸根而安住于我时，四者（我、根、意、境）的结合不再发生，由此，作为那结果的乐、苦以无为本性，当身体的我观待于气的抑制时，我与意的结合就是瑜伽。[2]

---

[1] VS-C.5-2-20: tadabhāve saṃyogābhāvo ’prādurbhāvaḥ sa mokṣaḥ//; VS-U.5-2-18: tadabhāve saṃyogābhāvo ’prādurbhāvaś ca mokṣaḥ//（姚译：当这(不可见力)不存在时，(我与身的)合就不存在，(身体)不出现，(这就是)解脱。）

[2] VS-C ad 5-2-17: yadā hi ātmani mano ’vasthitaṃ nendriyeṣu tadā catuṣṭayasannikarṣasyānārambhāt tatkār-

《摄句义法论》和《胜宗十句义论》则都没有对瑜伽作出任何直接解释。[1]

一般来说，胜论派的瑜伽对内而言是意安住于我之中，我摆脱苦乐的束缚与控制；对外来说则是修行梵行、作调息等控制意的行为。胜论派的解脱则是我的独存状态，即我完全离开现有的身体，不再与其他身体相结合，完全断除与我之德以及意的结合等。[2] 同时，胜论派亦提出要通过修习瑜伽来获得解脱，因为虽然真正理解各个句义的本性就能获得解脱，但是由于心的混乱，人们并不容易真正理解句义的真实，所以在研习句义理论的同时还需要实践修行，也就是修习以制约意的活动为中心的瑜伽。

由此我们推断，《入抉择胜论之真实品》第 24、26 颂很可能有意或无意混淆了胜论派有关瑜伽与解脱的主张以利于自己的批判：

若境与自无差别，
谁能成为自我性？
承许与我相结合，
则从念生一切智。（24）

偈颂的意思是：对象与自体没有差别的话，谁能成为我的本性？根据胜论派认为的意与我相结合，就可以从忆念产生一切智。

第 24 颂注释把前两句偈颂直接应用于对“意安住于自我时就是解脱”的批判：只有当有方分成为我的本性时候，意才能安住于有方分的我，意不可能安住于没有方分的我，因为安住需要空间，没有方

---

yayoḥ sukhaduḥkhayor abhāvarūpo vidyamānaśarīrasyātmano vāyunigrahāpekṣa ātmano manasā saṃyoga yogaḥ// (VS-C, p.42)

[1] 参见 Wezler [1982], p.664。

[2] 参见 Wezler [1982], pp.670-671；宇井伯寿[1965a], p.583；北條賢三[1977b]。

分的我就没有余地来接收意的落户。[1] 另一方面，胜论派的我是没有方分的，否则我就不可能具有遍在等特性。这样一来，“意安住于自我”这种说法就会与胜论派的根本理论相矛盾，由此导出的解脱也就成为了无稽之谈。

第 24 颂注释对后两句偈颂的说明如下：

> 只要我性在方分本身的所依中与意结合的话，“轮回的时候从忆念产生（一切）智”的主张就会违犯“解脱的时候无分别智产生”的观点。（第 24 颂注释，249a4-249a5）

简要来说，如果意能与我相结合，甚至意能安住于我的话，因为意能作用于我而使我从忆念产生包括“无分别智”在内的一切认识与智慧，这就会与解脱的另一特征——“解脱的时候无分别智产生”相矛盾。[2]

“无分别智”（nirvikalpajñāna, rnam par mi rtog pa'i ye shes）与“分别智”相对。在佛教看来，分别智一般是指由言语表达产生的认识，它对事物进行区分或类比划分，没有实在性，是在除解脱以外的任何情况下都能产生的认识；而无分别智则是指舍离主观、客观之相，平等、真实的智慧，是导向解脱的特殊智慧。所以，如果轮回的时候就能产生无分别智的话，解脱就会与轮回没有区别，这样就违背了胜论派的根本宗旨。

因此，在《入抉择胜论之真实品》论主看来，考虑到解脱状态的特殊性，我与意也不能结合，不管这种结合是我安住于意还是意安住

---

[1] 《入抉择胜论之真实品》：我具有色形的话，也就会有方分，意本身就安住（在）具有方分的我性，而意本身如何安住于没有方分的我？（第 24 颂注释，249a4）

[2] 《入抉择胜论之真实品》：这样的时候，从进入作意（manasikāra）退出，因为是分别，所以在自身中，当称为“我”的对象达到无分别的状态时，就是解脱。（第 1 颂注释，244b1）

于我。

需要说明的是，“解脱的时候无分别智产生”这句直接引语并不能在《胜论经》等胜论派文献中找到依据。“无分别”是个佛教色彩很浓的词，目前为止还没有发现胜论师曾经使用过这个词。[1]《入抉择胜论之真实品》序论中有“依据真实智（轮回的）终末是解脱”一说，其中的“真实智”（tattvajñāna, de kho na nyid shes pa）就是前文说的无分别智，本品有可能为了便于批判在后分能破中把这种“智”的称呼偷梁换柱了：第 24 颂以及第 27、28 颂否定胜论派解脱思想的关键都在于指出“无分别的解脱”与“有分别的智慧”是相矛盾的。

关于《入抉择胜论之真实品》第 24 颂中的“忆念”。在《胜论经》中有“忆念产生于我与意的特殊结合以及行力”[2]的说法。《摄句义法论》中也有一小节专门解释什么是忆念以及忆念的产生过程，核心内容与《胜论经》相同，即也认为忆念产生于我与意的特殊结合以及行力。[3] 但是《胜论经》和《摄句义法论》都止于解释忆念本身及其产生原因，没有涉及忆念能否产生他物。所以，《入抉择胜论之真实品》中的“轮回的时候从忆念产生（一切）智”很有可能又是佛教徒对忆念的添加理解，即为了与“解脱的时候无分别智产生”构成一对矛盾，将忆念扩展为能产生包括无分别智在内的一切智。

由此，我们可以说，第 24 颂及其注释对“所谓我就住意中（意安住于自我）”这一解脱要素的批判不如前文那样忠实于胜论派本身的思想，而是添加了不少佛教化的理解以方便批判。

---

1 《胜宗十句义论》阐述法和非法时说到：“能还者，谓离染缘正智喜因我和合……”（《大正藏》54, No.2138, p.1263b27-b28），其中的“正智”可能就是《入抉择胜论之真实品》中的无分别智。日本所传之《冠注胜宗十句义论》中就将这个“正智”解释为“无颠倒智”，而且还说远离这样的“能还法”就能获得无分别智（详见北條賢三[1977a], p.20），这是佛教化解释胜论派“真实智”的一个典型例子。

2 VS-C.9-22: ātmamanasoḥ saṃyogaviśeṣāt saṃskārāc ca smṛtiḥ//; VS-U.9-2-6: ātmamanasoḥ saṃyogaviśeṣ-āt saṃskārāc ca smṛtiḥ//（姚译：记忆产生于我与意的特殊结合及潜在的印象。）

3 详见 PDhS, p. 258。

《入抉择胜论之真实品》第26颂则从另一个角度继续批判了“所谓我就住意中”：

> 如若意与我是无，
> 不许所依与能依，
> 或若我与意是有，
> 不许所依与能依。(26)

偈颂的两层意思相当明确：首先，如果意、我是无（非存在）的话，那么它们就不可能构成所依和能依的关系，因为非存在不可能相互依止，用注释的话来说就是：

> 我是无，那（我）没有所缘的缘故；意也是无，那（意）不产生的缘故。非有的我和意两者如何成为所依与能依？（第26颂注释，249b3）

佛教认为根本不存在所谓实有的我和意，因此，以佛教无我论的观点来看，我和意都是非存在的，这样就不可能出现“所谓我就住意中”或者“意安住于自我”的依止状态。

其次，即使我和意是实有的存在，我与意也不可能构成所依和能依的关系，因为实有的存在是常住性的，而依止关系是无常的。换句话说，“如果说‘我与意是有’的话，那么，这两者就不会成为无常的有法，所以如何成为所依与能依的本体？”（第26颂注释，249b4）

因此，不管我与意是否是真实的存在，这两者都不可能构成所依与能依的关系，即意不可能安住于我，我也不可能安住于意。这一狡猾的批判否定了“意安住于自我时就是解脱”的观点以及“所谓我就住意中”的说法，正如第26颂注释总结说的“（胜论派的）解脱是没有根据的。”（249b4）

综上，虽然《入抉择胜论之真实品》前分所破与后分能破对胜论派解脱状态下的我与意的关系描述有前后矛盾之嫌，而且很有可能把胜论派的瑜伽当作了解脱来叙述并批判，但其转述的“所谓我就住意中”以及“意安住于自我时就是解脱”等说法无疑丰富了我们对早期胜论派解脱思想的认识。

四　破“从根拔除法非法”

“从根拔除法非法”是根据《入抉择胜论之真实品》第 1 颂注释对“从根拔除之行者”的补充表述。根据注释，“之”就是指法和非法。本品第 25 颂破斥了“从根拔除法非法”这一解脱要素，把这一批判夹于第 24、26 两颂破“所谓我就住意中”之间是因为第 25 颂在文脉上承接的是第 24 颂注释中提出的“方分”。也就是说，第 25 颂以第 24 颂提出的方分概念来否定胜论派有关不可见力（法和非法）的理论：

方分是无差别的缘故，那么，
　　不可见定犹如前，
　　应成对答复于此，
　　无之产生破除时，
　　彼之结合亦不许。（25）

偈颂的意思是：虽然不可见力（法和非法）像前面已经指出的那样是错误的，但在这里还应该再次应成对答进行批判；无的产生被破除的时候，它的结合也就不被承认了。

第 25 颂注释首先明确了佛教徒的观点：

那（不可见力）是无方分的我是不合理的。（第 25 颂注释，249a6）

其后的论证方式与第24颂注释相似，即先假设“法和我二者结合的话，（法）是与（我性的）一部分结合还是与一切我性（结合）？”（第25颂注释，249a6）然后指出这两种结合方式都会导致胜论派理论的自相矛盾：

> 其中，如果说“（法）与一部分（我性）结合”的话，是一部分的缘故，就像瓶等一样是非常住性的。如果“（法）与一切我性结合”的话，一个（我性）具有法的时候，一切（我性）也都会具有法，而一个（我性）具有非法的时候一切（我性）也不具有法等等，就像在《入（抉择）数论之真实品》中说的一样，这里也适用。（第25颂注释，249a6-249b2）

这样就可以推论出不可见力（法与非法）与我不可能相结合。既然这种结合都不存在，即“无之产生破除时”，何来“从根拔除”这种结合以使我获得解脱？所以，这里用釜底抽薪的方式，以解脱的时候断除法和非法（不可见力）这种说法的前提就不能成立，来否定前分所破提出的“从根拔除法非法”这一导向解脱的必经之路。

最后，《入抉择胜论之真实品》第25颂注释一方面强调了不可见力与我的结合的无（不存在），另一方面提出“意”以连贯第26颂，[1]此段行文比较简单，不再另作释读。

五 破“即是胜论许解脱”

《入抉择胜论之真实品》第23-26颂否定了前分所破举出的胜论派解脱思想的三大要素之后，第27、28两颂围绕“无分别”一词总结了胜论派解脱思想的矛盾性，同时也是对前分所破第四句“即是胜论

---

[1] 《入抉择胜论之真实品》：对于“无”来说，产生也是无，根据我（佛教徒）在前面证明的，无生的缘故，意或者不可见力如何无错地与我相结合？（第25颂注释，249b2）

许解脱”的直接否定。首先来看第 27 颂：

具有分别因相故，
看见实等即解脱，
如是不许优楼迦，
同样不许胜论徒。（27）

偈颂的意思是：具有分别的因相的缘故，（所谓）看见“实”等而解脱，这样的优楼迦的解脱是不被承认的，同样，优楼迦弟子们的解脱也不被承认。

第 27 颂注释对此作出了详细说明。首先，引用了胜论派的一句“名言”：

> “远离一切分别，就像木尽之火一样完全出离。”（第 27 颂注释，249b5）

这句话的前半句与第 1、24 颂中的无分别、无分别智相呼应，是后分能破中多次使用的描述与解脱相反的轮回状态的词。“就像木尽之火一样完全出离”与《入抉择胜论之真实品》序论最后引用的“无垢的出离就是解脱，就像木尽之火一样”一致，在《摄句义法论》中也有相似的譬喻。

胜论派一方面认为解脱是“远离一切分别”，也就是我达到无分别的状态（第 1 颂注释）、产生“无分别智”（第 24 颂注释），“就像木尽之火一样完全出离”（第 27 颂注释）；但另一方面又认为“那无分别（智）能够执持实等句义”（第 27 颂注释，249b5）。然而，执持就是分别而不是无分别，即“能够执持实等句义”就与“无分别智”的概念本身相矛盾了。因此，在佛教徒看来，根本不存在胜论派所谓的既是无分别又能执持句义的那种智，胜论派更不可能依靠这种虚无的智慧获得解脱。[1]

号称“已经认识一切”（第 27 颂注释，249b5）的胜论派祖师优楼迦正因为“通达实等（句义）”（第 27 颂注释，249b6）而“具有分别的因相”，也就与“无分别（智）”相背离。所以《入抉择胜论之真实品》用略带鄙夷的口吻说“那被认为已经认识一切的圣者优楼迦首先没有解脱”（第 27 颂注释，249b5-249b6）；那么，优楼迦弟子们孜孜不倦追求的“真正修习实等句义”（第 27 颂注释，249b6）也就更不可能把他们带向解脱。

《入抉择胜论之真实品》第 28 颂的批判思路与第 27 颂一脉相承，并且具体化了第 27 颂中只是概要提出的内容，即把执持的句义落实到“实、德、业、和合、同、异”六句义，再次明确了胜论派的句义理论是六句义。[2]

第 28 颂是《入抉择胜论之真实品》目前仅存的两颂梵文之一，藏译与梵本基本一致，只是藏译颂文第三句中的“mi ’dzin”与前后文义相矛盾，根据梵本及胜论派的基本思想应是“’dzin pa (agṛhīta)”的误译，所以第 28 颂汉译如下：

不许食米斋仙徒，
地等真知解脱中，
执着差别性之故，
如同命我等真知。（28）

意思是：（宗）食米斋仙弟子们的地等的真实智不被认为是（能获得）解脱的，（因）执着差别性的缘故，（喻）就像“命我”等真实知

[1] 《入抉择胜论之真实品》：那无分别（智）因为能够执持实等句义而不是有。（第 27 颂注释，249b5）

[2] 《入抉择胜论之真实品》：地等的真实就是地等的本性，即“实、德、业、和合、同、异”。（第 28 颂注释，249b7-250a2）

一样。

这里的宗支简要来说就是表达了对胜论派解脱思想的否定：胜论派的句义理论甚至整个哲学体系是执着差别的，与其要求或追求的无分别的解脱状态是互相矛盾的。

因支的意思是：

> "执着"存在于任何近取的差别中，那就是执着的差别，而它的本性就是执着的差别性，所以称为"执着差别性"。（第 28 颂注释，250a2）

这里解释了什么是"执着"以及为什么执着与无分别相背离。按照胜论派的句义理论，"食米斋仙人等的解脱"实际上是"执着的差别"。"执着差别性"就是有分别，这与第 1、24、27 等颂所述的"无分别"的解脱截然相反。

在解释喻支时，例举了耆那教的"九句义"：

> 这就像以"命我（jīva）、漏（āsrava）、缚（bandha）、遮（nirjāra）、灭（mṛtyu）、业（karman）、恶（pāpa）、善（puṇya）、解脱（mokṣa）"九句义为所缘的裸行者们（Nagnacaryā）的真实知一样。（第 28 颂注释，250a3-250a4）

"九句义"又译"九谛"，是耆那教的重要理论。这里所举的"九句义"与耆那教的康达康达（Kundakunda, 约 1 世纪）在《五原理精要》（*Pañcāstikāyagāthā*）中提出的"九句义"最为相近，即除了用"业"取代"非命我"（ajīva）以外，其他完全相同。[1] "非命我"由法（dharma）、非法（adharma）、虚空（ākāśa）、补特伽罗（pudgala，

[1] 参见 Chakravartinayanar and Upadhye[1975], p.90ff。

=物质）构成。持有如上九句义理论的裸行者们最有可能是耆那教空衣派，也就是清辩的《大乘掌珍论》中提到的“天衣”：

> 如上所说遮破数论、胜论句义种种道理，无衣等论所执句义，亦随所应当立为空。[1]

至此，后分能破紧扣前分所破提出的胜论派解脱观，对其描述的解脱要素和结论都进行了逐一细致批判。

综上所述，有关《入抉择胜论之真实品》所传、所破之胜论派解脱思想，可以总结如下：

第一，序论部分准确转述了《胜论经》中与轮回、解脱相关的几乎所有经文，同时可能综合受到了《旃陀罗阿难陀注》、《摄句义法论》或者尚不为我们所知的《胜论经》的早期注释文献的影响，但受《摄句义法论》单独或较大影响的可能性很小，排除受到《胜宗十句义论》影响的可能。

第二，前分所破指出了获得解脱的三个要素：“断灭觉等我之德”、“从根拔除法非法”、“所谓我就住意中”。其中前两个要素比较清晰，可以在《胜论经》等文献中找到不少相似内容。第三个要素中的我与意的关系颇为耐人寻味，笔者结合后分能破提供了两个可行的理解思路，然而无论哪种理解都是胜论派的瑜伽而不是解脱。因此，《入抉择胜论之真实品》很可能有意或无意混淆了胜论派理论体系中瑜伽和解脱这两个不同的概念，把瑜伽当作解脱来批判。

第三，后分能破逐一批判了前分所破提出的解脱的三个要素，并

---

[1] 《大正藏》30, No.1578, p.276a1-a2。《大乘掌珍论》并没有举出“无衣”所主张的句义的具体内容。公元1世纪左右，耆那教分裂成为空衣派（Digambara）和白衣派（Śvetāmbara），空衣派也被称为天衣派或无衣派，他们裸体生活，以天为衣，佛教文献中亦称其为“露行外道”或“无惭外道”。

在总结胜论派解脱思想的错误时，以“无分别”和“有分别”为否定对方的关键词。此外，与序论和前分所破忠实于胜论派文献的描述形成较明显对比的是，后分能破的批判含有较多佛教色彩（如“无分别智”等），添加了不少佛教化的理解成分。因此，不得不遗憾地说，虽然《入抉择胜论之真实品》相当准确地转述了胜论派的思想学说，但在批判时却仍旧常常落入一般佛教徒破斥外道的窠臼——为了利于自己的批判而删改对方的观点。

第四章 《中观心论》与《思择焰》对吠檀多派思想的批判

吠檀多派哲学源自佛教以前的吠陀和奥义书，但它作为一个独立的学派何时为佛教徒所知目前尚不明了。[1] 最早出现“吠檀多”（Vedānta, Rig byed mthar pa）一词的佛教文献是《中观心论》。[2] 梵本《中观心论·入抉择吠檀多之真实品》第 1 颂第一句就提到了“吠檀多论师”（Vedāntavādin, Rig byed mthar smra ba）一词，藏译《思择焰》对此的注释还具体说明了吠檀多、吠檀多论师这两个词的含义：

> 达到智慧的究竟就是吠檀多（Vedānta)，即无贪染而决定的智慧。任何持有那种言论的本质，或者持有那种声（的人）就是吠檀多论师（Vedāntavādin)。（第 1 颂注释，251a2-251a3）

《中观心论》及其古注《思择焰》中的第八《入抉择吠檀多之真实品》是专门描述并批判吠檀多派学说思想的一品，是目前所知以佛教的立场来记载并破斥吠檀多派教义的最早文献之一，其所传的吠檀

---

[1] 初期古奥义书在释迦牟尼之前就已经出现，但是奥义书哲学并未被佛教徒当作特殊独立的学说，而只是看作吠陀的一部分，所以特别重视奥义书的吠檀多派在出现之后一直未被佛教徒当作独立的学派。佛教文献中对吠檀多派思想的记载较为少见，吠檀多派是诸多外道中并不受佛教重视的一派。古代汉译佛典虽然零散记载了与吠檀多派相关的思想学说，但从未出现过“吠檀多”一词，多以“知论”、“明论”、“韦陀”等指称吠陀、奥义书及相关思想。参见中村元[1989a], pp.175-177。

[2] 参见中村元[1989a], pp.236-237。

多哲学所属年代之早在让我们感到惊叹之余，不禁欣喜有如此宝贵的资料可以让我们窥探早期吠檀多派学说，[1] 尤其是“黑暗时期”[2]的吠檀多派思想，改善了我们研究早期吠檀多哲学一直以来匮乏文献资料的状况。

第一节　《入抉择吠檀多之真实品》的义理结构

与《入抉择数论之真实品》、《入抉择胜论之真实品》相比，《入抉择吠檀多之真实品》在篇幅上要庞大很多，共有梵文偈颂102颂，藏译偈颂95颂，比前两品的总和还要多，这一品主要围绕吠檀多派丰富的“原人”（绝对存在者）思想展开叙述和批判。

一　科判

《入抉择吠檀多之真实品》的总体结构亦可大分为前分所破、后分能破、总结陈词三部分。这一品的结构特点是总结陈词部分不是简单地用一两句偈颂概括出吠檀多派思想的谬误、颂扬佛教义理的真实，而是以大篇幅深入比较了吠檀多派学说与佛教思想的异同，提出吠檀多派窃取佛教理论以为己用但弄巧成拙的观点。具体科判如下：

I 前分所破：吠檀多派的原人思想（kk.1-16, 251a1-255a4）

　I.1 原人存在（k.1, 251a1-251a5）

　I.2 神话性原人（kk.2-4, 251a5-252b1）

　　I.2.1 原人的同义词（k.2）

[1] 本书所指“早期吠檀多派”的年代依据中村元，即吠檀多派从奥义书思想独立出来到商羯罗之前的学说，约为公元前300年至公元700年。详见中村元[1989a], pp13-14。

[2] 从《梵经》成型（约400-450年）到商羯罗出世之间的300年，有关吠檀多派的文献资料特别缺乏（流传下来的主要只是伐致呵利的《文章单语论》和乔荼波陀的《圣教论》），其间的吠檀多派的历史发展和思想学说模糊不清，被称为吠檀多派研究的黑暗时期。参见中村元[1989c], p.3。

I.2.2 看见原人之瑜伽师的成就（k.3）

I.2.3 神话性原人的特性：遍在一切性（k.4）

I.3 思辨性原人（kk.5-8, 252b1-253a4）

I.3.1 特性一：唯一性（k.5）

I.3.2 特性二：不死性（k.6）

I.3.3 特性三：大威德性（k.7）

I.3.4 特性四：摄取三界性（k.8）

I.4 哲学性原人（kk.9-14, 253a4-254a5）

I.4.1 瓶空喻（kk.9-12）

I.4.2 哲学性原人的特性：作者性、受者性（kk.13-14）

I.5 原人思想的总体特点（kk.15-16, 254a5-255a4）

II 后分能破：批判吠檀多派的原人论（kk.17-75, 255a4-268a1）

II.1 批判原则：不贪着于自他宗趣（k.17, 255a4-255a7）

II.2 破看见原人获解脱（kk.18-21, 255a7-256a7）

II.2.1 破原人存在（k.18）

II.2.2 看见原人增长萨迦耶见（kk.19-21）

II.3 破二我说与不一不异论（kk.22-37, 50-55; 256a7-260b4, 262b6-263b5）

II.3.1 破二我说（kk.22-37）

II.3.2 破不一不异论（kk.50-55）

II.4 破思辨性原人（kk.48-49, 56-62; 262a7-262b6, 263b5-264b6）

II.4.1 破唯一性（k.48）

II.4.2 破不死性（k.49）

II.4.3 破大威德性（k.56）

II.4.4 破摄取三界性（kk. 57-62）

II.5 破哲学性原人（kk.38-47, 63-70; 260b4-262a7, 264b6-267a4）

II.5.1 破原人的觉性（kk.38-47）

II.5.2 破瓶空喻（kk.63-67）

II.5.3 破作者性与受者性（kk.68-70）

II.6 破原人思想的总体特点（kk.71-75, 267a4-268a1）

II.7 破无生平等说（梵本 kk.76-82）

III 总结陈词：吠檀多非佛说（kk.76-95, 268a1-271a2）

III.1 胜义观（kk.76-78, 268a1-268b2）

III.2 四句法（k.79, 268b2-268b6）

III.3 自性论（kk.80-95, 268b6-271a2）

上述科判需要作两点说明：

第一，后分能破只是围绕吠檀多派的原人思想而展开批判，几乎没有涉及吠檀多派的其他学说，所以论述时难免出现重复表达。为了能更好地厘清和理解全部偈颂及其注释的思想内容，笔者在科判时没有沿用《入抉择数论之真实品》和《入抉择胜论之真实品》的科判方式，即没有按照《入抉择吠檀多之真实品》后分能破原有的偈颂顺序进行结构分层，而是在把握整品大意的基础上进行归纳整理，把同一论述主题下的偈颂及其注释进行分类处理：把第 22-37、50-55 颂对“二我说”与“不一不异论”的批判归为一部分；把第 48-49、56-62 颂对思辨性原人的批判归为一部分；把第 38-47、63-70 颂对哲学性原人的批判归为一部分。

第二，梵本第 76-82 颂没有对应藏译，暂且放在了后分能破部分的最后，并以下画线强调这部分内容的特殊性。在本书下卷附录三中，为了便于阅读，这七句偈颂的梵文校订及其汉译放在了全品最后。

二　批判理路

如科判所示，《入抉择吠檀多之真实品》主要围绕吠檀多派丰富的原人思想展开论述和批判，基本没有涉及“不二一元论”（advaita）、“摩耶说”（māyā）等吠檀多派广为人知的标志性学说。

前分所破共十六颂，全部都是有关吠檀多派原人思想的内容，主要描述了原人的各种特性。本品转述的吠檀多派的原人思想复杂多样，为了便于叙述和理解，笔者根据前分所破的文脉，将这些原人思想大致归纳为三类：神话性原人、思辨性原人、哲学性原人。

这三种原人的区分不是绝对的，各种原人的特性亦有不少重叠之处，而且，这三种原人思想都有一个共同的前提——原人是存在的、是一切的根本、是解脱的主体。区分神话性原人、思辨性原人、哲学性原人的主要依据是这三种原人思想的文献来源和不同特性：神话性原人主要取材于早期奥义书，具有浓重的神话色彩；思辨性原人也主要出自奥义书，但其特性中较少神话色彩并带有较强的思想性；哲学性原人比较接近吠檀多派开始成为独立学派的思想理论，哲学意味浓厚，但与乔荼波陀的“不二一元论”等学说体系还有一定的距离。

后分能破部分的批判没有前分所破那样条分缕析。后分能破首先提出了本品的批判原则——“不贪着于自他宗趣”，基于这种批判原则才能作出公正的判断。然后，用四个偈颂（第 18-21 颂）批判了吠檀多派三种原人思想的共同点——“看见原人解脱”，这实际上是集中批判了前分所破第 1 颂。后分能破接下来的批判理路稍显混乱，主要一一破斥了前分所破描述的思辨性原人和哲学性原人，同时也批判了前分所破没有谈到的“二我说”和“不一不异论”这两种有关原人与个我关系问题的重要学说。

需要说明的是，科判中放在后分能破部分最后的“破无生平等说”，即没有对应藏译的梵本第 76-82 颂，很可能源自《圣教论》。“无生”（ajāti）是《圣教论》的主题之一，在《圣教论》第 1 章第 16 颂，第 2 章第 32 颂，第 3 章 2、20、38、48 颂，第 4 章 5、71 颂等等中被一再论述。[1] 而且，“无生平等”（ajātisamatā）这一概念还明确出现在《圣教论》第 3 章第 2、28 颂，第 4 章 80、93、95、100 颂等之中。由此我们推断，《入抉择吠檀多之真实品》梵文本第 76-82 颂所批判的

[1] 详见巫白慧[2007], p.105。

“无生平等说”很有可能出自《圣教论》，但这部分内容应该是后人加入的，而不是原来的《中观心论》所具有的。另外，因为这部分内容没有相应藏译偈颂和梵、藏文注释，光凭梵文偈颂不能很好地理解其思想含义，所以下文在分析解读《入抉择吠檀多之真实品》的哲学思想时没有展开讨论第 76-82 颂的“平等无生说”，只在这里点到为止。

本品的总结陈词极有特色，整整二十个偈颂深入分析了吠檀多派哲学与佛教思想的异同，指出吠檀多派论师窃取了佛陀的教说以为己论，但事实上与佛教义理根本相违背，因而依靠吠檀多学说不可能获得真正的解脱。

第二节 《入抉择吠檀多之真实品》所传之原人思想

“原人”（Puruṣa），是古印度宗教哲学中的重要概念，主要意指世界万物的基础和本原。其最初形态以《梨俱吠陀・原人歌》（10-90）所唱最为著名，如：“原人有千头、千眼、千足；他从四面八方包摄大地，仍有十指超乎其上。”（10.90.1）“他的口生出婆罗门；两腕生出刹帝利；他的双腿生出吠舍；双足生出首陀罗。”（10.90.12）[1]

原人的具体思想内涵在不同的吠陀和奥义书中略有不同，后来的印度各宗教哲学流派对其也有不同程度的继承与发展。在解读《入抉择吠檀多之真实品》所传并批判的吠檀多派原人思想之前，首先要弄清楚本品中使用的“原人”这一术语的含义。

《入抉择吠檀多之真实品》把吠檀多理论体系中的绝对存在者称为原人（Puruṣa, skyes bu），其同义词主要有：梵（Brahman, tshangs pa）、我（Ātman, bdag）、自在天（Īśvara, dbang phyug）、大自在天（Maheśvara, dbang phyug chen po）等。“原人”在大部分情况下都是指吠檀多理论体系中的绝对存在者，遍在于世界万物；但在某些情况下也仅指内在

---

[1] 《梨俱吠陀・原人歌》共有 16 句，参见辻直四郎[1994]，pp.318-321。

于个人的灵魂，这时的原人指称的就是“个体我”。另一方面，“我”（Ātman, bdag）在绝大部分情况下都等同于原人，即普遍的绝对存在者，但有时候也指个体我。梵、自在天、大自在天等称呼在本品中出现较少，且毫无疑问都指遍在于一切的绝对存在者。

所以，在《入抉择吠檀多之真实品》中，“原人”与“我”的使用较为混乱，从中可以看出：《中观心论》与《思择焰》的作者或者藏译者并不刻意区分“原人”（Puruṣa, skyes bu）与“我”（Ātman, bdag）在吠檀多学说中的差别，在使用时较为随意，主要用这两个词来表示吠檀多派所谓的绝对存在者，而对这两词各自的内涵外延则没有明确的界定。这一方面可能因为受限于偈颂的韵律等文法要求，另一方面这两个词在指称绝对存在者时确实意思相近可以通用，在这种情况下，为了文章本身用词的多样化，没有必要仅限于只使用一种表达方式。此外，更重要的是，《入抉择吠檀多之真实品》所描述并批判的原人思想不止一种，而是吠檀多派中关于绝对存在者的多种传说或学说，在不同的传承体系中，原人与我往往具有不同的内涵外延，这就使得原人和我的含义变得更加复杂且难以理清。

《入抉择吠檀多之真实品》中原人与我两词的混用曾给笔者带来不少困扰，尤其是我们一直以来受到乔荼波陀、商羯罗等吠檀多论师区分“大我”与“小我”的思想的较大影响，[1] 难免不自觉地把“Puruṣa, skyes bu”看成是大我，把“Ātman, bdag”当作小我。所以，在仔细斟酌梵本与藏译中“原人”与“我”两个词的用法，作出如上分析之后，笔者暂定了以下原则：

在翻译时为了保持与原文（梵文本、藏译本）的一致性，依照惯例把“Puruṣa, skyes bu”译为“原人”，把“Ātman, bdag”译为“我”。在分析释读思想内容时，结合上下文实际情况，当这两个词都指称绝对存在者时，把两个词都读为“原人”，因为原人一词能更

[1] 乔荼波陀、商羯罗的“不二一元论”，参见姚卫群[2006], pp.100-104。

好地体现吠檀多派继承自吠陀、奥义书的理论特性，也不容易与数论派的“人我”、胜论派的“我”相混淆；在遇到“Puruṣa, skyes bu”或“Ātman, bdag”指代个体我时则都读成“我”并给出具体说明。

一 原人的存在

《入抉择吠檀多之真实品》第 1 颂开宗明义指出“我有（原人存在）”是吠檀多派区别于佛教等其他学派的关键理论，换句话说，“原人的存在”是《中观心论》及其古注《思择焰》传达给我们的吠檀多派哲学的核心思想：

> 吠檀多师开示道，
> 他派极难认识我，
> 恨我有为空论者，
> 如何才是能解脱？（1）

这里的“我”（ātman）指吠檀多派所谓的绝对存在者，或称之为“原人”，如注释所说：

> 应该极力赞叹吠陀中公认的“原人”（puruṣa）。（第 1 颂注释，251a5）

偈颂中的“有为空”，意为有为法是空，持有这种观点的是佛教徒。也就是说，偈颂中被吠檀多派称为“他派”（外道）的主要指佛教。吠檀多派认为否定我（恨我）、主张“有为空”的佛教徒不能获得解脱：

> 除了吠檀多派的学说，通过其他教派的论典极少能够认识“我”（ātman），否定我的佛教徒们依靠什么获得解脱呢？（第 1

颂注释，251a3）

第 1 颂注释还以吠檀多论师的口吻例举了佛教的无自性、刹那灭等教义来具体说明：

> 因为他们（佛教徒）认为“一切有为法是空”而且“有为法空、无自性、是刹那灭”，那么何人被束缚然后得解脱？（第 1 颂注释，251a3-251a4）

在吠檀多派看来，否定我（原人）就等于否定了系缚和解脱的主体，而没有主体的系缚无法构成轮回，没有主体的解脱不能成为解脱：

> 常住的我的本性是那（束缚和解脱）的依止的缘故。（第 1 颂注释，251a4）

所以，作为系缚和解脱的主体的我（原人）应该被极力推崇，即按照吠檀多派的传统，继承吠陀和奥义书的思想，大力发扬其中有关原人的理论。[1]

《入抉择吠檀多之真实品》第 1 颂是整个前分所破的纲领，同时也给后分能破的批判以基本定位。接下来的第 2-16 颂从多方面、多角度阐述了吠檀多派内部有关原人的不同说法。各种原人理论的表述方式和思想内涵呈现出多种多样的特征，从中可以看出公元五至六世纪的吠檀多派很有可能正在试图综合统一各种奥义书中有关绝对存在者作为世界的最高实在、根本原因的不同解释。

[1] 《入抉择吠檀多之真实品》：束缚和解脱是（吠陀的）智慧的本质，因此，应该极力赞叹吠陀中公认的“原人”（puruṣa）。（第 1 颂注释，251a4-251a5）

二 神话性原人

《入抉择吠檀多之真实品》描述的神话性原人很大程度上保留了奥义书原始、朴素的表达，或者说是重新翻唱了《梨俱吠陀》以来的原人赞歌，具有浓重的神话色彩，是吠檀多派形成系统的哲学体系之前的思想。

（一）原人的同义词

《入抉择吠檀多之真实品》首先转述了神话性原人的各同义词：

> 原人不同于黑暗，
> 是大且是太阳光，
> 又是大自在与我，
> 智者知后战胜死。（2）

从这一颂可以看出，大（mahat）、太阳（sūryavarcasa）、大自在天（maheśvara）、我（ātman）都是原人的同义词，原人除了具有这些同义词的特征外，还具有不同于“黑暗”（tamas）这一重要属性；智者认识到这样的原人之后就可以战胜死亡，也就是获得解脱。

第 2 颂注释在逐个解释原人的同义词之前首先说明了为什么原人是“不同于黑暗”的：

> 不安乐而且造成不安乐就是“黑暗”，（黑暗）存在于因和果积集的三界中。所谓“三界”就是公认的黑暗，不同于那（黑暗）是“超越三界”的意思。超越了地轮就是暗轮。超越了暗轮就是原人的所在。（第 2 颂注释，251a5-251a7）

这里的“黑暗”带有古奥义书的神话色彩，与商羯罗代表的成熟吠檀多派的观点不同。

商羯罗把黑暗解释为“无知”（ajñāna），[1] 而此处描述的黑暗的世界是《伊莎奥义书》（*Īśa* Up.）第 3 章中所讲的“无太阳”（asūrya，阿修利耶）的世界：

> 彼诸界无太阳兮，皆黑暗所盖藏，彼等终然归往兮，偷灵魂其贼戕。[2]

此外，注释中的“地轮”就是大地的意思。所以，原人居住的处所超越了大地以及一切众生所在的三界，是最终超越了无太阳世界的光明世界。

接着《入抉择吠檀多之真实品》用了一句直接引语来说明认识这样的原人的特殊意义：

> 当认识到原人是大仙、太阳的颜色、不同于黑暗的时候，就是不死，（这）即是我们的认识；没有其他通向不生的道路。（第 2 颂注释，251a7）[3]

这句引文很有可能出自《白骡奥义书》（*Śvetāśvatara* Up.）3-8：

> 我知彼神人，大哉色如日！黑暗自超出，知此以离死。舍是无他途，使人往归止。[4]

---

[1] 参见 Gokhale[1958], p.167；中村元[1989a], p.317。

[2] 徐梵澄[2007], p.349; *Īśa* Up. 3: asuryā nāma te lokā andhena tamasā vṛtāḥ/ tāṃs te pretyābhigacchanti ye ke cātmahano janāḥ// (Radhakrishnan[1953], p.570)。

[3] 《入抉择吠檀多之真实品》第 16 颂注释中有与此完全相同的一句引文，详见本书下卷附录三，pp. 636-637。

[4] 徐梵澄[2007], p.270; *Śvetāśvatara* Up. 3-8: vedāham etam puruṣaṃ mahāntam ādityavarṇaṃ tamasaḥ parastāt/ tam eva viditvā atimṛtyum eti nānyaḥ panthā vidyate yanāya// (Radhakrishnan[1953], p.727)。

《十住毗婆沙论》、《成实论》、《大毗婆娑论》等佛教文献中也记载了类似的说法：

> 韦陀中亦有善寂灭解脱说，世间先皆幽暗都无所有，初有大人出现如日，若有见者得度死难，更无余导。[1]
>
> 又韦陀中说：冥初时，大丈夫神色如日光。若人知此能度生死，更无余道。小人则小，大人则大，住身窟中。有坐禅人得光明相，见身中神，如净珠中缕。[2]
>
> 如明论说：有我士夫，其量广大，边际难测，光色如日，诸冥暗者虽住其前而不能见，要知此我方能越度生老病死，异此更无越度理趣。[3]

以上三部佛典中所说的“韦陀”、“明论”都是我们现在所称的奥义书而不是吠陀，具体到上述经文很可能就是《白骡奥义书》。古印度佛教徒们一般不区分我们现在所说的吠陀与奥义书的差别，佛教经论常常直接引用吠陀、奥义书的思想，几乎全都冠之以“明论”、“韦陀”等称谓。[4] 所以，《入抉择吠檀多之真实品》第2颂及其注释描绘的这种超越暗轮、生死等的原人其实是广为佛教徒所熟知的来源于奥义书的思想，并不是独立的吠檀多派所特有的学说。

第2颂注释接下来的内容在偈颂的基础上扩展较多，依次详细说明了原人为什么被称为原人、大、太阳光、大自在、我。这部分内容是了解早期吠檀多派神话性原人丰富而又难得的材料。

第一，原人被称为“原人”有四个理由：

---

[1] 鸠摩罗什译《十住毗婆沙论》，《大正藏》26, No.1521, p.75c21-c23。

[2] 鸠摩罗什译《成实论》，《大正藏》32, No.1646, p.316b8-b11。

[3] 玄奘译《大毗婆娑论》，《大正藏》27, No.1545, p.999b16-b19。

[4] 参见中村元[1989a], pp.185-187。

灭以前存在或者因为超越睡眠而（被称为）原人；或者因为守护或者因为能填满（所以被称为）原人。（第 2 颂注释，251a7-251b1）

其中，理由一“灭以前存在”是将 puruṣa 拆成 pūrva（先、前）+uṣ（灭、焚）来解释，来源于《广林奥义书》（*Bṛhadāraṇyaka* Up.）1-4-1：

盖此在万事万物之先，已焚其一切罪恶尽已，故彼称为“神我”。[1]

理由二、三、四可能出自《广林奥义书》4-3-7：

性灵者何？此在生命诸气息中智识所成之神我，内心之光明也。平等致一，彼游于两界中，如有思焉，如有行焉，而既化为睡眠矣，则超此世界及死亡之形。[2]

第二，原人被称为“大”的理由是：

（原人被称为）“大”是（原人）胜过万物的缘故。（第 2 颂注释，251b1）

---

[1] 徐梵澄[2007], p.366；*Bṛhadāraṇyaka* Up. 1-4-1: ātmaivedam agra āsīt puruṣavidhaḥ/ so 'nuvīkṣya nānyad ātmano 'paśyat/ so 'ham asmīty agre vyāharat// tato 'haṃ nāmābhavat/ tasmād apy etarhy āmantritaḥ// aham ayam ity evāgra uktvā/ athānyan nāma prabrūte yad asyabhavati// sa yat pūrvo 'smāt sarvasmāt sarvān pāpmana auṣat/ tasmāt puruṣaḥ// oṣati ha vai sa tam// yo 'smāt pūrvo bubhūṣati/ ya evaṃ veda// (Radhakrishnan[1953], p.163)。

[2] 徐梵澄[2007], p.424；*Bṛhadāraṇyaka* Up. 4-3-7: katama ātmeti/ yo 'yaṃ vijñānamayaḥ prāṇeṣu/ hṛdy antarjyotiḥ puruṣaḥ/ sa samānaḥ sann ubhau lokāv anusañcarati/ dhyāyatīva lelāyatīva/ sa hi svapno bhūtvā/ imaṃ lokam atikrāmati/ mṛtyo rūpāni// (Radhakrishnan[1953], p.256)。

这一观点出现在前文已引的《白骡奥义书》（*Śvetāśvatara* Up.）3-8中，即“大哉”。

第三，原人被称为“太阳光”是因为：

> 具有各种颜色的缘故，（所以被称为）“太阳光”。太阳具有各种光，即持有：白、青、赤、黄、姜黄以及鸽子、茜草、迦毗罗树的颜色。（第2颂注释，251b1-251b2）

这句话明显包含太阳崇拜的思想。太阳崇拜是印度《梨俱吠陀》以来连续不断的一种信仰形式。在奥义书中，存在于太阳中之物与存在于个体我中之物被认为在实际上是同一的，所以太阳中也有一个绝对者（梵）存在，因此原人也可以被称为太阳（光）。[1]

第2颂注释还根据古印度的神话传说详细解释了太阳光为什么会具有上述八种颜色，非常有趣，值得一读：

> 如果问：“为什么太阳的光线具有这些（颜色）？”（回答：）因为这是一切天神的自性，或者是大自在天的本性。这里，呈现太阳的白的本性的时候，是月神的自性。根据火神和月神二者是水的颜色（=青）。依止于诸财神的时候那是赤色。因为诸乐神的自性而是白中赤。因为帝释天的（自性）而像烟一样（=鸽子灰）。因为亲友神（的自性）而是姜黄色。因为亲友神和水神的自性而是土黄色。（因为）二分性的（自性）而是紫色；因为是各种神（的自性），所以（变化）迅速。因为是自在天的（自性）而是梵天的颜色。（第2颂注释，251b2-251b4）

---

[1] 如《鹧鸪氏奥义书》（*Taittirīya* Up.）3-10：“此在人中者，与彼在太阳中者，一也。”徐梵澄[2007], p.208；并参见中村元[1989a], p.337。

这些描述几乎全部出自奥义书，[1] 主要来源是《白骡奥义书》4-2 和 4-4：

维彼是火神，维彼是日神，维彼是风神，维彼是月神。彼是纯洁者，又为大梵身，维彼是诸水，造物之至真。[2]

维汝是青鸟，赤睛绿鹦鹉。维汝蕴雷电，是季是大海。遍漫于万有，事物所从起，维汝自无始。[3]

此外，“因为帝释天的（自性）而像烟一样”很可能受到《广林奥义书》4-2-2 的影响：

此右眼中之神人，名曰因陀（Indha，义为“引燃者”），以其为因陀也，隐称曰因陀罗。诸天皆好隐而不好显也。[4]

《入抉择吠檀多之真实品》的上述记述要比目前我们在奥义书中所能找到的把原人称为太阳光的只言片语详细、系统很多。这有可能是因为公元五至六世纪的吠檀多论师已经试图统合各种奥义书中的不同说法，并开始形成有自己特色的、较奥义书更整齐完善的原人思想，但这种思想与后来独立的吠檀多学派的系统理论学说相比尚有一定的距离。

---

[1] Gokhale 对这些颜色的来源作了详细考察，详见 Gokhale[1958], p.168。

[2] 徐梵澄[2007], p.274；*Śvetāśvatara* Up. 4-2: tad evāgnis tad ādityas tad vāyus tad u candramāḥ/ tad eva śukraṃ tad brahma tad āpas tat prajāpatiḥ// (Radhakrishnan[1953], p.731)。

[3] 徐梵澄[2007], p.275；*Śvetāśvatara* Up. 4-4: nīlaḥ pataṅgo harito lohitākṣas taḍidgarbha ṛtavas samudrāḥ anādimat tvaṃ vibhutvena vartase yato jātāni bhuvanāni viśvā// (Radhakrishnan[1953], p.732)。

[4] 徐梵澄[2007], p.422；*Bṛhadāraṇyaka* Up. 4-2-2: indho ha vai nāmaiṣa yo 'yaṃ dakṣiṇe 'kṣan puruṣaḥ/ taṃ vā etam indhaṃ santam indra ity ācakṣate parokṣeṇaiva/ parokṣapriyā iva hi devāḥ/ pratyakṣadviṣaḥ// (Radhakrishnan[1953], pp.252-253)。

第四，原人被称为“我”的理由如下：

所谓“阿哒”（at-）意为恒常运动，即“一切生物恒常在此（我）中运动”或者“在一切生物中，此（我）恒常运动”，所以（原人被称为）我。（第2颂注释，251b4-251b5）

其中“（at-）”即ātman的词根，这里是对ātman的一种词源学解释。“一切生物恒常在此（我）中运动”和“在一切生物中，此（我）恒常运动”的思想很可能来自《伊莎奥义书》6：

而见群有唯在我中，群有中乎我独；斯人兮自兹无所畏缩。[1]

另外，《薄伽梵歌》6-29和6-30中也有类似说法：

自我已至瑜伽态，处处等观一切者，便于自我见万有，也于万有见自我。他于我中见万有，也在各处见到我；我既不能失去他，他也不能失去我。[2]

第五，原人被称为“大自在天”的原因是：

那（原人）的本性是遍在于一切的缘故，（所以被称为）“大（自在天）”，（大）自在天是超越一切世界的。（第2颂注释，251b5）

这一思想在很多奥义书中都有体现，此处不再一一例举。需要注

[1] 徐梵澄[2007], p.350；*Īśa* Up.6: yas tu sarvāṇi bhūtāni ātmany evānupaśyati/ sarvabhūteṣu cātmānaṃ tato na vijugupsate// (Radhakrishnan[1953], p.572)。

[2] 张保胜[2007], p.79。

意的是“遍在于一切”是神话性原人最重要的特性，这点后文将结合《入抉择吠檀多之真实品》第4颂再作详细解释。[1]

最后，得出的结论是“智者知后战胜死”，即：

> 任何瑜伽师用天眼看见具有如此相的原人，那（瑜伽师）就超越了束缚而且获得了不老、不死。（第2颂注释，251b5-251b6）

吠檀多派有关原人的种种论述归根到底是为其解脱思想作的铺垫，看见原人不同于黑暗，是大、太阳光、大自在天、我等的特性的时候，修行者就可以获得解脱。

此外，《入抉择吠檀多之真实品》第16颂注释中也提到了原人的各种异名：

> 那（梵）即“我、原人、自在天、遍在、常住”等等。如果问：“为什么？”（回答：）“名言假说的缘故，其他（自在天等假名）就像我的意义一样如实被了解。”（第16颂注释，254b3-254b4）

这里除了重复原人的几个同义词之外，还指出原人的各种异名实际上都只是言语层面的名言假说、假立名相而已，这些不同的称呼在本质上都是相同的，我们在理解自在天等假名时要像理解“我”一样如实地理解名言背后的真实，即把原人理解为绝对存在的“梵”，因为：

> 他的本性是不可说的，从吠陀自生、无动作、无量，是不同于黑暗的原人。（第16颂注释，254b5）

[1] 参见本书pp.238-242。

所以，神话性原人尽管有多个同义词，但这些称谓都是为了显示原人作为绝对存在者的各种特性而施设的，绝对存在者的本性是不可用言语来表达的，而只能借助吠陀、奥义书中的圣言来展现其性相。

（二）看见原人之瑜伽师的成就

“看见原人”就是真正认识到原人的存在、特性等，《入抉择吠檀多之真实品》指出“看见原人”的瑜伽师能够获得以下成就：

> 若见金色则看见，
> 作者以及自在天，
> 灭除罪恶福德后，
> 则获最上之平等。（3）

当瑜伽师看到金色的时候，他就认识到原人是自在天、作者；灭除罪恶和福德之后，瑜伽师就能获得最上的平等，也就是解脱。

这一颂的意思与《剃发者奥义书》（*Muṇḍaka* Up.）3-1-3、《慈氏奥义书》（*Maitrī* Up.）6-18 接近，很可能直接来源于这两部奥义书：

> 见者若见彼，颜色黄金辉，上帝，创造主，神我，大梵胎；时乃为哲士，功罪双脱出，皭然无垢尘，至上臻太一。[1]
>
> 见者若见彼，色似黄金堆，是创造者，主，神我，大梵胎。时乃为哲士，功罪双脱出。至上永者中，凡此皆合一。[2]

---

[1] 徐梵澄[2007], p.496；*Muṇḍaka* Up. 3-1-3: yadā paśyaḥ paśyate rukmavarṇaṃ kartāram īśam puruṣam brahmayonim/ tadā vidvān puṇyapāpe vidhūya nirañjanaḥ paramaṃ sāmyam upaiti// (Radhakrishnan[1953], p. 686)。

[2] 徐梵澄[2007], p.318；*Maitrī* Up. 6-18: anena yadā paśyan paśyati rukmavarṇaṃ kartāram īśam puruṣam brahmayonim/ tadā vidvān puṇyapāpe vihāya pare 'vyaye sarvam ekīkaroty// (Radhakrishnan[1953], p.830)。

第 3 颂注释具体解释了颂文中的几个关键词：

“金”就是纯净，即“当正确认识那具有与它（金）相似的颜色的我，且用禅定的眼睛观察的时候，我（=瑜伽师）就看见了大自在天”应如此理解。（第 3 颂注释，251b7-252a1）

“最上”是：如是观察的时候，断除罪恶和福德的本性以及二者的自性的各种束缚。（第 3 颂注释，252a1）

“平等”对应的梵文是“sāmya”，但藏译颂文将其翻译为“寂静”（śānta, zhi ba），而且注释中解释的也是寂静而非平等：

具有特殊就是“寂静”，寂静的自性即是还灭一切所作、获得无分别性。（第 3 颂注释，252a1-252a2）

那么，藏译者是否误译或者误解了梵本的意思？

在《圣教论》中，乔荼波陀也用“śānta”（寂静）来描述绝对的最高状态，[1] 如《圣教论》3.47：

安稳寂静及涅槃，最上快乐不可说；可知境界无生故，无生称曰一切智。[2]

此外，第 3 颂注释中对寂静这种特殊状态的描述与《圣教论》第 4.80 颂相近：

---

1 参见 Gokhale[1958], p.169。

2 巫白慧[2007], p.141；*Āgama-śāstra* 3.47: svasthaṃ śāntaṃ sanirvāṇam akathyaṃ sukham uttamam/ ajam ajena jñeyena sarvajñaṃ paricakṣate//

执著止息不转起，心不动摇恒安住；斯为诸佛妙境界，平等无生及不二。[1]

因此，虽然《入抉择吠檀多之真实品》第3颂及其注释不出自《圣教论》，但是这里不妨采取乔荼波陀的理解方式，即将“平等”与“寂静”这两个词在这里所表示的意义解读为相似的，这种平等与寂静就是瑜伽师在看见原人时所达到的最高境界——解脱。

最后，《入抉择吠檀多之真实品》还从“圣言量”的角度确认了看见原人所能获得的成就是真实的：

根据（如上）等等吠陀圣典所承认的量，所谓“看见原人”是真实的，是其他人所不能损减的。（第16颂注释，255a3）

“吠陀圣典所承认的量”即“圣言量”。吠檀多派认为吠陀、奥义书的言论是圣言量，能够直接证明原人是真实的，“看见原人”是真实的，瑜伽师看见原人即真正认识到原人之后能获得的种种成就、功德、境界也都是真实的，且这种看见原人而获得的解脱成就是其他人所不能损减的。

（三）遍在一切性

《入抉择吠檀多之真实品》叙述的第一种原人的神话色彩除了体现在上文源自奥义书的种种描绘外，在第4颂对原人特性的直接叙述中也有较强的表现。

第4颂以对第2颂中提出的原人的两点代表性内涵的质疑为引子：

---

[1] 巫白慧[2007], p.176；*Āgama-śāstra* 4.80: nivṛttasyāpravṛttasya niścalā hi tadā sthitiḥ/ viṣayaḥ sa hi buddhānāṃ tat sāmyam ajam advayam//

如果问："这（原人）是超越三界的话，如何成为（万物的）作者？存在于很远的地方的话，如何成为自在天？"（第 4 颂前言，252a2）

第 2 颂注释曾指出原人是超越三界的，据此，提问者就指出存在于三界之中的万物不会与超越三界的原人有交集，这样的话，原人就不可能成为万物的作者。而且，原人超越三界、地轮、暗轮就说明原人存在于很遥远的地方，这与一般讲的自在天的处所不相符，因此原人也就不能成为自在天。

上述提问意在引出神话性原人的重要特征——遍在一切性。因为原人具有遍在一切这种特性的话就可以很好地反驳上述质疑：[1]

已生正生和将生，
承许一切是原人，
彼是内外彼在于，
远近彼是作业者。（4）

偈颂的意思是：已经产生的、正在产生的、将要产生的，一切都是原人；原人存在于内、外、远、近；原人是作业者。也就是说，纵使万物在三界内而原人在三界外，原人也能成为万物的作者，自在天的居所离原人再远也不会脱离原人的势力范围。这就是遍在一切的意思。

《般若灯论》中有与此颂相似的表述：

所谓彼过去、未来、动不动等，远、近、内、外，如是一切，

1　《入抉择吠檀多之真实品》：虽然存在于很远的地方，但根据遍在一切性回答。（第 4 颂前言，252a2）

皆丈夫为因。[1]

其中的“丈夫”是原人的另一种译法。

《入抉择吠檀多之真实品》中还出现了与第 4 颂后两句意思相同的直接引语：

“他是动又不是动，他是远又是近，他是万物的内在，又是两者的外在。”（第 16 颂注释，255a2）

上述原人是遍在一切、涵盖一切的观念很可能来自《白骡奥义书》3-15 和《伊莎奥义书》5：

一切惟神我，已是及将是，主宰永生性，以食生长类。[2]

彼动作兮彼休，彼在远兮又迩；彼居群有兮内中，彼亦于群有兮外止。[3]

此外，《薄伽梵歌》中也有类似的说法：

它在万有之外又在其内，它既是静物又是动物，它极近却又相距辽远，它不可知因微妙之故。[4]

在《入抉择吠檀多之真实品》中，原人的遍在一切性体现如下：

---

[1] 《大正藏》30, No.1566, p.54a3-a5。

[2] 徐梵澄[2007], p.272；*Śvetāśvatara* Up. 3-15: puruṣa evedaṃ sarvam yad bhūtam yac ca bhavyam utāmṛtatv-asyeśāno yad annenātirohati// (Radhakrishnan[1953], p.729)。

[3] 徐梵澄[2007], p.272；*Īśa* Up. 5: tad ejati tan naijati tad dūre tad vad antike/ tad antarasya sarvasya tad u sar-vasyāsya bāhyataḥ// (Radhakrishnan[1953], p.571)。

[4] 张保胜[2007], p.150。

那过去已产生的人等、看见现在产生的色形、以及此后将要产生的那一切都是由原人加持而存在的。或者，在所有三界中，这（原人）是遍在的，因为上方是它的头，下方是足，虚空是腹部，诸方位是手，诸星曜是发，诸山岳是胸，山脉是骨，诸江河是脉络，诸森林是毛甲。背是天界，额是梵天，法和非法是双眉，怒纹是死神，日月是双眼，呼吸是风，诸小丘是牙，舌是辩才天，“吽”（oṃ）字和“婆娑”（vaṣaṭ）字是双唇，睁眼和闭眼是时间。左边是女人，右边是男人。世界和非世界是乳房的中间，诸指是山的中间，两膝是黄金的双翼，两胫是双马神，下腰是昼夜，阳具是因陀罗神，（性）欲的本性是造物主，二足是遍入天，诸颜色是血。那（原人）存在于外、内、远、近，在一切时间中进入往复的(世界)和应成的事物等等。（第 4 颂注释，252a3-252b1）

这段文字可以说是《入抉择吠檀多之真实品》中最具神话色彩的内容，很可能综合了多种奥义书所描述的原人，例如：

《歌者奥义书》5-18-2：此“宇宙自我”也，诚以“善光明”为首，（天）；以“遍是相”为目，（太阳）；以“分殊道”为气，（风）；以“充盛者”为躯干，（空）；以“财富”为胞，（水）；以“安立处”为足，（地）；以“祭坛”为胸；以“焚燎之草”为发；以“家主火”为心；以“南祀火”为意，以“东坛火”为口也。[1]

《广林奥义书》4-2-3：此左眼中具神人之形者，则其妇也，名曰维罗，二者谐叶，在此心腔之内。其粮食，则此内心之血球也。其隐蔽，则此内心之网脉也。其所游行之道，则此心腔上达

---

[1] 徐梵澄[2007], p.129；*Chāndogya* Up. 5-18-2: tasya ha vā etasyātmano vaiśvānarasya mūrdhaiva sutejāḥ/ cakṣur viśvarūpaḥ/ prāṇaḥ pṛthagvartmātmā/ samdeho bahulaḥ/ bastir eva rayiḥ/ pṛthivy eva pādāv ura eva vediḥ/ lomāni barhiḥ/ hṛdayaṃ gārhapatyaḥ/ mano 'nvāhāryapacanaḥ/ āsyam āhavanīyaḥ// (Radhakrishnan [1953], p.441)。

之一脉也。如一发析为千分，此名“喜多”之脉者，亦复如是，皆安立于内心者也。由此而彼流注者流注之（谓食物之菁华），是故彼如食至精之食者，非若此躯体之自我也。[1]

《剃发者奥义书》2-1-4：火为彼之元，日月为目睛，诸方是其耳，《韦陀》表为声，风是其气息，宇宙为其心，地出其足前，“内我”万灵深。[2]

相较而言，《入抉择吠檀多之真实品》的转述比上述奥义书的描述更加系统规整，这一情况与前文转述太阳光为什么会具有八种颜色一样，也可能是因为出自综合了不同奥义书中的不同说法的、有一定自己特色的吠檀多论师的学说。

综上所述，《入抉择吠檀多之真实品》中描述的神话性原人不仅以人间的形态为其表象，而且具有与人相似的身体，身体的各部分还成为了自然界的各种现象和要素，这与湿婆派[3]的最高神的观念颇为相似。此外，本品第2、3颂及其注释还多次把原人称为“（大）自在天”，这也与印度一般对湿婆神的称呼相同。所以，笔者认为《入抉择吠檀多之真实品》记载的第一种原人思想与古印度的湿婆信仰及最高神的恩宠有关。换句话说，在公元五至六世纪，吠檀多派内部的某些论师

---

[1] 徐梵澄[2007], p.422；*Bṛhadāraṇyaka* Up. 4-2-3: athaitad vāme ’kṣaṇi puruṣarūpam/ eṣāsya patnī virāṭ/ tayor eṣa saṃstāvo ya eṣo ’ntarhṛdaya ākāśaḥ/ athainayor etad annam ya eṣo ’ntarhṛdaye lohitapiṇḍaḥ/ athainayor etat prāvaraṇam yad etad antarhṛdaye jālakam iva/ athainayor eṣā sṛtiḥ saṃcaraṇī yaiṣā hṛdayād ūrdhvā nāḍy uccarati/ yathā keśaḥ sahasradhā bhinnaḥ evam asyaitā hitā nāma nāḍyo ’ntarhṛdaye pratiṣṭhitā bhavanti/ etābhir vā etad āsravad āsravati/ tasmād eṣa praviviktāhāratara ivaiva bhavaty asmāc cārīrād ātmanaḥ// (Radhakrishnan[1953], p.253)。

[2] 徐梵澄[2007], p.488；*Muṇḍaka* Up. 2-1-4: agnir mūrdhā cakṣuṣī candrasūryau diśaḥ śrotre vāg vivṛtāś ca vedāḥ/ vāyuḥ prāṇo hṛdayaṃ viśvam asya padbhyām pṛthivī hy eṣa sarvabhūtāntarātmā// (Radhakrishnan [1953], p.680)。

[3] 汉译佛典中一般称其为“摩醯首罗论师”。

很可能是信仰湿婆的，而且特别重视与湿婆神有关的奥义书（如《伊莎奥义书》、《迦塔奥义书》（*Kaṭha* Up.）、《白骡奥义书》等）。所以，《入抉择吠檀多之真实品》记载的上述具有浓厚神话色彩的原人思想很有可能来源于这一部分吠檀多派论师，即是与一般意义上重视《歌者奥义书》和《梵经》的主流吠檀多派不同的早期支派。[1]

三 思辨性原人

从广义上讲，《入抉择吠檀多之真实品》第 5-14 颂所描述的原人都可以称之为思辨性原人，因为这十颂中记载的原人较少见第 2-4 颂所述的神话色彩，而且基本都从抽象思维的角度来看待原人。但由于第 9-14 颂所转述的原人的思辨性远强于第 5-8 颂，而且这两部分原人思想在文献来源上也有很大区别。因此，笔者将第 5-14 颂细分为思辨性原人（第 5-8 颂）和哲学性原人（第 9-14 颂）。顾名思义，哲学性原人要比思辨性原人具有更强的思想性和更高的体系性。

思辨性原人的思辨性主要体现在它的各种特性以及吠檀多论师对原人如何具有这些特性的论证上。

（一）唯一性

《入抉择吠檀多之真实品》指出吠檀多派的原人的唯一性（eka-tva）可以通过“蛛丝喻”来证明：

> 如果问：“（原人）是唯一性的话，如何进行很多活动而且是无尽的？”（回答：）可以通过譬喻来证明：
>
> 从彼一切物产生，
>
> 犹如从蛛产生丝。（5ab）

1 参见中村元[1989a], pp.336-337。

吠檀多派认为从原人产生一切万物，就像从一只蜘蛛产生无数丝一样。所以原人在具备唯一性的同时可以进行很多活动而且是无穷无尽的。

“蛛丝喻”出现在很多奥义书中，如：

> 《广林奥义书》2-1-20：如蜘蛛以丝而上缘，如星星火花自火而上射，由此“自我”而一切气息，一切世界，一切诸天，一切众生皆散而出焉。[1]
>
> 《白骡奥义书》6-10：譬如蛛吐丝，自性生原素。天神独一尊，以此自隐幻。唯愿许吾人，摄敛归大梵。[2]
>
> 《剃发者奥义书》1-1-7：如蜘蛛吐丝，而又吸收之；如地生草木，如人长毛发，自不变灭者，万物如是起。[3]

不难发现，《入抉择吠檀多之真实品》第5ab颂使用蛛丝喻的语境和目的与《剃发者奥义书》1-1-7最为相近。

另外，第5ab颂注释在蛛丝喻的基础上还指出了原人不仅是产生万物的作者，而且本身是无变化、无穷尽的，[4] 这也与《剃发者奥义书》1-1-7中的“自不变灭者，万物如是起”的意思基本相同。

最后，第5ab颂注释还从原人是万物的唯一的作者引申出原人是

---

[1] 徐梵澄[2007], p.382；*Bṛhadāraṇyaka* Up. 2-1-20: sa yathorṇanābhiś tantunoccaret yathāgneḥ kṣudrā visphuliṅgā vyuccaranti evam evāsmād ātmanaḥ sarve prāṇāḥ sarve lokāḥ sarve devāḥ sarvāni bhūtāni vyuccaranti tasyopaniṣat satyasya satyam iti prāṇā vai satyam teṣām eṣa satyam// (Radhakrishnan[1953], p.190)。

[2] 徐梵澄[2007], p.289；*Śvetāśvatara* Up. 6-10: yas tantunābha iva tantubhiḥ pradhānajaiḥ/ svabhāvataḥ deva ekaḥ svam āvṛṇot sa no dadhād brahmāpyayam// (Radhakrishnan[1953], p.746)。

[3] 徐梵澄[2007], p.482；*Muṇḍaka* Up. 1-1-7: yathorṇanābhiḥ sṛjate gṛhṇate ca yathā pṛthivyām oṣadhayas sambhavanti/ yathā sataḥ puruṣāt keśalomāni tathākṣarāt sambhavatīha viśvam// (Radhakrishnan[1953], p.673)。

[4] 《入抉择吠檀多之真实品》：譬如，能吐丝的蜘蛛能产生出很多丝线，而（蜘蛛本身）是无变化而无尽的，同样，原人能在三界中产生（一切万物）但是（原人本身）是无变化而无尽的。（第5ab颂注释，252b2-252b3）

轮回的唯一的因，但原人本身却远离轮回的思想。这就像蜘蛛吐丝但是自己从不被蛛丝缠绕一样，原人制造轮回但是本身并不被轮回所系缚。[1]

值得一提的是，《般若灯论》中不仅有类似的表述和譬喻（“丝齐织网”），还补充了“月珠出水”、“树生枝叶”两个譬喻：

> 复次彼执丈夫为生因者，说如是言：“一切世间丈夫为因故，是义云何？如丝齐织网、如月珠出水、如树生枝叶等，一切众生以彼为因，亦复如是。”[2]

但是《般若灯论》这段话的重点并不在于阐述原人的唯一性，而在于说明原人是一切众生的根本因。有趣的是，《入抉择吠檀多之真实品》第16颂注释出现了与《般若灯论》上述内容更为相似的引文：

> “就像蜘蛛（是）丝（的原因）一样，就像水晶（是）宝石水（的原因）一样，就像尼枸卢树（是）枝的原因一样，他是一切有身者的原因。”（第16颂注释，255a2-255a3）

这句引文也曾出现在莲花戒（Kamalaśīla，?-780）的《真实纲要注》（*Tattvasaṃgrahapañjikā*）中。[3] 但是，这句引文在现存奥义书文献中没有找到很好的对应。

此外，因为原人是轮回的唯一因，而原人本身远离轮回，所以吠檀多派认为沉浸于这样的原人就不会再生于轮回的世界，也就可以获

---

[1] 《入抉择吠檀多之真实品》：这（原人）不仅是轮回的唯一的因，而且也是远离轮回的作者。（第5ab颂注释，252b2-252b3）

[2] 《大正藏》30, No.1566, p.54a1-a3。

[3] *Tattvasaṃgrahapañjikā*: ūrṇanābha ivāṃśūnāṃ candrakānta ivāmbhasām/ prarohāṇām iva plakṣaḥ sa hetuḥ sarvajanminām// 另参见 Gokhale[1958], p.178。

得解脱：

> 智者沉浸于彼中，
> 则即不复得再生。（5cd）

智者只要沉浸于原人，就不会有再生，这种功效实际上与瑜伽师看见神话性原人时是一样的，但此处少了前文（第 2 颂）的神话色彩，这在第 5cd 颂注释说明如何才能沉浸于原人、为什么沉浸于原人就不会再生时体现得更加明显：

> 在智慧禅定中，瑜伽师用慧眼看见那（原人）的时候，沉浸于那（原人的）本性，因为那（原人）断除一切恶，所以不再生于轮回的世界而且不再有痛苦的资具。（第 5cd 颂注释，252b3-252b4）

其中，“禅定”、“慧眼”、“真性”是瑜伽修行者达到沉浸于原人状态的关键词。沉浸于唯一的原人就可以断除一切恶，这样就不会再有承受痛苦的资具，即不会再承担罪恶的业报，也就不会再流转于轮回。

（二）不死性

《入抉择吠檀多之真实品》指出吠檀多派认为“瑜伽师不看见原人的话，就不能获得不死”（第 6 颂前言，252b4-252b5），这实际上是间接提出了用来保证“看见原人获得解脱”的前提——原人是不死性的：

> 有死不许为不死，
> 犹如火不许为寒，

尚未觉悟不死我，
是故不死不合理。（6）

有死不被认为是不死，就像火不被认为是寒冷的一样；所以尚未认识到不死的原人的时候而获得不死是不合道理的。

根据第 6 颂注释，“有死”指一切世间万物。[1] 注释还给出了一个宗、因、喻齐备的论式来说明世间万物是有死的，说“有死者”不死是不合理的：

宗：根据自性，那（一切世界）恒常是死，所以（一切世界）是不死性是不合道理的。

因：（不死性）不是那（一切世界）的自性的缘故。

喻：就像火的本性是热性而不是寒性一样。（第 6 颂注释，252b5-252b6）

“有死”的自性不能转化成为“不死”的自性，所以：

不认识那超越有死性的对象的原人，而根据有死等获得不死是不合理的。（第 6 颂注释，252b6-252b7）

吠檀多派的逻辑是：要获得不死的解脱必须看见不死的原人，即直观不死的原人、沉浸于原人不死的真性。这种思想在很多奥义书中都有体现，如《白骡奥义书》3-7、5-6、6-17，《由谁奥义书》（*Kena* Up.）2-4，《广林奥义书》4-4-7 等等。[2]

---

[1] 《入抉择吠檀多之真实品》：“应该死或者是死”就是“有死”，即是一切世界。（第 6 颂注释，252b5）

[2] 参见 Gokhale[1958], p.171。

（三）大威德性

“大威德性”（mahānubhāva, mthu che ba nyid）是一个比较抽象的、佛教色彩浓厚的概念。《入抉择吠檀多之真实品》用最无上性、最殊胜性、最细微性来具体说明大威德性，这三种性相可以说就是大威德性的意思：

为了赞颂这（原人）的大威德性，（颂曰）：

此外无有更无上，
此外无有更殊胜
此外无有更微细
是故一切被一续。（7）

偈颂的意思是：除了这原人以外没有更无上的，除了这原人以外没有更殊胜的、没有更微细的，所以，一切万物都被唯一的原人所控制。

《入抉择吠檀多之真实品》第16颂注释中有与此类似的引文：

“除此之外绝无更优秀的，除此之外绝无更微细、更首要的，不灭、无覆、那神是唯一的存在，那原人既遍在于一切又广大。”（第16颂注释，254b7）

这一思想很可能来自《白骡奥义书》3-9：

此外无更高，更小或更大。挺然为独一，如树立天外。世间万事物，神我尽充沛。[1]

---

[1] 徐梵澄[2007], p.270；*Śvetāśvatara* Up. 3-9: yasmāt paraṃ nāparam asti kiñcit yasmān nāṇīyo na jyāyo ’sti kiñcit/ vṛkṣa iva stabdho divi tiṣṭhaty ekas tene ’daṃ pūrṇaṃ puruṣeṇa sarvam// (Radhakrishnan[1953],

原人的大威德性最终体现在对世间万物的控制上，看见原人的大威德性的瑜伽师可以获得如下八种功德：

彼有微细与粗大，亦具主宰与统治，承许轻重与究竟，瑜伽如此转成欲。（第 7 颂注释，253a1-253a2）

八种功德就是八种自在力，即：极细微的力量、极粗大的力量、主宰万物的力量、支配他物的力量、极轻的力量、极重的力量、实现欲望的力量、完成瑜伽的力量。

（四）摄取三界性

原人具有摄取三界的本性，也就是“动和不动的一切生物都属于‘我’本身的范围。”（第 8ab 颂注释，253a3-253a4），换句话说：

那（原人）既是唯一性的，也具有摄取的各种三界的本性。

于彼一切物产生，
对于见者即是我。（8ab）

对于见者来说，从那原人（我）产生的一切万物就是原人本身。这个见者不是一般人，而是具有前文所说的八种功德的瑜伽修行者，也就是具有慧眼，能够直观原人的人，只有他们才能看见原人产生一切万物、摄取三界一切众生的本性。

根据《入抉择吠檀多之真实品》的叙述，原人具有摄取三界性从而赋予万物以平等性不是任何时候都被认识到的，而是只有当瑜伽师“看见‘我’本身的时候”（第 8cd 颂前言，253a3），也就是第 5cd 颂说的沉浸于原人的真性，即达到解脱的时候才能观察到。原人摄取

p.727)。

三界并赋予万物以平等性具体来说就是：

> 凡圣以及旃陀罗，
> 婆罗门众亦等同。（8cd）

这一颂例举了凡人与圣人以及印度种姓制度中最低级的旃陀罗和最高级的婆罗门，以此来说明人人乃至万物在原人面前都应该是平等的。理由如第 8cd 颂注释所述：

> 因为罪恶和福报是没有差别的，所以是平等的。（第 8cd 颂注释，253a3-253a4）

吠檀多派学者自古以来绝大多数出自印度社会的上层阶级（婆罗门），一直都蔑视首陀罗等底层阶级，《入抉择吠檀多之真实品》第 8 颂中体现出来的吠檀多派取消阶级差别的主张是极少见的例外。[1] 这也从一个侧面说明了《入抉择吠檀多之真实品》描述的第二种原人思想——思辨性原人——很有可能是有别于主流吠檀多派的某个早期支派的学说。

此外，除了分颂阐述思辨性原人的唯一性、不死性、大威德性、摄取三界性以外，《入抉择吠檀多之真实品》还用一颂总结了思辨性原人具有的这些特性，同时强调了瑜伽行者次第修行、通达这样的原人就不会再进入轮回：

[1] 极少数吠檀多论师认为只要真正认识到了原人，任何人都可以获得解脱，解脱的境界也就是消灭阶级差别的境界。这种思想在古奥义书中可以找到痕迹，也与佛教的立场一致；但是后来的正统吠檀多派与此相反，一直坚持婆罗门至上的观点，这种保守态度在《梵经》中表现得非常明确。参见中村元[1989a], pp.344-345；中村元[1989d], p.450。

瑜伽行者修习时，
知彼遍在一常住，
最胜不死梵所依，
此时不会得再生。（15）

第 15 颂注释说明了原人为什么能具有唯一、遍在、常住、至尊、梵、最胜、不死、所依等的特性：

因为是一切身体的主宰，所以是唯一。因为遍在于一切世界，所以是遍在。因为无损减，所以是常住。因为是涅槃的本性，所以是梵。因为殊胜，所以是最胜。因为无始无终，所以不死。因为是对象的依止，所以是所依。（第 15 颂注释，254a6-254a7）

具有这些特性的原人是超越轮回的，所以瑜伽师经过修行，看见原人之后也就能超越轮回，即：

瑜伽师根据禅定的修习能够观察到，即如此确实修行的时候，就能完全通达这样的梵，所以那（瑜伽师）也能还灭轮回。（第 15 颂注释，254a7-254b1）

另外，《入抉择吠檀多之真实品》第 16 颂注释中直接引用的几句奥义书原文也可以看作是对思辨性原人的特性的补充说明：

（1）“那（原人）是微细的，在胎藏等中是唯一存在的，他增长并积集，他是主宰者、最上者、神、应该被赞颂者，确定把握我之后就走向绝对的寂静。”（第 16 颂注释，254b6-254b7）

这句直接引语主要强调原人具有微细、唯一的特性，以及作为主宰者、最上者、神等等对解脱的导向作用。这句话很有可能引自《白骡奥义书》4-11：

一一胎藏中，惟彼独安存。万物没其内，而由斯发源。主宰，赐福者，明神颂所敦，伊人得见此，永静臻宁魂。[1]

（2）“比微细更微细、比伟大更伟大，用我的德遍满于众生，远离痛苦所以认识到无有祭祀，诸界是纯净的主宰者的大性。”（第16颂注释，254b-255a1）

这是对上一句描述的原人的具体特性的继续，很有可能出自《白骡奥义书》3-20：

微者逾妙微，大者逾庞大，自我寓众生，深藏在幽昧。人而袪欲情，忧断彼可见，清净心意根，神主得大现。[2]

（3）“在没有身体的身体中，依止于完全不存在的所依，知道那伟大、主宰的我之后，贤者就没有了痛苦。”（第16颂注释，255a1-255a2）

这句话解释了原人存在的特殊处所，以及认识原人可以消除痛苦的原因，很有可能源自《迦塔奥义书》1-2-22：

---

[1] 徐梵澄[2007], pp.277-278；*Śvetāśvatara* Up. 4-11: yo yonim yonim adhitiṣṭhaty eko yasmin idaṃ saṃ ca vicaiti sarvam/ tam īśānaṃ varadaṃ devam īḍyaṃ nicāyyemāṃ śāntim atyantam ti// (Radhakrishnan[1953], p.735)。

[2] 徐梵澄[2007], p.273；*Śvetāśvatara* Up. 3-20: aṇor aṇīyān mahato mahīyān ātmā guhāyāṃ nihito 'sya jantoḥ/ tam akratum paśyati vītaśoko dhātuḥ prasādān mahimānam īśam// (Radhakrishnan[1953], p.730)。

无体居体中，安者寓未安。此是彼“自我”，伟大而遍满。正智如是思，不复忧心慱。[1]

由此可见，思辨性原人与神话性原人一样，都直接来源于奥义书思想，尤其是《白骡奥义书》等较早期奥义书。[2] 但思辨性原人的各种特性及其能给瑜伽师带来的成就比神话性原人要具有更多的思想性。所以，笔者认为，思辨性原人是在神话性原人的基础上发展起来的，比神话性原人更接近于吠檀多派作为独立学派的思想，但是这两种原人思想似乎都没有被后来的吠檀多派纳入主流学说体系，因此并不为现代学者所熟知。

那么，《入抉择吠檀多之真实品》是否只关注了早期吠檀多派中的枝末学说，而没有注意到公元五至六世纪已经成为独立学派并活跃于社会上的主流吠檀多派的思想？回答是否定的，下文将要解读的哲学性原人就很可能出自当时的主流吠檀多派思想体系。

四 哲学性原人

哲学性原人与神话性原人以及思辨性原人不仅在论述的思想深度、抽象思维能力上有所不同，而且在文献来源上也有重要区别。哲学性原人的内涵外延及特性很可能与《圣教论》等成熟时期的吠檀多派著作有亲缘关系。吠檀多派的经典从奥义书发展到《圣教论》是一个巨大的飞跃，如果说只知道崇奉奥义书的吠檀多派尚处于萌芽时期，那么经过《梵经》和《薄伽梵歌》等的发展，《圣教论》问世前后的吠檀多派则已然成为一个拥有自己独立、系统学说的成熟的新学派。

---

[1] 徐梵澄[2007], p.242；*Kaṭha* Up. 1-2-22: aśarīraṃ śarīreṣv anavastheṣv avasthitam/ mahāntaṃ vibhum ātmānam matvā dhīro na śocati// (Radhakrishnan[1953], p.618)。

[2] 关于奥义书的年代判定参见中村元[1989a], pp.1-62。

（一）瓶空喻

哲学性原人围绕“瓶空喻”展开。在吠檀多哲学体系中，“瓶”和“空”两者被置于同一个譬喻中，构成了一个特殊的“瓶空喻”（ghaṭākāśadṛṣṭānta）。乔荼波陀在《圣教论》中最早利用“瓶空喻”论述了“不二”（advaita）思想，后来的商羯罗等吠檀多论师大多承袭了乔荼波陀的学说，并在此基础上发展出吠檀多派的主流——“不二一元论”派。[1] 因此，“瓶空喻”在吠檀多哲学体系中不是一个简单的譬喻，而是代表了一种重要的学说、一种独特的论述方式，对后世吠檀多派影响深远。

《入抉择吠檀多之真实品》第 9-12 颂提出的瓶空喻自 1910 年起就为广大学者所熟知。Walleser 最早在其名著《早期吠檀多》（*Der ältere Vedānta---Geschichte, Kritik und Lehre*）一书中把藏译《入抉择吠檀多之真实品》的第 1-3、5、10-13 颂[2]翻译成了德文，指出第 10-12 颂源自《圣教论》第 3.3、3.4、3.6 颂，第 13 颂直接引用了《圣教论》第 3.5 颂，并以此作为判定乔荼波陀生活年代的重要依据（早于清辩）。[3] Bhattacharya 和 Potter 沿用了 Walleser 的观点。[4] Qvarnström 认为清辩受到了《圣教论》的影响，但 Walleser 等人提出的第 13 颂直接引用了第 3.5 颂一说过于武断。[5] Lindtner 则认为《圣教论》的上述偈颂很有可能出自《中观心论》，乔荼波陀应该生活在清辩之后，与 Walleser、Bhattacharya、Potter 等持反对意见。[6] 巫白慧先生认为就《圣教论》第 3.5 颂来看，应是乔荼波陀采用了清辩的说法。[7] Gokhale 和中村元

---

1 “不二”或称“不二一元论”，是乔荼波陀用来阐释最高我（梵、原人、大我）与个我（小我）关系问题的理论，后由商羯罗及其弟子发扬光大，成为吠檀多派的代表性思想。详见 Potter[1981]。

2 相当于本书所指第 1-3、5、9-12 颂，下同。

3 Walleser[1910].

4 Bhattacharya[1943], pp.50-53; Potter[1981], pp.103-104.

5 Qvarnström[1989], p.109.

6 Lindtner[1985], p.278.

7 巫白慧[2007], pp. 109-110。

在对《中观心论》进行研究时，都指出《入抉择吠檀多之真实品》第9-12颂与《圣教论》第3.3-3.6颂有不少相似之处，但都没有探讨清辩所传之“瓶空喻”与乔荼波陀的具体关系，给学界留下了很大遗憾。[1]笔者试图在解读《入抉择吠檀多之真实品》第9-12颂的基础上，重点考察其与《圣教论》的关系，重新审视两者的渊源问题，还原“瓶空喻”在《中观心论》与《思择焰》中的真实含义。

首先来看《入抉择吠檀多之真实品》转述“瓶空喻”的目的。根据吠檀多派有关原人的理论，佛教徒对吠檀多派所谓原人的唯一、遍在等特性提出了质疑：

> 原人是遍在于一切、是唯一性的话，从那（原人）产生天、人等各种各样众生的身体等的时候，（原人）为什么不像有身者（dehin）一样是非常住、不遍在于一切的？（第9颂前言，253a4-253a5）

如果吠檀多派认为原人既具有唯一性、遍在一切性，又能产生世间万物的话，那么，这样的原人就被佛教徒质疑会带上众生的非常住等属性。为了回答上述问难，《入抉择吠檀多之真实品》借用吠檀多论师之口提出了“瓶空喻”：

> 瓶生或者坏灭时，
> 虚空不具彼本性，
> 有身者等生灭时，
> 我不被许彼本性。（9）

偈颂中的“我”即是“原人”。偈颂的意思是：当瓶产生或者坏

[1] Gokhale[1958], p.174; 中村元[1989a], p.319。

灭的时候，虚空不具有那瓶的本性，不会与瓶一起生灭变化；当众生的身体等世间万物产生或消亡的时候，原人不具有世间万物的本性，因而也不会随世间万物一起生灭变化。

这一颂把世间众生（的身体）比作瓶，把原人比作虚空。虚空的本性不同于瓶的本性，虚空不会因为瓶的产生而产生，也不会因为瓶的破碎而消失。同理，原人的本性不同于世间众生的本性，原人不会随着众生的生灭而变化。[1] 这里的吠檀多论师通过瓶与虚空两个譬喻意象把众生与原人的区别划分得干净利落，这样一来，佛教徒就不能把众生的非常住、非遍在的属性强加给原人从而否定吠檀多派的原人理论。

这一“瓶空喻”看似与《圣教论》第 3.3、3.4 颂所述相似：

> 一我变现诸个我，如空现为众瓶空，和合而有如瓶等，斯乃所说生之义。
>
> 犹如瓶等中之空，瓶等遭到破坏时，其空悉归于大空，众我汇入我亦然。[2]

“一我”，即大我（ātman）；个我，即小我（jīva），是由大我“变现”出来的处在不同众生中的灵魂、意识等。大我变现出众生身体中的各个小我，就像由于瓶子的出现虚空变现出瓶中的小空一样，这就是小我的产生过程（第 3.3 颂）；当众生身体死亡消失的时候，身体中的小我就会复归入于大我，就像当瓶子被打破的时候，瓶中的小空就会和瓶外的大空（虚空）浑然一体，恢复到之前的状态（第 3.4 颂）。

---

[1] 《入抉择吠檀多之真实品》：譬如，瓶和壶等产生或者坏灭的时候，虚空不是瓶的自性；同样，原人虽然亲证各种各样有身者的不同的生与灭，但是（原人）不会有有身者的自性。（第 9 颂注释，253a5-253a6）

[2] 巫白慧[2007], pp.107-108；*Āgama-śāstra* 3.3: ātmā hy ākāśavaj jīvair ghaṭākāśair iveditaḥ/ ghaṭādivac ca saṅghātair jātāv etan nidarśanam//; 3.4: ghaṭādiṣu pralīneṣu ghaṭākāśādayo yathā/ ākāśe sampralīyante tadvaj jīvā ihātmani//

可以看出，《入抉择吠檀多之真实品》第9颂与《圣教论》第3.3、3.4颂都用到了瓶、虚空、我（大我）等几个关键概念，都提到了生、灭过程等等。当缺乏《中观心论》的梵文本，只用其藏译本与梵本《圣教论》相比较时，确实比较容易只看到两者的相同之处而忽略了根本差异：

“瓶空喻”在《圣教论》第3.3、3.4颂中主要被用来解释大我和小我之间“不二”的关系，譬喻的重点在于瓶外的虚空和瓶中空这两个意象。乔荼波陀把大我比作虚空、把小我比作瓶中空，用意是虚空和瓶中空是同一不二的空，借此说明大我和小我也是同一不二的，同时用瓶中空的生灭过程来借喻小我源自大我又复归于大我的生灭过程。

《入抉择吠檀多之真实品》第9颂中的“瓶空喻”则完全没有涉及小我，更遑论大我与小我的关系问题，而是仅仅把原人（大我）比作虚空，用虚空与瓶的本性的不同来借喻原人（大我）与世间万物的本质区别。原人（大我）不具有众生的属性，因而不会随着世间万物的生灭而变化。譬喻的目的是要佐证吠檀多派的原人（大我）具有唯一、遍在等特性。

由此可见，上述两种“瓶空喻”只是在譬喻意象的使用上有共同之处，其他方面，如譬喻的目的、方式、含义等等都大相径庭，应该说是两个完全不同的譬喻。

其次，《入抉择吠檀多之真实品》第12颂与《圣教论》第3.5颂关系密切：

> 犹如一个瓶中空，
> 盛满灰尘与烟等，
> 但非所有皆如此，
> 同样乐等亦非我。（12）

《圣教论》第 3.5 颂：

> 犹如一个瓶中空，盛满灰尘与烟等，但非所有瓶里空，诸我具乐等亦然。[1]

这两颂前半句的梵文表述几乎完全一致，只有 vṛte 和 yute 之别，而这两个词实际上形异义同。

《入抉择吠檀多之真实品》第 12 颂的意思是：就像一个瓶中的虚空被尘烟等充满的时候，其他所有瓶中的虚空并不一定会被烟尘充满；对于个体我（小我）来说也一样，一个小我具有乐的时候，其他的小我并不一定感受乐。由于瓶子的阻隔，一个瓶中的烟尘不会传给其他瓶中的虚空，同理，不同小我的苦乐感受不会相互影响。吠檀多派的这种解释在一定程度上巧妙解决了数论派和胜论派都没能回答的问题。[2]

《圣教论》第 3.5 颂实际上弥补了“不二”思想可能出现的一个理论漏洞，即：如果小我与大我是同一不二的话，一个小我与其他众多小我也就是同一不二的；那么，一个小我感受苦乐的时候，其他小我也会因此同时感受苦乐，但所有不同的小我同时感受苦乐是不合常理的。在“瓶空喻”中引入“灰尘与烟等”就可以巧妙地解决上述问题：不同瓶子中的小空虽然都源自同一虚空，但是当一个瓶中充满灰

---

[1] 巫白慧[2007], p.109；*Āgama-śāstra* 3.5: yathaikasmin ghaṭākāśe rajodhūmādibhir yute/ na sarve saṃprayujyante tadvaj jīvāḥ sukhādibhiḥ//

[2] 《入抉择吠檀多之真实品》：佛教徒先前指出的有我论者（ātmavādin）等的错误：“我是遍在于一切的话，一个（我）是乐的时候一切（我）也都应该是乐”等等，为了断除这种(错误)，（吠檀多派）说：虽然虚空是遍在于一切的，但是一个瓶中的虚空被尘、烟等充满的时候，并不是一切的瓶（中）的虚空都被（尘烟等）充满；而且一个（瓶中的虚空）没有（尘烟等的）充满的时候，并不是一切（瓶中的虚空）都没有充满。同样，这里，一个原人具有乐的时候，并不是一切（原人）都具有乐；而且一个（原人）是苦的时候，并不是一切（原人）都是苦。（第 12 颂注释，253b5-253b7）

尘或烟雾的时候，其他瓶中不一定会有灰尘或烟雾，因为一个瓶中的烟尘不会窜到另一个瓶子中去；同理，一个小我在某个众生身体中感受苦乐的时候，这种苦乐不一定会传给其他身体中的小我。也就是说，尽管众多不同的小我源自同一个大我，小我与大我是“不二”的，但是不同的小我在感受苦乐等世间百态的时候是各不相同的。

由此可见，内在含义方面，《入抉择吠檀多之真实品》第 12 颂也与《圣教论》第 3.5 颂基本相同。但问题是，联系《入抉择吠檀多之真实品》的上下文来看，其中的“瓶空喻”始终没有涉及大我（原人）与小我的关系问题，而《圣教论》第 3.5 颂事实上必须基于大我、小我“同一不二”的思想背景来理解。所以，《入抉择吠檀多之真实品》第 12 颂只有在《圣教论》第 3.5 颂完全抛开小我与大我“同一不二”这一前提条件之后，才能说与其含义相同，否则两者只是文字表述的相近，思想含义上仍有重大区别。

第三，《入抉择吠檀多之真实品》第 10、11 颂与《圣教论》第 3.6 颂分别在阐释的意涵、表述的形式上有所相似：

> 若问犹如瓶中空，
> 唯一即是多样性，
> 破瓶一性无差别，
> 亦许一切皆平等。（10）
> 犹如瓶等虽有别，
> 土却绝无任何异，
> 如是有身虽有别，
> 我却绝无任何异。（11）

《圣教论》第 3.6 颂：

> 形式作用与名称，诚然处处皆有异，但其空间无差别，个我

之论亦如此。[1]

《圣教论》第 3.6 颂强调了不同的小我从本质上讲必定是相同的，以此来补充第 3.5 颂的论述，以免过于突出小我之间的不同而忽略了“不二”论的根本要点。“形式作用与名称，诚然处处皆有异”字面上说的是各种瓶、壶等容器在形状、名称、功能等方面有各种各样的不同，实际上喻指众生的身体是千变万化、无有定式的；“但其空间无差别”强调了不同的瓶、壶中的小空（空间）是没有区别的，因为它们都源自相同的虚空。所以，即使众多的小我存在于不同的身体之中，诸小我也是平等无差别的。

《入抉择吠檀多之真实品》第 10 颂前两句是佛教徒的质问：如果原人像虚空一样是唯一性的，原人也会像虚空一样变成多样的，因为虚空会随着不同形状的瓶子而变化，那么，原人也就会根据不同众生的相状而变成多样的。后两句是吠檀多派的回答：一个还没破碎的瓶子和一个已经破碎的瓶子中的空是没有差别的，也就是说，所有瓶中空在本质上都是无差别的，因为它们都源自且相同于外在的虚空；同理，内在于一切众生身体中的小我也是平等无差别的，即使众生的身体变化多样，诸小我也是平等无别的，因为不同的、多样的只是小我的表象，各个小我从本质上讲都等同于大我（原人）。[2] 这样就化解了小我的多样性与原人的唯一性之间的矛盾。

《入抉择吠檀多之真实品》第 11 颂把目光从瓶与虚空转向了瓶子

---

[1] 巫白慧[2007], p.110；*Āgama-śāstra* 3.6: rūpakāryasamākhyāś ca bhidyante tatra tatra vai/ ākāśasya na bhedo 'sti tadvaj jīveṣu nirṇayaḥ//

[2] 《入抉择吠檀多之真实品》：如果说：“即使你的虚空是唯一性，但根据大小等的不同的瓶，（虚空）是多样性的，我也与那（虚空）相似。”（回答：）这是不合理的，所有瓶（中）的虚空都是无差别的，一个已经破损的瓶的虚空和其他正在破损的瓶的虚空是没有差别的，所有瓶的虚空也是同样（没有差别）；如是，我在一切有身中也是没有差别的，所以即使有身多样，我在一切（有身）中也是平等的，因此，瓶空喻不是不能成立。（第 10 颂注释，253a7-253b2）

的构成，从质料因的角度发展了“瓶空喻”。偈颂的意思是：虽然瓶、壶等在外形、大小上有所不同，但是作为瓶、壶的质料因的泥土却没有任何差别；同样，众生的身体虽然有高矮胖瘦等各种不同，但是产生身体的我（原人）却没有任何差异。[1] 此颂与《圣教论》第 3.6 颂一样，都以强调瓶、壶等在外型、功能、名称等各方面的相异之处为开始，并以此喻指众生身体各有不同。两者粗看颇为相近，但实际上两者亦是形式、目的等完全不同的两个譬喻。第 11 颂与其说是“瓶空喻”不如说是“瓶土喻”，因为其中没有提及虚空，而是用泥土这一意象作为了替代。

综上所述，《入抉择吠檀多之真实品》第 9 颂与《圣教论》第 3.3、3.4 颂分别是各自“瓶空喻”的核心内容（狭义上的“瓶空喻”仅指这三颂）。虽然二者在表述上有不少相似之处，但实际上是两个完全不同的譬喻：前者重点在虚空，以区分大我（原人）与众生的不同，证明原人的唯一、遍在等特性为目的，没有涉及大我与小我的关系等问题；后者重点在虚空与瓶中空的关系，以解释说明大我与小我“同一不二”、小我源自大我又复归于大我的思想为旨趣。

《入抉择吠檀多之真实品》第 10 颂在《圣教论》第 3.6 颂抛开“不二”论的思想背景之后，与其含义基本一致，都说明了虽然各种众生的形态互不相同，但众生中的小我是平等无差别的。《入抉择吠檀多之真实品》第 11 颂与第 3.6 颂在文字表述上有所相似，但二者亦有重要区别：前者强调了原人（大我）的唯一性，后者突出的是小我的无差别性。

《入抉择吠檀多之真实品》第 12 颂与《圣教论》第 3.5 颂在文字表述和思想含义上都十分接近。但不同的是，前者佐证了原人（大我）

---

[1] 《入抉择吠檀多之真实品》：譬如，瓶和壶等互不相同的实有是存在的，但它们（瓶、壶）的质料因（泥土）是没有任何差别的，同样，天等的身体的差别虽然存在，但我是没有任何差别的。（第 11 颂注释，253b3-253b4）

的遍在性不会导致小我个性的混乱，后者说明了源自同一个大我的小我如何可以既具有自己的个性而又不与大我的特性相违背。

值得一提的是，《圣教论》第 3.7 颂用“瓶空喻”申明了虽然小我由大我变现出来，但是大我本身不发生任何变异的思想，[1] 但这一内容没有在《入抉择吠檀多之真实品》中找到相似表述。

所以，仅比较《入抉择吠檀多之真实品》第 9-12 颂与《圣教论》第 3.3-3.6 颂就说清辩采用了乔荼波陀的譬喻为时过早，尤其不能盲目判定《入抉择吠檀多之真实品》第 12 颂直接引自《圣教论》第 3.5 颂。《入抉择吠檀多之真实品》所用的瓶空喻最多在形式上与《圣教论》中的瓶空喻有些相似，但支撑这两种瓶空喻的理论基础却完全不同。[2]

（二）作者性与受者性

哲学性原人的特性主要是作者性和受者性。《入抉择吠檀多之真实品》以一个问句开启对这第三种原人的特性的描述：

> 在这些各自的相续中，乐和苦是如何产生的？（第 13 颂前言，253b7）

其中，“各自的相续”指的是不同的众生的身体，所以这句话问的就是：对存在于不同众生的身体中的原人来说，乐和苦是如何产生的？吠檀多派回答如下：

---

[1] *Āgama-śāstra* 3.7: nākāśasya ghaṭākāśo vikārāvayavau yathā/ naivātmanaḥ sadā jīvo vikārāvayavau tathā//; 巫白慧译：“犹如瓶里空非空，非空变相或肢体，个我绝非我变形，亦非此我之肢体。”偈颂的意思是，瓶中的小空不是大空本身改变了相状，也不是从大空分离出来的独立部分；同理，小我不是大我发生了形状和性质上的改变，也不是独立于大我的其他个体。参见巫白慧[2007], p.110。

[2] 本章第三节还结合《入抉择吠檀多之真实品》后分能破对“瓶空喻”的批判进一步考察了《中观心论》与《圣教论》记载的“瓶空喻”的异同点，并讨论了两部论著的关系等，参见后文，pp.287-294。

未觉悟故不知我，
犹如梦中享我慢，
积集行业并享受，
善与不善彼果报。（13）

尚未觉悟的缘故，不认识我的众生就像在梦中享受我慢一样，积集业并且享受这业的善与不善的果报。由此，原人也积集业并且享受业带来的善与不善的果报，这样的原人就是作者和受者。

但是，在佛教徒看来，这样的原人会因为制造罪恶和承受恶果而有缺点，即：

原人是作者和享受者，积集罪恶和福德并享受的缘故，罪恶等的作者是有缺点的。（第 14 颂前言，254a3-254a4）

这是针对吠檀多派的以下观点提出的，即吠檀多派认为作为绝对者的原人超越于轮回，不会有这些使自己堕落于轮回的缺点：

无贪着故依于身，
即便享受不被染，
犹如纵欲之国王，
彼并不被恶损害。（14）

偈颂的意思是：没有贪着的缘故，依止于身体的原人即使享受也不会被沾染；就像国王一样，即使纵欲，他也不会被恶所损害。

国王是最高的统治者和一切的主宰者，虽然享受各种事物但并不被任何外物所牵制，即使纵欲也不会受到惩罚。吠檀多派认为，原人像国王一样，可以享受对象但不被对象所污染，而且不属于“恶果的受器”，即不是承受恶果的载体，所以即使原人作恶，它也无须承担恶果。[1] 因此，作者性和受者性（享受性）并不会给原人带去任何过错而导致轮回。

由此可见，通过瓶空喻以及作者性与受者性的阐述得到充分表现的哲学性原人，作为《入抉择吠檀多之真实品》介绍的第三种也是最具抽象思维性的原人已经接近作为独立学派的吠檀多派的理论，与忠实于吠陀、奥义书的神话性原人和渊源于奥义书的思辨性原人有着很大的不同，甚至可以说从哲学思维的发展阶段来看有着本质的区别。

值得一提的是，《入抉择吠檀多之真实》前分所破所传的原人思想较少涉及《梵经》与《薄伽梵歌》的内容，或者说，前述丰富的原人思想几乎是直接从奥义书时期跳跃到了《圣教论》的年代。然而，后分能破在批判原人思想时提出并破斥的“二我说”、“不一不异论”等却与《梵经》、《薄伽梵歌》的思想直接相关。[2]

总体而言，《入抉择吠檀多之真实》所叙述的原人思想，很好地反映了公元五至六世纪流行于世的或被佛教徒所熟知的吠檀多派的学说理论。

第三节 对吠檀多派原人思想的批判

《入抉择吠檀多之真实品》后分能破主要围绕前分所破描述的原人思想来展开论述，以否定思辨性原人和哲学性原人为主，没有着力批判神话性原人，同时提出并批判了前分所破没有谈到的“二我说”、“不一不异论”、“平等无生说”等理论。此外，《入抉择吠檀多之真

[1] 《入抉择吠檀多之真实品》：虽然这（原人）依止于所有身体但是并不贪着，而且虽然享受各种对象但是并不被对象所沾染，那就像国王虽然如是享受欲望也不被外物所损害一样。因为这（原人）也是一切的主宰，所以虽然作恶，但是不存在恶果的受器中。（第 14 颂注释，254a4-254a5）

[2] 参见本章第三节，pp.297-318。

实品》对《入抉择数论之真实品》、《入抉择胜论之真实品》一直最为关注的解脱问题没有给予单独重点破斥，而只是穿插在对原人的种种批判之中。

一 批判原则

《入抉择吠檀多之真实品》后分能破第 1 颂即全品第 17 颂提出了这一品的批判原则，对后文的批判起到了指导性的作用：

> 不堕落于宗趣者，
> 对此亦应如是思，
> 贪着宗趣觉被缚，
> 不能得见如是谛。（17）

意思是：不堕落于宗趣的人们，对于这（吠檀多派的理论）应该这样再次考察；因为贪着于宗趣而觉被覆盖的人，看不见这样的真谛。

第 17 颂注释着重解释了“不堕落于宗趣者”的含义，因为只有这样的人才能看出吠檀多派学说的错误，生起真实的见地，即：

> 如果问：“谁能观察？”（回答：）那些观察自、他的宗趣合理或不合理之后不生起贪着、瞋恚的人。（第 17 颂注释，255a6）

这里的“自、他的宗趣”值得回味，这样说的目的是要强调不仅不能堕落于吠檀多派的学说，而且对于佛教的教义也不能执着，这是在批判数论派和胜论派时都不曾提出的十分客观的批判原则。

结合《入抉择吠檀多之真实品》第 76-95 颂对吠檀多思想和佛教教义的比较，[1] 可以看出本品后分能破一开始就提出不能贪着于“自、

---

[1] 详见本章第四节，pp.319-336。

他的宗趣”的主要原因可能是吠檀多派思想有很多与佛教义理相似的地方，或者用本品论主的话来说就是吠檀多派窃取了不少佛教的学说以为本派观点，因而对此必须进行严格区分。此外，只有依据佛教教义且不贪恋执着，才能真正观察到吠檀多派学说的谬误，并对佛教义理产生真正的信心，因为：

> 堕落于宗趣而根据有垢的心的话，对无过错的话语就不能生起信解，贪着于自宗的缘故。（第 17 颂注释，255a6-255a7）

所以，《入抉择吠檀多之真实品》的批判原则可以概括如下：对吠檀多派的错误思想不产生瞋恚，对佛教的正确见地不产生贪着，以一颗平常心去探寻真理，以客观中立的姿态破除谬误。这正是中观派中道精神的一种体现。

二　破见原人解脱

《入抉择吠檀多之真实品》前分所破在描述完每一种原人的特性之后都会指出“看见原人”后的瑜伽师所能获得的成就——解脱，这是本品所传的原人思想的一个共同点。解脱问题是吠檀多派试图通过原人理论想要解决的根本问题之一，[1] 所以本品后分能破首先批判了“看见原人获解脱”这种观点。

（一）破原人有

看见原人获解脱的前提条件是原人是真实的存在，《入抉择吠檀多之真实品》以此为出发点，指出原人是不存在的，那么，依靠虚幻的原人就不可能获得解脱：

---

[1] 参见《入抉择吠檀多之真实品》第 1 颂，本书 pp.226-227。

我有已经被遮断，
世界之因亦如是，
是故见此获解脱，
非真仅是虚妄想。（18）

意思是：我（原人）的存在性已经被否定，原人作为世界的原因也同样已经被否定；所以从看见原人而解脱是完全不可能的，仅仅是妄想而已。这一颂是针对前分所破第1颂作出的批判。

偈颂中的“已经”一词指的是《中观心论》(《思择焰》) 第三、六、七品中已经对数论、胜论等学派的我有论作了充分批判，[1] 所以这里不再重复论证原人的不存在，而是直接引用了前文的成果：

证明“我是有”是极其困难的，根据前面已经宣说的道理，“(我）有”不成立。(第18颂注释，255b1)

既然我（原人）不存在，那么根据看见原人而获解脱的说法自然也就不能成立：

（吠檀多派）根据不是真理的“看见那（原人)”，如何得到正确的解脱？就像不存在的兔角不可能成为所缘一样，根据“看见那（原人)”不可能解脱。(第18颂注释，255b1-255b2)

（二）“看见原人”增长萨迦耶见

吠檀多派所谓的“看见原人”不仅不能获得解脱，而且还会增长萨迦耶见，或者说“看见原人”本身就是一种萨迦耶见：

[1] 《入抉择吠檀多之真实品》：根据《探求真实之知品》以及对数论派和胜论派的真实的考察。(第18颂前言，255a7)

萨迦耶见俱生者，
旁生等都无寂静，
一切烦恼之根故，
汝却使彼获增长。（19）

偈颂的意思是：和萨迦耶见一起产生的（“看见原人”），使得旁生等都不能寂静（解脱），因为萨迦耶见是一切烦恼的根本，但那萨迦耶见却被你（吠檀多派）发展了。

萨迦耶见（satkāyadṛṣṭi），又译“有身见”，意为在五蕴和合的生命现象之中内含一常恒不变的生命主体，是被佛教大力批判的一种妄见。[1] 第19颂注释具体解释了“萨迦耶见”每个字的含义，辑录于下：

苦恼逼迫的缘故，积集坏灭之物就是“身”；那既是坏灭又是积集，所以是“有身”（satkāya）。贪着于那（有身）就是“有身见”，即在五蕴之中执着我和我所。（第19颂注释，255b3-255b4）

在佛教徒看来，不清楚认识萨迦耶见的错误和危害的人不可能获得解脱：

那（萨迦耶见）使从无始时以来被我执的习气所熏习的牛等各种旁生远离心的所行，不能认识那（萨迦耶见）的人就不能获得解脱。（第19颂注释，255b4-255b5）

---

1 《俱舍论》：“执我及我所是萨迦耶见，坏故名萨，聚谓迦耶，即是无常和合蕴义。迦耶即萨名萨迦耶，此萨迦耶即五取蕴。”（《大正藏》29, No.1558, p.100a1-a3）《大毗婆娑论》：“萨迦耶见，缘五取蕴计我、我所。如缘绳杌谓是蛇人，行相颠倒非无所缘，以五取蕴是实有故。”（《大正藏》27, No.1545, p.36a22-a26）

那么，为什么萨迦耶见会阻碍解脱？

> 因为（萨迦耶见）是一切烦恼的根本，即具有我慢、我痴、我见、我爱等烦恼者就是“萨迦耶见”。那（萨迦耶见）被你极度增长的话，如何从其获得解脱？（第19颂注释，255b6-255b7）

此外，贪着于萨迦耶见的人还往往把轮回当作解脱，这样就会永恒流转于无穷无尽的轮回：

> 贪着萨迦耶见者，
> 以及我执我所执，
> 纵使由此生轮回，
> 也被说成是解脱。（20）

对于贪着萨迦耶见、执着我和我所等的人们来说，即使由此进入轮回，也被说成是解脱。这在佛教徒看来是一种巨大的错误，将永世不得超脱。因为佛教认为萨迦耶见是导致轮回的原因之一，根据萨迦耶见去寻求解脱就像用更多的柴薪去熄灭熊熊燃烧的大火一样，只会使得轮回更加没有终结，而只有破除了萨迦耶见才能看见真实、获得解脱：

> 一切智者说：“摧毁‘色是我，我有色，色是我所，我在色中；受是我，我有受，受是我所，我在受中’等等二十种萨迦耶见的高峰之后才能看见真实。”颠倒见者因为被我执和我所执的邪魔所摄而心被牵引，你所谓的“轮回增长就是解脱的因”就像为了熄灭熊熊燃烧的火，却带去更多的柴薪一样。（第20颂注释，256a1-256a3）

这段话中提到的“色是我”等二十种萨迦耶见在《大毗婆娑论》中也有见到：

> 此二十句萨迦耶见，几我见几我所见耶？答：五我见，谓等随观色是我、受想行识是我。十五我所见，谓等随观我有色、色是我所、我在色中、我有受想行识、受想行识是我所、我在受想行识中。[1]

《入抉择吠檀多之真实品》和《大毗婆娑论》中有关萨迦耶见的这种分类法是分别缘于五蕴而论的，即先以色蕴而言，分为四句：第一句为“色是我”，第二句是“我有色”，第三句为“色是我所”，第四句是“我在色中”，受、想、行、识四蕴和色蕴一样也分别有四句，由此总共构成二十句。另外，根据《大毗婆娑论》，萨迦耶见如果分别缘于二见（我、我所）、三界、五蕴、九地、十二处、十八界等的话，就有一句乃至九三六句的分类；而如果以相续、世、刹那等法相加以分别的话，就有无量无数的萨迦耶见。[2] 萨迦耶见的危害由此可见一斑。

所以，“看见原人”因为会增长萨迦耶见就只能使人陷入更深的轮回，而不可能把人们带向解脱。但吠檀多派并不屈服于上述破斥，提出了如下反驳：

> （我见）即使不是寂灭的原因，也能通过一些方法而成为寂灭的原因。就像对于因为饮酒过度而醉倒的人来说，依赖于酒性也是有好处的一样，不通晓方便的人依赖于我见虽然会生起烦恼，但是用一些瑜伽的方法，通过修习这种我见的本性就能灭除

---

[1] 《大正藏》27, No.1545, p.36a26-a29。

[2] 参见《大正藏》27, No.1545, pp.36a26-37c5。

烦恼。（第 21 颂前言，256a3-256a5）

这里的“我见”就是“看见原人”之见。在佛教徒看来，吠檀多派的“看见原人”本质上就是对我的一种执着，是一种“我见”。

对此，第 21 颂用消化不良病人的譬喻破斥了吠檀多论师提出的上述“我见”与饮酒喻：

如若寂灭彼见中，
犹如用酒来醒醉，
如是不消化病人，
吃食应复得安乐。（21）

如果寂灭（解脱）能够存在于这种我见之中，就像用更多的酒来清醒醉酒一样，那样的话，消化不良的病人也能因为吃更多的食物而病情有所好转，这显然是违背常理的推论，所以解脱根本不可能存在于任何“我见”之中，也不可能通过“我见”而获得解脱。

第 21 颂注释则是直接否定了吠檀多论师提出的所谓“也能通过一些方法而成为寂灭的原因”：

“通过任何（办法）损害某物，此物的本性就寂灭”是一种不正确（的说法）。（第 21 颂注释，256a5-256a6）

寂灭不是毁灭，用损害的办法只能消除事物的外缘，使事物丧失某些外在特性，而不能使其有一种脱胎换骨的彻底转变，即不能改变事物的本性。用更多的酒来醒酒、给消化不良的病人吃更多的食物等等方法，都只能导致更严重的后果。只有真正地对症下药，勤修正道才能摆脱痛苦、趋向解脱。[1]

以上，就是《入抉择吠檀多之真实品》从原人的不存在、看见原人增长萨迦耶见两方面，对吠檀多派的“见原人解脱”这一主张的批判。

三　破思辨性原人

《入抉择吠檀多之真实品》后分能破将近一半的篇幅紧紧围绕前分所破第5-16颂的内容，对其中谈及的思辨性原人和哲学性原人的特性进行了一一破斥，首先来看对思辨性原人的批判。

（一）破唯一性

吠檀多派关于原人是唯一的特性在第5颂中已经有所叙述，后分能破重复了这一观点：

> 遍在于一切身体中的缘故，那（原人）是万物的唯一的我。（第48颂前言，262a7-262b1）

对此的批判如下：

> 无论损减与饶益，
> 苦乐并不会产生，
> 故彼我是此非理，
> 犹如提婆舍摩空。（48）

[1] 《入抉择吠檀多之真实品》：如果说：“以毒攻毒不是也有好处吗？”（回答：）所谓“以毒攻毒”也是不正确的，而结合使用宝石、真言、药等才是正确的，同样，勤修道是善好的，而（修习）我见不是。（第21颂注释，256a6-256a7）

偈颂的意思是：当甲损减或饶益的时候，对乙来说并不产生苦或乐，所以说那甲的我是乙的我是不合理的，就像说虚空是提婆舍摩的我是不合理的一样。

这里包含两层意思，第一，即使有所谓的原人存在，那原人也不可能具有唯一性，不可能成为万物的唯一的因。因为原人是唯一性的话，就会与我们所见的现实相矛盾，在现实中，甲的得与失只会给甲带来乐与苦的感受，而不会在乙身上产生苦乐感受。所以，甲的原人不同于乙的原人，这样就至少有甲和乙两个不同的原人而否定了原人的唯一性。

其次，原人的常住不变性也将导致原人不可能是唯一性的，如注释所述：

> 如果身体被地狱等苦损害的时候，我也被损害；而（身体）享受天界等乐的时候，这（我）也同样获得益处的话，所谓“这（我）是万物的我”是合理的。但是，因为这（我）是常住不变性的，所以不会因为乐和苦而（益）损，这样的话，怎么能说“（甲）我是（乙）我”？（第48颂注释，262b1-262b3）

此外，原人不观待于外物的特性也决定了原人不能具有唯一性：

> 不观待于外物故，
> 不二唯一不合理，
> 若与一性合故一，
> 合则唯它无其余。（71）

这一颂前两句的意思是：唯一相对于多数才能成立，没有与其他事物的比较就无法判定某物是唯一的还是多数的。

所以，如果吠檀多派认为原人不观待于其他事物的话，就无法与其他事物相比较而得出唯一性。注释用了一个十分贴切的譬喻来说明这一道理：

> “不二的唯一”就像在很多穷人中间，人主是“唯一”，观待于外面的众人，所以可以说主人是唯一的。但是，我存在于内外一切事物中的话，观待于什么而成为一性？（第 71 颂注释，267a4-267a5）

第 71 颂后两句则再次解释了什么是唯一性，并强调吠檀多派的原人不可能具有这样的唯一性。具体来说，吠檀多派认为“与数字一相结合，所以（我）是一性”（第 71 颂注释，267a5），但与此同时认为除了原人之外不存在其他的一。然而，如果除原人之外不存在其他的一的话，那么这样的原人就无法与“一”相结合而使自己成为唯一性，就像手指本身不可能触碰到它自己的指尖一样。[1]

吠檀多派不屈服于上述几个不同角度的批判，提出了一个新的观点来证明原人的唯一性：

> 虽然施设境和有境的本性是多性的，但是通过否定那（多性）就可以说我是唯一性的。（第 72 颂前言，267a7）

对这一说法的批判如下：

> 如若多性是施设，
> 消除彼即是一性，

[1] 《入抉择吠檀多之真实品》：如果（吠檀多论师）说：“与数字一相结合，所以（我）是一性”的话，（回答：）除我之外的其他“一”是不存在的，所以那（我）如何与那（一性）结合？就像手指本身不可能触碰到它自己的指尖一样。（第 71 颂注释，267a5-267a7）

施设乃是世俗故，
一性不是真实有。（72）

如果吠檀多派认为原人的对象等具有的多性是施设性的，去除这种多性就可以获得唯一性的话，因为施设性仅仅是世俗性的，那么去除世俗性的多性得到的只能是世俗性的唯一性，而不是胜义的（真正的）唯一性。在胜义中，既然没有原人就更不可能有原人的唯一性。[1]

（二）破不死性

原人的不死性在《入抉择吠檀多之真实品》第 6 颂及其注释中有所说明，后分能破没有再重复叙述吠檀多派的观点，而是对原人的不死性直接进行了批判：

禅定智等若被许，
别义之我为解脱，
精进乃是无我义，
死性如何变不死？（49）

这句偈颂需要结合注释来理解：

从前，这“个我”是死性的时候，为了获得不死，修行禅定的智慧，以“最高我”为努力的目的，但是没有实现。死性是不变的缘故，（死性）如何变成不死性？自性不会损减的缘故。如果（吠檀多论师）说：“舍弃死性之后就趋向不死性”的话，那么就会产生（原人是）无常等的各种错误。（第 49 颂注释，262b4-

[1] 《入抉择吠檀多之真实品》：一性的本性是不存在的，所以那所谓“一性”只是假名施设而已，而那施设在胜义上就不是一，因为施设只是世俗性的。（第 72 颂注释，267b1-267b2）

262b6）

意思是，如果吠檀多派认为原人的自性是常住不变的话，那么死性与不死性这两个相矛盾的特性间就不能相互转化，即具有死性的原人不可能通过修习禅定等等获得不死性。[1]

《入抉择吠檀多之真实品》第49颂注释中出现了吠檀多派两个重要的概念——“个我”和“最高我”，而且个我和最高我分别是原人在系缚轮回和解脱状态时的称呼。从第49颂可以看出，吠檀多派把个我看作是死性的，把最高我当作是不死性的，通过修行就可以舍弃死性趋向不死性，也就是实现个我向最高我的转化。但是，在佛教徒看来，能够产生这种变化的原人就不是常住的，这样就会与吠檀多派规定的原人的基本特性——常住性——相矛盾，所以原人的不死性不能成立。

（三）破大威德性

《入抉择吠檀多之真实品》针对原人的大威德性的批判比较简单，只是在第56颂中针对第7颂有关大威德性的描述，从最高级别的概念只有相对于低级别的概念才能成立的角度，指出原人具有种种大威德性（最无上性、最殊胜性、最细微性）是错误的：

首要性与最胜性，
观待其他才被许，
道理生而不丧失，

[1] 乔荼波陀在《圣教论》中也多次表示“死性”与“不死性”之间是不能相互转化的，如《圣教论》3.21：“不死不会变有死，有死亦不变不死，自性变成为他性，是事决不会发生。”（*Āgama-śāstra* 3.21: na bhavaty amṛtaṃ martyaṃ na martyam amṛtaṃ tathā/ prakṛter anyathābhāvo na kathañcid bhaviṣyati//）；参见巫白慧[2007], pp.123,147。

一性之中如何许。(56)

偈颂的意思是：首要性和最胜性只有观待于其他事物才能被承认，这种道理产生而不丧失，首要性和最胜性在唯一性之中如何能被承认？具体来说：

> 说“这是重要的，这也是重要的，这两个或者这些都不是首要的，除此之外才是最首要的”是合理的。同样，比多数低劣之物优秀就是所谓“最胜”，即（首要性和最胜性）是观待于其他非首要和非优胜的。(第 56 颂注释，264a1-264a2)

如果原人是唯一的，而且遍在于一切、不异于一切事物的话，原人就没有可以用来比较的对象以体现自己的首要性、最胜性等等最高级别的特性。[1] 因此，吠檀多派给原人规定的种种特性是相互矛盾的。

（四）破摄取三界性

摄取三界性用吠檀多派的话来说就是“动和不动的一切生物都属于‘我’本身的范围”（第 8ab 颂注释，253a3），也就是“一切已生、正生、将生都是原人”（第 58 颂前言，264a2-264a3）的意思。[2]

《入抉择吠檀多之真实品》没有直接批判这一观点，而是指出：

实有之依合道理，
我与实有不相应，

---

[1] 《入抉择吠檀多之真实品》：那我是首要者或最胜者成立的话，不异于一切事物的缘故，这（我）观待于其他什么事物而成为首要者和最胜者？（第 56 颂注释，263b5-263b7）

[2] 《入抉择吠檀多之真实品》第 4 颂曾提出与“一切已生、正生、将生都是原人”相同的论点：“已生正生和将生，承许一切是原人”。第 4 颂及其注释没有涉及原人的实有性问题，而是以神话传说来解释原人是如何遍在于一切、成为万物的作者的，因此与第 58 颂再次提出这一观点的语境和目的都不相同。

如同空华不生故，
无论如何不是依。（58）

意思是：凡是实有物都有能依和所依的本性，所谓依止关系只有对于实有物来说才是合理的；但是，按照吠檀多派给原人设下的定义，原人是不生的，不生之物就像空华一样没有能依和所依的本性。所以，原人与实有物的特性不相应，即原人不可能具有实有性。[1]

然后就可以从原人不具有实有性推导出：世俗中的一切已生、正生、将生之物都不是从原人产生的，因为一切能生之物都是实有物。不生的原人不是能依的话，万物也就无所谓是所依了。[2] 由此，所谓“动和不动的一切生物都属于‘我’本身的范围”这种摄取三界性就不能为原人所具有了。

《入抉择吠檀多之真实品》还批判了由原人的摄取三界性推导出来的“凡圣以及旃陀罗，婆罗门众亦等同”（第 8cd 颂）的观点：

凡愚等非无差别，
无理由且无喻故，
若我根据唯一性，
众多错灾则产生。（60）

凡人、圣者、愚人、智者等等都不是无差别的，（吠檀多派的论证）没有理由、没有譬喻的缘故；根据唯一性的话，很多错误灾难就会产生。

---

[1] 《入抉择吠檀多之真实品》：实有是存在的话，就有能依和所依的本性，譬如说“水面有果子，树上有鸟巢”。我是实有是不成立的，不生的缘故，就像空华一样。（第 58 颂注释，264a3-264a4）

[2] 《入抉择吠檀多之真实品》：（佛教徒）认为：“能依不成立的话，什么与所依结合？”（第 59cd 颂前言，264a4-264a5）

所谓："凡愚、贤圣、旃陀罗、婆罗门等都是平等的。"那最高我不成立的话，那凡愚等是无差别的依据是什么？常住、遍在于一切、唯一（的原人）没有其他同类的事物，所以这里也没有譬喻；因此（佛教徒）认为"凡愚等无差别是不成立的"。（第60颂注释，264a6-264b1）

错误灾难主要指这样的原人会导致世俗世界的种种错乱：

乐与苦之享受者，
彼获解脱亦解脱，
彼被系缚亦系缚，
彼受苦难亦苦难。（62）

如果原人既具有摄取三界性又是唯一性的话，那么某个人解脱的时候，另一个苦乐的享受者也应该解脱；某个人被系缚的时候，另一个苦乐的享受者也应该被系缚；某个人受苦的时候，另一个苦乐的享受者也应该受苦。

用第62颂中的譬喻人物来说就是，如果原人具有摄取三界性和唯一性的话，那么，弥勒和旃勒就应该同甘共苦、同系缚、同解脱。[1] 这显然与我们所见的现实不符，所以，原人的摄取三界性与唯一性相矛盾而不能成立。

综上，通过指出吠檀多派规定的原人的各种特性之间的矛盾含义，思辨性原人也就被破除了。

[1] 《入抉择吠檀多之真实品》：我是唯一性的缘故，旃勒的我享乐的时候，弥勒的我也应该享乐；旃勒的我解脱的时候，弥勒的我也应该解脱；弥勒的我被系缚的时候，旃勒的我也应该被系缚；旃勒的我受苦的时候，弥勒的我也应该受苦。（第62颂注释，264b5-264b6）

四　破哲学性原人

《入抉择吠檀多之真实品》前分所破在介绍哲学性原人时主要围绕瓶空喻和原人的作者性、受者性展开，没有关注原人的“觉性”（知性）问题。后分能破却与批判数论派的人我论和胜论派的我论一脉相承，把原人的觉性当作其最主要的特性加以批判。这可能是因为在佛教徒看来，觉性（知性）是人我、我、原人等成为精神性存在并认知外界对象的最关键属性：作为一个统摄万物的绝对存在者必须首先具备觉性，没有觉性的绝对存在者就会等同于一般的物质性存在，即会丧失作为支配者、主宰者等的意义与价值。

（一）破觉性是原人的自性

《入抉择吠檀多之真实品》第38颂前两句转述了吠檀多派的观点——“觉性是原人的自性”，后两句则是对这一观点的批判：

若许我之自性者，
实乃觉之自性者，
观待作具等缘故，
是则此一不合理。（38）

如果认为“觉性是原人的自性”的话，那么，吠檀多派之前说的原人的唯一性就是不合理的，因为觉性需要观待于无知的作具才能被体现出来，而唯一性的原人不观待于其他任何事物。换句话说，如果原人具有觉性的话，这样的原人需要依靠眼睛等等无知的作具才能体现出其觉性——认识外界的能力，这就会与吠檀多派给原人规定的唯一性相矛盾，因为原人一旦观待于他物而存在，就不再是唯一性的原人了。[1]

[1] 《入抉择吠檀多之真实品》：如果这我从前以来就是一种觉自性的话，为什么观待于眼等各种作具？

然而，在吠檀多派看来，觉性只不过帮助原人认识外界，一旦实现了认识目的，觉性就不再起作用，所以觉性不需要依靠无知的作具来体现，而是有其自己的规则，与无知的作具没有必然联系：

如果（吠檀多论师）说："实现目的之后，觉就不再认识对象了；譬如，为了看到欲望的对象显现，用拿着的灯去看事物，（看见）之后，就不再需要拿着（灯）了。"（第39颂注释，260b7）

也就是说：

这就像灯一样，解脱的时候不再活动。（第39颂注释，261a2）

这种说法并不被佛教徒所认可，因为：

我等所知存在时，
彼觉并不会止息，
义已成办之油灯，
仍被见从自因生。（39）

偈颂的意思是：只要有原人的认识对象存在，那原人的觉就不会止息，就像对于虽然已经完成目的的灯来说，灯的功能还是被看到从灯自身的因等继续产生。也就是说，即使灯实现了照明的目的，但是由于油和灯芯等自身的相续还在不断产生，灯就不会熄灭。所以，吠檀多派用灯照事物的譬喻来说明觉实现对原人的辅助作用之后就不再

而且说"如果没有眼等（作具）的话，这种觉性就不可得。"不同于作具等的其他不可得的缘故，（否则）就损害（原人的）唯一性，即与（吠檀多派）的宗趣相违背。（第38颂注释，260b5-260b6）

活动，即原人实现目的之后就不再需要依赖于作具是不合理的。[1]

此外，从轮回、解脱的角度来看，原人也不可能具有觉性：

只要有中觉产生，
种子就会被积集，
犹如只要有声出，
同样就会有回声。（40）
智者如何入轮回？
无有作具如何觉？
恒常无有分别故，
如何系缚如何脱？（41）

这两颂意为：只要轮回中有觉产生，烦恼的种子就会积集，就像只要发出声音，就会产生回声一样。对于智者来说，轮回的时候，尚未觉悟的原人如何具有觉性？[2] 而解脱的时候，由于没有作具可以依止，所谓的觉将如何产生？[3] 此外，因为原人在任何时候都是无分别性（唯一性）的，这样的原人怎么可能还有系缚和解脱的区别？换句话说，常住、唯一的原人就像虚空一样是没有系缚和解脱可言的。[4]

《入抉择吠檀多之真实品》第43颂进一步分析了觉与作具、作者

[1] 《入抉择吠檀多之真实品》：这（比喻的）构成是不相似的，譬如，灯实现目的之后，油和灯芯等自身的相续还在不断产生，具有这种性质的时候（灯）不会熄灭。同样，虽然目的已经实现，但是看见我遍在于一切认识的众生之中，所以（觉）并不止灭。（第39颂注释，260b7-261a2）

[2] 《入抉择吠檀多之真实品》：譬如，只要发出声音就会有回声产生，不发出声音的时候回声也就不会产生。同样，没有所知的话，觉也就不会生起；任何时候只要心和心所缘取我，那么种子就会积集。（第40颂注释，261a2-261a3）

[3] 《入抉择吠檀多之真实品》：另外，原人解脱的时候，由于不依赖作具，觉如何产生？（第41颂注释，261a4）

[4] 《入抉择吠檀多之真实品》：而且，这个原人在一切时中是常住的、是唯一性的缘故，就像虚空一样，对于这样（的原人）来说系缚和解脱如何可能合理？（第41颂注释，261a4-261a6）

之间的关系：

衰败以及不生觉，
无有作具如何知？
犹如砍者满愿子，
斧头无则不合理。（43）

衰败的觉和不生的觉，如果没有作具的话如何被认识？就像被称为砍者的满愿子，如果他没有用斧头砍的话，称他为“砍者”就是不合理的。[1] 所谓觉性与“砍者”这一称谓一样，必须要依靠原人这一中介，通过无知的作具才能成立，缺乏作者和作具中的任何一项的觉性都不能被称为“觉性”。所以，觉性并不是原人的自性。

吠檀多论师用“原人用火烧”这一譬喻来反驳“犹如砍者满愿子”：

譬如，即使是火烧，也说“原人用火烧”，同样，即使是觉认识，但是说“原人认识”而不是觉（认识）。（第 43 颂前言，261b2-261b3）

意思是：虽然觉不被言语表述出来，但事实上觉承担着原人认识外界的实际功能，所以觉并不需要原人观待于作具来体现，而是本来就存在于原人中的自性。这种说法显然不为佛教徒所接受，理由如下：

叙说用火烧之时，

[1] 《入抉择吠檀多之真实品》：因为这（我）的眼等的觉看不见事物，所以（知）不生，而且产生和衰败的时候，（说）这就是觉本身也是不合理的。就像叫做“满愿”（的人）砍树的时候，没有用作具斧头而说他是“砍者”是不合理的一样。（第 43 颂注释，261b1-261b2）

是火烧非作者烧，
如是说用觉认识，
是觉识非原人识。（44）

针对“原人用火烧”这一说法，佛教徒认为，说“用火烧”的时候，实际上是火烧而不是作者（原人）烧；同样，说“（原人）用觉认识”的时候，是觉认识而不是原人认识。这样的话，“原人用火烧”这个譬喻只能导致吠檀多派的原人与觉的相互独立，也就是自己能产生认识作用的觉没有必要也不可能成为原人的自性。[1]

对此，吠檀多论师提出了一种更加诡辩的说法来反驳：

譬如，陶师即使不做瓶的时候也能被称为“陶师”，火即使不烧木的时候也能被称为“能烧者”；同样，原人即使不观待于作具，也应说“具有觉的本性”。（第 45 颂前言，261b5-261b6）

这一反驳否定了佛教徒关于觉必须是原人依赖于作具时才体现出来的观点。第 45 颂分析了吠檀多派所用的“陶师喻”和“燃烧喻”：

陶师喻彼不成立，
是故此无彼自性，
如烧者证不被许，
所烧无时火无故。（45）

偈颂的意思是：像陶师一样，那是不成立的，所以这原人没有觉

1 《入抉择吠檀多之真实品》：应该如下确定思考，即，说“用火烧”的时候是火本身（烧）还是天授（烧）？其中，这“烧”是存在于火中而不是（存在于）烧者中。同样，说“用觉认识”是觉本身认识而不是原人（认识）。因此，（吠檀多派）所说的火的譬喻的意义不能成立。（第 44 颂注释，261b3-261b5）

的自性；像能烧者一样的证明不被承许，因为所烧（如木）没有的时候火不存在。偈颂过于简单，第45颂注释对这两个譬喻有详细说明，值得一读：

> 任何时候，这（人）只要在做瓶，那时称为“陶师”就是合理的。这（人）能做瓶且瓶被做成的缘故，“陶师”这个称呼本身是假名施设而不是陶师的自性。同样，任何时候，只要火烧木，那时称为“能烧者”就是合理的假名施设，但是烧完变成灰的状态的时候，火的本性就没有了，所以“能烧者”就不成立了。（第45颂注释，261b6-262a1）

由此，通过否定陶师喻和燃烧喻，可以得出以下结论：原人依靠眼睛等作具进行认识外界对象的活动时，说原人具有觉性是合理，但其中的原人和觉性都是世俗谛意义上的假名施设，并不是真正的存在。而原人没有依靠作具或者不活动的时候，说原人具有觉性是不合理的，觉性在此时对于原人来说纯粹是一种虚妄的、多余的概念而已。因此，吠檀多派所谓的“原人具有觉的本性”是不成立的。[1]

吠檀多论师拿出自己的“圣言量”[2]来做最后的反抗：

> 即使（原人）是非觉的本性，接近作具的时候也会变成觉的本性。（第46颂注释，262a3）

吠檀多派虽然已经不得不承认原人的本性是“非觉”的，但是提

---

1 《入抉择吠檀多之真实品》：同样，原人依靠作具而有活动的时候，（说原人）具有觉的本性是合理的，除此之外是非觉的本性，仅仅施设为觉性而已。（第45颂注释，261a1-262a2）

2 《入抉择吠檀多之真实品》：（吠檀多论师反驳：）对于（原人）不是觉（这种说法），仅仅根据圣教就知道是不成立的。（第46颂前言，262a2）

出了原人接近作具能够变成觉性的理论。对此，第 46 颂用了两个问句来责难：

汝怎知道非觉者，
非是作者享受者？
仅据经教如何知，
如同虚空无分别？（46）

偈颂意为：你（吠檀多派）怎么知道非觉的就不是作者和享受者？仅仅根据经教（āgama）如何认识（原人）如同虚空、是无分别的？

按照吠檀多派的观点，没有觉性的原人就不可能成为作者和受者，因为非觉的原人与无知者无异，不能进行活动并享受果报。此外，原人与虚空相似、无分别的特性也与原人是作者、享受者的属性相矛盾，因为虚空既不是作者也不是受者，而且作者和享受者本身都具有分别的特性。用《思择焰》的话来说就是：

这样的话，在初有（即最初的轮回）之前因为作具不产生，所以（原人）是非觉的本性，那么就像在石头上雕刻或者画画一样，依靠无意识，多种"有"的本性如何成为产生各自差别相的作者？没有意识的缘故，（原人）成为享受者是不合理的，一切对象都是觉的所作的缘故。此外，根据你说的"（原人）和虚空相似，是无分别的"，那样就否定了（原人）是作者和享受者。（第 46 颂注释，262a3-262a5）

针对上述问难，吠檀多论师的回答是：

根据我的圣典能成立。（第 47 颂前言，262a5）

这正好给了佛教徒一个否定吠檀多派圣典（āgama）的机会：

（你的圣典）仅仅是违背正理的圣典而已，不是正量，只根据圣典是不能证明所希求的意义的。（第 47 颂前言，262a5-262a6）

所以，原人与觉的关系只能如下所述：

非觉与觉非自性，
或者此是无自性。
无自性物非是我，
此即如同石女儿。（47）

觉和非觉都不是原人的自性，或者说原人是无自性的；无自性的东西就不能成为绝对存在者，因为无自性之物就像石女儿一样是虚妄的。[1]

所以，不仅觉不能成为原人的自性，非觉也与原人无关，因为原人归根结底是无自性之物，无所谓觉与非觉。这样不仅比较彻底地否定了“觉性是原人的自性”的观点，同时亦否定了原人的任何自性。

（二）破瓶空喻

“瓶空喻”是《入抉择吠檀多之真实品》前分所破重点描述的理论之一，吠檀多派通过瓶空喻证明了哲学性原人的存在，同时阐述了原人唯一、平等、遍在于一切等的特性。后分能破第 63-67 颂针对第 9-12 颂提出的瓶空喻，围绕把原人比喻为虚空的论证，否定了原人与

[1] 《入抉择吠檀多之真实品》：如果说：“这既不是非觉也不是觉性。”（回答：）那么这就成为无自性的。因为那无自性不可能成为我，就像石女儿一样，即譬如石女儿是非觉的本性还是觉的本性都是不能被观察到的。（第 47 颂注释，262a6-262a7）

虚空的相似性，批判了哲学性原人。

后分能破以吠檀多论师之口再次提出“瓶空喻”来展开佛教与吠檀多派有关原人的辩论：

> 即使大种等的依性、凡愚等的无差别唯一性只是我（吠檀多派）的假设，（这种假设）也不会有过错；就像我说的双方共同承认的瓶空喻一样。（第63ab颂前言，264b6-264b7）

“大种等的依性”意为万物是原人的所依，因为一切皆产生自原人；“凡愚等的无差别唯一性”指贤人、愚人等个我都源自同一个唯一的原人，因而本质上讲都是平等无差别的。这里的“瓶空喻”指前分所破已经详述的“瓶空喻”，[1] 吠檀多论师认为这一“瓶空喻”是论辩双方共同承认的，因此可以直接用来证明其我论的合理性。

然而，佛教徒不认可“瓶空喻”，并由此推翻了吠檀多派的我论：

> 瓶空喻故不可能，
> 一切万物彼不生，
> 由此虚空存在性，
> 唯一性均不成立。（63）

偈颂的意思是：根据“瓶空喻”是不可能的，对于一切万物来说也是不存在的；所以虚空的存在性和唯一性都是不成立的。

佛教徒的观点与吠檀多论师正相反对，即认为“瓶空喻”不是论辩双方共同承认的，“瓶空喻”不能证明吠檀多派的我论。这里，事实上没有直接批判“瓶空喻”，而只是破斥了其中的“虚空”，“不许虚空存在性”是否定原人的根本理由。但是，吠檀多派却认为：

---

[1] 参见本章第二节，pp.253-262。

（虚空）是有自性的实有而且是存在物的所依，不同于那（虚空的）其他事物都是能依。（第 64 颂注释，265a5-265a7）

《入抉择吠檀多之真实品》采用了经量部（Sautrāntika）[1]对虚空的看法：

根据经量部的观点“只要不存在有质碍的实有物就是虚空”。（第 64 颂注释，265b2-265b3）

具体来说，虚空不是实有物，因为虚空中连极微都不能存在，更不用说其他任何有质碍的实有物存在于虚空中。虚空只能是实无，即无自性，而且是观待于有质碍的实有物才能存在的实无，因而虚空还是无常的。[2]

吠檀多论师巧妙地利用了佛陀的言教来进行反驳：

如果（吠檀多论师）说：“这样，虚空是完全不存在的话，为什么你的祖师佛陀说‘那（虚空）是风的所依’？”如果问“为什么？”（吠檀多论师）说：“（佛经中）不是这样的吗？‘（婆罗门）问：乔达摩，地依于什么而存在？’‘婆罗门，地依于水而存在。’‘水依于什么（而存在）？’‘水依于风（而存在）。’‘风依于什么（而存在）？’‘风依于虚空（而存在）。’”的话，那部经中还如下确定地宣说：“（婆罗门）问：‘乔达摩，虚空依于什

[1] 经量部：又作说经部、经部，公元 100 年左右从说一切有部分出，主张以经藏为中心，与说一切有部并为小乘佛教的代表。

[2] 《入抉择吠檀多之真实品》：另外，这经（量部）的意趣如下：在那具有质碍的实有，即山和树等存在中是不能施设虚空的，没有任何有质碍的实有才称为“虚空”，（虚空）只是实无，那（虚空）中连极微都不存在。因为那（虚空）观待于实无而有观待性的缘故，就像长短一样，这（观待性）是不确定的缘故，所以（虚空）是无常性的。（第 64 颂注释，265a4-265a6）

么（而存在）？’‘婆罗门，最极超过，这种问题的尽头（你）是很难理解的。’”（第 64 颂注释，265a7-265b2）

这段对话出自何处目前难以断定，称友（Yaśomitra）在其《俱舍论疏》中引用过的几乎相同的经文。此外，商羯罗也对类似的佛教思想提出过质疑。[1]

根据佛陀的上述言论，吠檀多派反问道：

虚空是无色、不可见、无质碍的话，那（虚空）依于什么而存在？（第 64 颂注释，265b2）

对这一问难的回答如下：

然而，（虚空）依于光而施设称为“虚空”，因此，（虚空）是无色、不可见、无质碍性、无所依性的，所以宣说“虚空是实无性”的，即是依于光的施设，而施设仅仅是世俗谛的，因此，称为“虚空”的实有是绝对不存在的。（第 64 颂注释，265b2-265b3）

虚空的实无性是就胜义谛层面说的，而其显现为有（存在）则是世俗谛的假名施设。所以，即使虚空可以具有如吠檀多论师所说的唯一、遍在等特性，这样的虚空也能只是存在于世俗谛的假名施设而已，在胜义谛上称为实有的虚空是绝对不存在的。

此外，《入抉择吠檀多之真实品》还批判了吠檀多派“虚空具有无障碍的特性，是‘给予空间者’且具有那（给予空间者）的果。”（第 65 颂注释，265b5）的观点，进一步说明原人与虚空并不相似，瓶空喻不能证明原人的存在及其特性：

---

[1] 详见中村元[1989a], pp.329-330；Qvarnström[1989], pp.120-121。

是故虚空非无障，
非是空间给予者，
说彼因是彼有时，
因却不能被成立。（65）
虚空是有不被许，
因无所取之缘故，
是故如同石女儿，
彼应不是唯一性。（66）

这两颂意为：虚空不是无障碍的，虚空不是空间的给予者，说那虚空是存在的因的时候，理由实际上是不成立的；虚空不被认为是存在的，因为没有能产生虚空的因，虚空就像石女儿一样，所以虚空不具有唯一性。

虽然《入抉择吠檀多之真实品》在某种程度上承认世俗谛中的虚空，但同时认为世俗谛中存在的虚空就是一般意义上的没有质碍物存在的空余的空间，也就是没有障碍的空间，而吠檀多派认为原人是遍在于一切、常住的，所以世俗中的虚空与原人并不相似。

另外，因为虚空本身就是空余的空间，所以虚空不能再给其他事物以空间，也就是说虚空不是空间的给予者（非作者），而吠檀多派认为原人是作者，从这一点看，虚空与原人也不相似。所以吠檀多派基于瓶空喻（虚空喻）的论证不能证明其原人的特性。[1]

由此，“实有、常住、遍在于一切的我是一切万物的所依，与虚空相似”（第 66 颂前言，266a1）这种说法不能成立。换句话说，吠

[1] 《入抉择吠檀多之真实品》：如果（吠檀多论师说：）“虚空是存在的，具有无障碍的特性的缘故，或者具有给予空间者的果的缘故。不存在的兔角等既没有无障碍的特性也不能给予空间。虚空因为有无障碍的特性和给予空间的果，所以是存在的。”那样说的这些因是随一不成的，因为我们认为虚空的确与实有物相违背。（第 65 颂注释，265b5-266a1）

檀多派对虚空的认识是错误的，虚空不具有实有、常住、遍在等的特性，与原人不相似，用这样的虚空去证明原人的存在及其特性是错上加错。

此外，后分能破还批判了前分所破在描述“瓶空喻”时穿插的“瓶土喻”——“譬如，瓶等是有差别的，但是土本身完全没有差别。”（第 67 颂前言，266a5）

瓶等色形之泥土，
泥土种类是一性，
壶等之中相互别，
故我非是唯一性。（67）

对于做成瓶、壶等不同形状的土来说，土的种类是相同的；但是土在做成不同的瓶、壶的过程中发生了不同的变化。所以，如果说原人与土在产生他物这一点上是相似的话，那么，原人也就会与土一样，在产生他物的过程中发生变化，而有变化的原人就不是唯一性的，即与吠檀多派对原人的根本定义相违背。[1]

严格来说，《入抉择吠檀多之真实品》后分能破第 63-67 颂中，只有第 67 颂才是针对前分所破作出的对应性批判（第 11 颂），第 63-66 颂批判的既也不是前分所破叙述的“瓶空喻”，也不是《圣教论》中的“瓶空喻”，而只是出现了“瓶空喻”这一名称，实际上批判的仅仅是其中的“虚空”。

后分能破批判虚空的目的在于通过否定虚空的存在来否定原人的存在，通过否定虚空的特性来否定原人的唯一、遍在等特性，因为把

[1] 《入抉择吠檀多之真实品》：虽然土的种类是一性的，但瓶和壶等的作用是有种种差别的；而且就像土是同一的一样，这（我）即使是一性的但也是变化的有法而且具有多种形色，所以我是唯一性是不成立的。（第 67 颂注释，266a6-b1）

原人比作虚空来进行论证是吠檀多派最常用的一种手法。然而，这里的批判忽视了前分所破以及《圣教论》所传的“瓶空喻”的另外两层意思——把众生的身体比作瓶，把小我比作瓶中空。也就是说，后分能破既没有批判原人与众生的关系，也没有涉及瓶内外虚空的关系（大我与小我的关系）。因此，与前分所破相比，后分能破距离《圣教论》更加遥远。

结合《入抉择吠檀多之真实品》第9-12颂所传的“瓶空喻”来看，笔者认为：《中观心论》（《思择焰》）所传的“瓶空喻”不同于《圣教论》阐述的“瓶空喻”，两者蕴含了不同的思想；前者关心的不是大我与小我的关系问题，而是大我（原人）的存在及其特性这一更为终极的问题，这一点在后分能破中体现得更为明显。

《圣教论》中的“瓶空喻”与乔荼波陀的很多其他理论一样，受到了大乘佛教的影响与启发，但不太可能直接来源于《中观心论》，因为这两种“瓶空喻”的内涵有本质区别。至于《中观心论》所传之“瓶空喻”的来源问题，我们可以肯定的是清辩没有采用《圣教论》的说法，这一“瓶空喻”很有可能源自早于乔荼波陀但相去不远的、已经有一定独立学说的其他吠檀多论师的著作。另外，乔荼波陀的“瓶空喻”亦不一定只受到了佛教经典的单方面影响，更重要的可能是吠檀多派本身的思想传承与自我创新。因此，《中观心论》（《思择焰》）中出现“瓶空喻”一事虽然非常醒目，但并不能作为推断乔荼波陀生活年代的信实证据（以清辩为基准点），乔荼波陀与清辩的年代关系应该从广泛的文献资料中寻找更为可靠的依据。

更重要的是，抛开“瓶空喻”的文献来源这一模糊不清的问题不谈，根据《中观心论》和《思择焰》的叙述与批判暂时可以得出的结论是：以清辩为代表的佛教中观派在批判吠檀多派时，所关注的焦点不在于大我和小我之间是何种关系，而在于是否承认大我（原人、绝对存在者）的存在，这是关乎两派根本教义的终极问题。佛教以“无我论”为根本，而吠檀多派主张“有我论”，“无我”与“有我”的矛盾是导致两派论争不断、清辩著书批判吠檀多思想的根本原因。

（三）破作者性与受者性

《入抉择吠檀多之真实品》第 68-70 颂批判了前分所破第 13-14 颂转述的哲学性原人是作者、享受者的观点。

首先，对第 13ab 颂“未觉悟故不知我，犹如梦中享我慢”这一说法提出了质疑：

> “未觉悟故不知我，犹如梦中享我慢”等说法，那是根据有知的本性生起增上我慢还是根据无知的本性生起（增上我慢）？（第 68 颂前言，266a7-266b1）

因为在佛教徒看来：

> 有知中无颠倒故，
> 知者我慢不被许，
> 无知亦无颠倒故，
> 无知我慢不被许。（68）

如果原人具有知的本性，[1] 这样的原人就像具有眼睛的人一样，可以如实观察到外界对象，就不会有颠倒产生，因而对于有知的原人来说不会生起增上我慢。如果原人的本性是无知的，那么，这样的原人就像天生盲人一样，什么都认识不到，也就无所谓颠倒，因而对于无知的原人来说也不会生起增上我慢。因此，不管原人是否具有知的本性，颠倒都不会产生，也就是说，原人无论如何都不会由颠倒而起

[1] “知的本性”（知性）即前文所讲“觉性”，参见本书 pp.280-287。

增上我慢。[1] 不生起增上我慢的原人就不会积集业并享受业果，也就不会成为各种业果的作者和受者，这样，原人的作者性和受者性就都不能成立了。

其次，针对第 14ab 颂“无贪着故依于身，即便享受不被染”的说法，批判如下：

如虚空无变化故，
且亦无有贪着故，
我是作者乃非理，
享受者亦不合理。（69）

偈颂的意思是：像虚空一样是无变化的缘故，或者是无贪着的缘故，我是作者是不合理的，是享受者也是不合理的。

具体来说，只有当原人是有变化、有执念之物时，说它是作者和享受者才是合理的，就像农民在进行日常劳作的时候可以说他是作者，果物成熟享受果实的时候可以说他是享受者。但是，按照吠檀多派给原人的定义，原人是恒常不变、自己不进行作为、不贪着于外界对象的，这样的原人不能称之为作者，不进行作业、不承受果报而称之为享受者更是无稽之谈。[2] 所以，原人的作者性和受者性都不能成立。

最后，后分能破以批判第 14cd 颂中使用的“国王喻”为例，总结了由原人的作者性、受者性导致的错误：

---

[1] 《入抉择吠檀多之真实品》：首先，是知的本性的话，就像具有眼睛的人一样，如实（观察）对象，所以是无颠倒的。（其次，）是无知的本性的话，就像天生盲一样，什么都不知道的缘故（也是无颠倒的）。由此，无颠倒的话，如何享受而生起增上我慢？（第 68 颂注释，266b1-266b3）

[2] 《入抉择吠檀多之真实品》：是变化的有法的话，作者和享受者是合理的，即，譬如农民等在进行日常劳作的时候就是作者，而果子成熟的时候贪着于食物等就是享受者。但是，那前后际的时候，自性是一而且不进行自己的作为，不贪着于各种对象，称那（我）为“作者和享受者”的言词，对其是不能生起信任的。（第 69 颂注释，266b4-266b6）

如若我是作业者，
何许作者不染果？
人主具有罪障故，
国王之喻不合理。（70）

如果我（原人）是作者的话，作者不被果所沾染怎么能被承许？人主（即国王）也是有罪障的，所以国王喻是不合理的。

第 70 颂注释描述了作者的特征：

> “作者”作为作者的特征如下：这（作者）沾染任何善或不善的业的果报。如果（作者）不受果报的话，作者的一切活动就没有了意义。（第 70 颂注释，266b6）

不沾染果报的作者不能称其为作者，作者性和受者性是相辅相成的，作者必须享受其善或不善的果报，否则就不能被称为“作者”。

> 所以（我）不具有享受性的话，作者性就很难成立。（第 70 颂注释，266b7）

此外，国王喻不合理的理由具体如下：

> 之前说的国王的譬喻也是不合理的，（国王）也会被罪障污染的缘故，所立与法相违背，即，国王也会因为杀生、偷盗、妄语等不善的行为而获得相应的罪障。因为具有堕入地狱等的恐惧，所以这（国王）被教育应该如法地行为等，但是如果这（国王）是唯一不沾染罪障等的话，就像纵欲而不违（法）一样，这样是不可能的。由此，人主也会成为有罪者。（第 70 颂注释，266b7-267a3）

国王在现实生活中也会因为害怕堕入地狱而接受应该如法行为的教育，即使作为主宰者的国王造业也必然承担其果报。所以，被吠檀多派比喻为与国王一样同是主宰者的原人，造业之后也必然承受相应的果报。

因此，如果原人能被称为作者，那么说他不受善和不善的业报就是不合理的，作为作者的原人必须享受其果报，否则就会产生原人是非常住、非遍在一切的过错，这就与吠檀多派对原人的根本定义相矛盾了。[1] 所以，原人只能既不是作者也不是享受者，即不存在任何作者性和受者性，而这样的原人就不是被吠檀多派所尊崇的绝对存在者了，如此就间接达成了否定原人存在的根本目的。

五 破二我说与不一不异论

《入抉择吠檀多之真实品》后分能破批判的原人思想绝大部分都已在前分所破中有所描述与铺垫，但是第 22-37 颂介绍并批判的“二我说”没有出现在前分所破。“二我说”是一种在吠檀多派理论体系中占据重要地位的学说，因而在此专门讨论。

从《梵经》开始，吠檀多派就把原人明确分为最高我（paramātman）和个我（jīva）两种，后来的吠檀多派内部因为对最高我与个我的关系的看法不同而形成了许多不同的支派，如以乔荼波陀和商羯罗为代表的“不二一元论”派、以罗摩奴阇为代表的“限定不二论”派等等。

《入抉择吠檀多之真实品》用偈颂的形式转述了吠檀多派的“二我说”：

吠檀多师宣说曰，认为彼我有两种，所谓身即系缚我，妙住

---

1 《入抉择吠檀多之真实品》：同样，原人不受善和不善的业的果报是不合理的，即我（原人）应享受善和不善的业的各种果报。这样的话，非常住、不遍在于一切的过错就会产生，就像在农民中产生盗贼等一样。（第 70 颂注释，267a3-267a4）

即是解脱我。（第 22 颂前言，256a7-256b1）

这一句话被藏译者错当成了《中观心论》的颂文，[1] 而实际上是第 22 颂的前言。意思是：吠檀多派认为我有两种，被称为身的系缚我和安住于最高处的解脱我。

其中，“解脱我”的“妙住”意为“安住于最高的境地”，即：

安住于最高的境地即是“妙住”。如果问：“是什么？”（回答：）是（解脱）我。（第 22 颂注释，256b1-256b2）

“系缚我”就是有对象的东西，即有境者，也就是觉：

那有对象存在的即是有境者。如果问：“是什么？”（回答：）是觉。（第 22 颂注释，256b2）

解脱我和系缚我的区别如下：

就像身、根、境产生我觉一样；身和境的觉在世俗中如实正确产生，可以根据现量详细观察的缘故。“妙住”则不能，不能详细观察的缘故。（第 22 颂注释，256b3-256b4）

两者的关系则是：

在长时间中，因为执着我的习气的力量，这（原人）被分别为“（系缚）我”。（第 23 颂前言，256b4）

---

[1] 详见本书下卷附录，pp.652-653。

根据吠檀多派的理论，系缚我是长久以来因为受到执着我的习气的影响，由分别原人而来的。分别就是用觉等思维、感觉器官作出种种判断认识。

但是，佛教徒认为“所谓‘分别’不能证成任何对象”（第 23 颂前言，256b4），即分别并不能证明系缚我的存在，系缚我不能由分别原人而来，因为：

纵被分别成实有，
汝会如何使用我？
若以色声为对象，
称为觉乃不合理。（23）

偈颂的意思是：即使原人被分别为实有（系缚我），你们吠檀多派将如何使用这样的系缚我？如果系缚我以色、声等为对象而被称为“觉”，那是不合理的。

第 23 颂的意思比较清晰，所以注释没有展开说明，只是补充了一个理由：

如果问：“原因是什么？”（回答：）一切身体的主宰的原人不能被分别。（第 23 颂注释，256b5）

原人作为一切万物的主宰者只能主宰、支配别人，而不能被其他事物所限制、分别。

第 24 颂提出了一个新的论式来具体解释为什么说“若以色声为对象，称为觉乃不合理”：

宗：作者我不产生以色等为对象的觉，

因：依于缘而生起的缘故，

喻：就像从火晶生火一样。[1]

这一宗、因、喻齐备的论式的意思是：各种作者我不产生以色等为对象的觉，因为作为实有物的觉必须依于因缘和合才能生起，就像火从火晶产生一样。这里的作者我就是系缚我，在吠檀多派看来，系缚我由分别原人而来，因而像原人一样具有作者性，而且遍在于一切众生的原人的作者性事实上也都由系缚我具体体现出来。

所以，第 24 颂及其注释以作者性为切入点进行说明。首先，即使如吠檀多派所说，系缚我具有作者性，觉也不能由系缚我产生，而只能从因缘和合而生，因为觉的本性是依缘生性。[2] 所以就觉来说，系缚我完全没有存在的必要。

其次，用了一个十分贴切的譬喻来说明不仅觉而且一切万物都产生自因缘和合，因而与作者我（系缚我）无关：

> 譬如，火晶宝石和太阳光接触，碰到干燥的牛粪粉的缘的时候，即使“作者我”无所作为，熊熊大火也能生起，然后用一些草、木、藤就能产生焚烧、冶炼、照明等结果。同样，依止于境、根、识、作意和合的眼等的认识不是根据“作者我”而生的，那么造作见、闻、嗅、尝、触、作意等的各种果的时候，如何设立不属于境、根、识的我？（第 24 颂注释，256b7-257a3）

这样就进一步否定了系缚我存在的必要，因为包括觉在内的世间万物都不需要系缚我这样一个作者来产生，而是依靠因缘和合就能生起的。这是以佛教的缘起观来批判吠檀多派的原人论。

---

[1] 《入抉择吠檀多之真实品》：以色等为境之觉，作者我等不产生，依止缘而生起故，犹如从火晶生火。（24）

[2] 《入抉择吠檀多之真实品》：“以色等为境之觉”即眼等识。“那不是作者我所生”已经被证明。“依止缘”是依止缘的觉，即这（觉）的“生起”是依于缘的生起。这（觉）的本性是依缘生性。所以“依止缘而生起故”。（第 24 颂注释，256b6-256b7）

此外，《入抉择吠檀多之真实品》还以声音为例强调了没有必要把系缚我当成作者：

任何字音性之声，
不被许是作者我，
所闻性故声性故，
犹如彼是回音声。（25）

宗：具有字音性的声音不被认为是由作者我产生的，
因：所闻性以及声音性的缘故，
喻：就像回声一样。

第 25 颂注释分别具体解释了上述宗、因、喻，[1] 在解释喻支时补充例举了许多常见的自然现象以说明万物都不需要系缚我的作用来产生：

就像森林着火的声音、大风摇动树林的声音、大海咆哮或者山涧激流撞击大石的声音等，靠近山坡或者石穴的时候产生的所有回声都不是我的所作一样。（第 25 颂注释，257a5）

《入抉择吠檀多之真实品》紧接着把自然现象扩展到人生现象，认为各种人生现象的产生也不需要系缚我的作用：

其余被此所遮断，
来来以及往往等，

[1] 《入抉择吠檀多之真实品》：从发声器官、感觉器官、发声动作产生的所有具有字音性的声音都是通过嘴巴说的，那都不是我的所作。如果问："原因是什么？"（回答：）耳根被执取，或者是声的缘故。（第 25 颂注释，257a4-257a5）

手足等等之活动，
性相皆是身体作。（26）

以手、足运动为特征的来去等身体活动也不是系缚我的作用，而只是身体自身的运动，即不需要所谓的系缚我来指挥、支配人的生命活动。

第26颂注释也例举了诸多自然、人生现象来进一步说明“除身、根之外的我是不存在的”（第26颂注释，257b3）以否定系缚我。[1]

然后，本品又把讨论的范围扩展到人的内在精神性活动（心所），提出即使是想、念、慧、受等精神性活动也不是依靠系缚我的作用而产生的：

分别之智产生想，
从忆念则产生念，
分别所知即是慧，
亲证感知则是受。（27）

从分别的智慧产生想（saṃjñā），从忆念活动产生念（smṛti），分别所知就是慧（prajñā），亲自体验则是受（vedanā）。如果说偈颂中的定义略显简单，注释则给出了详细易懂的说明：

---

[1] 《入抉择吠檀多之真实品》：从一些身体产生的来、去，以及手、足的行、住、坐、卧等的所有那些动作都应该用这样的道理观察。如果问：“怎么样？”（回答：）就像说“从山和石的中间产生的瀑流遍满很多地方而且不断泛滥的时候，虽然没有我（的作用）但是水仍流”这样的句子，以及亲证“从大草原的一角火势蔓延的时候，（没有我的作用）但是火仍生起”的话一样，因为有欲求者的努力而产生的具有行和住的运动特性的元素以及诸元素的构成物的集合，所以得到“弥勒的儿子等来来往往”这样的说法。此外，我不存在，但是“木偶能用双手拿弓箭然后射出，流水能用彼此碰撞的力量绞合像马兰草绳一样（的东西），在陶罐里加入水和米而且用火烧之后用搅棍搅拌干饭就能熟透”都和回声等一样。（第26颂注释，257a6-257b3）

> 从境、根、识、作意的缘和合产生的树木、城市、山、人、野兽等的各种分别的观念生起“想”。根据识的和合，忆念曾经亲自体验的对象是“念”。简择诸法自相和共相的各部分的差别的究竟智慧即是“慧”。亲证乐、苦、非苦、非乐的对象即是“受”。（第 27 颂注释，257b4-257b6）

这是典型的一般佛教徒对想、念、慧、受等心所活动的看法，佛教认为这些活动都不属于系缚我的作用范畴，所以不能依据这些精神性活动的存在推断出系缚我的存在。吠檀多派所谓的系缚我的本性不能被把握，就像空华不能被把握一样。系缚我归根到底是不存在的。[1]

用佛教徒的话语来说就是：

> 物的自性是具有识的特征的“心”，事物的各种区别是具有识的特征的“心所”，即受、欲、触、三摩地等以及胜解等，心和心所不属于原人的所作，完全不是所缘。除这些以外的本性完全不能被观察到，因此这些（以外）的存在不能被证明。（第 27 颂注释，257b7-258a1）

如上所述，《入抉择吠檀多之真实品》第 24-27 颂以系缚我的典型体现——山间回声等自然现象、身体活动等人生现象、想念慧受等精神活动——为例，具体说明了万事万物都不需要所谓的系缚我来产生，因为世间事物都是依靠因缘和合而生的。所以，系缚我不是真实的存在，就像空华一样。[2]

---

[1] 《入抉择吠檀多之真实品》：想、念、慧、受等是不属于我的其他所作，（我）的本性不能被确切把握，就像空华一样，那（我）不被认为是存在的。（第 27 颂注释，257b7）

[2] 《入抉择吠檀多之真实品》：（以上论证）也能如下这样说：“我不是真实存在的，没有所作的特性的缘故，就像空华一样。”（第 27 颂注释，258a1-258a2）

对此，吠檀多派则从有作具就必然有作者存在的角度提出了一次反驳：

> 如果这里（吠檀多论师）说："只有原人见、闻、嗅、尝、想、识、思、受。"如果问："为什么？"（回答：我们）认为觉等是作具的缘故。所以，以声的论典为特性，是这称为"体格、业格、具格、为格、从格、依格的本性"的一切作具的前行都是具有自由的作者的，即那作者是存在的，那（作者）与其他作具是有差别的。所以，原人是作者，而那眼等是作具。譬如，那住在墙上有很多窗户的房子里的原人，靠近窗户的时候，通过（窗户），（外面的）对象就能够显现。（第 29 颂前言，258a2-258a5）

这里虽然用了原人一词，但指的还是内在于个人的系缚我。吠檀多派认为觉、想、念、慧、受等都是系缚我的作具，根据作具的存在就可以证明使用这种作具的作者——系缚我——的存在。

为了更好地说明作具与使用作具者的关系，吠檀多论师还以"用镰刀割"、"用眼睛看"、"用耳朵听"为例指出这些活动的背后都存在着一个真正的作者——系缚我：

> 譬如，所谓"用镰刀割"，只用镰刀是不能割的，而是"用作具镰刀，天授割"，同样，所谓"用眼睛看"，只用眼睛是不能看的，而是"用那（眼）作具，原人看"。同样"耳朵是听的门户，通过（耳朵）原人听，只用耳朵是不能（听的）"等等。如此，这个道理被证明，即"这（原人）看的时候是眼，这（原人）听的时候是耳"乃至"这（原人）体验的时候是受"。（第 29 颂前言，258a5-258a7）

《入抉择吠檀多之真实品》用了三个偈颂（第 29-31 颂）来批判

吠檀多派这种用作具来证明作者的说法：

如若觉等是作具，
能作性是已被证，
或者作者性异彼，
如同割者彼非理。（29）

偈颂的意思是：如果吠檀多论师认为觉等是作具，我的能作性已经被证明，或者作者性异于其他，像割者一样，那是不合道理的。具体理由阐述在第30颂中：

作者之中缘生故，
此等非是作具性，
是故因既不成立，
而且又是不决定。（30）

行为活动的产生是因为在作者中有觉等各种因和缘生起，所以觉等并不是作具而只是因和缘而已；因此吠檀多派论证中的因既不成立又不决定。

具体来说，“用眼睛看”是作者眼睛自己看，而不是用其他诸如耳朵、鼻子等作具看，听、嗅、触、思、想、念、慧等等心所活动也同样，即都是依于因缘和合而产生的。因此，以系缚我为作者来指导、主宰觉等作具而产生活动是不合理的。[1]

吠檀多论师没有接受上述批驳，而是重新解释了自己的观点：

---

[1] 《入抉择吠檀多之真实品》：眼睛是用自己看，而不是用其他的作具（看）。听是耳，嗅是鼻，尝是舌，接触是触，思考是意，熟知是想，忆念是念，分别所知是慧。因此，宣说觉等作具等的这些因的意义是不成立的，而且非同类的缘故，所以又是不决定。（第30颂注释，258b2-258b3）

其他人（吠檀多论师）说："虽然只是眼看，但是我用那作具（眼）看，宣说觉等作具的缘故，就像说'用镰刀割'一样"。（第31颂前言，258b3-258b4）

吠檀多论师的意思是：在"用镰刀割"这句话中，因为强调了作具镰刀而没有出现作者我一词，但事实上产生"割"这一动作的不是镰刀而是作者我。

对此的批判如下：

觉等中之作者性，
作者一词言诠故，
犹如叙述天授割，
其中所见之作者。（31）

对于觉等来说，作者性就是所说的"作者"一词，就像说"天授割"中的作者天授一样。

具体来说，一个动作的完成需要作者和作具等内因外缘的和合才能实现，因此，我们在表述一个动作，如"割"时，有时侧重于其中的作者就会说"天授割"，有时侧重于其中的作具就会说"刀割"。但是，没有天授的刀不能割，没有刀的天授也不能割。因此，一个动作至少要由作者与作具相结合才能发生，而不是一个作者我就能完成的。[1]

此外，《入抉择吠檀多之真实品》还提出"原人是不可观察的缘故，

---

[1] 《入抉择吠檀多之真实品》：如果说："不是天授割而是刀割，所以这不是合理的。"（回答：）不是非理，我的缘故，作者与作具和合之后这里才有动作的缘故。其中，有时说作者是主要的，如说"天授割"。有时说作具是主要的，如说"刀割"。割的动作是依赖于（作者和作具）二者的。没有作者的作具不能（割），没有作具的作者也不能割，所以，没有这两者就不可能有所说的"作者和作具"。（第31颂注释，258b4-259a1）

不属于和合之物，不能被称为‘作者’。”（第 32 颂前言，259a1-259a2）理由如下：

有为法之聚合中，
无作用被称作者，
作具性故如于灯，
说灯能够照明彼。（32）

宗：在有为法的和合中，无作用的有为法可以被称为作者；
因：作具性的缘故；
喻：就像说“灯能照明”一样。

理解这一颂的论证的关键是“灯能照明”这一譬喻：和合而生的有为法虽然本身没有作用，但是在世俗意义上可以被称为作者，这就像灯本身没有作用，但是根据油、灯芯、火等等的因缘和合可以照亮他物，这时的灯就可以被称为作者。[1] 同理，身、语、意这些单独来看虽然也都没有作用，但是根据境、根、识诸缘的和合，由身、语、意构成的人就能根据经验而被称为作者。[2]

因此，所谓“作者”归根到底只是由因缘和合而生的、假名施设的称呼而已，并不是真的有一个常住不变、主宰一切活动的作者。这样就否定了吠檀多派所说的原人（系缚我）的存在。

吠檀多派对上述系缚我仅是假名的说法提出了反驳，坚持认为系缚我是真实的存在，而且提出了必须有这样真实存在的作者才能实现世间和超世间的一切活动的主张：

---

[1] 《入抉择吠檀多之真实品》：有为法的方分的和合虽然没有作用，但是有作者性；那（有为法）是作具的缘故；就像看见灯是作者一样。如根据油、灯芯、瓶、火的缘实现照明的灯（本身）虽然没有作用，但是能照亮（事物）的时候（灯）就可以被称为“作者”。（第 32 颂注释， 259a2-259a4）

[2] 《入抉择吠檀多之真实品》：同样，身、语、意和合的这些部分虽然也没有作用，但是境、根、识的缘和合的力就是经验上所说的“作者”。（第 32 颂注释，259a4）

> 这里，其他（吠檀多论师）说："我才是至上者，所有作用也都依赖于那首要的作者，灯等只是假名，譬如，陶师虽然需要土等很多缘（来做瓶），但陶师本身才是作者。"（第 33 颂前言，259a4-259a5）

对此的批判把论辩从世俗层面转移到了胜义层面：

> 真实中非首作者，
> 一个陶师不做瓶，
> 是故不承许灯等，
> 假名施设作者性。（33）

偈颂的意思是：在真实中，我不是首要的作者，因为一个陶师不能做瓶；所以灯等的假名施设的作者性不被承认。

偈颂的两层意思结合注释比较容易理解：

> 在世俗中，诸缘和合称为"作者"，还应观察而且通达如下所说：在胜义中，"（我）是主宰的作者"是完全不成立的，因为根据一个（陶师）完全不能做成瓶，而是需要泥团、棒、轮、线、水、陶师的构想等的很多缘的和合才能做成瓶。同样，一个我不是实现所有结果的因，因为所有事物都需要很多因和合（才能成立），结合（偈颂解释）。如果（吠檀多论师）问："灯等和眼等不是假立的作者的话，是什么？"（佛教徒回答：）是首要（的作者），因为除了那（灯等）其他的首要作者都不成立。（第 33 颂注释，259a6-259b2）

简要来说，在世俗中，作者就是诸缘和合，这样的作者虽然不是绝对的存在者，但是能够在有为法的生灭中起到作用，因而可以被称为“首要的作者”或者“唯一的作者”。也就是灯等等不只是假名作者，而且是被承认的世俗层面的唯一作者，因为不存在所谓“我”这样一个绝对者来成为照亮等行为活动的作者。在胜义中则不存在任何作者，包括假名言说的作者，因为胜义谛中一切皆空。

这样一来，《入抉择吠檀多之真实品》就从世俗和胜义两方面破除了作者我存在的可能性和必要性。其中，世俗中的作者我就相当于系缚我，胜义中的作者我就是第22颂提出的解脱我。前文浓墨重彩地批判了系缚我而较少涉及解脱我，主要是因为直接否定解脱我比较困难，而且系缚与解脱相辅相成，没有系缚就无所谓解脱，对系缚我的破斥事实上隐含了对解脱我的否定。接下来的第34-37颂则是比较直接地批判了解脱我：

> 如果（吠檀多论师）这样说：“这（我）是真实的增上力，根据刹那性，灭是无作用，所以根据作用力，相续（即身体等）是不能系缚和解脱的，所以应该知道只有我才是系缚、解脱、安住的依处。”（第34颂前言，259b2-259b3）

这一主张的意思其实很简单：因为刹那灭的身体等相续不可能作为系缚和解脱的载体，所以必然有一个真实的、恒常的我作为轮回和解脱的主体而存在。

对此，《入抉择吠檀多之真实品》首先阐明了佛教的轮回解脱观：

> 心即随行于贪等，
> 耽著色等对境中，
> 解脱之时相系属，
> 轮回牢狱中被缚。（34）

偈颂的意思是：心与贪等相随行，耽著于色等对象中，在解脱的时候被系属，在轮回的牢狱中被束缚。

具体来说：心等相续随行于贪等，心等被与可意和合、与不可意分离的欲望的痛苦烦恼的铁链系缚于三界的牢狱中而无有自在，没有智慧光明的照耀，不知道解脱的道路而不断轮回。[1] 所以，在佛教徒看来，心等相续就是系缚和解脱的载体，而心等相续归根结底就是因缘和合之物。

第 35 颂及其注释则阐述了佛教关于“心相续”在世俗世界的束缚状态的理论：

> 在世俗中，对于生起的心所来说，
> 　　手等相合之时候，
> 　　此心被称为有情，
> 　　施舍等觉生起时，
> 　　即被称为施主等。（35）
>
> 现证头、眼、口、手、足等和合性，从贪欲、悭吝、嫉妒的系缚中获得解脱，即外我和内我生起施舍事物的心的人，就称为“施主”。被爱欲的心所系缚的有情产生，并且由生而和合就称为“贪恋者”。同样，止息杀生、偷盗等，善好地守护身、语、意的聚合的相续就称为“守戒者”。一切心所都同样解释。同样，施舍等的修行和具有施舍也是（这样解释）。（第 35 颂注释，259b7-260a3）

世间的有情众生都是由各种因缘和合而产生的，世俗世界中一切行为活动的主体归根结底都是心等因缘和合而已。因此，流转于系缚

---

[1] 《入抉择吠檀多之真实品》：（佛教徒）回答：“你施设的我是不存在的，但是心被与可意和合、与不可意分离的欲望的痛苦烦恼的铁链牢牢地系缚于三界的牢狱中而无有自在，智慧光明不显现，不知道解脱的道就是系缚”。（第 34 颂注释，259b5-259b6）

轮回中的是心等因缘和合之物，而不是吠檀多派所谓的系缚我。

佛教徒对解脱状态的看法则表述如下：

> 智慧生时无明等，
> 各种烦恼止息故，
> 解脱从贪等系缚，
> 即被认为是寂灭。（36）

当智慧生起的时候，无明等的烦恼系缚就被止息，所以，从贪等系缚中解脱，就是佛教所认为的寂灭（解脱）。

偈颂中没有提到解脱的主体，不过其注释明确表示“蕴的相续本身”、“具有生、灭性质的心和心所”可以获得解脱：

> 蕴的相续本身从闻、思、修产生的智慧光明证成解脱道，断除所谓“贪、瞋、我慢、无明、恶见”的所有结合，称为“解脱”是合理的。从那具有生、灭性质的心和心所的前一刹那的和合，生起后一刹那的殊胜的心，称为“解脱”是合理的。（第 36 颂注释，260a3-260a5）

两种“合理”的解脱，不管哪一种都与吠檀多派所谓的解脱我这样一个绝对存在者无关。因此，基于上述系缚观（轮回观）和解脱观，《入抉择吠檀多之真实品》指出吠檀多派所谓的原人（系缚我与解脱我）不可能成为轮回与解脱的主体，原人只是一个多余的概念：

> 当我犹如虚空时，
> 此之一切极难答，
> 如若极贪爱于我，
> 空华亦应成为我。（37）

在说原人就像虚空一样的时候，要解释这样的原人如何作为系缚和解脱的主体，对于吠檀多派来说是相当困难的，如果吠檀多派一定要贪爱执着于原人这一概念的话，空中之花也可以说成是原人。换句话说，吠檀多派把原人比作虚空以阐释原人的特性的同时，给自己解释原人是系缚和解脱的主体造成了很大的理论障碍。

在《入抉择吠檀多之真实品》前分所破，尤其是第9-12颂中，吠檀多派把原人比作虚空，认为原人和虚空一样具有唯一性、遍在一切性。所以，这里以原人与虚空的相似性为突破口，指出如果原人和虚空相似，就会使得原人既不会被外界损害又不会因外界的变化产生烦恼，[1] 而这样的原人是不能成为轮回和解脱的主体的，因为：

> 同样，我在前后际也不产生区别，所以即使贪、瞋、慢生起，（我）也没有变化；止息烦恼的时候，（我）不产生异于前一刹那的其他性质，所以即使具极苦者也不能说系缚或解脱等话。因此，这（我）不是系缚和解脱等的所依。（第37颂注释，260b1-260b3）

由此，正是吠檀多派自己提出的把原人比作虚空的譬喻成了压垮其理论的最后一根稻草。[2]

以上就是《入抉择吠檀多之真实品》描述并批判的“二我说”的主要内容。需要说明的是，上述系缚我和解脱我二分的说法没有在吠

---

[1] 《入抉择吠檀多之真实品》：雪霜降下，狂风刮起，大火燃烧，太阳光猛烈地照耀，四方生起的大风搅拌而成的云层遍布，可怕的龙声响起，闪电的队列生起，（这些）既不损害虚空又不产生烦恼。即使没有如上所说的那些损害（变化），（虚空）也不产生异于先前的性相的其他性相。（第37颂注释，260a6-260b1）

[2] 《入抉择吠檀多之真实品》：如果从无始时以来，因为耽著于我执的习气，你极度耽著于我的话，空华也具有这样的性相，那（空华）也成了我，所立的法和譬喻的法具有相似的特性的缘故。（第37颂注释，260b3-260b4）

檀多派文献中找到很好的对应内容。更重要的是，《入抉择吠檀多之真实品》虽然提出了系缚我与解脱我二分的说法，但在批判时主要以系缚我为靶子，较少关注解脱我，更没有涉及系缚我和解脱我的关系问题。而目前所知的从《梵经》到乔荼波陀、商羯罗、罗摩奴阇的著作等吠檀多派文献，都是在给原人以高下之分的同时，重点阐释二分之后的最高我（解脱我）与个我（系缚我）的关系问题。所以，上述"二我说"只是一种泛泛而谈的主张，应和下文将要解读的"不一不异论"——以分析"二我"的关系为主的理论——进行比较理解。

《入抉择吠檀多之真实品》第 50-55 颂描述并批判了前分所破亦未提及的吠檀多派的"不一不异论"：

> 个我和最高我两者是不一不异的。（第 50 颂前言，262b6）

这里准确地转述了"不一不异"（bhedābheda, gzhan dang gzhan ma yin pa）这一术语，但是没有展开解释"不一不异"的意涵。

"不一不异"是《梵经》论述原人思想时的核心理论，也是吠檀多派中最早出现的解释个我和最高我的关系的理论。简要来说，《梵经》中提出了梵（最高我）与个我两个不同的概念：个我也可被称为"身我"（śarīra）或"命我"（jīva），只存在于身体中，是一切生命的主体，个我以觉性为本质，是知者和能作者。[1] 梵（最高我）作为世界的创造者或世界的根本因，与其部分、属性或被造物——个我，是"不一"的，即不相同的，如梵具有创造、毁灭世界的能力，而个我却没有，梵不能感受苦乐，但个我能感受苦乐；但是，从个我又都具有"梵性"、一切事物离开梵都不能存在的角度来看，个我与梵又是"不异"的，即相同的。最高我与个我的这种不一不异的关系在《梵经》中还

[1] 《梵经》1-1-31,1-2-3,1-4-17,2-2-42,2-3-17,2-3-18,2-3-32。参见黄心川[1986], p.35。

被比喻为太阳和其映在水面上的影子的关系。[1]

如果把上文第 22-37 颂中的“解脱我”看作“最高我”、“系缚我”看作“个我”的话，第 50-55 颂叙述的“不一不异论”就是“二我说”的一种具体表现形式。但由于“不一不异论”和“二我说”之间隔了 12 颂，而且《入抉择吠檀多之真实品》对二者的描述和批判的侧重点都不相同，所以笔者暂将“二我说”和“不一不异论”看作了两种理论来阐释。

《入抉择吠檀多之真实品》首先对“不一不异论”作了如下分析：

> 如若个我异于我，
> 则会违背汝宗趣，
> 一切都是原人故，
> 彼有上下两种我。（50）
> 如若个我不异我，
> 亦会违背汝宗趣，
> 任何我之苦乐等，
> 众生不知且非首。（51）

这两颂的意思是：如果个我不同于最高我的话（“不一”），就会违背吠檀多派的“一切万物都是原人”的宗趣，因为个我不同于最高我的话，那么原人就有个我和最高我两种之分，个我不能涵盖一切万物。如果个我与最高我相同的话（“不异”），也会违背吠檀多派的宗趣，因为吠檀多派认为最高我不能感受苦乐等，不能被世间众生所认识，这样的话最高我如何等同于能感受苦乐的个我？

其次，从原人的唯一性的角度来批判“不一不异论”：

---

[1] 参见姚卫群[2006], p.99。

如若是小此非大，
如若是大此非小，
非是唯一之色法，
如何存于无色我？（52）

如果原人是有形色的存在物（实有）的话，那么人们就会对原人生起小、大、一、多等各种分别认识。原人是小的时候就不是大；如果是大的话，那么对它来说小性就不存在。因为小大、一多等相互对立的概念是在与不同事物的比较中才能显现出来的，而且不可能同时存在于同一个物体中。从吠檀多派对原人的种种规定可以看出，唯一性的原人没有具体的形色，没有形色的原人就无法从与其他有形物的比较中显出大、小、一、多等相对性状。[1] 也就是说，唯一性的原人不可能分出较高的最高我和较低的个我两种性状，更不用说这两者还是“不一不异”的关系。

对此，吠檀多论师提出了“盲人摸象”的譬喻来说明大小、一多等对立概念在同一事物中是可以同时存在的，以此维护原人二分个我和最高我的说法：

有很多天生盲人想要认识大象的本性，于是（触摸大象的）身体，那些摸到（大象的）鼻子的（盲人）认为“大象如犁杖”；那些摸到（大象的）脚的（认为）“（大象）如杵”；那些摸到（大象的）耳朵的（认为）“（大象）如簸箕”；不同的人从不同的角度触摸大象所以对大象有这样不同的认识。同样，对我来说，那

---

[1] 《入抉择吠檀多之真实品》：如果（原人）是具有色形的，那么这里就会生起小、大、一、多等各种分别认识，对于无形色的原人来说，如果这样的话，（原人）是小的话如何是大？但是大的话又如何是小？如果是一的话如何成为多？但是多的话又如何成为一？所以，是与自己的言词相矛盾的。（第 52 颂注释，263a1-263a3）

> 些不认识真实的人们也看见很多不同，所以有些人认为（我）遍在于一切之中，有些人认为（我）只有身量（大小），还有一些人认为（我）只是极微的本性，也就是说，（我）既如同大象的本性是唯一性的，也如同（大象的）肢体等是多样性的。（第 53 颂前言，263a5-263a6）[1]

但是，在佛教徒看来：大象的鼻只是鼻，足只是足，耳只是耳，这些都不是大象本身，大象的鼻、耳等等多样性的集合不能被称为大象，更不用说这样的大象具有唯一性：

> 是一且多之形色，
> 大象喻故不合理，
> 象鼻不被许象故，
> 象鼻等等非一性。（53）
>
> 那大象的鼻只是鼻，足只是足，耳只是耳，（这些都）不是大象本身的缘故，所以唯一性本身不存在，那鼻等多性（的集合）不是唯一性。（第 53 颂注释，263a7-263b1）

因此，大象与原人在唯一性上没有共同点。这样，根据盲人摸象喻来证明唯一的原人中同时存在个我与最高我的论证也就不攻自破了。

第三，原人不具有多种色形，因而不会具有最高我与个我两种不同的形态：

---

[1] 《摄大乘论》中记载了类似的譬喻："譬如众多生盲人不曾见象，有人示之令彼触证。有诸盲人，或触其鼻，或触其牙，或触其耳，或触其脚，或触其尾，或触其脊等。有人问之：象为何相？盲人答云象如犁柄，或说如杵，或说如箕，或说如臼，或说如箒，或说如山石。若人不了二种缘生无明生盲，或说自性为因、或说宿作、或说自在变化、或说八自在我、或说无因、或说作者受，由不了阿黎耶识体相及因果相，如彼生盲不识象体相作种种异说。"（《大正藏》31, No.1953, p.115b17-b25）

如若我有日等色，
彼又如何是无色？
依据波罗舍树喻，
我多色形不被许。（54）

偈颂的意思是：如果原人具有太阳等的颜色，那原人怎么成为无色？[1] 根据吠檀多派的"波罗舍树"譬喻，原人有多种色形是不能被承认的。

《入抉择吠檀多之真实品》第 2 颂指出吠檀多派认为原人因为具有各种颜色而被称为太阳光，[2] 这样的原人是具有多种色形的。第 54 颂就是对这一观点的否定，同时批判了最高我与个我二分的说法。

吠檀多派则用波罗舍树譬喻来论证唯一性和多样性能够共存于原人，由此推出，唯一的原人可以分为个我和最高我：

> （原人）像波罗舍树一样，唯一性遍在于一切之中，即如同波罗舍树有根、干、枝、条、杈等，那（原人）也有多的本性，具有多因的缘故。（第 54 颂注释，263b2）

对波罗舍树喻的批判比较简单：波罗舍树不是唯一性的，因为波罗舍树总是在变化自性，如波罗舍树的树根、树枝等不是一成不变的，而是只要用外缘就能把它们分开。[3] 具体来说：

> 波罗舍树幼年、中年、老年各阶段具有变异的本性，而且用

[1] 《入抉择吠檀多之真实品》：（原人）是无色形的缘故，没有颜色的话，怎么会像太阳一样具有很多颜色？（第 54 颂注释，263b1-263b2）

[2] 详见本章第二节，pp.232-233。

[3] 《入抉择吠檀多之真实品》：波罗舍树非是一，恒常变化自性故，由此根等不是一，依据诸缘即易坏。（55）

火、风、斧等各种缘就能把（波罗舍树）分成不同的部分。（第55颂注释，263b3-263b4）

然而，按照吠檀多派给原人的定义，原人是常住不变的，即使有各种外缘作用也不会被损减。所以，不能用无常的波罗舍树来比拟常住的原人。这样，用波罗舍树“一多同体”的譬喻也就不能证明个我和最高我统一于原人了。[1]

从上述分析可以看出，在提出吠檀多派的不一不异论之后，《入抉择吠檀多之真实品》用原人理论的自相矛盾来说明“不一”和“不异”对于最高我和个我的关系来说都不能成立。但事实上，本品批判的着眼点并不在于最高我与个我的“不一不异”的关系本身，而在于吠檀多派给予种种特性规定的原人是否能同时产生最高我和个我两种不同的形态。

换句话说，第52-55颂实际上一直从原人本身出发，论述具有唯一等特性的原人不能在内部产生或存在不同的概念或状态，由此来否定原人的存在，而不在于专门批判“不一不异”这一特殊关系本身，即这里的考察始终关注的是作为绝对存在者的原人，否定原人的存在性才是批判的直接和最终目的。这与前文描述并批判“二我说”时并不关注解脱我与系缚我的关系是一致的，而与《梵经》及其后的吠檀多派注重最高我与个我的关系，却将原人的存在性仅仅作为论述这种关系的思想背景有很大不同。

所以，《入抉择吠檀多之真实品》以佛教的无我论为旗帜，主要从存在论的角度出发，试图从根本上颠覆吠檀多派哲学的根本——原人的存在性，而并不重视原人的具体存在模式。

---

[1] 《入抉择吠檀多之真实品》：但我是不变的有法，即使用各种缘也不能分开；所以用波罗舍树喻不能达到宣说譬喻的目的。（第55颂注释，263b4-263b5）

第四节 对吠佛两派学说异同的比较

吠檀多派学说与佛教思想的关系一直以来颇受关注,《入抉择吠檀多之真实品》用了整整20颂(第76-95颂)来叙述两者间的异同。一般来说,佛教徒认为本派理论是最高真理,各种外道窃取了佛陀的教示来伪装自己。[1] 《入抉择吠檀多之真实品》明显赞成这种说法,甚至可以说是把这种观点落实到具体外道和学说的"始作俑者"。[2]

《中观心论》及其古注《思择焰》的第四《入抉择声闻之真实品》曾以声闻人之口叙说了大乘思想与吠檀多学说的相似性,以佐证声闻乘提出的"大乘非佛说":

> 诸经不摄集,
> 以及教授其他道,
> 大乘非佛说,
> 如吠檀多(学派)见解。[3]
>
> 决定吠檀多就是吠檀多,它是这么主张"在恒河等的台阶洗濯、断食、诵三界主的诸密咒,净除罪恶而得解脱。"大乘者因为也教诫在恒河、信度河、缚当河、徒多河等四河水中洗濯、啜饮、安住,依次念诵陀罗尼咒、密咒等能够除尽罪业而福泽增长等等他道的缘故,与吠檀多之见相同,所以指称大乘非佛说。[4]

大乘中观派,即《入抉择声闻之真实品》的论主则主张吠檀多学说中的善好部分也是佛说,因而不能用大乘思想与吠檀多学说的相似

---

1 《大般涅槃经》:"其中或有遗余在者,诸婆罗门即共偷取,处处采拾安置己典……"(《大正藏》12, No.374, p.474a8-a9);另参见本书p.322。

2 参见Qvarnström[1989], p.18。

3 《入抉择声闻之真实品》第7颂,释会晟[1997], p.63。

4 《入抉择声闻之真实品》第7颂注释,释会晟[1997], p.63。

性来否定大乘思想来源于佛陀的正确性，而应该说大乘、善好吠檀多皆佛说，以此来反驳声闻乘的“大乘非佛说”：

> 吠檀多善说的那些，
> 彼一切皆是佛说，
> 此故喻不成立，
> 生疑依抉择。[1]

由此看来，公元五、六世纪，吠檀多派在思想、用语、表现手法等方面很可能与大乘佛教颇为相似，两者的同异点成为当时学界普遍关心的问题。

《入抉择吠檀多之真实品》主要围绕胜义观、四句法、自性论三个方面，具体展示并比较了吠檀多派学说与佛教思想的异同，在《入抉择声闻之真实品》的基础上，提出了更加明确具体的观点，即吠檀多论师虽然窃取佛陀言教以为己论，但没有切实理解佛法的真意，因此其教徒不能获得真正的解脱。

一 胜义观

吠檀多派认为自己的胜义观与佛教的胜义观是相同的：

> 佛教徒们不也承认“超越言语和觉的所行就是胜义”吗？（第76颂前言，268a1）

这种胜义观确实是佛教所认同的：

> 所知一切不成立，

---

[1] 《入抉择声闻之真实品》第56颂，释会晟[1997], p.132。

觉无所行正如理，
断灭觉之所行时，
言语亦是无所行。（76）

偈颂意为：（在胜义中）对于所知来说，一切都是不成立的，觉无所行是合理的；断灭觉的所行的时候，言语也成为无所行的。

《中观心论》及其古注《思择焰》第三品《探究真实之知品》第266颂有与此相似的表达，[1] 可以佐证“超越言语和觉的所行就是胜义”确实是佛教徒认可的胜义观。

上述胜义观具体来说则是：

> 在世俗中，六识的对象的所知是假名设施的，但在胜义中，假名施设对于一切行相来说都是不成立的，所以对于那对象来说，觉不会产生，因此觉的所行也是不存在的。断灭觉的所行的话，无所依的缘故，言语也就没有作用了，所以，这样的话，在胜义中，言语的所行也是不存在的。（第76颂注释，268a2-268a3）

这是《中观心论》与《思择焰》的二谛观的典型体现。《中观心论》与《思择焰》承认世俗谛的假有而坚持胜义谛的真空，[2] 所以在胜义中，觉和言语都没有作用、都是不存在的。因此“超越言语和觉的所行就是胜义”可以说是以清辩为代表的佛教中观派和吠檀多论师共同持有的胜义观。

但是，在佛教徒看来，这种胜义观并不是吠檀多派自己的学说，而是他们窃取了佛陀的教法，谎称为自己的理论而已：

---

[1] jñeyasya sarvathāsiddher nirvikalpāpi yatra dhīḥ/ notpadyate tad atulyaṃ tattvaṃ tattvavido viduḥ// 详见江島恵教[1980a], p.334。

[2] 参见本书第五章，pp.389-390。

知道如来是真实，
此理清净善好后，
于是生贪之外道，
甚至其中彼我作。（77）

知道佛陀如来是真实不虚妄的、如来的教法是善好的之后，由此生起贪欲的外道徒们，就把那如来的教法当作是自己创造的。[1]

所以，在《入抉择吠檀多之真实品》的论主看来，“超越言语和觉的所行就是胜义”这一胜义观不能说是吠檀多派和中观派在学说教义上的相同点，而只是佛教的思想，不过被吠檀多派非法盗取了而已。然而，吠檀多论师即使窃取了佛教的义理混合进自己的理论，他们也不能真正理解佛陀的言教、不会正确应用佛教的思想。所以，即使吸收了佛教思想的吠檀多派的宗趣也只是充满矛盾的、虚妄分别的、自欺欺人的言说而已。[2]

南本《大般涅槃经》中有类似的外道窃取佛陀言教以为己用的说法：

尔时，波旬悉以大火焚烧一切所有经典，其中或有遗余在者，诸婆罗门即共偷取，处处采拾安置己典。以是义故，诸小菩萨佛未出时，率共信受婆罗门语。诸婆罗门虽作是说我有斋戒，而诸外道真实无也。诸外道等虽复说言有我乐净，而实不解我乐净义，直以佛法一字二字一句二句，说言我典有如是义。[3]

---

[1] 《入抉择吠檀多之真实品》：百年不遇，如来出现于世间，那（如来）不仅宣说真实不虚的佛经义理而且还开显入涅槃，那时，外道徒们对那（如来）的教法产生贪欲，然后混合进自己的宗趣里，并且还说“这教理是我的”而作为自己的。（第 77 颂注释，268a4-268a5）

[2] 《入抉择吠檀多之真实品》：这就是有前后矛盾之错误的（吠檀多派的）宗趣，应该被指明是虚妄分别而已。（第 77 颂注释，268a5-268a6）

[3] 《大正藏》12, No.375, pp.716c24-717a2。

所以，佛教徒嘲讽吠檀多派学说道：

谁会相信彼之说？
其中前后相矛盾，
不是可比之种类，
犹如铁之于宝珠。（78）

吠檀多派的学说虽然借用了佛教思想的真谛，但因其不能真正融会贯通佛法义理，结果只能给自身理论带去更多的矛盾，与真正的佛陀教法完全没有可比性，智者是不会相信吠檀多派的荒谬理论的。

这一颂用到了一个有趣的譬喻：把佛法比作如意宝珠，把吠檀多派学说比作铁石珠。铁石珠与如意宝珠粗看相似，但是经过擦拭、煅烧，铁石珠不能忍受烧、擦、磨等等考验，最终会露出铁的本性；而如意宝珠不管如何擦拭、煅烧都始终不变宝珠的光泽与闪耀，一如既往地展现宝珠的特性；所以，认识如意宝珠的智者不会把铁石珠错当成如意宝珠。[1]

把譬喻应用到吠檀多学说与佛教义理的比较上，即如下：

> 同样，（佛教）否定（吠檀多派）我、常住、遍在于一切、唯一（等主张），因为与无我、无常、不遍在、多的本性相矛盾，所以（吠檀多派是与佛教）是完全不相似的种类，那么，认识真实的智者，谁会对那（吠檀多派的主张）生起真实的想法？因此，这（吠檀多派）就像是挂羊头卖狗肉的。（第 78 颂注释，268a7-268b2）

---

[1] 《入抉择吠檀多之真实品》：譬如，有些人说“铁的本性的宝石与如意宝珠相似。”但是如果努力擦拭的话，那（铁石）是不能忍受烧、擦、磨等的，所以（铁石与如意宝珠）完全不相似，那么，认识如意宝珠的智者，谁会对那（铁石）生起如意宝珠的想法？（第 78 颂注释，268a6-268a7）

铁石珠般的吠檀多学说即使有着如意宝珠的外表也是经不起考验的，真正的智者不会把吠檀多学说当作佛说。所以，吠檀多派号称自己拥有与佛教相同的胜义观——“超越言语和觉的所行就是胜义”——实际上只是挂羊头卖狗肉的做法而已，并不是真正的佛教胜义观。

二　四句法

“四句法”（cātuṣkoṭika）又称“四句分别”，是佛教以肯定、否定、复肯定以及复否定四句来类别诸法的形式，是以《中论》为代表作的中观派最常用的论式之一，如《中论·观法品》第 6 颂和第 8 颂：

> 诸佛或说我，或说于无我，诸法实相中，无我无非我。
> 一切实非实，亦实亦非实，非实非非实，是名诸佛法。[1]

第 6 颂表面看起来似乎只有“三句”，但按照第 8 颂“四句”的形式，我们可以补上或有可能是受限于诗颂韵律而被省略的部分，从而构成一个完整的四句形式，即：有我、无我、亦有我亦无我、既非有我也非无我。[2]

《入抉择吠檀多之真实品》指出了吠檀多学说中的多种可能的自相矛盾之处，吠檀多论师反过来指责中观论者使用的四句法也存在着很大的矛盾：

> 中观论者们主张的“我有与我无、空性与不空、生与不生、实有与实无”不是也会产生很大的矛盾吗？（第 79 颂注释，268b2-268b3）

1　《大正藏》30, No.1564, p.24a01-a06。

2　参见万金川[1998], p.161。

这里虽然只出现了四句中的前两句，但仍不失四句法的作用和意义。

对于吠檀多派的诘难，中观论者的解释如下：

教法多种多样故，
如是此亦为真理，
一为接引众生故，
一为破除余执故。（79）

佛陀的教法是多种多样的，吠檀多派指出的这个看似矛盾的四句法也确是佛教的主张。这种四句法不仅没有矛盾，而且是佛陀的刻意所为，即不同的教法有些是为了引导众生，有些是为了破除剩下的执着。具体来说：

为了破斥心被诽谤因果之见损害的无论者、即执着于非存在的人们，世尊宣说“我有”，即引导那些（无论者）。有我论者贪着于“我执”，为了破除（有我论者的）各种执着，（世尊）宣说“我无”，即开示在世俗中断除对那些（我等）的执着。对能堪忍者，（世尊）开示“在胜义中，既没有我也没有无我”的甚深广大的教法。因此，世尊宣说多种多样的教法，根据世俗和胜义（的不同）而开示（不同的教义），是没有矛盾的。（第 79 颂注释，268b3-268b6）

这段话亦可以看作是对《中论·观法品》第 6 颂“诸佛或说我，或说于无我，诸法实相中，无我无非我”的一种解释。

包括四句法在内的各种不同教法，是佛陀根据每个人根器的不同以及世俗与胜义的不同而开示的，是佛陀为了顺应不同根基之众生而施设的方便教化。因此，吠檀多派指出的中观论者所使用的看似矛盾的四句法实际上并没有任何矛盾，而吠檀多派自己的学说却有着各种各样实实在在的矛盾。

三 自性论

吠檀多派认为，如果把佛教常用的“自性”一词对应于吠檀多派的“原人”，那么，佛教就有与吠檀多派的原人相似的自性概念：

诸实有是不生故，
自性非是造作故，
复亦不会损减故，
此即被称为是我。（80）

偈颂的意思是：世俗世界中的各种实有物都是不生的，实有物的自性既不是人为造作的也不会被损减，因此那自性在世俗谛意义上可以被称为是实有的我，即相当于吠檀多派所谓的原人。[1]

吠檀多派还从四个不同的角度分别列举了这里的佛教徒所承认的世间万物的自性与吠檀多派的原人的种种相似点：

（1）自性与原人一样，具有唯一、无差别、遍在、常住等特性：

一色性故彼是一，
异实有中无差别，
一切法性故遍在，
亦是常住不坏灭。（81）

[1] 《入抉择吠檀多之真实品》：从自、他、两者、无因不产生有和无，“各种实有是不生性的”我之前已经证明了，那各种实有的自性非是造作也不会损减，所以那（自性）本身就是一切实有的我。（第80颂注释，268b7-269a1）

具体来说：

那是不生的本性，所以是我。蕴、界、处虽然是不同的但是没有差别，所以是一性。一切实有物是执取无相为自相的有法，所以是遍在于一切。这是不生的，所以是不坏的，因而是常住。（第 81 颂注释，269a1-269a2）

（2）自性与原人一样，是无老死、不流转于轮回、最殊胜的：

不生性故无有生，
由是此亦无老死，
不流转故无坏灭，
最上性故最胜许。（82）

因为万物具有不生性，也就是无生的，无生的自性就没有老与死；因为自性是不流转的，所以无坏灭；自性还被认为具有最上性，所以是最胜。[1]

（3）自性与原人一样，不同于色、声、香等事物：

非是色声香等等，
非是地水火风等，
非是虚空日月等，
非是意识之性相。（83）

---

[1] 《入抉择吠檀多之真实品》："不生性的缘故，是无生。以无生性为自性中没有老与死，所以是无老死。不生就是没有流转，所以是无坏灭。除此之外没有更优秀的本性，所以是最胜。"这样认为。（第 82 颂注释，269a3-269a4）

自性不是色、声、香等；自性在坚、湿、热、动的元素的性相中不存在，所以自性不是地、水、火、风；自性不具有显现的特性，所以不是虚空、月亮、太阳等；意是能思维，识是能认识实有者，所以自性也不具有意和识的特性。[1]

（4）自性与原人一样，既是一切又非一切，是没有烦恼、本来清净的：

自性故此是一切，
不被损故非一切，
其中烦恼等不生，
此即清净又寂静。（84）

因为是万物的自性，所以那自性就是一切；但是因为那自性不会被损减，而一切万物都具有损减的本性，所以那自性又不是一切。因为在那自性中，烦恼等不会生起，所以那自性是清净的，也就是寂静的和最极超过一切的。[2]

如果把佛教中观派的“自性”严格限定在世俗谛的范围之内，这种“自性”确实如吠檀多派所说，与其原人有很多相似之处。但吠檀多派的论述忽略了最重要的一点，即中观派是批判并否定这样的自性的，而不是主张自性的存在及其特性的。而且，对中观派来说，这样

[1] 《入抉择吠檀多之真实品》：不存在于一切万物的对象中的缘故，那是实无的自性，所以也不成为对象的自性。因为也不存在于“坚、湿、热、动”的元素的性相中，所以它的本性不是（地水火风）。是实无性的缘故，对于任何来说都不可分，而且也不是显现的自性，所以也不是虚空、月亮、太阳等。能思维就是意、具有认识实有的性相者就是识，即（意和识）是过去、未来的天界和解脱等的有境者。（第83颂注释，269a4-269a7）

[2] 《入抉择吠檀多之真实品》：一切实有的自性是一性的缘故，这就是一切。一切（实有）具有损减的本性，但那不会损减，所以就不是一切。实有是不生的，所以无所依，那么烦恼也不会生起，这就是清净的，即没有污垢。那本身是寂静的，即最极超过一切所作的缘故。（第84颂注释，269a7-269b2）

的自性即使存在于世俗谛，在胜义谛上也是完全不同于原人的：

是施设故彼可说，
但是真实不可说，
一切不可说性故，
此被称为无垢者。（85）

在世俗谛意义上，一切万物都有生灭变化并有其自性，例如地以坚湿为其本性。所以，通过施设分别，根据“不生、非实、不灭”等言语，在世俗中，自性可以用言语表达出来。但是在胜义谛中，自性是不可说的，因为在胜义中一切真空、无有存在，胜义中的一切都是不可说、无自性、无垢的。[1]

所以，吠檀多派所谓与其原人相似的自性只是世俗谛层面的假名施设的自性而已，或者说，如果吠檀多派的原人仅具有世俗自性的含义的话，那么这种原人就与佛教中观派世俗谛上的自性概念相类似：

倘若纵使如是我，
亦被汝等所承许，
名等多法相似故，
彼无过错且合理。（86）

意思是：如果这样的我（原人）也被你们承认的话，与多个名称相似的缘故，那（原人）就是没有错误的、合理的。

第 86 颂注释补充到：

---

1 《入抉择吠檀多之真实品》：而且，那在胜义中不是可说的，但是通过施设分别，根据“不生、非实、不灭”等文字，在世俗中，其他人所认识的对象是能用言词诠说的。不显明的缘故，一切行相都是不可说的，所以称为“无垢”。（第 85 颂注释，269b2-269b4）

那无生作为共同的性相是符合如前所说的道理的，同样是没有错误的，你主张我的时候只是在争论名而已。（第86颂注释，269b4-269b5）

吠檀多派把世俗谛的无生的自性说成是原人只是在作名相层面的口角斗争而已，因为这里的中观派与吠檀多派对此的看法实际上是一致的，即允许世俗谛上假名施设的自性（我）存在，把这种存在称为自性、原人、我等等是没有本质区别的，只是名称不同而已。这样一来，就把中观派与吠檀多派的根本分歧推进到胜义层面，是否承认胜义谛中有自性（原人）存在就成了辨别两派思想异同的关键点。

在佛教徒看来，吠檀多派的原人思想是窃取并改装了佛教的世俗自性概念而成的。吠檀多派不承认这样的原人在胜义谛上是无我性（无自性性，非存在）的则是因为：

无我性故怖畏者，
纵使怖畏住其中，
如同虚空故畏者，
除此别无它住处。（87）

因为无我性（无自性性）而怖畏的人们，虽然怖畏无我但仍安住于那无我之中，就像怖畏虚空的人仍旧安住于虚空中一样，因为除那虚空之外没有其他任何依止住处。

佛教世俗谛意义上的自性在本质（胜义谛）上是无自性、无我性的，出于对无我性的恐惧，吠檀多派不愿意承认他们的原人如果相当于佛教世俗谛中的自性的话，那么从胜义的角度讲就是无自性的，也就是胜义谛层面是不存在这样的原人的。然而，吠檀多派虽然怖畏而且恐惧无我，但事实上也只是依止而且安住于无我本身，因为除此无我之外别无其他所依之处。[1]

所以，佛教中观派对自性的看法与吠檀多派的原人学说有着根本区别。如果把《入抉择吠檀多之真实品》主张的自性说简括成“世俗谛缘起有，胜义谛自性空”的话，那么，吠檀多派的原人则可以说是“世俗胜义皆为有”。

在佛教徒看来，秉持无我、无自性的佛法才是最胜的真实甘露：

> 善来能够满愿望，
> 于此不被任何遮，
> 诸佛世间众生中，
> 此是最胜真甘露。（88）

善来者能够得到满足，在这里任何都不被遮止；对于诸佛、世间众生来说，这（佛法）就是最殊胜的真实甘露。

> 为了品尝如来经典的美味，在这里，善来能满足于法甘露的滋味。用大悲断灭胎（yoni）、年龄（vayas）、阶级（jāti）、境、时的错误的具悲心者，在那清净见、如意知的诸佛的经教中是不会被遮止的。“甘露”就是真实，能满足的缘故。与那（佛教）相似的其他真实不存在，所以（佛教）是“最胜”，即“最上”。（第88颂注释，270a1-270a2）

由此，佛教徒对吠檀多派论师作了如下劝告：

---

[1] 《入抉择吠檀多之真实品》：譬如，有些愚人虽然怖畏而且恐惧虚空，但是看不见除此（虚空）之外的其他依处，所以安住于虚空本身。同样，你虽然怖畏而且恐惧无我，但是依止而且安住于无我本身，除此之外别无所依的缘故。（第87颂注释，269b6-269b7）

我性作者受者性，
但是彼等无所依，
应该舍弃之邪执，
妨害遮断真实见。（89）

吠檀多派主张的原人的存在性、作者性、受者性等等都是没有依据的，这些邪执都应被舍弃，因为邪执是妨碍真实见的。如果吠檀多论师喜欢真甘露的话，就不应该依止于并不存在的原人，而应该用佛教的正见（自性空）断除对原人的虚妄执着。[1]

然而，吠檀多论师非但没有接受劝诫，反而根据上述原人等同于佛教世俗谛中的自性的说法，提出佛教自性空的旨趣等同于吠檀多派原人有的宗趣，认为佛教的无我论从本质上讲是一种执着“无我”的有我论：

我们的我和您的无我两者是相似的，所以您（的宗趣）和我们的宗趣是一致的。（第90颂前言，270a4）

对此，《入抉择吠檀多之真实品》用了两个连续的偈颂给予了正面批驳：

自性不生之实有，
真实不生是被许，
自性不生性之故，
此被说是无自性。（90）
无我即是无自性，

[1] 《入抉择吠檀多之真实品》：如果你喜欢这真实的甘露的话，那么，就不会依止于并不存在的我、作者和受者，也就能用正见断除虚妄执着，这是可以确定观察到的。（第89颂注释，270a3-270a4）

彼与我非相矛盾，
若说无我即是我，
非牛则能成为牛。(91)

这两颂意为：对于各种实有物来说，自性不会产生，所以实有物被认为在真实中是不生的；自性是不生性的缘故，那（实有物）被认为是无自性的。无自性就是无我，那（自性）与我不是相矛盾的；如果无我成为我的话，那么“非牛”也会成为牛。

两颂的注释具体说明了什么是无我以及为什么“无我”（无自性）与“我”（自性）是相矛盾的：

> 因与缘和合就是生，但是各种实有的自性是不生的，所以根据宗趣应该说“不生”。那（实有）本身是无自性的，所以（实有的）自性是不生性。我不是与自性意义相异的。因为没有那（自性），那就是无我。无我的本性就是无我性。那是无我，所以不是我，如果问：“为什么？”（回答：）（无我和我）矛盾的缘故，即如果是我的话，那如何是无我？如果是无我的话，那又如何是我？譬如，马的自性不是牛的自性，同样，这无我也不会成为我。（第 91 颂注释，270a5-270a6）

无我不可能成为我，就像马不可能变成牛一样。所以，吠檀多派把佛教的“无我”说成与其“有我（原人）”相似是毫无道理的。而吠檀多派的“有我论”在佛教看来就像空中之花一样根本没有存在的可能：

如此云何是产生？
此中云何是坏灭？
在于天空花蔓中，

分别生灭不合理。（93）

意思是：这样恒常唯一的原人如何产生？一切众生又如何在其中生成、坏灭？在空中之花中分别生与灭是不合理的。

原人的本性就像空中之花一样是虚无的，所以生灭对于原人来说也是不合理的，也就是说根本就不可能有这样的原人存在。[1]

最后，《入抉择吠檀多之真实品》以佛教对涅槃的定义为总结，回归了写作本品的最终目的——批判吠檀多派对原人的执着，宣扬佛教的真实解脱：

有分别与无分别，
当觉还灭之时候，
其中觉无对象时，
戏论熄灭即寂静。（95）

不管是有自性的分别还是无自性的分别，当觉还灭的时候，觉没有对象的时候，戏论熄灭就是寂静。

《中观心论·探究真实之知品》第 265 颂也有类似的说法。[2] 这种思想可以说来源于《中论·观涅槃品》对涅槃的描述：

诸法不可得，灭一切戏论，无人亦无处，佛亦无所说。[3]

在佛教看来，不管是有自性的虚妄分别还是无自性的虚妄分别都

---

[1] 《入抉择吠檀多之真实品》：如此，在无我的我中，一切众生如何生和灭？非实有的本性就像空华一样，生和灭是不合理的。（第 93 颂注释，270b2-270b3）

[2] nirvikalpārthaviṣayā nirvikalpāpi dhīr mṛṣā/ anātmādi svabhāvatvāt tadyathā savikalpadhīḥ// 详见江島惠教[1980a], p.334。

[3] 《大正藏》30, No.1564, p.36b2-b3。

是戏论。这里的“有自性的虚妄分别”指的是吠檀多派分别一切事物的我见以及对原人的执着等等，“无自性的虚妄分别”实际上指佛教徒对自宗理趣“无自性”的执着。所以，不仅要批判吠檀多派的分别，也要破除自己的执念，只有遵循后分能破一开始就提出的“不贪着于自他宗趣”的原则，才能获得真正的解脱。[1]

由此可见，吠檀多派的原人理论与佛教中观派有关自性的看法是根本不同的，不能混为一谈。《入抉择吠檀多之真实品》最后展示了论主对佛陀教法的十足信心，指出吠檀多派学说只是自称“真实”的谬论而已，不会危害佛教的教义，无损于佛教的根基。[2]

综上所述，吠檀多学说与佛教思想确实有不少相似之处，这在佛教徒看来是因为吠檀多派窃取了释迦如来的思想以为自己的主张，这些相似点在某些特定的场合下是两派所共同承认的，或者如《入抉择声闻之真实品》中所说——吠檀多派思想中的善好部分源自佛教、是佛说。但是，吠檀多论师没有真正理解佛陀的旨趣，而只是借用了佛教中观派的世俗自性等概念之后，改造、伪装了自己的原人学说。所以从本质上讲，吠檀多派理论不能被称为佛说，而是应该加以严厉批判的外道邪说。这也回应了《入抉择声闻之真实品》有关声闻乘不能用吠檀多派学说与大乘思想的相似性来证明“大乘非佛说”，因为大乘佛法与吠檀多学说有着本质区别，相似只是表面的。

然而，如果吠檀多论师能够抛弃本派的我见与执着，学习真正的

---

[1] 《入抉择吠檀多之真实品》：以分别有自性或无自性这样两种分别中都没有的无我为所缘的无分别，根据（这种无分别），觉还灭而且觉的所有对象不存在的时候，那完全不成立一切实有的本性的就是真实，那在一切（万物）中不被诠说，所以是熄灭（戏论）。（第 95 颂注释，270b5-270b7）

[2] 《入抉择吠檀多之真实品》：同样，最极超越言语和觉的真实是合理的。但是，你看见分别一切的我不是（真实），即（你的我见）具有先前所说的各种错误，而且就像犒赏睡觉的女人一样，或者就像极其愚蠢的人把感官托付给屠夫一样。所以，如是所说的（吠檀多派的）真实是不会有危害的。（第 95 颂注释，271a1-271a2）

佛法，那么他们将很有希望断除虚妄执着、获得真实甘露，因为他们毕竟曾经赞叹世尊并借用佛法，[1] 比起数论派、胜论派等一味排斥佛教的外道要容易教化得多。

[1] 吠檀多派中有很多“假面的佛教徒”，如乔茶波陀、商羯罗等。乔茶波陀曾在《圣教论》中表示服膺大乘、仰止佛陀，如《圣教论》4.1 ：“能知智慧如虚空，所知境界无差别，正觉诸法如空者，礼彼二足中最尊。”（*Āgama-śāstra* 4.1: jñānenākāśakalpena dharmān yo gaganopamān/ jñeyābhinnena sambuddhas taṃ vande dvipadāṃ varam//）《圣教论》4.100 ：“难遇甚深与无生，正等无畏及非异，如是道理悟知己，我等入力致敬礼。”（*Āgama-śāstra* 4.100: durdarśam atigambhiram ajaṃ sāmyaṃ viśāradam/ buddhvā padam anānātvaṃ namaskurmo yathābalam//）。参见巫白慧[2007], pp.143,185。

第五章　综合评述

《中观心论》及其古注《思择焰》对数论、胜论、吠檀多三派“外道”思想的叙述与批判的学术价值主要体现在以下三个方面：

叙述，即对外道主张的展示，提供给我们认识古印度哲学的新资料，其史料价值不容低估，尤其是留存有梵文本的《中观心论》，是还原公元五至六世纪数论派、胜论派、吠檀多派等外道的流行理论不可或缺的宝贵材料。

批判，即对外道思想的破斥，帮助我们了解以清辩为代表的佛教中观派批判外道思想的几种基本手法，通过对这些手法的分析可以获得有关佛教与外道论争的特色及方式的信息与知识，是我们追寻古印度抽象哲学思维的极佳途径。

启示，不管是对外道思想的叙述还是对其理论的批判，对于我们来说都彰显了佛教与外道间互不相容的观念的对立，对这些根本理论分歧进行梳理与解读，是我们以新的视角来理解古印度哲学的主要思想形态和基本发展脉络的一种尝试。

第一节　外道主张的展示

《中观心论》及其古注《思择焰》所记载的数论派、胜论派、吠檀多派思想涵盖了这三派外道的核心理论，主要内容大多源自各派外道的根本经典，即《数论颂》、《胜论经》、奥义书等。《中观心论》与《思择焰》对这三派外道思想体系的描述，显示出作者对五至六世纪的印度哲学整体的较全面把握，将当时思想界流行的主要理论学说融汇在一起进行批判性论述，具有极高的史料价值。

一　《入抉择数论之真实品》所展示的数论派思想

《入抉择数论之真实品》主要描述并批判了数论派的自性论、人我论、映像说、解脱观，其引述的这些数论学说绝大部分出自《数论颂》，主要涉及《数论颂》第 3、10、11、15、18、19、22、24、44、45、56、57、58、62、63 等颂，而且思想含义与《金七十论》的相关注释颇为接近。

（一）自性论

《入抉择数论之真实品》前分所破转述的数论派自性论以自性的特征和自性转变说为主，涵盖了《数论颂》有关自性理论的大部分内容。后分能破新增了一个话题，叙述了数论派证明“自性有”的“五支作法”，并对其中的各支进行了分别破斥。所以，《入抉择数论之真实品》主要从自性的特征、自性转变说、“自性有”论证三个方面来展现数论派的自性论思想。

具体来说，对自性特征的描述主要综合了《数论颂》第 10、11 颂以及《金七十论》对此的注释，基本准确把握了数论派的自性的各种特点：无知、由三德构成、是能生的本体、与人我正相反、常住、唯一、遍在、未显等等。

自性转变说源自《数论颂》第 3 颂，《思择焰》描述的转变过程的细节与《金七十论》第 3 颂注释有较多相似之处。其中，“根本自性非变异，大等皆是七种谛，此七既本又变异，一十六谛只变异，人我非本非变异”[1] 可以看作是《数论颂》第 3 颂：“本性无变异，大等

[1] 本章所引《中观心论》与《思择焰》的汉译在本书第二、三、四章中基本都已经作了分析，因此不再重复注明具体的梵本、藏译的页码信息等。

亦本变，十六但变异，知者非本变”的直接引语。[1] 但是，《入抉择数论之真实品》在前分所破和后分能破中分别介绍了两种略有不同的转变过程，而在现存数论派经典文献中都没有找到完全一致的表达。

“自性有”论证，即《入抉择数论之真实品》第 25、26 颂：“胜因是有诸个物，随行故且变异故，因与果之关系故，多样性故能力故。同样据前所叙述，犹如破陶之碎片，如是个物亦具彼，是故个物具有因。”这两颂构成一个“宗、因、喻、合、结”齐备的五支论式。但是，《数论颂》和《金七十论》等注释书中都没有用如此规整的五支作法来证明自性的存在，只是提到了其中的因支和喻支。《入抉择数论之真实品》转述的因支出自《数论颂》第 15 颂：“别类有量故，同性能生故，因果差别故，遍相无别故。”此外，《入抉择数论之真实品》对每一项因的具体解释与《金七十论》第 15 颂注释的主体内容基本一致，对喻支的解释亦与《金七十论》第 15 颂注释相似。

对数论派论证“自性有”的五支作法的描述以及用新因明三支论法的规则对此的批判是《入抉择数论之真实品》最具论辩之逻辑特色的内容，凸显了《中观心论》与《思择焰》作为中观自续派论著的特色。[2]

（二）人我论

《入抉择数论之真实品》展示数论派人我论时以阐述人我的各种特性为主，引述的大部分内容也都可以在《数论颂》中找到出处。如第 1 颂注释描述的人我的以下特征：

---

[1] 将《入抉择数论之真实品》藏译与《数论颂》梵文相比较，能更直接地看到这两句话的渊源关系，下文提到的其他引用文句也如此。由于本书前几章已经对《数论颂》等“外道”文献的梵文原文有所述及，因此不再重复罗列引文的梵文原文。

[2]《中观心论》与《思择焰》作为中观自续派论著的特色参见本章第二节，pp.351-361。

> 那就是人我，即不异于有知、不生、常住、无动作、食者、首脑、遍在、非作者、与三德相反。具有不生的性质、能生起获得缘的智慧、不具有萨埵等性相的缘故，不是德、没有开始的缘故，修习不生的有法的缘故，所以“有境”。没有产生和坏灭的缘故，所以“常住”。是本和变以外的其他，所以“无因”。是同一，所以“无分”。没有开头和终结的缘故，所以“无尽”。这些就是人我的性相。

这些特征出自《数论颂》第10、11、19颂，亦与《金七十论》对这三颂的注释基本相同。

《入抉择数论之真实品》强调“有知是人我的本性”，并把“有知”作为数论派人我论的核心内容来叙述。但是，这种从多角度对“有知”及其与人我的关系的阐述，实际上是放大了“有知”在人我的诸多属性中的地位。《数论颂》本身并没有强调“有知”作为人我的属性的重要性，“有知”是与人我的其他特性相平行的一种属性。所以，《入抉择数论之真实品》在描述数论派的人我论时紧扣“有知”这一属性，很有可能是为了利于佛教徒的批判而作出的一种带较强主观判断色彩的解读，或者说，“人我有知”很可能是数论派人我论中最受佛教徒重视的一个方面。

（三）映像说

《入抉择数论之真实品》所传的映像说是迄今为止有关数论派映像理论最早、最翔实的资料。本品前分所破从人我的主动性和被动性两个方面描述了映像说：（1）主动的人我通过觉模仿外界对象，从而实现自己作为知者、享受者等的功能；（2）在觉的决智等作用的帮助下，认识对象的映像在被动的人我中生起，以使得人我成为名副其实的知者、享受者。

《入抉择数论之真实品》转述的这一映像说可以解释非作者、无变化的人我如何成为认识外界的知者、享受者、支配者，但是不能回答无知的自性及其转变物（尤其是觉）如何产生知性的活动。这种映像说不仅不见于《数论颂》，在其他现存较早的数论派文献（如《金七十论》、《乔荼波陀注》、《摩特罗评注》）中都没有发现类似的说法，与晚于《思择焰》的藏译年代但明确提出映像说的《数论经》的说法亦差别较大——《数论经》中的映像说阐述的是我与觉之间的直接映像关系，而《入抉择数论之真实品》却将人我与外界对象当作映像关系的主角，觉只是在映像过程中起到了辅助作用而已。

但是，我们并不能就此断言《入抉择数论之真实品》所传的映像说不是数论派的思想。考虑到《中观心论》的成书年代较早，我们只能将本品描述的映像说的来源问题暂时存疑。《入抉择数论之真实品》对数论派映像说的叙述与批判，虽然不能为映像理论的种种谜团提供明确的解答，但其作为现存有关数论派映像说的最早史料，其学术价值不容低估。

（四）解脱观

《入抉择数论之真实品》指出数论派的解脱观有两种——“人我解脱”与“自性解脱”。

“人我解脱”的意思是当看到“人我不同于自性，自性也不同于人我”的真实、还灭能作和所作的时候，人我就能从自性等的系缚中解脱出来。《入抉择数论之真实品》第3颂注释中有关人我被“自性”、“变异”、“财物”三种系缚所束缚的说明与《数论颂》第44、45颂基本一致，尤其与《金七十论》对第44、45颂的注释相似。

《入抉择数论之真实品》第4颂转述的“自性解脱”可以在《数论颂》第56、57、58、60、62、63等颂中找到依据，甚至可以说比第3颂描述的“人我解脱”更准确地传达了《数论颂》的思想。“自性解脱”的意思是自性从人我解脱，但归根结底自性解脱并不是最终的解脱，而只是人我解脱的前提，因为自性一直以人我为中心活动，帮助人我实现包括解脱在内的各种目的，自性从人我解脱是为了使人我回归到本来清净独存的解脱状态。“自性解脱”的关键也在于认识到“自性不是人我，人我也不是自性”。所以，数论派的人我解脱与自性解脱有一个很重要的共同点，即都需要认识到“人我自性互不同”这一数论派所谓的真实，这种既不依靠天启方法也不依赖世俗修行的哲学探索就是数论派信奉的通向解脱的正确道路。

综上，《入抉择数论之真实品》所展示的数论派思想根源于《数论颂》，取材于《金七十论》等《数论颂》的注释文献。[1] 既有为我们所熟知的自性人我论，又有难得一见的映像说，涵盖范围广泛，描写论述清晰，分析解读深入，是我们了解公元五至六世纪数论派思想发展状况的极佳材料。

此外，《入抉择数论之真实品》对数论派自性论中证明“自性有”的五支作法、人我论中有关“有知”及其与人我的关系、映像说以及解脱观的重视，让我们比较深入地了解到这些并不受数论派特别重视的理论及其在佛教徒眼中的特殊地位。

总之，《入抉择数论之真实品》所展示的数论派思想可以较好地补充我们现有的数论派文献，极具史料和研究价值。

二　《入抉择胜论之真实品》所展示的胜论派思想

《入抉择胜论之真实品》主要描述了胜论派的句义思想、我论以及解脱理论，重点批判了其中的我论和解脱理论。本品所传的胜论派思想的来源较为复杂，在以《胜论经》为主要依据的同时很有可能受到了与《旃陀罗阿难陀注》最为相近的《胜论经》的早期注释书的影响。

---

[1] 《金七十论》的成立年代与《中观心论》基本同时或更早，而且以《金七十论》对佛教徒的影响而言，无有其他数论派文献能出其右。

（一）句义论

《入抉择胜论之真实品》的序论作为一段相对独立的内容，以大量叙述《胜论经》经文为主体，直接或间接引用了《胜论经》约九分之一的内容，其转述的准确程度和数量之多在整部《中观心论》与《思择焰》中都极为少见。序论所引《胜论经》（VS-C）经文可整理如下：

表一

1-1-4 ○	1-1-16 ○	2-1-27 ○	3-2-5 △	7-1-8 △
1-1-5 ○	1-1-23 △	2-2-6 ○	5-2-19 △	7-1-28 ○
1-1-6 ○	1-2-4 △	2-2-7 ○	5-2-20 ○	7-1-29 ○
1-1-7 ○	1-2-7 ○	2-2-12 ○	5-2-23 ○	7-1-31 △
1-1-8 △	1-2-8 △	2-2-13 △	6-2-2 ○	7-1-32 △
1-1-9 △○	2-1-1 ○	2-2-15 ○	6-2-3 △	7-2-2 △
1-1-11 ○	2-1-2 ○	3-2-1 △	6-2-12 △	
1-1-14 ○	2-1-3 ○	3-2-2 △	6-2-18 △	
1-1-15 ○	2-1-4 ○	3-2-4 △	7-1-4 △	

（○表示序论中有与该句经文几乎完全一致的表述，△表示序论中有与该句经文基本相同的表述。）

这些直接或者间接引文涵盖了胜论派句义思想的主要内容，特别是几乎逐字逐句引用了《胜论经》的相关经文来阐述实、德、业、同、异、和合六句义的核心思想。如对实句义的概括“称为‘实’的句义有九种，即称为‘地、水、火、风、空、时、方、我、意’的诸实”与《胜论经》VS-C.1-1-4 一致。对地、水、火、风、空、时、方、意的特性的描述也与《胜论经》几乎完全相同。对业句义的特性的描述“业的特性是（依止于）一实，没有德，是合与离的独立的因，这就是业的特性”则直接引用了《胜论经》VS-C.1-1-16 等等。

序论转述的胜论派句义论与《胜论经》经文本身的表述非常相似，

这就排除了把《入抉择胜论之真实品》所传的句义思想追溯为《摄句义法论》、《胜宗十句义论》等其他胜论派文献的必要。

此外，《入抉择胜论之真实品》前分所破和后分能破没有再单独叙述或批判句义论，只是在转述和批判我论、解脱论时稍有提及相关的句义思想。

（二）我论

《入抉择胜论之真实品》主要围绕“我”的各种特性来展示胜论派有关我的思想。如：“（我是）作者、享受者，所以觉等属性以外还有其他的我（的属性），那（我的其他属性）是不生、常住、作者、享受者、遍在、无活动。”这些特性基本都可以在《胜论经》中找到出处，即主要是 VS-C.3-2-4、VS-C.3-2-5、VS-C.7-1-28、VS-C.7-1-29 等经文。

但是，《入抉择胜论之真实品》提出并强调的我具有的不生的特性却几乎没有出现在《胜论经》、《摄句义法论》等胜论派的主要经典文献之中。而《入抉择胜论之真实品》还从“不生”这一属性切入对胜论派的我论的批判，指出我的其他属性与“不生”之间的相互矛盾，从而推导出我论的不成立。因此，这一批判很可能是有意识地以佛教教义为出发点来理解胜论派的思想，以达成否定其主张的目的。

另外，《入抉择胜论之真实品》在批判胜论派的我论时，注重分析德、意、同等概念与我之间的关系，展示了胜论派我论中的重点思想，至少是最受佛教徒关注的重点内容。

（三）解脱观

《入抉择胜论之真实品》分别在序论和前分所破中阐述了两种略有差异的解脱观。序论所传的胜论派解脱观占了整个序论的三分之一强，涵盖了《胜论经》中有关轮回解脱思想的几乎所有经文，是至今为止发现的对胜论派解脱思想最集中、最详细的记载，比历来公认的最详细集中说明胜论派解脱思想的《摄句义法论》第 8 章第 24 节还要丰富很多。

序论所传的这些解脱思想主要源自《胜论经》VS-C.5-2-20、VS-C.6-2-2、VS-C.6-2-3、VS-C.6-2-12、VS-C.6-2-13、VS-C.6-2-14、VS-C.6-2-15、VS-C.6-2-16、VS-C.6-2-17、VS-C.6-2-18。序论在转述胜论派解脱思想时非常重视意以及意与我的关系，这与《胜论经》以及《旃陀罗阿难陀注》是一致的，而《摄句义法论》在说明轮回解脱时则没有涉及意，更不谈我与意的关系。因此，结合本品所转述的句义思想、我论等来看，学者们向来认为的《入抉择胜论之真实品》受到《摄句义法论》的较大影响这一结论在笔者看来基本不可能成立。

《入抉择胜论之真实品》前分所破只有一颂，只叙述了胜论派的解脱观，指出胜论派获得解脱需要三个要素："断灭觉等我之德"、"从根拔除法非法"、"所谓我就住意中"。其中，前两个要素可以在《旃陀罗阿难陀注》、《胜论经》（VS-C.5-2-20）等文献中找到不少相似内容。但是，第三要素中的我和意的关系与后分能破在批判时所指出的关系正好相反。我与意的关系不仅与解脱相关，也与胜论派的瑜伽思想联系紧密，《入抉择胜论之真实品》很可能有意或无意地混淆了胜论派的瑜伽与解脱（VS-C.5-2-17、VS-C.5-2-20），把瑜伽当作解脱来批判。

与序论在描述解脱思想时的准确客观相比，前分所破记载的胜论派解脱观带有较多佛教徒的主观色彩，这很有可能也是为了利于后文批判作出的选择性解读。

总的来说，通过仔细研读《入抉择胜论之真实品》以及胜论派的相关典籍，笔者认为本品所展示的胜论派思想与早期胜论派文献之间的关系大致如下：

第一，《入抉择胜论之真实品》中多次出现的"二指喻"及其注重意与我的关系等内容，可以说明本品有可能主要通过《旃陀罗阿难陀注》（包括经文和注释）来认识胜论派的思想学说，尤其当《旃陀罗阿难陀注》与商羯罗弥施洛的《补注》所载经文不尽相同的时候，本品所传往往与《旃陀罗阿难陀注》相同而与《补注》有异。因此，可以把《中观心论》看作是《旃陀罗阿难陀注》成立年代的下限，给生卒年代不明的旃陀罗阿难陀划定一个大致可信的活动范围。

第二，从《摄句义法论》的成立年代及其对印度思想界的影响来看，《入抉择胜论之真实品》受到《摄句义法论》的影响是顺理成章之事，但这种影响事实上很可能远逊于此前诸多学者的判断。笔者认为，《胜论经》作为胜论派的根本经典在《入抉择胜论之真实品》叙述胜论派学说时作为首要的思想来源是毫无疑问的，《摄句义法论》在这方面无法与《胜论经》相比。也就是说，不能将《摄句义法论》看作是《入抉择胜论之真实品》所展示的胜论派思想的主要来源。

第三，虽然《胜宗十句义论》与《中观心论》年代相近或更早成书，但是可以基本排除《入抉择胜论之真实品》受到《胜宗十句义论》影响的可能，这也符合一般公认的《胜宗十句义论》在当时印度思想界没有产生较大影响的看法。

三　《入抉择吠檀多之真实品》所展示的吠檀多派思想

《入抉择吠檀多之真实品》主要展示了吠檀多派的原人思想，以及吠檀多学说与佛教思想的异同之处。

（一）原人思想

《入抉择吠檀多之真实品》所传的原人思想大致可以分为神话性原人、思辨性原人、哲学性原人三种。

神话性原人主要取材于《伊莎奥义书》（3、5、6）、《白骡奥义书》（3-8、3-15、4-2、4-4）、《广林奥义书》（1-4-1、4-2-2、4-2-3、4-3-7）、《剃发者奥义书》（2-1-4、3-1-3）、《歌者奥义书》（5-18-2）等。如《入抉择吠檀多之真实品》第 2 颂注释中的“当认识到原人是大仙、太阳的颜色、不同于黑暗的时候，就是不死，（这）即是我们的认识；没有其他通向不生的道路”是《白骡奥义书》3-8的直接引用；第16颂注释中的“他是动又不是动，他是远又是近，他是万物的内在，又是两者的外在”出自《伊莎奥义书》5。

这种神话性原人是奥义书原人思想的集中展现，极具生动而又朴素的神话色彩，很可能是吠檀多派形成独立、系统的哲学流派之前的学说，或者说是与一般意义上重视《歌者奥义书》和《梵经》等的主流吠檀多派不同的早期支派。

思辨性原人很少见神话色彩，主要从抽象思维的角度来考察原人，其思想根源也是各类奥义书，直接或间接引用了《白骡奥义书》四句（3-9、3-20、4-11、6-10），《广林奥义书》一句（2-1-20），《剃发者奥义书》一句（1-7），《歌者奥义书》一句（5-18-2），《迦塔奥义书》一句（2-22）。如《入抉择吠檀多之真实品》第5ab颂“从彼一切物产生，犹如从蛛产生丝”出自《剃发者奥义书》1-7。

虽然思辨性原人与神话性原人一样都出自奥义书，但我们从思辨性原人中很少看到原始的神话色彩。思辨性原人比神话性原人更接近吠檀多派作为独立学派的思想。不过，这两种原人思想都没有被后来的吠檀多派纳入主流体系。

哲学性原人与思辨性原人、神话性原人的区别主要在于这种原人思想的文献来源及其体现出来的抽象思维能力等方面。哲学性原人很有可能源自与《圣教论》等成熟时期的吠檀多派著作有亲缘关系的文献，这突出表现在《入抉择吠檀多之真实品》对“瓶空喻”的叙述与批判上。

《入抉择吠檀多之真实品》叙述的“瓶空喻”不在于说明大我（原人）与小我同一不二的关系，而是为了说明原人是遍在一切的、唯一的、不受任何众生的限制和影响的。这一瓶空喻与《圣教论》所述的瓶空喻（《圣教论》第3.3-3.6颂）是两种完全不同的理论，综合比较两者的逻辑性和系统性可以看出《中观心论》记载的瓶空喻应该出现在乔荼波陀的《圣教论》之前，乔荼波陀的瓶空喻很有可能是在《中观心论》所转述的这种吠檀多论师持有的瓶空喻的基础上发展而来的，或者乔荼波陀亦有可能直接借鉴了佛教文献中的瓶空喻。因此，笔者认为，把《中观心论》的作者（清辩）的年代当成《圣教论》的作者（乔荼波陀）的生活年代下限的说法值得商榷，反而可以把清辩作为乔荼波陀生活年代的上限，即乔荼波陀不早于清辩的晚年。

另外，《入抉择吠檀多之真实品》在转述上述三种原人思想时主要围绕原人的各种特殊属性而展开。原人的某些特性，如唯一性、遍在性虽然也能在《梵经》中找到类似的表达，[1] 但《入抉择吠檀多之真实品》没有以《梵经》为依据来转述吠檀多派的思想，而是主要以《白骡奥义书》等早期吠檀多派崇奉的奥义书以及一些尚不为我们所知的早期吠檀多著作为主要文献来源，很少转述在奥义书基础上更哲学化、系统化的思想。但是，在《中观心论》的成书年代，吠檀多派作为独立的哲学派别已经形成是不争的事实，只不过可能当时吠檀多派的大部分论师还主要以奥义书的言说为教义来布道。《入抉择吠檀多之真实品》没有拘泥于介绍一种原人思想可以较好地说明：公元五至六世纪，吠檀多派内部对原人的看法还没有形成统一的认识，不同的支派间崇奉的奥义书不甚相同，吠檀多学说的思想表现形式较为多样。

此外，《入抉择吠檀多之真实品》还提到了吠檀多派的“二我说”（解脱我和系缚我）、“不一不异论”（个我和最高我之间“不一不异”的关系）。但是，本品描述的“二我说”和“不一不异论”有别于吠檀多派一般意义上的“二我说”和“不一不异论”：《入抉择吠檀多之真实品》在叙述并批判这两种学说时，并不关心其中阐释的两种我的关系本身，而是始终只关注作为绝对存在者的原人的存在性，否定

[1] 如《梵经》3-2-36：同样，根据（圣典）对（梵以外的）别的（任何事物的）否定（，可知唯一的存在仅是梵）。《梵经》3-2-37：根据这（上述道理，梵的）遍在性（得以确立。这）从论及广阔性（的圣句）等（即可得知）。姚卫群[2003], p.320。

原人的存在性才是叙述和批判的直接与最终目的。目前所知的从《梵经》到商羯罗、罗摩奴阇等人的著作，在给原人以高下之分的同时，重点都在于阐释最高我与个我（解脱我与系缚我）的关系问题，而仅将原人的存在作为论述这种关系的背景常识或者确定理论。因此，《入抉择吠檀多之真实品》所展示的“二我说”与“不一不异论”很有可能亦是不为我们熟知的早期吠檀多派的思想。

《入抉择吠檀多之真实品》基于各类奥义书对吠檀多派原人思想的详细描述较少见于其他吠檀多文献和佛教典籍，是研究早期吠檀多派思想发展的珍贵史料。

（二）两派学说异同比较

《入抉择吠檀多之真实品》的总结陈词部分主要阐述了吠檀多学说与佛教思想在胜义观、四句法、自性论（原人论）方面的异同。吠檀多派的胜义观、原人论等表面上看与佛教中观派的某些思想有一定的相似性，但本质上是完全不同于中观义理的外道学说。《入抉择吠檀多之真实品》指出，吠檀多学说中与佛教思想相似的内容不是吠檀多派自身的原创，而是他们窃取了佛教的相关理念后，加以改造而形成的学说。吠檀多派错误地理解并应用了佛陀的言教，使原本的真理变成了荒诞的教说，所以吠檀多派逃脱不了堕落边见的下场，他们的理论也不是能够获得解脱的真谛。

从目前所掌握的文献资料来看，《入抉择吠檀多之真实品》可能是把佛教中“外道窃取佛教思想以为己典”之说落实到具体学派和学说的“始作俑者”，给后来的佛教徒鉴评吠檀多派的思想渊源和学说价值设定了基调。

综上所述，虽然《中观心论》及其古注《思择焰》在批判数论、胜论、吠檀多三派外道思想时难免带上佛教化的理解与记述方式的烙印，但总体上讲，这两部论著比较客观地展示了三派外道的丰富多彩的理论学说，从中可见论主对数论派、胜论派、吠檀多派思想体系的认识不是泛泛而谈的道听途说，而是具备了出入其原典的扎实功夫，对某些理论甚至有自己独到的看法与理解。因此，《中观心论》与《思择焰》在我们考察古印度哲学思想时发挥的史料价值极具可靠性和学术性，是一般的佛教文献或者外道宗义书所无法比拟的。

古印度宗教哲学文献中的某些难解、费解之处，参考或者联系佛教对外道的叙述与批判材料后往往可以了解到当时的一些具体情况或问题细节。《中观心论》及其古注《思择焰》就是这类叙述与批判材料的典型代表，这两部论著所描述的外道思想可以帮助我们更好地认识公元五至六世纪印度思想界的状况，特别是能够帮助我们深入理解佛教或者外道提出某一理论的可能的原因及思想背景。

总之，《中观心论》与《思择焰》对三派外道思想的叙述，实际上是将数论派、胜论派、吠檀多派的学说解析出来展现给我们，为我们提供了很多直接阅读各外道学派原典所无法获取的信息、知识与理解角度，对我们把握古印度哲学的思想重点、发展脉路等等都别具价值。

第二节 批判手法的使用

《中观心论》与《思择焰》在对数论派、胜论派、吠檀多派的思想进行批判时，在批判手法的使用上针对性很强，即各派用何种方法证明自己的观点，论主就用相应的手法批判之。如数论派擅长使用“五支作法”来证明本派的“自性有”学说，《入抉择数论之真实品》就指出其论证违反了新因明学说的规则，堕落于某些过错；吠檀多派喜于叙述或引用奥义书圣言来阐述本派的原人思想，《入抉择吠檀多之真实品》就主要采用“譬喻说理法”和“圣言说教法”与之针锋相对。

概括来说，《中观心论》与《思择焰》在批判上述三派外道思想时主要使用了四种手法：因明三支法、中观归谬法、圣言说教法、譬喻说理法，充分展示了两部论著的思想精髓与论辩特色。

一　因明三支法[1]

《中观心论》与《思择焰》使用的批判手法中最具特色之处就是借鉴了陈那的新因明理论，从“自立论证”的角度来正面批判外道的思想，因而有别于传统的中观论著，凸显了中观自续派（Svātantrika）的宗风。[2]

在本书探讨的第六、七、八品中，因明三支法运用最多的当属《入抉择胜论之真实品》，全品共例举了近 20 个宗、因、喻完备的论式来批判胜论派的观点。《入抉择数论之真实品》和《入抉择吠檀多之真实品》也用到了少量三支作法。为了方便论述，特将各品中主要的三支论式整理如下：[3]

---

[1] 完成了本书的写作之后，笔者在“第二届梵学与佛学研讨会”（台北，2012）上宣读的有关清辩的论证逻辑的文章对此有更加深入的讨论，可补充下文论述的不足，参见何欢欢[2012c]。

[2] Svātantrika 是根据自意起比量论式（svatantra-anumāna）来进行论证的学派的意思。《中观心论》的作者清辩论师被认为开创了“中观自续派”，与以佛护、月称为首的“中观应成派”（Prāsaṅgika）并成为中观派的两大分支。但需要注意的是，在印度本没有用 Prāsaṅgika 和 Svātantrika 来区别中观派内部的不同观点的说法，即使对中观派内部有所区分最初也只是区分出寂护与清辩的不同，也就是在把瑜伽行思想吸收到中观之后才开始有分派的意识，而这已经是 8 世纪的事了。最早到西藏传播中观思想的是寂护及其弟子莲花戒（Kamalaśīla, 8 世纪中），他们与稍前的智藏（Jñānagarbha, 700-760）并称为“东方自续三大家”，但是从现存文献看，寂护等人并没有对中观派作进一步划分。对中观学说进行区分的最早著作可能是益希德（Ye shes sde, 又译智军，8 世纪末）的《见解差别》（*lTa ba'i khyal par*），即把中观派分成“经部行中观”和“瑜伽行中观”。而最早提出应成、自续二分法的可能是大译师巴曹·尼玛扎（Pa tshab Nyi ma grags, 1055-?）。在文献中能见到的最早比较系统提出应成、自续二分的可能是萨迦派学者扎巴坚赞（Grags pa ryal mtshan, 1147-1216），他根据世俗谛和胜义谛对中观派进行区分，在胜义谛上提出了应成与自续之分，这种分类法被后人沿用几百年，包括后来的萨迦班智达（Sa skya paṇḍita Kun dg' rgyal mtshan, 1182-1251）与布敦仁钦珠（Bu ston Rin chen grub, 1290-1364）等人。宗喀巴（Tsong kha pa, 1357-1419）最早明确表示应成、自续二分中观最为合理，而且提出此种分类法的主要根据是论证空性的方法的不同，简单地说，“应成”是“归谬法”，“自续”是“自立论证法”。宗喀巴的说法影响深远，至今仍被当作主流。

[3] 下表所列不包括缺少宗、因、喻任何一支的不完整的三支法。为避免重复，没有罗列三品注释中与偈颂表达相同或相似的论式。下表中例举的三支法论式亦不包括《中观心论》与《思择焰》转述的数论派、胜论派、吠檀多派所用的三支法（即表现外道观点的三支法），如：《入抉择数论之真实品》第 51 颂——宗：具有食之此享受；因：是享受故；喻：如床等。《入抉择胜论之真实品》第 12 颂前言——宗：我与

表二：

	出处	宗	因	喻
《入抉择数论之真实品》				
1	第 22 颂	若说人我有变化，人我则是无知者，非非因又非遍在	有变化故	如同乳
2	第 46 颂	应知苦也无作用	其亦具有原因故，无知故是所诠故，是所量故	犹如痴
《入抉择胜论之真实品》				
3	第 3 颂	不生不符合作者	定果必有作者故	譬如蜂蜜之原因，非是空中之花蔓
4	第 5ab 颂	觉不依于常住我	有原因故	如同瓶
5	第 6 颂	所谓觉是我之德，非理	因其有产生	犹如彼之诸德中，色等不会被承许
6	第 7ab 颂及注释	非合之故不属我，合理	因其无常故	就像色不是先前就存在的
7	第 7cd 颂注释	乐是产生性的所以也不是我的德	具有生的缘故	就像色一样

觉合是存在的；因：那（我）与觉是一起的缘故；喻：就像杖和持杖人一样。

续表二：

	出处	宗	因	喻
8	第 7cd 颂注释	乐不与我合	无常的缘故，或者之前不存在的缘故，	就像色一样。
9	第 8ab 颂	认为意是非常住	是所诠故	如同瓶
10	第 8cd 颂	此并非是我作具	是实有故	如同乐
11	第 9cd 颂	我无	不是依缘而生故	如同空中华
12	第 9 颂注释	我是无	那（我）没有色成、亲证、持相、加行、了别识的性相的缘故	就像石女儿一样
13	第 10cd 颂	此非遍在非常住	是所知故	如同瓶
14	第 13 颂	乐不依于常住我	具有因故	犹如瓶
15	第 13cd-14 颂	复次不会被承许，乐亦即是我之德	具有生故	如色等
16	第 16ab 颂注	非显现即不能被显现	是非显性的缘故	就像空华一样
17	第 23 颂	我不与觉以及苦，乐等诸德相分离	是德之故	如同数

续表二：

	出处	宗	因	喻
18	第 28 颂	不许食米斋仙徒，地等真知解脱中	执着差别性之故	如同命我等真知
《入抉择吠檀多之真实品》				
19	第 6 颂注释	根据自性，那（一切世界）恒常是死，所以是不死性是不合道理的	（不死性）不是那（一切世界）的自性的缘故	就像火的本性是热性而不是寒性一样
20	第 24 颂	以色等为境之觉，作者我等不产生，	依止缘而生起故	犹如从火晶生火
21	第 25 颂	任何字音性之声，不被许是作者我	所闻性故声性故	犹如彼是回音声
22	第 27 颂注释	我不是真实存在的	没有所作的特性的缘故	就像空华一样
23	第 32 颂	有为法之聚合中，无作用被称作者	作具性故	如于灯，说灯能够照明彼
24	第 48 颂	故彼我是此非理	无论损减与饶益，苦乐并不会产生	犹如提婆舍摩空
25	第 58 颂注释	我是实有是不成立的	不生的缘故	就像空华一样
26	第 66 颂	虚空是有不被许	因无所取之缘故	如同石女儿

上表所列的三支论式的具体含义在本书第二、三、四章中已经作了充分解读，此处不再重复。

从这 26 个宗、因、喻齐备的论式可以看出，《中观心论》与《思择焰》比较成功地运用了当时最为先进的陈那因明学的理论成果，不仅用三支作法正面批判了数论派、胜论派、吠檀多派的主要思想，而且用三支论式来表达自己的见解——我是无、自性空等等。

不仅如此，《中观心论》与《思择焰》还以因明破因明，即用新因明的规范来检视外道的论证，指出诸外道在辩论过程中所犯的逻辑错误。这主要体现在对数论派用五支作法论证“自性有”的批判上。胜论派和吠檀多派因为没有明确使用旧因明论式来证明或阐述自己的主张，因而在《入抉择胜论之真实品》和《抉择入吠檀多之真实品》中较少直接用因明过类规则来衡量胜论派与吠檀多派的理论得失。

《入抉择数论之真实品》在批判数论派“自性有”论证时提及的因明过错主要如下：

（一）宗之过——相符极成过

商羯罗主（Śaṅkarasvāmin，约 5-6 世纪）基于陈那的《因明正理门论》所总结的新因明“三十三过”中，属于立宗不当、宗支所显示的过失有九种：现量相违、比量相违、自教相违、世间相违、自语相违、能别不极成、所别不极成、俱不极成、相符极成。[1]《入抉择数论之真实品》主要运用了其中的“相符极成过”来批判数论派五支作法中的宗支。

“相符极成过”是指对论辩双方都承认的命题再次予以提出证明，因而是多余的论证。[2] 如《入抉择数论之真实品》在否定数论派的“自性有”证明时说道：

---

[1] 《因明入正理论》，《大正藏》32, No.1630, p.11b25-b27。

[2] 《因明入正理论》：“相符极成者，如说声是所闻。”（《大正藏》32, No.1630, p.11c6-c7）

如若个物具有因，
则证已经被证明，（27ab）

如果根据你（数论派）的理解，所谓“大等的个体物都具有因”就是证明已经成立的。（因为）我们（佛教）也（认为）一切事物由因和缘如实产生，事物不是无因的。（第27颂注释）

世间万物由因缘和合而产生是佛教的基本教义之一，就这一点来说，佛教比数论派更加强调“任何事物都有因”。因此，可以说“个物具有因”是佛教和数论派共同承认的观点，这样的命题是不需要在论辩中提出证明的。所以，如果数论派所谓的“自性有”的意思是“个体物都具有因”的话，那么，对这一命题的证明就犯了相符极成过。

如本书第三章所述，这里的批判有偷换概念之嫌，因为数论派所说的“任何事物都有因”不同于佛教的“任何事物都有因”。数论派的“因”指的不仅是任何事物都有直接的或具体的、即相当于佛教所说的因缘和合的因，更重要的是任何事物都具有“自性”这一根本因，以此来体现自性的存在。而佛教的“因”只是指因缘和合的因，不涉及更不涵盖任何恒常不变的根本因。所以，严格来说，此处指谪数论派犯有相符极成过并不十分恰当。

《入抉择数论之真实品》还指出数论派在证明“因果同一性”时也犯有相符极成过：

同类之理是同一，
论证即是证已成。（37ab）

如果在同类事物中证明因和果的同一性的话，就是证明已经成立的。（第37ab颂注释）

对于同类事物来说，果和因是同一的，这是论辩双方都认可的命题。

> 如果由设立同类事物的相续来证明先前觉等就是现在存在的，即是证明已经成立的。（第 38ab 颂注释）

如果认为觉是同类事物的相续，也就是没有变化的话，证明觉的同一性就会犯相符极成过，因为如第 37ab 颂所述，同类事物的因果同一性是被论辩双方所共同接受的，这样的命题不需要再次证明。

值得一提的是，《入抉择数论之真实品》在批判数论派的人我论时也用到了相符极成过：

> 如果不主张（有知者具有）常住、遍在一切等的特性，而证明（有知者）是享受者的话，就是证明已经成立的，因为我（佛教徒）也同样承认耳朵等的根与境和合产生的意识是享受者。（第 43 颂注释）

如果人我不具有“常住、遍在一切等的特性”的话，这样的享受者（人我）就与佛教所承认的享受者——“根与境和合产生的意识”——同实而异名，把这样的人我称为享受者是佛教所承认的，因而数论师对此再次进行论证就是多余的，就会犯相符极成过。

（二）因之过——不成因、相违因

1．不成因

在因明论式中，因支须具备三相——遍是宗法性、同品定有性、异品遍无性——才能成为“正因”，缺乏任何一相都是“似因”。其中，缺乏第一相“遍是宗法性”而不能证明立宗的即被称为“不成因”。

《入抉择数论之真实品》指出数论派所谓的随行、变异等因不符合“因三相”，是“不成因”：

随行亦是不成立，
因即成为不成因。（27cd）

这两句话的具体意思如注释所述：

“随行”等“因”对于佛教徒来说也不成立。如果“自性是一”能被证明的话，那（自性）也能同时被证明，但是，我们（佛教徒）认为那自性不能被证明，（自性是）未显的缘故，就像兔角等一样。“任何（未显）如何拥有（显）”对于他们（数论师）来说也是不成立的。“变异”等等“因”也因为这样的错误而被破除。（第 27 颂注释，235a7-235b1）

“自性”是“自性有”这一命题中的宗“有法”，“随行”、“变异”等五项理由是证明这一命题的因，按照数论派对自性、随行、变异等的定义，随行、变异等作为显现物在外延上不能完全包含未显的自性的所有特性，而只涉及宗“有法”的一部分外延的话，这样的因就是不具备“遍是宗法性”的“不成因”。

2．相违因——有法自相相违因、有法差别相违因

在新因明规则中，有关因支的错误总共有十四种，其中的“法自相相违、法差别相违、有法自相相违、有法差别相违”被称为“相违因”。相违因具有“遍是宗法性”，但缺乏“同品定有性”和“异品遍无性”，与“正因”恰好相反。相违因不仅不能证明立宗，反而可以证明与立宗相反的命题。《入抉择数论之真实品》指出证明“自性有”的“随行”等五项因犯有两种“相违过”——有法自相相违过、有法差别相违过：

“随行”等是非常住、非遍在等的，而作为比量就与常住、

遍在于一切等相违背，所以就是有法自相相违。（第 31cd 颂注释）

是"一前因"（ekakāraṇapūrvatva）的话，就会与其他因相矛盾。如果问"为什么？"（回答：）（我们）看见那些存在物都有不同的因，譬如，土是瓶的因、瓶是瓦砾（的因）等等。同样，栴檀树是干的因、干是枝的因，所以根据"一前因"证明的（胜因的）本性是无。因此，"有性"不从"一前因"产生，根据比量只能证明"无性"，所以是有法自相相违。（第 33ab 颂注释）

"有法自相相违"是指在因明对论中，立论者所设立的因与自己设立的宗"有法"所陈述的内容相矛盾，这样的因不仅不能证明宗有法，反而成为否定宗有法的理由，对方论者于是就可以利用这样的因来证明相反对的命题。[1]

就随行等因来说，数论派所设立的随行等与他们想要证明的"自性有"的命题中的有法——自性——相矛盾，因为随行等是非常住、非遍在的，而自性被数论派规定为是常住和遍在的，所以用随行等因不仅不能证明"自性有"，反而可以证明这样的自性是无（不存在）的。换句话说，

如果（数论派）说："胜因中也有差别，所以随行等是（因）"的话，那么，就像差别（个体物）作为显而存在、是作者也是结果、还是有因一样，胜因也会具有显性、作者性、所作性、有因性，这样的话（随行等）就成了"有法自相相违因"。（这就是）"相违"的意思。（第 48 颂注释）

这段话与第 33ab 颂及其注释的意思一样：用随行等因只能证明有

---

[1] 《因明入正理论》："有法自相相违因者，如说有性非实、非德、非业，有一实故，有德业故，如同异性。此因如能成遮实等，如是亦能成遮有性，俱决定故。"（《大正藏》32, No.1630, p.12a23-a26）

显性、作者性、所作性、有因性的胜因。这样的胜因就会成为与数论派规定的胜因完全相反的一种存在。所以，用来证明“胜因有”的随行等因就是“有法自相相违因”。

“有法差别相违”是指在因明对论中，论证所设立的因与宗阐述的含义（“差别”）相矛盾，致使所立的宗不能成立。[1]

如《入抉择数论之真实品》所述：

> 随行和变异等的存在就像破瓶的碎片等的存在一样，用随行等因能证明胜因的话，同样也能证明产生性、有尽性，而（数论派）认为“胜因是不生、无尽的”，所以“彼之差别相违”就是有法差别相违因，即与（宗的）含义相矛盾。（第32ab颂注释）

随行等因只适用于证明破瓶的碎片那样有产生性、有尽性的事物，当用随行等来证明“自性有”时，随行等因就会与“自性有”这一命题的宗有法——自性——所隐含的自性是不生、无尽的属性相矛盾。如此，随行等因在证明“自性有”时就是“有法差别相违因”而不能证明“自性有”。

此外，数论派有关“人我是享受者”的论证也犯有“有法差别相违过”：

> 就像积聚性的享受者倚赖于卧具和坐具等一样，证明有知者也是积聚的自性是“有法差别相违”，是相违的意思。（第51d颂注释）

凡是积聚性的事物都会毁灭，而数论派的人我是恒常存在的。所

---

[1] 《因明入正理论》：“有法差别相违因者，如即此因，即于前宗有法差别作有缘性，亦能成立与此相违作非有缘性，如遮实等，俱决定故。”（《大正藏》32, No.1630, p.12a26-a28）

以把人我比喻论证为聚集性的享受者，由此证得的人我就不符合数论派对人我的基本规定，这样的论证就犯了“有法差别相违过”。

（三）喻之过——所立法不成过

“所立法不成过”是“同喻不成过”中的一种，意思是论式中所用的喻例（同喻）与命题之宾词（所立法）不同品类所招致的过失。[1]

《入抉择数论之真实品》第29颂前言指出数论派的“（个体物）是以乐、苦、痴为本性的蕴，是蕴故，如受蕴”这一论式中的“如受蕴”喻例犯了“所立法不成过”。

因为受蕴是非痴性的，即佛教承认苦、乐都具有受性，但是认为痴没有受性，受只能是乐受、苦受、不苦不乐受三种与苦、乐相关的受，而不可能是痴受。所以，喻例“如受蕴”与所立法“痴性”不同品类，犯了“所立法不成过”，这样的论式就被认为是无效的。

从上述简单分析可以看出，不管是提出三支论法进行证明或批判，还是指出外道的论式所犯有的逻辑错误，《中观心论》及其古注《思择焰》在破斥外道思想时确实比较充分地运用了陈那新因明的理论，这是以清辩为代表的中观论者吸纳新的知识与方法、试图突破本派的论辩传统、形成有自己特色的思想学说的生动写照。

二　中观归谬法

如果说因明三支法的运用是《中观心论》与《思择焰》的一种创新的话，那么，作为中观派的论著，使用源自龙树的中观归谬法就是对传统的一种继承。以清辩为代表的中观论者在接受新的理论模式的同时也十分注重对本派教义的演绎。“归谬论证法”在《中观心论》与

---

[1] 《因明入正理论》：“所立法不成者，谓说如觉，然一切觉能成立法无质碍有，所成立法常住性无，以一切觉皆无常故。”（《大正藏》32, No.1630, p.12b7-b9）

《思择焰》第六、七、八品中屡见不鲜就是这个原因。

所谓“中观归谬法”，著名的佛教学者 Murti 曾指出这是中观派在批判外道思想时最典型的方法：

> 中观学者是如何来否定其他各种见解的？他只用一种武器。即将每一见解的意涵说明出来，而指出其自相矛盾的性格。这辩证法是一系列的归谬法论证。每一个论题都攻击到它自己……中观家反证敌对者的论题，但并不证明他自己的任何论题。[1]

这种论证方法简单来说就是指出对方论证或理论中的自相矛盾之处，归结其谬误而使其主张无法成立。《中论》充分运用了这种归谬论证法来批判对方的观点，如《中论·观去来品》：

> 已去无有去，未去亦无去，离已去未去，去时亦无去。[2]

龙树为了破斥“去”（运动）的自性，先把运动的所有可能的形式都罗列了出来，即已去、未去、去时三种，然后证明在这三种情况下，“去”这一运动都无法成立。如当对方提出“去时”可能成立，龙树就例举了“成立去时”可能导致的矛盾：

> 云何于去时，而当有去法？若离于去法，去时不可得。若言去时去，是人则有咎，离去有去时，去时独去故。若去时有去，则有二种去。一谓为去时，二谓去时去。若有二去法，则有二去者，以离于去者，去法不可得。[3]

---

[1] 汉译转引自蓝吉富[1973], p.125。

[2] 《大正藏》30, No.1564, p.3c8-c9。

[3] 《大正藏》30, No.1564, p.4a2-a19。

在运用归谬法时，龙树最常用“两难式论证法”，即将对方的论题分析为正反两面，然后证明两面都是错误的（也有分析为三、四面的情形）。如仍以破“去”为例：

> 去者则不住，不去者不住，离去不去者，何有第三住？[1]

另如《中论·观染染者品》也有类似用法：

> 染者染法一，一法云何合？染者染法异，异法云何合？若一有合者，离伴应有合，若异有合者，离伴亦应合。[2]

这种两难式论证在《中论》中俯拾皆是，可以说是龙树最常用的论证法。[3] 归谬论证法被后来的中观派论师所普遍使用，佛护、月称等倡导这种方法的中观论师更被称为归谬论证派。

《中观心论》的作者清辩论师一直以来都被认为是中观自立论证派（自续派）的创始者和代言人，并且以反对佛护的归谬论证法为标榜，但是在《中观心论》及其古注《思择焰》中却可经常见到运用归谬论证法尤其是两难式论证法来批判外道的思想，这种较为“反常”的现象应该引起我们对“应成”与“自续”二分中观这种传统说法的重新思考。

就像吕澂先生所说：“清辩的学说比佛护广阔”[4]，清辩论师在吸纳运用陈那新因明论法的同时，不忘本派宗师龙树所传授的中观归谬法，甚至有意将这两种论证方法相结合，以达到“优势互补”的批判

---

1 《大正藏》30, No.1564, p.4c7-c8。

2 《大正藏》30, No.1564, p.8b13-b14。

3 参见蓝吉富[1973]。

4 吕澂[2002], p.252。

效果。也就是说，以清辩为代表的中观自续派并不排斥归谬论证法。

《中观心论》与《思择焰》在批判数论派、胜论派、吠檀多派三大外道时使用中观归谬法的典型案例如下：

《入抉择数论之真实品》对“人我有知”的批判：

> 解脱的时候，人我要么是有知，要么是无知。如果那（人我）是有知者的话，为什么（有知的人我）不能认识所知？但是（人我）是无知的话，就与（数论派的）宗趣相异，即损减了（人我的）本性。（第6颂注释）

这里先举出了人我与知之间可能存在的关系，即人我具有知（人我是有知）和人我不具有知（人我是无知），然后说明在这两种情况下，人我作为数论派的特殊概念都不能成立：人我是有知的话，有知的人我应该能够认识一切所知，但是数论派规定人我不能认识所知；人我是无知的话，就与数论派试图证明的命题“人我有知”直接矛盾。所以，人我既不是有知也不是无知。这与《中论·观染染者品》的论证方法一致。

《入抉择数论之真实品》在以对“声”的认识为例批判“人我是知者”中也用到了中观归谬法：

> 声等不成为认识，
> 然而认识是什么？
> 声等能成为认识，
> 然而认识是什么？（53）

从认识的角度讲，声等与人我的关系有且只有两种可能：声等能够被人我认识，声等不能被人我认识。

如果声等不能被人我认识的话，那么，人我怎么能够被称为是认识者？所谓认识者或知者应该能够认知一切事物，人我不能认识声等自然现象与“人我是知者”的说法相矛盾。

如果声等能够被人我认识的话，那么，人我如何认识声等？人我从不认识声到认识声的过程必然发生一些变化，但是人我不变异是数论派的基本观点。所以，人我能认识声等的说法也会与数论派的人我定义相矛盾。

因此，不管声等能否被人我认识，“人我有知”都有自相矛盾之处。

在《人抉择胜论之真实品》中，当胜论派试图用“觉与我合”来证明我的存在时，佛教徒指出觉与我合的时候，是有变异产生还是没有变异产生的问题：

若说觉生有变异，
汝则损减我本性，
但若不变则非知，
知又非知怎合理？（11）

如果觉与我合的时候有变异产生的话，因为我不会产生任何变化是数论派的根本教义，那么只能是觉本身含有变异性，然而有变异的就是非常住的，非常住的觉不能与常住的我相结合，那么，有变异产生的“觉与我合”就是不可能的。

如果觉与我合的时候没有变异产生的话，这样的合如何可能？先前是无分别的，而后来成为有分别的时候，因为完全舍弃了先前的自性，所以这样的合就是非常住而变异的。这就与设定的前提相矛盾了，也就是说，没有变异产生的“觉与我合”也是不可能的。

这样，“觉与我合”的可能性被破除之后，就不能用“觉与我合”来证明我的存在了。

《入抉择胜论之真实品》在批判胜论派提出的“同与我合”时也

用了相同的手法：

> 如果说“那称为‘我有’的认识是共许，那（我与）大同（mahāsāmānya）相结合，这（我有）产生”的话，与大同相结合（的时候），我是有自性的还是没有自性的？（第15ab颂前言）
>
> 若与大有相结合，
> 有无皆为不合理，
> 有则彼合无意义，
> 无则彼亦成为无。（15cd）

我与大同相结合的时候，如果我是有自性的话，那么，我与大同的结合就没有了意义，因为不需要通过与大同的结合来证明我的自性，就像对于已经被证明的瓶来说没有必要再证明一样。

我与大同相结合的时候，如果我是无自性的话，那么，所谓的结合就根本不存在，因为无自性的东西就无所谓与他物相结合，就像石女儿无法与其他任何事物相结合一样。

这里不仅运用了归谬法，而且在否定所举的两种情况时也都用到了三支法：

宗：自性是有的话，我就不会与大有相结合，

因：自性是有的缘故，

喻：就像已经被证明的瓶没有必要再证明一样。

宗：（自性）是无的话，与“大有”相结合就不存在，

因：不是有的缘故，

喻：就像石女儿一样。[1]

这一批判很好地体现了《中观心论》与《思择焰》融合因明论法与中观论法于一炉的特色。

---

[1] 《入抉择胜论之真实品》第15cd颂注释，详见本书下卷附录二，pp.570-571。

《入抉择吠檀多之真实品》主要在批判吠檀多派的“不一不异论”时用到了中观归谬法：

> 如若个我异于我，
> 则会违背汝宗趣，
> 一切都是原人故，
> 彼有上下两种我。（50）
> 如若个我不异我，
> 亦会违背汝宗趣，
> 任何我之苦乐等，
> 众生不知且非首。（51）

“不一不异论”讲的是个我与最高我之间的关系是“既不相同又不相异”的。“不一不异”实际上给中观归谬法的使用提供了现成的前提，即其列举了“个我”与“最高我”之间的可能的对立关系。所以，对此的批判是：

如果个我不同于最高我的话（不一，不相同），就会违背吠檀多派的“一切万物都是原人”的宗趣，因为不同于最高我的个我不能涵盖一切万物。

如果个我与最高我相同的话（不异，不相异），也会违背吠檀多派的宗趣，因为吠檀多派认为最高我不能感受苦乐等，而个我却是苦乐等的承受者。

所以，“不一”和“不异”这两种可能的关系都会导致吠檀多派自身理论的谬误，这样也就否定了“不一不异论”。

《入抉择吠檀多之真实品》中还有一处使用中观归谬法的典型论证：

> “未觉悟故不知我，犹如梦中享我慢”等说法，那是根据有

知的本性生起增上我慢还是根据无知的本性生起（增上我慢）？（第68颂前言）

有知中无颠倒故，
知者我慢不被许，
无知亦无颠倒故，
无知我慢不被许。（68）

如果原人具有知的本性，这样的原人就像具有眼睛的人一样，可以如实观察到外界对象，就不会有颠倒产生，因而对于有知的原人来说不会生起增上我慢。

如果原人的本性是无知的，那么，这样的原人就像天生盲人一样，什么都认识不到，也就无所谓颠倒，因而对于无知的原人来说也不会生起增上我慢。

所以，不管是根据有知的本性还是根据无知的本性，都不会生起增上我慢。

另外，这里在运用归谬法的同时还使用了譬喻法——“就像具有眼睛的人一样”、“就像天生盲一样”[1]——不同论证方法的有机结合，使得证明更加充分有利。

从上述分析可以看出，《中观心论》与《思择焰》使用的中观归谬法基本都是“两难式”的，即将对方的命题分析为有、无或正、反两方面，再分别寻找矛盾处后加以全盘否定。而在分别证明两方面都是错误的时候则常常同时使用因明三支法或者譬喻说理法以完善自己的论证。

作为中观自续派经典论著的《中观心论》与《思择焰》频繁使用归谬法这一事实，基本可以否定将自续与应成极端对立的传统说法，

---

[1] 《入抉择吠檀多之真实品》第68颂注释，详见本书下卷附录三，pp.750-751。

但是自续与应成的关系究竟如何，仅凭《中观心论》与《思择焰》不能妄下定论，还有待日后对中观系论著的全面考察。

三　圣言说教法

《中观心论》及其古注《思择焰》在批判数论派、胜论派、吠檀多派思想时使用的圣言说教法可以分为直接圣言与间接圣言两种。直接圣言就是直接引用佛陀言教为“圣言量”来批判对方的论点；间接圣言则是通过阐述佛教义理引导、教化对方，从而达到破斥的目的。

《入抉择数论之真实品》没有直接引用佛陀言教，《入抉择胜论之真实品》和《入抉择吠檀多之真实品》分别直接引用了一句佛经：

> 我们的教义如下：“色既不是常住、也不是非常住、既不是乐、也不是苦、既不是我、也不是无我。”（《入抉择胜论之真实品》第18、19颂注释）

遗憾的是，原文没有说明这句引文出自哪一部佛典。不过这句用来阐释佛教空性理论的话可以为众多般若类经典所共有。这里提出佛教的空性观是为了批判胜论派对句义的执着，特别是对我的执着。

《入抉择吠檀多之真实品》中引用的佛陀言教如下：

> 一切智者说：“摧毁‘色是我，我有色，色是我所，我在色中；受是我，我有受，受是我所，我在受中’等等二十种萨迦耶见的高峰之后才能看见真实。”（第20颂注释）

如本书第四章已经提到，这段话中的“色是我”等二十种萨迦耶见在《大毗婆沙论》[1]中也有见到，是佛教徒对萨迦耶见的一般认识。

---

[1] 《大毗婆沙论》：此二十句萨迦耶见，几我见几我所见耶？答五我见，谓等随观色是我、受想行识是

间接圣言说教法比较典型之处是《入抉择吠檀多之真实品》用佛教的“心”、“心所”等概念来否定吠檀多派的原人：

> 从境、根、识、作意的缘和合产生的树木、城市、山、人、野兽等的各种分别的观念生起“想”。根据识的和合，忆念曾经亲自体验的对象是“念”。简择诸法自相和共相的各部分的差别的究竟智慧即是“慧”。亲证乐、苦、非苦、非乐的对象即是“受”。想、念、慧、受等是不属于我的其他所作，（我）的本性不能被确切把握，就像空华一样，那（我）不被认为是存在的。物的自性是具有识的特征的“心”，事物的各种区别是具有识的特征的“心所”，即受、欲、触、三摩地等以及胜解等，心和心所不属于原人的所作，完全不是所缘。除这些以外的本性完全不能被观察到，因此这些（以外）的存在不能被证明。（第 27 颂注释）

佛教认为想、念、慧、受等心、心所的活动都不属于原人的作用范围，所以不能根据这些精神性活动的存在推导出原人的存在。

此外，《入抉择胜论之真实品》用佛教的“无分别智”来批判胜论派的解脱观也是间接圣言说教法：

> 只要我性在方分本身的所依中与意结合的话，“轮回的时候从忆念产生（一切）智”的主张就会违犯“解脱的时候无分别智产生”的观点。（第 24 颂注释）

这里是把佛教的“无分别智”概念强加给胜论派——“解脱的时

我。十五我所见，谓等随观我有色、色是我所、我在色中、我有受想行识、受想行识是我所、我在受想行识中。（《大正藏》27, No.1545, p.36a26-a29）

候无分别智产生”，以与“轮回的时候从忆念产生（一切）智”构成一对矛盾，以达到否定胜论派解脱理论的目的。

此外，间接圣言说教法的最重要体现则是用世俗与胜义二分的二谛观来批判外道的思想。

《入抉择数论之真实品》从世俗和胜义的角度总结了数论派人我解脱理论的过错：

人我乃无分别故，
异于我说不合理，
若说施设故无过，
解脱只是假说尔。（24）

将“人我不同于自性”这样的“分别”定义为假名施设的话，由这样的分别而获得的解脱也就成了假名施设。假名施设是世俗谛的同义词，所以这样的解脱就不是胜义谛层面的真正解脱。

世俗谛的一切事物最终都会被否定，在胜义谛上必须坚持佛教中观派的一切皆空、实相涅槃的解脱观。

《入抉择胜论之真实品》用这种二谛观来批判胜论派的自性论：

纵使大种自性等，
胜义之中非是有。（4cd）

意思是：即使对于大种（构成物质的最基本元素）的自性等来说，在胜义谛上它们也是不存在的。

《入抉择吠檀多之真实品》中也有相同的用法：

真实中非首作者，
一个陶师不做瓶，

是故不承许灯等，
假名施设作者性。（33）

在胜义谛中，没有作为主宰的作者；在世俗谛中，灯等不只是假名的作者，还应该是世俗层面的唯一作者。在世俗中，作者就是诸缘和合，这样的缘起性的作者虽然不是绝对的存在者，但是能够在有为法的生灭中起到实际的作用，因而可以被称为是“唯一的作者”。在胜义中不存在任何作者，包括假名言说的作者，因为胜义中一切皆空。

然而，不管是引用佛陀言教的直接圣言说教法还是融汇佛经义理的间接圣言说教法，从本质上讲都是并不为外道徒所接受的佛教的观点，因此在面对外道的逻辑论证时难以真正发挥切实有效的作用，反而会被指犯有“随一不成”等因明过错。所以，两种圣言说教法都只是因明三支法和中观归谬法的一个补充，在批判论证的过程中所起的实际效用比较有限。

四　譬喻说理法

《中观心论》及其古注《思择焰》擅长使用譬喻来说明道理，虽然与圣言说教法一样，譬喻说理法的逻辑性不强，在批判中难以起到决定性的作用，但是譬喻说理法却可以使原本晦涩难懂的论证变得较为通俗易懂，同时也为行文增添了一份生动。下文讨论的譬喻说理法不包括因明三支法中的喻支所例举的譬喻（“如空华”等），而仅指用单纯的譬喻来说明道理、辅助论证的方法。

譬喻说理法最集中体现在《入抉择吠檀多之真实品》，该品用了兔角喻、薪火喻、饮酒喻、病人喻、焚烧喻、灯灭喻、砍者喻、说烧喻、陶师喻、烧者喻、石女儿喻、盲人摸象喻、波罗舍树喻、果子鸟巢喻、虚空喻、农民喻、国王喻、主人喻、指尖喻、非牛喻、女人屠夫喻等21个譬喻来分析并批判吠檀多派的学说，可以说譬喻说理法是《入抉择吠檀多之真实品》主要使用的批判手法。这些譬喻具体如下：

兔角喻：

> （吠檀多派）根据不是真理的“看见那（原人）”，如何得到正确的解脱？就像不存在的兔角不可能成为所缘一样，根据“看见那（原人）”不可能解脱。（第18颂注释）

愚昧之人误把兔子耳朵当作角，兔子无角常被用来比喻事物的不存在。这里是把吠檀多派关于原人的认识比喻为不存在的兔角。兔角不可能成为所缘，同理，根据“看见原人”这种并不存在的认识也就不可能获得解脱。

薪火喻：

> 颠倒见者因为被我执和我所执的邪魔所摄而心被牵引，你所谓的“轮回增长就是解脱的因”就像为了熄灭熊熊燃烧的火，却带去更多的柴薪一样。（第20颂注释）

这一譬喻形象地说明了吠檀多派执持原人存在等主张实际上是用极不恰当甚至起反作用的方法来寻求解脱，这不但不能获得解脱，反而会使人在轮回的苦厄中越陷越深。

饮酒喻与病人喻：

> 如若寂灭彼见中，
> 犹如用酒来醒醉，
> 如是不消化病人，

吃食应复得安乐。(21)

在吠檀多派看来，对于因为饮酒过度而醉倒的人来说，依赖于酒性也有一定的好处。他们试图用这样的“饮酒喻”来证明即使“看见原人”不能成为获得解脱的直接原因，但能通过修习这种“我见”以消除烦恼，间接导向解脱。

然而，佛教徒认为：如果用更多的酒能使醉酒者清醒的话，消化不良的病人也能因为吃更多的食物而病情有所好转，但事实上，消化不良的病人不宜再吃更多的食物，否则只能加重病情；同理，不能用酒来清醒酒醉的人，否则只能使其越来越醉甚至酒精中毒而死亡。用病人喻来否定饮酒喻形象地说明吠檀多派的“我见”不仅不能导向解脱，反而会使修行人离解脱越来越远。

焚烧喻：

譬如，火晶宝石和太阳光接触，碰到干燥的牛粪粉的缘的时候，即使“作者我”无所作为，熊熊大火也能生起，然后用一些草、木、藤就能产生焚烧、冶炼、照明等结果。(第24颂注释)

焚烧、冶炼、照明等不是依靠吠檀多派所谓的原人而发生的，而是依靠火晶宝石、太阳光等众缘的和合而生起的。这一譬喻用来说明包括觉在内的世间万物都不需要原人这样一个作者来产生，而是依靠因缘和合而生起的。这是以譬喻的手法了阐释佛教的缘起观，以此来否定吠檀多派的原人存在的必要性。

灯灭喻：

我等所知存在时，

彼觉并不会止息，
义已成办之油灯，
仍被见从自因生。（39）

如果（吠檀多论师）说："实现目的之后，觉就不再认识对象了；譬如，为了看到欲望的对象显现，用拿着的灯去看事物，（看见）之后，就不再需要拿着（灯）了。"（回答：）这（比喻的）构成是不相似的，譬如，灯实现目的之后，油和灯芯等自身的相续还在不断产生，具有这种性质的时候（灯）不会熄灭。同样，虽然目的已经实现，但是看见我遍在于一切认识的众生之中，所以（觉）并不止灭。"这就像灯一样，解脱的时候不再活动"是不合理的。因此，用慧眼看见原人的时候并不能获得解脱。（第39颂注释）

灯实现照明的目的之后，如果油和灯芯等还继续存在的话，灯并不会因为完成照明而停止发光，而是要等产生照亮的油、灯芯等和合之缘消失之后才会完全熄灭。所以，在佛教徒看来，吠檀多派用灯灭喻来说明觉实现对原人的辅助作用之后就不再发生作用，即原人实现目的之后就不再需要依赖于作具是不合理的。也就是说，吠檀多派的原人对觉等作具的依赖并不以实现目的为终结，而是贯彻始终的，这样的原人就违背了吠檀多派的基本定义，所以，看见这样的原人不能获得解脱。

砍者喻：

衰败以及不生觉，
无有作具如何知？
犹如砍者满愿子，
斧头无则不合理。（43）

被称为“砍者”的满愿子，他没有用斧头砍的时候称他为“砍者”是不合理的，只有当他用斧头砍东西的时候才能称他为“砍者”。砍者喻说明吠檀多派所谓的觉性与“砍者”这一称谓一样，必须依靠原人和作具且在发生作用时才能成立，缺乏原人和作具中的任何一项的觉性都不能被称为“觉性”。所以，觉对于吠檀多派的原人概念来说事实上是多余的，这样就破斥了吠檀多派有关觉与原人关系的理论。

说烧喻：

叙说用火烧之时，
是火烧非作者烧，
如是说用觉认识，
是觉识非原人识。（44）

说“用火烧”的时候，是火烧而不是天授等人烧；同样，说“用觉认识”的时候，是觉认识而不是吠檀多派所说的原人认识。说烧喻说明原人和觉只要一个就足够了，如果吠檀多派坚持原人是存在的话，那么，觉对于原人来说就是多余的；如果觉可以认识外物的话，那么原人就成为多余的。说烧喻与砍者喻异曲同工。

陶师喻与烧者喻：

吠檀多派用陶师喻和烧者喻来阐释自己的主张：

譬如，陶师即使不做瓶的时候也能被称为“陶师”，火即使不烧木的时候也能被称为“能烧者”；同样，原人即使不观待于作具，也应说“具有觉的本性”。（第45颂前言）

佛教徒对此的批判如下：

陶师喻彼不成立，
是故此无彼自性，
如烧者证不被许，
所烧无时火无故。（45）

任何时候，这（人）只要在做瓶，那时称为“陶师”就是合理的。这（人）能做瓶且瓶被做成的缘故，“陶师”这个称呼本身是假名施设而不是陶师的自性。同样，任何时候，只要火烧木，那时称为“能烧者”就是合理的假名施设，但是烧完变成灰的状态的时候，火的本性就没有了，所以“能烧者”就不成立了。（第45颂注释）

从第45颂注释可以看出，佛教徒对“陶师”和“能烧者”这两个称呼有严格的限定：只有当人具有做瓶的能力而且瓶被做成时，这个人才能被称为“陶师”；只有当火在烧木头的时候，这火才能被称为“能烧者”，烧完变成灰的时候就不能被称为“能烧者”。而且，即使这样，“陶师”和“能烧者”也都只是世俗谛意义上的假名施设而已，胜义谛上不存在“陶师”和“能烧者”。

所以，在佛教徒看来，只有当原人依靠眼睛等作具进行认识外界的活动时，说原人具有觉性才是合理的，但此时的原人和觉性都只是世俗谛意义上的假名施设，并不是真正的存在。而当原人没有依靠作具、不活动的时候，说原人具有觉性是不合理的，觉性在此时对于原人来说纯粹是一种虚妄的概念，连假名施设的实有都不是。

石女儿喻：

非觉与觉非自性，
或者此是无自性，
无自性物非是我，

此即如同石女儿。（47）

石女儿的譬喻经常被用作喻支出现在三支作法中，这里却不是将石女儿喻当作喻支，而是直接用其喻指原人是无自性的，以此说明吠檀多派所谓的原人并不存在，更不能将觉性作为其自性。

盲人摸象喻：

是一且多之形色，
大象喻故不合理，
象鼻不被许象故，
象鼻等等非一性。（53）

那大象的鼻只是鼻，足只是足，耳只是耳，（这些都）不是大象本身的缘故，所以唯一性本身不存在，那鼻等多性（的集合）不是唯一性。（第53颂注释）

吠檀多派试图用盲人摸象喻来说明大小、一多等对立概念可以在同一事物中同时存在，以此证明原人可以分为多性的个我和唯一的最高我。而在佛教看来：大象的鼻只是鼻，足只是足，耳只是耳，这些都不是大象本身，大象的鼻、耳等的集合不能被称为大象，所以大象也就不具有唯一性。天生盲人所认识的“如犁杖”、“如杵”、“如簸箕”等只是大象的部分而不能被认为是大象本身。因此，盲人摸象喻不能证明原人的唯一性与一多同体性。

波罗舍树喻：

盲人摸象喻被破除之后，吠檀多派论师提出了与之类似的波罗舍树喻，认为原人与波罗舍树相似，这样就能同时拥有唯一性与多样性，从而实现最高我与个我一多同体的二分：

> 如果（吠檀多论师）说："（原人）像波罗舍树一样，唯一性遍在于一切之中，即如同波罗舍树有根、干、枝、条、杈等，那（原人）也有多的本性，具有多因的缘故。"（第54颂注释）

对此的批判如下：

> 波罗舍树幼年、中年、老年各阶段具有变异的本性，而且用火、风、斧等各种缘就能把（波罗舍树）分成不同的部分。（第55颂注释）

佛教徒用波罗舍树生长过程中的变化来说明波罗舍树不具有唯一性，即波罗舍树从幼年到老年总是在不断变化自性，而且只要用外缘就能把波罗舍树的树根、枝叶等分开。而按照吠檀多派给原人下的定义，原人不但是常住不变的，而且用各种外缘也不能把原人分开。所以，不能用无常的波罗舍树来比拟常住的原人，用波罗舍树一多同体的譬喻不能证明个我和最高我统一于原人。[1]

果子鸟巢喻：

> 实有是存在的话，就有能依和所依的本性，譬如说"水面有果子，树上有鸟巢"。（第58颂注释）

水面、果子、树、鸟巢都是世俗意义上的实有物，所以，果子可以漂浮在水面，鸟巢能够建立在树上，果子与水、鸟巢与树就是能依与所依的关系，依止关系只有对于这些有生的实有物来说才是合理的。

---

[1] 《入抉择吠檀多之真实品》：但我是不变的有法，即使用各种缘也不能分开；所以用波罗舍树喻不能达到宣说譬喻的目的。（第55颂注释）

而按照吠檀多派给原人下的定义，原人是不生的，不生之物就没有能依和所依的本性，所以不能构成任何依止关系。

虚空喻：

如虚空无变化故，
且亦无有贪着故，
我是作者乃非理，
享受者亦不合理。（69）

虚空喻与石女儿喻一样，经常作为喻支出现在三支论式中。吠檀多派论师常常把原人比作虚空，通过分析虚空的特性来阐释原人的特性。这里就针对两者的相似特性指出，如果原人像虚空一样是没有变化、没有贪着的话，那么，原人就会像虚空一样没有作者性和享受性，也就是说，虚空喻实际上否定了原人的两大重要属性而不能证明原人。

农民喻：

是变化的有法的话，作者和享受者是合理的，即，譬如农民等在进行日常劳作的时候就是作者，而果子成熟的时候贪着于食物等就是享受者。（第69颂注释）

什么是作者和享受者？农民喻给出了最通俗的解释：农民进行日常劳作的时候可以说他是“作者”，果物成熟享受果实的时候可以称他为“享受者”。同理，只有当原人是有变化、有执念之物时，说它是作者和享受者是合理的。按照吠檀多派给原人规定的属性，常住不变、自己不进行作为、不贪着于外界对象的原人不能称之为作者，作业之后不承受果报而称为“享受者”更是荒诞之词。

国王喻：

> 无贪着故依于身，
> 即便享受不被染，
> 犹如纵欲之国王，
> 彼并不被恶损害。（14）

国王喻由吠檀多派提出来证明原人即使依止于身体也不会贪着于身体，即使享受对象也不会被对象所沾染，就像随心所欲行动的国王并不被罪恶所损害一样，因为国王是最高的主宰者，即使纵欲也不会受到惩罚。佛教徒对国王喻的具体批判如下：

> 之前说的国王的譬喻也是不合理的，（国王）也会被罪障污染的缘故，所立与法相违背，即，国王也会因为杀生、偷盗、妄语等不善的行为而获得相应的罪障。因为具有堕入地狱等的恐惧，所以这（国王）被教育应该如法地行为等，但是如果这（国王）是唯一不沾染罪障等的话，就像纵欲而不违（法）一样，这样是不可能的。由此，人主也会成为有罪者。（第70颂注释）

吠檀多派试图通过把原人比作国王来说明原人可以避免遭受业果恶报，这里指出现实中的国王纵欲也是违法的，国王造恶业也必然享其恶果，而且国王还因为害怕堕入地狱而接受应该如法行为的教育等等。所以，原人造业之后也必然承受相应的果报，这样的原人就会贪着身体、被对象所沾染，也就无法实现吠檀多派规定的原人的本性了。

主人喻：

> “不二的唯一”就像在很多穷人中间，人主是“唯一”，观

待于外面的众人，所以可以说主人是唯一的。（第 71 颂注释）

主人只有在多个穷人（奴仆）中间才能显示出其独一无二的主人性，只有一个人的时候无法显示出其作为主人的特权。这一譬喻用来说明唯一只有相对于多数才能成立，没有与其他事物的比较就无法判定某物是唯一的。所以，如果吠檀多派认为原人不观待于其他事物的话，那么，就无法从与其他事物的比较中得出原人的唯一性。

指尖喻：

如果（吠檀多论师）说："与数字一相结合，所以（我）是一性"的话，（回答：）除我之外的其他"一"是不存在的，所以那（我）如何与那（一性）结合？就像手指本身不可能触碰到它自己的指尖一样。（第 71 颂注释）

一根手指尖不能触碰到它自身的指尖，而只能与其他手指的指尖相接触。所以，唯一的原人无法与自己的"一"相结合而使自己成为唯一性的。

非牛喻：

无我即是无自性，
彼与我非相矛盾，
若说无我即是我，
非牛则能成为牛。（91）

譬如，马的自性不是牛的自性，同样，这无我也不会成为我。（第 91 颂注释）

非牛就不是牛，就像不能把马当作牛。这一譬喻意在指出，吠檀多派论师把佛教的“无我”说成与其“有我”相似是毫无道理的。“无我”不是“我”，如果吠檀多派把佛教的“无我”说成是“有我”的话，那么非牛就会成为牛，如马也会成为牛。

女人屠夫喻：

> 但是，你看见分别一切的我不是（真实），即（你的我见）具有先前所说的各种错误，而且就像犒赏睡觉的女人一样，或者就像极其愚蠢的人把感官托付给屠夫一样。所以，如是所说的（吠檀多派的）真实是不会有危害的。（第95颂注释）

犒赏睡觉的女人和把身体托付给屠夫，都是愚蠢的行为，因为前者徒劳无功（或者是奖励无用），而后者会有杀身之险。这两个譬喻说明吠檀多派所谓的“我见”不是真正的真实，而且他们的学说只能自取灭亡，不足以对佛教产生不良的影响。

此外，《入抉择数论之真实品》也有一处典型的譬喻说理法：

> 还灭亦为不合理，
> 彼多而且共同故，
> 如一死夫之女子，
> 亦有群奴是被许。（19）

如本书第二章所述，把自性比作一个女子、把人我比作众多男情人出自数论派文献。《入抉择数论之真实品》将计就计，指出即使这个女子的丈夫去世了，她身边还围绕着一群奴隶（男情人）。这一譬喻形象地说明即使自性从一个人我解脱，自性仍然会被其他众多的人我所系缚。所以，唯一的自性被众多人我所系缚的话数论派的自性解脱就无法实现了。

综上所述，《入抉择数论之真实品》以因明论法为主要批判手法，尤其以运用陈那新因明中的“相符极成宗过”、“有法自相相违因过”、“有法差别相违因过”、“所立法不成喻过”等规则来破斥数论派五支作法中的宗、因、喻三支为特色。该品还使用中观归谬法和譬喻说理法为辅助批判手段，没有用到直接圣言说教法，但在一些批判论证过程中贯穿了间接圣言说教法。

《入抉择胜论之真实品》主要使用宗、因、喻齐备的三支论式来批判胜论派的主张。该品三支论式的立宗大多不是正面提出佛教的观点，而是采用否定式的命题，即以胜论派论点的否定形式为立宗，如“彼非遍在非常住”、“乐不依于常住我”等，这无疑间接体现了《中观心论》与《思择焰》传承自《中论》的归谬批判思路，同时与该品主要使用的第二种批判手法——中观归谬法——相呼应。《入抉择胜论之真实品》还结合使用了直接圣言说教法与间接圣言说教法，用佛教义理对胜论派论师进行说教，使批判手法更丰富多样。本品几乎没有用到譬喻说理法。

《入抉择吠檀多之真实品》以譬喻说理法为主要批判手法和特色，辅助以圣言说教法。这两种方法相结合对批判吠檀多派的逻辑性不强、多用奥义书等譬喻、圣言性话语来证明原人思想的理论模式比较有效。此外，该品也用到了因明三支法和中观归谬法，但都不常见。

值得一提的是，虽然说《入抉择数论之真实品》叙述的数论派论证“自性有”时的五支作法以及该品用三支作法对此的批判，是《中观心论》与《思择焰》第六、七、八品中最具论辩之逻辑色彩的一段内容。但是综合各品来看，却是《入抉择胜论之真实品》最富佛教因明之论辩特色——全品 29 颂，有 12 颂（3、5、6、7、8、9、10、13、14、16、23、28）及其注释举出了 20 余组宗、因、喻齐备的三支论式，凸显了自立论证（中观自续）的特色。

总体来说，《中观心论》及其古注《思择焰》在批判数论派、胜论派、吠檀多派三大外道思想时，根据外道主张及其论证方式的具体情况，使用了不同的批判手法。因明三支法、中观归谬法、圣言说教法、譬喻说理法的有机结合使得批判论证层次分明、重点突出，比较成功地从佛教的立场破斥了数论派、胜论派、吠檀多派的主要思想。但是，这三品的批判论证在很多情况下是“就事论事”式的批判，即在批判某一个观点时只求成功否定这一主张，并不涉及其他内容。所以，把各品的批判论证作为一个连贯的整体来看的话，其中难免出现前后不一致甚至相互矛盾的说法，但这并不影响单个论证或者单个回合辩论的有效性，也不影响批判的整体效果，因为这符合古印度论辩的基本规则。

《中观心论》及其古注《思择焰》批判外道思想时使用的多种批判手法为后来的诸多论师所继承并发展，对印藏两地的佛教思想产生了深远的影响。

第三节　不同观念的对立

《中观心论》及其古注《思择焰》是佛教中观派的代表性论著之一，开创了“宗义书”这一写作范式，通过批判小乘部派佛教、大乘瑜伽行派以及诸多外道学派等的思想来确立本宗教义的至上地位和普世价值。

就本书研究的第六、七、八品来说，《中观心论》与《思择焰》虽然分别叙述了数论派、胜论派、吠檀多派各自不同的学说思想，并运用多种批判手法对其进行了一一破斥，然而，这三品体现出来的以清辩为代表的佛教中观派与数论等外道间的根本分歧以及关注的核心问题是相同的，即都凸显了中观派的“无我论”与外道的“有我论”之间的矛盾，以及中观派的“实相涅槃”思想与外道的“主体解脱”理念之间的对立。

总体而言，“我有”与“我无”、“主体解脱”与“实相涅槃”这两组互不相容的观念，展示了《中观心论》及其古注《思择焰》第六、七、八品的核心思想，直接显露了佛教中观派与三派外道间的根本对立面。

一 我有与我无

本节所谓“我有”，是对数论派的人我论、胜论派的我论、吠檀多派的原人论进行概括后的统一称呼。不管是数论派的人我还是胜论派的我、吠檀多派的原人，从本质上讲都是一种绝对存在者。[1] 这种绝对存在者如何存在、有何特性与表现、如何发挥作用等问题构成了各派的上述教义学说。为了方便论述，本节把数论派、胜论派、吠檀多派的绝对存在者统称为“我”。“我有”或者“有我”是三派外道共同的基础理论，与佛教的“我无”或者“无我”思想正相反对。

数论派认为人我是实有的、真实存在的，用《数论颂》的话来说就是“聚集为他故，异三德依故，食者独离故，五因立我有。”《入抉择数论之真实品》没有直接引述《数论颂》论证人我存在的这五项理由，而是例举了人我的诸多属性：

> 那就是人我，即不异于有知、不生、常住、无动作、食者、首脑、遍在、非作者、与三德相反。具有不生的性质、能生起获得缘的智慧、不具有萨埵等性相的缘故，不是德、没有开始的缘故，修习不生的有法的缘故，所以“有境”。没有产生和坏灭的

[1] 广义上讲，数论派的“自性”也可以看作是一种绝对存在者。但自性需要在人我的帮助下才能实现其作为形成物质世界和人生现象的根本因，而且自性与人我以及胜论派的我、吠檀多派的原人都有很大的不同：自性不是精神性的，而人我、我、原人都含有精神性的要素。数论派的人我等更能体现绝对存在者的主体意味。所以，下文在论述时不将数论派的自性当作绝对存在者看待，即不将自性纳入“我有”概念的范畴。

缘故，所以“常住”。是本和变以外的其他，所以“无因”。是同一，所以“无分”。没有开头和终结的缘故，所以“无尽”。这些就是人我的性相。（第1颂注释）

其中的“不生、常住、遍在”等特性就集中体现了人我是一种实有、恒常的绝对存在者。

此外，《入抉择数论之真实品》还强调了“人我”的精神性，即“人我有知”，凸显了人我作为绝对存在者对外界对象的感知能力与掌控能力。

胜论派的“实句义”讲的是有关地、水、火、风等实有物的理论，实句义中的“我”就是一种绝对存在者。《胜论经》对“我”的论证主要集中在第三章，即从感官及其对象、生命活动、苦乐感受、自我意识等角度来证明我的存在，如：

VS-C.3-2-4：呼气、吸气、闭眼、睁眼、生命活动、意的运动、其他根的变化、乐、苦、欲、瞋、勤勇，是我（存在）的标志。
VS-C.3-1-13：由我、根、意、境接触而产生的（觉）是证明（我存在的）另一个（因）。

《胜论经》对“我”的证明主要是经验性的，被佛教等其他流派攻击颇多。《入抉择胜论之真实品》没有直接转述《胜论经》的方法来论证“我”的存在，而是描绘了我的各种具体属性，其中的“不生、常住、遍在”与数论派的人我一样，指示我是一种实有、恒常的绝对存在者。

吠檀多派的绝对存在者就是其所谓“原人”，虽然《入抉择吠檀多之真实品》描述了三种不同的原人，但它们在本质上是相同的，从它们共有的同义词“梵、我、大自在天”就可以看出三种原人是同一种绝对存在者的不同表现而已。

吠檀多派是印度六派哲学中最直接继承和发展奥义书思想的流派，一直坚持认为“梵（原人）”是真正的实在。在吠檀多派思想的发展过程中，各主要思想家的“我有”理论虽然不完全相同，但他们讨论的重点都是大我（原人）和小我的实有问题。[1]《入抉择吠檀多之真实品》所展示的吠檀多派思想以其早期学说为主，许多内容直接引自奥义书，因而表述的原人这种绝对存在者带有较强烈的本有意味，既没有数论派的逻辑性论证也没有胜论派的经验式证明，如：

> 原人不同于黑暗，是大且是太阳光，又是大自在与我，智者知后战胜死。（第 2 颂）
>
> 除此之外绝无更优秀的，除此之外绝无更微细、更首要的，不灭、无覆、那神是唯一的存在，那原人既遍在于一切又广大。（第 16 颂注释）

吠檀多派的原人也与数论派的人我、胜论派的我一样，具有“不生、常住、遍在”等绝对存在者共通的特性。

如上所述，数论派的人我论、胜论派的我论、吠檀多派的原人论的共同点就是都主张有一个实有、恒常的绝对者存在。这一绝对存在者在各派的思想体系中发挥着不同的作用，或重于物质，或重于精神，或两者兼具。这样的绝对存在者与佛教“无我”、“自性空”的根本理念相违背，触犯了佛教教义的底线，成为佛教与这三派外道之间的根本分歧。

佛教在创立之初就提出的根本思想“诸行无常、诸法无我”，即是从否定绝对存在者的角度提出来的印验教理是否符合佛说的重要标准。[2] 早期佛教反对吠檀多派等外道宣扬的绝对存在者，主张“无

[1] 参见姚卫群[2006], p.252。

[2]“诸行无常、诸法无我”加上“涅槃寂静”被称为佛教的“三法印”。

常”、“无我”。但“诸行无常、诸法无我”不是绝对的空无或者一无所有，而是在缘起论意义上讲空，即早期佛教仅仅否定有一个不变的实体，却不否认有变化着的事物的形成条件（缘）。[1]

佛教在后来的发展过程中对这种绝对存在者观念的看法呈现出一定的变化。部派佛教时期，说一切有部和犊子部事实上变相地接受了绝对存在者。说一切有部主张三世实有、法体恒有，意思是一切诸法之实体于过去、现在、未来三世恒常存在，这就在一定程度上默许了绝对存在者；犊子部用“补特伽罗”（pudgala）这一概念来指称轮回解脱中的主体就是一种变相的绝对存在者理论，如《大智度论》第一卷记述：

> 《犊子阿毗昙》中说：“五众不离人，人不离五众，不可说五众是人离五众是人，人是第五不可说法藏中所摄。”[2]

大乘佛教时期，中观派直接继承和发展了早期般若类经的思想，从缘起论的角度讲自性空，宣说“缘起性空”的道理，如《中论·观四谛品》中说：

> 众因缘生法，我说即是空，亦是为假名，亦是中道义。[3]

《中观心论》及其古注《思择焰》在继承龙树“缘起性空”思想的基础上，把缘起论与二谛观结合起来讲自性空与无我论，同时吸纳了陈那新因明的思维方式，因而这两部论著不仅特别关注我的存否问题，而且对“我有”的批判比较特殊，较先前的佛教徒单纯用“无

---

[1] 参见姚卫群[2006], p.256。

[2] 《大正藏》25, No.1509, p.61a22-a25。

[3] 《大正藏》30, No.1564, p.33b11-b12。

常”、“无我”、“缘起性空”等教义来否定绝对存在者更具说服力。

《中观心论》与《思择焰》第六、七、八品中没有明确提出论主立论的“自性空”观，我们可以参考同属清辩论师的《大乘掌珍论》中著名的“掌珍比量”来看：

真性有为空，如幻缘生故，无为无有实，不起似空华。[1]

偈颂的意思是：就真性来说，有为法是空的，因为有为法是因缘和合而生的，就像幻一样；就真性来说，无为法不是实有的，因为无为法不会产生，就像空中之花一样。

仅有一颂的“掌珍比量”包含了两个宗、因、喻齐备的论式，明确论述了胜义谛层面的有为法与无为法皆空的“自性空”。与此类似，《中观心论》与《思择焰》也常常把有关“我无”的论证限定在胜义谛上。至于世俗谛的空有之争，如果能认识到世俗谛之物只是缘起而生，本质上也是空的，那是再好不过之事；但在中观派看来，对于无知的外道，并不提出如此高的要求。为了引导各类外道最终能够认识到一切皆空，《中观心论》与《思择焰》某种程度上允许他们将自己的绝对存在者限定在世俗谛范围之内，作为一种假名施设而存在。

结合二谛讲性空，突出世俗谛的“假名有”，更有利于弘扬胜义谛的“自性空”。因此，严格来说，胜义谛层面的“空有”之别（“我无”与“我有”）是《中观心论》及其古注《思择焰》与三派外道之间的根本分歧。联系《中观心论》的作者清辩论师“外示僧佉之服”等行为来看，《中观心论》与《思择焰》的思想确实可比一般的佛教著作广阔、宽容许多，由此开启的新学派的宗风对于大乘佛教的发展有着非常积极的意义。

综上所述，对数论派、胜论派、吠檀多派的绝对存在者观念的否

---

1 《大正藏》30, No.1578, p.268b21-b22。

定是《中观心论》及其古注《思择焰》描述并批判这三派外道学说思想的真正动机。虽然两部论著花了大量篇幅叙述并破斥了各派外道的其他理论，如数论派的映像说、胜论派的句义论等，但这些论证都不是根本性的。换句话说，《中观心论》与《思择焰》批判外道思想的首要目的是为了否定各派外道的“我有”观念，佛教（中观派）与这些外道间的理论纷争归根结底都由是否承认绝对存在者、甚至在何种程度上承认绝对存在者演化而来。

二　主体解脱与实相涅槃

《中观心论》及其古注《思择焰》重点批判了数论派、胜论派、吠檀多派的“我有”思想，强调了佛教的“我无”理论。佛教徒与数论派等外道论师的这种理论对立与各自的解脱理念直接相关。从总体上说，中观派强调“实相涅槃”的解脱思想，而三派外道的解脱观都可以称为“主体解脱”理论。

解脱是印度宗教哲学中的基本概念，古印度的宗教哲学流派几乎都将解脱视作本派追寻的最高目的或至上境界。解脱观念在印度出现很早，“解脱”（mokṣa, vimukti）一词一般被认为从奥义书开始正式使用。在奥义书中，解脱随着轮回观念的发展而逐步形成，奥义书中明确提出处在轮回中的生命形态是充满痛苦的，跳出轮回、摆脱痛苦就是解脱。[1]

数论派、胜论派、吠檀多派都不同程度地继承了奥义书的解脱观，同时三派的解脱观念各具特色。

数论派认为，世界充满了三种痛苦——依内苦、依外苦、依天苦，解脱就是跳出这个充满痛苦的轮回世界：“三苦所逼故，欲知灭此因，见无用不然，不定不极故。”然而，离苦得解脱不能采取天启的方法，更无法依赖世俗的手段，而只能通过学习数论派“二元二十五谛”的

[1] 参见姚卫群[2006], p.292。

智慧，通过这种智慧寻求关于自性和人我的最高认识，使自性与人我不再相结合，从而摆脱痛苦，达到解脱。

数论派有两种解脱观——自性解脱与人我解脱。《数论颂》明确阐释了这两种解脱观，《入抉择数论之真实品》第 3、4 两颂亦分别转述了这两种解脱理论：

> 人我自性互不同，看见如此真实时，还灭能作与所作，即谓人我得解脱。（第 3 颂）
>
> 我非我所是遍知，且是义成恩惠故，由是自性得解脱，才是数论说真实。（第 4 颂）

人我解脱是人我摆脱世间事物和自性的束缚，回归本来清净的独存状态；自性解脱是自性完成为人我的服务，从人我的约束中解脱出来。不管是人我解脱还是自性解脱，数论派始终强调在轮回与解脱的过程中必然有一个担当这一过程的主体，或被称为人我，或被称为自性，否则轮回与解脱之说就不能成立。

在胜论派看来，轮回就是“我”与身体的结合，造成这种结合的是所谓“不可见力”。《胜论经》VS-C.5-2-20 指出：“这(不可见力)没有的时候，(我与意的)结合就没有，(其他的身体)不产生，这就是解脱。”《入抉择胜论之真实品》用一个偈颂高度概括了胜论派的解脱观：

> 断灭觉等我之德，从根拔除之行者，所谓我就住意中，即是胜论许解脱。（第 1 颂）

虽然《入抉择胜论之真实品》的描述与《胜论经》的记叙并不完全一致，但其根本意思是相同的，即胜论派的轮回与解脱理论始终围绕着“我”展开，轮回是“我”被系缚于痛苦的世界，解脱则是“我”

安住于清净的状态，从轮回通向解脱需要研习并真正理解六句义的真知，同时进行瑜伽修习等实践活动。

吠檀多派的解脱思想大多直接继承自奥义书，如《入抉择吠檀多之真实品》开篇就指出吠檀多派把所谓的“原人”当作轮回和解脱的主体：

> 常住的我的本性是那（束缚和解脱）的依止的缘故，束缚和解脱是（吠陀的）智慧的本质，因此，应该极力赞叹吠陀中公认的“原人”。（第 1 颂注释）

吠檀多派还主张认识了这种原人就可以还灭轮回趋向解脱：

> 瑜伽行者修习时，知彼遍在一常住，最胜不死梵所依，此时不会得再生。（第 15 颂）

因此，在《入抉择吠檀多之真实品》的描述中，所谓的“看见原人”是吠檀多派获得解脱的关键。

由此可见，虽然数论派、胜论派、吠檀多派在具体阐释本派的解脱理论时互不相同，但三派外道的解脱观有一个共同的特点，即都认为在轮回解脱过程中有一个恒常不变的主体，不管这一主体被称为自性、人我还是我、原人，解脱就是这一绝对主体摆脱外界环境、自身精神等各种束缚后获得的全新状态。这种“主体解脱”是与佛教中观派主张的“实相涅槃”的解脱思想完全背道而驰的一种理念。

佛教虽然在一定程度上吸收或者借鉴了奥义书中的解脱思想，但其在产生之初就有与这三派外道大不相同的解脱观。原始佛教较少使用“解脱”（mokṣa, vimukti）一词，而常以“涅槃”（nirvāṇa）取代之。涅槃的原义是“灭”或“熄灭”，它在佛教中的主要意思是烦恼的灭除或熄灭，引申出的主要含义则是达到无烦恼的最高境界。佛教在演变发展过程中出现的不同流派虽然都讲涅槃，但对涅槃的理解各有不同。[1]

原始佛教认为世间事物和人生现象都由因缘和合而生，其中没有永恒不变的主体。如果能够认识到一切皆苦，苦产生自人的贪欲，贪欲又来自人的无明，消除无明后就不会再有贪爱，那么，就不会再去追求不存在的东西而徒生痛苦，这样就能避免轮回并最终达到涅槃。

原始佛教不承认轮回与解脱中的主体，但到了部派佛教时期，无主体的轮回与解脱学说受到了很多质疑。部派佛教的一部分论师为了解决轮回与解脱中的受体（载体）问题，提出了补特伽罗之说，如犊子部、正量部、经量部等。“补特伽罗解脱”在某种意义上与数论派、胜论派、吠檀多派的“主体解脱”有不少相似之处，犊子部等只不过囿于佛教“诸法无我”等的根本教义把“主体”阐述得善巧一些罢了。此外，小乘部派佛教一般还把涅槃解脱看作是一种与世俗世界完全不同的全新的境界，认为消除对世俗世界的不正确认识（如“四颠倒”等），彻底摆脱世间系缚就可以获得超世间的解脱。

大乘佛教在兴起之初就既反对小乘佛教变相的有主体解脱，又反对小乘佛教将涅槃与世间完全对立的倾向，而是强调涅槃与世间之间的统一或联系，这种思想被中观论师进一步发展了。中观派认为，认识到诸法的“实相”就是达到了涅槃，《中论·观涅槃品》有言：

> 涅槃与世间，无有少分别，世间与涅槃，亦无少分别。[2]

意思是，不能离开世间去追求超世间的涅槃，因为涅槃即是认识世间诸法之“实相”，达到涅槃不过就是消除无知，认识诸法的本性

---

[1] 参见姚卫群[2006], p.296。

[2] 《大正藏》30, No.1564, p.36a4-a5。

是“空”，是不可言状的“妙有”。[1] 中观派的“诸法实相即是涅槃”的理论，即是“实相涅槃”说。

《中观心论》与《思择焰》第六、七、八品没有直接明确阐述自己的解脱观，但从两部论著对各派外道解脱理念的批判中我们可以看出，《中观心论》及其古注《思择焰》继承并发扬了龙树的“实相涅槃”思想。

《入抉择数论之真实品》：

> 由见人我相差异，并不能够获解脱，是异识故如看见，被用者与主人异。（第59颂）
>
> 如是具有分别故，犹如看见人不同，由见人我相差异，如是解脱不被许。（第60颂）

《入抉择胜论之真实品》：

> 具有分别因相故，看见实等即解脱，如是不许优楼迦，同样不许胜论徒。（第27颂）

《入抉择吠檀多之真实品》：

> 我有已经被遮断，世界之因亦如是，是故见此获解脱，非真仅是虚妄想。（第18颂）
>
> 有分别与无分别，当觉还灭之时候，其中觉无对象时，戏论熄灭即寂静。（第95颂）

《中观心论》及其古注《思择焰》承袭了龙树“实相涅槃”的思

[1] 参见姚卫群[2006], p.299。

想，反对轮回与解脱的过程中有一恒常不变主体的说法，并且不以身体等的寂灭为解脱，而以因缘所生法上之空性为涅槃，也就是根据无我等智慧来认识事物的本来面目，脱离不实在的事物的束缚，熄灭戏论，从而达到涅槃或解脱。

在《中观心论》与《思择焰》看来，本来就不存在实有、恒常的绝对存在者，再以这种存在者为轮回、解脱的主体就只会离真正的解脱越来越远。所以，数论派、胜论派、吠檀多派各自描述的“主体解脱”思想——或通过认识“人我自性互不同”而使“人我”回归于独立自存（数论派）、或通过认识六句义的真知使“我”达到寂静如灯灭的状态（胜论派）、或通过“看见原人”而达到平等无生的境地（吠檀多派），都强调存在一个实在的主体或本体，获得解脱就在于认识各派所谓的真实，由此摆脱各种束缚，达到无苦的最高境界。这种“主体解脱”与中观派的“实相涅槃”格格不入，受到《中观心论》与《思择焰》的批判就成了必然。

综上所述，《中观心论》与《思择焰》的无我观念与其解脱思想密不可分，“无我论”与“实相涅槃”是支撑《中观心论》与《思择焰》自身立论的根基与出发点，而数论派、胜论派、吠檀多派三大外道的“有我论”与“主体解脱”亦是各自理论体系的基石与要点。通过否定各种绝对存在者进而推翻各派的“主体解脱”理论、确立佛教中观派的“实相涅槃”思想是《中观心论》与《思择焰》的最终目的与根本旨趣。

中国社会科学院文库
哲学宗教研究系列

The Selected Works of CASS
Philosophy and Religion

中国社会科学院创新工程学术出版资助项目

中国社会科学院文库 · 哲学宗教研究系列
The Selected Works of CASS · Philosophy and Religion

《中观心论》及其古注《思择焰》研究

（下卷）

A STUDY OF THE MADHYAMAKAHṚDAYAKĀRIKĀ
AND THE TARKAJVĀLĀ

何欢欢 著

中国社会科学出版社

下　　卷

缩 略 符

C　《卓尼版·丹珠尔·思择焰》：*dBu ma'i snying po'i 'grel pa rtog ge 'bar ba*, Co ne bsTan 'gyur (fol.: Dza 227a7-270b5), Photographed by Photoduplication Service, Library of Congress, Scanned at Tibetan Buddhist Resource Center.

CK　《卓尼版·丹珠尔·中观心论》：*dBu ma'i snying po'i tshig le'ur byas pa*, Co ne bsTan 'gyur (fol.: Dza 24b1-31a6), Photographed by Photoduplication Service, Library of Congress, Scanned at Tibetan Buddhist Resource Center.

D　《德格版·丹珠尔·思择焰》：*dBu ma'i snying po'i 'grel pa rtog ge 'bar ba*, sDe dge bsTan 'gyur (No.3856, fol.: Dza 227 a7-270b7), Delhi Karmapae Chodhey, Gyalwae Sungrab Partun Khang, 1985, Scanned at Tibetan Buddhist Resource Center.

DK　《德格版·丹珠尔·中观心论》：*dBu ma'i snying po'i tshig le'ur byas pa*, sDe dge bsTan 'gyur (No.3855, fol.: Dza 24b1-31a7), Delhi Karmapae Chodhey, Gyalwae Sungrab Partun Khang, 1985, Scanned at Tibetan Buddhist Resource Center.

G　《金写版·丹珠尔·思择焰》：*dBu ma'i snying po'i 'grel pa rtog ge 'bar ba*,《大藏经〈丹珠尔〉金写影印本》(fol.: Dza 326 b3-389a2)，中国民族图书馆整理，天津古籍出版社，1988，Scanned at Tibetan Buddhist Resource Center。

GK　《金写版·丹珠尔·中观心论》：*dBu ma'i snying po'i tshig*

le'ur byas pa, 《大藏经<丹珠尔>金写影印本》（fol.: Dza 326 b3-389a2），中国民族图书馆整理，天津古籍出版社，1988，Scanned at Tibetan Buddhist Resource Center。

GV = Gokhale[1958].

ins. insert，插入。

k. kārikā，梵本偈颂。

L = Lindtner[2001].

MHK *Madhyamakahṛdayakārikā* (*dBu ma'i snying po'i tshig le'ur byas pa*),《中观心论》。

Ms Manuscript, = 蒋忠新[1991]。

N 《那塘版·丹珠尔·思择焰》: *dBu ma'i snying po'i 'grel pa rtog ge 'bar ba*, sNar thang bsTan 'gyur (No.3247, fol.: Dza 243b6-292b7), Print from the Narthang blocks preserved in the Library of Tibet House, New Delhi, Digitized by the Tibetan Buddhist Resource Center under a cooperative agreement with Tibet House.

NH = 中村元[1989a], pp.581-626.

NK 《那塘版·丹珠尔·中观心论》: *dBu ma'i snying po'i tshig le'ur byas pa*, sNar thang bsTan 'gyur (No.3246, fol.: Dza 24b 4-31a4), Print from the Narthang blocks preserved in the Library of Tibet House, New Delhi, Digitized by the Tibetan Buddhist Resource Center under a cooperative agreement with Tibet House.

NN = Nakada[1972] [1983].

om. omitted，省略。

P 《北京版·丹珠尔·思择焰》: *dBu ma'i snying po'i 'grel pa rtog ge 'bar ba*, The Tibetan Tripitaka, Peking edition (No. 5256, fol.: Dza 253b7-305b6)—kept in the Library of the Otani

University, Kyoto—, reprinted under the supervision of the Otani University, edited by Daisetz T. Suzuki, Tokyo-Kyoto, Tibetan Tripitaka Research Institute, 1957, Scanned at Tibetan Buddhist Resource Center.

PDhS *Padārthadharmasaṃgraha* (*Praśastapāda-bhāṣya*), = Dvivedin [1984],《摄句义法论》。

PK 《北京版・丹珠尔・中观心论》: *dBu ma'i snying po'i tshig le'ur byas pa*, The Tibetan Tripitaka, Peking edition (No.5255, fol.: Dza 27a5-34a7) — kept in the Library of the Otani University, Kyoto—, reprinted under the supervision of the Otani University, edited by Daisetz T. Suzuki, Tokyo-Kyoto, Tibetan Tripitaka Research Institute, 1957, Scanned at Tibetan Buddhist Resource Center.

Q = Qvarnström[1989].

SA 东京大学斋藤明教授（Saito Akira）书稿，未出版。

SG = Bahulkar[1994].

SK *Sāṃkhyakārikā*,《数论颂》。

Skt. Sanskrit, 梵文。

TJ [*Madhyamakahṛdaya-vṛtti*] *Tarkajvālā* (*dBu ma'i snying po'i 'grel pa rtog ge 'bar ba*),《思择焰》。

Tib. Tibetan, 藏文。

Up. *Upaniṣad*, 奥义书。

VS *Vaiśeṣikasūtra*,《胜论经》。

VS-Bh Bhaṭṭa Vādīndra's commentary on VS （《巴达伐定陀罗注》）, 校订本为 Thakur[1957], Isaacson[1995]。

VS-C *Candrānandavṛtti* （《旃陀罗阿难陀注》），校订本为 Jambūvijayajī[1982] , Isaacson[1995]。

VS-U *Vaiśeṣikasūtropaskāra* （商羯罗弥施洛的《补注》），校订本

为 Miśra[1969].

*	用在藏文校勘脚注中，表示笔者的推测，汉译以此为准。
o	与前文相同的梵文字母的省略。

附 录 一

《入抉择数论之真实品》梵本、藏译校订及汉译

[MHK: D. 24b1; C. 24b1; P. 27a5; N. 24b4; G. 32a4][1]

[TJ: D. 227a7; C. 227a7; P. 253b7; N. 243b6; G. 326b3][2]

དེ་ནས་ད་ནི་གྲངས་ཅན་པའི་དེ་ཁོ་ན་ཉིད་གཏན་ལ་དབབ་པ་ལ་འཇུག་པས་རབ་ཏུ་བྱེད་པ་དྲུག་པ་བརྩམ་པར་བྱའོ།། དེ་ལ་ཐུབ་པ་སེར་སྐྱས་བསྟན་པའི་དོན་དམ་པའི་དབང་དུ་བྱས་ནས།

རང་བཞིན་གང་ཞིག་རྟོགས[3,4-]མེད་པ[-4]།།
ཡོན་ཏན་གསུམ[5]་དང་བསྐྱེད[6]་བདག་ཉིད།།
དེ་ལས་བཟློག[7]་པས་སྐྱེས་བུ་ཉིད།།
འདི་དག་རྟག་ཏུ་གོམས་པར་བྱ།། (1)

(16b4)acetanā hi prakṛtis triguṇā prasavātmikā/

viparītaḥ pumān asmād ity abhyāsavataḥ sadā①// (1)

(①=NN, L, cf.Tib. k.1d; Ms, SG yataḥ)

རང་བཞིན་ནི་ཡོད་དེ་སེམས་དང་ལྡན་པ་མ་ཡིན་པའོ།། དེ་ཡང་མ་སྐྱེས་པ[8]། རྟག་པ།[9] བྱེད་པ་པོས་ལོངས་སྤྱོད་པར་བྱ་བ་གཅིག་པུ་ཁྱབ་པ་ཡོན་ཏན་གསུམ་ལ་སོགས་པ་དང་ལྡན་པའོ།། དེ་ཉིད་ནི་མི་གསལ་བ་སྟེ། ཁ་དོག་དང་།[10] ཚད་དང་། དབྱིབས་ལ་སོགས་པའི་བྱེ་བྲག་གིས་ལྷ་དང་། ལྷ་མ་ཡིན་དང་། མི་ལ་སོགས་པ་འགའ་ཞིག[11-]གི་ཡང[-11]་མངོན་སུམ་དུ་མ་གྱུར་པའི་ཕྱིར་རོ།།

---

[1] 括号内为各版单行本 MHK 的行号，此处的 D、C、P、N、G 分别相当于 DK、CK、PK、NK、GK，下文（包括附录二、三）所列单行本 MHK 行号均同此。

[2] 括号内为各版 TJ 的行号，下同（包括附录二、三）。

[3] DC རྟོག

[4] DK CK, DCPNG པ་མེད; cf. MHK k. 6.

[5] PK NK GK གསུང

[6] DK CK PK NK GK སྐྱེད

[7] DC ཟློག

[8] P om. པ

[9] PNG om. །

[10] PNG om. །

[11] DC གིས

[MHK: D. 24b1; C. 24b1; P. 27a5; N. 24b4; G. 32a4]

[TJ: D. 227a7; C. 227a7; P. 253b7; N. 243b6; G. 326b3]

复次，由入抉择数论之真实而作第六品。这里，根据迦毗罗（Kapila）仙人宣说的真实，

自性本是无知者，
即为三德与生体，
彼复相异于人我，
此等皆应常修习。[12]（1）

自性是那种没有意识的存在，而且具有不生、常住、是作者、被享受、唯一、遍在、三德等（特性）。此性是“未显”（avyakta），因为即使根据特殊的色、量、相等，对于天、非天、人等来说，（自性）都不会现前。

[12] 本颂意为：自性是无知者，（自性）由三德（构成），（自性）是能生的本体，那（自性）还与人我正相反，这些（教义）需要经常反复学习修行。

[MHK: D. 24b1; C. 24b2; P. 27a6; N. 24b4; G. 32a4]

[TJ: D. 227b2; C. 227b2; P. 254a3; N. 244a2; G. 326b6]

དེ་ཡང་།[13]

རྒྱ་བའི་རང་བཞིན་མི་འགྱུར་བ།།
ཆེན་པོ་ལ་སོགས་རྣམ་པ་བདུན།།
རང་བཞིན་འགྱུར་བ་བདུན[14]་ཉིད་དོ།།
འགྱུར་བ་རྣམ་པ་བཅུ་དྲུག་ཀྱང་།།
རང་བཞིན་འགྱུར་བ་མིན་སྙིས་བྱ།།[15]

འདི་ནི་གྲུབ་པའི་མཐའ་ཡིན་ཏེ།། རྒྱ་བའི་རང་བཞིན་ནི་འགྱུར་བ་མེད་པའི་ཆོས་ཅན་ཡིན་པའི་ཕྱིར་མི་འགྱུར་བའོ།། གང་གི་ཕྱིར་བློ་རབ་ཏུ་བསྐྱེད་པ་དེའི་ཕྱིར་ན་རང་བཞིན་ནོ།། བློ་ཉིད་ནི་ཆེན་པོའོ།། བློ་ཡིན[16]་ན་ཡང་གང་གི་ཕྱིར་ངར་འཛིན་པ་རབ་ཏུ་སྐྱེད[17]་པར་བྱེད་པའི་རང་བཞིན་ནོ།། གང་གི་ཕྱིར་རྒྱ་བའི་རང་བཞིན་ལས་ཡང་དག་པར་འབྱུང[18]་བ་ཡིན་པའི་ཕྱིར་ཡོངས་སུ་འགྱུར་བའོ།། དེ་བཞིན་དུ་ངར་འཛིན་པ་ཡང་དེ་ཙམ་ལྔ་རབ་ཏུ་སྐྱེད་པའི་ཕྱིར་རང་བཞིན་ཡིན་ལ། བློས་བྱས་པ་ཡིན་པའི་ཕྱིར་ཡོངས་སུ་འགྱུར་བ་ཡིན་ནོ།། དེ་ཙམ་རྣམས་ཀྱང་ཆེན་པོར་གྱུར་པ་དབང་པོ་རྣམས་སྐྱེད[19]་པའི་ཕྱིར་རང་བཞིན་ཡིན[20]་ནོ།། ངར་འཛིན་པ་ལས་བྱུང་བའི་ཕྱིར་ཡོངས་སུ[21-]འགྱུར་བ[-21]་ཡིན་ནོ།། དེ་ལྟར་དེ་དག་གི་ཆེན་པོ་དང་། ངར་རྒྱལ་དང་། དེ་ཙམ་ལྔ་ཞེས་བྱ་བས་རང་བཞིན་ཡོངས་སུ་འགྱུར་བ་ཉིད་ཅེས་བྱ་བ་རྣམ་པ་བདུན་དང་། རྒྱ་བའི་རང་བཞིན་ནི་བརྒྱད་པའོ།། དེ་ཙམ་གྱིས་བསྐྱེད་པ་ནི་ཡང[22]་འགྱུར་བ་བཅུ་དྲུག་སྟེ། འདི་ལྟ་སྟེ།[23] ས་དང་། ཆུ་དང་། མེ་དང་། རླུང་དང་། ནམ[24]་མཁའ་དང་།

---

[13] PNG om. |

[14] DC བདེན

[15] DK CK PK NK GK 计此 5 句为颂文，梵本无。此处依梵本计算颂文数。

[16] N ཡིད

[17] N སྐྱེས

[18] PNG བྱུང

[19] PNG བསྐྱེད

[20] P om. ཡིན

[21] DC འཛིན་པ

[22] PNG om. ཡང

[MHK: D. 24b1; C. 24b2; P. 27a6; N. 24b4; G. 32a4]

[TJ: D. 227b2; C. 227b2; P. 254a3; N. 244a2; G. 326b6]

而且，

根本自性非变异，
大等皆是七种谛，
此七既本又变异，
一十六谛只变异，
人我非本非变异。

这就是（数论派的）宗趣。“根本自性”是没有变异的有法，所以是非变异。因为（根本自性）产生觉（buddhi），所以（根本自性）是本。觉本身就是大（mahat）。觉因为能够生起我慢（abhimāna），所以是本；因为（觉）从根本自性中清净生起，所以（觉）是变异。

同样，我慢也因为产生五唯（tanmātra），所以是本；而因为觉是（我慢的）因，所以（我慢）是变异。（五）唯等也因为转变出（五）大（mahābhūta）、产生（十一）根（indriya）等，所以是本；因为从我慢产生，所以（五唯）是变异。如此，那些大、我慢、五唯是“既本又变异”的七种谛，而根本自性则是第八（谛）。

（五）唯生起的时候，有十六种变异，即如下：地、水、火、风、

---

23 PNG om. །

24 NG ན

རྣ་བ་དང་། པགས་པ་དང་། མིག་དང་། ལྕེ་དང་། སྣ་དང་། ལག་པ་དང་། རྐང་པ་དང་། འཕོངས་དང་། འདོམས[25]་དང་། ངག་དང་[26]བཅུ་དྲུག་པོ་འདི་དག་ནི་རྣམ་པར་ཉམས་པར་འགྱུར་བ་ཡང་སྲིད་པས་འགྱུར་བའོ།། སྐྱེས་བུ་ནི་རང་བཞིན་མ་ཡིན་ཏེ། མི་བསྐྱེད་པའི་ཕྱིར་རོ།། འགྱུར་བ་ཡང་མ་ཡིན་ཏེ། མ་སྐྱེས་པའི་ཕྱིར་རོ།། ཡང་ན་འདི་རྣམས་ཀྱི་མཚན་ཉིད་ལ་ཡོན་ཏན་ཆ་མཉམ་པའི་མཚན་ཉིད་ནི་མི་གསལ་བའོ།། ཆེན་པོ་ནི་རྟོག་པའི་མཚན་ཉིད་དང་། དོན་ཐམས་ཅད་ལ་ཁྱད་པར་ཐམས་ཅད་ཀྱི་མཚན་ཉིད་དོ།། ངར་འཛིན་པའི་མཚན་ཉིད་ནི་ཤིན་ཏུ་ང་རྒྱལ་གྱི་མཚན་ཉིད་དོ།། བློ་དང་ཡིད་དང་ངར་འཛིན་པ[27]ཞེས་བྱ་བ་རྣམ་པ་གསུམ་ནི་ནང་གི་བྱེད་པ་པོའོ།། ཞི་བ་དང་[28]དྲག་པོ་དང་རྨོངས་པ་ལ་སོགས་པའི་སྒྲའི་ཁྱད་པར་ལས་གྲོལ་བ་ནི་སྒྲའི་སྤྱི་སྟེ་སྒྲའི་དེ་ཙམ་ཉིད་དོ།། འཇམ་པ་དང་རྩུབ་པ་ལ་སོགས་པ་དང་། དཀར་བ་དང་ནག་པ་ལ་སོགས་པ་དང་། མངར་བ་དང་སྐྱུར་བ་ལ་སོགས་པ་དང་། དྲི་ཞིམ་པ་དང་། དྲི་མི་ཞིམ་པ་ལ་སོགས་པའི་ཁྱད་པར་འདུས་པ་ནི། [29]-སྒྲ་དང་-[29]རེག་བྱ་དང་རོ་དང་གཟུགས་དང་དྲིའི་དེ་ཙམ་མོ།། སྒྲའི་མཚན་ཉིད་ནི་ནམ[30]་མཁའོ།། རེག་པའི་མཚན་ཉིད་ནི་རླུང་ངོ་།། གཟུགས་ཀྱི་མཚན་ཉིད་ནི་མེའོ།། རོའི་མཚན་ཉིད་ནི་ཆུའོ།། དྲིའི་མཚན་ཉིད་ནི་སའོ།། རྣ་བ་དང་། པགས་པ་དང་། མིག་དང་། ལྕེ་དང་། སྣ་ཞེས་བྱ་བ་ལྔ་ནི་བློའི་དབང་པོ་སྟེ། རང་རང[31]་གི་དོན་རྟོགས་པའི་ཕྱིར་རམ། བློ་སྔོན་དུ་བཏང་ནས་འཇུག་པའི་ཕྱིར་རམ[32]། སྒོར་གྱུར་པ་དེ་ནས་སྐྱེས་བུས་དོན་རྟོགས་པར་འགྱུར་བའི་ཕྱིར་བློའི་དབང་པོ་ཞེས་བྱའོ།། ངག་དང་ལག་པ་དང་རྐང་པ་དང་།[33] འཕོངས་དང་། འདོམས[34]་ཞེས་བྱ་བ་ནི་བྱ་བ་སྔོན་དུ་སོང་ནས་འཇུག་པ་ཡིན་ཏེ། སྐྱེས་བུའི་བྱ་བ་ལ་ཉེ་བར་གནས་པའི་ཕྱིར་ལས་ཀྱི་དབང་པོ་ཞེས་བྱའོ།། ཡིད་ནི་གཉི་གའི་བདག་ཉིད་ཅན་ཏེ། སེམས་དང་མཚུངས[35]་པར་ལྡན་པའི་ཕྱིར་[36]བློའི་དབང་པོ་ཡིན་ལ། བྱ་བ་དང་

25 DC མདོམས

26 PNG ins. །

27 DC ins. །།

28 P ins. །

29 om.*

30 P om. ནམ; NG ན

31 PNG དབང

32 P om. རམ

33 PNG om. །

34 DC མདོམས

35 G མཚུང

空、耳、皮、眼、舌、鼻、手、足、大遗[37]、人根[38]、口[39]，这十六种[40]既因减损而变异又因爱欲而变异。

人我不是本，因为非（由其他）生；也不是变，因为不生（其他）。

此外，在这些性相中，（三）德（guṇa）平衡的性相即是“未显”。“大”具有分别的性相，而且是所有对象中一切差别的性相。“我慢”的性相就是极度我执的性相。“觉、心、我慢”三者是内作具。

远离寂静、畏、痴等声的差别就是声的共相，即声唯。积聚干湿等、白黑等、甜酸等、香臭等的差别，就是触、色、味、香的唯。

声的性相是空，触的性相是风，色的性相是火，味的性相是水，香的性相是地。

“耳、皮、眼、舌、鼻”五种是知根（buddhīndriya），即能认识各自的对象，或能根据觉而运转，或能通过这种方式根据人我转变出认识对象，所以称为“知根”。

“口、手、足、大遗、人根”根据所作而运转，即随侍人我的所作，所以称为“业根”（karmendriya）。

心是具有两种自性者，即与觉相应而是知根，与所作相应而是业根。

---

[36] PNG ins. |

[37] 即排泄器官，依《金七十论》译语。

[38] 即生殖器官，依《金七十论》译语。

[39] 即发声器官，《金七十论》译为“舌”，易与“五知根”之“舌”混淆，故不依。

[40] 事实上此处只例举了十五种变异，缺了“心”（manas，《金七十论》译语。）

མཚུངས་པར་ལྡན་པའི་ཕྱིར་ལས་ཀྱི་དབང་པོའོ།། ས་ལ་སོགས་པ་ནི་ཞི་བ་དང་དྲག་པོ་ལ་སོགས་པའི་ངོ་བོས་དེ་ཙམ་དག་ལས་ཁྱད་པར་དུ་གྱུར་པའི་ཕྱིར་ཁྱད་པར་རོ།། དེ་བཞིན་དུ་རང་བཞིན་འགྱུར་བ་ལས་བྱུང་བའི་མཚན་ཉིད་ནི་ལྔ་བཅུ་སྟེ། འདི་ལྟ་སྟེ་མགུ་བ་ནི་དགུའོ།། གྲུབ་པ་ནི་བརྒྱད་དོ།། [41]-ནུས་པ-[41]་ནི་ཉི་ཤུ་རྩ་བརྒྱད་དོ།། ཕྱིན་ཅི་ལོག་པ་ནི་ལྔ་སྟེ། དེ་ལྟར་ན་ལྔ་བཅུའོ།། དེ་ལ་ཆུ་དང་། ཆུ་རྒྱུན་དང་། ཆུ་བོ་དང་། ཆར་འབབ་པ་དང་། ལེགས་པར་རྒྱལ་བ་དང་། གཞན་མ་ཡིན་པ་དང་། མིག་བཟང་བ་དང་། འོད་ཅན་དང་། ལུས་མཆོག་ཅེས་བྱ་བ་ནི་མགུ་བ་དགུ་ཡིན་ཏེ། ཡོངས་སུ་མཉེས་པ་ཞེས་བྱ་བའི་ཐ་ཚིག་གོ། དེ་ལ་རང་བཞིན་ལས་འབྲས་བུ་ཐོབ་པ་ཡིན་གྱི། སྐྱེས་བུས་བྱས་པ་ནི་མ་ཡིན་ནོ་ཞེས་དེ་ལྟར་གང་གིས་མཐོང་བ་དེ་ནི་ཡོངས་སུ་དགའ་བ་ཐར་པ་ལ་སོགས་པའི་ཡུལ་ལ་སྐྱེ་བར་འགྱུར་བ་ནི་ཆུ་ཞེས་བྱའོ།། ཉེ་བར་ལེན་པ་ལས་འབྲས་བུ་འཐོབ[42]་གྱི[43]། སྐྱེས་བུས་བྱས་པ་ནི་མ་ཡིན་ནོ་ཞེས་བྱ་བ་ནི་ཆུ་རྒྱུན་ནོ།།[44] དུས་ཀྱིས[45]་འབྲས་བུ་འཐོབ་ཀྱི་སྐྱེས་བུས་བྱས་པ་མ་ཡིན་ནོ་ཞེས་བྱ་བ་ནི་ཆུ་བོའོ།། སྐལ་པས་འབྲས་བུ་འཐོབ་པ་ཡིན་ཞེས་བྱ་བ་ནི་ཆར་འབབ་པའོ།། ཡུལ་ལ་སོགས་པ་ཉེ་བར་སྒྲུབ་པའི་སྐྱོན་མཐོང་ནས་གང་ཐར་པ་ལ་སོགས་པ་ལ་ཡོངས་སུ་དགའ་བ་དེ་ནི་ལེགས་པར་རྒྱལ་བའོ།། ཀུན་ཏུ[46]་བསྲུང་བའི་སྐྱོན་མཐོང་བ་ནི་གཞན་མ་ཡིན་པའོ།། ཐར་པ་མཐོང་བ་ནི་མིག་བཟང་བའོ།། དབང་པོ་མཐོང་བ་ནི་འོད[47]་ཅན་ནོ།།[48] རྣམ་པར་འཚེ་བ་མཐོང་ན་ཐར་པ་ལ་སོགས་པ་ལ[49]་ཡོངས་སུ་དགའ་བ་དེ་ནི་ལུས་མཆོག་ཅེས་བྱ་སྟེ། དེ་དག་ནི་མགུ་བ་རྣམ་པ་དགུ་ཡིན་ནོ།། དེ་བཞིན་དུ་ཡེ་ཤེས་ལས་སྐྱེ་བའི་གྲུབ་པ་ནི་བརྒྱད་དེ། འདི་ལྟ་སྟེ། སྒྲོལ་བ་པོ་དང་།[50] ལེགས་པར་སྒྲོལ་བ་པོ་དང་། སྒྲོལ་བའི་མཐར་ཕྱིན་པ་དང་། དགའ་བ་དང་། རབ་ཏུ་དགའ་བ་དང་། མགུ་བར་གྱུར་པ་དང་། ཉམས་དགའ་བ་དང་། མཆོག་ཏུ་དགའ་བ་ཞེས

---

[41] ནུས་པ་མ་ཡིན་པ*, cf. *Saṃkhya-kārikā* k.47.

[42] D འཐབ

[43] D གྱི

[44] PNG om. །།

[45] PG ཀྱི

[46] DC དུ

[47] PNG མིག

[48] P ins. མ་པར་འཚེ་བ་མཐོང་བ་ནི་འོད་ཅན་ནོ།།; NG ins. རྣམ་པར་འཚེ་བ་མཐོང་བ་ནི་འོད་ཅནོ།།

[49] PNG om. ལ

[50] PNG om. །

地等是寂静、畏等的本体，因为从诸（五）唯分别变异所以有差别。

如此，从本变产生的性相有五十种，即：喜（tuṣṭi）九种、成（siddhi）八种、无能（aśakti）[51]二十八种、疑倒五种。

其中，“润湿水、深浅水、流水、湖水、善渡（水）、非异（水）、善眼（水）、光明（水）、胜身（水）”是九喜，即“完全喜乐”的意思。

此中，“由自性得果报，而不是根据人我作用”，如此观察，遍喜从解脱等的境地中生起就是“润湿水”。“由求取得果报，而不是根据人我作用”即“深浅水”。“由时节得果报，而不是人我作用”即“流水”。“由感得得果报”是“湖水”。

因为看见执取对象之苦从而以解脱为遍喜即是“善渡（水）”。看见一切守护之苦是“非异（水）”。看见消失是“善眼（水）”。看见根是“光明（水）”。看见损害的时候以解脱为遍喜是“胜身（水）”。

这些就是“九喜”。[52]

同样，从智慧产生的成有八种，即：“（自）度成、善度成、全度成、喜（度成）、重喜（度成）、满喜（度成）、爱（成）、遍爱（成）[53]”。完成并证成的时候就是“成”。

---

[51] 藏文原为“能”，依《金七十论》、《乔荼波陀注》、《摩特罗评注》改。

[52] 关于“九喜”，参见《金七十论》第50颂及其注释。

[53] “遍爱（成）”在后文的解释中为“常喜（成）”。

བྱ་བ་སྟེ། གྲུབ་པའི་ཕྱིར་དང་།[54] སྒྲུབ་པའི་ཕྱིར་ན་གྲུབ་པའོ།། དེ་ལ་ཤེས་པ་གང་དཔྱད་པ་བྱས་ནས་སྐྱེ་བ་དེ་ནི་སྒྲོལ་བ་པོ་ཞེས་བྱའོ།། ཐོས་པ་ལ་སོགས་པ་དག་གི་ཤེས་པ་ནི་ལེགས་པར་སྒྲོལ་བ་པོ་ཞེས་བྱའོ།། བརྗོད་བྱ་དང་རྗོད་བྱེད་སྟོན་དུ་སོང་བའི་བླ་མས་བསྟན་པ་ལས་སྐྱེས་པའི་ཤེས་པ་དེ་ནི་སྒྲོལ་བའི་མཐར་ཕྱིན་པ་ཞེས་བྱའོ།། གྲང་བ་དང་ཚ་བ་བཟློག་པའི་ཐབས་ཤེས་པ་ནི་དགའ་བའོ།།[55] ནང་གི་བདག་ཉིད་ཀྱི[56]་རླུང་དང་མཁྲིས[57]་པ་དང་། བད་ཀན་ལ་སོགས་པའི་ནད་གང་བདག་ཉིད་དམ་བླ་མ་ལས་སྐྱེས་པའི་བཟློག་པའི་ཐབས་ཤེས་པ་གྲུབ་པ་དེ་ནི་རབ་ཏུ་དགའ་བ་ཞེས་བྱའོ།། དེ་བཞིན་དུ་གང་དང་པོ་འབྱུང་བ་ལས་གྱུར་པ་མི་དང་། ཐོལ་སོང་དང་། རི་དགས་དང་། སྤྲུལ་ལ་སོགས་པའི་རྒྱུ་མཚན་ལས་བྱུང་ཞིང་སྐྱེས་པས་འཇིག[58]་པ་དང་། འཐབ[59]་རྩོད་དང་། རྡེག་པ་ལ་སོགས་པའི[60]་སྡུག་བསྔལ་རྣམས[61]་བླ་མའམ། བདག་ཉིད་ལས[62]་སྐྱེས་པ་ན། བཅོས་པའི་ཐབས་བྱས་པ་ལས་ཤེས་པ་གྲུབ་པ་དེ་ནི་མགུ་བར་གྱུར་པ་ཞེས་བྱའོ།། དེ་བཞིན་གཡས་ཕྱོགས་སུ་འཁྱུག་པའི་རྒྱུས་སམ། སྐལ་བ་དང་ལྡན་པའི་རྒྱུ་ཅན་གྱི་བདེ་བ་ལ་དམིགས་པ་ལ་སོགས་པས་ཚངས་པར་སྤྱོད་[63-]པའི་ཤེས་པ[-63]་དེ་ནི་ཉམས་དགའ་བ་ཞེས་བྱའོ།། དེ་བཞིན་དུ་གང་ལྷང་བ་དང་། ཕྱག་འཚལ་བ་དང་། སྒྲ་དང་། ཁ་སྤྱི་བྲིགས་པ་ལ་སོགས་པ་སྒྲུབ་པར་བྱེད་པའི་ཤེས་པ་དེ་ནི་རྟག་ཏུ་དགའ་བ་ཞེས་བྱ་བ་སྟེ། འདི་དག་ནི་གྲུབ་པ་བརྒྱད་ཡིན་ནོ།། ཡང་དབང་པོ་ལ་གནོད་པས་འོན་པ་དང་། མཛེ་ནད་དང་། དམུས་ལོང་གི་ངོ་བོ་དང་། བེམས[64]་པོ་ཉིད་དང་། དྲི་མི་ཞིམ[65]་པ་ཉིད་དང་། གྲུམ་པོ་ཉིད་དང་། རྟུག་སྐམ་ཅན[66]་དང་། མ་ནིང་དང་། ལག་

---

[54] PNG om. །

[55] PNG ins. རི་དགས་དང་། སྤྲུལ་ལ་སོགས་པའི་རྒྱུ་མཚན་ལས་བྱུང་ཞིང་སྐྱེས་པས་འཇིགས་པ་དང་།

[56] PNG ནི

[57] PNG ཁྲིས

[58] PNG འཇིགས

[59] C འཐོབ

[60] PNG om. པའི

[61] P རྣམ

[62] PNG ལ

[63] PNG པ

[64] PNG བེམ

[65] C ཞིང

[66] PNG ins. ཉིད

其中，由思量产生的一切智慧是“(自) 度成”。

听闻等的智慧是“善度成”。

根据所诠和能诠，从上师宣教中生起的智慧是“全度成”。

对治冷、热的方便智慧是“(喜) 度成”。

内我的风、热、痰等病，不管依据自己还是上师生起的对治方便智慧成就是“重喜（度成)”。

同样，从某种初生转变出人、畜生、鹿、蛇等的情况，因为产生而有坏灭、争斗、殴打等各种痛苦；依据上师或自己产生（智慧)，或者由医治而成就智慧就是“满喜（度成)”。

同样，根据右绕的知识，或者认识到有福的有钱人的安乐等，从而修梵行的智慧是“爱（成)”。

同样，完成起立、顶礼、剔除头发和胡子等的利益智慧是“常喜（成)”。

这些就是“八成”。[67]

其次（解释“无能”)，损害根，即“聋、麻风、生盲、无知觉、

[67] 关于“八成”，参见《金七十论》第51颂及其注释。

པ་ཉམས་པ་དང་། ལྐུག[68]་པ་དང་། ཤེས་པ་ཉམས་པ་ཞེས་བྱ་བ་འདི་དག་གི[69]་གྲངས་ཇི་ལྟ་བ་བཞིན་དུ་བགས[70]་པ་དང་། མིག་དང་།[71] ལྟེ་དང་། སྣ་ལ་སོགས་པ་དང་། ངག་དང་། ལག་པ་དང་། རྐང་པ་དང་། འཕོངས[72]་དང་། འདོམས[73]་ཞེས་བྱ་བའི་དབང་པོ་ལ་གནོད་པ་འདི་དག་ནི་ནུས་པ་བཅུ་གཅིག་གོ། དེ་བཞིན་དུ[74]་རྒྱུ་མ་ཡིན་པ་དང་། རྒྱ་རྒྱུན་མ་ཡིན་པ་དང་། རྒྱུ་བོ་མ་ཡིན་པ་དང་། ཆར་པ་འབབ་པ་མ་ཡིན་པ་དང་། ལེགས་པར་རྒྱལ་བ་མ་ཡིན་པ་དང་། གཞན་མ་ཡིན་པ་མ་ཡིན་པ་དང་། བཟང་པོ་མ་ཡིན་པ་དང་། འོད་ཅན་མ་ཡིན་པ་དང་། ལུས་མཆོག་མ་ཡིན་པ་ཞེས་བྱ་བའོ།། དེ་ལ་རང་བཞིན་རྟག་ཏུ་ཡོད་དུ་ཟིན་ཀྱང་ཐར་པ་ལ་སོགས་པ་ལ་དགའ་བ་མི་སྐྱེ་བ་ནི་རྒྱུ་མ་ཡིན་པ་ཞེས་བྱ་བ་ནས་འཚོ་བ་མཐོང་ཡང་ཐར་པ་ལ་སོགས་པ་ལ[75]་དགའ་བ་མི་སྐྱེ་བ་ནི་ལུས་མཆོག་མ་ཡིན་པ་ཞེས་བྱ་བའི་བར་དུའོ།། དེ་བཞིན་དུ་སྒྲོལ་བ་པོ་མ་ཡིན་པ་དང་། ལེགས་པར་སྒྲོལ་བ་པོ་མ་ཡིན་པ་ཞེས་བྱ་བ་ལ་སོགས་པ་གྲུབ་པ་བརྒྱད་ལ་གནོད་པ་སྟེ། ཤེས་པ་གང་དཔྱད་པ་བྱས་ནས[76] སྐྱེ་བ་མ་ཡིན་པ་དེ་ནི་སྒྲོལ་བ་པོ་མ་ཡིན་པ་ཞེས་བྱ་བ་ལ་སོགས་པ་ནས། ཇི་སྲིད་གཡོ་སྒྱུ[77]་དང་ལས་སུ་རུང་བ་དང་། སེར་སྣ་ལ་སོགས་པའི་དོན་མི་དམིགས་པ་ན་རྟག་ཏུ་དགའ་བ་མ་ཡིན་པ་ཞེས་བྱའོ[78]་ཞེས་བྱ་བའི་བར་དུ་སྟེ། འདི་དག་ནི་ནུས་པ་མ་ཡིན་པ་ཞེས་བྱའོ།། ཕྱིན་ཅི་ལོག་རྣམ་པ་ལྔ་ནི་འདི་ལྟ་སྟེ། མུན་པ་དང་། རྨོངས་པ་དང་། རྨོངས་པ་ཆེན་པོ་དང་། ཤིན་ཏུ་མུན་པར་གྱུར་པ་དང་། ཤིན་ཏུ་སྨག་ཏུ་གྱུར་པ་ཞེས་བྱ་བ་ནི་ཕྱིན་ཅི་ལོག་ཅེས་བྱ་བ་སྟེ། ཕྱིན་ཅི[79]་ལོག་གི་དོན་སྟོན་པར་བྱེད་པ་འདི་ལྟ་སྟེ། གཞན་མ་ཡིན་པ་ལ་གཞན་གྱི་བློ་དང་། ལེགས་པ་མ་ཡིན་པ་ལ་ལེགས་པར་ཡང་དག་པར་སྒྲུབ་པ་དང་། བདེ་བ་མ་ཡིན་པ་ལ་བདེ་བར་མངོན་པར་ང

---

[68] DC ལྐུགས

[69] PNG གིས

[70] DC དཔགས

[71] PN om. །

[72] PNG ཕོངས

[73] DC མདོམས

[74] PNG ins. འདི་དག་ནི

[75] PNG om. ལ

[76] PNG ins. །

[77] PNG རྒྱུ

[78] PNG ins. །།

[79] G ཅིག

恶臭、痛风、便秘、不男不女、断手、哑、精神错乱”。这些如数损害“皮、眼、舌、鼻等，以及口、手、足、大遗、人根”[80]（等）根，就是“十一（无）能”。

同样，“非润湿水、非深浅水、非流水、非湖水、非善渡（水）、非非异（水）、非善（眼水）、非光明（水）、非胜身（水）”（是“九无能”）。

其中，即使自性恒常存在，但从解脱等不产生喜乐是“非润湿水”；乃至看见损害也不从解脱等产生喜乐是“非胜身（水）”。

同样，“非（自）度成和非善度成”等损害八成（是“八无能”）。即，智慧不从思量产生是“非（自）度成”，乃至不认识狡诈、堪忍、悭吝等对象是“非常喜（成）”。

这些就是“（二十八）无能”。[81]

“五疑倒”如下：“暗、痴、大痴、重暗、盲暗”就是所谓“疑倒”。

疑倒的意义说明如下：

在“非异”中（有）其他的觉；

在“非善”中完成清净妙好；

在“非喜”中贡高于现前的喜；

[80] 未列“耳”、“心”两根。

[81] 关于“二十八无能”，参见《金七十论》第50、51颂及其注释。

རྒྱལ་བ་དང་། མི་ནུས་པ་ལ་ནུས་པར་མངོན་པར་ང་རྒྱལ་བ་དང་། མི་བཟོད་པ་ལ་བཟོད་པར་ཡིད་ཆེས་པ་ཞེས་བྱའོ།། འདི་དག་ནི་ཕྱིན་ཅི་ལོག་ལྔ་ཡིན་པར་མཚན་ཉིད་ལྔ་བཅུ་པ་ལས་བསྟན་ཏེ། རང་བཞིན་འགྱུར་བ་ལས་བྱུང་བ་འདི་དག་ཐམས་ཅད་ཀྱང་འགྱུར་བ་[82]ཡིན་པས་ཞིང་ཞེས་བྱ་བ་ལ་ཞིང་དེ་ཤེས་པའི་ཕྱིར་སྐྱེས་བུ་ནི་ཞིང་ཤེས་པ་ཞེས་བྱ་སྟེ། རང་བཞིན་དང་འགྱུར་བའི་མཚན་ཉིད་དང་བྲལ་བའོ།། དེ་[83]ནི་བདག་སྟེ་ཤེས་པ་ཡོད་པ་ལས་ཐ་དད་དུ་མ་གྱུར་པ། མ་སྐྱེས་པ། རྟག་པ།[84] མ་བྱས་པ། ཟབ་པོ།། གཙོ་བོ།[85] ཁྱབ་པ་།[86] བྱེད་པ་མེད་པ། ཡོན་ཏན་[87]གསུམ་ལས་བཟློག་པ་མི་སྐྱེད་[88]པའི་ཆོས་[89]ཅན་རྐྱེན་ཉེ་བར་རྟེན་ནས་ཤེས་[90]པ་བསྐྱེད་པ་སྙིང་[91]སྟོབས་ལ་སོགས་པའི་མཚན་ཉིད་ཅན་མ་ཡིན་པའི་ཕྱིར།[92] ཡོད་ཏན་མ་ཡིན་པ་རྩོམ་[93]པ་མེད་པ་ཡིན་པའི་ཕྱིར་མི་སྐྱེ་བའི་ཆོས་ཅན་སྤྱོད་པའི་ཕྱིར་ན་ཡུལ་ཅན་ནོ།། སྐྱེ་བ་དང་ཉམས་པ་མེད་པའི་ཕྱིར་རྟག་པའོ།། རང་བཞིན་དང་[94]འགྱུར་བ་ལས་གཞན་ཡིན་པའི་ཕྱིར་རྟགས་མེད་པ། གཅིག་ཡིན་པའི་ཕྱིར་ཆ་ཤས་དང་བྲལ་བ་དང་པོ་དང་ཐ་མ་མེད་པའི་ཕྱིར་མཐའ་མེད་པ་སྟེ། འདི་དག་ནི་སྐྱེས་བུའི་མཚན་ཉིད་ཡིན་ནོ།། ཡང་གྲུབ་[95]པའི་མཐའི་མཚན་ཉིད་རྣ་བ་ལ་སོགས་པ་འཇུག་པ་ནི་མངོན་སུམ་མོ།། ཐོབ་པར་བྱེད་པ་ནི་དབང་པོའོ[96]།། མཐོང་བ་ནི་ཡུལ་ཅན་ནོ།། ལྔ་[97]བ་པོ་ནི་སྐྱེས་བུའོ།། གཟུགས་ལ་སོགས་པ་ནི་རྫས་ལས་གཞན་མ་ཡིན་ནོ།།

[82] DC ins. མ

[83] DC ins. དག

[84] PNG om. །

[85] PNG om. །

[86] PNG om. །

[87] NG ཏ

[88] PG བསྐྱེད

[89] D ཆས

[90] D ཤས

[91] PNG ཉིང

[92] DC ||

[93] PNG བརྩོམ

[94] PNG ins. །

[95] PNG སྒྲུབ

[96] PNG བའོ

[97] PNG བལྔ

在“无能”中贡高于现前的能；

在“不堪忍”中胜解堪忍。

这些就是“五疑倒”。（以上）解释五十种性相。

从本变产生的所有这些都是变异，而对于所谓“田”来说，因为（人我）认识那田，所以人我是“知田”，即（人我）远离本和变的性相。

那就是人我，即不异于有知、不生、常住、无动作、食者、首脑、遍在、非作者、与三德相反。具有不生的性质、能生起获得缘的智慧、不具有萨埵等性相的缘故，不是德、没有开始的缘故，修习不生的有法的缘故，所以“有境”。没有产生和坏灭的缘故，所以“常住”。是本和变以外的其他，所以“无因”。是同一，所以“无分”。没有开头和终结的缘故，所以“无尽”。这些就是人我的性相。

此外，（数论派）宗趣的特征（还有）“耳等作用是现证，能证得者是诸根。所见是有境，见者是人我。色等不异于实体。部分和全体、

ཆ་ཤས་དང་། ཆ་ཤས་ཅན་དང་། རྒྱུ་དང་།[98] འབྲས་བུ་དག་དང་། མཚན་ཉིད་དང་། མཚན་ཉིད་ཅན་དག་ནི་གཅིག་གོ། བྱེད་པ་ལ་ནི་བྱ་བ་ཡང་ཡོད་དོ་[99]ཞེས་བྱ་བ་ལ་སོགས་པ་ཇི་སྐད་སྨྲས་པའི་དེ་ཁོ་ན་ཉིད་འདི་དག་རིམ་གྱིས་གོམས་པར་བྱས་པ་ལས།

[MHK: D. 24b2; C. 24b2; P. 27a7; N. 24b5; G. 32a5]

[TJ: D. 229b7; C. 229b7; P. 257a4; N. 246b6; G. 330a6]

ཡིད་ལས[100]་སྙིང་སྟོབས་སྐྱེས་པ་ཅན།།
སྐྱེས་བུའི་གཟུགས་བརྙན་འབྱུང་བ་འམ།།
དེ་བཞིན་ཡོངས་སུ་གྱུར་ནས་ནི།།
བློ་འཇུག་པ་ཡི་རྗེས་སུ་བྱེད།། (2)

①-tadbhūtasattve manasi-① buddhivṛttyanukāriṇaḥ/

pratibimbodayāt puṃsaḥ pariṇāmād athāpi vā// (2)

(①Cf. MHK k.6-20c: udbhūtasattve manasi)

སྙིང་སྟོབས་ནི་གསལ་བའི[101]་བདག་ཉིད་ཅན་དུ་བསྟན་པའོ།། སྐྱེས་པ་ནི་ལྷག[102]་པར་འཇུག་པ་སྟེ། གང་ལ་སྙིང་སྟོབས་དེ་སྐྱེས་པ[103]་ཡོད་པ་དེ་ནི་ཡིད་ལས་སྙིང་སྟོབས་སྐྱེས་པ་ཅན་ནོ།། ཡིད་ཀྱིས[104]་དོན་རྟོགས་པར་འཇུག་པ་ན་རྟོགས་པའི་གཟུགས་བརྙན་སྐྱེས་བུ་ལ་འབྱུང་བར་འགྱུར་བ་ནི་ཇི་ལྟར་ཆུ་མི་གཡོ་བ་ལ་ཟླ་བའི་གཟུགས་བརྙན་མཐོང་བར་གྱུར་ཀྱང་[105]འགྱུར་བ་ནི་ནམ་ཡང་ཡོད་པ་མ་ཡིན་ནོ།། དེ་བཞིན་དུ་སྐྱེས་བུ་ལས་འགྱུར་བ་མེད་ཀྱང་བློས་ཡོངས་སུ་ཤེས་པའི་དོན་གྱི་གཟུགས་བརྙན་ཡང་འབྱུང་བར་འགྱུར་ལ། གྱུར་པ་ནམ་

98 PN om. །

99 PG ins. ༎; N ins. །

100 PK NK GK, PNG ལ*(?)

101 C པའི

102 D ལྷག

103 C པོ

104 PNG ཀྱི

105 PNG ins. །

因和果、性相和具性相者是同一的。因中有果。”等等。

如上所说的这些真实应该根据次第反复修习。

[MHK: D. 24b2; C. 24b2; P. 27a7; N. 24b5; G. 32a5]

[TJ: D. 229b7; C. 229b7; P. 257a4; N. 246b6; G. 330a6]

心中萨埵增长时，[106]
人我之中起映像，
或者如是转变故，
实乃模仿觉作用。[107]**（2）**

“萨埵”（sattva）是所说的具有照明本质的东西。“增长”即增盛作用，只要这种萨埵增长，那就是“心中萨埵增长时”。“心”开始分别对象的时候，分别的映像（pratibimba）在人我中生起，如同在不动的水中看见月亮的映像，而（月亮的映像在水中的）变化无论何时都不是实有。同样，人我没有变化，而是通过觉生起遍知的对象的映像，所以（对象的映像在人我中的）变化无论何时都不是实有。

---

[106] 此句梵藏文略异，参见《金七十论》第 27、33 颂及其注释。

[107] 本颂意为：在心（根）中，当萨埵占优势的时候，（认识对象的）映像（在人我中）生起；或者是（人我）有看似那样的变化，（这是）人我模仿觉作用。

ཡང་ཡོད་པ་མ་ཡིན་ནོ།། ཡང་ན་བློས་དོན་རྟོགས་པའི་རྗེས་སུ་ཡང་བྱེད་པས་མི་ལོང་གི་གཟུགས་བརྙན་བཞིན་དུ་ཡོངས་སུ་འགྱུར་བ་ཡིན་གྱི་འགྱུར་བ་ནི་མ་ཡིན་·108-ནོ།།-108

[MHK: D. 24b3; C. 24b3; P. 27a7; N. 24b5; G. 32a6]

[TJ: D. 230a3; C. 230a3; P. 257a8; N. 247a2; G. 330b4]

བློ་དེས་ཅི་ཞིག་རྟོགས[109]·ནས་སྐྱེས་བུ་གང་ཞིག་ཟླ་བའི་གཟུགས་བརྙན་གྱི་རྗེས་སུ་མཐུན་པ་འབྱུང་བར་འགྱུར་བ་འམ། གང་གི[110]·རྗེས་སུ་བྱེད་པར་སྐྱེས་བུ་ཡོངས་སུ་འགྱུར་བ་ཡིན་ཞེ་ན། སྨྲས་པ།

བདག་ཀྱང་གཞན་ཞིང[111]·རང་བཞིན་གཞན།

འདི་ལྟར་དེ་ཉིད་མཐོང[112]·བ་ཡི།།

བྱེད་དང་བྱ་བ་ལྡོག་པ་ཡི།།

སྐྱེས་བུ་གྲོལ་བ་ཡིན་ཞེས་བརྗོད།། (3)

anyo ’ham anyā prakṛtir ity evaṃ tattvadarśanāt/

nivṛttakāryakaraṇo① mukta ②-ity ucyate-② pumān// (3)

(①=Ms, NN, L; SG °kāya°. ②=NN, L; Ms [ ]; SG [ ]te)

སྐྱེས་བུ་བཅིང་བ་གསུམ་གྱིས་བཅིངས་པ་ལས་ཐར་པ་རྣམ[113]·པ་གསུམ་འབྱུང་བ་ནི་ཐར་པ་ཞེས་བྱ་སྟེ། མདོར་བསྡུས་པའི་ཚིག་གི་དོན་ཏོ[114]།། འཆིང་བ་རྣམ་པ་གསུམ་ནི།[115] རང་བཞིན་གྱི་འཆིང་བ་དང་། འགྱུར་བའི་འཆིང་བ་དང་། ནོར་གྱི་འཆིང་བའོ།། དེ་ལ་རེ་ཞིག་ནོར་གྱི་འཆིང་བ་ཞེས་བྱ་བ་ནི་ཁྱིམ་པ་འམ། ཚངས་པར་སྤྱོད་པ་འམ། ནགས་ལ་གནས་པ་ལ་སོགས་པ་རྣམས་ནི[116]·ནོར་རྙེད་པས་འཆིང་བ་ཡིན་ཏེ། ནོར་བརྒྱ་རྙེད་དམ་སྟོང

---

[108] NG །

[109] N རྟགས

[110] PNG གིས

[111] DK CK PK NK GK ལ

[112] N མཐང

[113] P རྣམས

[114] PNG ནོ

[115] NG །།

[116] PNG om. ནི

或者，（人我）通过觉而模仿的认识对象就像镜子的映像一样，（对象的映像）有变化而（人我本身）不变异。

[MHK: D. 24b3; C. 24b3; P. 27a7; N. 24b5; G. 32a6]

[TJ: D. 230a3; C. 230a3; P. 257a8; N. 247a2; G. 330b4]

如果问："觉认识一些（对象）之后，什么（在）人我（中）像月亮的映像一样生起？或者根据什么样的模仿人我是变异？"（数论派）回答：

人我自性互不同，
看见如此真实时，
还灭能作与所作，
即谓人我得解脱。[117]（3）

简而言之，（偈颂）的词义是：人我从"三种系缚"的束缚中产生"三种脱离"就是所谓"解脱"。三种系缚是：自性缚、变异缚、财物缚。

其中，首先，"财物缚"是住家者、梵行者或者林栖者等由于获得财物而被系缚，即所谓"得百财或得千财"等。

[117] 本颂意为："人我不同于（自性）而且自性不同于（人我）"，看见这样的真实的时候，还灭能作和所作就是所说的"人我获得解脱"。

སྙེད་ཅེས་བྱ་བ་ལ་སོགས་པས་སོ།། འགྱུར་བའི་འཆིང་བ་ཞེས་བྱ་བ་ནི་རབ་ཏུ་བྱུང་བ་རྣམས་བལྟ་བར་འདོད་པས་སྒྲ་དང་། རེག་བྱ་དང་། རོ་དང་། གཟུགས་དང་། དྲི[118]་རྣམས་ཀྱིས་དབང་པོའི་འགྱུར་བར་བྱེད་པའི་ཕྱིར་འཆིང་བ་ཞེས་བྱའོ།། རང་བཞིན་གྱི་འཆིང་བ་ཞེས་བྱ་བ་ནི་ལྷ་དང་། ལྷ་མ་ཡིན་དང་། མི་དང་། དུད་འགྲོ་ལ་སོགས་པ་རྣམས་ཀྱི་ལུས་གང་དག་གཞན་དང་གཞན་རྣམ་པ་སྣ་ཚོགས་ཀྱི་རང་བཞིན་དུ་འགྱུར་བའི་བདག་ཉིད་དུ་འབྱུང་བ་སྟེ། བདེ་བ་དང་། སྡུག་བསྔལ་[119]དང་། རྨོངས་པའི་བདག་ཉིད་ཀྱི་ཕྱིར་དང་། ངར་འཛིན་པ་དང་། དེ་ཙམ་དང་། དབང་པོའི་ཁྱད་པར་གྱི་མཚན་ཉིད་ཅན་ཡིན་པའི་ཕྱིར་རོ།། འཁོར་བ་ན་ཡུལ་ལ་སྲེད་པ་ཉིད་ཀྱིས་སྐྱེས་བུ་དང་རང་བཞིན་ལ་གཅིག་པ་ཉིད་དུ་རྨོངས་པ་ཡོད་ལ། ཤེས་པ་ལྷག་པར་སྐྱེས་པར་གྱུར་པ་ན་དོན་ཐམས་ཅད་ལ་ཡོངས་སུ་ངོམས་པར་གྱུར་པའི་ཕྱིར་རང་བཞིན་ཡང་གཞན་ལ་བདག་ཀྱང་གཞན་ནོ་ཞེས་དེ་ཁོ་ན་ཉིད་མཐོང་བ་ན་ས་ལ་སོགས་པའི་བྱ་བ་དང་། མིག་ལ་སོགས་པའི་བྱེད་པ་རྣམས་ལྡོག་པར་འགྱུར་བས་རང་བཞིན་ལ་སོགས་པའི་འཆིང་བ་ལས་[120-]སྐྱེས་བུ་[-120]་ཐར་པ་ཡིན་ནོ་[121]ཞེས་བྱ་བ་ནི་གྲངས་ཅན་པ་ཁ་ཅིག་གི་ཡིན་ནོ།།

[MHK: D. 24b3; C. 24b3; P. 27a8; N. 24b6; G. 32a6]

[TJ: D. 230b2; C. 230b3; P. 258a2; N. 247b3; G. 331b1]

ཡང་ཁ་ཅིག་ནི་རང་གི་གྲུབ་པའི་མཐའི་དབྱེ་[122-]བས་[-122]།

  བདག་དང་བདག་གི[123]་མེད་རྟོགས་པའམ[124]།།

  དོན་བྱས་པ་ན་རྗེས་བཟུང[125]་བ།།

  རང་བཞིན་གྱིས་ནི་གྲོལ་ཡིན་ཕྱིར།།

  དེ་ཉིད་ཡིན་པར་གྲངས་ཅན་སྨྲ།། (4)

nāhaṃ mameti saṃbuddheḥ kṛtārthā cety anugrahāt/

---

[118] N དྲིས

[119] PNG ins. བ

[120] PNG om.

[121] P ins. ||

[122] DC བ་དང

[123] DK CK PK NK GK om. གི

[124] DK CK PK NK GK པ་འམ

[125] DK CK གཟུང

“变异缚”是“出家者等因为贪着可见，由于声、触、味、色、香等产生（五）根的变异而被系缚。”

“自性缚”是天、非天、人、傍生等的各种不同的身体在各种行相的自性中产生变异的本性，即具有乐、苦、痴的本性，所以也就具有我慢、唯、根的特殊性相。

在轮回中，因为对对象的爱欲，人我和自性中有相同的痴。智慧增盛的时候，为了完全满足所有对象，看见“自性不同于（人我），人我也不同于（自性）”的真实的时候，还灭地等等所作以及眼等等能作，就能从自性等的系缚中解脱人我。

（以上）就是一些数论师（的观点）。

[MHK: D. 24b3; C. 24b3; P. 27a8; N. 24b6; G. 32a6]

[TJ: D. 230b2; C. 230b3; P. 258a2; N. 247b3; G. 331b1]

另一些（数论师）有特别的自宗理趣：

我非我所是遍知，
且是义成恩惠故，
由是自性得解脱，
才是数论说真实。[126]**（4）**

---

[126] 本颂意为：所谓“我不是我所（=人我不是自性）”是普遍正确的认识，而且（自性对于人我来说是）“达成目的”的恩惠，所以“自性（从人我）解脱”才是数论派宣说的真实。

mucyate prakṛtir veti tattvaṃ sāṃkhyāḥ pracakṣate// (4)

འདི་ལས་དང་པོ་སྲིད་པ་ན། རང་བཞིན་གཅིག་ལས་སྐྱེས་བུས་སྤྱད་པར་བྱ་བའི་དོན་རྣམ་པ་སྣ་ཚོགས་པ་གཞན་མ་ཡིན་པ་ཉིད་དུ་འཇུག་པར་འགྱུར་རོ།། གྲོལ་བའི་དུས་ན་ནི་བདག་ཀྱང་སྐྱེས་བུ་འདིའི་མ་ཡིན་ལ། སྐྱེས་བུ་འདི་ཡང་བདག་གི་མ་ཡིན་ནོ་ཞེས་འདིའི་དེ་ཁོ་ན་ཉིད་མཐོང་བ་སྐྱེས་པ་ན་ཡུལ་གྱི་ལོངས་སྤྱོད་ཇི་སྙེད་ཅིག[127]་སྐྱེས་བུ་ལ་སྦྱིན་པར་བྱ་བ་དེ[128]་བདག་གིས་བྱིན་པས་དེས་ན་བདག་གི་དོན་བྱས་པ་ཡིན་ཞིང་། སྐྱེས་བུ་ལ་ཐམས་ཅད་ཀྱིས[129]་རྗེས་སུ་བཟུང་བའི་ཕྱིར་སྐྱེས་བུ་ལས་རང་བཞིན་གྲོལ་བ་ཡིན་ནོ།། གྲངས་ཀྱི་འཇུག་པ་འམ་[130]གྲངས་ཡོངས་སུ་ཤེས་པས་གྲོལ་བར་འདོད་པས་གྲངས་ཅན་ཏེ། འདི་ལྟ་བུའི་རྣམ་པ་དག་དོན་དམ་པ་ཡིན་ནོ་ཞེས་བྱ་བ་སྨྲས་ཏེ། འདི་ལྟ་བུ་ནི་འདིར་དེ་དག་གིས་ཉེ་བར་སྦྱར་བའི་ཕྱོགས་སྔ་མ་ཡིན་ནོ།།

[MHK: D. 24b4; C. 24b4; P. 27b1; N. 24b6; G. 32b1]

[TJ: D. 230b6; C. 230b6; P. 258a7; N. 247b7; G. 331b5]

དེ་ནས་གཞན་གྱིས་ལན་འདེབས་པའི་ཕྱོགས་བརྗོད་པར་བྱ་སྟེ།

  དེ་ལ་གཙོ་བོ་སྐྱེས་བུ་ནི།།[131]
  ཇི[132]་ལྟར་མི་རིགས་ལས་སྟར་བསྟན།།
  དེ་ཡང་ཡང་འདིར་བརྟག[133]་བྱ་སྟེ།།
  བདག་ནི་རྟོགས[134]་པ་མ་ཡིན་ནོ།། (5)

tatra pradhānapuruṣau yathāyuktau tathoditau/

①-mīmāṃsye te-① punaś cāpi nātmā caitanyam iṣyate// (5)

---

[127] PNG om. ཅིག

[128] N ད

[129] PG ཀྱི

[130] PNG ins. །

[131] PNG om. ||

[132] DK CK PK NK GK ཇི

[133] NG བརྟགས

[134] PK NK GK རྟོག

据此，首先，轮回的时候，从唯一的自性（产生）的、被人我享用的各种各样的对象，作为非不同于（自性）之物而运作。（其次），解脱的时候，生起“我（aham，=自性）不是这个人我的，这个人我也不是我的（mama，=自性的）”这样的真实见的时候，人我被给予了对象的一切受用，那我（=自性）是给予者，所以（人我）就是我（=自性）的“目的达成”，而且对于人我来说，一切都是（自性的）恩惠，所以是自性从人我得解脱。“认为进入数或者完全认识数就能解脱就是数论，像这样正确的方法是真谛。”（数论派）如是说。如此，这里，就是他们（数论派）组织的前分。

[MHK: D. 24b4; C. 24b4; P. 27b1; N. 24b6; G. 32b1]
[TJ: D. 230b6; C. 230b6; P. 258a7; N. 247b7; G. 331b5]

其次，应说他人（佛教徒）反驳的部分，

此中胜因与人我，
如前所述乃非理，
于此复应思量彼，
我是有知不被许。[135]**（5）**

[135] 本颂意为：其中的胜因和人我，就像前文（第三《探究真实之知品》）所说的一样，都是不合道理的，这里应该再次考察它们（胜因和人我），“人我是有知”是不被承认的。

(①=L; NN, Ms, SG mīmāṃsyate)

དེ་ཉིད་ཤེས་པ[136]·རྩོལ[137]·བའི་རབ་ཏུ་བྱེད་པར་དབང་ཕྱུག་དགག་པའི་དབང་དུ་བྱས་པ་དང་། མངོན་པར་བརྟག་པའི་དབང་དུ་བྱས་ནས། གཙོ་བོ་དང་སྐྱེས་བུ་དག་མདོར་བསྡུས་ནས་མི་རིགས་པར་རབ་ཏུ་བསྒྲུབས་པ་ཡིན་ལ། རབ་ཏུ་བྱེད་པ་འདིར་ནི་དེ་དག་མི་རིགས་པར་རྒྱས་པར་དཔྱད་[138-]པར་བྱའོ[-138]།། གྲངས་ཅན་གྱི་གྲུབ་པའི་མཐའ་ནི་འདི་ཡིན་ཏེ། རྟོགས་པ་ནི། སྐྱེས་བུའི་རང་གི་ངོ་བོ་ཡིན་ཏེ། ཅི་ལྟར་མེའི[139]·ཚ་བ་བཞིན་ནོ།། རྟོགས་པ་ཞེས་བྱ་བ་ནི[140]·ཅི་ཞིག་ཡིན་ཞེ་ན། ཤེས་བྱ་རྟོགས་པ་རྟོགས་པ་ཡིན། གང་དེ་ལྟར་ཡིན་ན་སྐྱེས་བུ་ནི[141]·རྟོགས་པ་ཞེས་བྱ་བར་མི་རིགས་སོ།།

[MHK: D. 24b4; C. 24b4; P. 27b1; N. 24b7; G. 32b1]

[TJ: D. 231a1; C. 231a1; P. 258b3; N. 248a3; G. 332a2]

རིགས་པ་གང་གིས་ཤེ་ན། བརྗོད་པར་བྱ་སྟེ།
　　ཤེས་བྱ་རྟོགས་པས་རྟོགས་ཡིན་ན།།
　　ཤེས་བྱ་མེད་པས་དེ་ཡང་མེད།།
　　རྟོགས་པ་ཅན་ནམ་རྟོགས[142]·མེད་པ།།
　　འདིར་ནི་བདག་ཏུ་གང་ཞིག[143]·འགྱུར།། (6)

jñeyāvabodhaś caitanyaṃ jñeyābhāve na ①-cāstitā-①/

②-kaś cedānīṃ-② bhaved ātmā cetano vāpy acetanaḥ// (6)

---

136 G པའི

137 PN འཚོལ

138 PNG པའོ

139 N མའི

140 PNG om. ནི

141 DC བུའི; cf. MHK k. 5d.

142 NK རྟོག

143 DCPNG གིས

根据《探究真实之知品》[144]中对“自在天”（Īśvara）的破斥以及对“显”的考察，胜因和人我两者已经被简要地证明是不合理的，本品将（再次）详细辨别它们是不合理的。

数论派的宗趣是：“有知”（caitanya）是人我的本性，就像火的热一样。如果问：“所谓‘有知’是什么？”（数论派答：）认识“所知”（jñeya）即是“有知”。如果这样的话，那么所谓“人我有知”就是不合理的。

[MHK: D. 24b4; C. 24b4; P. 27b1; N. 24b7; G. 32b1]

[TJ: D. 231a1; C. 231a1; P. 258b3; N. 248a3; G. 332a2]

如果问：“（否定‘人我有知’的）理由是什么？”（佛教徒）回答：

若认所知即有知，
所知无则彼亦无，
有知或者无知者，
于此谁能是人我？[145]（6）

144 即《中观心论》第三品 *Tattvajñānaiṣaṇā* (*de kho na nyid kyi shes pa tshol ba'i le'u*)。

145 本颂意为：如果（数论派认为）“认识‘所知’就是‘有知’”，（那么）所知不存在的时候（有知）也不会存在；“有知”或者“无知”哪一个才是人我（的本性）？

(①=L; Ms, SG, NN cāstitat. ②=Ms, SG, L; NN kas tadānīṃ)

གལ་ཏེ་བྱ་བ་དང་བྱེད་པ་ལ་བརྟེན་པའི་བློ་འཇུག་པར་འགྱུར་བ་ལ་ལྟོས[146]་ནས་ཡུལ་གྱི་རང་གི་ངོ་བོ་མངོན་པར་རྟོགས[147]་པ་ཡིན་པས་དེའི་བྱ་བ་དང་། བྱེད་པ[148]་ལྡོག་པ་ཡོད་པར་འགྱུར་ན། བློའི་འཇུག་པ་མེད་པས་ཅི་ཞིག་རྟོགས་ན་རྟོགས་པ་ཞེས་བྱ། དེས་ན་ཐར་པའི་དུས་ན་རྟོགས་པ་དང་བཅས་པ་ཞིག་གམ། རྟོགས་པ་མེད་པའི་སྐྱེས་བུ་ཞིག་ཡིན།[149] གལ་ཏེ་དེ་རྟོགས་པ་ཅན་ཞིག་ཡིན་ན་ནི་ཅིའི་ཕྱིར་ཤེས་བྱ་མི་རྟོགས། འོན་ཏེ་རྟོགས་པ་མེད་པ་ཅིག[150]་ཡིན་ན་ནི་གྲུབ་པའི་མཐའ་ཡང་གཞན་དུ་འགྱུར་ལ། རང་གི་ངོ་བོ་ཡང་ཉམས་པར་འགྱུར་རོ།།

[MHK: D. 24b5; C. 24b5; P. 27b2; N. 24b7; G. 32b2]

[TJ: D. 231a4; C. 231a4; P. 258b6; N. 248a7; G. 332a5]

གལ་ཏེ་ཡང་ཅི་ལྟར་མེས་ཤིང་བསྲེགས་ནས། འབར་བ་ཟད་ཅིང་སོལ་བར་གྱུར་པའི་གནས་སྐབས་ན་ཡང་མེའི་རང་བཞིན་མི་འདོར་བ་ལྟར། དེ་བཞིན་དུ་སྐྱེས་བུ་ཡང་བྱ་བ་དང་བྱེད་པ་ལོག་ཏུ་ཟིན་ཀྱང་རྟོགས་པའི་རང་གི་ངོ་བོ་མི་འདོར་རོ་ཞེ་ན། མི་འདྲ་བ་ཉེ་བར་བཀོད་པ་ཡིན་ཏེ།

　　མ[151]་བསྲེགས་སྲེག[152]་པར་མི་རིགས་ཏེ།།

　　བསྲེགས་པ་མེད་ཕྱིར་དེ་སྔོན་བཞིན།།

　　དེས་ན་སྲེག་བྱེད་དཔེ་ཡིས་ནི།།

　　རྟོགས་པའི་བདག་ཉིད་གྲུབ་མ་ཡིན།། (7)

nādagdhaṃ① dahati yuktyā② ③-dāhyābhāvāt[sa](17a1) pūrvavat-③/

nāto dahanadṛṣṭāntāc cetanātmā prasidhyati// (7)

---

146 PNG བལྟོས

147 N རྟགས

148 P པོ

149 PN om. །

150 PNG ཞིག

151 om. མ; cf. MHK. k. 7a.

152 PK NK GK སྲེགས

如果根据依止于所作和能作的觉作用，对象的本性能被直接认识的话，那么，还灭那样的所作和能作的时候，因为没有觉作用，什么样的认识可以被称为“知”？

解脱的时候，人我要么是有知，要么是无知。如果那（人我）是有知者的话，为什么（有知的人我）不能认识所知？但是（人我）是无知的话，就与（数论派的）宗趣相异，即损减了（人我的）本性。

[MHK: D. 24b5; C. 24b5; P. 27b2; N. 24b7; G. 32b2]

[TJ: D. 231a4; C. 231a4; P. 258b6; N. 248a7; G. 332a5]

如果（数论派）说：“就像火烧木块一样，燃烧殆尽变成炭的状态的时候，依然不舍弃火的本性，同样，人我即使还灭所作和能作之后仍旧不舍弃‘知’的本性。”（佛教徒）指出（该譬喻与事实）不相似，

燃烧已烧不合理，

无烧故如有前量，

是故根据燃烧喻，

有知人我不成立。[153] **（7）**

[153] 本颂意为：燃烧已经被烧过的（东西）是不合理的，没有可烧（的东西）的缘故，就像有前比量一样，所以用燃烧的比喻，不能证明人我是有知的。

(①=L; Ms, SG nādahaṃ; N nād[ā]hyaṃ. ②=Ms, L; SG yukto; NN yuktaṃ. ③=L; Ms dāhyābhā[ ]vat; SG dāhyābhā[ ]ūrddhavat; NN dāhyābhā[vāttad]ūrdhvavat)

ཅི་ལྟར་དུ་བ་དང་འབར་བ་དང་བྲལ་དུ་ཟིན་ཀྱང་མེས་ཤིང་གི་ཆ་ཉིད་ཀྱི་སོལ་བ་ལ་སྲེག་པར་བྱེད་ཀྱི་ཕྱིས་ཐལ་བར་གྱུར་པའི་དུས་ན་ནི་སྲེག[154]་པ་ཞེས་བྱ་བའི་མིང་ཡང་མི་ཐོབ[155]་པ་ལྟར། དེ་བཞིན་དུ་སྐྱེས་བུ་ཡང་ཇི་སྲིད་དུ་ཤེས་པ་ཡོད་པ་དེ་སྲིད་དུ་རྟོགས[156]་པ་ཅན་དུ་རིགས་ཀྱི་འདིར་བྱ་བ་དང་བྱེད་པ་གཏན་ལོག་པར་གྱུར་པ་ན[157]་མི་ནམ་ཐལ་བར་གྱུར་པའི་གནས[158]་སྐབས་བཞིན་དུ་རྟོགས་པ་ཉིད་མ་ཡིན་པས། དེས་ན་དཔེའི[159]་སྒོ་ནས་དཔེས་བསྟན་པའི་དོན་བསྒྲུབ་པར་ནུས་པ་མ་ཡིན་ནོ།། དེའི་ཕྱིར་རེ་ཞིག་གྲོལ་བའི་དུས་ན་ནི་སྐྱེས་བུ་རྟོགས་པ་དང་ལྡན་པ་མ་ཡིན་ཞིང་རང་གི་ངོ་བོ་ཡང་ཉམས་པ་ཡིན་ནོ།།

[MHK: D. 24b5; C. 24b5; P. 27b3; N. 25a1; G. 32b3]
[TJ: D. 231b1; C. 231a7; P. 259a4; N. 248b4; G. 332b4]

འཁོར་བའི་དུས་ན་ནི།

ཤེས་བྱའི་རྣམ་པ[160]་འཛིན་བྱེད་པས།།
ཤེས་ལ་རྟོགས་པ་ཞེས་འདོད་དེ།།
དངོས་པོ་བྱེད་པ་ལ་བརྟེན[161]་ཕྱིར།།
དེ་ཡང་སྐྱེས་བུ་འདི་ལ་བརྟེན།། (8)

bodhyākāraṃ dadhāno① hi buddhibodha itīṣyate/
dravyāśrayatvād bhāvasya sa cāyaṃ puruṣāśrayaḥ// (8)

---

[154] DC སྲེད
[155] PNG འཐོབ
[156] P རྟོག
[157] C ནི
[158] DC གནས
[159] PNG དཔེ་ཡི
[160] PNG པར
[161] D བརྟན

譬如，没有烟和焰，即使用火烧木炭而变成灰的时候，也得不到所谓“烧”的名。同样，即使人我只要有认识就是有知是合理的，但是完全还灭所作和能作的时候，就像火变成灰的状态一样，（人我）没有“知性”。所以，根据譬喻，喻例宣说的意义不能成立。

因此，首先，解脱的时候，人我不具有知，而且（人我是无知的话，就与数论派的宗趣相异）也就损减了（人我的）本性。

[MHK: D. 24b5; C. 24b5; P. 27b3; N. 25a1; G. 32b3]

[TJ: D. 231b1; C. 231a7; P. 259a4; N. 248b4; G. 332b4]

（其次），轮回的时候，

执持所知行相故，
觉中有知被承许，
性质依止实体故，
彼即依止此人我。[162] **（8）**

---

[162] 本颂意为：（数论派）认为：因为能执持所知的行相，所以觉中有知被承认；因为性质依止于作者，所以那（觉）依止于此人我。

(①=L; Ms, SG dadhānā)

གྲངས་ཅན་གྱི་གྲུབ[163]་པའི་མཐའ་ནི་འདི་ཡིན་ཏེ། དབང་པོ་ཡུལ་དང་ལྡན་ཅིག་མཚུངས[164]་པར་ལྡན་པ་ལས་དབང[165]་པོས་དོན་རྟོགས་པའི་རྗེས་སུ་ཡིད་ཀྱིས་ཀྱང་རྟོགས་ལ། ཡིད་ཀྱིས་རྟོགས་པའི་དོན་ནི་བློས་ཀྱང་ངེས་པར་རྟོགས་པ་ཡིན་ཏེ། དེ་ཤེས་བྱའི་རྣམ་པས[166]་རྗེས་སུ་འབྲང་བ་ལ་རྟོགས་པ་ཞེས་རྗོད[167]་པར་བྱེད་པ་ཡིན་ནོ།། རྟོགས[168]་པའི་དངོས་པོ་ནི་བློ་ཞེས་བྱ་བའི་རྫས་ལ་བརྟེན་པ་ཡིན་ཏེ། ཇི་ལྟར་གོས་ལ་ཚོན་བཞིན་ནོ།། དེས་ན་དེ་ནི་ཉེ་བར་གནས་པ་ཙམ་ལས་ཕན་པ་བྱེད་པའི་སྐྱེས་བུ་ལ་བརྟེན[169]་པ་ཡིན་པར་བརྟགས[170]་པ་ཡིན་ནོ།།

[MHK: D. 24b6; C. 24b6; P. 27b3; N. 25a1; G. 32b3]

[TJ: D. 231b3; C. 231b3; P. 259a7; N. 248b6; G. 333a1]

172-བརྟགས[171]་པ་བྱས་པ་ཡིན་ན་ནི།།-172

སྐྱེས་བུ་འགྱུར་མེད་རང་གི་ཡུལ།།
དེ་དང་དེ[173]་ནི་ལུགས་འདིས་འགལ།།
ཤེས་ལས་རྟོགས་པ་གཞན་མིན་པས།།
ཅི་ཞིག་གཞན་དུ་བརྟག་པར་བྱ།། (9)

puruṣe ’vikṛtau svārthe sa cāyaṃ vidhuro vidhiḥ/

bodhād ①-anyan na-① caitanyaṃ kiṃ tadanyat prakalpyate// (9)

---

163 PNG བསྒྲུབ

164 N མཆུངས

165 D དཔའ

166 པའི*(?)

167 PNG བརྗོད

168 N རྟགས

169 PNG བསྟེན

170 PNG བཏགས

171 PNG བཏགས

172 藏译单行本 MHK 中也有此句，但对照梵本偈颂及上下文可知此句是藏译误将注释当作了偈颂。

173 DK CK PK NK GK འདི; D ད

数论派的宗趣如下：根与境是相应的，而根认识对象之后，心也就认识了（对象），但心认识的对象需要通过觉来判定，即随顺“所知行相”的那种认识就是所说的“知”。知的性质依止于称为“觉”的实体，就像颜色（依止于）衣服一样。

因此，那（觉）只是随侍而且依止于能利益的人我。

[MHK: D. 24b6; C. 24b6; P. 27b3; N. 25a1; G. 32b3]

[TJ: D. 231b3; C. 231b3; P. 259a7; N. 248b6; G. 333a1]

（佛教徒：）如果是（这样）认为的话，那么，

无变人我自境时，

彼与此宗相违背，

觉外无他是有知，

其余如何被思量？[174]（9）

---

[174] 本颂意为：当没有变异的人我以自己为（认识）对象的时候，那（人我）就和这（数论派）宗趣相违背；觉以外没有其他是有知的，其他的怎么被认为是（知）？

(①=L; Ms, SG anyac ca)

ཡོངས་སུ་འགྱུར་བའི་ཆོས་ཅན་གཞན་གྱི་གཟུགས་ཀྱི་རྗེས་སུ་བྱེད་པ་ལ་འདིར་ཤེས་པ་ཞེས་བྱ་བར་རིགས་ཀྱི། སྐྱེས་བུ་ནི་རྟག་པ་ཡོངས་སུ་འགྱུར་བ་མེད་པ་ཡིན་པས་གཞན་གྱི་གཟུགས་སུ་འགྱུར་བ་མ་ཡིན་ཏེ། ཤེས་པའི་མཚན་ཉིད་ཅན་ཡིན་པའི་ཚུལ་འདིར[175]་འགྲུབ་པ་མ་ཡིན་ནོ།། དེས་ན་ཤེས་པ་ཞེས་བྱ་བའི་མིང་ཅན་ལས་གཞན་པའི་རྟོགས་པ་ཞེས་བྱ་བ་མེད་པས་ཤེས་པ་ལས་མ་གཏོགས་པའི་གཞན་པ་སྐྱེས་བུའི་རྟོགས་པ་ཞེས་བྱ་བ་བརྟགས[176]་པས་ཅི་ཞིག་བྱ།

[MHK: D. 24b6; C. 24b6; P. 27b4; N. 25a2; G. 32b4]

[TJ: D. 231b5; C. 231b5; P. 259b3; N. 249a2; G. 333a4]

གཞན་གྱི་བསམ་པ་ཉེ་བར་བཀོད་ཅིང་དགག་པར་བྱ་བའི་ཕྱིར།

རྟོགས[177]་པ[178]་བློ་གྲོས་མ་ཡིན་ཏེ།།
རྒྱུ་དང་ལྡན་ཕྱིར་བུམ་པ་བཞིན།།
དེས་ན་རྟོགས[179]་པ་ཤེས་པ་མིན།།
གལ་ཏེ་བློ་ལ་དེ་སྙམ་ན།། (10)

caitanyaṃ na matir yuktā hetumattvād yathā ghaṭaḥ/

(17a2)ato na buddhiś caitanyam ity evaṃ cen mater① bhavet// (10)

(①=SA; Ms, SG, L matir)

ཞེས་བྱ་བ་སྨྲས་ཏེ། སྐྱེས་བུ་ནི་མ་སྐྱེས་པ་ཡིན་པའི་ཕྱིར་[180]-དང་རྒྱུ་དང་ལྡན་པ་མ་ཡིན་པའི་ཕྱིར་-[180]རྟོགས་པ་ནི་ཐུན་མོང[181]་མ་ཡིན་པར་རིགས་སོ།། ཤེས་པ་ནི་རྒྱུ་དང་ལྡན་པའི་ཕྱིར་བུམ་པ་ཉིད་ལ་སོགས་པའི་ཆོས་ཐུན་

175 PNG འདི

176 PNG བཏགས

177 G རྟྲོགས

178 C པའི

179 PNG རྟོག

180 PNG om.

181 P མཚོས

在其他具有变异性质的形色的模仿中，这里所谓的“觉”是合理的，但人我是常住、无变异的，且不生其他的形色，（所以）在这里没有能够证明（人我）具有觉的性相的方法。

因此，除了所谓“觉”的名称以外没有其他的“知”，怎么能思考“不属于觉的其他的人我的知”？

[MHK: D. 24b6; C. 24b6; P. 27b4; N. 25a2; G. 32b4]

[TJ: D. 231b5; C. 231b5; P. 259b3; N. 249a2; G. 333a4]

为了明确阐述他人（数论派）的思想，并破除之，

觉是有知不合理，

具有因故犹如瓶，

是故觉非有知者，

应对觉作如是思。[182]**（10）**

（数论派）如此说，“因为人我是不生的而且是无因的，所以知不同于（人我）是合理的。因为觉是有因的，根据所作性等法的共同点，

[182] 本颂意为：“觉是有知者是不合理的，具有原因故，就像瓶一样，所以觉不是有知者。”应该这样来思考觉。

མོང་པ་ཡིན་པས་ཤེས་པས[183]་ནི་རྟོགས[184]་པ་མ་ཡིན་ཏེ། བུམ་པ་ལ་སོགས་པ་ཡང་རྟོགས་པར་ཐལ་བར་འགྱུར་བས་སོ[185]་ཞེས་བྱ[185]་ཞེས་གལ་ཏེ་གཞན་དེ་སྐད་དུ་སེམས་པར་གྱུར་ན།[186]

[MHK: D. 24b7; C. 24b7; P. 27b5; N. 25a2; G. 32b5]

[TJ: D. 231b7; C. 231b7; P. 259b5; N. 249a4; G. 333b1]

དེ་ལ་འདི་སྐད་དུ།

> རྟོགས་ལས་ཤེས་པ་གཞན་ཡིན་པར།།
> སྒྲུབ་བྱེད་ཅེ[187]་ན་དཔེ་ཡང་མེད།།
> ཤེས་པའང་དེ་དངོས་མེད་ཅེ་ན།།
> ཁས་བླངས་པ་ཡིས་གནོད་པ་ཡིན།། (11)

caitanyād anyatā① buddheḥ sādhyā cen na nidarśanam/

buddhau hi tadabhāvaś ced abhyupetena bādhyase// (11)

(①=Ms, L; SG anyathā)

ཞེས་བྱ་བ་སྨྲས་ཏེ། སྐྱེས་བུའི་རང་གི་ངོ་བོ་ཞེས་བྱ་བའི་རྟོགས་པ་ཤེས་པ་ལས་གཞན་ཡིན་ཏེ། རྒྱུ་མེད་པའི་ཕྱིར་ཞེ་ན། དཔེ་ཅི་ལྟ་བུ་ཞིག་ཡོད། དཔེ་མེད་པའི་ཕྱིར་གཞན་ཡིན་པར་མི་འགྲུབ་བོ།། གལ་ཏེ་ཤེས་པ་ལ་རྟོགས་པ་ཡོད་པ་མ་ཡིན་ནོ[188]ཞེ་ན།[189] རང་གི་གྲུབ་པའི་མཐའ་དང་འགལ་བ་ཡིན་ཏེ། སྐྱེས་བུ་ནི་རྟོགས་པ་མེད་པར་ཐལ་བར་འགྱུར་ཏེ། སྐྱེས་བུའི་རྟོགས་པ་ཤེས་པ་ལ་མ་ལྟོས[190]་པའི་ཕྱིར་རོ།།

---

[183] པ*

[184] PNG རྟོག

[185] C om.

[186] PNG om. །

[187] PK NK GK ཞེ

[188] PNG ins །།

[189] PNG om. །

[190] PNG བལྟོས

觉不是有知者，（否则）瓶等也能成为有知者。”

如果他们（数论派）这样想的话，

[MHK: D. 24b7; C. 24b7; P. 27b5; N. 25a2; G. 32b5]

[TJ: D. 231b7; C. 231b7; P. 259b5; N. 249a4; G. 333b1]

对此，（佛教徒）这样说：

如若觉不同于知，

论证则无譬喻例，

若说觉中无彼故，

自宗理趣则被损。[191]（11）

如果（数论派）说“称为‘人我本性’的知不同于觉，无因故”的话，譬喻是什么？没有喻例就不能证明不同。

如果（数论派）说“觉中没有知”的话，就与自己的宗趣相违背，就会导致人我没有知的结果，人我的知不依赖于觉的缘故。

[191] 本颂意为：如果觉不同于知的话，那么论证就没有了喻例；如果说觉中没有它（知）的话，数论派的自宗理趣就会被损害。

[MHK: D. 24b7; C. 24b7; P. 27b5; N. 25a3; G. 32b5]

[TJ: D. 232a2; C. 232a2; P. 259b8; N. 249a7; G. 333b3]

གཞན་ཡང་།[192]

　　མ་སྐྱེས་པ་ནི་རྟོགས་མེད་དེ།།

　　མ་སྐྱེས་ཕྱིར་ནི[193]་རིགས་ལྡན་མིན།། (12)

ajātasya na① caitanyam ajātatvān na yuktimat/

asti ②-ced asatas-② tasmād buddhir eva hi tan matam// (12)[194]

(①Cf Tib.; Ms, SG, L ca. ②=Ms, L; SG cedam atas)

སྐྱེས་བུ་ནི་རྟོགས་པ་མ་ཡིན་ཏེ། མ་སྐྱེས་པ་ཉིད་ཀྱི་ཕྱིར་རི་བོང་གི་རྭ་བཞིན་ནོ།། སྐྱེས་བུ་ལ་ནི་རེ་ཞིག་རྟོགས་པ་ཡོད་པ་མ་ཡིན་ལ། རྟོགས་པ་ནི་འདི་ལྟར་ཡོད་པར་སྣང་ངོ་།། དེའི་ཕྱིར་ཡུལ་གྱི་རྗེས་སུ་མཐུན་པར་སྐྱེས་པའི་ཤེས་པ་ཉིད་ནི་དེ་ཡིན་པར་རིགས་ཀྱི་མ་སྐྱེས[195]་པའི་སྐྱེས་བུའི་ནི་མ་ཡིན་ནོ།། །།

དབུ་མའི་སྙིང་པོའི་འགྲེལ་པ་རྟོག་གེ་འབར་བ། བམ་པོ་ཉི་ཤུ་པ།

[MHK: D. 25a1; C. 25a1; P. 27b5; N. 25a3; G. 32b5]

[TJ: D. 232a4; C. 232a4; P. 260a3; N. 249b2; G. 333b6]

གལ་ཏེ་འདི་སྙམ་དུ་འཇུག་པར་བྱ་བའི་རྣམ་པའི་རྗེས་སུ་བྱེད་པར་ཡོངས་སུ་འགྱུར་བའི་ཤེས་པ་འཇུག་པའི་དབྱེ་བ་མེད་པར་སྤྱོད་པ[196]་ལ་ཉེ་བར་བརྟགས་ནས་རྟོགས་པ་ཡོད་དོ་ཞེས་བརྗོད་པར་བྱའོ[197]་ཞེ་ན།

　　198-བློ་ཡི-198་འཇུག་པའི་ཁྱད་པར་ནི།།

---

[192] PNG om. །

[193] DK CK PK NK GK, PNG ན

[194] 藏译 MHK 缺 12cd 颂，但 TJ 中有对此句的注释。

[195] D སྐྱེས

[196] G om. པ

[197] P ins. །།

[198] PNG བློའི

[MHK: D. 24b7; C. 24b7; P. 27b5; N. 25a3; G. 32b5]
[TJ: D. 232a2; C. 232a2; P. 259b8; N. 249a7; G. 333b3]

此外，

不生者非有知者，
不生性故不合理，
如若无中有存在，
是故仅觉被认彼。[199]**（12）**

人我不是有知者，不生性故，如兔角。在人我中，首先，不存在知，知（只是）看上去是这样的存在。所以，只有随顺对象生起的觉（具有知）是合理的，但不是不生的人我。

《中观心论注・思择焰》卷二十。

[MHK: D. 25a1; C. 25a1; P. 27b5; N. 25a3; G. 32b5]
[TJ: D. 232a4; C. 232a4; P. 260a3; N. 249b2; G. 333b6]

如果（数论派）这样想："模仿动作的行相而变异的觉作用是无差别的，假名施设行为之后，应该说'（觉中）有知'"的话，

觉之作用无分别，

---

[199] 本颂藏译缺后半颂。梵本意为：不生者不是有知者，不生性故；如果说无（即不生者）中有（知），是不合理的；所以只有觉被认为是那（有知者）。

གང་ཕྱིར་ཤེས་ལ[200]་འཇུག་འདོད་ནའང་།།
ཐ་དད་ཁྱད་ཅན་ཉིད་འགྱུར་གྱི།།
དེ་མེད་པས་ན་དེ་ཡང་མེད།། (13)

①-buddhivṛttyaviśiṣṭābhir jñavṛttir yata-① iṣyate/

bhede satyaviśeṣaḥ syāt sa ca nāstīti so 'py asan// (13)

(①=SA; Ms, SG ojñavṛttir yac ca?; L oaviśiṣṭābhijñabuddhir yata)

རང་གི་མཚན་ཉིད་ཀྱི་དབྱེ་བས་ཐ་དད་པའི་རྣམ་དག་ལ་ནི་འདི་ཙི་འདྲ་བ་དེ་ཡང་འདི་འདྲའོ[201]་ཞེས་ཁྱད་པར་མེད་པ་ཉིད་དུ་སྨྲ་བ་ཏུ་རུང་གི།[202] ཡང་ཤེས་པ་གཅིག[203]་ལ་བློ་དེ་ནི་དངོས་ཡིན་ལ། སྐྱེས་བུ་ནི་ཉེ་བར་བརྟགས[204]་པ་ཡིན་ནོ[205]་ཞེས་བྱ་བ་ཤེས་པ་གཅིག་ལ་ཁྱད་པར་ཡོད་པར་གང་ལས་ཇི་ལྟར་འགྱུར།

[MHK: D. 25a1; C. 25a1; P. 27b6; N. 25a3; G. 32b6]

[TJ: D. 232a6; C. 232a6; P. 260a6; N. 249b4; G. 334a2]

གལ་ཏེ་བདག་གི་བློ་གང་ཡང་།།
ལ་ལར་ཇི་བཞིན་དོན་དུ་འདོད།།
ལ་ལར་དེ་ལས་བཟློག་ཉིད་དེ།།
མཐོ་ལ་མཐོ་ཡི་བློ་བཞིན་ནོ།། (14)

atha syād ātmadhīr yāpi① (17a3)yathārthāsau kvacin matā/

kvacit tadviparītatvāt② sthāṇau sthāṇumatir yathā// (14)

(①=L; Ms yap[ ]; SG yena. ②Cf. Tib. k.14c, tadviparītaiva*)

---

[200] CK, PNG པ

[201] PN ins. ||

[202] PNG om. |

[203] PNG ཅིག

[204] PNG བཏགས

[205] N ins. |; PG ins. ||

是故承许知作用，
无分别存个体中，
谓此无故彼亦无。[206]（13）

根据自己的性相的差别，在不同的事物中，所谓“与这相似，与那也相似”能证明无分别。而在同一个觉中，所谓“那知是实有而人我是假名施设”的话，在同一个觉中，分别从何产生？

[MHK: D. 25a1; C. 25a1; P. 27b6; N. 25a3; G. 32b6]
[TJ: D. 232a6; C. 232a6; P. 260a6; N. 249b4; G. 334a2]

复次应是人我知，
只要如实能被许，
只要与彼相颠倒，
如同柱中之柱知。[207]（14）

---

206 本颂藏译似有误，依梵本意为：（数论派认为：）因为觉作用是无分别的，所以知作用被承认。（因为）无分别存在于个体事物中，所以这（个体事物）不存在的话，那（无分别）也不存在。若依藏译，则为：“觉之作用是分别，是故承许知作用，个体成为差异性，此无故则彼亦无。”

207 本颂意为：此外，（数论派的回答）应是：对于人我知来说，只要与（人我）相符合的都能被承认，只要与那（人我）相颠倒的，就像在石柱中产生的石柱的知一样（是不被承认的）。

ཇི་ལྟར་མཐོ་ཡོར་རྗོ་དང་ཤིང་ལ་སོགས་པ་ལ[208]་འཁྲུལ་བས[209]་ཕྱིན་ཅི་ལོག་ཏུ་སྐྱེས་བུའི་བློ་འབྱུང་བར་འགྱུར་ལ། འཁྲུལ་བ་དང་བྲལ་བར་གྱུར་པ་ན་མཐོ་ཡོར་ཉིད་ཡིན་གྱི་འདི་ནི་སྐྱེས་བུ་མ་ཡིན་ནོ་ཞེས་ཡང་དག་པ་ཇི་ལྟ་བ་བཞིན་དུ་རྟོགས་པར་འགྱུར་རོ།། དེ་བཞིན་དུ་བློ་ལ་སོགས་པ་ལ་འཁྲུལ་བས་ཤེས་པ་ལ་སོགས་པ་ཉིད་དུ་རྟོགས[210]་པར་བྱེད་ལ། དེ་ཁོ་ན་ཉིད་མཐོང་ན་ནི་སྐྱེས་བུ་ཇི་ལྟ་བ་བཞིན་གྱི་དོན་ནི་རྟོགས་པ་ལ་སོགས་པ་ཡིན་ནོ་ཞེ་ན།

[MHK: D. 25a2; C. 25a2; P. 27b7; N. 25a4; G. 33a1]

[TJ: D. 232b1; C. 232b1; P. 260b1; N. 249b7; G. 334a5]

དེ་ལ་བརྗོད་པར་བྱ་སྟེ།

ལ་ལར་ཇི་ལྟར་ཇི་[211-]བཞིན་དོན[-211]།།

ཞེ་ན་ཀུན་རྫོབ་གྲུབ་པ་སྒྲུབ།།

ཇི་བཞིན་དོན་གྱི་སེམས་ཀྱི་ཡུལ།།

བདག་ཅེས་བྱ་བར་བདག་ཅག་འདོད།། (15)

yatra kvacid yathārthā cet saṃvṛtyā siddhasādhanam①/

yathārthā cittaviṣayā ②-yasmāc cātmeti-② no matā// (15)

(①= L; Ms, SG siddhisādhanam. ②Cf. Tib. k.15d; L, Ms, SG yasmān nātmeti)

སེམས་ཀྱི་ཡུལ་གྱི་བློ་ལ་བདག་ཅེས་བྱ་བའི་སྒྲར་ཐ་སྙད་ཀྱི་བདེན་པའི་ཚུལ་དུ་ཁོ་བོ་ཅག་གིས་ཀྱང་འདོད་པ་ཡིན་ཏེ། ཁྱད་པར་མེད་པའི་བློས་དོན་ཇི་ལྟ་བ་བཞིན་དུ་རབ་ཏུ་སྒྲུབ[212]་ན་ནི་གྲུབ་པ་སྒྲུབ་པ་ཡིན་ནོ།།

[MHK: D. 25a2; C. 25a2; P. 27b7; N. 25a4; G. 33a1]

[TJ: D. 232b2; C. 232b2; P. 260b3; N. 250a1; G. 334b1]

---

[208] N ལས

[209] PNG པས

[210] PNG རྟོག

[211] PN བཞིན་ནོ; G བཞིནོ

[212] C ins. པ

如果（数论派说：）“就像在石柱和木头等等之中，因为迷惑，人的错误的认识就会产生；没有迷惑的时候，则生起‘这只是石柱而不是人’的正确如理的认识。同样，在觉等之中，虽然因为迷惑而分别知等，但是看见真实的时候，（就会认识到）如实的人我就是知等。”

[MHK: D. 25a2; C. 25a2; P. 27b7; N. 25a4; G. 33a1]
[TJ: D. 232b1; C. 232b1; P. 260b1; N. 249b7; G. 334a5]

对此，（佛教徒）反驳，

无论何处如实者，
若据世俗证已成，
如实即是心对象，
于此人我被我许。[213]（15）

在以心为对象（cittaviṣaya）[214]的觉中，“人我”（这个）词在世俗谛层面，我们也是承认的；（这样的话）用无分别的觉来如实证明就是证明已经成立的。

[MHK: D. 25a2; C. 25a2; P. 27b7; N. 25a4; G. 33a1]
[TJ: D. 232b2; C. 232b2; P. 260b3; N. 250a1; G. 334b1]

213 本颂意为：无论在什么情况下，（数论派所说的）如实的（人我就是知等），如果根据世俗（谛）的话，就是证明已经成立的；（因为）如实（的人我）是心的对象，所以（在世俗谛上），这样的“人我”是被我们承认的。

214 sems kyi yul（cittaviṣaya）在这里虽然不是典型的多财释结构，但是根据偈颂，sems kyi yul 应作多财释理解，即 sems kyi yul can。

ཅི་སྟེ་ཀུན་ལ་ཁྱབ་སོགས་ཀྱི།།
མཚན་ཉིད་ཅན་བློ་དོན་བཞིན་ན།།
དེ་ཉིད་དུ[215]་འམ་ཀུན་རྫོབ་ཏུའང་།།
དཔེ་ནི་ཡོད་པ་མ་ཡིན་ནོ།། (16)

atha sarvagatatvādilakṣaṇe dhīyathārthatā/

na tattvato na saṃvṛtyā kiṃcid asti nidarśanam// (16)

བློ་གང་ལ་རྟག་པ་[216]-ཁྱབ་པ-[216]་བྱེད[217]་པ་དང་བྲལ་བའི་བདག་ཉིད་ཅེས་བྱ་བ་དེ་ནི་དོན་དམ་པའི་དོན་ཇི་ལྟ་བ་བཞིན་ཏེ། བློ་ཡིན་པའི་ཕྱིར་ཞེས་བྱ་བ་ནི། དཔེར་ན་ཇི་ལྟ་བུ་ཞིག་ཅེས་བྱས་ན། དཔེ་མེད་པའི་ཕྱིར་དེ་ཁོ་ན་ཉིད་དམ།[218] ཀུན་རྫོབ་ཏུ་ཡང་སེམས་ལས་མ་གཏོགས[219]་པའི་བདག་སྒྲུབ་ཏུ་མེད་པས་བློ་དེའི་སྒྲུབ་པར་བྱེད་པའི་དཔེ་ནི་ཡོད་པ་མ་ཡིན་ཏེ། དེས་ན་རྣམ་པ་[220]-གཉིས་ཀ-[220]་ལྟར་ཡང་བདག་གི་བློ་གྲུབ་པ་མེད་པས་རང་གི་ངོ་བོ་ཉམས་པ་ཡིན་ནོ།།

[MHK: D. 25a3; C. 25a3; P. 27b8; N. 25a5; G. 33a2]

[TJ: D. 232b5; C. 232b4; P. 260b5; N. 250a3; G. 334b3]

གང་ཡང་རང་བཞིན་དང་སྐྱེས་བུ་ཐ་དད་དུ་མཐོང་ན་ཐར་པ[221]་ཡིན་ནོ་ཞེས་འདོད་པ་དེ་ལ་ཡང་།
རྟོགས[222]་པ་མེད་པས་རྟོགས་པ་ནི།།
རང་བཞིན་རྟོགས[223]་པ་མེད་པའམ།

[215] PNG ཏུ
[216] P om.
[217] N བྱད
[218] PNG om. །
[219] PNG རྟོགས
[220] PNG གཉི་ག
[221] PNG ins. མེད་པ
[222] PNG རྟོག
[223] PNG རྟོག

若说遍在性等等，
具相者中知如理，
不论真实或世俗，
喻例均是不存在。[224]（16）

如果（数论派说：）“所谓‘觉是常住、遍在、无作用的人我本身’是胜义层面的如理，是觉故”的话，说譬喻是什么的时候却没有譬喻，所以不论在胜义还是世俗，除了觉以外的人我不能被证明，也没有能够证明那知的喻例。所以，这两方面都不能证明人我的知，而只是损减（人我的）本性。

[MHK: D. 25a3; C. 25a3; P. 27b8; N. 25a5; G. 33a2]
[TJ: D. 232b5; C. 232b4; P. 260b5; N. 250a3; G. 334b3]

（数论派）认为：“只要认识到自性和人我是不同的时候就是解脱。”其中，

无知者非有知者，
有知者非变化者；

[224] 本颂意为：如果（数论派认为）“遍在性”等等在“具性相者（即人我）”中就是如理的知的话，（佛教徒反驳：）那么（这种论证）不管在胜义层面还是在世俗层面，都没有喻例存在。

གང་གི[225]་དེ་ཉིད་ཤེས་སྐྱེ་བས།།
གང་ཞིག་གྲོལ་བར་འགྱུར་བ་ཡིན།། (17)

nācetanāyāś caitanyaṃ vikṛtiś① cetanasya vā/
tattvajñānodayaḥ kasya yasya muktir bha(17a4)viṣyati// (17)
(①=Ms, SG, SA; L prakṛtiś)

རེ་ཞིག་རང་བཞིན་ནི་རྟོགས་པ་མེད་པ་ཡིན་པའི་ཕྱིར་གཞན་མཐོང་བ་མེད་པ་ཡིན་ནོ།། སྐྱེས་བུ་ཡང་མི་འགྱུར་བའི་ཆོས་ཅན་ཡིན་པ་ལ་ སྔར་གཅིག་ཉིད་དུ་མཛོན་པར་ཞེན་པ་ལས་ཐ་དད་ཉིད་དུ་མཐོང་བར་གྱུར་ན། འགྱུར་བ་འབྱུང་བ་ཡིན་པས་བློ་གཞན་ཡང་འབྱུང་བ་མ་ཡིན་པའི་ཕྱིར། སྐྱེས་བུ་ལས་མ་གཏོགས་པའི་གཞན་དུ་བརྗོད་པའི་དེ་ཁོ་ན་ཉིད་འགའ་ཞིག་ལ་ཤེས་པ་སྐྱེ་བར་འགྱུར་བ་གང་ལ་ཐར་པ་ཞེས་བྱ་བ་ནི་ཡོད་པ་མ་ཡིན་ནོ་ཞེས་བྱ་བ་ནི་ཚིག་གི་དོན་ཡིན་ནོ།།

[MHK: D. 25a3; C. 25a3; P. 27b8; N. 25a5; G. 33a2]
[TJ: D. 232b7; C. 232b7; P. 261a1; N. 250a6; G. 334b6]

འདི་ལྟར་སྐྱེས་བུ་ནི་རྟོགས[226]་པའི་ངོ་བོ་ཡིན་པའི་ཕྱིར་བློ་གཞན་དག་ཇི་ལྟ་བ་དེ་ལྟར་འབྱུང་བ་ཡོད་པ་མ[227]་ཡིན་ནོ།། རང་བཞིན་ནི་རྟོགས[228]་པ་མེད་པའི་ཕྱིར་གཞན་པའི་[229]བློ་ཡེ་མེད་པ་ཡིན་ནོ་ཞེས་བྱ་བར་སྨྲས་པ།
རྟོགས་པས་འཛིན་པར་བྱེད་པ་ན།།
བདག་ནི་འདི་ལྟར་ཞེས[230]་སོགས་ངེས[231]།།
རྟོགས[232]་པ་མེད་ཕྱིར་གཞན་མི་རིགས།།

---

[225] DCPNG གིས
[226] PNG རྟོག
[227] PNG om. མ
[228] N ཏྟགས
[229] G ins. ཕྱིར་གཞན་པའི
[230] C ཞས
[231] DK CK དེས
[232] PK NK GK རྟོག

于谁真实智生起，
彼是能获解脱者。[233]**（17）**

首先，自性是无知的，所以（自性）不能认识其他。人我虽是无变化的有法，但从贪着先前的同一性到认识相异性的时候是变异，而其他的觉并不产生，所以对于除了人我以外的其他来说，"在真实中，只要智产生就解脱"是"不存在"的意思。

[MHK: D. 25a3; C. 25a3; P. 27b8; N. 25a5; G. 33a2]

[TJ: D. 232b7; C. 232b7; P. 261a1; N. 250a6; G. 334b6]

也就是说，"人我是有知的本体，所以没有其他类似的知会那样产生。自性是无知的，所以（自性中）绝对没有其他的知。"

纵然具有知恩惠，
此是我等诸说法，
无知故乃不合理，

[233] 本颂意为：（数论派认为：）无知者（即自性）不是有知者（即人我），有知者（即人我）不变化；那个真实智生起的人就是能够获得解脱的人。

དེ་མེད་གྱུར་ན་ཡང་ཅི་ཞིག། (18)

caitanyānugrahe ’py asyā cāham① ityādiniścayaḥ/

acaitanyād ayuktaḥ syāt kiṃ punas tadasaṃbhave②// (18)

(①Cf. Tib.; Ms, SG, L nāham ②=L; Ms °bhavet; SG °bhave(ā?)t)

གང་ཡང་རེ་ཞིག་རང་བཞིན་དང་། སྐྱེས་བུ་དག་ལོངས་སྤྱོད་དང་སྤྱོད་པ་པོའི་ངོ་བོར་གཅིག་པ་ཉིད་དུ་ཡོད་པ་དེའི་ཚེ[234]·ཡང་རང་བཞིན་ནི་བདག་གོ་ཞེས་བྱ་བའི་ཤེས་པར་སྐྱེ་བར་མི་རིགས་ཏེ། ཤིན་ཏུ་རྟོགས་པ་མེད་པའི་ཕྱིར་རོ།། ཡང་ཐ་དད་དུ་མཐོང་བ་ན[235]·ནི་སྐྱེས་བུས་འཛིན[236]·པའི་ལྡོག་པ་ཡིན་ཏེ། བདག་ཀྱང་སྐྱེས་བུའི[237]·མ་ཡིན་ལ་སྐྱེས་བུ་ཡང་བདག་གི་མ་ཡིན་ནོ་[238]ཞེས་བྱ་བའི་ཤེས་པ་ཅི་ཞིག་འབྱུང་བར་འགྱུར། དེས་ན་འདི་ནི་ཤིན་ཏུ་མི་རིགས་པ་ཡིན་ནོ།།

[MHK: D. 25a4; C. 25a4; P. 28a1; N. 25a6; G. 33a3]

[TJ: D. 233a3; C. 233a3; P. 261a5; N. 250b3; G. 335a4]

[239]-འདི་ཡི-[239]·ལྡོག་པའང་རིགས་མིན་ཏེ།།
མང་པོ་དག་དང་ཐུན་མོང་ཕྱིར།།
ཇི་ལྟར་རྗེ་གཅིག་ཤི་གྱུར་ཀྱང་།།
ཚོགས[240]·པ་དག་གི[241]·བྲན་བཞིན་འདོད།། (19)

nivṛttir nāpi yuktāsyā bahusādhāraṇatvataḥ/

yathā mṛtaikajārāyāḥ① parṣaddāsyā② itīṣyate// (19)

---

[234] D ཆེ

[235] P om. ན

[236] D འཛིན

[237] DC བུས

[238] PG ins. ||; N ins. |

[239] PNG འདིའི

[240] N ཚོགས

[241] PK NK GK ནི

何况彼不会产生。[242]（18）

首先（在轮回中），即使自性和人我两者的受用与享受者的本性是相同的，那时产生“自性是人我”的认识也是不合理的，因为（自性）是绝对无知的。其次，看见（自性和人我）是不同的时候（即解脱时），还灭人我执持的（恩惠），“我（aham，=自性）不是人我的，人我也不是我的（mama，=自性的）”的认识如何产生？因此，这（“只要认识到自性和人我是不同的时候就是解脱”）是绝对不合理的。

[MHK: D. 25a4; C. 25a4; P. 28a1; N. 25a6; G. 33a3]
[TJ: D. 233a3; C. 233a3; P. 261a5; N. 250b3; G. 335a4]

还灭亦为不合理，
彼多而且共同故，
如一死夫之女子，
亦有群奴是被许。[243]（19）

242 本颂意为：即使（人我）具有知恩惠，“这（自性）是人我”等等说法也是不合理的，因为没有知，更何况那（知恩惠）不会产生。本颂及其注释需结合前文第 4 颂及其注释来理解。

243 本颂意为：还灭也是不合理的，因为（自性）是众多（人我）的共同的系缚；（自性）就像一个死了丈夫的（女主人）一样，被认为仍然有一群奴隶（男情人）。

(①=L; Ms, SG °jārāyā. ②=Ms, SG; L tathā dāsyā)

ཡོངས་སྤྱོད་ཉིད་ཡིན་ནོ་ཞེས་ཟེར་བའི་རང་བཞིན་ནི་དང་པོ་སྲིད་པའི་རྒྱ་རོལ་དུ་སྐྱེས་བུས་ཉེ་བར་སྤྱད[244]་པས་བདག་གི[245]་དོན་བྱས་ཟིན་ཏོ[246]་ཞེས་ལྡོག་པར་འགྱུར་བ་ན་རང་བཞིན་ནི་གཅིག་ཅིག་ཡིན་ལ། སྐྱེས་བུ་ནི་མང་པོ་ཡིན་པས་དེས་ན་འདིར་སྐྱེས་བུ་གཅིག་ལས་གྲོལ་དུ་ཟིན་ཀྱང་ཐམས་ཅད་དུ་གྲོལ་བ་མ་ཡིན་ཏེ། སྐྱེས་བུ་མང་པོས་ཐུན་མོང་དུ་བཅིངས་པ་ཡིན་པའི་ཕྱིར་རོ།། སྐྱེས་བུ་གཅིག་ཤི་བས་དེ་ལ་བརྩེ་བ་དང་བྲལ་དུ་ཟིན་ཀྱང་དེ་ལས་གཞན་པ་འཚོ་བའི་སྐྱེས་བུ་དག་ལས་གྲོལ་བ་མེད་དོ།།

[MHK: D. 25a4; C. 25a4; P. 28a2; N. 25a6; G. 33a4]

[TJ: D. 233a5; C. 233a5; P. 261a8; N. 250b5; G. 335b1]

སྐྱེས་བུ་གྲོལ་བ་ལ་ཡང་སྐྱོན་འདི་ཡོད་དེ།

  ཐ་དད་ཡུལ་ལ་མ་བསྒྲིབས་ཕྱིར།།

  ཇི་ལྟར་བདག་གི[247]་དབྱེ་བ་ལས།།

  སྐྱེས་བུའི་ཡིད་ལ་སྙིང་སྟོབས་དག།

  ལྷག་པས་དེ་ཉིད་མཐོང་བར་འདོད།། (20)

katham ātmāntaraiḥ puṃso deśābhedād① anāvṛteḥ/

udbhūtasattve manasi tattvadṛgniyamo mataḥ// (20)

(①=Ms, SG; L deśabhedād)

གྲངས་ཅན་པའི་གྲུབ་པའི་མཐའ་འདི་ཡིན་ཏེ། ལྷ་དང་ལྷ་མ་ཡིན་དང་། མི་དང་དུད་འགྲོའི་འགྲོ་བ་རྣམས་ཀྱི་སོ་སོའི་ལུས་རེ་རེ་ལ་ཡང་སྐྱེས་བུ་གནས་ཤིང[248]་སྐྱེས་བུ་དེ་ཐམས་ཅད་ཀྱང་ཐམས་ཅད་ལ་ཁྱབ་པ་ཡིན་ནོ་ཞེས་ཟེར་ལ། སྐྱེས་བུ་དེ་དག་གྲོལ་བར་འགྱུར་བ་ན་ཕྱོགས་གཅིག་ཙམ་ལས་ཇི་ལྟར་ཡིན་ཏེ། གང་གི་ཕྱིར་སྙིང་

---

244 C སྤྱོད

245 PNG གིས

246 PG ins. ||; N ins. |

247 DC གིས

248 PNG ins. |

所谓“是享受性”的自性的（意思）首先是“轮回的时候，因为享受，人我成为我（=自性）的目的”。

（其次）还灭的时候（即解脱时），因为自性是一，而人我是多，所以这里（自性）从一个人我解脱而不是从所有（人我）解脱，因为（自性）是众多人我的共同的系缚，一个人我坏灭的时候，那个（人我）远离爱染，但是不能从那个（人我）以外的其他活着的人我解脱。

[MHK: D. 25a4; C. 25a4; P. 28a2; N. 25a6; G. 33a4]

[TJ: D. 233a5; C. 233a5; P. 261a8; N. 250b5; G. 335b1]

“人我解脱”也有这样的错误：

人我诸我不异境，
心中萨埵最旺盛，
且无覆时如何许，
看见真实乃决定？[249]**（20）**

数论派的宗趣如下：“人我也存在于天、非天、人、傍生等各种众生各自的身体中，而且所有那样的人我遍在于一切（众生）中。”对此，（佛教徒反驳：）当这样的人我获得解脱的时候，只从一个（众生的身体）如何（解脱）？因为，当萨埵占优势的心没有障覆的时候，

[249] 本颂藏译似有误，根据梵本意为：因为（那个获得解脱的）人我与其他人我（所安住的）境域是没有差别的，所以当萨埵占优势的心没有障覆的时候，（数论派所说的）看见真实怎么能被认为是确定（的解脱）？

སྟོབས་ལྷག་པར་གྱུར་པའི་ཡིད་སྨིན་པ་དང་བྲལ་བར་གྱུར་ནས་དེ་དག་ལས་སྐྱེས་བུ་གཅིག་གྲོལ་བར་གྱུར་པ་ན་སྐྱེས་བུ་ཐམས་ཅད་གྲོལ་བར་ཐལ་བར་འགྱུར་ཏེ། སྐྱེས་བུ་གཞན་ཐམས་ཅད་ནི་བཅིངས་ནས་གནས་ལ། གཅིག་ཅིག་གྲོལ་བར་ཇི་ལྟར་འགྱུར་ཏེ། ཡུལ་ཐ་མི་དད་པར་གྱུར་པའི་ཕྱིར་རོ།། སྐྱེས་བུ་གྲོལ་བར་མི་རིགས་པ་འབའ་ཞིག་ཏུ་མ་ཟད་ཀྱི།

[MHK: D. 25a5; C. 25a5; P. 28a2; N. 25a7; G. 33a4]

[TJ: D. 233b2; C. 233b1; P. 261b4; N. 251a2; G. 335b4]

གཞན་ཡང་།

> སྒྲ་ལ་སོགས[250]་པ་རྟོགས་པ་དང་།།
> དེ་བཞིན་ཆོས་དང་ཆོས་མིན་དག།
> སྐྱོན་ནི་རྗེས་སུ་མཚུངས[251]་པའི་ཕྱིར།།
> མ་མཐོང་ངེས་པ་མེད་པའང་ཡིན།། (21)

śabdādipratipattau ca dharmādharmādayas ta(17a5)thā/

tulyaparyanuyogatvād adṛṣṭe① niyamo ’py asan// (21)

(①=SA; Ms, SG adṛṣṭā; L adṛṣṭo)

སྒྲ་ལ་སོགས་པ་ལ་རྣ་བ་ལ་སོགས[252]་པ་འཇུག་པ་དེ་དག་ཀྱང་སྐྱེས་བུ་ཐམས་ཅད་ཀྱི་གཅིག་པ་ཉིད་ཐོབ་པར་འགྱུར་ལ།[253] གཅིག་གིས་ཆོས་སྤྱད[254]་པར་གྱུར་པ་ན་སྐྱེས་བུ་ཐམས་ཅད་ཀྱང་ཆོས་ལ་གནས་པར་འགྱུར་ཞིང་། གཅིག་ཆོས་མ་ཡིན་པ་ལ་ཞུགས་པ་ན་ཐམས་ཅད་ཀྱང་ཆོས་མ་ཡིན་པ་དང་ལྡན་པར་འགྱུར་རོ།། དེས་ན་ནམ[255]་མཐོང་བའི[256]་ཐར་པ་ལ་ཡང་ངེས་པ་མེད་པ་ཡིན་ཏེ། ཅིའི་ཕྱིར་ཞེ་ན། ཡུལ་ལ་དབྱེ་བ་མེད་པའི་ཕྱིར་རོ།།

---

250 N སགས

251 PK མཚུངས

252 N སགས

253 DC ||

254 C སྤྱོད

255 PNG om. ནམ

256 N པའི

一个人我能从那些（众生的身体）获得解脱的话，所有的人我也应该得解脱；但其他所有的人我由于系缚而住于（众生中），那么一个（人我）如何获得解脱？因为（所有的人我安住的）境域是没有区别的。（所以），“人我解脱”不仅完全不合理，

[MHK: D. 25a5; C. 25a5; P. 28a2; N. 25a7; G. 33a4]

[TJ: D. 233b2; C. 233b1; P. 261b4; N. 251a2; G. 335b4]

而且，

认识诸声等之时，
法与非法亦如是，
相同过错之缘故，
不见时亦非决定。[257]**（21）**

对于声等来说，那些耳等的作用也能获得所有人我的同一性，即一个（人我）享受法的时候，所有人我也安住于法； 而一个（人我）进入非法的时候，所有（人我）也都会具有非法。所以看见（真实）不一定就是解脱。如果问“为什么？”（回答：）因为境域没有差别，

---

[257] 本颂意为：就像认识声等等的时候一样，（人我在面对）法和非法时也是同样的情况；因为有相同的过错，所以不可见（的真实）也不是确定（的解脱）。

ནམ[258]·མཁའི་ཕྱོགས་གཅིག་ལ་མུན་པ་དང་སྣང་བ་གཉིས་སམ། ཆར[259]·འབབ་བ་དང་ཚ་བ་གཉིས་མི་རིགས་པ་བཞིན་ནོ།། སྐྱེས་བུས་ཐམས་ཅད་དུ་ཁྱབ་པ་ཡིན་ན་[260]སྐྱོན་འདི་ཡང་འབྱུང་བར་འགྱུར་ཏེ། ཐམས་ཅད་དུ་ཁྱབ་པ་ཉིད་ཀྱི་ཕྱིར་ཐམས་ཅད་ཀྱང་འགྲོ་བ་ཐམས་ཅད་ཀྱི་ངོ་བོར་གནས་པར་འགྱུར་ལ། བདག་རྣམས་ཀྱང་འདྲེས་པར་འགྱུར་རོ།། ལུས་དང་།[261] དབང་པོ་དང་། བློ་རྣམས་ཀྱང[262]·ཐུན་མོང་དུ་འགྱུར་རོ།། གཅིག་གིས་བྱ་བ་བྱས་པ་དེ་གཞན་གྱིས་ཀྱང་བྱས་པར་འགྱུར་རོ།། གཅིག་གིས་བྱ་བ་ཐམས་ཅད་སྤངས་པ་ན་ཐམས་ཅད་ཀྱིས་ཀྱང་བྱ་བ་སྤངས[263]·པར་འགྱུར་རོ།། བྲམ་ཟེ་རྣམས་ཀྱི་ལས་ནི་འདིའོ།། དམངས་རིགས[264]·ཀྱི་ལས་ནི་འདིའོ་ཞེས་བྱ་བ་ཡང་མེད་པར་འགྱུར་རོ།། རིགས་བཞི་རྣམ་པར་གཞག[265]·པ་ཡང་མེད་པར་འགྱུར་རོ།། ཕ་དང་།[266] བུ་དང་། དགྲ་དང་། ཕ་མར་གནས་པ་ཉིད་ཀྱང་མེད་པར[267]·འགྱུར་རོ་[268]ཞེས་བྱ་བ་ལ་སོགས་པའི་སྐྱོན་ཡོད་དོ།།

[MHK: D. 25a5; C. 25a5; P. 28a3; N. 25a7; G. 33a5]

[TJ: D. 233b7; C. 233b6; P. 262a3; N. 251b1; G. 336a5]

གང་ཡང་སྐྱེས་བུ་ནི་བློ་འཇུག་པའི་རྗེས་སུ་བྱེད་པ་ཡིན་ནོ་[269]ཞེས་བྱ་བར་འདོད་པ་དེ་ཡང་མི་འཐད་དེ། གང་གི་ཕྱིར།[270]

---

[258] NG ན

[259] N ཚར

[260] PNG ins. །

[261] NG om. །

[262] PNG ཀྱི

[263] DC སྤང

[264] DC རིས

[265] PNG བཞན

[266] PNG om. །

[267] G པའི

[268] PNG ins. །།

[269] P ins. །།

[270] PNG om. །

就像天空的一角（同时）有黑暗和光明两者、或者降雨和放晴两者是不合理的一样。

人我是遍在于一切的话，还会产生如下错误："因为（人我）遍在于一切，所有（人我）也就安住于一切众生的本性中，我等就成了混合物，身、根、觉等等也成为共同的。一个（人我）活动的时候其他（人我）也会活动，一个（人我）断灭一切活动的时候，所有（人我）也会断灭（一切）活动。也就没有了'婆罗门的业是这样的，而首陀罗的业是那样的'说法，也就不能建立四种姓，也就不能区分父、子、敌、亲"等。

[MHK: D. 25a5; C. 25a5; P. 28a3; N. 25a7; G. 33a5]

[TJ: D. 233b7; C. 233b6; P. 262a3; N. 251b1; G. 336a5]

此外，（数论派）认为的"人我就是模仿觉作用"也不成立，因为，

གལ་ཏེ་སྐྱེས་བུ་འགྱུར་ཞེ་ན།།
སྐྱེས་བུ་རྟོགས[271]་པ་མེད་པ་དང་།།
རྒྱུ་མེད་ཁྱབ་པ་མ་ཡིན་ཏེ།།
སྐྱེས་བུ་འགྱུར་ཕྱིར་འོ་མ་བཞིན།། (22)

acetano na cāhetur① naiva sarvagataḥ pumān/

pariṇāmāt ②-payovat syāt-② puṃsaḥ pariṇatir yadi// (22)

(①=Ms, SG; L vā hetur. ②=Ms, SG; L yathādadhnaḥ)

སྐྱེས་བུ་ནི་རྟོགས[272]་པ་ཅན་མ་ཡིན་ཏེ། ཡོངས་སུ་འགྱུར་བའི་ཕྱིར་འོ་མ་བཞིན་ནོ།། སྐྱེས་བུ་ནི་རྒྱུ་མེད[273]་པ[274]་མ་ཡིན་ཏེ། འོ་མ་བཞིན་ནོ།། སྐྱེས་བུ་ནི་ཐམས་ཅད་ལ་ཁྱབ་པ་མ་ཡིན་ཏེ། འོ་མ་བཞིན་ཞེས་བྱ་བའོ།།

[MHK: D. 25a6; C. 25a6; P. 28a4; N. 25b1; G. 33a5]

[TJ: D. 234a1; C. 234a1; P. 262a5; N. 251b2; G. 336a6]

གང་རྣམས་སྐྱེས་བུའི་གཟུགས་བརྙན་འབྱུང་བས་གྲོལ་བར་འདོད་པ་དེ་ལ་ཡང་།[275]
སེམས་ནི་འགྱུར་བ་མེད་ན་ཡང་།།
གཟུགས་བརྙན་གྱི་ནི་རྒྱུ་ཡིན་ཕྱིར།།
ཇི་སྐད་སྨྲས་པའི་སྐྱོན་ལྡན་པར།།
འབྱུང་སྟེ[276]་གདོང་གི་གཟུགས་བརྙན་བཞིན།། (23)

pratibimbasya hetutvāc① citer avikṛter api/

yathoktadoṣasaṃsargo jāyate mukhabimbavat// (23)

---

271 PNG རྟོག

272 PNG རྟོག

273 མིན*?

274 PNG om. པ

275 PNG om. །

276 DK CK ཏེ

若说人我有变化，
人我则是无知者，
非非因又非遍在，
有变化故如同乳。[277]**（22）**

“人我不是有知者，（人我有）变化的缘故，就像乳一样。人我不是非因的，就像乳一样。人我不是遍在于一切的，就像乳一样。”

[MHK: D. 25a6; C. 25a6; P. 28a4; N. 25b1; G. 33a5]

[TJ: D. 234a1; C. 234a1; P. 262a5; N. 251b2; G. 336a6]

对那些主张“人我生起映像而解脱”（的数论师），

纵使心乃无变化，
作为映像之因故，
产生如前所说过，
如同脸面之形象。[278]**（23）**

---

277 本颂意为：（佛教徒反驳：）如果（数论师认为）人我是有变化的话，那么人我就是无知的、非非因的、非遍在的，有变化的缘故，就像乳一样。

278 本颂意为：纵使心是无变化的，但因为（人我）是映像的原因，（前面）那样说的过错就会产生，就像脸面的形象一样。

(①=Ms, L; SG hetutvā[t])

ཇི་ལྟར་གདོང་གི་གཟུགས་ཆུ་ལ་སོགས་པ་ལ་གཟུགས་བརྙན་འབྱུང་བའི་རྒྱུར་ཉེ་བར་གནས་ཀྱང་ཡོངས་སུ་འགྱུར་བ་མེད་པ་དེ[279]་བཞིན་དུ། སེམས་ཀྱི་རྟོགས་པ་ཡང་ཤེས་པས་བལྟས་པའི་དོན་གྱི[280]་གཟུགས་བརྙན་ཉེ་བར་གནས་པ་ཙམ་ཕན་པར[281]་བྱེད་པ་ཉིད་ཀྱི་རྒྱུའི་ངོ་བོར་ཉེ་བར་[282]གནས་ན་ཡང་ཡོངས་སུ་[283-]འགྱུར་བ[-283]་མེད་པ་ཡིན་ནོ་[284]ཞེས་བྱ་བ་འདི་ནི་ཕ་རོལ་པོའི་འདོད་པ་ཡིན་ནོ།། འདིར་ཡང་གཟུགས་བརྙན་བཞིན་དུ་རྒྱུའི་ངོ་བོར་གྱུར་པ་ཉིད་ཀྱི་སྐྱེས་བུ་ནི་གདོང་གི་གཟུགས་བརྙན་བཞིན་དུ་རྟོགས་པ་མེད་པ་ཉིད་དང་། [285-]རྒྱུ་མེད་པ་ཉིད[-285]་དང་། ཁྱབ་པ་མ་ཡིན་པས་ཆོས་ཅན་གྱི་རང་གི་ངོ་བོ་ལས་བཟློག་པ་ཡིན་པའི་ཕྱིར་གཟུགས་བརྙན་འབྱུང་བའི་རྒྱུ་དང་འགལ་བའི་དོན་དུ་གནས་པ་ཉིད་ཡིན་ནོ།།[286]

[MHK: D. 25a6; C. 25a6; P. 28a4; N. 25b1; G. 33a6]
[TJ: D. 234a4; C. 234a4; P. 262b2; N. 251b6; G. 336b5]

འདི་ལྟར་ཡང་།

སྐྱེས[287]་བུ་རྟོག་པ་མེད་པའི་ཕྱིར།།
བདག་དང[288]་གཞན་ཞེས་མི་རིགས་སོ།།
བརྟགས[289]་ན[290]་སྐྱོན་མེད་ཅེ[291]་ན་ཡང་།།

---

[279] G ང

[280] DC གྱིས

[281] PNG པ

[282] PNG ins. གནས་པ་ཙམ་ཕན་པ་བྱེད་པ་ཉིད་ཀྱི་རྒྱུའི་ངོ་བོར་ཉེ་བར

[283] DC གྱུར་པ

[284] PG ins. ||; N ins. |

[285] རྒྱུ་མིན་པ་མ་ཡིན་པ*? Cf. MHK k. 22, TJ ad 22.

[286] DC om. ||

[287] DC སྐྱེས

[288] ཀྱང*; cf. MHK k. 3.

[289] བཏགས*; cf. MHK k. 24c.

[290] DK CK PK NK GK ནས

[291] PK NK GK ཞེ

“就像脸的形象是在水等中生起映像的原因，即使（水）靠近（脸），（脸本身）也没有变化一样；心的认识也只是觉看见的对象的映像，即使靠近能利益的因本身，靠近的时候（心）也没有变化。”这就是对方（数论派）的观点。

这里也像映像一样，作为因本身的人我就像脸面的形象一样。无知性、非非因性、非遍在性是有法自相相违因，即具有与生起映像的因相矛盾的意义。

[MHK: D. 25a6; C. 25a6; P. 28a4; N. 25b1; G. 33a6]

[TJ: D. 234a4; C. 234a4; P. 262b2; N. 251b6; G. 336b5]

如此，

人我乃无分别故，
异于我说不合理，
若说施设故无过，

གྲོལ་བ་བཏགས[292]་པ་ཉིད་དུ་འགྱུར།། (24)

akalpakatvāt puṃsaś ca nānyo ’ham iti yujyate/

upacārād adoṣaś cen muktiḥ syād aupacāri(17a6)kī// (24)

བྱ་བ་དང་བྱེད་པ་ལོག་པ་ཡིན་པས་འདིའི་ཡུལ་ཉེ་བར་གནས་པ་མ་ཡིན་ན། ཅི་ཞིག་ལ་རྟོག་པར་བྱེད་པར་འགྱུར།། རྟོག་པ་མེད་པའི་སྐྱེས་བུ་ཡང་ཇི་ལྟར་ན།[293] བདག་དང[294]་གཞན་ཞེས་རྟོག་པ་འཇུག་པ་ཉིད་ཡིན། གལ་ཏེ་རྣམ་པར་རྟོག་པ་མེད་དུ་ཟིན་ན་ཡང་བློ་ལ་རྣམ་པར་རྟོག་པས་བདག་ཏུ་བཏགས་པ་ཉིད་ཀྱིས[295]་ཉེ་བར་བཏགས་པ་དང་[296]བཏགས་པ་པ[297]་ཡིན་ནོ་ཞེ་ན། གྲོལ་བ་ཡང་ཉེ་བར་བཏགས་པ་[298-]དང་བཏགས་པ་པ་[-298]ཉིད་དུ་འགྱུར་ན། གྲོལ་བ་ནི་དངོས་ཉིད་དུ་འདོད་ཀྱི་ཉེ་བར་བཏགས་པ་[299]མ་ཡིན་ནོ།། དེ་ལྟར་ན་རང་བཞིན་ཡང་མ་ཡིན་ལ་སྐྱེས་བུ་ཡང་མ་ཡིན་པས་གྲོལ་བར་བཏགས་པ་ནི་ལེགས་པ་མ་ཡིན་ནོ།།

[MHK: D. 25a7; C. 25a7; P. 28a5; N. 25b2; G. 33b1]

[TJ: D. 234a7; C. 234a7; P. 262b6; N. 252a2; G. 337a2]

ཁོ་བོ་ནི་རང་བཞིན་ཡོད་པ་ཉིད་དུ་ཡང་མི་འདོད་པས་རེ་ཞིག་དེ་བརྟག[300]་པར་བྱ་བ་ཡིན་ན་བཅིངས་པ་དང་ཐར་པ་ལྟ་ག་ལ་ཡོད་ཅེས་བརྗོད་པ་ན་གཞན་གྱིས[301]་དེ་ཡོད་པ་ཉིད་དུ་སྒྲུབ་པར་བྱེད་པའི་ཚད་མ་ཉེ་བར་བཀོད་པ་ནི།

གཙོ་བོ་ཡོད་དེ་སྣ་ཚོགས་ཀྱི།།

---

292 DK CK བརྟགས

293 PNG om. |

294 ཀྱང*; cf. MHK k. 3.

295 PNG ཀྱི

296 PNG ins. |

297 PNG om. པ

298 PNG om.

299 NG ནི

300 PNG བརྟགས

301 PNG གྱི

解脱只是假说尔。[302]（24）

所作和能作是相对的，所以不靠近这样的对象的时候，能分别什么？无分别的人我如何具有“异于我”的分别作用？如果（数论派）说“(人我）是无分别的，在觉中由分别而设立的人我是假名和方便。”（佛教徒反驳:)（这样的话)，解脱也成为假名和施设，但解脱被认为是实有而不是施设。

因此，不是自性（解脱）也不是人我（解脱），所以（数论派）提出的解脱是不恰当的。

[MHK: D. 25a7; C. 25a7; P. 28a5; N. 25b2; G. 33b1]

[TJ: D. 234a7; C. 234a7; P. 262b6; N. 252a2; G. 337a2]

我（佛教徒）认为:“自性的存在性是不被承认的，首先因为观察那（自性）的时候，束缚和解脱如何存在？”他们（数论派）证明“那（自性）存在”的推理展开（如下):

胜因是有诸个物，

302 本颂意为：因为人我是无分别的，所以“(人我）不同于我（aham，自性)”的说法不合理，如果因为是施设而没有过错的话，那么解脱也就是假说而已。

རྗེས་སུ་འགྲོ་ཕྱིར་ཡོངས[303]་གྱུར[304]་ཕྱིར།།
བྱ་དང་བྱེད་པའི་ངོ་བོའི་ཕྱིར།།
ནུས་ཕྱིར་སྣ་ཚོགས་ངོ་བོའི་ཕྱིར།། (25)

asti pradhānaṃ bhedānām anvayāt pariṇāmataḥ/

kāryakāraṇabhāvāc ca śaktito vaiśvarūpyataḥ// (25)

ཇི་སྐད་སྨྲས་པ་དེ་བཞིན་ཏེ།།
སྣོད་ཆག[305]་པ་ཡི་དུམ་སོགས་ལྟར།།
དེ་བཞིན་དབྱེ་བ་དེ་དང་ལྡན།།
དེས་ན་དབྱེ་བ་རྒྱུ་དང་བཅས།། (26)

yad yathoktaṃ tathoktaṃ tatkarparāṇāṃ① kalādivat/

tathā ca bhedās tadvantas② tasmād bhedāḥ sakāraṇāḥ// (26)

(①=L; Ms [ ]ṇām?, SG kapāla[ ]?. ②=Ms, SG; L tadvattas)

སྙིང་སྟོབས་དང་། རྡུལ་དང་། མུན་པ་རྣམས་ཆ་མཉམ་པ་མི་གསལ་བ་ནི་གཙོ་བོ་སྟེ་ཆོས་ཅན་ནོ།། དེ་ཡོད་པ་ཞེས་བྱ་བ་ནི་དེའི་ཆོས་ཏེ[306]་བསྒྲུབ་པར་བྱ་བའོ།། ཆོས་དང་ཆོས་ཅན་བསྡོམས་པ་ནི་ཕྱོགས་སོ།། སྣ་ཚོགས་ཀྱི་རྗེས་སུ་འགྲོ་བ་ལ་སོགས་པ་ལྔ་ནི་གཏན་ཚིགས་ཏེ། ཨ་བི་ཏ་ཞེས་བྱ་བའི་མིང་ཅན་ནོ།། དེ་ལ་སྣ་ཚོགས་ཐམས་ཅད་ལ་རང་བཞིན་གྱིས་རྗེས་སུ་ཁྱབ་པ་ནི་རྗེས་སུ་འགྲོ་བ་སྟེ། སྣ་ཚོགས་ཀུན་ཀྱང་བདེ་བ་དང་། སྡུག་བསྔལ་དང་གཏི་མུག་གི་བདག་ཉིད་ཡིན་པའི་ཕྱིར་རོ།། ཡང་ཡོངས་སུ་འགྱུར་བ་ནི་མི་འགྱུར་བའི་ཆོས་ཅན་ཡིན་ན[307]་ཡང་རང་བཞིན་ལས[308-]ཆེན་པོ[-308]་འབྱུང[309]་བར་འགྱུར་ལ། ཆེན་པོ་ལས་ངར་འཛིན་པའི་ངོ་བོར་འགྱུར་རོ།། ངར་འཛིན་པ་ལས་དེ་ཙམ་གྱི་རྣམ་པར་རོ།། དེ་ཙམ་ལས་དབང་པོའི་རྣམ་པར་རོ།། དབང་པོ་ལས་འབྱུང་བ་ཆེན་

[303] CK ཡོང
[304] CK འགྱུར
[305] G ཆགས
[306] PNG སྟེ
[307] G om. ན
[308] PNG om.
[309] DC བྱུང

随行故且变异故，
因与果之关系故，
多样性故能力故。[310] **（25）**

同样据前所叙述，
犹如破陶之碎片，
如是个物亦具彼，
是故个物具有因。[311] **（26）**

萨埵、罗阇、多磨等平衡不显现就是胜因，这（是）有法。“那（胜因）是存在”是它的法，即所立。法和有法相结合就是宗。

“个体物的随行”等五项是因，称为“毗达”（vīta）[312]。其中，

对于一切个体物来说，自性遍在（于一切个体物）就是“随行”，因为一切个体物都具有乐、苦、痴的本性。

“变异”是永恒的有法，即从自性产生大，从大产生我慢的本性，从我慢（产生）唯的行相，从唯（产生）根的行相，从根产生大种的本性。

---

310 本颂意为：胜因是存在的，因为个体物都具有随行、变异、因果关系、有能力、多样性的（性质）。

311 本颂意为：如同前面所说的，就像破碎的陶器的碎片一样，个体物也具有那（性质），所以个体物是有因的。

312 藏译原为“阿毗达”（a bi ta, avīta），有误，应为“bi ta”，即梵文 vīta。参见羽田野伯猷[1944], pp.26-31。

པོའི་བདག་ཉིད་དུ་འགྱུར་རོ།། གཙོ[313]·བོ་ནི་རྩ་བའི་བྱེད་པ་པོའོ[314]།། ཆེན་པོ་དང་ངར་འཛིན་པ་ལ་སོགས་པ་ནི་བྱ་བ་ཡང་ཡིན་བྱེད་པ་ཡང་ཡིན་ཏེ·[315]ཡོངས་སུ་འགྱུར་བའི་རང་བཞིན་ཡིན་པའི་ཕྱིར་རོ།། ཡང་ནུས་པ་ནི་རང་བཞིན་ནི་སྐྱེས་པའི་ཆོས་ཅན་ཡིན་པའི་ཕྱིར་སྣ་ཚོགས་ཐམས་ཅད་བསྐྱེད་པར་ནུས་པ་ཡིན་ལ། ཆེན་པོ་ལ་སོགས་པ་རྣམས་ལ་ནི་སོ[316]·སོའི་བྱ་བ་སྐྱེད[317]·པར་བྱེད་པའི་ནུས་པ་ཡོད་པས་ཡིན་ནོ།། སྣ་ཚོགས་ཀྱི་ངོ་བོ་ཉིད་ནི་ཆེན་པོ་དང་། ངར་འཛིན་པ་དང་། དེ་ཙམ་དང་།[318] དབང་པོ་དང་། འབྱུང་བ་ཆེན་པོའི་ཁྱད་པར་རྣམ་པ་དུ་མ་ཉིད་དོ།། ཇི་ལྟར་ས་བོན་ལས་མྱུ་གུ་དང་།[319] སྡོང་བུ་དང་། ཡལ་ག་དང་། ཡལ་ག་ཕྲེའུ་དང་། ལོ་མ་དང་། མེ་ཏོག་ལ་སོགས་པ་དུ་མ་ཞིག་ཀུན་དུ་འབྱུང་ལ། དེ་རྣམས་ཀྱི་བྱེད་པ་པོ་ནི་ས་བོན་གཅིག་ཡིན་ནོ།། དེ[320]·བཞིན་དུ་གཙོ[321]·བོ་མི་གསལ་བ་གཅིག་ལ་དབྱེ་བ་དུ་མ་ཡིན་པས་དེས་ན་བྱེད་པ་པོ་གཅིག་ཡོད་པར་ཤེས་པར་བྱའོ།། ཇི་སྐད་སྨྲས་པ་ཞེས[322-]·བྱ་བ[-322]·ལ་སོགས་པ་ནི་ཁྱབ་པ་ངེས་པ་སྟོན་པའི་ཚིག[323]·ཡིན་ཏེ། གང་དང་གང་རྗེས་སུ་འགྲོ་བ་དང་། ཡོངས་སུ་འགྱུར་བ་དང་། བྱ་བ་དང་བྱེད་པའི་ངོ་བོ་དང་། ནུས་པ་དང་། སྣ་ཚོགས་ཀྱི་ངོ་བོ་ཡོད་པ་དེ་དང་དེ་ནི་རྒྱུ་དང་བཅས་པ་ཡིན་ཏེ། དཔེར་ན།[324] སྣོད་ཆག་པའི་དུམ་བུ་བཞིན་ནོ།། བུམ་པ་ཆག་པའི་དུམ་བུ་ཐམས་ཅད་ཀྱི་རྗེས་སུ་ས་ཉིད་འགྲོ་བ་ཡོད་ལ། ཙནྡན[325]·གྱི་དུམ་བུ[326-]·ལ་ཡང[-326]·དྲི་ཉིད་རྗེས་སུ་འགྲོ་བ་ལྟ་བུ་ནི་རྗེས་སུ་འགྲོ་བ་ངེས་པའོ།། ཡོངས་སུ་འགྱུར་བ་ནི་བུམ་པ་གྱི་དུམ་གྱི་བདག་ཉིད་དུ་གྱུར

---

[313] D གཙོ

[314] PNG པའོ

[315] PNG ins. །

[316] N om. སོ

[317] PNG བསྐྱེད

[318] PNG om. །

[319] PNG om. །

[320] D ད

[321] D གཙོ

[322] PNG པ

[323] PG ཚིགས

[324] PNG om. །

[325] PNG ཙན་དན

[326] PNG ལའང

“胜因”是根本因，大和我慢等既是果又是因，因为具有变异的本性。

“能力”即因为自性是生的有法，所以（自性）具有产生一切个体的能力；对于大等来说，产生各自的果需要因的能力。

“多样性”是大、我慢、唯、根、大种的各种各样的特殊性；就像从种子产生芽、茎、枝、细枝、叶、花等所有部分一样，这些（部分）的作者都是同一个种子。同样，不显的胜因是同一而无差别的，所以（一切个体物）被认为只有一个作者。

“据前所叙述”等是普遍确定的教示的意思，即只要随行、变异、因果关系、能力、多样性是存在的，那个体物就都具有因。

喻例是“犹如破陶之碎片”。

就像破瓶的所有碎片跟随地性，而栴檀片却跟随味性一样，“随行”是确定的。

“变异”是就像瓶变成瓦砾的状态以及（栴檀）变成栴檀片一样。

པ་ཉིད་དང་། ཙནྡན[327]་དུམ་བུར་གྱུར་པ་ལྟ་བུའོ།། བྱ་བ་དང་བྱེད་པའི་ངོ་བོ་ནི་བུམ་པ་ནི་གྱོ་དུམ་གྱི་བྱེད་པ་པོ་ཡིན་ལ་ཙནྡན[328]་ཡང་དུམ་བུའི་ཡིན་ནོ།། ནུས་པ་ཡང་བུམ་པས་གྱོ་དུམ་སྐྱེད་པ་དང་། ཙནྡན[329]་གྱིས[330]་དུམ་བུ་མངོན་པར་སྒྲུབ་པར་ནུས་པའོ།། ཡང་སྣ་ཚོགས་ཀྱི་ངོ་བོ་ནི་བུམ་པའམ། ཙནྡན[331]་གྱི་སྟོང་པོ་གཅིག་ལས་དུ་མ་དང་དུ་མའི་རྣམ་པ་ཅན་གྱི་གྱོ་དུམ་དང་། ཙནྡན[332]་གྱི་དུམ་བུ་ལ་སོགས་པར[333]་འབྱུང་བར་འགྱུར་བ་ཞེས་བྱ་བ་བཞིན་དུ་བསྒྲུབ་བྱ་རྗེས་སུ་འགྲོ་བ་ངེས་པ་ཡིན་ནོ།། དེ་བཞིན་དུ་དབྱེ་བ་དེ་དང་ལྡན་ཞེས་བྱ་བ་ལ་སོགས་པ་ནི་རྗེས་སུ་འགྲོ་བ་ལ་སོགས་པ་སྟེ[334]། འདི་ནི་ཉེ་བར་སྦྱོར་བའི་ཚིག་ཡིན་ནོ།། དེ་ལྟ་བས་ན་དབྱེ་བ་ནི་རྒྱུ་དང་བཅས་པ་ཡིན་ཏེ། འདི་ནི་མཇུག་བསྡུ་བ་ཡིན་ནོ[335]།། འདི་ལྟ་བུའི་སྒྲུབ་པར་བྱེད་པའི་ཚིག་གི་ཆ་ལྔ་པོ་འདི་ནི་གྲངས་ཅན་གྱིས་ཉེ་བར་བཀོད་པ་ཡིན་ལ།

[MHK: D. 25a7; C. 25b1; P. 28a6; N. 25b2; G. 33b2]
[TJ: D. 235a5; C. 235a5; P. 263b6; N. 253a2; G. 338a5]

འདི་དག་སུན་དབྱུང་བ་སླས་པ་ནི།
  དབྱེ་རྣམས་རྒྱུ་དང་བཅས་ཉིད་དུ།།
  སྒྲུབ་བྱེད་ཅེ་ན་གྲུབ་པ་སྒྲུབ[336]།།
  [338-]ཀུན་ལ་ཆགས[337]་པར་མ་གྲུབ་སྟེ།།[-338]
  འདི་ནི[339]་གཏན་ཚིགས་མ་གྲུབ་ཕྱིར།། (27)

---

327 PNG ཙཎ་དན
328 PNG ཙཎ་དན
329 PNG ཙཎ་དན
330 PNG གྱི
331 PNG ཙཎ་དན
332 PNG ཙཎ་དན
333 DC པས
334 PNG ཏེ
335 PNG ཏེ
336 PNG བསྒྲུབ
337 DK CK PK NK GK ཁྱབ*(?)
338 PNG om.

“因果关系”即瓶是瓦砾的作者而栴檀是（栴檀）片的作者。

“能力”是瓶产生瓦砾、栴檀变成碎片的力量。

“多样性”是从瓶产生各种各样的瓦砾或者从栴檀的一根茎产生各种各样的栴檀片。

这样就次第说明了（喻例）是成立的。

“如是个物亦具彼”等就是“随行”等等，这是“合”的意思。

“是故个物具有因”就是“结”。

这样证明的五支论就是数论派组织的（论证）。

[MHK: D. 25a7; C. 25b1; P. 28a6; N. 25b2; G. 33b2]

[TJ: D. 235a5; C. 235a5; P. 263b6; N. 253a2; G. 338a5]

（为了）破除这些，（佛教徒）说：

如若个物具有因，
则证已经被证明，
随行[340]亦是不成立，
因即成为不成因。[341]（27）

---

[339] DK CK, PNG ཡི; PK NK GK འདིའི

[340] samanvaya，藏译似有误，本稿依梵本译。

[341] 本颂意为：如果各种个体物都具有因，（这种）论证是证明已经被证明了的；而且“随行”也不能成立，因为（“随行”等五项因）都是“不成因”。

①-bhedānāṃ cet-① sahetutvaṃ② sādhyate siddhasādhanam/
samanvayasya cāsiddher hetoś ca syād asiddhatā// (27)
(①=L; Ms bhedānān te ’sya, SG bheḍānāntai. ②=L; Ms, SG smahetutvaṃ)

གལ་ཏེ་ཁྱོད་ཀྱི[342]་བསམ་པས་ཆེན་པོ་ལ་སོགས་པའི[343]་དབྱེ་བ་ནི་རྒྱུ་དང་བཅས་པ་ཡིན་ཏེ། གང་རྒྱུ་འགའ་ཞིག་ལས་ཡིན་ནོ་ཞེ་ན་གྲུབ་པ་སྒྲུབ་པ་ཡིན་ཏེ། ཁོ་བོ་ཅག་ཀྱང་དངོས་པོ་ཐམས་ཅད་རྒྱུ་དང[344]་རྐྱེན་ལས་ཡང་དག་པར་འབྱུང་བ་ཡིན་གྱི།[345] དངོས་པོ་རྒྱུ་མེད་པར་ནི་མ་ཡིན་ནོ།། རྗེས་སུ་འགྲོ་བ་ལ་སོགས་པའི་གཏན་ཚིགས་ནི་ཡང་སངས་རྒྱས་པ་ལ་གྲུབ་པ་མ་ཡིན་ཏེ། རང་བཞིན་གཅིག་གྲུབ་པར་གྱུར་ན་ནི་དེ་དང་ལྡན་པ་ཡང་འགྲུབ་པར་འགྱུར[346]་ན། ཁོ་བོ་ཅག་ལ་ནི་རང་བཞིན་དེ་མ་གྲུབ་པར་ཤེས་ཏེ། མི་གསལ་བའི་ཕྱིར་རི་བོང་གི་རྭ་ལ་སོགས་པ་བཞིན་ཏེ། གང་ཞིག་གང་དང་ཇི་ལྟར་ལྡན་པར་འགྱུར་ཞེས་གཞན་ལ་མ་གྲུབ་པ་ཉིད་ཡིན་ནོ།། ཡོངས་སུ་འགྱུར་བ་ལ་སོགས་པའི་གཏན་ཚིགས་ལ་ཡང་སྐྱོན་འདི་ཉིད་ཀྱིས་གནོད་པ་ཡིན་ནོ།།

[MHK: D. 25b1; C. 25b1; P. 28a7; N. 25b3; G. 33b2]
[TJ: D. 235b1; C. 235b1; P. 264a2; N. 253a5; G. 338b3]

དེ་ནས་ཡང་གལ་ཏེ་སྤྱི་སྔོན་དུ་སོང་བ་ཡོད་པ་ལ་རྗེས་སུ་འཇུག་པའི་དབྱེ་བ་ཡོད་པ་ཡིན་ཏེ། སྤྱི་དང་ལྡན་པ་ཡིན་པའི་ཕྱིར་རམ། སྤྱི་ལ་ཁྱད་པར་མེད་པའི་ཕྱིར་སྔར་གྱི་གཙོ་བོའི་གནས་སྐབས་བཞིན་ནོ་[347]ཞེས་བྱ་བའི་དོན་གང་ཡིན་པའོ་ཞེ་ན། དེ་ལ་བརྗོད་པར་བྱ་སྟེ།

སྤྱི་ནི་སྔོན་དུ་སོང་འདོད་དེ[348]།།
སྤྱི་དང་ལྡན་པའི་ཕྱིར་ཞེ་ན།།
སྤྱི་ཉིད་དམ་ནི་ཁྱད་པར་ལ།།

[342] PNG ཀྱིས
[343] PNG པ
[344] PNG om. དང
[345] PNG om. །
[346] PNG གྱུར
[347] PG ins. ||; N ins. |
[348] D ད

如果根据你（数论派）的理解，所谓“大等的个体物都具有因”就是证明已经成立的。（因为）我们（佛教）也（认为）一切事物由因和缘如实产生，事物不是无因的。

“随行”等“因”对于佛教徒来说也不成立。如果“自性是一”能被证明的话，那（自性）也能同时被证明，但是，我们（佛教徒）认为那自性不能被证明，（自性是）未显的缘故，就像兔角等一样。“任何（未显）如何拥有（显）”对于他们（数论师）来说也是不成立的。“变异”等等“因”也因为这样的错误而被破除。

[MHK: D. 25b1; C. 25b1; P. 28a7; N. 25b3; G. 33b2]

[TJ: D. 235b1; C. 235b1; P. 264a2; N. 253a5; G. 338b3]

此外，如果（数论派）说“先前的共相是存在的而后来的别相也是存在的，因为（个体物都）具有共相，或者因为共相没有差别，就像先前的胜因的状态一样”的话，对此，（佛教徒）回答：

若许先前共相性，
如有共相性之故，
实则共相与别相，

སྤྱི་མ་བཞིན་དུ་དཔེ་ཡང་མེད།། (28)

sāmānyapūrvakatvaṃ ced iṣṭaṃ sāmānyava(17b1)ttvataḥ①/

sāmānyato viśeṣād vā prāgvan na vā nidarśanam// (28)

(①=Ms, L; SG sāmānyattvataḥ)

འདིར་ཁྱོད་ཀྱི་སྒྲུབ་པ་འདི་ལ[349]་དཔེ་མེད་དེ། གཙོ་བོ་བདེ་བ་ལ་སོགས་པ་ཐམས་ཅད་ཀྱི་བདག་ཉིད་དུ་རྣམ་པར་གནས་པ་གཞན་པ་ཉིད་ཀྱི་རྗེས་སུ་འགྲོ་བ་སྒྲུབ་པ་ལ་དཔེ་བསྟན[350]་པར་མི་ནུས་པ་ཉིད་དམ། གཞན་ལ[351]་མ་གྲུབ་པ་ཉིད་ཀྱི་ཕྱིར་རབ་ཏུ་བྱེད་པའི་ཕྱེད་ཕྱོགས་སྔ་མར་བྱས་ནས། ཕྱེད་ཕྱི་མས་ལན་རྗོད་པར་བྱེད་པ་ཡིན་ནོ།། ཐུན་མོང་ལ་ཐུན་མོང་ཞེས་བྱ་བའི་ཁྱད་པར་གྱི་དབྱེ་བ་མེད་པས་སྔ་མ་བཞིན་ཏེ། གཙོ་བོ་བཞིན་དུ་རྗེས་སུ་འགྲོ་བ་ལ་སོགས་པ་མེད་པ་ཡིན་ཏེ། གང་ཁྱོད་སྐྱི[352]་སྔོན་དུ་སོང་བའི་སྒྲུབ་པར་ནུས་པའི་དཔེ་ཡང་ཙུང་ཞིག་ཀྱང་མེད་དོ།།

[MHK: D. 25b1; C. 25b1; P. 28a7; N. 25b3; G. 33b3]
[TJ: D. 235b4; C. 235b4; P. 264a7; N. 253b2; G. 339a1]

སྣོད་ཆག་པའི་དུམ་བུ་ལ་སོགས་པ་རྣམས་ཀྱང་བདེ་བ་ལ་སོགས་པའི་བདག་ཉིད་ཅན་ཡིན་པས་ན་ཁྱད་པར་མེད[353]་པའི་ཕྱིར་འདིར་སྨྲས་པ། ཁྱོད་དཔེ་མེད་དོ་ཞེས་བྱ་བ[354]་འདི་ལྟ་བུའི[355]་ཚིག་མ་སྨྲ་ཅིག[356]། བདག་ཅག་གི་ཕྱོགས་ལ་གཉི་ག་ལ་གྲུབ་པའི་དཔེ་ཡོད་དོ།། ཇི་ལྟ་བུ་ཞིག་ཅེ་ན།[357] བདེ་བ་དང་། སྡུག་བསྔལ་བ་དང་། གཏི་མུག་གི་ངོ་བོའི་ཕུང་པོ་སྟེ། ཕུང་པོ་ཡིན་པའི་ཕྱིར་ཆོར་བའི་ཕུང་པོ་བཞིན་ནོ་ཞེ་ན། འདི་ལ་ཡང་

349 N བ

350 DC བསྟེན

351 PNG om. ལ

352 PNG ཅི

353 C མད

354 PNG བའི

355 PNG བུ

356 PNG ཞིག

357 PNG om. །

如前一般无喻例。[358] **（28）**

这里，你（数论派）的这个证明中没有喻例。胜因，即乐等，存在于一切事物的本性中，在证明个体物的“随行”时所说的喻例没有说服力，或者对于他们（数论派）来说也不成立，所以（本）颂的前半部分是所破，后半部分是能破。在共通性中，不存在称为“共同”的特殊个体物，所以“如前一般”，即像胜因一样，随行等是不存在的，任何你（数论派）对先前的共相的证明完全没有有力的喻例。

[MHK: D. 25b1; C. 25b1; P. 28a7; N. 25b3; G. 33b3]

[TJ: D. 235b4; C. 235b4; P. 264a7; N. 253b2; G. 339a1]

这时，（数论派）说：“破瓶的碎片等也具有乐等的本性，无差别故。你（佛教徒）不能说‘无喻例’这样的话，我们的命题中有双方都承认的譬喻。”如果问：“（譬喻）是什么？”（回答：）“（个体物）是以乐、苦、痴为本性的蕴，是蕴故，如受蕴。”

358 本颂意为：如果认为（个体物具有）先前的共相，因为（个体物具有）像共相一样的性质；那么共相和别相就像先前（的胜因）一样是没有喻例的。

བརྗོད་པར་བྱ་བའི་ཕྱིར།

བདེ་ལ་སོགས་པའི་ངོ་བོའི་ཕྱིར།།
ཚོར་བའི་ཕུང་པོ་བཞིན་མི་འདོད།།
ཕུང་པོ་ཡིན་ཕྱིར་བདེ་སྡུག་སོགས།།
སོ་སོར་མ་ངེས་པ་ཉིད་ཡིན།། (29)

na sukhādisvabhāvatvaṃ vedanāskandhavan matam/

skandhatvāt sukhaduḥkhādyaiḥ pratyekaṃ vyabhicārataḥ// (29)

བདེ་བའི་[359-]ངོ་བོའི་[-359]ཕུང་པོ་ནི་[360]ཕུང་པོ་ཡིན་པའི་ཕྱིར་ཚོར་བའི་ཕུང་པོ་བཞིན་ནོ་ཞེས་བྱ་བའི་[361]གཏན་ཚིགས་འདི་མ་ངེས་པ་ཡིན་ནོ།། ཅིའི་ཕྱིར་ཞེ་ན། ཚོར་བ་ནི་གསུམ་སྟེ། དེ་ལ་ཕུང་པོ་ཡིན་པའི་ཕྱིར་ཅི་ཚོར་བ་བདེ་བ་བཞིན་དུ་ཕུང་པོ་བདེ་བའི་ངོ་བོ་ཞིག་ཡིན་པར་འགྱུར་རམ། འོན་ཏེ་ཡང་ཕུང་པོ་ཡིན་པའི་ཕྱིར་ཚོར་བ་སྡུག་བསྔལ་བཞིན་དུ་སྡུག་བསྔལ་གྱི་ངོ་བོ་ཞིག་ཏུ་འགྱུར་རམ། སྡུག་བསྔལ་ཡང་མ་ཡིན། བདེ་བ་ཡང་མ་ཡིན་པ་ཉིད་གཅིག་ཏུ་འགྱུར་ཞེས་བྱ་བ་ནི་མ་ངེས་པ་ཉིད་ཡིན་ནོ།། སྡུག་བསྔལ་གྱི་ངོ་བོ་ཉིད་དུ་སྒྲུབ་ན་ཡང་ཐལ་བར་འགྱུར་བ་འདི་ཉིད་ཡིན་ཏེ། ཕུང་པོ་ནི་གཏི་མུག་གི་རང་བཞིན་ཡིན་ཏེ། ཕུང་པོ་ཡིན་པའི་ཕྱིར་ཚོར་བའི་ཕུང་པོ་བཞིན་ནོ་ཞེས་བྱ་བས་སོ།། ཚོར་བ་ནི་གཏི་མུག་མ་ཡིན་པའི་ངོ་བོ་ཡིན་པའི་ཕྱིར་བསྒྲུབ་བྱས་སྟོང་པ་ཉིད་ཡིན་པས་ན་དཔེའི་སྐྱོན་ཡིན་ནོ།། [362-]གལ་ཏེ་ཡང་འདི་སྐད་དུ། གཏི་མུག་ཀྱང་ཚོར་བའི་ངོ་བོ་ཉིད་ཡིན་ཏེ། རྒྱུ་དང་ལྡན་པའི་ཕྱིར་ཚོར་བ་བདེ་བ་དང་སྡུག་བསྔལ་བཞིན་ནོ་ཞེ་ན།[-362]

mohasya[①] vā[②] vedanatvād dṛṣṭāntanyūnatā bhavet/

hetumattvāc ca tatsiddher[③] neṣṭā duḥkhasukhādivat// (30)

([①]=L; Ms, SG mohasyā. [②]=Ms, L; SG om.vā. [③]= Ms, L; SG tāsiddher)。

---

[359] PNG om.

[360] DC ins. ||

[361] PNG ins. འདི་ལ་ཡང་བརྗོད་པར་བྱ་བའི་ཕྱིར། བདེ་བ་ལ་སོགས་པའི

[362] 此段长行意思与梵本第 30 颂相近，本稿将此长行计为藏译第 30 颂，其后藏译偈颂编号作相应调整。

对此，应回答：

乐等等之本性故，
如同受蕴不被许，
是蕴故则苦乐等，
各各差别不决定。[363]**（29）**

“蕴是乐性，是蕴故，如受蕴”这一论证是不确定的。如果问：“为什么？”（回答：）“受有三种，其中，‘是蕴故’要么像乐受一样蕴成为乐性；要么‘是蕴故’像苦受一样（蕴）成为苦性；或者（蕴）成为不苦不乐性”是不确定的。

证明（蕴是）苦性的时候也是这样的错误。

所谓“蕴是痴性，是蕴故，如受蕴”，因为受是非痴性的，对象是空无的话，譬喻也就是错误的。

如果这样说“痴也是受性的，具有因故，犹如乐受和苦（受）”。

（那么），

亦或痴为受性故，
具有因故如苦乐，
即是喻例有错误，
彼之证明不被许。[364]**（30）**

---

[363] 本颂意为：“（个体物）具有乐等的本性故，如同受蕴”是不被（佛教徒）认可的；是蕴的缘故，苦乐等等各种差别都是不确定的。

[364] 本颂意为：（数论派说：）或者痴是受性的，具有因故，如同苦乐等；这种喻例有错误的论证是不被认可的。

[MHK: D. 25b2; C. 25b2; P. 28a8; N. 25b4; G. 33b3]

[TJ: D.236a3; C. 236a2; P. 264b7; N. 254a2; G. 339b2]

མ་ངེས་པ་ཡིས[365]་སྤངས[366]་པས་ན།།

དེ་ལྟར་དོན་བྱེད[367]་བདག་ཉིད་ཡིན།། (31ab)

vyabhicārasyāpahater evam apy akṛtārthatā① / (31ab)

(①=SA; Ms, SG, L akṛtātmatā; L note: arthakriyātmatā)

368-རྒྱུ་དང་ལྡན་པ་ཡིན་པའི་ཕྱིར།།-368 ཅི་གཏི་མུག་ཆོར་བའི་ངོ་བོ་ཉིད་གཅིག[369]་ཏུ་འགྱུར་རམ། འོན་ཏེ་རྒྱུ་དང་ལྡན་པ་ཡིན་པའི་ཕྱིར་བུམ་པ་ལ་སོགས་པ་བཞིན་དུ་བདེ་བ་ལ་སོགས་པའི་ངོ་བོ་མ་ཡིན་པ་ཞིག་ཏུ་འགྱུར། དེས་འདི་ལྟར་མ་ངེས་པ་ཉིད་ཀྱིས་ཡོངས་སུ་སྤངས་པ་ཉིད་ཡིན་པས་ན་ཡང་ཇི་ལྟར་མངོན་པར་འདོད་པའི་དོན་མ་གྲུབ་པ་ཉིད་ཡིན་ནོ།།

[MHK: D. 25b2; C. 25b2; P. 28a8; N. 25b4; G. 33b4]

[TJ: D. 236a4; C. 236a4; P. 265a1; N. 254a3; G. 339b4]

གཞན་ཡང་།[370]

རྗེས་འགྲོ་སོགས་ཀྱི[371]་རྗེས་དཔག་གི།

དམ་བཅས་སྐྱོན་གྱིས་གནོད་པ་ཡིན།། (31cd)

anvayādyanumānāc ca ①-pratijñādoṣabhāvanāt-① // (31cd)

(①=SA; Ms, SG °doṣabhā[ ]; L °doṣabādhanāt)

གཙོ་བོ་ནི་ཡོད་དོ་ཞེས་བྱ་བ་ནི་དམ་བཅའ་བ་ཡིན་ལ། རྗེས་སུ་དཔོག་པར་བྱེད་པས་རྗེས་སུ་འགྲོ་བ་ལ་སོགས་

---

365 PK NK GK, PNG ཡི; cf. TJ མ་ངེས་པ་ཉིད་ཀྱིས་ཡོངས་སུ་སྤངས་པ་ཉིད.

366 PK NK GK སྤང

367 N བྱོད

368 DK CK 将这一句当作偈颂，而 PK NK GK 无此句。

369 PNG གཅི

370 PNG om. |

371 NK ཀྱིས

[MHK: D. 25b2; C. 25b2; P. 28a8; N. 25b4; G. 33b3]

[TJ: D.236a3; C. 236a2; P. 264b7; N. 254a2; G. 339b2]

即使断灭不确定，

如此亦是义未办。[372]（31ab）

具有因故，要么痴成为受性；或者具有因故，像瓶等一样，（痴）不成为乐等的本性。

所以，即使这种不确定性被完全断除，（数论派）如此主张的目的也不能成立。

[MHK: D. 25b2; C. 25b2; P. 28a8; N. 25b4; G. 33b4]

[TJ: D. 236a4; C. 236a4; P. 265a1; N. 254a3; G. 339b4]

而且，

随行等之比量故，

违害立宗过错故。[373]（31cd）

“胜因是有”是宗，与作为比量的“随行”等相矛盾。

[372] 本颂意为：即使断灭不确定性，（数论派）这样的意义也不能成立。

[373] 本颂意为：随行等比量的缘故，（犯了）违害宗的过错的缘故。

པ་དང་འགལ་བ་ཡིན་ཏེ། ཇི་ལྟར[374]་ཞེ་ན། རྗེས་སུ་འགྲོ་བ་ལ་སོགས་པས་ནི་རྟག་པ་མ་ཡིན་པ་དང་། ཁྱབ་པ་མ་ཡིན་པ་ལ་སོགས་པར་རྗེས་སུ་དཔོག་པས་རྟག་པ་དང་ཀུན་ལ་ཁྱབ་པ་ལ་སོགས་པ་སྤྱངས་པ་ཡིན་པའི་ཕྱིར་ཆོས་ཅན་གྱི་རང་གི་ངོ་བོ་ཡང་སྤྱངས་པ་ཡིན་ནོ།།

[MHK: D. 25b2; C. 25b2; P. 28b1; N. 25b4; G. 33b4]

[TJ: D. 236a6; C. 236a6; P. 265a3; N. 254a5; G. 339bb]

གཞན་ཡང་[375]།[376]

　　སྐྱེ་མེད་མཐའ་མེད་ཉིད་སོགས་ཀྱི།།
　　དེ་ཡི[377]་ཁྱད་པར་སྤྱངས[378]་པས[379]་ན།།
　　གཙོ་བོའི་ཡོན་ཏན་འདོད་པ་ཡི།།
　　གཏན་ཚིགས་མ་ངེས་པ་ཉིད་ཡིན།། (32)

(17b2)ajātānantavattvāditadviśeṣanirākṛteḥ/

prādhānikaguṇaiś ceṣṭā hetavo vyabhicāriṇaḥ// (32)

རྗེས་སུ་འགྲོ་བ་ལ་སོགས་པའི་གཏན་ཚིགས་ཀྱིས་ཀྱང་ཇི་ལྟར་རྗེས་སུ་འགྲོ་བ་དང་ཡོངས་སུ་འགྱུར་བ་ལ་སོགས་པ་ཡོད་པའི་སྣོད་ཆག་པའི་དུམ་བུ་ལ་སོགས་པ་ཡོད་པ་བཞིན་གཙོ་བོ་ཡང་སྒྲུབ་པར་བྱེད་པ་ཡིན་ལ། དེ་བཞིན་དུ་སྐྱེས་པ་ཉིད་དང་། མཐའ་དང་ལྡན་པ་ཉིད་དུ་ཡང་སྒྲུབ་པར་བྱེད་པས་གཙོ་བོ་ནི་མ་སྐྱེས་པ་དང་། མཐའ་མེད་པ་ཡིན་ནོ[380]་ཞེས་ཟེར་བ་དེས་ན་དེའི་ཁྱད་པར་སྤྱངས་པས་ཆོས་ཅན[381]་གྱི་ཁྱད་པར་ཡང་སྤྱངས་པ་ཡིན་པའི་ཕྱིར་དོན་དང་འགལ་བ་ཉིད་ཡིན་ནོ།། གཙོ་བོའི་ངོ་བོ་ནི་གཙོ་བོའོ།། ཡོན་ཏན་ནི་སྙིང་སྟོབས་དང་རྡུལ་

---

374 DC ལྟ

375 P ins. ཞེ་ན

376 G om. །

377 PK NK GK, DC ཡིས

378 N གནས

379 PNG པ

380 P ins. །།; NG ins. །

381 G om. ཅན

如果问："为什么？"（回答：）"随行"等是非常住、非遍在等的，而作为比量就与常住、遍在于一切等相违背，所以就是有法自相相违。

[MHK: D. 25b2; C. 25b2; P. 28b1; N. 25b4; G. 33b4]

[TJ: D. 236a6; C. 236a6; P. 265a3; N. 254a5; G. 339bb]

此外，

不生以及无尽等，
彼之差别相违故，
胜因之德若被许，
诸因则为不确定。[382]**（32）**

随行和变异等的存在就像破瓶的碎片等的存在一样，用随行等因能证明胜因的话，同样也能证明产生性、有尽性，而（数论派）认为"胜因是不生、无尽的"，所以"彼之差别相违"就是有法差别相违因，即与（宗的）含义相矛盾。

胜因的自性（pradhānarūpa）即胜因（prādhānika）。"德"是萨埵、

[382] 本颂意为：不生、无尽等与那（胜因的有法）差别相违；所以如果胜因的各种德被承认的话，那么（随行等）各种因就是不确定的。

དང་མཐུན་པ་རྣམས་ཏེ་[383-]གཙོ་བོ་ལ་བརྟེན་པ་རྣམས་སོ།།[-383] གཙོ་བོའི་ཡོན་ཏན་དེ་རྣམས་ནི་བྱེད་པ་རྒྱུ་མེད་པའི་ཕྱིར་བྱེད་པ་མེད་པ་ཡིན་ནོ།། རྗེས་སུ་འགྲོ་བ་དང་ཡོངས་སུ་འགྱུར་བ་ལ་སོགས་པ་འདི་རྣམས་ཀྱང་[384-]དབྱེ་བ་[-384]ལ་ཡོད་པ་ཡིན་ནོ་ཞེས་བྱ་བ་དེ་ཡང་འདིར་བརྟག་དགོས་པ་ཡིན་ཏེ། ཅི་རྗེས་སུ་འགྲོ་བ་འདི་སྣོད་ཆག་པའི་དུམ་བུ་ལ་སོགས་པ་བཞིན་དུ་དབྱེ་བ་རྒྱུ་དང་བཅས་པ་ཞིག[385]་ཡིན་ནམ། འོན་ཏེ་ཡང་རྗེས་སུ་འགྲོ་བ་འདི་གཙོ་བོའི་ཡོན་ཏན་བཞིན་དུ་བྱེད་པ་མེད་པ་ཞིག་ཡིན་ཞེས་བྱ་བ་ནི་མ་ངེས་པ་ཉིད་ཡིན་ནོ།། ཡོངས་སུ་འགྱུར་བ་ལ་སོགས་པའི་གཏན་ཚིགས་རྣམས་ལ་ཡང་ཚུལ་འདི་ཉིད་སྦྱར་བར་བྱའོ།།

ekakāraṇapūrvatve syāc ca teṣāṃ viruddhatā/ (33ab)

[TJ: D. 236b3; C. 236b3; P. 265b1; N. 254b3; G. 340a5]

གཞན་ཡང་གཙོ་བོ་ནི་ཡོད་དོ་ཞེས་བྱ་བར་དམ་བཅའ་བའི་དོན་ཅི་ཞིག་ཡིན། ཅི་ཆེན་པོ་ལ་སོགས་པ་ཐམས་ཅད་ཀྱི་རྒྱུ་གཙོ་བོ་གཅིག་པུ་ཡིན་ནམ།[386] འོན་ཏེ་གཙོ་བོ་ནི་ཆེན་པོའི་རྒྱུ་ཡིན་ལ་ཆེན་པོ་ནི་ངར་འཛིན་པའི་རྒྱུ་ཡིན།[387] ངར་འཛིན་པ་ནི་དེ་ཙམ་གྱིའོ་[388]ཞེས་བྱ་བ་ལ་སོགས་པ[389]་སོ་སོའི་རྒྱུ་ཉིད་ཡིན། དེ་ལ་རེ་ཞིག[390]་[391-]རྒྱུ་གཅིག་སྔོན་དུ་སོང་བ་ལས་ཡིན་ན་ནི་རྒྱུ་རྣམས་དང་འགལ་བ་ཡིན་ཏེ།[-391] ཇི་ལྟར[392]་ཞེ་ན། འདི་ལ་གང་ཡོད་པ་དེ་དག་ནི་རྒྱུ་ཐ་དད་པར་མཐོང་སྟེ། ཇི་ལྟར་ས་ནི་བུམ་པའི་རྒྱུ་ཡིན་ལ་[393]བུམ་པ་ནི་གྲོ་དུམ་ལ་སོགས་པ་

383 PNG །

384 G དབེ་བྱ

385 DC ཞེག

386 N om. །

387 PNG om. །

388 PN ins. །; G ins. །།

389 PNG པས

390 DC ཤིག

391 此长行意思与梵本第 33ab 颂基本一致，根据上下文可知藏译 MHK 和 TJ 都缺此半颂，本稿计此为藏译第 33ab 颂。

392 DC ལྟ

393 PN ins. །; G ins. །།

罗阇、多磨等依止于胜因之物。这些“胜因之德”没有能作因，所以没有作用。

而且，这里应该再次考察所谓“随行和变异等这些也存在于个体物中”，即“要么这随行就像破瓶的碎片等一样具有个体因，要么这随行就像胜因之德一样没有作用”是不确定的。对于变异等等各种因来说，这种方法也适用。

一前因之情状时，
于彼则是相违背。[394] **（33ab）**

[TJ: D. 236b3; C. 236b3; P. 265b1; N. 254b3; G. 340a5]

此外，所谓“胜因是有”的宗的含义是什么？（含义是）要么“大等一切的因是同一个胜因”，要么“胜因是大的因，大是我慢的因，我慢是唯的（因）等各自为因”。

其中，首先，是“一前因”（ekakāraṇapūrvatva）的话，就会与其他因相矛盾。如果问“为什么？”（回答：）（我们）看见那些存在物都

[394] 本颂意为：是“一前因”的时候，就会与其他因相矛盾。

རྣམས་ཀྱི་ཡིན་ནོ།། དེ་བཞིན་དུ་ཙནྡན[395]་གྱི་ལྡོན་པ་ནི་སྡོང[396]་པོའི་རྒྱུ་ཡིན་ལ་སྡོང་པོ་ནི་དུམ་བུའི་རྒྱུ་ཡིན་པས་རྒྱུ་གཅིག་སྔོན་དུ་སོང་བ་ལས་གྲུབ་པའི་ངོ་བོ་ནི་མེད་དོ།། དེས་ན་རྒྱུ་གཅིག་སྔོན་དུ་སོང་བ་ལས་ཡོད་པ་ཉིད་མི་འབྱུང་བར་རྗེས་སུ་དཔག་པས་ན་མེད་པ་ཉིད་རབ་ཏུ་བསྒྲུབས་པ་ཡིན་པས་ཆོས་ཅན་གྱི་རང་གི་ངོ་བོ་ལས་བཟློག་པ་བསྒྲུབས་པ་ཡིན་ནོ།།

[MHK: D. 25b3; C. 25b3; P. 28b1; N. 25b5; G. 33b5]

[TJ: D. 236b6; C. 236b6; P. 265b5; N. 254b6; G. 340b3]

> དེ་བཞིན་ཐ་དད་རྒྱུ་ལས་ཀྱང་།།[397]
> འབྱུང་བར་འདོད་པའི་དཔེ་ཡོད་མིན།། (33cd)

tathā vibhaktahetutve vidyate na nidarśanam① // (33cd)

(①=Ms, SG; L nidarśam)

གཙོ་བོ་ནི་ཆེན་པོའི་རྒྱུ་ཡིན་ཏེ། རྗེས་སུ་འགྲོ་བའི་ཕྱིར་དཔེར་ན་ཏི་ལ་བུ་ཞིག[398]་ཅེས་བྱ་བའི་རིགས་གཅིག་པའི་དངོས་པོའི་དོན་རྟག[399]་པར་གནས་པའི་ངོ་བོ་ནི་མེད་པས་དཔེ་མ་གྲུབ་པ་ཉིད་ཡིན་ནོ།།

[MHK: D. 25b3; C. 25b3; P. 28b2; N. 25b5; G. 33b5]

[TJ: D. 236b7; C. 236b7; P. 265b7; N. 254b7; G. 340b4]

གལ་ཏེ་ཡང་འདིར་བདག་གིས[400]་སྣོད་ཆག་པའི་དུམ་བུ་ལ་སོགས་པའི་དཔེ་སྨྲས་པ་ཉིད་མ་ཡིན་ནམ། སྣོད་ཆག་པའི་དུམ་བུ་ལ་སོགས་པ་ནི་མི་རྟག་པ་ཡིན་ལ། གཙོ་བོ་ཉིད་ནི་རྟག་པའི་ཆོས་ཅན་ཡིན་ན་ཇི་ལྟར་དེ་དག་འདྲ་བ་ཡིན་ཞེ་ན། དེ་ཅི་ལྟར་རྟག་པ་ཡིན་པར་སྒྲུབ་པའི་ཕྱིར་གཞན་དག་གིས་ཚད་མ་སྨྲས་པ།

---

395 PNG ཙན་དན

396 P སྡོམ

397 PNG om. ||

398 PNG ins. |

399 N རྟོག

400 PNG གི

有不同的因，譬如，土是瓶的因、瓶是瓦砾（的因）等等。同样，栴檀树是干的因、干是枝的因，所以根据“一前因”证明的（胜因的）本性是无。因此，“有性”不从“一前因”产生，根据比量只能证明“无性”，所以是有法自相相违。

[MHK: D. 25b3; C. 25b3; P. 28b1; N. 25b5; G. 33b5]

[TJ: D. 236b6; C. 236b6; P. 265b5; N. 254b6; G. 340b3]

如是差别因之时，

无有喻例能被许。[401]（33cd）

胜因是大的因，随行故，无论什么样的譬喻都以同类事物为对象，常住的本性是不存在的，所以没有喻例。

[MHK: D. 25b3; C. 25b3; P. 28b2; N. 25b5; G. 33b5]

[TJ: D. 236b7; C. 236b7; P. 265b7; N. 254b7; G. 340b4]

这时，如果（数论派）说：“难道我们没有提出破瓶的碎片等的喻例？或者（难道我们没有解释）即使破器的碎片等是非常住的而胜因是常住的有法的话，两者如何相似？”为了证明它如何是常住的，他们（数论派）论证说：

---

[401] 本颂意为：同样，是“差别因”的时候，没有喻例能被承认。

ཙནྡན[402]་དུམ་བུར་གྱུར་པ་ན།།
ཉམས་པ་མིན[403]་པར་རྟོགས་བྱ་སྟེ།།
སྟོབས་དང་གཟུགས་དང་ཚད་ལ་སོགས།།
ཉེ་བར་གནས་ཏེ་བདག་ཉིད་བཞིན།། (34)

candanaṃ śakalotpattau na dhvastam iti gamyate/

balarūpapramāṇādipratyāsattes tadātmavat// (34)

ཙནྡན[404]་ཞེས་བྱ་བའི་རྫས་བརྟན[405]་པར་གནས་བཞིན་དུ། དུམ་བུ་ཞེས་བྱ་བའི་ཆོས་ཀྱི་ཁྱད་པར་སོ་སོར་འབྱུང་བར་གྱུར་པ་ན་སྡོང་པོ་ཞེས་བྱ་བའི་ཆོས་ཀྱི་ཁྱད་པར་མི་མངོན་པར་གྱུར་ལ།[406] དུམ་བུ་མངོན་པར་གྱུར་པ་དེའི་དུས་ན་ཡང་ཙནྡན[407]་ལ་ནི་ཉམས་པ་མེད་དོ་ཞེས་བྱ་བ་ནི་ཕྱོགས་ཡིན་ནོ།། སྟོབས་ཉེ་བར་གནས་པ་དང་། གཟུགས་ཉེ་བར་གནས་པ་དང་།[408] ཚད་ཉེ་བར་གནས་པའི་ཕྱིར་ཞེས་བྱ་བ་རྣམས་ནི་གཏན་ཚིགས་ཏེ། [409-]ཉེ་བར་གནས་པའི་ངོ་བོ་ནི་[-409]ཉེ་བར་གནས་པ་ཉིད་[410-]དོ།།[-410] རིགས་གཅིག་པའི་རྒྱུའི་རང་གི་ངོ་བོ་ཉིད་ཡོངས་སུ་མ་སྤངས་པའོ།། དེ་ལ་སྟོབས་ཉེ་བར་གནས་པ་ནི་ཙནྡན[411]་དུམ་བུ་ལ་སོགས་པར་བྱས་སུ་ཟིན་ཀྱང་[412]སྨན་ལ་སོགས་པའི་དགོས་པ་ལ་དྲི་དང་རོ་ཐ་མི་དད་པས་དེ་ལྟར་ཕན་པར་འགྱུར་བའི་ནུས་པ་གང་ཡིན་པའོ།། གཟུགས་ཉེ་བར་གནས་པ་ནི་དཀར་པོ་ལ་སོགས་པར་མཐུན་པའི་གཟུགས་ཉིད་དོ།། ཚད་ཉེ་བར་གནས་པ་ནི་ཙནྡན[413]་གྱི་སྡོང་པོ་[414-]ཆེན་པོ[-414]་ལ་དུམ་བུ་མང་པོ་ཉིད་ཡོད་པ་ཡིན་ལ། ཆུང་དུ་ལ་ནི་དུམ་བུ་ཡང་ཉུང་དུ་

[402] PK NK GK, PNG ཙན་དན
[403] G ནི་ན
[404] PNG ཙན་དན
[405] PNG བསྟན
[406] DC om. །
[407] PNG ཙན་དན
[408] PNG om. །
[409] PNG om.
[410] PNG དེ
[411] PNG ཙན་དན
[412] PNG ins. །
[413] PNG ཙན་དན
[414] P om.

梅檀变为碎片时，
不被损减是应知，
力色以及量等等，
持续故彼如同我。[415]（34）

就像称为“梅檀”的实有物是持续性的，称为“碎片”的“法差别”各自产生时候，称为“干”的“法差别”不显现。

“即使显现为碎片的时候，梅檀也没有被损减”是宗。“因为持续力、持续色、持续量”等是因。

持续性即持续的本性。完全不舍离同类因的自性。

其中，“持续力”是即使已经成为梅檀片等之后，也能根据药等的需要，用相同的香和味如是饶益（他物）的力量。

“持续色”是白等相应的色性。

“持续量”是梅檀的大枝中有许多碎片，（大枝）小的时候碎片也少，但只要“持续性”是存在的，那些（碎片）就不会变成无，就像

[415] 本颂意为：应该知道“梅檀变为梅檀片的时候，（本性）没有被损减”；因为力、色、量等等是持续性的，所以那（梅檀）就像我（即胜因）一样（是常住的）。

འབྱུང་བར་འགྱུར་ཏེ། གང་དང་གང་ཉེ་བར་གནས་པ་ཡོད་པ་དེ་དང་དེ་ནི་མེད་པར་འགྱུར་བ་མ་ཡིན་ཏེ། དཔེར་ན་དུམ་བུར་མ་བྱས་པའི་ཙནྡན[416]་དེའི་རང་གི་ངོ་བོ་བཞིན་ནོ།། [417]-དེས་ན་རྒྱུ་ཐ་དད་པ་ཉིད་ལ་ཡང་བདག་ལ་དཔེ་ཡོད་པ་བཞིན་ནོ་ཞེ་ན།-[417]

ato vibhaktahetutve dṛṣṭāntāsiddhatā na cet/ (35ab)

[MHK: D. 25b4; C. 25b4; P. 28b2; N. 25b5; G. 33b6]
[TJ: D. 237a6; C. 237a6; P. 266a7; N. 255a7; G. 341a5]

དེ་ལ་བརྗོད་པར་བྱ་སྟེ།
　　ནུས་པའི་བདག་ཉིད་ཉིད་དུ་དེ[418]།།
　　ཡོད་ན་སྔར་བཞིན་དཔེ་མི་འགྲུབ།། (35cd)

śaktyātmanā① (17b3)tadastitve pūrvavan na nidarśanam// (35cd)

(①=L; Ms, SG śaktyātma[ ])

གཙོ[419]་བོའི་ནུས་པ་ཆེན་པོ་ལ་སོགས་པའི་དབྱེ་བ་ལ་ཡང་ཡོད་ན་རྗེས་སུ་འགྲོ་བ་ལ་སོགས་པའི་གཏན་ཚིགས་ཡོད་པར་གྱུར་ཀྱང་དངོས་པོའི[420]་དོན་མི་གསལ་བ་གཞན་མེད་པས[421]་བསྒྲུབ་བྱ་རྗེས་སུ་འགྲོ་བ་མ་ཡིན་ཏེ། དཔེ་མེད་པའི་ཕྱིར་རོ།།

[MHK: D. 25b4; C. 25b4; P. 28b3; N. 25b6; G. 33b6]
[TJ: D. 237a7; C. 237a7; P. 266a8; N. 255b1; G. 341a6]

---

416 PNG ཙན་དན

417 此长行意思与梵本第 35ab 颂基本一致，根据上下文可知藏译 MHK 和 TJ 都缺此半颂，本稿计此为藏译第 35ab 颂。

418 DK CK PK GK སྟེ

419 D གཙོ

420 C པའི

421 PNG པ

不变成碎片的那个栴檀的自性一样。

所以，就“差别因”来说，我（数论派）也有喻例。（数论派）如是说。

于是差别因之时，
喻例非是不成立。[422]**（35ab）**

[MHK: D. 25b4; C. 25b4; P. 28b2; N. 25b5; G. 33b6]
[TJ: D. 237a6; C. 237a6; P. 266a7; N. 255a7; G. 341a5]

对此，（佛教徒）回答：

力之本性彼若有，
如同前述无喻例。[423]**（35cd）**

胜因的力也存在于大等的个体物中的话，即使“随行”等的因能够成立，因为没有其他不显的事物，所以“随行”不能证明，因为没有喻例。

[MHK: D. 25b4; C. 25b4; P. 28b3; N. 25b6; G. 33b6]
[TJ: D. 237a7; C. 237a7; P. 266a8; N. 255b1; G. 341a6]

---

[422] 本颂意为：所以，是“差别因”的时候，喻例不是不成立的。

[423] 本颂意为：如果那（大等个体物）也有（胜因的）力的本性的话，（这种论证）就像前面（已经说过的）一样是没有喻例的。

གསལ[424]་བའི་ངོ་བོར་དེ་ཡོད་ནའང་།།
གྲུབ་པའི་མཐའ་ནི་སྤང[425]་བར་འགྱུར།། (36ab)

vyaktātmanā tadastitve kṛtāntatyāgitā bhavet/ (36ab)

ཅི་སྟེ་ཡང་གསལ་བའི་ངོ་བོས་གཙོ་བོ[426]་དེ་བྱེ་བྲག་གི[427]་རྗེས་སུ་འགྲོ་བར་ཡོད་དོ་ཞེ་ན། གྲུབ་པའི་མཐའ་དང་འགལ་བ་ཡིན་ཏེ། ལུང་ལས་གཙོ་བོ་ནི་མི་གསལ་བའོ་ཞེས་འབྱུང་བའི་ཕྱིར་རོ།།

[MHK: D. 25b4; C. 25b4; P. 28b3; N. 25b6; G. 33b6]

[TJ: D. 237b1; C. 237b1; P. 266b2; N. 255b2; G. 341b2]

གལ་ཏེ་ཙནྡན[428]་དང་དུམ་བུ་གཅིག་པ་ཉིད་ཡིན་ན་དེ་བཞིན་དུ་བྱ་བ་དང་བྱེད་པ་དག་ཉིད་ཀྱང་བྱ་བ་དང་བྱེད་པ་གཅིག་པ་ཉིད་དུ་སྒྲུབ་པར་བྱེད་དོ་ཞེ་ན། དེ་ལ་ཡང་།[429]

བྱ་དང་བྱེད་པ་གཅིག་ཉིད་དུ།།
སྒྲུབ[430]་ནའང་སྨྲས་པའི་ཚུལ་ཉིད་ཡིན།། (36cd)

kāryakāraṇayor aikyaṃ sādhane ’py uktanītivat// (36cd)

[MHK: D. 25b4; C. 25b4; P. 28b3; N. 25b6; G. 34a1]

[TJ: D. 237b2; C. 237b1; P. 266b3; N. 255b3; G. 341b3]

རིགས་མཐུན་ཉིད་ལ[431]་གཅིག་ཉིད་དུ།།
སྒྲུབ[432]་ནའང་གྲུབ་པ་སྒྲུབ[433]་པ་ཡིན།། (37ab)

---

[424] NK བསལ

[425] PK NK GK, PNG སྤངས

[426] G བོས

[427] PNG om. གི

[428] PNG ཙན་དན

[429] PNG om. །

[430] PNG བསྒྲུབ

[431] PNG དང

[432] PK NK GK, PNG བསྒྲུབ

显之本性彼若有,

教义应是被舍离。[434]（36ab）

如果（数论派）说:“显的本性也是那胜因的,个体物因随行而存在”的话,就与（数论派的）宗趣相违背,因为根据（数论派的）教义“胜因是未显”。

[MHK: D. 25b4; C. 25b4; P. 28b3; N. 25b6; G. 33b6]

[TJ: D. 237b1; C. 237b1; P. 266b2; N. 255b2; G. 341b2]

如果（数论派）说:“栴檀和碎片具有同一性的话,同样,就因和果两者来说也能够证明因和果是同一性的。”对此,（佛教徒反驳:）

因与果是同一性,

论证即如已说理。[435]（36cd）

[MHK: D. 25b4; C. 25b4; P. 28b3; N. 25b6; G. 34a1]

[TJ: D. 237b2; C. 237b1; P. 266b3; N. 255b3; G. 341b3]

同类之理是同一,

论证即是证已成。[436]（37ab）

---

433 PK NK GK, PNG བསྒྲུབ

434 本颂意为:如果那（胜因）也具有显的本性的话,那么（这种说法）就与（数论派的）教义相背离。

435 本颂意为:（如果）因和果是同一性的,那么,（这样的）论证就像已经说过的道理一样。

436 本颂意为:同类的道理就是同一性,（这样的论证）就是证明已经成立的。

ekajātinayaikatvasādhane siddhasādhanam / (37ab)

གལ་ཏེ་རིགས་མཐུན་པ་ཉིད་ལ[437]་བྱ་བ་དང་བྱེད་པ་གཅིག་པ་ཉིད་དུ་སྒྲུབ་པར་བྱེད་ན་ནི་གྲུབ་པ་སྒྲུབ[438]་པ་ཡིན་ཏེ། དེ་ཡང་འདི་ལྟར་ནས་ཀྱི་ས་བོན་ལས་བྱུང་བའི་མྱུ་གུ་དང།[439] སྡོང་བུ་དང་། སྦུབས་དང་། འདབ་མ་དང་། སྙེ་མ་དང་། འབྲས་བུ་ལ་སོགས་པ་ནི་ཐ་མི་དད་པའི་ཕྱིར་གཅིག་ཉིད་ཡིན་པ་བཞིན་ནོ།།

[MHK: D. 25b5; C. 25b5; P. 28b4; N. 25b7; G. 34a1]

[TJ: D. 237b3; C. 237b3; P. 266b4; N. 255b5; G. 341b4]

དེ་ལས་དོན་གཞན་རྟོག[440]་ན་ཡང་།།
སྔ་མ་བཞིན་དུ་སྐྱོན་ཀུན་འབྱུང་།། (37cd)

tadanyārthaviklape ca pūrvavad doṣasaṃplavaḥ// (37cd)

འདི་ནི་སྔར་ཉིད་དུ་དེ་ཁོ་ན་ཉིད་ཀྱི་ཤེས་པ་ཚོལ[441]་བའི་རབ་ཏུ་བྱེད་པར་བྱ་བ་དང་། བྱེད་པ་དག་གཅིག་ཉིད་དུ་གྱུར་ན་ཕ་དང་བུའི་རྣམ་པར་གཞག[442]་པ་ཡང་ཉམས་པར་འགྱུར་ལ། རྒྱུ་དང་།[443] འབྲས་བུ་དང་། བྱེད་པ་པོ་དང་། ལས་བསྟན་པ་ཡང་མེད་པར་འགྱུར་རོ་ཞེས་སྨྲས་པ་ཡིན་ནོ།།

etena pūrvabuddhīnāṃ ①-niṣiddhā vartamānatā-① /(38ab)

(①=Ms, SG; L niṣiddhāpyanumānatā)

[TJ: D. 237b4; C. 237b4; P. 266b6; N. 255b6; G. 341b6]

[449]-གང་ཡང་གྲངས་ཅན་གང་དག་བློ་སྔ་མ་དག་ནི་འགག་པ་མ་ཡིན་པ་ཉིད་ཡིན་ཏེ། ད[444]་ལྟར་ཡོད་དོ[445]་ཞེས་

---

437 PNG om. ལ

438 PNG བསྒྲུབ

439 PNG om. །

440 DCPNG རྟོགས

441 PNG འཚོལ

442 PNG བཞག

443 PNG om. །

如果在同类事物中证明因和果的同一性的话，就是证明已经成立的。也就是说，从这大麦的种子产生的芽、茎、麦管、叶、穗、实等等都是不相异的缘故，就像同一性一样。

[MHK: D. 25b5; C. 25b5; P. 28b4; N. 25b7; G. 34a1]

[TJ: D. 237b3; C. 237b3; P. 266b4; N. 255b5; G. 341b4]

分别彼外对象时，
如前过错即产生。[446]**（37cd）**

这是前面《探究真实之知品》中说过的（错误）：“因和果成为同一性的话，就违背了父和子的分别施设，所说的因、果、作者、业也就不存在了。”[447]

据此对于先前觉，
现在时有被否定。[448]**（38ab）**

[TJ: D. 237b4; C. 237b4; P. 266b6; N. 255b6; G. 341b6]

此外，有些数论师说：“先前觉（pūrvabuddhi）是不灭的，即现在

---

444 DC དེ

445 NG དེ

446 本颂意为：分别那（同一性）之外的对象的时候，像前面一样的过错就会产生。

447 参见《中观心颂》及《思择焰》第三品第139-146颂。

448 本颂意为：（佛教徒认为：）根据这样（次第观察），（数论派所谓的）“先前觉”在现在时存在应该被否定。

ཟེར་བ་དེ་ལ་ཡང་རིམ་པ་འདི་ཉིད་ཀྱིས་དཔྱད་པར་བྱ་བ་ཡིན་ཏེ།[-449] གང་རིགས་གཅིག་པ་ཉིད་ཀྱི[450]་རྒྱུད་རྣམ་པར་གནས་པས་བློ་སྔ་མ་རྣམས་ད་ལྟར་ཡོད་པ་ཉིད་དུ་སྒྲུབ[451]་ན་ནི་གྲུབ་པ་སྒྲུབ[452]་པ་ཉིད་ཡིན་ནོ།། གལ་ཏེ་མི་འགག[453]་པ་ཉིད་ཡིན་ལ་ཡོངས་སུ་གྱུར་ནས་གཅིག་པ་ཉིད་དུ་འདོད་དོ་ཞེ་ན་ནི་ཡུལ་གཞན་ལ་འབྱུང་[454-]བ་མེད་པར་[-454]འགྱུར་རོ།། ཅི་སྟེ་འབྱུང་ན་ནི་འགག་པ་ཡིན་པས་གཅིག་ཉིད་མ་ཡིན་ནོ།།

[MHK: D. 25b5; C. 25b5; P. 28b4; N. 25b7; G. 34a1]

[TJ: D. 237b6; C. 237b6; P. 267a1; N. 256a1; G. 342a2]

གལ་ཏེ་ཡང་གཞན་དག་ན་རེ་འདིར་ཁྱད་པར་སྨྲས་པས་ཅི་ཞིག་བྱ[455]། དངོས་པོ་ཐམས་ཅད་གཅིག་ཉིད་ཡིན་ཏེ། བདེ་བ་དང་སྡུག་བསྔལ་དང་། གཏི་མུག་གི་བདག་ཉིད་དུ་རྗེས་སུ་འགྲོ་བ་ལ་སོགས་པའི་གཏན་ཚིགས་རྣམས་ཀྱིས་བདག་གིས་རབ་ཏུ་བསྒྲུབ[456]་པ་ཡིན་ནོ་[457]ཞེ་ན།[458] དེ་ལ་ཡང་།

བདེ་དང་སྡུག་བསྔལ་[459-]ལ་སོགས་ཀུན་[-459]།།
གཏན་ཚིགས་མ་ངེས་པ་ཉིད་ཡིན།། (38cd)

sarvadā sukhaduḥkhādyair hetavo vyabhicāriṇaḥ// (38cd)

ཞེས་བྱ་བ་སྨྲས་ཏེ། སྔར་བསྟན་པའི་རྗེས་སུ་འགྲོ་བ་ལ་སོགས་པ་དེ་དག་ལ་རེ་ཞིག་སོ་སོར་ཚོར[460]་བ་བདེ་བའི་ངོ་བོའི་རྗེས་སུ་འགྲོ་བ་ནི་ཚོར་བ་བདེ་བ་བཞིན་ཞེས་སྨྲས་པ་དེ་ལ་ཅི་རྗེས་སུ་འགྲོ་བ་འདི་ཚོར་བ་བདེ་བ་བཞིན་

---

449 此长行意思与梵本第 38ab 颂基本一致，根据上下文可知藏译 MHK 和 TJ 都缺此半颂，本稿计此为藏译第 38ab 颂。

450 PNG དུ

451 PNG བསྒྲུབ

452 PNG བསྒྲུབ

453 PNG འགལ

454 PNG བར

455 P ins. བ

456 PNG བསྒྲུབས

457 G ins. །།

458 PNG om. །

459 DK CK PK NK GK སོགས་ཀུན་དུ

460 N ཚོར

存在。”对此，应该根据这样的次第进行考察。如果由设立同类事物的相续来证明先前觉等就是现在存在的，即是证明已经成立的。如果（数论派）认为：“（先前觉等）是不灭的，变异而同一”的话，其他的对象就不会产生。如果（其他的对象）产生的话，（先前觉等）就是灭而不是同一性的了。

[MHK: D. 25b5; C. 25b5; P. 28b4; N. 25b7; G. 34a1]
[TJ: D. 237b6; C. 237b6; P. 267a1; N. 256a1; G. 342a2]

如果其他人（数论师）说：“这里，所说的特殊性有什么用？一切实有物是同一性的，根据以乐、苦、痴为本性的随行等各种因，我能很好地证明（同一性）”。对此，

任何时据乐苦等，
诸种因是不确定。[461] **（38cd）**

（佛教徒）如此回答。前面所说的随行等那些（因）中，首先，就个别来说，乐受性的随行就是所说的“像乐受一样”，其中，“要么

[461] 本颂意为：任何时候，根据以苦乐等（为本质的）各种因都是不确定的。

དུ་བདེ་བའི་ངོ་བོ་ཞིག་ཏུ་འགྱུར་རམ། འོན་ཏེ་འདིར་རྗེས་སུ་འགྲོ་བ་འདི་ཚོར[462]་བ་སྡུག་བསྔལ་བཞིན་དུ་སྡུག་བསྔལ་གྱི་ངོ་བོ་ཞིག་ཏུ་འགྱུར་བ་ཡིན་ཞེས་ཟེ་ཚོམ་སྐྱེ་བ་ཉིད་ཡིན་ཏེ། སྡུག་བསྔལ་གྱི་ངོ་བོ་ཉིད་དུ་སྒྲུབ་པ་ན་ནི་ཚོར་བ་བདེ་བ་ཉིད་ཀྱིས་མ་ངེས་པ་ཉིད་ཡིན་ལ།[463] ཀུན་ལ་ཡང་སྒྲུབ་པར་བྱེད་པ་ན།[464] བདེ་བ་དང་། སྡུག་བསྔལ་[465]དང་། གཏི་མུག་[466-]གི་བདག[-466]ཉིད་ཀྱི་ངོ་བོའི་རྗེས་སུ་འགྲོ་བས་དཔེ་ཇི་ལྟ་བུ་ཞིག་ཡོད། ཕྱོགས་གཉི་ག་ལ་གྲགས་པའི་རིགས་མཐུན་པའི་དངོས་པོའི་དོན་གྱི་ངོ་བོ་མེད་པས་དེ་ལ་འཇུག་པ་ཡང་མ་ཡིན་ལ། གཏན་ཚིགས་ཐམས་ཅད་ཀྱང་ཐུན་མོང་མ་ཡིན་པ་ཉིད་ཡིན་ནོ།།

yatas ①-tattve vānanyatvaṃ svasvato-① vā na coktavat/(39ab)

(①=SA; Ms °sva[ ]to; SG tattvo vānanyatve °; L °svator)

[TJ: D. 238a3; C. 238a3; P. 267a7; N. 256a6; G. 342b1]

[474-]བྱ་བ་དང་བྱེད་པ་གཞན་མ་ཡིན་པ་ཉིད་[467-]ཡིན་ནོ[-467]་ཞེས་ཟེར་བ་དེ་ལ་ཡང་གལ་ཏེ་གང་བྱེད་པ་པོ་ཡིན་པ་དེ་ལས་བྱ་བ་གཞན་མ་ཡིན་ནོ་ཞེ་ན། གྲུབ་པ་སྒྲུབ་པ་ཡིན་ཏེ། དེ་ཡང་འདི་ལྟར་ཞོ་ནི་སྦུབ་མ་ལ་སོགས་པའི་རྐྱེན་རྣམས་ཀྱི་ནི་བྱེད་པ་པོའི་ངོ་བོ་ཡིན་ལ། འོ་མའི[468]་ནི་བྱ་བ་མ་ཡིན[469]་ཡང་།[470] རང་གི་ངོ་བོ་གཞན་མ་[471]ཡིན་པ་ཉིད་ཡིན་ནོ།། ཅི་སྟེ་རང་གི་བྱེད་པ་མ་སྤངས་པའི་རང་གི་ངོ་བོ་ཡིན་པས[472]་བྱ་བ་གཞན་མ་ཡིན་

---

462 D ཚོར

463 DC om. |

464 PNG om. |

465 PNG ins. བ

466 P om. གི་བདག

467 PNG ནོ

468 P མ་ཡིན; NG མ་ཡི

469 G om. ཡིན

470 PNG om. |

471 P ins. ཡིན་ཡང་རང་གི་ངོ་བོ་གཞན་མ

472 PNG པར

这随行像乐受一样成为乐性？要么这随行像苦受一样成为苦性？”的犹豫就会产生。证明苦（受）性的时候，乐受性是不确定的。

其次，就全体来说，证明的时候，乐、苦、痴的本性的随行具有什么样的譬喻？双方共许的同类的事物的本性是不存在的，所以，那（譬喻）不起作用，所有因也都是不共的。

不异于一或于各，
因此并不如所说。[473]（39ab）

[TJ: D. 238a3; C. 238a3; P. 267a7; N. 256a6; G. 342b1]

对于所谓“果和因不异”，如果说的是“凡是作者都不异于源自它的结果”的话，就是证明已经成立的。

此外，就像搅棍等是酪的诸缘，乳是因本身但不是结果，（酪）也不是（乳）自性以外的其他东西。

473 本颂意为：因此，（果和因）不异（的意思是），不管是在同一性中还是在个别性中，都不像所说的那样。

པ་ཉིད་ཡིན་ན་ནི་དཔེ་ཡོད་པ་མ་ཡིན་ཏེ། འོ་མ་ནི་རང་གི་བྱེད་པ་པོའི་དངོས་པོ་ལས་གཞན་མ་ཡིན་པ་མ་ཡིན་ནོ།།-[474]

[MHK: D. 25b5; C. 25b5; P. 28b4; N. 25b7; G. 34a2]

[TJ: D. 238a5; C. 238a5; P. 267b1; N. 256b1; G. 342b4]

དུས་དབྱེར་མེད་པས་གཞན་མིན་ནའང་།།

གྲགས་དང་ལུང་དང་འགལ་བ་ཉིད།། (39cd)

kālābhedād① ananyatve rūḍhyāgamavirodhitā// (39cd)

(①=Ms, SG; L kālabhedād)

བྱེད་པ་པོ་དང་བྱ་བ་ནི་གཞན་མ་ཡིན་ཏེ། དུས་ཉེ་བར་གནས་པའི་ཕྱིར་བྱེད་པ་པོ་དང་དུས་མཉམ་པ་ཉིད་དུ་བྱ་བ་འབྱུང་བ་ཉིད་ཡིན་ནོ་ཞེ་ན། འདིར་རེ་ཞིག་འཇིག་རྟེན་གྱི་གྲགས་པ་དང་འགལ་བ་ཡིན་ཏེ། འཇིག་རྟེན་པ་ལ་ནི་ས་བོན་གྱི་དུས་ཀྱང་གཞན་ཡིན་ལ། མྱུ་གུའི་དུས་ཀྱང་གཞན་ཡིན་ཞིང་། དེ་བཞིན་དུ་མངལ་ན་གནས་པའི་དུས་ཀྱང་གཞན་ཡིན་ལ། སྐྱེ་བའི་དུས་ཀྱང་གཞན་ཡིན་ནོ་ཞེས་བྱ་བ་ཉིད་དུ་གྲགས་པ་ཉིད་ཡིན་ནོ།།

[MHK: D. 25b6; C. 25b5; P. 28b5; N. 25b7; G. 34a2]

[TJ: D. 238a7; C. 238a7; P. 267b4; N. 256b3; G. 342b6]

འདིར་སྨྲས་པ། ཅན྄[475]་མི་མངོན་པས་མེད་པར་གྱུར་པ་མ་ཡིན་ཏེ། ཅན྄[476]་གྱི་ངོ་བོ་ཞེས་དུག་པའི་དབྱེ་བ་བསྟན་པ་ཡོད་ལ། འདས་པ་ལ་སོགས་པའི་དུས་སྟོན་པར་བྱེད་པ་ཡིན་ན་ཡང་། ད་ལྟར་གྱི[477]་སྐད་ཅིག་མ་ལ་སོགས་པ་བཞིན་ནོ་ཞེ་ན། འདི་ལ་ཡང་བརྗོད་པར་བྱ་སྟེ།

ཅན྄[478]་ངོ་བོ་མི་མངོན་པས།།

---

474 本段内容与梵本第 39ab 颂意思基本一致，据上下文可知藏译 MHK 和 TJ 均缺第 39ab 颂。本稿计此为藏译第 39ab 颂。

475 PNG ཅན་དན

476 PNG ཅན་དན

477 PNG om. གྱི

478 PN NK GK, PNG ཅན་དན

如果不舍离自因的本质，那么（因）不异于果的话就没有喻例，乳是不无异于以自己为作者的实物的。

[MHK: D. 25b5; C. 25b5; P. 28b4; N. 25b7; G. 34a2]
[TJ: D. 238a5; C. 238a5; P. 267b1; N. 256b1; G. 342b4]

时无差别故不异，
则违共许与经教。[479]**（39cd）**

如果（数论派）说：“果和因不异，因为时间接近，果就和因同时生起。”这里，首先（这种说法）与世间极成相违背，即对于世人来说“种子的时候不是（芽的时候），芽的时候也不是（种子的时候）；同样，住胎期不是（生的时候），生的时候也不是（住胎期）”才是世间共许。

[MHK: D. 25b6; C. 25b5; P. 28b5; N. 25b7; G. 34a2]
[TJ: D. 238a7; C. 238a7; P. 267b4; N. 256b3; G. 342b6]

这里（数论派）说：“栴檀不显并不是无，因为所谓‘栴檀性’有第六格（ṣaṣṭhī-vibhakti）之说；而且即使宣说过去等世的时候，也像现在的刹那等一样。”对此，（佛教徒）说：

栴檀不显即是无，

---

[479] 本颂意为：因为（果和因产生的）时间没有差别，所以“（果和因）无异”；（这种说法）违背了世人的普遍认识和经教。

མེད་པར་སྒྲུབ[480]་པ་མ་ཡིན་ཏེ།།
དུས་དང་དྲུག་པས་བསྟན་པའི་ཕྱིར།།
ད[481]་ལྟར་སྐད་ཅིག་བཞིན་ཞེ་ན།། (40)

na candanatirobhāve ’bhāvaś cet sa prasādhyate/
①-ṣaṣṭhyākālena-① cāpyukter② vartamānakṣaṇo yathā// (40)
(①=Ms, SG; L seṣṭakālena. ②=L; Ms, SG cāpyukte)

[MHK: D. 25b6; C. 25b6; P. 28b5; N. 26a1; G. 34a3]
[TJ: D. 238b1; C. 238b1; P. 267b6; N. 256b4; G. 343a2]

དེ་ལྟ་ན་ཡང་སྤྲོ[482]་གྱུར་ནས།།
རང་གི་ལུགས་ཀྱི་སྐྱོན་སྦེད[483]་ཀྱང་།།
སྨྲས[484]་པའི་སྐྱོན་རྣམས་མེད་མིན་ཏེ།།
གྱེན་དུ་སྐྲ་འགྲེང་བུམ་འདྲ་བཞིན།། (41)

natv① evam api notsāhaṃ svanīticchidraguptaye/
noktadoṣo ’nubadhnāti ghaṭotkacaśaktivat②// (41)
(①=Ms, SG; L nanv. ②=Ms, SG; L ghaṭa utkacamuktivat)

འདི་ལྟར་གྲགས་ཏེ་དབང་པོས་ཀྞ་ལ།།[485] དགྲ་བོ་གསོད་པར་བྱེད་པའི་མཚོན་ཆ་འཕང་མདུང་བྱིན་པ་དང་། དེས་དེ་སྲིད་སྒྲུབ་གསོད་པའི་ཕྱིར་སྦས་ནས་བཟུང་ངོ་།། ཡང་ཀྞས་འཇིགས་བྱེད་སྡེའི་བུ་ནགས་ཀྱི་སྲིན་མོ་ལས་སྐྱེས་པ་སྐྲ་གྱེན་དུ་འགྲེང་བ་བུམ་པ་ལྟ་བུ་ཞེས་བྱ་བ་དང་། ལན་གསུམ་གྱི་བར་དུ་འཐབས་པ་ན་ཇི་སྲིད་དུ

480 DK CK PK NK GK, PNG གྲུབ
481 DK CK དེ
482 G སྤྲོད
483 N སྦད
484 DC སྨྲ
485 PNG om. ||

知彼不能被证明，

即使说时与第六，

犹如现在之刹那。[486]（40）

[MHK: D. 25b6; C. 25b6; P. 28b5; N. 26a1; G. 34a3]

[TJ: D. 238b1; C. 238b1; P. 267b6; N. 256b4; G. 343a2]

即使如此费劲力，

隐藏自宗谬误时，

所说过错非不随，

犹如苟陀迦[487]与枪。[488]（41）

有这样的传说：帝释天给了迦尔纳（Karṇa）能够杀死仇敌的武器——镖枪（śakti），他（迦尔纳）为了杀害阿周那（Arjuna）一直隐持着（镖枪）。迦尔纳和怖军（Bhīmasena）之子，即森林魔女所生的名

---

[486] 本颂意为：柄檀不显现就是无，应该知道那（“柄檀不显并不是无”）不能被证明，即使你说了第六格和时间（的理由），（以及）如同现在的刹那一样（的譬喻）。

[487] “苟陀迦”是梵文 Ghaṭotkaca 的音译，藏译 gyen du sgra 'greng bum 是逐字意译，即“如发上竖瓶者”。在《薄伽梵歌》中，Ghaṭotkaca 由 Bhīmasena 和魔女 Hiḍimbā 所生，是般度族的战士，被 Karṇa（Kuntī 之子）用从因陀罗那里得来的利器 śakti 杀死。

[488] 本颂意为：即使（数论派）如此费劲地隐藏自宗理趣的过错，但是所说的错误不是不会跟随，就像苟陀迦与镖枪一样。

དེས་ཀྣ་ཕམ་པར་བྱས་པ་ལས[489]་ཀྣས་འཕང[490]་མདུང་དེ་སྐྲ་གྲེན་དུ་འགྲེང་བ་བུམ་པ་ལྷ་བུ་དེ་གསད་པའི་ཕྱིར་འཕངས་པ་དང་། སྐྲ་གྲེན་དུ་འགྲེང་བ་བུམ་པ་ལྷ་བུ་སྤྲུལ་གྱི་གཟུགས་སུ་བསྒྱུར་ནས་གནས་པ་ན་འཕང་མདུང་དེ་ཡང་ནམ་མཁའ[491]་ལྡིང་གི་གཟུགས་སུ་བསྒྱུར་ནས་གནས་སོ།། ཡང་སྐྲ་གྲེན་དུ་འགྲེང[492]་བ་བུམ་པ་ལྷ་བུ་བྱི་ལའི་གཟུགས་སུ་བསྒྱུར་ནས་གནས་པ་ན།[493] འཕང་མདུང་དེ་འུག་པའི་གཟུགས་སུ་གྱུར་ནས་ཉེ་བར་གནས་སོ།། སྐྲ་གྲེན་དུ་འགྲེང་བ་བུམ་པ་ལྷ་བུ་མེར་བསྒྱུར་བ[494]་ན་འཕང་མདུང་ཡང་ཆུའི་བདག་ཉིད་དུ་གྱུར་ནས་རྗེས་སུ་འབྲང་སྟེ། དེ་བཞིན་དུ་རིས་གང་དང་གང་གི་གཟུགས་སུ་བསྒྱུར་ནས་ཉེ་བར་གནས་པ་ན། འཕང་མདུང་དེ་ཡང་དེའི་གཉེན[495]་པོ་གང་ཡིན་པ་དེ་དང་དེའི་གཟུགས་སུ་བསྒྱུར་ནས་རྗེས་སུ་འབྲེལ་ཏེ། ཆུང་མའི་གཟུགས་སུ་གྱུར་ནས་དེས[496]་སྐྲ་གྲེན་དུ་འགྲེང་བ་བུམ་པ་ལྷ་བུ་བསད་པར་གྱུར་པའི་བར་དུ་འབྱུང་བ་བཞིན་དུ་དེ་བཞིན་དུ་ཁྱོད་ཀྱང་རྣམ་གྲངས་གཞན[497-]་དང་གཞན[-497]་ཉེ་བར་བཟུང་ནས་ཉེ་བར་གནས་པ་ན་དེ་དག་ལ་ཡང་། སྔར་སྨྲས་པའི་སྐྱོན་དག་བཟློག་པར་དཀའ་བ་ཡིན་གྱི་མེད་པ་མ་ཡིན་ཏེ། འདི་ལྟར།[498] སྐྲ་གྲེན་དུ་འགྲེང[499]་བ་བུམ་པ་ལྷ་བུ་ལ་འཕང་མདུང་རྗེས་སུ་འབྲེལ་པར་འབྱུང་བ་བཞིན་དུ[500]་ཇི་སྲིད་ཁྱོད་གཞན་རྣམ་པར་མཐུན་པའི་ཕྱིར་སྒྲོ་བ་ཡོད་པ་དེ་སྲིད་དུ། ཡང་སྐྱོན་དེ་དང་བཅས་པ་ཡིན་ཏེ། སྐྱོན་ཅི་ཞིག་ཅེ་ན། གལ་ཏེ་ནུས་པའི་ངོ་བོར་དེ[501]་ཡོད་པ་ཉིད་ཡིན་ན་ནི་དཔེ་མེད་པ་ཡིན་ལ། གསལ་བའི་ངོ་བོར་ཡོད་པ[502]་ཉིད་ཡིན་ན་ནི་

---

489 PN ལས།; G ལ།

490 D འཕང

491 NG ནམཁའ

492 N འགྲོད

493 PNG om. །

494 PNG om. བ

495 PNG གཉེད

496 C དེ

497 PNG om.

498 PNG om. །

499 D འགྲང

500 N ins. །

501 P om. དེ

502 PNG ins. དེ

为“如发上竖瓶者”（Ghaṭotkaca，荀陀迦）战斗直到第三次中间的时候，他（荀陀迦）被迦尔纳打败了，迦尔纳为了杀害荀陀迦投出了镖枪。当荀陀迦变成蛇的形状的时候，那镖枪就变成金翅鸟的形状；当荀陀迦变成猫的形状时候，那镖枪就变成猫头鹰的形状而逼近；当荀陀迦变成火的时候，镖枪就变成水而追赶；这样，不管他（荀陀迦）变成什么样的形状，镖枪都会变成对治的那种形状而追赶。就像从变成妻子的形状到那（镖枪）杀死荀陀迦期间产生的变化一样。

同样，你（数论师）执持（自性的）其他异名而出现的话，对于这些（异名）来说，要消除前面所说的错误是非常困难的。这样，就像镖枪追赶荀陀迦一样，你虽然为了隐藏错误而尽力（变化名称），但是错误还是存在的。

如果问“错误是什么？”（回答：）“（错误就是）如果（自性）以力性而存在的话，（论证）就没有喻例；如果（自性）以显性而存在的

གྲུབ་པའི་མཐའ་དང་འགལ་ལོ་[503]ཞེས་བྱ་བ་ལ་སོགས་པ་ཡོད་དོ།།[504]

[MHK: D. 25b6; C. 25b6; P. 28b6; N. 26a1; G. 34a3]

[TJ: D. 239a1; C. 239a1; P. 268a7; N. 257a5; G. 343b4]

ཉེ་བར་གནས་པ་ཞེས་བྱ་བའི་གཏན་ཚིགས་ཀྱི་དོན་ཡང་འདིར་ཅི་ཞིག་ཡིན། ཅི་དེའི་གཟུགས་ཉིད་དུ་ཉེ་བར་གནས་པ་ཞིག་ཡིན་ནམ། འོན་ཏེ་འདིར་དེ་དང་ཐ་མི་དད་པའི་གཟུགས་གཅིག་ཡིན། [505-]དེས་ཅིར་འགྱུར།[-505]

དེས[506]་གཟུགས་ཤེ[507]་ན་གཏན་ཚིགས་དོན།།
རྣམ་པར་རྟོག་པ་མ་ངེས་ཉིད།།
དབྱེར་མེད་ངོ་བོ[508]་ཡིན་ན་ཡང་།།
གཏན་ཚིགས་མ་ངེས་པ་ཉིད་ཡིན།། (42)

tādrūpyād iti hetvarthavikalpe vyabhicāritā/

abhedarūpatāyāṃ ca syād vā① (17b5)hetor asiddhatā// (42)

(①=L; Ms, SG [ ])

དེའི་གཟུགས་ཞེས་བྱ་བ་ཅི་ནགས་ཚལ་གྱི་རང་གི་ངོ་བོ་བཞིན་དུ་གཅིག་པར་གྱུར་པ་ཞིག་ཡིན་ནམ།། འོན་ཏེ་དུམ་བུ་བཞིན་དུ་གཞན་ཉིད་དུ་གྱུར་པ་ཞིག་ཡིན་ཞེས་བྱ་བ་ནི་མ་ངེས་པ་ཉིད་ཡིན་ནོ།། ཐ་མི་དད་པ་ཞིག་ཡིན་ན་ཡང་གང་ཞིག་གང་དང་འདྲ་བར་གྱུར་པ་ཡིན། མི་དེ་ཉིད་དང་མི་དེ་ཉིད་འདྲའོ[509]་ཞེས་བྱ་བར་མི་རུང་བ་སྟེ། བདག་དང་གཞན་ལ་གཏན་ཚིགས་མ་གྲུབ་པ་ཉིད་ཡིན་ནོ།།

[MHK: D. 25b7; C. 25b7; P. 28b6; N. 26a2; G. 34a4]

---

503 PN ins. །།; G ins. །

504 PNG om. །།

505 PNG om.

506 DK CK PK NK GK དེ*(?) or དེའི*

507 PK NK GK, PNG ཞེ

508 PNG ins. ཉིད

509 PNG འདྲ

话就会与（数论派的）宗趣相违背”等等。

[MHK: D. 25b6; C. 25b6; P. 28b6; N. 26a1; G. 34a3]

[TJ: D. 239a1; C. 239a1; P. 268a7; N. 257a5; G. 343b4]

称为“持续”的因的意思在这里是什么？（意思是：）要么在那色性中有“持续”，要么在这里是与那不相异的同一种色。这（两种说法）如何？

若说同形者之故，
分别因义不确定，
若不分别色形性，
因则成为不成因。[510]（42）

“同形”即“要么像森林的自性一样是同一，要么像碎片一样是别异”是不确定的。如果是不相异的话，如何成为相似的？所谓“那个人和那个人相似（同一个人相似）”是不合适的，所以，对于自他（数论师和佛教徒）来说，因都是不成立的。

[MHK: D. 25b7; C. 25b7; P. 28b6; N. 26a2; G. 34a4]

---

[510] 本颂意为：如果说因为（持续）是同一色形的，那么分别因义的时候就是不确定的；如果（持续）不分别色形的话，因就是不成立的。

[TJ: D. 239a3; C. 239a3; P. 268b2; N. 257b1; G. 344a2]

གཞན་ཡང་།

རྣ་སོགས་སྤྱོད་བྱ་བ[511]་ཡིན་ཏེ།།
རྟོགས[512]་པ་མེད་ཕྱིར་གལ་ཏེ་འདོད།།
ཁྱད་པར་དག་ནི་མ་བསྟན་པར།།
སྤྱོད་བྱའོ་ཞེ་ན་གྲུབ་པ་སྒྲུབ།། (43)

sabhoktṛtvaṃ ca① śrotrāder acaitanyād yadīṣyate/
anirdiṣṭaviśeṣeṇa② bhoktā③ cet siddhasādhanam// (43)

(①=L; Ms, SG [ ]. ②=SA; Ms, SG nanirdiṣṭadoṣeṇa; L anirdiṣṭaviśeṣāṇāṃ.
③=Ms, SG; L bhakṣaś)

གལ་ཏེ་ཕ་རོལ་པོ་ན་རེ་རྣ་བ་ལ་སོགས་པ་འདི་དག་ནི་རྟོགས་པ་མེད་པའི་ཕྱིར་སྤྱོད་པར་བྱ་བ་ཡིན་ལ། གང་རྟོགས་པ་དང་བཅས་པ་དེ་ནི་སྤྱོད་པ་པོ་ཡིན་ནོ་ཞེ་ན། གལ་ཏེ་རྟག[513]་པ་ཐམས་ཅད་དུ་ཁྱབ་པ་ལ་སོགས་པའི་ཁྱད་པར་ཁས་ལེན་པར་མི་བྱེད་པར་སྤྱོད[514]་པ་པོ་བཅས་པ་ཉིད་དུ་སྒྲུབ་ན་ནི་གྲུབ་པ་སྒྲུབ་པ་ཡིན་ཏེ། བདག་ཀྱང་དེ་བཞིན་དུ་རྣ་བ་ལ་སོགས་པའི་དབང་པོ་དང་ཡུལ་ཚོགས་པ་ལས་རབ་ཏུ་བྱུང་བའི་སེམས་སྤྱོད་པ་པོ་ཉིད་དུ་མངོན་པར་འདོད་པ་ཡིན་ནོ།།

[MHK: D. 25b7; C. 25b7; P. 28b7; N. 26a2; G. 34a4]
[TJ: D. 239a6; C. 239a6; P. 268b5; N. 257b3; G. 344a4]

ཅི་སྟེ་གཡོ་བ་མེད་སོགས་ཀྱི།།
ཁྱད་པར་ཅན་ན་རྗེས་འགྲོ་གང་།།
རྟོགས་པར་བདེན་ཡང་རྩོལ་མེད་ཕྱིར།།

511 DCPNG མ
512 PK NK GK རྟོག
513 PNG རྟོག
514 N སྤྱད

[TJ: D. 239a3; C. 239a3; P. 268b2; N. 257b1; G. 344a2]

此外，

耳等具有享受性，
无知故彼应被许，
特性不被宣说时，
享受者是证已成。[515]**（43）**

如果对方（数论派）说："耳朵等等这些因为是无知的，所以是被享受的，而那有知者才是享受者。"

如果不主张（有知者具有）常住、遍在一切等的特性，而证明（有知者）是享受者的话，就是证明已经成立的，因为我（佛教徒）也同样承认耳朵等的根与境和合产生的意识是享受者。

[MHK: D. 25b7; C. 25b7; P. 28b7; N. 26a2; G. 34a4]

[TJ: D. 239a6; C. 239a6; P. 268b5; N. 257b3; G. 344a4]

若有中直常特性，
何处能有同类者？
无作用故纵有知，

---

[515] 本颂意为：耳朵等具有享受性，无知的缘故，所以应该被承认；（有知者）的特性不被宣说的话，享受者就被认为是证明已经成立的。

སྤྱོད[516]་པ་པོར་ནི་མི་འདོད་དོ།། (44)

atha udāsīnanityādiviśeṣeṇānvayaḥ① kutaḥ/

bhoktṛtvaṃ na nirīhatvāc caitanye saty apīṣyate// (44)

(①=Ms, SG; L °viśeṣānunayaḥ)

ཀུན་ལ་ཁྱབ་པ་རྟག་པ་བཏང་སྙོམས་སུ་གནས་པའི་སྤྱོད་པ[517]་པོའི་སྐྱེས་བུ་ནི་ཡོད་དེ། སྤྱོད་པ་པོ་ཡིན་པའི་ཕྱིར་ཇི་ལྟ[518]་བུ་ཞིག་ཅེ་ན། རིགས་མཐུན་པའི་དངོས་པོའི་དོན་གཞན་མེད་པར་རྗེས་སུ་འགྲོ་བ་མ་གྲུབ་པ་ཡིན་ནོ།། གཞན་ཡང་རྟོགས་པ་ཡིན་པ་བདེན་དུ་ཟིན་ཀྱང་སྤྱོད་པ་པོ་ཉིད་ཡིན་པར་མི[519]་རིགས་ཏེ། བྱ་བ་ལ་འཇུག་པ་མེད་པའི་ཕྱིར་ཡན་ལག་ཐམས་ཅད་བཅིངས་པའི་སྐྱེས་བུ་བཞིན་ནམ། གཉིད་ལོག་པའམ[520]་མྱོས་པ་བཞིན་ནོ།།

[MHK: D. 26a1; C. 26a1; P. 28b8; N. 26a3; G. 34a5]

[TJ: D. 239b1; C. 239b1; P. 268b8; N. 257b5; G. 344b1]

གལ་ཏེ་ཡང་འདིར་བདག་ཅག་ནི་རྡུལ་ནི་སྤྱོད[521]་པར་བྱེད་པའི་བདག་ཉིད་ཡིན་པར་འདོད་ལ། དེ་ལྷག་པར་འཇུག་པར་གྱུར་པ་ན། དངོས་པོ་ཐམས་ཅད་བྱ་བ་དང་བཅས་པར་འགྱུར་རོ།། དེས་ན་དེ་ཉེ་བར་གནས་པ་ཙམ་གྱིས[522]་ཕན་བཏགས་པས་སྐྱེས་བུ[523-]ཡང་བྱ་བ[-523]དང་བཅས་པ་ཉིད་དུ་ཉེ་བར་སྤྱོད་པ་ཡིན་ནོ་ཞེ་ན། སྨྲས་པ།

དངོས་རྣམས་བྱ་བ་མེད་ཉིད་དུ།།
རབ་ཏུ་རྟོགས་ཏེ་གཞལ་བྱའི་ཕྱིར།།

516 DC བྱེད; cf. TJ ad 44.

517 P པོ

518 N ལྟར

519 G ནི

520 PNG ins. |

521 PNG སྤྱོད

522 PNG གྱི

523 PN དང; G om.

享受者是不被许。[524]**（44）**

如果问："遍在一切、常住、中直、享受者的人我是存在的，是享受者故，（譬喻）是什么？"同类事物的不同对象是不存在的，所以同类者（anvaya）不成立。其次，即使（人我）是有知是正确的，（人我）是享受者也是不合理的，因为（人我）没有作用，就像所有手脚都被束缚的人一样，或者就像睡者或醉者一样。

[MHK: D. 26a1; C. 26a1; P. 28b8; N. 26a3; G. 34a5]

[TJ: D. 239b1; C. 239b1; P. 268b8; N. 257b5; G. 344b1]

这时，如果（数论派）说："我们认为罗阇即是享受的本性，当它占据主导作用的时候，一切实有物就都变成有作用的。所以，只要通过接近它而（获得）利益，人我也就会具有作用而能享受。"（佛教徒）回答：

实有物乃无作用，
是所量故被得知，

---

524 本颂意为：如果（人我）具有中直、常住等特性的话，（人我的）同类者在哪里？因为（人我）没有作用，所以即使是有知的，享受者也不被认可。

སྨྲས་པ་ཅི[525]་ལྟར་དེ་དེ་ལྟར།།
རྟོགས་ཏེ་བདེ་དང་གཏི་མུག་བཞིན།། (45)

niṣkriyatvaṃ tu bhāvānāṃ prameyatvāt pramīyate/
yad yathoktaṃ ①-tathā tac ca-① pratītaṃ sukhamohavat//(45)
(①= L; Ms, SG ca tat)

དངོས་པོ་ཉིད་ནི་བྱ་བ་དང་བྲལ་བ་ཡིན་ཏེ། གཞལ་བྱ་ཡིན་པའི་ཕྱིར་རོ།། གང་དང་གང་གཞལ་བྱ་ཡིན་པ་དེ་ནི་བྱ་བ་མེད་པ་ཡིན་ཏེ། དཔེར་ན་བདེ་བ་དང་། གཏི་མུག་བཞིན་ནོ།།

[MHK: D. 26a1; C. 26a2; P. 28b8; N. 26a3; G. 34a5]
[TJ: D. 239b3; C. 239b3; P. 269a3; N. 258a1; G. 344b4]

གལ་ཏེ་སྡུག་བསྔལ་ཞེས་བྱ་བ་ཡང་རྡུལ་གྱིས་ཡིན་པས་མ་ངེས་པ་ཉིད་ཡིན་ནོ་ཞེ་ན།
བྱ་བ་མེད་པར་སྡུག་བསྔལ་ཡང་།།[526]
ཤེས་པར་བྱ་སྟེ་[528-]རྒྱུད[527]་ལྡན་ཕྱིར།།[-528]
རྟོགས་པ་མེད་ཕྱིར་བརྗོད་བྱའི་ཕྱིར།།
གཞལ་བྱ་ཡིན་ཕྱིར་གཏི་མུག་བཞིན།། (46)

duḥkham apy avasātavyaṃ① ni(17b6)ṣkriyaṃ② hetumattvataḥ/
acetanatvād vācyatvān meyatvād vāpi③ mohavat// (46)
(①=Ms, SG; L avasetavyaṃ. ②=L; Ms [ ](17b6)ṣ[ ]iyaṃ; SG [ ]yaṃ.
③=Ms, L; SG api)

རྡུལ་གྱི་རང་བཞིན་གྱི་སྡུག་བསྔལ་ནི་འདིར་ཆོས་ཅན་ནོ།། བྱ་བ་དང་བྲལ་བ་ཞེས་བྱ་བ་ནི་དེའི་ཆོས་ཏེ་[529]

---

[525] PK NK GK ཇི

[526] PNG om. ||

[527] རྒྱུ *; cf. MHK k. 46b, MHK k. 48, TJ ad 48.

[528] P |; NG ||

[529] PNG ins. |

如此说则如彼识，

犹如快乐与愚痴。[530]**（45）**

实有物是远离作用的，是所量（即认识对象）的缘故。只要是所量就没有作用，就像乐和痴一样。

[MHK: D. 26a1; C. 26a2; P. 28b8; N. 26a3; G. 34a5]

[TJ: D. 239b3; C. 239b3; P. 269a3; N. 258a1; G. 344b4]

如果说："所谓'苦'也依据罗阇，所以是不确定的"的话，

应知苦也无作用，

其亦具有原因故，

无知故是所诠故，

是所量故犹如痴。[531]**（46）**

以罗阇为自性的苦在这里是有法，"远离作用"是它的法，这就是

---

[530] 本颂意为：一般认为"实有物是没有作用的，是所量（认识对象）的缘故"，像那样说就像那样认识，就像快乐和愚痴一样。

[531] 本颂意为：应该知道即使苦也是没有作用的，因为（苦）是有因的、无知的、所诠的、所量的，就像痴一样。

བསྒྲུབ་པར་བྱ་[532]བའོ།།[532] གང་དང་གང་རྒྱུད[533]་དང་ལྡན་པ་དང་རྟོགས་པ་མེད་པ་དང་། བརྗོད་བྱ་ཡིན་པ་དང[534]་། གཞལ་བྱ་ཡིན་པ་དེ་ནི་བྱ་བ་མེད་པ་ཡིན་ཏེ། དཔེར་ན་གཏི་མུག་བཞིན་ནོ་ཞེས་བྱ་བ་ནི་བསྒྲུབ[535]་བྱའི་རྗེས་སུ་འགྲོ་བ་ཡིན་ནོ།།

[MHK: D. 26a2; C. 26a2; P. 29a1; N. 26a3; G. 34a6]

[TJ: D. 239b5; C. 239b5; P. 269a6; N. 258a3; G. 344b6]

གལ་ཏེ་ཡང་འདིར་གང་ཁྱོད་ཀྱིས་སྨྲར་འདི་སྐད་དུ་རྗེས་སུ་འགྲོ་བ་ལ་སོགས་པའི་གཏན་ཚིགས་རྣམས་ཀྱིས་[536] གཙོ་བོ་ལ་སོགས་པའི་ཡོན་ཏན་མ་ངེས་པ་བཞིན་ནོ་ཞེས་པ་དེ་མི་རིགས་ཏེ། རྗེས་སུ་འགྲོ་བ་ལ་སོགས་པའི་གཏན་ཚིགས་རྣམས་ཀྱིས[537]་ཐ་དད་པ་ཉིད་དུ་ཁྱད་པར་ཅན་དུ་བརྗོད་པ་ཡིན་པའི་ཕྱིར་གཙོ་བོའི་ཡོན་ཏན་རྣམས་ཀྱང་ཐ་མི་དད་པ་ཉིད་དུ་གྱུར་པ་མེད་པར་གཙོ་བོ་ལ་གནས་པ་ཡིན་ནོ་ཞེ་ན། འདི་ལ།[538]

རྗེས་འགྲོ་ལ་སོགས་གཏན་ཚིགས་རྣམས།།
ཐ་དད་ཉིད་དུ་འདོད་པས་ན།།
གཙོ་བོའི་ཡོན་ཏན་ལ་དེ་རྣམས།།
མ་ངེས་མ་ཡིན་པ་དེ་བདེན།། (47)

hetutvam anvayādīnāṃ bhedatve sati vāñchataḥ/
prādhānikaguṇais teṣāṃ satyaṃ na vyabhicāritā// (47)

[MHK: D. 26a3; C. 26a3; P. 29a2; N. 26a4; G. 34b1]

[TJ: D. 239b7; C. 239b7; P. 269b1; N. 258a5; G. 345a3]

---

532 P om. ||; N བའི།

533 རྒྱུ *; cf. MHK k. 46b, MHK k. 48, TJ ad 48.

534 N om. དང

535 PNG སྒྲུབ

536 PNG ins. གཙོ་བོ་ལ་སོགས་པའི་གཏན་ཚིགས་རྣམས་ཀྱི་

537 PNG ཀྱི

538 PNG om. །

所立。“任何有因、无知、所诠、所量都是没有作用的，就像痴一样”是所立的肯定的补充。

[MHK: D. 26a2; C. 26a2; P. 29a1; N. 26a3; G. 34a6]

[TJ: D. 239b5; C. 239b5; P. 269a6; N. 258a3; G. 344b6]

这时，如果（数论派说：）“你（佛教徒）前面说的，用随行等诸因来（证明）胜因的德是不确定的，那是不合理的；因为随行等诸因被认为在不同的事物中有差别，所以胜因的各种德并没有变成相同的东西而依止于胜因。”即，

随行等等诸因项，
个体物中是被许，
根据胜因之诸德，
彼等实非不确定。[539]**（47）**

[MHK: D. 26a3; C. 26a3; P. 29a2; N. 26a4; G. 34b1]

[TJ: D. 239b7; C. 239b7; P. 269b1; N. 258a5; G. 345a3]

539 本颂意为：随行等各种因存在于个体物之中是被承认的，根据胜因的各种德，这些（随行等因）确实不是不确定的。

འོན་ཀྱང་སྐྱོན་ཆེན་པོ་འདི་འབྱུང་བར་འགྱུར་ཏེ།

བྱ་དང་བྱེད་པ་སྒྲུབ[540]་བཅས[541]་ཕྱིར།།

རྒྱུ་དང་ལྡན་པར་རྗེས་དཔག་ཉིད།།

གཏན་ཚིགས་རྣམས་ཀྱང་ཁྱད་བཅས་པས།།

དེ་ལྟར་འགལ་བ་ཉིད་དུ་འགྱུར།། (48)

①-sat sakāraṇakāryādihetumattvānumānataḥ-①/

saviśeṣeṇa hetūnāṃ② syād evaṃ te viruddhatā// (48)[542]

(①=Ms, SG; L siddhaṃ kāraṇa°. ②=Ms, SG; L saviśeṣaṇa)

གཙོ་བོ་ནི་ཡོད་དེ། རྗེས་སུ་འགྲོ་བ་ལ་སོགས་པའི་དབྱེ་བ་ཡོད་པའི་ཕྱིར་རོ།། གང་ལ་དབྱེ་བ་མེད་པ་དེ་ལ་རྗེས་སུ་འགྲོ་བ་ལ་སོགས་པ་མེད[543]་དེ་ཡོད་པ་ཉིད་དུ་བསྒྲུབས་པ་ན་གཙོ་བོ་མེད་པ་ཉིད་དོ[544]་ཞེས་བསྒྲུབ་པར་འགྱུར་ཏེ། དེ་ལ་དབྱེ་བ་མེད་པའི་ཕྱིར་རོ།། ཅི་སྟེ་ཡང་གཙོ་བོ་ལ་ཡང་དབྱེ་བ་ཡོད་པས་རྗེས་སུ་འགྲོ་བ་ལ་སོགས་པ་ཡིན་ནོ་ཞེ་ན། དེ[545]་ལྟ་ན་ཡང་ཇི་ལྟར་དབྱེ་བ་གསལ[546]་བ་ཉིད་དུ་ཡོད་པ་དང་། བྱེད་པ་པོ་ཡིན་པ་དང་བྱ[547]་བ་ཡིན་པ་དང་། རྒྱུ་དང་ལྡན་པ་ཡིན་པ་ལྟར་དེ་བཞིན་དུ་གཙོ[548]་བོ་ཡང་གསལ་བ་ཉིད་དང་།[549] བྱེད་པ་པོ་ཉིད་དང་། བྱ་བ་ཉིད་དང་། རྒྱུ་དང་ལྡན་པ་ཉིད་དུ་འགྱུར་ལ་དེས་ན་ཆོས་ཅན་གྱི་རང་གི་ངོ་བོ་ལས་བཟློག་པ་བསྒྲུབ་པའི་ཕྱིར་འགལ་བའི་དོན་ཉིད་ཡིན་ནོ།།

---

540 PNG བསྒྲུབ

541 PNG བྱས

542 Ms, SG 在此颂之后均还有半颂：dṛṣṭāntanyūnatā caiva ghaṭasya① dravyasattvataḥ/ (①= SG; Ms, L ghaṭṭasya)。但未找到相对应的藏文偈颂或长行，Lindnter 也未将此句计入第六品颂文，详见 Lindnter[2001], p.77.

543 DC ins. དེ*(?)

544 N དེ

545 G ད

546 PNG བསལ

547 C བྱེ

548 D གཙོ

549 PNG om.|, ins.ཡང

但是，就会产生这样的大过错：

具有能作所作等，
是有因之比量者，
有差别故诸因项，
如此于彼是相违。[550]**（48）**

胜因是存在的，因为随行等的差别（个体物）是存在的。只要没有个体物就没有随行等，证明“那是存在的”就成了证明“胜因是不存在的”，因为其中没有差别。

如果（数论派）说：“胜因中也有差别，所以随行等是（因）”的话，那么，就像差别（个体物）作为显而存在、是作者也是结果、还是有因一样，胜因也会具有显性、作者性、所作性、有因性，这样的话（随行等）就成了“有法自相相违因”。

（这就是）“相违”的意思。

550 本颂意为：（随行等因）是具有能作和所作等的，是具有因的比量，是具有差别的；这样的话，对于你来说，（随行等）诸因就成了相违（因）。

[MHK: D. 26a3; C. 26a3; P. 29a2; N. 26a4; G. 34b1]

[TJ: D. 240a3; C. 240a3; P. 269b5; N. 258b2; G. 345a6]

གང་ཙནྡན[551]་གྱི[552]་མི་མངོན་པར་གྱུར་པས་མེད་པར་གྱུར་པ་ནི་མ་ཡིན་ནོ་ཞེས་སྨྲས་པ་དེ་ཡང་འདི་ལྟར་ཙནྡན[553]་ལས་དྲུམ་བུ་ལ་སོགས་པ་གཞན་ཡང་མ་ཡིན་ལ། ཙནྡན[554]་དེ་ཉིད་འདི་ཡིན་ནོ་ཞེས་ཀྱང་བརྗོད་པར་མི་ནུས་ཏེ། ཇི་ལྟར[555]་ཞེ་ན།

དེ་མ་བཟུང[556]་བར་མི་འཛིན་པས།།
གཟུགས་སོགས་གཞན་མིན་དེ་དངོས[557]་བཞིན།།
ཐ་དད་དངོས་ཕྱིར་གཞན་མིན་མིན།།
གང་དེ་རྟོགས་བྱ་རྟོགས་བྱེད་ཕྱིར།། (49)

གང་དྲུམ་བུ་ལ་སོགས་པ་ལ་གཟུགས་ལ་སོགས་པ་ཡོད་པ་ནི་ཙནྡན[558]་ལ་མ་ལྟོས[559]་པར་མ་ཡིན་པའི་ཕྱིར་གཟུགས་ལ་སོགས་པ་དེ་རྣམས་མ་བཟུང་བ་ཉིད་ཀྱི་དྲུམ་བུ་ལ་སོགས་པ་བཟུང[560]་བ་ནི་ཡོད་པ་མ་ཡིན་ཏེ། ཙནྡན[561]་གྱི་སྔོན་པོའི་རང་གི་ངོ་བོ་བཞིན་ནོ།། མི་མངོན་པར་གྱུར་པའི་ཙནྡན[562]་ལས་ཙནྡན[563]་གཞན་མ་ཡིན་པ་ཡང་མ་ཡིན་ཏེ། ཅི་ལྟར་ཞེ་ན། གང་ཙནྡན[564]་ནི་གཅིག་ཡིན་ལ་དྲུམ་བུ་ནི་མང་པོ་ཉིད་དུ་འདི་ལྟར་བགྲང[565]་བ་བཞིན་དུ་རྟོགས་པར་བྱ་བ་ལ[566]་ནི་རྣམ་པ་ཉི་ཤུ་རྩ་བཞི་ཡིན་ལ། རྟོགས་པ་པོ་ནི་གཅིག་ཡིན་ཏེ། དེས་ན་དེ་

---

551 PNG ཙན་དན

552 PNG om. གྱི

553 PNG ཙན་དན

554 PNG ཙན་དན

555 DC ལྟ

556 PNG གཟུང

557 PK NK GK ངོས

558 PNG ཙན་དན

559 PNG བལྟོས

560 PNG གཟུང

561 PNG ཙན་དན

562 PNG ཙན་དན

563 PNG ཙན་དན

564 PNG ཙན་དན

565 P བགྲངས

566 PNG om. ལ

[MHK: D. 26a3; C. 26a3; P. 29a2; N. 26a4; G. 34b1]

[TJ: D. 240a3; C. 240a3; P. 269b5; N. 258b2; G. 345a6]

如果说“梅檀不显并不是变成无”，那么，如此就不能说“（梅檀的）碎片等不是不同于梅檀的，那梅檀是此性”。如果问“为什么？”（回答：）

彼无所取无能取，
色等非异如彼性，
相异物故非非异，
以及能知所知故。[567]（49）

在碎片等中，色等是存在的，因为依赖于梅檀，所以那些色等无所取的话，碎片等也就没有了所取，就像梅檀的茎的本性一样。

成为不显的梅檀（即碎片等）与梅檀也不是相同的，如果问：“为什么？”梅檀是一而碎片是多，就像这样计算，所知有二十四种，而

[567] 本颂意为：那没有所取也就没有能取，所以（梅檀的碎片等）与（梅檀）不是不同的，就像那（梅檀的）本性一样；因为是不同的事物，也因为能知和所知（是不同的），所以（梅檀的碎片等与梅檀）不是相同的。

དག་གཞན་མ་ཡིན་པ་མ་ཡིན་ནོ།།

[MHK: D. 26a4; C. 26a4; P. 29a3; N. 26a5; G. 34b2]

[TJ: D. 240a6; C. 240a6; P. 270a2; N. 258b5; G. 345b5]

　　དེས་ན་མི་མཐོན་མ་ཡིན་ལ།།

　　བྱ་བ[568]་ཡོད་པའང་མི་འདོད་དོ།། (50ab)

གང་གི་ཕྱིར་དུམ་བུ་སྐྱེད་པར་བྱེད་པ་[569]ཡིན་པ[570]་དེས་ན་མི་མཐོན་པ་ཡང་མ་ཡིན་ལ། གང་གི་ཕྱིར་ཙནྡན[571]་གྱི་སྡོང་པོའི་རང་གི་ངོ་བོ་དང་བྲལ་བ་དེས་ན་བྱེད་པ་ཉིད་ཡིན་གྱི་བྱ་བ་མ་ཡིན་ནོ།།

[MHK: D. 26a4; C. 26a4; P. 29a3; N. 26a5; G. 34b2]

[TJ: D. 240a7; C. 240a7; P. 270a3; N. 258b6; G. 345b6]

དཔེ་མེད[572]་པའི་ཕྱིར་ན་ཡང་།[573]

　　ད་ལྟར་གྱི་ནི[574]་སྐད་ཅིག་ཀྱང་།།

　　རྫས[575]་སུ་ཡོད་པར་མ་གྲགས་ཉིད།། (50cd)

ཅེས་བྱ་བ་སྨྲས[576]་ཏེ། ད་ལྟར་གྱི་སྐད་ཅིག་རྫས་སུ་ཡོད་པར་འགའ་ཞིག་གིས་འདོད་དུ་ཟིན་ཀྱང་དབུ་མར་སྨྲ་བ་རྣམས་ལ་ནི་དེ་རྫས་སུ་ཡོད་པར་མ་གྲགས་ཏེ། གང་གི་ཕྱིར་སྐད་ཅིག་དེ་ཉིད་ཀྱི་ཐོག་མའི་དུས་ཀྱང་གཞན། བར་གྱི་དུས་ཀྱང་གཞན། ཐ་མའི་དུས་ཀྱང་གཞན་ཉིད་ཡིན་ནོ།། དེས་ན་འདུས་པའི་ངོ་བོ་ཡིན་པའི་ཕྱིར་རྫས་སུ་མེད་པ་ཉིད་ཡིན་ནོ།།

---

[568] PK NK GK བར*(?)

[569] DC ins. མ

[570] PNG པས

[571] PNG ཙན་དན

[572] D མེང

[573] PNG om. །

[574] DK CK PK NK GK ན

[575] DK, D ཛྲས ; CK ཛྲེས

[576] G སྨྲས

知者是一，所以他们（梅檀的碎片与梅檀）不是相同的。

[MHK: D. 26a4; C. 26a4; P. 29a3; N. 26a5; G. 34b2]
[TJ: D. 240a6; C. 240a6; P. 270a2; N. 258b5; G. 345b5]

是故非为不显现，
结果亦不被承许。[577]**（50ab）**

因为（梅檀）能产生碎片，所以并不是不显现。因为远离梅檀的茎的本体，所以是原因但不是结果。

[MHK: D. 26a4; C. 26a4; P. 29a3; N. 26a5; G. 34b2]
[TJ: D. 240a7; C. 240a7; P. 270a3; N. 258b6; G. 345b6]

因为没有譬喻，那么，

纵使现在之刹那，
实体存在不被许。[578]**（50cd）**

（佛教徒）如此说，有些人认为“现在的刹那实体存在”，但是中观论者不承认那种实体，因为那一刹那的最初时、中间时、最后时都不相同。

所以，是积聚的性质的缘故，没有真正的实体。

---

[577] 本颂意为：所以，（梅檀）不是不显现，结果也不能被承认。

[578] 本颂意为：即使现在的一刹那，实有物存在也不被承认。

[MHK: D. 26a4; C. 26a4; P. 29a4; N. 26a5; G. 34b3]

[TJ: D. 240b2; C. 240b2; P. 270a5; N. 259a1; G. 346a1]

གལ་ཏེ་འདིར་སྨྲས་པ།

སྤྱོད་དང[579]་བཅས་པའི[580]་སྤྱད་བྱ་འདི།།
སྤྱད་བྱ་ཡིན་ཕྱིར་མལ་སོགས་བཞིན།།
རྟོགས་པ་པོ་ནི་སྤྱོད་པ་ཉིད།། (51abc)

ཅེས་དེ་ལྟར་གཞན་གྱིས་སྨྲས་པ་ལ་[581]རབ་ཏུ་བྱེད་པ་བཞི་ཆས་ལན་སྨྲས་པ།

[582-]དེ་ཡི[-582]་སྒྲུབ་པར་བྱེད་པ་མིན།། (51d)

ཞེས་བྱ་བ་སྟེ། ཇི་ལྟར་ཞེ་ན། འདུས་པའི་བདག་ཉིད་ཀྱི་སྤྱོད་པ་པོ་ནི་མལ་ཆ་དང་སྟན་ལ་སོགས་པ་ལ་ལྟོས་པ་བཞིན་དུ་རྟོགས་པ་ཡང་འདུས་པའི་ངོ་བོ་ཉིད་དུ་གྲུབ་པས་ཆོས་ཅན་གྱི་ཁྱད་པར་ལས་བཟློག་པ་སྒྲུབ་པའི་ཕྱིར་འགལ་བའི་དོན་ཉིད་ཡིན་ནོ།།

[MHK: D. 26a5; C. 26a5; P. 29a4; N. 26a6; G. 34b3]

[TJ: D. 240b3; C. 240b3; P. 270a8; N. 259a3; G. 346a4]

དེ་ནས་ཡང་རྟོགས[583]་པ་ཞེས་བྱ་བ་འདི་ཅི་ཞིག་ཡིན་ཞེས་དྲིས་པ་ན། གལ་ཏེ་ཕ་རོལ་པོ་གང་ཤེས་བྱ་ངེས་པར་རྟོགས་པ་དེ་ནི་རྟོགས་པ་ཡིན་ནོ[584]་ཞེས་སྨྲ་ན་དེ་ལ་འདི་སྐད་བརྗོད་པར་བྱ་སྟེ།

རྟོགས་པ་ངེས་པར་རྟོགས་ཡིན་ན།།
དེ་ནི་གང་གི[585]་ཡིན་པ་སྨྲོས།།
དངོས་པོ་བྱེད་པ[586]་ལ་བརྟེན་ཏེ།།

---

[579] PK NK GK om. དང

[580] PK NK GK པ་ཡི

[581] PNG ins. །

[582] PNG དེའི

[583] PG རྟོག; N རྟག

[584] PNG ins. ||

[585] PNG གིས

[MHK: D. 26a4; C. 26a4; P. 29a4; N. 26a5; G. 34b3]

[TJ: D. 240b2; C. 240b2; P. 270a5; N. 259a1; G. 346a1]

这里，如果（数论派）说：

具有食之此享受，

如床等是享受故，

有知者是享受者。[587]**（51abc）**

对于他们（数论派）的这种说法，（以下）四分之一颂回答：

彼之证明无效用。[588]**（51d）**

如果问“为什么？”（回答：）就像积聚性的享受者倚赖于卧具和坐具等一样，证明有知者也是积聚的自性是“有法差别相违”，是相违的意思。

[MHK: D. 26a5; C. 26a5; P. 29a4; N. 26a6; G. 34b3]

[TJ: D. 240b3; C. 240b3; P. 270a8; N. 259a3; G. 346a4]

此外，如果问“这称为‘知’的是什么？”，对方（数论派）说：“能够确切认识所知的就是知”，对此，应该如是回答：

确切认识若是知，

则应释彼属于谁？

性质依止于实体，

---

[586] DK CK PK NK GK པོ*(?)

[587] 本颂意为：这种具有享受的是享受（者），是享受故，如（享受）床等，（所以）有知者是享受者。

[588] 本颂意为：那样的证明是不成立的。

　　གོས་སོགས་ཚོན་དུ་བཙོས[589]་པ་བཞིན།། (52)

རྟོགས་པ་ཞེས་བྱ་བ་ནི་བློ་ཡིན་ཏེ། འདི་ལྟར་དངོས་པོའི་རྒྱུན་ཡིན་ལ་དངོས་པོ་ནི་ངེས་པར་རྫས་ལ་བརྟེན་པར་བྱ་བ་ཡིན་ཏེ། ཇི་ལྟར་ཚོན་དུ་གོས་བཙོས་པ་བཞིན་ནོ།། བསྒྱུར་བ་ནི་བཙོས་པ་སྟེ། འབྲས་ཆན[590]་ལ་སོགས་པ་བཞིན་ནོ།། འདིར་ཡང་རྟོགས་པ་ལ་མ་རྟོགས་པའི་རྫས་ནི་མི་དམིགས་ན་འདི་གང་གིས[591]་རྟོགས་པ་ཡིན་པ་སྨྲོས་ཤིག།

[MHK: D. 26a5; C. 26a5; P. 29a5; N. 26a6; G. 34b4]

[TJ: D. 240b6; C. 240b6; P. 270b3; N. 259a6; G. 346b1]

གཞན་ཡང་།[592]

　　སྒྲ་སོགས་ཤེས་པར་མི་འགྱུར་བ།།
　　ཡིན་ཡང[593]་ཤེས་པ་ཇི་ལྟར་ཡིན།།
　　སྒྲ་སོགས་ཤེས་པར་འགྱུར་བ་ཉིད[594]།།
　　ཡིན་ནའང་ཤེས་པ་ཇི་ལྟར་ཡིན།། (53)

རེ་ཞིག་གལ་ཏེ་བློས་ངེས[595]་པར་[596-]བྱས་པའི[-596]་རྗེས་སུ་བྱེད་པར་ཡོངས་སུ་འགྱུར་བ་ཡང་འདི་ལ་མེད་པས་ཇི་ལྟར་ན་འདི་ཤེས[597]་པ་པོར་འགྱུར་བ་ཡིན། མི་འགྱུར་བའི་བདག་ཉིད་ཡིན་པའི་ཕྱིར་རི་མོ་ལ་བྲིས་པ་འམ།[598] ཤིན་ཏུ་གཉིད་ཀྱིས་ལོག་པའི་གནས་སྐབས་བཞིན་ནོ།། ཡང་གལ་ཏེ་སྒྲ་ལ་སོགས་པ་ཤེས་པར་འགྱུར་

---

589 DK བཙོས

590 CG ཆེན

591 གི*; cf. MHK k. 52b.

592 PNG om. །

593 DK CK PK NK GK ནའང

594 PNG ནི

595 P om. ངེས

596 PNG བྱ་བའི

597 G ཤེས

598 PNG om. །

如同衣等染于色。[599]（52）

所谓“有知”（caitanya）即是认识（cetana），这里是表示性质的接尾辞（bhāva-pratyaya）[600]，性质是必然依止于实体的，就像衣服染于颜料一样。染色就是变异，就像（煮熟的）米等一样。这里，在知中，无知的实体不可认识的话，这依据什么而是知？

[MHK: D. 26a5; C. 26a5; P. 29a5; N. 26a6; G. 34b4]

[TJ: D. 240b6; C. 240b6; P. 270b3; N. 259a6; G. 346b1]

另外，

声等不成为认识，
然而认识是什么？
声等能成为认识，
然而认识是什么？[601]（53）

首先，如果（人我）确定模仿觉，而变异不存在这（人我）中的话，这（人我）如何成为认识者？是不变的本性的缘故，就像画的肖像或熟睡而颠倒的状态一样。

其次，如果声等能够成为认识，这些变异产生的时候，是变异的

[599] 本颂意为：如果确切认识就是知的话，应该解释那（知）是属于谁的？性质依止于实体，就像衣服等染于颜料一样。

[600] caitanya 由 cetana+ya 构成，其中 ya 就是表示性质的接尾辞（Taddhita 词缀）。

[601] 本颂意为：声等不成为认识（的话），那么认识是什么？声等能成为认识（的话），那么认识又是什么？

པ་འདི་འགའ་ཞིག་ཡོངས་སུ་འགྱུར་བ་འབྱུང་བ་ཡིན་ན་ནི་དེས་ན་ཡོངས་སུ་འགྱུར་བའི་ཆོས་ཅན་ཡིན་པའི་ཕྱིར།[602] གདོང་ལ་སོགས་པའི་གཟུགས་བརྙན་བཞིན་དུ་[603-]རྟག་པ་[-603]ལ་སོགས་པའི་སྐྱོན་དང་ལྡན་པར་ཐལ་བར་འགྱུར་བས་རང་གི་ངོ་བོ་ཉམས་པ་ཡིན་ན་འདི་ཇི་ལྟར་ཤེས་པ་ཡིན་པར་འགྱུར།།[604]

[MHK: D. 26a6; C. 26a6; P. 29a5; N. 26a7; G. 34b4]

[TJ: D. 241a2; C. 241a1; P. 270b7; N. 259b2; G. 346b5]

འདི་ནི[605]་བྱེད་པ་མེད་པ་ཡིན་ན་ཇི་ལྟར་ན་བྱེད་པ་པོ་ཉིད་དུ་འགྱུར།[606] [607-]གལ་ཏེ[-607]་བློས་ངེས་པར་བྱས་པའི་རྗེས་སུ་བྱེད་ཅིང་རྗེས་སུ་སྤྱོད་པའི་ཕྱིར་འདི་ལ་བྱེད་པ་པོ་ཞེས་བྱའོ་ཞེ་ན།

བྱེད་པ་མེད་པ་མ་སྐྱེས་ཕྱིར།།
བྱེད་པོ་ཉིད་དུ་ཇི་ལྟར་འདོད།།
མ་སྐྱེས་པ་ལ་འདོགས[608]་ན་ཡང་།།
སྐྱེས་བུ་བཏགས་པ་པ་རྫུ་འགྱུར།། (54)

ཉེ་བར་འདོགས་པར་བྱེད་ན་ཡང་བྱེད་པ་པོ་ཉིད་མ་སྐྱེས་པའི་ཕྱིར་རི་བོང་གི་རྭ་བཞིན་དུ་རིགས་པ་མ་ཡིན་ཏེ། མ་སྐྱེས་པའི་ཕྱིར། འདིའི་ཉེ་བར་གདགས་པ་ཡང་ཇི་ལྟར་འགྲུབ་པར་འགྱུར་ཏེ། སྐྱེས་པ་ཞིག་ཡིན་ན་ཉེ་བར་གདགས་པར་འགྱུར་གྱི།[609] ཇི་ལྟར་ན་ཤེས་པ་འདི་ཉེ་བར་གདགས་པར་འགྱུར་ཞེས་བྱ་བའི་བསམས[610]་པའོ།།

602 PNG །།
603 མ་རྟག་པ* (?)
604 DC །
605 G ན
606 G །།
607 N གལྟེ
608 CK DK བདོགས
609 NG །།
610 PNG བསམ

有法的缘故，就像脸等的映像一样，必然导致非常住等的过错，所以是损减自性的话，这（人我）如何成为认识者？

[MHK: D. 26a6; C. 26a6; P. 29a5; N. 26a7; G. 34b4]

[TJ: D. 241a2; C. 241a1; P. 270b7; N. 259b2; G. 346b5]

这（人我）是无作用的话，如何成为作者？如果（数论派）说："因为确定模仿而且跟随觉，所以这（人我）就是作者。"

无有能作不生故，
如何承许是作者，
如若不生为假名，
人我则成为施设。[611]**（54）**

即使进行假名施设，作者本身不生的缘故，就像兔角一样，是不合理；因为不生，这样的施设怎么能够成立？（作者）是产生的话，进行施设，那么这样的知也成了假名。（佛教徒）这样考虑。

---

[611] 本颂意为：没有能作、是不生的缘故，怎么能承认是作者？如果不生是假名的话，人我也就成为了假名施设。

[MHK: D. 26a6; C. 26a6; P. 29a6; N. 26a7; G. 34b5]

[TJ: D. 241a4; C. 241a4; P. 271a2; N. 259b4; G. 347a1]

གལ་ཏེ་ཡང་མེའི་སྲེག་པ་ཉེ་བར་གདགས་པ་བཞིན་དུ་འདིར་ཡང་ཉེ་བར་གདགས་པར་བྱ་སྟེ། ཇི་ལྟར་རྐྱེན་མོས་གྲོང་བསྲེགས་ཞེས་མེ་ལ་ཡོད་པའི་སྲེག་པ་རྐྱེན་མོ་ལ་ཉེ་བར་འདོགས་པར་བྱེད་པ་བཞིན་དུ་བློ་ལ་ཡོད་པའི་ཤེས་པ་ཡང་སྐྱེས་བུ་ལ་ཉེ་བར་འདོགས་པར་བྱེད་དོ་[612]ཞེས་འདིར་སྨྲར་ནུས་ཏེ། སྐྱེས་བུ་ནི་བྱ་བ་དང་བྲལ་བ་ཡིན་ན་ཡང་བྱེད་པ་པོ་ཉིད་ཉེ་བར་འདོགས་ཏེ། ལུགས་ཡོད་པའི་ཕྱིར་[613]་མེའི་སྲེག་པ་ཉེ་བར་འདོགས་པ་བྱེད་པ་བཞིན་ནོ་ཞེ་ན། དེ་ལ་ཡང་།

བྱེད་པོའི་[614]-སྒྲ་ཡིས་-[614]་བརྗོད་བྱའི་ཕྱིར།།
མེ་བཞིན་ཁྱོད་ཀྱི་[615]་སྐྱེས་བུ་ཡང་།།
རྒྱུ་བཅས་བྱ་བཅས་སྤྱད་བྱ་དང་།།
བྱ་བ་རབ་ཏུ་བསྐྱེད་པའང་ཡིན།། (55)

མེ་དང་ཆོས་འདྲ་བར་བྱེད་པ་པོ་ཞེས་ཐ་སྙད་དུ་འདི་ལ་ཉེ་བར་འདོགས་པར་བྱེད་ན་རྒྱུ་དང་བཅས་པ་ཉིད་དང་། བྱ་བ་དང་བཅས་པ་ཉིད་དང་། སྤྱད་པར་བྱ་བ་ཡིན་པ་ཉིད་དང་། བྱ་བ་ཡིན་པ་ཉིད་[616]-དང་།-[616] བསྐྱེད་པར་བྱེད་པའི་ཆོས་ཅན་ཡིན་པ་ཉིད་དོ་[617] ཞེས་བྱ་བ་མེ་ཇི་ལྟ་བ་བཞིན་དུ་འབྱུང་བར་ཡང་འགྱུར་ན་དེ་ལྟ་བུར་ནི་ཁྱོད་མི་འདོད་དོ།།

[MHK: D. 26a7; C. 26a7; P. 29a7; N. 26b1; G. 34b5]

[TJ: D. 241a7; C. 241a7; P. 271a6; N. 260a1; G. 347a5]

གཞན་ཡང་།

ཀུན་ཁྱབ་མ་ཡིན་རང་བཞིན་ལས།།

---

612 PNG ins. ||

613 PNG om. ཕྱིར

614 PK NK GK སྒྲའི; DCPNG སྒྲ་ཡི

615 PK NK GK ཀྱིས

616 DC om.; cf MHK k. 55d.

617 PNG ins. ||

[MHK: D. 26a6; C. 26a6; P. 29a6; N. 26a7; G. 34b5]

[TJ: D. 241a4; C. 241a4; P. 271a2; N. 259b4; G. 347a1]

如果（数论派）说："就像施设火的燃烧一样，这里也应施设；就像说'女贼烧村庄'，存在于火中的烧设施为女贼一样，存在于觉中的知设施为人我，这里也能说，即使人我没有作用，也能施设为作者，习惯存在的缘故，就像施设火的燃烧一样。"

对此（佛教徒回答）：

作者之词所说故，
犹如火则汝人我，
有因有果且享受，
具有作用是能生。[618]**（55）**

把这（人我）施设为与火性质相似的"作者"的话，（人我）"就是有因性、有果性、是享受性、是作用性、是能生的有法"，像火一样产生和变化，（这是）你不承认的。

[MHK: D. 26a7; C. 26a7; P. 29a7; N. 26b1; G. 34b5]

[TJ: D. 241a7; C. 241a7; P. 271a6; N. 260a1; G. 347a5]

而且，

非不相同于自性，

[618] 本颂意为：作者一词，是所说故，犹如火；这样的话，你（数论派）的人我也具有因、具有果、能享受、具有作用、是能生的。

གཞན་པ་མ་ཡིན་སྐྱེས་བུ་མིན།།
དེ་ཡི[619]་རང་དངོས་ཁྱད་པར་ནི།།
དེ་ཡིས་འདི་ལྟར་སྟོང་བར་འགྱུར།། (56)

འདི་ནི་ཀུན་ལ་ཁྱབ་པ་མ་ཡིན་ཏེ། ཕྱོགས་གཅིག་གི་སྤྱོད་ཡུལ་ཅན་ཡིན་པའི་ཕྱིར་མེ[620]་བཞིན་ནོ།། རང་བཞིན་ལས་གཞན་པ་ཡང་མ་ཡིན་ཏེ། རང་བཞིན་གྱི་འགྱུར་བ་ཡིན་པའི་ཕྱིར་མེ་བཞིན་ནོ།། སྐྱེས་བུ་ཡིན་པར་ཡང་མི་འགྱུར་ཏེ། རྟོགས་པ་ལས་གཞན་པའི་མཚན་ཉིད་ཅན་ཡིན་པའི་ཕྱིར་མེ་བཞིན་ནོ།། དེ་ལྟ་བས་ན་ཁྱོད་རང་ཉིད་ཀྱིས་སྐྱེས་བུ་ཆོས་ཅན་རང་གི་ངོ་བོ་སྤངས་པ་དང་། ཆོས་ཀྱི་ཁྱད་པར་སྤངས་པར[621]་བསྒྲུབས[622]་པ་ཡིན་ནོ།།

[MHK: D. 26a7; C. 26a7; P. 29a7; N. 26b1; G. 34b6]
[TJ: D. 241b2; C. 241b2; P. 271b1; N. 260a3; G. 347b2]

དེས་ན་ཁས་བླངས་པ་དེ་ལ།།
གནོད་ཕྱིར་དམ་བཅས་སྐྱོན་མེད་མིན[623]།། (57ab)

ཞེས་བྱ་བ་སྟེ། དེས་ན་འདིར་སྐྱོན་དང་བཅས་པ་ཡིན་ཏེ། ཇི་ལྟ་བུར་ཞེ་ན།
ཇི་ལྟར་དབང་ཕྱུག་རྒྱུར་སྨྲ་བཞིན།།
རྟོགས[624]་པ་ལ་སོགས་སྤངས་པ་ཡིན།། (57cd)

ཁྱོད་ཀྱིས་ཀྱང་བསྒྲུབས[625]་པ་ཡིན་ནོ།། ཞེས་བྱ་བ་ནི་ཚིག་གི་ལྷག་མའོ།། ཇི་ལྟར་དབང་ཕྱུག་རྒྱུར་སྨྲ་བ་དག་དབང་ཕྱུག་གཅིག་པུ་རྟག་པ། མ་སྐྱེས་པ་ནི་འགྲོ་བ་ཐམས་ཅད་ཀྱི་རྒྱུ་ཡིན་པར་སྨྲ་བ་ཉིད་ཡིན་ལ། མ་སྐྱེས་པ་ཉིད་ཀྱི་རྗེས་སུ་དཔག་པས་མོ་གཤམ་གྱི་བུ་ལ་སོགས་པ་བཞིན་དུ་ཡོད་པ་མ་ཡིན་པས་དེའི་རང་གི་ངོ་བོའི་ཁྱད་

619 PK NK GK ཡིས
620 PNG མེའི
621 DC པས
622 PNG སྒྲུབ
623 DCPNG ཕྱིར
624 CK རྟོག
625 PNG བསྒྲུབ

非遍在且非人我，

彼之特殊自相性，

如此即成相违背。[626]**（56）**

这（作者）不遍在于一切，是一种所行的对象的缘故，就像火一样。也不是不同于自性，是自性的变化的缘故，就像火一样。即使是人我也不成为（人我），具有不同于知者的性相的缘故，就像火一样。所以，你（数论派）自己关于人我（的证明）既是“有法自相相违”又是“法差别相违”。

[MHK: D. 26a7; C. 26a7; P. 29a7; N. 26b1; G. 34b6]

[TJ: D. 241b2; C. 241b2; P. 271b1; N. 260a3; G. 347b2]

是故于彼作回答，

损减故宗非无过。[627]**（57ab）**

所以，这里是有过错的，如果问“（过错）是什么？”

犹如自在因论说，

是与知等相违背。[628]**（57cd）**

“纵使亦被汝证明”是偈颂的补充。就像自在因论者说：“独一、常住、不生的自在天是一切众生的因。”不生性的比量就像石女儿等一样是不存在的，所以是违背了那（宗的）自性差别的证明，也就难以避免与自己的言词相违背。

---

[626] 本颂意为：（作者）不是遍在于一切的，不是不同于自性的，是非人我的，它的特殊的属性如此就成了相违。

[627] 本颂意为：所以对那作回答，损减的缘故，（数论派的）宗不是没有错误的。

[628] 本颂意为：就像自在因论者的说法一样，（人我）是与知等相违背的。

པར་སྤྱངས་པ་སྦྱུབ[629]་པ་ཡིན་པའི་ཕྱིར། རང་གི་ཚིག[630]་དང་འགལ་བ་བཟློག[631]་པར་དཀའ[632]་བ་ཡིན་ནོ།། དེ་བཞིན་དུ་ཁྱོད་ཀྱི[633]་རྟོགས་པ་གསལ་བ་ཡིན་པའི་ཕྱིར་དམ་བཅས་པ་ལ་རང་གི་ཚིག[634]་གིས་གནོད་པ་བཟློག་པར་དཀའ་བ་ཡིན་ནོ།།

[MHK: D. 26b1; C. 26b1; P. 29a8; N. 26b2; G. 35a1]
[TJ: D. 241b5; C. 241b5; P. 271b5; N. 260a7; G. 347b5]

གཞན་ཡང་ཅུང་ཞིག་

　　བདག་དང་བདག་གི་མིན་རྟོགས་པ།།
　　བློ་ཡི[635]་རྗེས་སུ་རྟོགས་པ་ཡི།།
　　ལྟ་བ་ལོག་པས་གྲོལ་བར་ནི།།
　　ཁྱོད་ཀྱི་སྐྱེས་བུར[636]་འགྱུར་མི་རིགས།། (58)

བློས་བརྟགས[637]་པའི་རྗེས་སུ་བྱེད་པའི་སྐྱེས་བུས་བདག་ཀྱང་འདིའི་མ་ཡིན་ལ། འདི[638]ཡང་བདག་གི་མ་ཡིན་ནོ་ཞེས་བྱ་བ་ནི་དེ་ཁོ་ན་ཉིད་མཐོང་བ་སྐྱེས་པར་གྱུར་པ་ཡིན་ནོ་ཞེས་གྲག[639]་ལ། བདག་ཅག་གི་ལུགས་ནི་འདི་ལ་རེ་ཞིག་མི་བདེན་པའི་དེ་ཁོ་ན་ཉིད་མཐོང་བ་དེ་ལས་གཞན་ཡིན་པས་རིགས་པ་མ་ཡིན་ནོ།།

[MHK: D. 26b1; C. 26b1; P. 29b1; N. 26b2; G. 35a1]

---

[629] PNG བསྒྱུབ
[630] PNG ཚིགས
[631] PNG ཟློག
[632] N དགའ
[633] PNG ཀྱིས
[634] G ཚིག
[635] PK NK GK ཡིས
[636] DK CK PK NK GK བུ*(?)
[637] PNG བཏགས
[638] PNG ins. ལ
[639] PNG གྲགས

同样，你（数论派）的知者是显现的缘故，立宗难以避免被自己的言词所损减。

[MHK: D. 26b1; C. 26b1; P. 29a8; N. 26b2; G. 35a1]

[TJ: D. 241b5; C. 241b5; P. 271b5; N. 260a7; G. 347b5]

此外，有些人（认为：）

我非我所是遍知，
觉之模仿是为知，
解脱则是依邪见，
汝之人我不合理。[640]**（58）**

（数论派）认为："根据模仿觉的认识的人我，'我（=自性）不是这（人我）的，这（人我）也不是我（=自性）的'[641]是产生的真实见。"然而，（根据）我们（佛教）的教义，这首先不是真正的真实见，与那（真实见）相反所以是不合理的。

[MHK: D. 26b1; C. 26b1; P. 29b1; N. 26b2; G. 35a1]

---

[640] 本颂意为："我不是我所"是（真实）普遍的认识，觉的模仿是有知；（数论派的）解脱是依据邪见的，你（数论派）所说的人我不合理。

[641] nāhaṃ mama，参考第 3、4 颂及其注释。

[TJ: D. 241b6; C. 241b6; P. 271b7; N. 260b1; G. 348a1]

སྐྱེས་བུ་ཐ་དད་མཐོང་བ་ཡིས[642]།།
ཐར་པ་འཐོབ[643]་པ་མ་ཡིན་ཏེ།།
བློ་གཞན[644]་ཡིན་ཕྱིར་སྤྱད་བྱ་དང་།།
སྐྱེས་བུ་གཞན་ཉིད་མཐོང་བ་བཞིན།། (59)

སྤྱད་པར་བྱ་བ་གཙོ་བོ་དང་སྤྱོད་པ་པོ་སྐྱེས་བུ་དག་གང་གི་ཚེ། ཐ་དད་ཉིད་དུ་མཐོང་བ་དེས་ཐར་པ་འཐོབ་པར་འགྱུར་བ་མ་ཡིན་ཏེ། གཏན་ཚིགས་ཅི་ཡོད་ཅེ་ན། བློ་གཞན་ཡིན་པའི་ཕྱིར་ཇི་ལྟར་སྤྱད་པར་བྱ་བའི་བུད་མེད་དང་བདག་པོ་གཉིས་གཞན་ཉིད་དུ་མཐོང་བ་བཞིན་ནོ[645-]།། །།[-645]

དབུ་མའི་སྙིང་པོའི་འགྲེལ་པ་རྟོག་གེ་འབར་བ།[646] བམ་པོ་ཉི་ཤུ་གཅིག་པ།[647]

[MHK: D. 26b2; C. 26b2; P. 29b1; N. 26b3; G. 35a2]
[TJ: D. 242a1; C. 242a1; P. 272a2; N. 260b4; G. 348a4]

གཞན་ཡང་།[648]
ཇི་ལྟར་[649-]རྣམ་རྟོག[-649]་བཅས་པའི་ཕྱིར།།
མི་ནི་ཐ་དད་མཐོང་བ་ལྟར།།
སྐྱེས་བུ་ཐ་དད་མཐོང་བ་ཡིས།།
དེ་བཞིན་གྲོལ་བར[650]་མི་འདོད་དོ།། (60)

---

[642] DK CK PK NK GK ཡི

[643] PK NK GK ཐོབ

[644] N བཞན

[645] PNG །།

[646] PNG །། །།

[647] PNG །།

[648] PNG om. །

[649] PNG om.

[TJ: D. 241b6; C. 241b6; P. 271b7; N. 260b1; G. 348a1]

由见人我相差异，
并不能够获解脱，
是异识故如看见，
被用者与主人异。[651] **（59）**

看见被享受的胜因和享受者人我相异的时候，并没有获得解脱，如果问“原因是什么？”（回答：）是不同的认识的缘故，就像看见被享受的女人和男主人两者的不同一样。

《中观心论注·思择焰》卷二十一。

[MHK: D. 26b2; C. 26b2; P. 29b1; N. 26b3; G. 35a2]
[TJ: D. 242a1; C. 242a1; P. 272a2; N. 260b4; G. 348a4]

而且，

如是具有分别故，
犹如看见人不同，
由见人我相差异，
如是解脱不被许。[652] **（60）**

---

[650] DK CK PK NK GK པ

[651] 本颂意为：根据看见人我（与自性）相异，并不能获得解脱；是不同的认识的缘故，就像看见被享受者和主人的差异一样。

[652] 本颂意为：同样，（人我与自性）具有分别的缘故，就像看见人的差异一样；根据看见人我（与自性）相异，这样的解脱不被承认。

ཇི་ལྟར་[653]འཇིག་རྟེན་ན་བུད་མེད་དང་།། སྐྱེས་བུ་ཐ་དད་དུ[654]་མཐོང་བ་ཡང་ཐར་པ་མ་ཡིན་པར་གྲགས་ཏེ། ཅིའི་ཕྱིར་ཞེ་ན། རྣམ་པར་རྟོག་པའི་རྒྱུ་མཚན་དང་བཅས་པའི་ཕྱིར་རོ[655]།། དེ་བཞིན་དུ་རང་བཞིན་དང་སྐྱེས་བུ་ཡང་ཐ་དད་པར་མཐོང་དུ་ཟིན་ཀྱང་ཐར་པ་མ་ཡིན་ཏེ།[656] [657]-རྣམ་པར་རྟོག་པ-[657]་དང་བཅས་པའི་ཕྱིར་རོ་[658]ཞེས་བྱ་བའི་བསམ་པས་སོ།། མ་ལུས་པར[659]་ཟད་པར་གྱུར་པ་ནི་ཐར་པའོ་ཞེས་བསྟན་པའི་ཕྱིར་བྱ་བ་དང་བྱེད་པ་དང་བྲལ་བ[660]་འདིའི་ཐ་དད་དུ་མཐོང་བ་ཇི་ལྟར་རིགས་པ་ཡིན།

[MHK: D. 26b2; C. 26b2; P. 29b2; N. 26b3; G. 35a2]

[TJ: D. 242a3; C. 242a3; P. 272a5; N. 260b6; G. 348b1]

དེས་ན་རབ་ཏུ་བྱེད་པ་ཡོངས་སུ་རྫོགས་པར་སྟོར་བསྟན[661]་པའི་སྐྱོན་རྣམས་བསྡུས་པ་ཉིད་ཀྱིས[662]་ཤིན་ཏུ་མི་རིགས་པ་ཡིན་པས་གཞན་གྱི་གཞུང་ཡོངས་སུ་སྤང་[663]-བར་བྱ་-[663]བའི་ཕྱིར་སྨྲས་པ།

དེ་ལྟར་གྲངས་ཅན་དེ་ཉིད་ནི།།
སྔོན་དང་ཕྱི་མར་འགལ་བ་དང་།།
རིགས་པ་དང་ནི་མི་ལྡན་ལ།།
མཁས་པ་རྣམས་ཀྱི་བློ་མི་འཇུག། (61)

གང་གི་ཕྱིར་སྐྱོན་མེད་པའི་སྒྲུབ་པ་ནི་རིགས་པ་ཡིན་ལ། གྲངས་ཅན་གྱིས་མངོན་པར་འདོད་པའི་དོན་དམ་པ་དེ་ནི་ཤིན་ཏུ་རིགས་པ་དང་བྲལ་ཞིང་སྔོན་དང་ཕྱི་མར་འགལ་བ་ཡིན་ནོ།། ཇི་སྐད་སྨྲས་པའི་ལུགས་དེ་ལ་མཁས་པ་

[653] PNG ins. ན
[654] PNG om. དུ
[655] PNG om. རོ
[656] C om. |; N ||
[657] C མཉམ་པར་རྟོས་པ
[658] PNG ins. ||
[659] N om. པར
[660] PNG བའི
[661] C བསྟེན
[662] PNG ཀྱི
[663] PNG om.

譬如，世人都认为看见女人和男人相异并不能获得解脱，如果问：“为什么？”（回答：）因为（女人和男人）具有分别的本质。同样，“即使看见自性和人我相异也不是解脱，具有分别（的本质）故”是（本颂的）意思。（数论派）还主张“完全穷尽就是解脱”，看见这样没有所作和能作的相异（就是解脱）怎能合理？

[MHK: D. 26b2; C. 26b2; P. 29b2; N. 26b3; G. 35a2]

[TJ: D. 242a3; C. 242a3; P. 272a5; N. 260b6; G. 348b1]

至此，论述已经圆满完成，概括前面所说的各种错误，（数论派的主张）是完全不合理的，为了完全断除他们的教义，（总结）说：

如是数论派真实，
前后相互皆矛盾，
不与道理相符合，
不入诸贤之智识。[664]**（61）**

“没有错误的证明是合理的，但数论派主张的那真实是完全违背道理而且前后矛盾的。所以，对于如上所述的教义，贤者们是不会赞

[664] 本颂意为：这样，数论派的真实是前后矛盾的，而且不符合道理，不会进入贤者们的智慧。

རྣམས་གཞོལ་བར་མི་འགྱུར་རོ་[665]ཞེས་བྱ་བར་སྨྲས་པ།

[MHK: D. 26b2; C. 26b3; P. 29b2; N. 26b4; G. 35a3]
[TJ: D. 242a5; C. 242a5; P. 272a8; N. 261a1; G. 348b3]

ཧྲུ་གྲོ་[666-]ཧྣ་ཡི་[-666]ས་བོན་གྱི།།
ནང་ན་ཡོད་པའི་ཧྲུ་གྲོ་དང་།།
བུད་མེད་སྐྱེས་པ་འགྲོགས་ལ་བུ།།
ཛ་ཡི་ནང་ན་སྒྲ་གནས་དང་།། (62)
ཟས་ཀྱི་ནང་ན་ཕྱི་ས་སོགས།།
ཤིང་ལ་འབར་ཡོད་མི་མཐོང་ཞེས།།
གང་ཞིག་མངོན་སུམ་སྤོང་བྱེད་པ།།
དེ་ནི་བདེན་སྨྲ་ཇི་ལྟར་ཡིན།། (63)
དེ་ནི་ཡོད་ཀྱང་མི་གསལ་བས།།
དེས་ན་བྱ་བ་སྔོན་[667]མ་མཐོང་།།
ཞེ་ན་མི་གསལ་མེད་མིན་པས།།
ཨེ་མའོ་བསྟན་བཅོས་ཤིན་ཏུ་ལེགས།། (64)

དེ་ལྟ་བས་ན་ཁོ་བོས་སྔར་སྨྲས་པའི་ཁོ་བོ་ཅག་གི་དེ་ཁོ་ན་ཉིད་ནི་རིགས་པ་དང་བཅས་པ་ཡིན་ནོ།།[668]

དབུ་མའི་སྙིང་པོའི་འགྲེལ་པ་རྟོག་གེ་འབར་བ་ལས།[669] གྲངས་ཅན་གྱི་དེ་ཁོ་ན་ཉིད་ལ་འཇུག་པ་སྟེ། ལེའུ་དྲུག་པའོ།། །།

665 PNG ins. །།

666 CK PK NK GK, PNG དའི

667 DK CK, PNG མངོན

668 PNG །། །།

669 PNG །།

同的。”如此说。

[MHK: D. 26b2; C. 26b3; P. 29b2; N. 26b4; G. 35a3]

[TJ: D. 242a5; C. 242a5; P. 272a8; N. 261a1; G. 348b3]

如说尼拘陀树[670]种，
存于尼拘陀树内，
男女结合生子嗣，
鼓之内部有声音。（62）
食物内部有粪等，
木中有火看不见，
谁能遮止现前识，
彼即成为说谛者。[671]（63）
若说彼有却不显，
是故果不被预见，
未显并不是无故，
叹其论述极其佳。[672]（64）

因此，我先前论述的我们（佛教）的真实才是合理的。

《中观心论注·思择焰·入（抉择）数论之真实品第六》（终）。

---

670 Nyagrodha，树名，类似榕树。

671 第62-63颂意为：如果说“尼拘陀树的种子存在于尼拘陀树的内部，子嗣从男人与女人的结合产生，鼓的内部有声音存在，食物的内部有粪便等等，木中有火看不见”的话，那个能断离现前的认识的人就能成为说真谛者。

672 本颂意为：如果（数论派）说：“那（胜因）是存在的但是不显现，所以果不能被预见，不显现并非不存在的缘故。”“哎呀！”（数论派）的论述多么精巧！（反讽）

附录二

《入抉择胜论之真实品》梵本、藏译校订及汉译

[TJ: D. 242a7; C. 242b1; P. 272b3; N. 261a4; G. 349a1]

དེ་ནས་ད་ནི་བྱེ་བྲག་པའི་དེ་ཁོ་ན་ཉིད་གཏན་ལ་དབབ་པ་ལ་འཇུག་པས་རབ་ཏུ་བྱེད་པ་བདུན་པ་བརྩམ་པར་བྱའོ།། དེ་ལ་བྱེ་བྲག་པས་རང་གི་གྲུབ་པའི་མཐའ་ཉིད་འདི་ལྟར་མང་དུ་འགོད་པར་བྱེད་དེ། གཞན་དག་ལ་བརྟེན་ནས་གོམས་པ་ལས་ཐར་པ་ནི་གཅིག་ཉིད་ཡིན་པས་བདག་ཅག་གི[1]་སྐྱེས་བུ་ནི་བྱེད་པ་མེད་པ་མ་ཡིན་ཏེ། ཅི་ཞིག་ཡིན་ཞེ་ན། བྱེད་པ་པོ་དང་།[2] ཟ་བ་པོ་ཡིན་ཏེ། གང་གི་ཕྱིར་རྟོགས་པ་ལ་སོགས་པ་ཡོན་ཏན་ལས་གཞན་པའི་བདག་ནི་ཡོད་དེ། དེ་ནི་མ་སྐྱེས་པ།[3] རྟག་པ།[4] བྱེད་པ་པོ།[5] ཟ་བ་པོ།[6] ཁྱབ་པ།[7] བྱ་བ་མེད་པའོ།། དེ་བཞིན་དུ་ས་དང་། ཆུ་དང་།[8] མེ་དང་། རླུང་རྣམས་ཀྱི་རྡུལ་ཕྲ་རབ་དེ་དག་ཀྱང་རྟག་པ་སྟེ། གྲངས་ཇི་ལྟ་བ་བཞིན་དུ་ཡོན་ཏན་བཞི་དང་། ཡོན་ཏན་གསུམ་དང་། ཡོན་ཏན་གཉིས་དང་། ཡོན་ཏན་གཅིག་དང་ལྡན་པ་ནི་རེག་བྱ་དང་། རོ་དང་།[9] གཟུགས་དང་། དྲི་དང་།[10] མཚུངས་པར་ལྡན་ནོ།། དེ་དག་ནི་མི་རིག་པར་རིགས་མཐུན་པ་ལ་ལྟོས[11]་ནས་རང་དང་མཐུན་པ་དང་[12]མཐུན་པ་མ་ཡིན་པའི་བྱ་བ་རྩོམ་པར་བྱེད་དོ།། ཕྱོགས་དང་།[13] [14-]ནམ་མཁའ[-14]་དང་། དུས་ཀྱང་མ་སྐྱེས་པ།[15] ཁྱབ་པ།[16] རྟག་པ།[17] བྱ་བ་མེད་པ་ཡིན་ནོ།།

---

1 PNG གིས

2 PNG om. |

3 PNG om. |

4 PNG om. |

5 PNG om. |

6 PNG om. |

7 PNG om. |

8 PNG om. |

9 PNG om. |

10 PNG om. |

11 PNG བལྟོས

12 PNG ins. |

13 PNG om. |

14 NG ནམམཁའ

15 PNG om. |

16 PNG om. |

[TJ: D. 242a7; C. 242b1; P. 272b3; N. 261a4; G. 349a1]

复次，由入抉择胜论之真实而作第七品。

这里，胜论派建立如下丰富的自宗理趣：依止于它们（=六句义）而从修行（得）解脱是唯一的，但是我们（胜论派）的我不是非作者。如果问："（我）是什么？"（回答：我是）作者（kartṛ）、享受者（bhoktṛ），所以觉等属性以外还有其他的我（的属性），那（我的其他属性）是不生、常住、作者、享受者、遍在、无活动。

同样，那些地、水、火、风的极微也是常住的，即按照数的话（分别）具有四种属性、三种属性、两种属性、一种属性，也就是与触、味、色、香相应。那些（地等极微）观待于非触的同类能够构成与己同和（与己）异的结果。

方、空、时也是不生、遍在、常住、无活动的。

[17] PNG om. །

ཡིད་ནི་རྟག་པ་བྱ་བ་དང་བཅས་པ་ཡོངས་སུ་ཆད་པའོ།། སྤྱི་དང་ཁྱད་པར་དང་།[18] འདུ་བ་ཡང་མ་སྐྱེས་པ། ཁྱབ་པ། རྟག་པ།[19] ཆ་མེད་པ། བྱ་བ་མེད་པ། རྫས་དང་།[20] ཡོན་ཏན་དང་། ལས་ལ་བརྟེན་པ་ཡིན་ནོ།། ཡོན་ཏན་ཡང་ཁ་ཅིག་ནི་རྟག། ཁ་ཅིག་ནི་མི་རྟག་པའོ།། ལས་ནི་མི་རྟག་པ་ཉིད་ཡིན་ནོ།། དེ་བཞིན་དུ་ཆ་དང་ཆ་ཅན་དང་། ཡོན་ཏན་དང་།[21] ཡོན་ཏན་ཅན་དང་། བྱ་བ་དང་།[22] བྱེད་པ་དང་། མཚན་ཉིད་དང་། མཚན་ཉིད་ཅན་དག་ནི་གཞན་དང་གཞན་ཡིན་ནོ།། དེ་བཞིན་དུ་དབང་པོ་དང་དོན་དང་ཡིད་འདུས་པའི་ཤེས་པ་ནི་མངོན་སུམ་གྱི་ཚད་མའོ།། གཞན་དག་ན་རེ་བྱེད་པ་པོ་ནི་ཡོད་བྱ་བ་ནི་མེད་ཅེས་ཟེར་རོ།།[23] དེ་བཞིན་དུ་ཚིག་གི་དོན་དྲུག་གིས་ཐམས་ཅད་བསྡུས་པར་རིག་པར་བྱ་སྟེ། འདི་ལྟ་སྟེ། རྫས་དང་།[24] ཡོན་ཏན་དང་། ལས་དང་། སྤྱི[25]་དང་། ཁྱད་པར་དང་། འདུ་བ་ཞེས་བྱ་བའོ།། དེ་ལ་རྫས་ཞེས་བྱ་བའི་ཚིག་གི་དོན་རྣམ་པ་དགུ་ནི་འདི་ལྟ་སྟེ། ས་དང་།[26] ཆུ་དང་། མེ་དང་། རླུང་དང་། [27-]ནམ་མཁའ[-27]་དང་། དུས་དང་། ཕྱོགས་དང་། བདག་དང་། ཡིད་ཅེས་བྱ་བའི་རྫས་རྣམས་སོ།། འདི་ལྟ་སྟེ། ཡོན་ཏན་ཉི་ཤུ་རྩ་བཞི་ནི་ཡོན་ཏན་གྱི་ཚིག་གི[28]་དོན་ཡིན་ལ་དེ་ནི་འདི་ལྟ་སྟེ། གཟུགས་དང་། རོ་དང་། དྲི་དང་། རེག་བྱ་དང་། གྲངས་དང་། བོང་ཚོད་དང་། སོ་སོ་དང་། འདུ་བ་དང་། [29-]འབྲལ་བ་དང་།[-29] གཞན་ཉིད་དང་། གཞན་མ་ཡིན་པ་ཉིད་དང་། བློ་རྣམས་དང་། བདེ་བ་དང་། སྡུག་བསྔལ་དང་། འདོད་པ་དང་། ཞེ་སྡང་དང་། འབད་པ་ཞེས་བྱ་བ་རྣམས་ནི་ཡོན་ཏན་ནོ།། དེ་བཞིན་དུ་ལས་ནི་རྣམ་པ་ལྔ་སྟེ། སྟེང་དུ་འཕྱིན་པ་དང་། འོག་ཏུ་གནོན་པ་དང་། བསྐུམ་པ་དང་། བརྐྱང་བ་དང་། འགྲོ[30]་བ

[18] PNG om. །

[19] PNG om. །

[20] PNG om. །

[21] PN om. །

[22] PN om. །

[23] G om. །།

[24] PNG om. །

[25] G སྤྱྱི

[26] PNG om. །

[27] NG ནམ།ཁའ

[28] C དེ

[29] PNG om.

[30] C འགྲཽ

意是常住、有活动、分别的。

同、异、和合是不生、遍在、常住、无分、无活动的，依止于实、德、业。

有些德是常，有些（德）是无常。业只是无常。

同样，部分和全体、德和有德、结果和原因、性相和具性相者是不同的。

同样，根、境、意和合的智慧是现量。

另一些（胜论师）说："作者（即 ātman）是有，所作（即 ātman 的动作）是无。"

同样，根据六句义，应知一切事物概括如下："实、德、业、同、异、和合"。

其中，称为"实"的句义有九种，即称为"地、水、火、风、空、时、方、我、意"的诸实。

如下，德句义有二十四种德，即称为"色、味、香、触、数、量、别体、合、离、彼体、此体、觉、乐、苦、欲、瞋、勤勇"的是德。

同样，业（句义）有五种，即称为"取、舍、屈、伸、行"的诸业。

ཞེས་བྱ་བའི་ལས་རྣམས་སོ།། དེ་བཞིན་དུ་གང་གི་ཕྱིར་རྫས་དང་། ཡོན་ཏན་དང་། ལས་རྣམས་ལ་ཡོད་པ[31]་ཡིན་ནོ་[32]ཞེས་འབྱུང་བའི་རྫས་དང་།[33] ཡོན་ཏན་དང་། ལས་རྣམས་ཀྱི་དོན་ལས་གཞན་ཞིག་ཡོད་པ་དེ་ནི་སྤྱི་ཞེས་བྱ་བར་བརྗོད་དོ།། ཁྱད་ཞུགས་པ་ཡོད་པ་ནི་ཁྱད་པར་ཏེ[34]། ཇི་ལྟར་དཀར་པོ་དང་། ནག་པོ་ཞེས་བྱ་བའི་ཁྱད་པར་ལྟར་དེ་བཞིན་དུ་རྫས་དང་ཡོན་ཏན་ཞེས་བྱ་བའི་ཁྱད་པར་ཡང་ཡིན་ནོ།། ཡང་འདུ་བ་ནི་ཇི་ལྟར་འདི་ལ་ཡོད་དོ་ཞེས་ཡང་དག་པར་བློས་རྟོགས[35]་པར་འགྱུར་བའི་དོན་ཏེ། འདི་དག་ནི་ཚིག་གི་དོན་དྲུག་ཡིན་ནོ།།[36] དེ་བཞིན་དུ་ཁྱད་པར་མེད་པ་དང་[37]ལྡན་པའི་རྟག་པ་ནི་ཡོད་དེ་རྫས་དང་ལྡན་པ་བྱ་བ་དང་།[38] བྱེད་པ་དང་།[39] སྤྱི་དང་།[40] ཁྱད་པར་དང་ལྡན་པ་ཞེས་བྱ་བ་ནི་རྫས་དང་།[41] ཡོན་ཏན་དང་།[42] ལས་རྣམས་ཀྱི་ཁྱད་པར་མེད་པའོ།། དེ་བཞིན་དུ་རྫས་ཀྱིས་ནི་རྫས་གཞན་རྩོམ་པར་བྱེད་ལ་ཡོན་ཏན་གྱིས་ཀྱང་ཡོན་ཏན་གཞན་རྩོམ་པར་བྱེད་དོ།། ཡང་ལས་ལ་ནི་སྤྱི་མེད་དོ།། ཡང་རྫས་ནི་བྱེད་པ་པོར་ཡང་མི་འགལ་ལ་བྱ་བར་ཡང་མི་འགལ་ལོ།། ཡོན་ཏན་ནི་གཉི་[43-]གའིའོ།།[-43] རྫས་ཀྱི་མཚན་ཉིད་སྤྱི་ནི་བྱ་བ་དང་ལྡན་པ་ཡོན་ཏན་དང་ལྡན་པ་འདུ་བའི་རྒྱུར་གྱུར་པ་སྟེ[44]་རྫས་ཀྱི་མཚན་ཉིད་དོ།། རྫས་ལ་བརྟེན[45]་པ་ཡོན་ཏན་གཞན་དང་མི་ལྡན་པ་འདུ་བ་དང་བྲལ་བ་ན་ཡང་རྒྱུ་མེད་པ་ལྟོས[46]་པ་མེད་པ་ནི་ཡོན་ཏན་གྱི་མཚན་ཉིད་དོ།། ཡང་ལས་ཀྱི་མཚན་ཉིད་ནི་རྫས་

---

31 DC ins. མ

32 PG ins. ||

33 N om. |

34 PNG སྟེ

35 PNG རྟོག

36 PNG om. ||

37 PNG ins. |

38 PNG om. |

39 PNG om. |

40 PNG om. |

41 PNG om. |

42 CPNG om. |

43 PNG གའི

44 PNG ཏེ

45 PNG རྟེན

同样，因为产生的所谓“实、德、业是有” 的（观念）是不同于实、德、业的对象的存在的，这就称为“同”。

有差别是“异”，就像“白和黑”的差别一样，实和德的差别也如此。

此外，“和合”就像说“此中有”，（是）觉正确认识的对象。

这些就是“六句义”。

同样，具有无差别的常住是有，“具有实、是果、是因、具有同和异”是实、德、业等的无差别。

同样，根据实，其他实产生；根据德，其他德也产生。而且，业中没有同。实既不与因相违也不与果相违。德是二者。

实的共同的特性是有业、有德、（是）和合因，（这些）就是实的特性。

依止于实，不具有其他德，不是合与离的独立的因，就是德的特性。

---

[46] PNG བསྟེས

གཅིག་པུ[47]་ཡོན་ཏན་མེད་པ་འདུ་བ་དང་བྲལ[48]་བ་ན་ཡང་ལྟོས[49]་པ་མེད་པའི་བྱེད[50]་པ་པོ་ནི་ལས་ཀྱི་མཚན་ཉིད་དོ།། དེ་བཞིན་དུ་རྫས་ནི་སྤྱིའི་བྱེད་པ་པོའོ།། དེ་བཞིན་དུ་ཡོན་ཏན་ནི་འདུ་བ་དང་བྲལ[51]་བའི་བྱེད་པ་པོར་འཇུག་པའོ།། རྫས་རྣམས་ནི་རྫས་ཀྱི་བྱ་བ་སྟེ། ཇི་ལྟར་སོར་མོ་གཉིས་བཞིན་ནོ།། ཡོན་ཏན་ལས་ཡོན་ཏན་འབྱུང་སྟེ། ཇི་ལྟར་གཟུགས་ལས་གཟུགས་བཞིན་ནོ།། དེ་བཞིན་དུ་རྫས་སོ་སོའི་མཚན་ཉིད་བརྗོད་པར་བྱ་སྟེ། གཟུགས་དང་། རོ་དང་། དྲི་དང་། རེག་བྱ་དང་ལྡན་པ་ནི་སའི་རྫས་སོ།། གཟུགས་དང་། རོ་དང་། རེག་བྱ་དང་ལྡན[52-]་པ་ནི[-52]་ཆུ་སྟེ། གཤེར་བ་དང་སྣུན[53]་པ་ཉིད་དོ།། མེ་ནི་གཟུགས་དང[54]་རེག་བྱ་དང་ལྡན་པའོ།། རླུང་ནི་རེག་པ་དང་ལྡན་པ་སྟེ།[55] རྟགས་མི་མཐོང་བའོ།། [56-]ནམ་མཁའ[-56]་ནི་ཡོན་ཏན་སྒྲ་དང་ལྡན་པའོ།། གཞན་དང[57]་གཞན་མ་ཡིན་པ་དང་། ལྷན་ཅིག[58]་དང་ལྷན་ཅིག་མ་ཡིན་པ་དང་། དུས་རིང་བ་དང་ཐུང་བ་ཞེས་བྱ་བ་ནི་དུས་ཀྱི་རྟགས་སོ།། གང་འདི་དང་འདི་ཞེས་བྱ་བ་དེ་ནི་ཕྱོགས་ཀྱི་རྟགས་ཏེ། ཤར་ཉི་མ་དང་ལྡན་པར་གྱུར་པ་དང་། ཕྱིས་ལྡན་པར་འགྱུར་བ་ལས་ཤར་དང་། དེ་བཞིན་དུ་ལྷོ་དང་། ནུབ་དང་། བྱང་ཞེས་བྱ་བས་ཕྱོགས་ཀྱི་ཁྱད་པར་བསྟན་པ་ཡིན་ནོ།། དབང་པོ་དང་།[59] དོན་དང་། ལྷན་ཅིག་གནས་པ་ནི་བདག་ཡིན་ནོ།། ཤེས་པའི་ངོ་བོ[60]་མེད་པ་དང་ངོ་བོ་ཡོད་པ་ནི་ཡིད་ཀྱི་རྟགས་སོ།། གཞན་ཡང་འདིར་ཐར་པ་འདོད་པ་དག་བླ་མ་དང་ཉེ་བར་སོང་ནས་ཕྱི་དང་ནང་དག་ལ་ཕུན་སུམ་ཚོགས་པར་བྱ་སྟེ། ཁྲུས་དང་དབང་བསྐུར་བ་དང་། སྨྱུང[61]་བར་

[47] C དུ
[48] PNG འབྲལ
[49] PNG བལྟོས
[50] G བྱད
[51] PNG འབྲལ
[52] PNG པའི
[53] PNG ལྡན
[54] PNG ins. །
[55] PNG om. །
[56] NG ནམཁའ
[57] DC ཡང
[58] N གཅིག
[59] PNG om. །
[60] PNG ins. ཉིད
[61] PNG བསྙུང

此外，业的特性是（依止于）一实，没有德，是合与离的独立的因，这就是业的特性。

同样，实是（多实）共同的因。同样，德是合与离的因。各种实是实的果，就像“二指”一样。从德产生德，就像从色产生色一样。

同样，应该说各种实的特性，即具有色、味、香、触是地的实。具有色、味、触是水（的实），即湿性和润性。火具有色和触。风具有触，是不可见相。空具有声的德。

“此和彼、同时和异时、快和慢”是时的标志。

“此处和彼处”是方的标志，即“根据先前有太阳生起而且后来也有（太阳升起）是东，同样，南、西、北”就是所说的方的区别。

根、境俱在即是我。没有智的本性和有（智的）本性是意的标志。

此外，这里，欲解脱者们应该亲近上师、圆满具足内外两方面，即：由沐浴、灌顶、守饥行、梵行、住师家、林栖、祭祀、布施、供

གནས་པ་དང་། ཚངས་པར་སྤྱོད་པས[62]་བླ་མའི་ཁྱིམ་དུ་གནས་པ་དང་། [63-]ནགས་སུ་[-63]གནས་པ་དང་། མཆོད་སྦྱིན་དང་། སྦྱིན་པ་ལ[64]་ཕྱོགས་པ་དང་། རྒྱུ་སྐར་དང་། དུས་ངེས་པ་ལ་མཐོང་བར་སྤྱོད་པར་བྱེད་པའི་མི་མཐོང་བ་ནི་ཆོས་ཞེས་བརྗོད་ལ། དེའི་དོན་དུ་སྟེན་པར་བྱེད་པ་ལ་ཡང་ཆོས་ཞེས་བྱའོ།། དེ་ལས་བཟློག་པ་ནི་ཆོས་མ་ཡིན་པ་ཞེས་བྱ་སྟེ། དེ[65]་ལྟ་བུའི་ཆོས་དང་ཆོས་མ་ཡིན་པའི་མཚན་ཉིད་ལ་འཇུག་པ་ལས་བདེ་བ་དང་སྡུག་བསྔལ་ཡིན་ལ། དེ་དག་ལ་ཆགས་པ་དང་སྡང་བའོ།། དེས་བྱས་པས་འདི་ལྟར་ཡང་སྐྱེ་ཞིང་འཁོར་བར་འགྱུར་ཏེ། འདི་ལྟར་ཆོས་དང་ཆོས་མ་ཡིན་པ་ལ་འཇུག་པའི་མཚན་ཉིད་ཀྱིས་ཐོག་མ་མེད་པའི་དུས་ནས་བཅིངས་ཞེས་བརྗོད་དོ།། ཇི་ལྟར་འཁོར་བ་ཐོག་མ་མེད་པ་དེ་བཞིན་དུ་ཅི་ཐ་མ་ཡང་མེད་པའི་བདག་ཉིད་གཅིག་ཡིན་ནམ་ཞེ་ན། དེ་ནི་མ་ཡིན་ཏེ། ཐར་པ་ཡོད་པ་སྟེ།[66] དེ་ཁོ་ན་ཉིད་ཤེས་པ་ལས་ཐ་མ་ཐར་པར་འགྱུར་རོ།། ཡང་དེ་ནི་གང་ཆོས་དང་ཆོས་མ་ཡིན་པ་དག་སྤྱད་པས་ཡང་དང་ཡང་འཁོར་ཞིང་འཁོར་བ་ཟོ་ཆུན་རྒྱུད[67]་མོའི་འཁྲུལ་འཁོར་གྱི་གནས་ལྟ་བུའི་འཁོར་བར་འཇུག་པར་འགྱུར་ལ། དེ་མེད་པས་ཡང་འབྱུང་བ་ཉིད་མཚམས་སྦྱོར་བ་ཡང་མེད་པའི་ཕྱིར་ཐར་པ་ཡིན་ཏེ། མར[68]་མེ་ཤི་བར་གྱུར་པའི་སྣང་བ་བཞིན་ནོ།། ལུས་དང་བཅས་པའི་བདག་ཡིད་དང་ལྡན་པར་གྱུར་པ་ནི་འཚོ་བ་ཡིན་ལ། དེའི་མ་མཐོང་བ་མི་འབྱུང་བས་མེད་པར་གྱུར་པ་ནི་ཀུན་ཏུ[69]་སྦྱོར་བ་མེད་པ་སྟེ། ཡང་འབྱུང་བར་མི་འགྱུར་བའི་ཕྱིར་དང་པོའི་ལུས་ལ་སོགས་པ་གཏན་མི་འབྱུང་བར་འགྱུར་རོ།། གལ་ཏེ་ཆོས་དང་ཆོས་མ་ཡིན་པ་མེད་པར་ཇི་ལྟར་འགྱུར་ཞེ་ན། མ་འོངས་པ་མི་འབྱུང་ཞིང་བསགས་པ་འགོག་པ་སྟེ། དེ་ལ་ལུས་དང་། དབང་པོ་དང་། ཡིད་ལས་ཐ་དད་པའི་བདག་མཐོང་བ་ན་དགེ་བ་སྐྱེ་བར་མི་འགྱུར་ལ། དེ་སྒྲུབ་པར་བྱེད་པ་ཡོངས་སུ་སྤངས་པས་མ་འོངས་པ་ཡང་མི་སྐྱེ་[70-]བའོ།།[-70] བསགས་པ་འགོག་པ་ཡང་ལུས་ཀྱི་དེ་ཁོ་ན་ཉིད་ལ་རྟོག[71]་པར་བྱེད་པ་ན་ཆགས་པར་མི་རྫོམ་པའོ།། དོན་དམ་པའི་བདག་ངེས་པར་རྟོགས་ཤིང་ཚིག་གི་དོན་

---

[62] དང*; cf. VS-C.6-2-2.

[63] NG ནགསུ

[64] དང*; cf. VS-C.6-2-2.

[65] C ད

[66] PN om. །

[67] DC བརྒྱུད

[68] PNG མེར

[69] DC དུ

[70] DC བ་སྟེ།

[71] P རྟོགས

奉、星宿、时节看见修行的不可见力（adṛṣṭa）就称为“法”（dharma）；修行它的对象也是“法”。与此相反则是“非法”（adharma）。进入这样的法和非法的性相（就会产生）乐和苦，其中有贪和瞋。受那（贪和瞋）的影响，就会如此再生而且轮回，即所谓“进入这样的法和非法的性相所以无始以来都被系缚”。如果问：“就像轮回是无始的一样，（轮回的）无终的本性是否是唯一的？”（回答：）那不是（唯一）的，（因为）有解脱，即依据真实智（轮回的）终末是解脱。而且，任何修习法和非法的人不断轮回，进入像辘轳的轮辋一样的轮回。

那（法和非法）没有，再生性结合也没有，就是解脱，如同将灭的酥油灯的光。有身（śarīra）的我（ātman）与意（manas）结合就是命（jīvana）。由于那样的不可见力不产生、（我与意的合）成为无的时候就是没有结缚，即没有再生，所以最初的身体等等就永远不生。

如果问：“法和非法如何变成无？”（回答：）将来（的法和非法）不产生而且断灭（以前的法和非法的）积集就是认识到其中不同于身、根、意的我的时候，乐不产生，完全断除这样的因，将来（的法和非法）也就不会产生；断灭（以前的法和非法的）积集也就是认识到身体的真实的时候，贪不产生。确切认识胜义的我而且真正理解六句义的真实的时候，法（和非法）就会变成无。

དྲུག་གི་དེ་ཁོ་ན་ཉིད་ངེས་པར་ཤེས་པ་ན་ཆོས་ཀུང་མེད་པར་འགྱུར་བ་ཡིན་ཏེ། འདིར།[72] ལུས་དང་ཡིད་ཀྱི[73]་རྣམ་རྟོག་ནི།། ཐམས་ཅད་སྤངས་ནས་དྲི་མེད་པའི།། ཡོངས་སུ་འདའ་བར་དེ་འགྲོ་སྟེ།། ཤིང་ཟད་པ་ཡི་མེ་བཞིན་ནོ།། ཞེས་དམ་ལ་བསྟན་པ་ཡིན་ནོ།། ཇི་ལྟར་ཁྱབ་པའི་བདག་ནི་བྱེད་པ་མེད་པ་ཡིན་དུ་ཟིན་ཀྱང་། འོན་ཀྱང་ཡིད་ཀྱིས[74]་བདག་ཅེས་འཛིན་པར་བྱེད་པས་ཡིད་དང་ཀུན་ཏུ[75]་སྦྱོར་བ་མེད་པ་ནི་ཡང་འབྱུང་བར་མི་འགྱུར་རོ[76]ཞེས་ཉེ་བར་འདོགས་སོ[77]ཞེས་བྱ་བ་འདི་ལྟ་བུ་ནི་བྱེ་བྲག་པའི་གྲུབ་པའི་མཐའ་ཡིན་ནོ།།

[MHK: D. 26b4; C. 26b4; P. 29b5; N. 26b5; G. 35a5]

[TJ: D. 244a6; C. 244a6; P. 274b6; N. 263a6; G. 351b4]

དེ་ལ་སློབ་དཔོན་གྱིས་མདོར་བསྡུས་ནས་ངེས་འདོད་པའི་དེ་ཁོ་ན་ཉིད་ཀྱི་དབང་དུ་བྱས[78-]་ནས།[-78]

བློ་སོགས་བདག་གི་ཡོན་ཏན་བཅད།།
དྲངས[79]་ནས་ཕྱུང་བའི་རྣལ་འབྱོར་པ།།
ཡིད་ལ་བདག་ཅེས་གནས་པ་ནི།།
བྱེ་བྲག་པ་ཡིས[80]་ཐར་པར་ཤེས།།[81] (1)

ཞེས[82-]་བྱ་བ་སྒྲུས[-82]ཏེ། བློ་དང་། བདེ་བ་དང་། སྡུག་བསྔལ་བ་དང་། འདོད་པ་དང་། ཞེ་སྡང་བ[83]་དང་། འབད་པ་དང་། ཆོས་དང་།[84] ཆོས་མ་ཡིན་པ་དང་། ཤེས་པ་དང་། འདུས་བྱས་ཞེས་བྱ་བ་ནི་བདག་གི་ཡོན་ཏན་

[72] PN om. །

[73] N གྱི

[74] PNG གྱི

[75] DC དུ

[76] PNG ins. །།

[77] PNG ins. །།

[78] PNG om.

[79] N དྲུང

[80] PK NK GK ཡི

[81] PNG om. །།

[82] PNG གསུངས

[83] PNG om. བ

[84] DC om. ཆོས་དང་། ;参见本书上卷第三章第四节，pp.199-200。

这里，就是（胜论派）宣称的“完全断灭身以及对意的错误认识之后，无垢的出离就是解脱，就像木尽之火一样。”[85] 虽然遍在的我是无活动的，但是意执持所谓“我”，所以说“（我）与意没有结缚就不会再生。”

以上就是胜论派的宗趣。

[MHK: D. 26b4; C. 26b4; P. 29b5; N. 26b5; G. 35a5]

[TJ: D. 244a6; C. 244a6; P. 274b6; N. 263a6; G. 351b4]

其中，根据那（胜论派）主张的真实，阿阇梨（ācārya）概说如下：

断灭觉等我之德，
从根拔除之行者，
所谓我就住意中，
即是胜论许解脱。[86]（1）

所谓“觉、乐、苦、欲、瞋、勤勇、（法）、非法、智、有为”是我的九种德。

---

[85] 引文的藏译为偈颂形式，为了便于理解译成长行。

[86] 本颂意为：断灭觉等我的德、从根本上拔除（法和非法）的瑜伽行者，所谓“我”安住于意中的时候，就是胜论派认为的解脱。

དགུའོ།། དེ་དག་གི་བཅད་པ་ནི[87]་མ་འོངས་པ་ན་མི་འབྱུང་བ་དང་། བསགས་པ་འགོག་པའོ།། དྲུངས་ནས་ཕྱུང་[88-]བ་ན་[-88]་ཆོས་དང་[89]ཆོས་མ་ཡིན་པ་དེ་དག་གཏན་སྤངས་པ་ནི་དྲུངས་ནས་ཕྱུང་བ་སྟེ། ཐམས་ཅད་དུ་ལོག[90]་པའོ།། དེ་ལྟར་གྱུར་པ་ན[91]་ཡིད་ལ་བྱེད་པ་ལ་འཇུག་པ་ལས་ལྡོག་པ་གང་གི་ཕྱིར་བརྟགས[92]་པ་ཡིན་པས་རང[93]་ཉིད་ལ་བདག་ཅེས་བྱ་བའི་ཡུལ་དུ་རྣམ་པར་མི་རྟོག་པའི་གནས་སྐབས་སུ་གྱུར་པ་ན་ཐར་པ་ཡིན་ནོ་ཞེས་འུག་པ་པས་ཤེས་པ་ཡིན་ནོ་ཞེ་ན།[94]

[MHK: D. 26b5; C. 26b5; P. 29b5; N. 26b6; G. 35a6]
[TJ: D. 244b2; C. 244b2; P. 275a2; N. 263b2; G. 352a2]

འདི་ལ་བརྗོད་པར་བྱ་སྟེ།།

རྒྱས་པར་སྤྲར་བསྟན་རིམ་པ་ཡིས།།
མི་བདེན་སྐྱེ་བ་བཀག་པ་འམ།།
དངོས་པོ་ཡོངས་སུ་བཀག་པས་ན།།
འདོད་དང་སྡང་སོགས་ཡོན་ཏན་མེད།། (2)

[MHK: D. 26b5; C. 26b5; P. 29b6; N. 26b6; G. 35a6]
[TJ: D. 244b3; C. 244b3; P. 275a3; N. 263b3; G. 352a3]

སྔར་བསྟན་པའི་རིམ་པ་གང་ཡིན་ཞེ་ན། འདི་ལྟ་སྟེ།

མ་སྐྱེས་བྱེད་པོར་མི་རུང་སྟེ།།

---

[87] N ན

[88] DC བའི

[89] PNG ins. །

[90] PNG ལོགས; ལྡོག*, cf. 藏译 MHK k. 2 及其前言长行。

[91] C ནི

[92] PNG བཏགས

[93] PNG རབ

[94] PNG om. །

那些（德）的“断灭”即将来的时候不生并消除积集。“从根拔除”即究竟断除那些法和非法，“从根拔除”也就是还灭一切。

这样的时候，从进入作意（manasikāra）退出，因为是分别，所以在自身中，当称为“我”的对象达到无分别的状态时，就是解脱。（这）就是优楼迦徒们（aulūkya）的认识。

[MHK: D. 26b5; C. 26b5; P. 29b5; N. 26b6; G. 35a6]

[TJ: D. 244b2; C. 244b2; P. 275a2; N. 263b2; G. 352a2]

对此，应该回答如下：

广如前说之次第，

断灭非真实之生，

或全断灭实有时，

欲瞋等德成为无。[95]（2）

[MHK: D. 26b5; C. 26b5; P. 29b6; N. 26b6; G. 35a6]

[TJ: D. 244b3; C. 244b3; P. 275a3; N. 263b3; G. 352a3]

如果问：“前面所说的次第是什么？”（回答）如下：

不生不符合作者，

[95] 本颂意为：根据前文详细说明的次第，断灭非真实的生或者完全断灭实有的时候，欲、瞋等德就不存在了。

བྱ་བ་ངེས་པར་བྱ་བ་ལ།།
བྱེད་པོ་ཡིན་ཕྱིར་སྣང་རྩེའི་རྒྱུ།།
[96]-ནམ་མཁའི་-[96]་མེ་ཏོག་མིན་པ་བཞིན།། (3)

[MHK: D. 26b6; C. 26b6; P. 29b6; N. 26b7; G. 35b1]

[TJ: D. 244b4; C. 244b4; P. 275a4; N. 263b4; G. 352a4]

ཞེས་བསྟན་པ་དང་།
མ་སྐྱེས་སྐྱེས་པ་མ་ཡིན་ཏེ།།
[97]-ནམ་མཁའི་-[97]་མེ་ཏོག་མ་སྐྱེས་བཞིན།། (4ab)

ཞེས་བྱ་བ་ལ་སོགས་པས་བྱ་བ་མེད་པར་ཐུག[98]་པ་པས་ཡོངས་སུ་བརྟགས[99]་པའི་སྐྱེ་བ་བཀག་པས་འདོད་པ་དང་[100]ཞེ་སྡང་ལ་སོགས་པའི་རང་གི་ངོ་བོ་ཡོངས་སུ་མ་གྲུབ་ན་བདག་གི་ཡོན་ཏན་ཇི་ལྟར་འབྱུང་བར་འགྱུར།།[101] ཡང་ན་དེ་ལ།

འབྱུང་བའི་ངོ་བོ་ལ་སོགས་ཀྱི།།
དོན་དམ་པར་ན་ཡོད་མིན་ཏེ།། (4cd)

ཞེས་བྱ་བ་ལ་སོགས་པས་ཆོས་ཐམས་ཅད་ཀྱི་རང་གི་ངོ་བོ་རབ་ཏུ་བཀག་པས[102]་དེ་ཁོ་ན་ཉིད་དུ་ཡོན་ཏན་ཞེས་བྱ་བའི་ཚིག་གི་དོན་གྱི་དངོས་པོ་མེད་པ་ཡིན་པས་བདག་དང་དེར་སྨྲ་བ་ཉིད་ཀྱང་མེད་ན་ཆད་པ་ལྟ་ག་ལ་ཡོད་པར་འགྱུར།

[MHK: D. 26b6; C. 26b6; P. 29b7; N. 26b7; G. 35b2]

---

[96] NK GK, NG ནམཁའི

[97] GK, NG ནམཁའི

[98] PNG འདུག

[99] PNG བཏགས

[100] PNG ins. །

[101] PNG om. །།

[102] DC པ

定果必有作者故，
譬如蜂蜜之原因，
非是空中之花蔓。[103]**（3）**

[MHK: D. 26b6; C. 26b6; P. 29b6; N. 26b7; G. 35b1]

[TJ: D. 244b4; C. 244b4; P. 275a4; N. 263b4; G. 352a4]

而且，

不生非是能产生，
如同空华之不生，[104]**（4ab）**

这样说。如果（我的德）是无因的，那么就否定了优楼迦徒所认识的生；而欲和瞋等的自性不存在的话，我的德将如何产生？而且，其中，

纵使大种[105]**自性等，**
胜义之中非是有。[106]**（4cd）**

这样说。一切法的自性被完全否定，所以，在真实中，称为“德”句义的事物是不存在的，因此我和那（德）的结合都不存在的话，将如何断除（这种结合）？

[MHK: D. 26b6; C. 26b6; P. 29b7; N. 26b7; G. 35b2]

---

[103] 本颂意为：不生与作者不相符，因为确定的果必定有作者作用，就像（产生）蜂蜜的原因不可能是空中的花蔓一样。

[104] 本颂意为：不生不是产生，就像空华是不会产生的一样。

[105] ’byung ba 理解为“生（utpatti）”或者“大种（mahābhūta，构成物质的基本要素）”都可以，“大种”更符合上下文。

[106] 本颂意为：即使对于大种的自性等来说，在胜义谛上也是不存在的。

[TJ: D. 244b6; C. 244b6; P. 275a7; N. 263b6; G. 352b1]

ཡང་ན[107]་རྒྱུ་དང་རྐྱེན་ལ་ལྟོས[108]་ནས་བརྟེན་ཏེ་འབྱུང་བའི་སྤྱི་ཉིད་ལ་དེ་ཡོད་པར་ཁས་བླངས་པ་ཡང་དཔྱད་པར་བྱ་བ་ཡིན་པས།

    རྟག་པའི་བདག་ལ་ཤེས་མི་བརྟེན[109]།།
    རྒྱུ་དང་ལྡན་ཕྱིར་བུམ་པ་བཞིན།། (5ab)

གང་རེ་ཞིག་དབང་པོ་དང་། དོན་དང་ཡིད་ཁྲད་པ་ལས་སྐྱེས་པའི་མངོན་སུམ་གྱི་ཤེས་པ་དེ་ཡང་དོན་དམ་པར་བདག་རྟག་པ་ལ་བརྟེན[110]་པར་མི་རིགས་ཏེ། རྒྱུ་དང་ལྡན་པ་ལ་སོགས་པ་སྤྱི་ཡོད་པའི་ཕྱིར་བུམ་པ་ལ་སོགས་པ་བཞིན་ནོ།།

[MHK: D. 26b6; C. 26b6; P. 29b7; N. 26b7; G. 35b2]

[TJ: D. 244b7; C. 244b7; P. 275b1; N. 264a1; G. 352b3]

ཡང་ན།[111]

    བློ་ནི་བདག་གི་ཡོན་ཏན་མིན།།
    མི་རིགས་སྐྱེ[112]་དང་ལྡན་པའི་ཕྱིར།།
    ཇི་ལྟར་དེ་ཡི་ཡོན་ཏན་མིན།།
    གཟུགས་ལ་སོགས་པ་མི་འདོད་བཞིན།། (6)

བློ་ནི་བདག་གི་ཡོན་ཏན་ཉིད་ཡིན་པར་མི་རིགས་ཏེ། ཅིའི་ཕྱིར་ཞེ་ན། གང་དང་གང་སྐྱེ་བ་དང་ལྡན་པ་དེ་ནི་བདག་གི་ཡོན་ཏན་ཡིན་པར་མ་མཐོང་སྟེ། དཔེར་ན་གཟུགས་བཞིན་ནོ།།

[MHK: D. 26b7; C. 26b7; P. 29b8; N. 27a1; G. 35b2]

---

[107] PNG om. ན

[108] PNG བལྟོས

[109] DC རྟེན; PNG སྟེན

[110] N བརྟན

[111] PNG om. །

[112] PNG སྐྱེས

[TJ: D. 244b6; C. 244b6; P. 275a7; N. 263b6; G. 352b1]

而且，依止于因和缘，在依（因缘）而生的共性中，认为那（德）是存在的话，（你的）主张将被分析（如下）：

觉不依于常住我，

有原因故如同瓶。[113]**（5ab）**

首先，“即使那由根、境、意和合产生的现前识在胜义中依止于常住的我”也是不合理的，（现前识）具有原因等共性的缘故，就像瓶等一样。

[MHK: D. 26b6; C. 26b6; P. 29b7; N. 26b7; G. 35b2]

[TJ: D. 244b7; C. 244b7; P. 275b1; N. 264a1; G. 352b3]

而且，

所谓觉是我之德，

非理因其有产生，

犹如彼之诸德中，

色等不会被承许。[114]**（6）**

觉是我的德是不合理的，如果问：“为什么？”（因为）任何有生的东西是我的德是不被承认的，就像色一样。

[MHK: D. 26b7; C. 26b7; P. 29b8; N. 27a1; G. 35b2]

---

[113] 本颂意为：觉不依止于常住的我，具有因的缘故，就像瓶一样。本颂梵藏文均缺后半颂 5cd。

[114] 本颂意为：觉是我的德是不合理的，具有生的缘故，就像在那（我）的德中，色等不被认为（是德）一样。

[TJ: D. 245a1; C. 245a1; P. 275b3; N. 264a2; G. 352b4]

ཡང་ན།[115]

འདུ་བ་ཡིན་ཕྱིར་བདག་མེད་པས།།[116]

རིགས་དེ[117]་མི་རྟག་པ་ཡི་ཕྱིར།། (7ab)

ཇི་ལྟར་གཟུགས་སྔར་ཡོད་པ་མ་ཡིན་པ་དེ་ལྟ་ན་ཡང་། བདག་དང་ཉེ་བར་གནས་པ་ལས་བློ་ལ་བདག་གི[118]་ཡོན་ཏན་ཉིད་དོ་ཞེས་ཟེར་བ་ཐོས་ཏེ།[119] དེ་བདག་དང་། རྟག[120]་ཏུ་འདུ་བར་ཡོད་པ་མ་ཡིན་ཏེ་ཞེས་བྱ་བ་ནི་ཕྱོགས་སོ།། གང་གི་ཕྱིར་ཞེ་ན། མི་རྟག་པའི་ཕྱིར་རམ། སྔར་དབང་པོ་དང་། ཡུལ་ཕྲད་ནས་གནས་པའི་དུས་ན་མེད་པའི་ཕྱིར་ཏེ། དཔེར་ན་གཟུགས་ནི་བདག་དང་འདུ་བ་མ་ཡིན་པ་བཞིན་ནོ།། དེ་བཞིན་དུ་བློ་ནི་འདིའི་ཡོན་ཏན་ཡང་མ་ཡིན་པ་ཉིད་ཡིན་ནོ།།

[MHK: D. 26b7; C. 26b7; P. 29b8; N. 27a1; G. 35b3]

[TJ: D. 245a3; C. 245a3; P. 275b5; N. 264a4; G. 353a1]

དེ་ལྟ[121]་བདེ་[122]དང་སྡུག་བསྔལ་སོགས།།

དགག་པ་མཐར་ཐུག[123]་ཤེས་པར་བྱ།། (7cd)

བདེ་བ་འབྱུང་བ་ཉིད་ཀྱང་བདག་གི་ཡོན་ཏན་མ་ཡིན་ཏེ། སྐྱེ་བ་དང་ལྡན་པའི་ཕྱིར་དཔེར་ན་གཟུགས་བཞིན་ནོ།། བདེ་བ་ནི་བདག་དང་འདུ་བ་མ་ཡིན་ཏེ། མི་རྟག་པའི་ཕྱིར་རམ། སྔ་ན་མེད་པའི་ཕྱིར་དཔེར་ན་གཟུགས་བཞིན་ནོ།། དེ་བཞིན་དུ་སྡུག་བསྔལ་དང་། འདོད་པ་དང་། ཞེ་སྡང་ལ་སོགས་པ་རྣམས་ཀྱང་དགག་པར་བྱའོ[124]་ཞེས་

[115] PNG om. །

[116] 此句藏译难解，根据注释理解为 འདུ་བ་མེད་ཕྱིར་བདག་གི་མིན།།

[117] DK CK PK NK GK ཏེ

[118] PNG om. གི

[119] PNG om. །

[120] DC བདག

[121] DK CK PK NK GK, PNG ལྟར

[122] N ins. བ

[123] PK NK GK ཐུགས

[124] PNG ins. །།

[TJ: D. 245a1; C. 245a1; P. 275b3; N. 264a2; G. 352b4]

再者，

非合之故不属我，

合理因其无常故。[125]**（7ab）**

就像色不是先前就存在的，那（觉）也是如此。“因为与我相随，所以觉是我的德。”听闻（胜论派）如此说，（佛教徒反驳：）“那（觉）不是与我恒常相合的存在”是宗。如果问：“为什么？”（回答：）因为（觉是）无常的，或者因为在根、境结合之前（觉）不存在，例如色不与我结合。同样，觉确实不是这（我）的德。

[MHK: D. 26b7; C. 26b7; P. 29b8; N. 27a1; G. 35b3]

[TJ: D. 245a3; C. 245a3; P. 275b5; N. 264a4; G. 353a1]

如此乐与苦等等，

彻底破除是应知。[126]**（7cd）**

乐是产生性的所以也不是我的德，具有生的缘故，就像色一样。乐不与我合，无常的缘故，或者之前不存在的缘故，就像色一样。同样，“苦、欲、瞋等等各种（德）也应该被破除”就是（偈颂

[125] 本颂意为：（觉）不与（我）合，所以“觉不是我（的德）”是合理的，（觉是）无常的缘故。

[126] 本颂意为：同样，苦、乐等（也不是我的德），应该知道（我的德）被彻底否定了。

བྱ་བའི་ཕ་ཚིག་གོ།།

[MHK: D. 26b7; C. 26b7; P. 30a1; N. 27a1; G. 35b3]

[TJ: D. 245a5; C. 245a5; P. 275b7; N. 264a6; G. 353a3]

གཞན་ཡང་།[127]

ཡིད་ནི་རྟག[128]་པ[129]་མིན་པར་འདོད།།

བརྗོད་བྱ་ཡིན་ཕྱིར་བུམ་པ་བཞིན།། (8ab)

གལ་ཏེ་གང་བློ་ལ་སོགས་པ་ནི་མི་རྟག་པ་ཡིན་པའི་ཕྱིར་བདག་དང་འདུ་བ་མ་ཡིན་གྱི། ཡིད་ནི་འདིར་རྟག་པ་ཡིན་པས་དེ་དང་འདུ་བ་ཡིན་ནོ་ཞེ་ན། ཡིད་ཀྱང་རྟག་པ་མ་ཡིན་ཏེ། ཚིག་གིས་བརྗོད་པར་བྱ་བ་ཡིན་པའི་ཕྱིར་བུམ་པ་ལ་སོགས་པ་བཞིན་ནོ།། རྟག་པ་ཉིད་མ་ཡིན་ན་ཇི་ལྟར་དེ་དང་འདུ་བར་གྱུར་པ་ཡིན་ཞེས་བྱ་བར་བསམས[130]་པའོ།།

[MHK: D. 27a1; C. 27a1; P. 30a1; N. 27a2; G. 35b3]

[TJ: D. 245a6; C. 245a6; P. 276a1; N. 264b1; G. 353a5]

གཞན་ཡང་།[131]

འདི་ནི་བདག་གི་བྱེད་པ་མིན།།

དངོས་པོ་ཡིན་ཕྱིར་བདེ་བ་བཞིན།། (8cd)

གང་དང་གང་དངོས་པོ་ཉིད་ཡིན་པ[132]་དེ་ནི་བདག་གི་བྱེད་པ་མ་ཡིན་ཏེ། དཔེར་ན་བདེ་བ་བཞིན་ནོ།། ཡིད་ནི་བྱེད་པ་ཉིད་དུ་མ་སྐྱེས་བས་འདུ་བ་ཡིན་པར་བདེན་དུ་ཟིན་ཀྱང་།[133] དོན་མཐོང་བར་གྲུབ་པ་མ་ཡིན་ནོ།།

---

[127] PNG om. །

[128] PNG བརྟག

[129] GK པར

[130] PNG བསམ

[131] PNG om. །

[132] PNG ན

[133] PNG om. །

的）意思。

[MHK: D. 26b7; C. 26b7; P. 30a1; N. 27a1; G. 35b3]
[TJ: D. 245a5; C. 245a5; P. 275b7; N. 264a6; G. 353a3]

此外，

认为意是非常住，
是所诠故如同瓶。[134]（8ab）

如果（胜论派）说："即使觉等是无常的，所以不与我合；但意在这里是常住的，所以能与那（我）合。"（佛教徒）认为："意也不是常住的，被言语诠说的缘故，就像瓶等一样。（意）不是常住性的话，如何与那（我）合？"

[MHK: D. 27a1; C. 27a1; P. 30a1; N. 27a2; G. 35b3]
[TJ: D. 245a6; C. 245a6; P. 276a1; N. 264b1; G. 353a5]

而且，

此并非是我作具，
是实有故如同乐。[135]（8cd）

另一方面，（意）是实有性的，那（意）就不是我的作具，就像乐一样。意不生于作具性，所以即使合是正确的，对象也不能被看见。

---

[134] 本颂意为：（佛教徒）认为：意不是常住的，是所诠的缘故，就像瓶一样。

[135] 本颂意为：这（意）不是我的作具，是实有的缘故，就像乐一样。

[MHK: D. 27a1; C. 27a1; P. 30a1; N. 27a2; G. 35b4]

[TJ: D. 245a7; C. 245a7; P. 276a3; N. 264b2; G. 353a6]

ཡང་ན་རྟེན་མེད་པར་བརྟེན་པ་ཡང་མི་འགྲུབ་པས་དེས་ན་རྟེན་ཉིད་བཟློག་པར་བྱ་བའི་ཕྱིར།[136]

བདག་ཡོད་པ་ནི[137]་བཀག་ཟིན་ཀྱང་།།
འདིར[138]་ཡང་བརྟག་པར་བྱ་བ་སྟེ།།
བརྟེན[139]་ནས་བྱུང་བ་མ་ཡིན་ཕྱིར།།
བདག་མེད་[140-]ནམ་མཁའི་[-140]་མེ་ཏོག་བཞིན།། (9)

དབང་ཕྱུག་བཀག་པ་དང་འདྲ་བར[141]་བདག་ཀྱང་བཀག་པ་ཡིན་ཡང་། ཡང་ཚུལ་གཞན[142]་གྱིས[143]་དགག་པར་བྱ་སྟེ། བདག་ནི་མེད་དོ་ཞེས་བྱ་བ་ནི་དམ་བཅའ་བའོ།། གཏན་ཚིགས་ཅི་ཡོད།[144] སོ་སོ་ལམ་བསྟུས་པས་ཀྱང་སྐྱེ་བར་འགྱུར་བའི་རྐྱེན་ཡོངས་སུ་མ་བཟུང་བས།[145] རྟེན་ཅིང་འབྲེལ་པར་འབྱུང་བ་མ་ཡིན་པའི་ཕྱིར་རོ།། འདིར་གང་མེད་པ་དེ་ནི་སོ་སོ་ལམ་བསྟུས་པའི་རྐྱེན་བཟུང་ནས་འབྱུང་བར་འགྱུར་བ་མ་ཡིན་ཏེ། [146-]ནམ་མཁའི[-146]་མེ་ཏོག་བཞིན་ནོ།། གང་ཡོད་པ་དེ་ནི་སོ་སོ་ལམ་བསྟུས་པས་རྒྱུ་དང་རྐྱེན་ཡོངས་སུ་བཟུང་ནས་འབྱུང་བར་འགྱུར་ཏེ། དཔེར་ན་གཟུགས་དང་། སྣང་བ་དང་། [147-]ནམ་མཁའ[-147]་དང་། ཡིད་ལ་བྱེད་པ་དང་། དབང་པོ་ལ་སོགས་པའི་རྐྱེན་ཡོངས་སུ་བཟུང་ནས་སེམས་སྐྱེ་བར་འགྱུར་བ་བཞིན་ནོ།། ཡང་ན་བདག་ནི་མེད་དེ། གཟུགས་སུ་རུང་བ་དང་། ཉམས་སུ་མྱོང་བ་དང་། མཚན་མར་འཛིན་པ་དང་། མངོན་པར་འདུ་བྱེད་པ་དང་། སོ་

---

136 DC །།

137 PNG ན

138 N འདི

139 N བརྟོན

140 NK GK, NG ནམཁའི

141 PNG བ

142 DC བཞིན

143 PNG གྱི

144 PNG om. །

145 PNG om. །

146 NG ནམཁའི

147 NG ནམཁའ

[MHK: D. 27a1; C. 27a1; P. 30a1; N. 27a2; G. 35b4]

[TJ: D. 245a7; C. 245a7; P. 276a3; N. 264b2; G. 353a6]

此外，所依不存在的话，能依也就不成立；因此，所依性应该被破除，

虽然已破我是有，
此处还应再思量，
不是依缘而生故，
我无如同空中华。[148]（9）

与破除自在天相似，我也被破除了；而根据其他的道理（我）还应该被批判，即："我是无"是宗。因是什么？（因是）不论分散还是聚集，（我）也完全不摄受生的缘，所以（我）不是缘起之物。

这里，"无"（的意思）是那（我）不是摄受分散或聚集的缘而生起的，就像空华一样。"有"（的意思）是那是摄受分散或聚集的因和缘而生起的，就像意是摄受色、光、空、作意、根等的缘而生起的一样。

此外，"我是无"，那（我）没有色成、亲证、持相、加行、了别

---

[148] 本颂意为：虽然已经破除了我是存在的，这里还应该再次考察（我），因为（我）不是依（因缘）而产生的，所以我不存在，就像空中之华一样。

སོར་རྟོགས་པར་ཤེས་པའི་མཚན་ཉིད་དང་བྲལ་བའི་ཕྱིར་མོ་གཤམ་གྱི་བུ་བཞིན་ནོ།།

[MHK: D. 27a2; C. 27a1; P. 30a2; N. 27a2; G. 35b4]
[TJ: D. 245b4; C. 245b4; P. 276a8; N. 264b6; G. 353b5]

གཞན་ཡང་།[149]

དེ[150]·ཡི་སྐྱི་ནི་ཡོད་པར་ཡང་།།
ཁས་ལེན་པ་ཡང་བརྟག་པར་བྱ།། (10ab)

ཕུང་པོ་འདུས་པའི་རྒྱུན་བཞིན་བྱས་ནས།[151] ཀུན་རྫོབ་ཏུ་བདག་ཡོད་པས་བདག་གི་སྐྱི་ཡོད་པར་ཁས་ལེན་པ་དེ་ཡང་ཁོ་བོས་འདིར་དཔྱད་པར་བྱའོ།།

[MHK: D. 27a2; C. 27a2; P. 30a2; N. 27a3; G. 35b5]
[TJ: D. 245b5; C. 245b5; P. 276b1; N. 264b7; G. 353b6]

འདི་ནི་ཁྱབ་མིན་རྟག་པ་མིན།།
རྟོགས་བྱ་ཡིན་ཕྱིར་བུམ་པ་བཞིན[152]།། (10cd)

རྣལ་འབྱོར་པ་དག་གི་བསམ་གཏན་གྱི་མིག་གིས་འདི་རྟོགས་པར་བྱ་བ་ཡིན་པས། [153-]རྟོགས་བྱ་ཞེས་བྱ་བ་ལ།[-153] རྟོགས[154]·བྱ་ཡིན་པའི་ཕྱིར་བུམ་པའི་སྐྱི་བཞིན་ནོ།། དེས་ན་འདི་ནི་ཁྱབ་པ་ཡང་མ་ཡིན་ལ[155]། རྟག་པ་ཉིད་ཀྱང་མ་ཡིན་ནོ།། བདག་ནི་ཁྱབ་པ་ཉིད་དུ་ཡོད་པ་ཡིན་ཏེ། ཀུན་ལ་ཁྱབ་པའི་ཕྱིར·[156-]ནམ་མཁའ[-156]·བཞིན་ནོ་ཞེ་ན། དེ་ནི་མི་རིགས་ཏེ། དཔེ་ཉིད་བསྒྲུབ་བྱ་དང་མཚུངས་པའི་ཕྱིར་དངོས་པོའི་དོན་གང་

---

[149] PNG om. །

[150] PNG སྐྱི

[151] PN om. །

[152] DC ins. ནོ

[153] PNG om.

[154] PNG རྟོག

[155] P om. ལ

[156] P ནམ་མཁའི; NG ནམཁའ

识的性相的缘故，就像石女儿一样。

[MHK: D. 27a2; C. 27a1; P. 30a2; N. 27a2; G. 35b4]

[TJ: D. 245b4; C. 245b4; P. 276a8; N. 264b6; G. 353b5]

另外，

纵使彼之同是有，

承许之事应复思。[157]**（10ab）**

那（胜论派）认为“就像蕴是和合的相续一样，根据所作，在世俗中，因为个我存在，所以个我的同存在。”也应该被我们在这里考察。

[MHK: D. 27a2; C. 27a2; P. 30a2; N. 27a3; G. 35b5]

[TJ: D. 245b5; C. 245b5; P. 276b1; N. 264b7; G. 353b6]

此非遍在非常住，

是所知故如同瓶。[158]**（10cd）**

通过瑜伽师们禅定的眼睛，这（我的同）是被认识的，所以是“所知”。“是所知故”，就像瓶的同一样。因此，这（我的同）既不是遍在的也不是常住的。如果（胜论派）说：“我是遍在的存在，遍在于一切的缘故，就像虚空一样。”（佛教徒说：）“这是不合理的，因为譬喻本

[157] 本颂意为：即使那（我）的同是存在的，（胜论派）认为的（观点）也应该（再次）被考察。

[158] 本颂意为：这（我的同）是非遍在、非常住的，是所知的缘故，就像瓶一样。

རང་ཉིད་ཀྱང་བསྒྲུབ་པར་བྱ་དགོས་པ་དེས་གཞན་ཇི་ལྟར་སྒྲུབ[159]་པར་བྱེད་ནུས་ཞེས་བྱའོ།། གལ་ཏེ་[160-]ནམ་མཁའ[-160]་ཐམས་ཅད་ལ་ཁྱབ་པ་ཡིན་ན་རྡུལ་ཕྲ་རབ་ཀྱི་ནང་ན་[161-]ནམ་མཁའ[-161]་ཡོད་དམ་མེད། ཕྱོགས་དེ་གཉི་ག་ཡང་འཆིང་བའི་ཞགས་པ་དང་བཅས་པ་སྟེ། གལ་ཏེ་[162-]ནམ་མཁའ[-162]་དང[163]་ཕྲ་རབ་གཉིས་གཅིག་ན་ནི་ཕྲ་རབ་ཀྱི་ཆ་དང་[164-]ནམ་མཁའི[-164]་ཆའོ་[165]ཞེས་ཕན་ཚུན་ཐ་དད་པས་གཉི་ག་ཡང་ཆ་ཤས་དང་བཅས་པ་ཡིན་པའི་ཕྱིར་མི་རྟག་པ་ཉིད་དུ་འགྱུར་ཏེ། དབྱེ་བར་ནུས་པའི་ཕྱིར་བུམ་པ་བཞིན་ནོ།། འོན་ཏེ་རྡུལ[166]་ཕྲ་རབ་ཀྱི་ནང་ན་[167-]ནམ་མཁའ[-167]་མེད་དོ་ཞེ་ན་ནི་ཕྲ་རབ་ཀྱང་མི་རྟག་པ་ཉིད་དུ་འགྱུར་ལ། [168-]ནམ་མཁའ[-168]་ཡང་ཀུན་ལ་ཁྱབ་པ་མ[169]་ཡིན་པར་འགྱུར་ཏེ། དེ་ལྟ་བས་ན་[170-]ནམ་མཁའ[-170]་ཀུན་ལ་ཁྱབ་པ་མ་ཡིན་པ་འམ། ཕྲ་རབ་ལ་དབྱེ་བ་ཡོད་པར་ཁས་བླང[171]་དགོས་པས། དེས་ན་ཕྱོགས་གཉི་ག་ཡང་སྐྱོན་དང་བཅས་པ་ཡིན་ནོ།། གཞན་ཡང་གལ་ཏེ་ཀུན་ལ་ཁྱབ་པའི་ཕྱིར་[172-]ནམ་མཁའ[-172]་དང་འདྲ་བ་ཡིན་ལ་[173]འདིས་ལུས་ལ་སྦྱོར་བར་བྱེད་པ་ན་ཅི་ཕྱོགས་གཅིག་གིས་སྦྱོར་བར་བྱེད་དམ། འོན་ཏེ་ཐམས་ཅད་ཀྱིས་ཡིན[174]། དེ་ལ་གལ་ཏེ་ཕྱོགས་གཅིག་གིས་སྦྱོར་རོ་ཞེ་ན་ནི། ཕྱོགས་ཆ་དང་ལྡན་པའི་ཕྱིར་བདག་མི་རྟག་པ་ཉིད་དང་ཆ་ཤས་དང་བཅས་པ་ཉིད་དུ་འགྱུར་ཏེ་[175]བུམ་པ་བཞིན་ནོ།།[176] འོན་ཏེ་བདག་ཉིད་ཐམས་ཅད་ཀྱིས[177]་སྦྱོར་བ་ཡིན་ན་ཡང་།[178]

---

159 P བསྒྲུབ
160 NG ནམཁའ
161 NG ནམཁའ
162 NG ནམཁའ
163 PNG om. དང
164 NG ནམཁའི
165 PNG ins. །།
166 PNG om. རྡུལ
167 NG ནམཁའ
168 NG ནམཁའ
169 PNG om. མ
170 NG ནམཁའ
171 PNG བླངས
172 NG ནམཁའ
173 PNG ins. །
174 PNG ins. ཏེ
175 PNG ins. །
176 PNG om. །།

身与立宗相似，事物的对象是其本身都需要被证明的话，那么，如何还能证明（事物的对象）是其他？”

如果虚空是遍在于一切的话，那么在极微内部，虚空是有还是无？那两种观点都有系缚的绳索，即：如果虚空和极微两者是同一的话，那么所谓“极微的方分和虚空的方分”互不相同，因为二者也都具有方分，所以（虚空和极微都）成为非常住性的，即能被区别的缘故，就像瓶一样；如果说“极微的内部没有虚空”的话，不仅极微成为非常住性的，而且虚空也不能成为遍在于一切的。所以，应该认为：虚空不是遍在于一切的，或者极微中有方分。因此，两种说法都是有错误的。此外，如果（我）遍在于一切的缘故，与虚空相似，那么这（我）与身体结合的时候，是一部分结合还是一切（结合）？对此，如果（胜论派）说“一部分结合”的话，是有部分的缘故，我就成为非常住性和有方分性的，就像瓶一样。如果（胜论派说）“是一切我结合”的话，

---

177 PNG གྱི

178 PNG om. །

དེ་ལྟ་ན་ལུས་གཅིག་དང་སྦྱོར་ཞིང[179]་ཕྲད་པ་ན་ལུས་གཞན་ཐོབ་པར་འགྱུར་བ་མེད་ལ། ཀུན་ལ་ཁྱབ་པ་ཡིན་པའི་ཕྱིར་འགྲོ་བ་ཐམས་ཅད་ཀྱིས་དུས་གཅིག་ཏུ་བདེ་བ་དང་། སྡུག་བསྔལ་ཉམས་སུ་མྱོང་བར་ཐལ་བར་འགྱུར་ཏེ། དེ་ཡང་འདི་ལྟར་དམྱལ་བའི་འགྲོ་བ་རྣམས་ཀྱིས་ཀྱང་མཐོ་རིས་ཀྱི་བདེ་བ་མྱོང་བར་འགྱུར་ལ། མཐོ་རིས་ཀྱི་འགྲོ་བ་རྣམས་ཀྱིས་ཀྱང་དམྱལ་བའི་སྡུག་བསྔལ་མྱོང་བར་འགྱུར་ཞིང་། གཅིག་བཅིངས་པ་ན་ཡང་ཀུན་བཅིངས་པར་འགྱུར་ལ། གཅིག་གྲོལ་བ་ན་ཡང་འགྲོ་བ་ཐམས་ཅད་གྲོལ་བར་ཐལ[180]་བར་འགྱུར་རོ་ཞེས་བྱ་བའོ།།

[MHK: D. 27a2; C. 27a2; P. 30a3; N. 27a3; G. 35b5]

[TJ: D. 246a6; C. 246a6; P. 277a4; N. 265b2; G. 354b4]

སྐྱོན་གཞན་ཡང་།

　　བློ་སྐྱེ་འགྱུར་དང་བཅས་ཤེ[181]་ན།།
　　ཁྱོད་ཀྱིས[182]་བདག་ཉིད་ཉམས་པར་འགྱུར།།
　　འོན་ཏེ་འགྱུར་མེད་ཤེས་པ་མིན།།
　　ཤེས་དང་ཤེས་མིན་ཇི་ལྟར་རུང་།། (11)

གང་ཡང་བདག་དང་བློ་འདུ་བར་གྱུར་པ་ན། ཅི་དེའི་ཚེ་ཡོངས་སུ་འགྱུར་བ་འབྱུང་བ་ཞིག་ཡིན་ནམ། འོན་ཏེ་མ་ཡིན།[183] གལ་ཏེ་རེ[184]་ཞིག་བློ་འདི་འབྱུང་བར་[185]-འགྱུར་བ-[185]་ན་ཡོངས་སུ་འགྱུར་བ་ཡིན་ན་ནི། ཡོངས་སུ་འགྱུར་བའི་ཆོས་ཅན་ཡིན་པའི་ཕྱིར་[186]འབར་བ་ལ་སོགས་པ་བཞིན་དུ་མི་རྟག་པ་ཉིད་ཡིན་ནོ།། འོན་ཏེ་འགྱུར་བ་བརྟེན[187]་པ་མ་ཡིན་ནོ་ཞེ་ན། ཡང་འདི་ཇི་ལྟར་རྟོགས་པ་ཡིན་པར་འགྱུར་ཏེ། འགྱུར་བ་མེད་པའི་ཕྱིར་ནམ་

---

[179] PNG ཅེང

[180] NG ཐར

[181] PK NK GK ཞེ

[182] DK CK PK NK GK, PNG ཀྱི

[183] PNG ins. །

[184] N ར

[185] PNG གྱུར་པ

[186] P ins. །

[187] PNG བསྟེན

那么与一个身体结合，结合的时候不能获得其他的身体，遍在于一切的缘故，必然导致一切众生同时感受苦乐的过错。此外，这样也将导致不仅下界的众生能享受上界的快乐，上界的众生也会感受下界的痛苦；而且一人被系缚的时候一切（众生）都被系缚，一人解脱的时候一切众生都得解脱。（佛教徒）如此（考察）。

[MHK: D. 27a2; C. 27a2; P. 30a3; N. 27a3; G. 35b5]
[TJ: D. 246a6; C. 246a6; P. 277a4; N. 265b2; G. 354b4]

错误还有，

若说觉生有变异，
汝则损减我本性，
但若不变则非知，
知又非知怎合理？[188] **（11）**

我与觉合的时候，那时是有变异产生还是没有（变异产生）？首先，如果这（合）产生的时候有变异的话，因为是变异的有法，就像烧等一样，就是非常住性。但如果说"没有变异"的话，那么这（合）如何被认识？因为无变化，就像虚空一样。先前是无分别的自性，而

[188] 本颂意为：如果说（我与）觉（的合）产生的时候是有变异的，那么你就损减了我的本性；但如果（合产生时）没有变异的话，那么就不会产生知，既是知又不是知如何合理？

མཁའ[189]་བཞིན་ནོ།། སྔར་རྟོག་པ་མེད་པའི་ངོ་བོ་ཡིན་ལ། ཕྱིས་རྟོག་པའི་ངོ་བོར་འབྱུང་བར་འགྱུར་ན་ནི། སྔར་གྱི་རང་གི་ངོ་བོ་ཡོངས་སུ་བཏང་བའི་ཕྱིར་མི་རྟག་པ་ཉིད་དུ་ཡོངས་སུ་འགྱུར་བ་ཡིན་ནོ།། རྟག་ཏུ་རྟག་པ་ཞིག་ཡིན་ན་ཡང་རྟོག་པ་ཡང་ཡིན། མི་རྟོག[190]་པ་ཡང་ཡིན་ཞེས་བྱ་བ་ཇི་ལྟར་འགྱུར། འདི་བློ་དང་འདུ་བར་འགྱུར་བ་ཞིག་ཡིན་ན་ཡང་ཅི་བློའི་ངོ་བོ་ཞིག་ཏུ་འགྱུར་བ་ཡིན་ནམ། འོན་ཏེ་མ་ཡིན། དེ་ལ་གལ་ཏེ་རྟག་པ་ཉིད་ཡིན་པའི་ཕྱིར་འདི་བློའི་ངོ་བོར་གྱུར་པ་མ་ཡིན་ནོ་ཞེ་ན། བློ་དང་འདུས་པ་ཞེས་བྱ་བའི་ཤེས་པ་སྐྱེ་བར་འགྱུར་བ་ན་ཡང་བདག་ནི་མི་ཤེས་པ་ཉིད་ཡིན་ཏེ། སྔར་གྱི་ངོ་བོ་ལས་གཞན་དུ་མི་འགྱུར་བའི་ཕྱིར་རོ།། གལ་ཏེ་བློ་དང་འདུས་པར་གྱུར་པ་ན་[191]བློའི[192]་ངོ་བོ་ཉིད་དུ་འདི་ཡང་གྱུར[193]་ན་ནི། བདེ་བ་དང་སྡུག་བསྔལ་གྱི་ངོ་བོ་ལ་ཐ་དད་པའི་ཕྱིར་ཡོན་ཏན་བཞིན་དུ་འདི་ལ་ཡང་མི་རྟག་པ་ལ་སོགས་པའི་སྐྱོན་འབྱུང་བར་འགྱུར་རོ[194]།།

[MHK: D. 27a2; C. 27a2; P. 30a3; N. 27a3; G. 35b6]

[TJ: D. 246b4; C. 246b4; P. 277b3; N. 265b7; G. 355a5]

གལ་ཏེ་བདག་དང་བློ་འདུས་པ་ནི་ཡོད་དེ། བློ་དང་བཅས་པ་ཡིན་པའི་ཕྱིར། དཔེར་ན་དབྱུག་པ་དང་།[195] དབྱུག་པ་ཅན་བཞིན་ནོ་ཞེ་ན། དེ་ལ་བརྗོད་པར་བྱ་སྟེ།

འདུ་བ་དགག་པ་བྱས་པས་ན[196]།།

དེ་དང་འབྲེལ་པའང་རིགས་པ་མིན།། (12ab)

བདག་གིས་རབ་ཏུ་བྱེད་པ་འདིར་འདུ་བ་དགག་པ་བྱས་པས་འདུ་བ་མེད་པར་གྱུར་ན། དེ་དག་གི་འབྲེལ་པ་ཡང་ཡོད་པར་མི་འགྱུར་རོ།། ཇི་ལྟར[197]་ཞེ་ན། བདག་ནི་རྟག་པ་ཡིན་ལ་བློ་ནི་མི་རྟག་པ་ཡིན་པས་རྟག་པ་དང་མི་རྟག་པ་དག་མི་འདྲ་བ་ཉིད་ཡིན་པའི་ཕྱིར་མེ་དང་གྲང་བ་བཞིན་དུ་འབྲེལ་པ་མེད་པ་ཡིན་ནོ།། བློ་དང་འདུ་བ་ཇི་

189 NG ནམཁའ

190 C རྟག

191 PNG ins. །

192 PNG om. བློའི

193 PNG འགྱུར

194 N om. རོ

195 PNG om. །

196 NK ནི

197 DC ལྟ

后来成为有分别的自性的时候，因为完全舍弃了先前的自性，所以（这样的合）就是非常住而变异的。总之，是常住的话，所谓“既是分别又是无分别”如何可能？这（我）与觉合的时候，觉的自性是变异还是不（变异）？对此，如果（胜论派）说：“因为是常住性的，所以这样的觉的自性不是变异。”（回答：）“（我）与觉合”的知产生的时候，我是非知性的，即先前的自性以外的其他不会产生的缘故。如果（我）与觉合的时候，这（知）产生于觉的自性的话，因为（觉的自性）不同于乐和苦的自性，就像德一样，其中也就会产生非常住等的过错。

[MHK: D. 27a2; C. 27a2; P. 30a3; N. 27a3; G. 35b6]

[TJ: D. 246b4; C. 246b4; P. 277b3; N. 265b7; G. 355a5]

如果（胜论派）说：“我与觉合是存在的，那（我）与觉是一起的缘故，就像杖和持杖人一样。”对此，应回答：

合被破除之时刻，

与彼结合亦非理。[198]**（12ab）**

根据我（佛教）的观点，这里，“合被破除”即合不存在，那么他们的结合也就不存在了。如果问：“为什么？”回答：“我是常住的而觉是非常住的，常住和非常住二者是不同的缘故，就像热和寒一样是

[198] 本颂意为：（我与觉的）合被破除的时候，（我）与那（觉）的结合也就是不合道理的。

ལྟར་བཀག་པ་བཞིན་དུ་ཡོན་ཏན་གྱི་ཚིག[199]·གི་དོན་རྣམས་ཀྱང་དགག་པར་འདོད་ནས་སྨྲས་པ།

བདེ་[200]དང་སྡུག་བསྔལ་འབད་དང་[201]·འདོད།།

སྡང་ལ་སོགས་ཀྱང་ཚུལ་འདི་ཡིན།། (12cd)

[MHK: D. 27a3; C. 27a3; P. 30a4; N. 27a4; G. 35b6]

[TJ: D. 246b7; C. 246b7; P. 277b7; N. 266a3; G. 355b2]

ཇི་ལྟར[202]·ཞེ་ན།

རྟག[203]·པའི་བདག་ལ་བདེ་མི་བརྟེན[204]།།

རྒྱུ་དང་ལྡན་ཕྱིར་བུམ་པ་བཞིན།།

ཡང་ན་བདག་གི་ཡོན་ཏན་ནི།།

བདེ་བ་ཡིན་པར་མ་རྟོགས[205]·ཏེ།། (13)

སྐྱེ་དང་ལྡན་ཕྱིར་གཟུགས་ལ་སོགས།།

དེ་ཡི་ཡོན་ཏན་མི་འདོད་བཞིན།།

ཡང་ན་འདི་དག་འདུ་བ་ནི།།

བདག་ལ་ཡོད་པར་མ་རྟོགས[206]·ཉིད།། (14)

ཅེས་བྱ་བ་ལ་སོགས་པས་སྡུག་བསྔལ་ལ་སོགས་པ་ལ་ཡང[207]·སྦྱར་བར་བྱའོ།།

[MHK: D. 27a4; C. 27a4; P. 30a5; N. 27a5; G. 36a1]

---

199 N ཆིག

200 G ins. བ

201 NK པ

202 DC ལྟ

203 DK CK PK GK བརྟག; NK བརྟགས

204 DK CK རྟེན; DC བརྟན

205 PK NK GK གཏོགས

206 PK NK GK གཏོགས

207 PNG om. ཡང

没有关系的。（我）与觉的合如此被破除，同样，各种德句义（与我的合）也应该被破除”，

乐苦以及勤勇欲，

瞋等亦是此道理。[208]（12cd）

[MHK: D. 27a3; C. 27a3; P. 30a4; N. 27a4; G. 35b6]

[TJ: D. 246b7; C. 246b7; P. 277b7; N. 266a3; G. 355b2]

如果问：“为什么？”（回答：）

乐不依于常住我，

具有因故犹如瓶，

复次不会被承许，

乐亦即是我之德。（13）

具有生故如色等，

不被认可是彼德，

复次不会被承许，

这些合亦存我中。[209]（14）

如上等说法也应该用于苦等。

[MHK: D. 27a4; C. 27a4; P. 30a5; N. 27a5; G. 36a1]

---

[208] 本颂意为：乐、苦、勤勇、欲、瞋等（德）也都是这个道理。

[209] 这两颂意为：乐不依止于常住的我，是有因的缘故，就像瓶一样。此外，乐是我的德也是不被承认的，有产生的缘故，就像色等一样。此外，这些合存在于我中也不被承认。

[TJ: D. 247a1; C. 247a1; P. 278a1; N. 266a5; G. 355b4]

དེ་བཞིན་དུ་བདག་ཡོད་དེ་ཞེས་བྱ་བའི་བློ་གང་དག་ཡོད་པར་གྲུགས[210]་པ་དེ། སྤྱི་ཆེན་པོ་དང་འབྲེལ་ཏེ[211] འབྱུང་བར་འགྱུར་རོ་ཞེས་གྲག[212]་ན། སྤྱི་ཆེན་པོ་དང་འབྲེལ་བ་དེ་ཅི་བདག་རང་གི་ངོ་བོ་ཡོད་པ་ཞིག་ཡིན་ནམ། རང་གི་ངོ་བོ་མེད་པ་ཞིག་ཡིན། དེ་ལ།[213]

ལྷན་ཅིག་ཡོད་ཆེན་དང་འབྲེལ་བར།།
ཡོད་དང་མེད་པ་མི་རིགས་སོ།། (15ab)

ཅིའི་ཕྱིར་ཞེ་ན།

ཡོད[214-]་ནའང་དེ[-214]་སྦྱོར་དོན་མེད་ལ།།
མེད་ན་དེ་ཡང་མེད་པར་འགྱུར།། (15cd)

ཡོད་པ་ཞེས་བྱ་བའི་བློ་མེད་པ་ཞིག་ཡིན་ན་ནི་སྤྱི་ཡོད་པ་ཆེན་པོ་དང་འབྲེལ་བ་ཡོད་པར་འགྱུར[215]་ན། [216-]རང་གི་ངོ་བོ་ཡོད་པར་གྱུར་ན།[-216] རང་གི་ངོ་བོ་ཡོད་པར་གྱུར་བའི་ཕྱིར་བདག་ལ་ནི་ཡོད་པ་ཆེན་པོ་དང་འབྲེལ་བ་མེད་དེ། ཇི་ལྟར་གྲུབ་ཟིན་པའི་བུམ་པ་ལ་ཡང་བསྒྲུབ་མི་དགོས་པ་བཞིན་ནོ།། མེད་ན་ཡང་ཡོད་པ་ཆེན་པོ་དང་འབྲེལ་བ་ཡོད་པ་མ་ཡིན་ཏེ། ཡོད་པ་མ་ཡིན་པའི་ཕྱིར་ཇི་ལྟར་མོ་གཤམ་གྱི་བུ་བཞིན་ནོ།།

[MHK: D. 27a4; C. 27a4; P. 30a6; N. 27a5; G. 36a2]

[TJ: D. 247a4; C. 247a4; P. 278a5; N. 266b1; G. 356a1]

གལ་ཏེ་བདག་ཡོད་པ་ཉིད་ལ་ཡོད་པ་ཆེན་པོས་གསལ་བར་བྱེད་པ་ཉིད་ཡིན་གྱི།[217] ཡོད་པའི་ངོ་བོ་ཞིག་སྐྱེད་པར་བྱེད་པ་ནི་མ་ཡིན་ནོ་ཞེ[218]་ན།

---

[210] DC གྲག

[211] PNG ins. །

[212] P གྲགས

[213] PNG om. །

[214] NK ན་འདི

[215] PNG གྱུར

[216] DC om.

[217] PNG om. །

[218] G ཞེས

[TJ: D. 247a1; C. 247a1; P. 278a1; N. 266a5; G. 355b4]

同样，如果说“那称为‘我有’的认识是共许，那（我与）大同（mahāsāmānya）相结合，这（我有）产生”的话，与大同相结合（的时候），我是有自性的还是没有自性的？对此，（回答）：

若与大有相结合，

有无皆为不合理。[219]**（15ab）**

如果问：“为什么？”（回答：）

有则彼合无意义，

无则彼亦成为无。[220]**（15cd）**

称为“有”的认识是不存在的，“同”与“大有”相结合的时候，自性是有的话，自性是有的缘故，我就不会与大有相结合，就像已经被证明的瓶没有必要再证明一样。（自性）是无的话，与“大有”相结合就不存在，不是有的缘故，就像石女儿一样。

[MHK: D. 27a4; C. 27a4; P. 30a6; N. 27a5; G. 36a2]

[TJ: D. 247a4; C. 247a4; P. 278a5; N. 266b1; G. 356a1]

如果（胜论派）说：“我确实是存在的，通过大有而显现，但是有的本性不是能生的。”（回答：）

[219] 本颂意为：（我与）“大有”相结合的话，有（自性）和无（自性）都是不合理的。

[220] 本颂意为：如果有（自性）的话，那（我与大有的）结合就没有了意义；如果无（自性）的话，那（结合）也就会不存在。

གསལ[221]་བར་བྱེད་པས[222]་ཆོས་གཞན་ཕྱིར།།

དེ་ནི[223]་གསལ་བྱེད་ཇི་ལྟར་ཡིན།། (16ab)

ཁྱོད་ཀྱི་བདག་ནི་མི་གསལ་བ་ཉིད་ཡིན་ཏེ་[224]བྱས་པ་མ་ཡིན་པ་ཉིད་ཡིན་ན་དེ་ཇི་ལྟར་ཡོད་པ་ཆེན་པོས་གསལ་བར་བྱེད་པ་ཡིན།[225] འདིར་འདི་སྐད་དུ་སྨྲ་བར་ཡང་ནུས་ཏེ། གསལ་བ་མ་ཡིན་པ་ནི་གསལ་བར་བྱ་བར་མི་ནུས་ཏེ། མི་གསལ་བ་ཉིད་ཡིན་པའི་ཕྱིར། དཔེར་ན་[226]-ནམ་མཁའི་-[226]་མེ་ཏོག་བཞིན་ནོ།། མངོན་པར་གསལ་བ་ཉིད་ནི་རྐྱེན་རྙེད་ནས་གསལ་བར་འགྱུར་ཏེ། དཔེར་ན་འཛིམ་པའི་གོང་བུ་དང་། དབྱུག་པ་དང་།[227] འཁོར་ལོ་དང་། རྫ་མཁན་གྱི་འདོད་པ་ལ་སོགས་པའི[228]་རྐྱེན་ཚོགས་པ་ལས་མངོན་པར་གྲུབ་པའི་བུམ་པ་ནི[229]་མར་མེས[230]་གསལ་བར་བྱེད་པ་བཞིན་ཏེ། བྱས་པ་ཉིད་ལ་མངོན་པར་གསལ་བ་མཐོང་བས་ཆོས་མི་མཐུན་པ་ཉིད་ལ་མངོན་པར་གསལ་བར[231]་གྲུབ་པའི་ཕྱིར། ཡོད་པ་ཆེན་པོ་ནི་བདག་གསལ་བར་བྱེད་པ་མ་ཡིན་ནོ།།

[MHK: D. 27a5; C. 27a5; P. 30a6; N. 27a6; G. 36a2]

[TJ: D. 247a7; C. 247a7; P. 278b1; N. 266b5; G. 356a6]

གྲངས་ལ་སོགས་དང་འབྲེལ་བ་ཡང་།།

འདི་ཉིད་ཀྱིས་ནི་ལན་བཏབ་པོ།། (16cd)

ཇི་སྐད་སྨྲས་པའི་དཔྱད་པའི་རིམ་པ་འདི་ཉིད་ཀྱིས་གཅིག་ལ་སོགས་པའི་གྲངས་ལ་སོགས་པ་དང་སྐྱེས་བུ་སྦྱོར་བར་སྨྲུབ[232]་པར་དཀའོ།། ཇི་ལྟར[233]་ཞེ་ན། ཡོད་པའི་གཅིག་ཉིད་དང་སྦྱོར་རམ། འོན་ཏེ་མེད་པ་ཞིག་ཡིན།

---

[221] C གསོལ

[222] PK NK GK བ

[223] NK ན

[224] PNG ins. །

[225] NG །།

[226] NG ནམཁའི

[227] PNG om. །

[228] N ལ

[229] PNG ins. །

[230] N མས

[231] PNG བ

[232] DC འགྲུབ

能显现是他法故，

彼又如何是能显？[234]**（16ab）**

你（胜论派）的我是非显性（avyaktatva），即非作性（akṛtakatva，无活动性）的话，那（我）如何通过大有而显现？

这里，也可以这样反驳：非显现即不能被显现，是非显性的缘故，就像空华一样。

“显现性”是通过获得缘而显现，就像根据泥团、棒、轮、陶师的想法等的缘的和合做成的瓶通过灯光显现一样。

就“作性”来说，通过看见显现，在不同类的法中实现显现。

所以，大有不能显现我。

[MHK: D. 27a5; C. 27a5; P. 30a6; N. 27a6; G. 36a2]

[TJ: D. 247a7; C. 247a7; P. 278b1; N. 266b5; G. 356a6]

若与数等相结合，

据此本身即回答。[235]**（16cd）**

如前所说的观察次第，“据此本身”（意为）“一”等的数等等很难与我实现结合。如果问：“为什么？”（回答：）与有的一性相结合还是

233 DC ལ

234 本颂意为：能显现是其他的法的缘故，那（大有）如何能显现（我）？

235 本颂意为：如果与数等等相结合，那么根据这本身就可以回答。

དེ་ལ་གལ་ཏེ་ཡོད་པའི་གཅིག་ཉིད་གྲངས་[236]ཀྱི[237]་གཅིག[238]་དང་སྦྱོར་བ་ཡིན་ན་ནི། ཡང་སྦྱོར་བ་དོན་མེད་པར་འགྱུར་རོ།། འོན་ཏེ་མེད་པ་ཞིག་ཡིན་ན་ནི་[239-]འདི་ལྟར་[-239]་མེད་པ་ཉིད་ཡིན་ཏེ། མངོན་པར་གསལ་བར་བྱེད་པ་དང་སྦྱོར་བ་མ་ཡིན་ཏེ། རྟག་པ་ཡིན་པའི་ཕྱིར་རོ།།[240] ཡོད་པ་ཆེན་པོ་དང་གྲངས་དག་སྦྱོར་བ་མེད་པ་འབའ་ཞིག་མ་ཡིན་གྱི། གཞན་ཚིག[241]་གི་དོན་གྱི་ཚོགས་ལྷག[242]་མ་རྣམས་ལ་ཡང་དེ་ལྟར་རིགས་པར་སོ་སོར་རྩོལ་འདི་ཉིད་ཀྱིས་ལན་བཏབ་པ་ཡིན་ནོ་[243]ཞེས་བྱ་བའི་ཚིག་གི་ལྷག་མའོ།། ཚིག་གི་དོན་གང་ཡིན་ཞེ་ན། འདི་ལྟ་སྟེ།[244] རྫས་དང་།[245] ཡོན་ཏན་དང་། ལས་དང་། སྤྱི་དང་།[246] འདུ་བ་དང་། ཁྱད་པར་ལ་སོགས་པ་ཐམས་ཅད་ལ་ཡོད་པར་གྱུར་བ་ཞིག་ཡོད་པ་ཆེན་པོ་དང་འབྲེལ་པར་འགྱུར་རམ། མེད་པ་ཞིག་[247-]འགྱུར། ཡོད་པ་ཞིག་[-247]ཡིན་ནོ་ཞེ་ན་ཡང་སྦྱོར་བ་དོན་མེད་པར་འགྱུར་རོ།། མེད་པ་ཞིག་གོ་ཞེ་ན་ནི་མེད་པ་ཡིན་པའི་ཕྱིར་[248]ལན་སླར་མ་ཐག་པ་ཡིན་ནོ།།

[MHK: D. 27a5; C. 27a5; P. 30a6; N. 27a6; G. 36a3]

[TJ: D. 247b4; C. 247b4; P. 278b7; N. 267a2; G. 356b5]

གཞན་གྱི་བསམ་པ་བླངས་ནས་སླུས་པ་ནི།
　　གལ་ཏེ་སྤྱི་སོགས་དང་འབྲེལ་བས།།

---

[236] PNG ins. ཉིད

[237] PNG ཀྱིས

[238] PNG ins. ཉིད

[239] PNG om.

[240] PNG om. །།

[241] NG ཚིག

[242] P ལྷགས

[243] PNG ins. །།

[244] PNG om. །

[245] PNG om. །

[246] PNG om. །

[247] PG om.

[248] PNG ins. །

没有（结合）？其中，如果有的一性与数的一相结合的话，结合就成为无意义的。

但是，没有（结合）的话，如此就是无性。不与能显现相结合，是常住的缘故。

不仅大有与各种数的结合是无，而且其他句义的各种结合也都是这个道理是“据此本身即回答”的词的外延。

如果问：“句义是什么？”即如下：实、德、业、同、和合、异等存在于一切中，与大有相结合或者不（结合）。

如果说“（自性）是有”的话，那么结合就成为无意义；如果说“（自性）是无”的话，是无的缘故，就不用回答了。

[MHK: D. 27a5; C. 27a5; P. 30a6; N. 27a6; G. 36a3]

[TJ: D. 247b4; C. 247b4; P. 278b7; N. 267a2; G. 356b5]

（胜论派）拿出其他主张来回答，

若与同等相结合，

སྐྱེས་བུ་སྤྱི་དང་གཅིག་རྟོགས[249]་པར།།
དེ་སོགས་རྒྱེན་དང་ཕྲད[250]་ཙམ་གྱིས།།
སྐྱེས་བུ་འབྱུང་བར་འདོད་ན་ནི།། (17)

སྐྱེས་བུ་སྤྱི་དང་འབྲེལ་བ་ཙམ་གྱིས་སྤྱི་ཡིན་པར་རྟོགས་ལ་[251]གྲངས་དང་འབྲེལ་བས་གཅིག་ཉིད་དང་། བློ་དང་འབྲེལ་བས་རྟོགས[252]་པ་ཡིན་ནོ་[253]ཞེས་བྱ་བ་དེ་ལྟ་བུ་ལ་སོགས་པའི་བློ་སྐྱེ་བའི་རྒྱུ་ཙམ་སྐྱེས་བུ་ཡིན་ནོ་ཞེས་བྱ་བ་ནི་ཁྱོད་ཀྱིས་ཡང་དག་པའི་ཐ་སྙད་ཀྱི་དོན་དུ་མངོན་པར་འདོད་པ་ཡིན་ལ།

[MHK: D. 27a6; C. 27a5; P. 30a7; N. 27a6; G. 36a3]
[TJ: D. 247b6; C. 247b6; P. 279a2; N. 267a4; G. 357a1]

གྲོལ་བའི་དུས་ན་ནི།
ཡོད་མིན་མེད་མིན་དུ[254]་མ་མིན[255]།།
གཅིག་མིན་ཕྲ་མིན་ཆེན་པོ་མིན།།
འདི་ནི་རྟག་མིན[256]་མི[257]་རྟག་མིན།།
གཞན་མིན་གཞན་མིན་མིན[258]་དེ་ཉིད།། (18)
ཇི་ལྟར་བདག་བཞིན་ཚིག་གི་དོན།།
གཞན་ཡང་འདི་ལྟར་[259-]སྟོང་པ་དེ[-259]།།

---

[249] PK NK GK གརྟོགས
[250] C ཕྲད
[251] PNG ins. །
[252] PNG རྟོག
[253] PNG ins. །།
[254] PNG དུས
[255] PNG ཡིན
[256] D མན
[257] D མ
[258] D མིནི
[259] DCPNG སོང་བ་སྟེ; cf. TJ ad 19.

则知我是同又一，
仅据彼等与缘遇，
则应承认我产生。[260]**（17）**

"'只要根据我与同结合就认为（我）是同；根据与数结合就（认为我）是一性；根据与觉结合就（认为我）是知'这样等的观念产生的唯一的因是我。"是你（胜论派）恪守的正确的言论的话，那么，

[MHK: D. 27a6; C. 27a5; P. 30a7; N. 27a6; G. 36a3]
[TJ: D. 247b6; C. 247b6; P. 279a2; N. 267a4; G. 357a1]

解脱的时候，

非有非无且非多，
非一非微且非大，
此是非常非非常，
真实非他非非他。（18）
犹如我则诸句义，
如此即是彼空性，

[260] 本颂意为：如果（我）与同等相结合的话，那么就知道我既是同又是一；只要根据那（我）等是与缘相遇（相结合）的，就应该承认我是产生的。

འབད་ནས་[261-]གསངས་སུ་[-261]ཟིན་ཀྱང་ནི།།

གཟིགས་ཟན་པ་ཡིས་གསལ་བར་བྱས།། (19)

བློ་ལ་སོགས་པ་བདག་གི་ཡོན་ཏན་བདེན་པའི་ངོ་བོ་ཞིག་ཡིན་ན་ནི། ཡོད་པ་ལ་སོགས་པ་རྟག་པར་འགྱུར་ན་བདག་ཡོན་ཏན་དང་མི་ལྡན་པར་གྱུར[262]་པ་དེ་ལ་ནི་ཡོད་པ་དང་མེད་པ་དང་། གཅིག་དང་།[263] དུ་མ་དང་། ཕྲ་རབ་དང་།[264] ཆེན་པོ་དང་། རྟག་པ་དང་། མི་རྟག་པ་ལ་སོགས་པ[265]་དོན་དམ་པར་ཞི་བ་ཡིན་ནོ།། བདག་འབའ་ཞིག་ཏུ་མ་ཟད་ཀྱི་གཞན་ཡང་རྫས་དང་། ཡོན་ཏན་དང་། ལས་ལ་སོགས་པའི་ཚིག་གི་དོན་རྣམས་ཀྱང་དེ་བཞིན་ཏེ། ཡོད་པ་ཡང་མ་ཡིན་ལ། མེད་པ་ཡང་མ་ཡིན། རྟག་པ་ཡང་མ་ཡིན། མི་རྟག་པ་ཡང་མ་ཡིན་ནོ[266] ཞེས་བྱ་བ་ལ་སོགས་པ་ཡིན་ནོ།། ཇི་ལྟར[267]་ཞེ་ན། འདི་དག་བདག་དང་ལྡན་པ་ཞིག་ཡིན་ན་ནི་རང་གི་མཚན་ཉིད་དུ་གྲུབ་པར་འགྱུར་ན། བདག་དང་བྲལ་བར་གྱུར་པས་རང་གི་ངོ་བོ་གཟུང་དུ་མེད་པར་གྱུར་པ་ལ[268]ཡོད་པ་དང་། མདེ་པ་དང་། གཅིག་དང་། དུ་མ་དང་། རྟག་པ་དང་། མི་རྟག་པ་ལ་སོགས་པ་ལྟ་ཡོད་པར་ག་ལ་འགྱུར་ཞེས་བྱ་བ་འབད་ནས་གསངས་ཤིང་སྦས་ཀྱང་། གཟིགས་ཟན་པའི་འདོད་པའི[269]་ལུགས་འདི་ལྟར་སྨྲས་པ་འདིས་བདག་ཅག་གི་ལུགས་ཀྱི་རྗེས་སུ་འབྲངས་ནས། སྟོང་པ་ཉིད་དུ་ཤིན་ཏུ་བསྟན་པར་བྱས་པ་ཡིན་ནོ[270]།། བདག་ཅག་གི་ལུང་ལས་ནི་འདི་ལྟར་འབྱུང་སྟེ། གཟུགས་ནི་རྟག་པ་ཡང་མ་ཡིན།[271] མི་རྟག་པ་ཡང་མ་ཡིན། བདེ་བ་ཡང་མ་ཡིན།[272] སྡུག་བསྔལ་བ་ཡང་མ་ཡིན། བདག་ཀྱང་མ་ཡིན། བདག་མེད་ཡང་མ་ཡིན་ནོ།། ཅིའི་ཕྱིར་ཞེ་ན། གཟུགས་ཉིད་ཀྱང་མེད་ན། ཡང་རྟག་པ་དང་མི་རྟག་པར་ལྟ་ག་ལ་འགྱུར། དེས་ན་རང་གི་མཚན་

[261] DK CK NK GK གསུངས་སུ; C སངས་སུ; NG གསངསུ; cf. TJ ad 19.

[262] G ཀྱུར

[263] PNG om. །

[264] PNG om. །

[265] PNG པར

[266] PNG ins. །།

[267] DC ལྟ

[268] PNG ins. །

[269] PNG པ་ལ

[270] D ན

[271] PNG om. །

[272] PNG om. །

虽然努力隐秘藏，

食米斋仙终被显。[273]（19）

觉等我的德是某种真实的本性的话，有等成为常住的时候，我就会没有德，其中，有、无、一、多、微、大、常住、非常住等等在胜义中都是寂灭的。

不仅是唯一的我，而且其他实、德、业等诸句义也同样，即所谓“既不是有、也不是无、既不是常住、也不是非常住”等。

如果问：“为什么？”（回答：）“这些（句义）和我一起的话，实现自己的性相的时候，因为与我相分离而不再执持于自己的本性的话，有、无、一、多、常住、非常住等等怎能存在？”虽然努力秘密隐藏（错误），但是食米斋仙人认可的理论就是这样说的。对此，根据我们的理论，应该积极宣说空性。

我们的教义如下：“色既不是常住、也不是非常住、既不是乐、也不是苦、既不是我、也不是无我。”如果问：“为什么？”（回答：）色性是无的话，既常住又非常住如何可能？

所以，我的性相是空性的缘故，虽然你（胜论派）说了很多种（理

[273] 这两颂意为：这（我是）非有、非无、非多、非一、非微、非大、非常住、非非常住的；真实是非他、非非他的。就像我一样，其他句义也如此是那空性；虽然努力隐藏（错误），但是食米斋仙人（的错误）还是被显明了。

ཉིད་སྟོང་པ་ཉིད་ཀྱི་ཕྱིར། ཁྱོད་ཀྱིས[274]་སྣ་ཚོགས་མང་པོ་ཞིག་[275]བརྗོད་དུ་ཟིན་ཀྱང་སྟོང་པ་ཉིད་དེ་ཉིད་རབ་ཏུ་སྟོན་པར་བྱེད[276]་པ་ཡིན་པས་ཁོ་བོ་ཅག་གི[277]་འདོད་པ་ཁོ་ན་[278]བསྒྲུབས་པ་ཡིན་ནོ།།

[MHK: D. 27a7; C. 27a6; P. 30a8; N. 27a7; G. 36a4]

[TJ: D. 248a6; C. 248a6; P. 279b3; N. 267b5; G. 357b4]

གལ་ཏེ་གྲུབ་པའི་མཐའ་གཅིག་པ་ཉིད་ཡིན་པའི་ཕྱིར་བྱེ་བྲག་པ་ལ་རབ་ཏུ་གྲུབ་པ་སྟེ། དེ་ཁོ་ན་ཉིད་མཐོང་བ་ཡིན་པར་གྲུབ་པོ་ཞེ་ན།

འདི་དག་མཚན་མར་འཛིན་པའི་ཕྱིར།།
དེ་ཉིད་མཐོང་བར་མི་རིགས་སོ།།
མཚན་མ་མི་བདེན་པར་སྐྱེས་པའི།།
ངོ་བོ་རྟོག[279]་པར་མི་བདེན[280]་འདོད།། (20)

བློ་ལ་སོགས་པ་དེ་རྣམས་མི་བདེན་པར་སྐྱེས་པ་ནི་མི་རྟག་པ་ཡིན་པའི་ཕྱིར་ཆད་པ་ཡིན་ལ། ས་ལ་སོགས་པ་ནི་རྟག་པའི་རྡུལ་ཕྲ་རབ་དང་ལྡན་པར[281]་འབྱུང་བས་རྟག་པར་འཛིན་པ་ཡིན་ཏེ། དེས་ན་རྣམ་པ་འདི་གཉི་ག་ཡང་མཚན་མར་ལྟ་བས་ལེགས་པ་མ་ཡིན་ཏེ། མཐར་ལྟ་བ་ཡིན་ནོ་ཞེས་བྱ་བར་བསམས་པའོ།།

[MHK: D. 27a7; C. 27a7; P. 30b1; N. 27b1; G. 36a5]

[TJ: D. 248b1; C. 248b1; P. 279b6; N. 267b7; G. 357b6]

གལ་ཏེ་འདིའི་དོན་ནི་བརྗོད་པར་བྱ་བ་མ་ཡིན་ན་ཡང་སྤྱི་ཞེས་བྱ་བའི་དངོས་པོའི[282]་དོན་དང་འབྲེལ་བར་གྱུར་

---

[274] PNG ཀྱི

[275] DC ins. །

[276] N བྱད

[277] N ཅགི

[278] N ins. །

[279] PNG རྟག

[280] CK འདེན

[281] PNG པས

[282] PNG པོ

论），但是空性才是应该宣说的真实，因此，只有我们的主张才是成立的。

[MHK: D. 27a7; C. 27a6; P. 30a8; N. 27a7; G. 36a4]

[TJ: D. 248a6; C. 248a6; P. 279b3; N. 267b5; G. 357b4]

如果（胜论派）说："宗趣（siddhānta）是一性的，所以证成胜论派者即是看见真实的成就者。"

此等执持相之故，
看见真实乃非理，
相是非真实产生，
有见被认非真理。[283]**（20）**

"那些虚妄产生的觉等是非常住的，所以是断（见）；而地等是与常住的极微一起产生的，所以执着常（见）。因此，（胜论派的）这两种类，根据所见的相，都不是正（见）而是边见。"（佛教徒）这样认为。

[MHK: D. 27a7; C. 27a7; P. 30b1; N. 27b1; G. 36a5]

[TJ: D. 248b1; C. 248b1; P. 279b6; N. 267b7; G. 357b6]

如果（胜论派）说："这（我）的对象不是可说的，虽然与'同'

---

[283] 本颂意为：这些（胜论师）执持行相，所以（胜论派所谓的）看见真实并不合理；行相是虚妄产生的，"有见"被认为是不正确的。

པ་ལ་སྐྱི་ཞེས་བརྗོད་པར་བྱ་བ་ཡིན་གྱི་དེ་ཡོད་པ་ལ་སོགས་པའི་ངོ་བོར་གྱུར་པ་ནི་མ་ཡིན་ནོ་ཞེ་ན། དེ་ལ་བརྗོད་པར་བྱ་སྟེ།

བདག་ལས་ཐ་དད་གྱུར་པའི་དོན།།
དེ་དང་འབྲེལ་བར་མི་འདོད་དེ།།
ཡོད་པའི་བློ་ཕྱིར་བློ་སྐྱི་ལ།།
སྐྱི་ཞེས་བྱ་བར[284]་འདོད་པ་བཞིན།། (21)

བདག་ལས་ཐ་དད་པའི་སྐྱི་ཞེས་བྱ་བ་དང་འབྲེལ[285]་བས་བདག་ཡོད་དོ་ཞེས་བྱ་བའི་བློ་མི་འབྱུང་ངོ་ཞེས་བྱ་བ་ནི་ཕྱོགས་སོ།། བདེན་པའི་བློ་ཡིན་པའི་ཕྱིར་ཞེས་བྱ་བ་ནི་གཏན་ཚིགས་ཏེ། གང་དང་གང་བདེན་པའི་བློ་འབྱུང་བ་དེ་ལ་[286]དེ་ལས་གཞན་པའི་དོན་དང་འབྲེལ་བ་མ་མཐོང་སྟེ། ཇི་ལྟར་ཡོད་པ་ཆེན་པོ་དེ་ཉིད་ལ་སྐྱི་ཞེས་བྱ་བའི་བློ་འབྱུང་བ་དེ་བཞིན་ནོ།།

[MHK: D. 27b1; C. 27a7; P. 30b2; N. 27b1; G. 36a5]
[TJ: D. 248b3; C. 248b3; P. 280a1; N. 268a3; G. 358a4]

དེ་བཞིན་གྲངས་སོགས་འབྲེལ་བ་ཡང་།།
བདག་གམ་གཞན་པ་ལ་ལ་ལ།།
མཁས་པས་ཇི་ལྟར་རིགས་པ་བཞིན།།
བློ་དེ་མིན་པར་རྟོགས་པར་བྱ།། (22)

གང་ཡང་གྲངས་གཅིག་དང་ལྡན་པ་ལས་བདག་ཀྱང་གཅིག་ཅེས་རྗོད་པར་བྱེད་ཀྱི་ཡང་དེ་ཉིད་ནི་གཅིག་ཀྱང་མ་ཡིན་དུ་མ་ཡང་མ་ཡིན་ནོ།། དེ་བཞིན་དུ་བློ་དང་ཡང་དག་པར་ལྡན་པ་ལས་རྟོགས་པ་ཞེས་བྱ་བ་ལ་སོགས་པ་ཡིན་ནོ།། ཡང་གཞན་ས་ལ་སོགས་པ་ཡང་གྲངས་དང་མཚུངས་པར་ལྡན་པ་ལས་གཅིག་ལ་སོགས་པའི་སྒྲས་བརྗོད་པ་ཡིན་གྱི་དེ་རང་ཉིད་ཀྱིས་ནི་གཅིག་གི་ངོ་བོ་ཡང་མ་ཡིན་ལ་[287]དུ་མའི་ངོ་བོ་ཡང་མ་ཡིན་ནོ་[288]ཐམས་

284 CK བས
285 C འབྲལ
286 PN ins. །
287 PNG ins. །

句义相结合而被称为‘同’，但那也不成为‘有’等的自性。”对此，（佛教徒）回答：

不同于我之对象，
与彼结合不被许，
有之觉故则犹如，
觉在同中被许同。[289]（21）

“与‘不同于我的同’相结合，所以不产生‘我有’的觉”是宗。“是正确的觉的缘故”是因，即，在那产生的正确的觉中，看不见与不同于那（我）的对象相结合；就像在“大有”本身中称为“同”的觉产生一样。

[MHK: D. 27b1; C. 27a7; P. 30b2; N. 27b1; G. 36a5]
[TJ: D. 248b3; C. 248b3; P. 280a1; N. 268a3; G. 358a4]

如与数等相结合，
我或其他个体物，
智者如同此道理，
彼觉不存是应知。[290]（22）

从（我）具有数一而说“我也是一”，但是那（我）既不是一也不是多。同样，根据觉有正确性而说（觉是）“知”等等。此外，从地等也与数相应而说“一”等等，但是那（地等）本性既不是一性也不是多性。在一切事物中，这种道理已经被智者所破除。

---

[288] PNG ins. ||

[289] 本颂意为：不同于我的对象和那（我）相结合是不被承认的，有的觉的缘故，就像觉在同中被认为是“同”一样。

[290] 本颂意为：就像与数等等相结合，对于我或者其他个体事物来说，道理也同样，那觉不存在已经被智者知晓。

ཅན་དུ་ཡང་རྩལ་འདི་ཉིད་ཀྱིས་མཁས་པས་དགག་པར་བྱ་བ་ཡིན་ནོ།། ཇི་ལྟར[291]་ཞེ་ན། གྲངས་དང་མཚུངས་པར་ལྡན་པ་ལས།། བདག་དང་ས་ལ་སོགས་པ་ལས[292]་གཅིག་ལ་སོགས་པའི་བློ་འབྱུང་བར་མི་རིགས་ཏེ་[293]བློ་ཡིན་པའི་ཕྱིར། དཔེར་ན་གྲངས་དེ་ཉིད་ལ་གྲངས་དང་མཚུངས་པར་ལྡན་པས་གཅིག་ལ་སོགས་པའི་བློ་འབྱུང་བ་ཡིན་པ་བཞིན་ནོ།།

[MHK: D. 27b1; C. 27b1; P. 30b2; N. 27b2; G. 36a6]

[TJ: D. 248b7; C. 248b7; P. 280a6; N. 268a7; G. 358b2]

གཞན་ཡང་།[294]

བདག་ནི[295]་བློ་དང་སྡུག་བསྔལ་དང་།།
བདེ་སོགས་ཡོན་ཏན་དང་མི་འབྲལ།།
ཡོན་ཏན་ཡིན་ཕྱིར་གྲངས་བཞིན་ནོ།།
དེ་ཕྱིར་ཡོན་ཏན་མེད་བདག་མིན།། (23)

བློ་དང་བདེ་བ་དང་། སྡུག་བསྔལ་དང་། འདོད་པ་དང་། ཞེ་སྡང་དང་། འབད་པ་དང་། ཆོས་མ་ཡིན་པ་དང་། ཆོས་དང་།[296] ཤེས་པ་དང་།[297] བྱས་པའི་ཤུགས་ཞེས་བྱ་བ་བདག་གི་ཡོན་ཏན་ཀུན་ནི་ཆོས་ཅན་ནོ།། དེ་དོན་དམ་པར་བདག་དང་མི་འབྲལ་ཏེ་ཞེས་བྱ་བ་ནི་ཆོས་སོ།། ཡོན་ཏན་ཡིན་པའི་ཕྱིར་ཞེས་བྱ་བ་ནི་གཏན་ཚིགས་སོ།། གང་དང་གང་ཡོན་ཏན་ཡིན་པ་དེ་ནི་དེ་ཁོ་ན་ཉིད་དུ་བདག་དང་མི་འབྲལ་ཏེ། དཔེར་ན་གྲངས་བཞིན་ནོ།། གྲོལ་བར་གྱུར་པ་ན་ཡང་བདག་ཉིད་ཡིན་པས་གྲངས་ཀྱི་གཅིག་ལས་གྲོལ་བར་མི་འགྱུར་བ་བཞིན་དུ་[298]བློ་ལ་སོགས་པ་ལས་ཀྱང་ཐམས་ཅད་དུ་གྲོལ་བར་འགྱུར་བ་མ་ཡིན་ཏེ། བདག་ཡོན་ཏན་དང་བྲལ་བ་ཉིད་

---

[291] DC ལྟ
[292] DC om. ལས
[293] PNG ins. །
[294] PNG om. །
[295] DC གི
[296] PNG om. །
[297] PNG om. །
[298] NG ins. ། བློ་ལ་སོགས་པ་ལས་ཀྱང་ཐམས་ཅད་དུ་གྲོལ་བར་མི་འགྱུར་བ་བཞིན་དུ།

如果问："为什么？"（回答：）根据与数相应，从我和地等产生"一"等的觉是不合理的；是觉的缘故；就像在数本身中，根据与数相应而产生"一"等的觉一样。

[MHK: D. 27b1; C. 27b1; P. 30b2; N. 27b2; G. 36a6]

[TJ: D. 248b7; C. 248b7; P. 280a6; N. 268a7; G. 358b2]

此外，

我不与觉以及苦，
乐等诸德相分离，
是德之故如同数，
是故无德即非我。[299]**（23）**

"觉、乐、苦、欲、瞋、勤勇、非法、法、智、行"我的所有德是"有法"。

"那（德）在胜义中与我不相分离"是"法"。

"是德之故"是因。那德就是在真实中不与我相分离的，就像数一样。

解脱的时候，因为是我性而从"数一"不能解脱。

同样，从觉等（德）在任何情况下都不得解脱，我与德相分离确

[299] 本颂意为：我不与觉、苦、乐等德相分离，是德的缘故，就像数一样；所以没有德就不是我。

ཏུ་མ་གྲུབ་པའི་ཕྱིར་རོ།།

[MHK: D. 27b2; C. 27b2; P. 30b3; N. 27b2; G. 36b1]

[TJ: D. 249a3; C. 249a3; P. 280b2; N. 268b3; G. 358b6]

གང་ཡང་ཡིད་རང་གི་བདག་ལ་གནས་པ་ན་ཐར་པ་ཡིན་ནོ་ཞེས་ཟེར་བ་དེ་ལ་ཡང་།

ཡུལ་དང་ངོ་བོ[300]་དབྱེར་མེད་ཀྱང་།།

གང་ཞིག་རང་གི་བདག་ཉིད[301]་འགྱུར།།

བདག་དང་སྦྱོར་བར[302]་འདོད་པ་ལས།།

ཟད་ནས་ཤེས་པ་ཀུན་ཏུ[303]་འབྱུང་།། (24)

བདག་གཟུགས་དང་ལྡན་པར་གྱུར་ན་ནི་ཕྱོགས་དང་ཡང་ལྡན་པར་འགྱུར་ལ། ཕྱོགས་དང་ལྡན་པའི་བདག[304] ཉིད་ཡིད་རང་ཉིད་གནས་པར་གྱུར་ན[305]ཕྱོགས་དང་མི་ལྡན་པའི་བདག་ལ་ཅི་ལྟར་ཡིད་རང་ཉིད་ལ་གནས་པར་འགྱུར། གང་གི་ཚེ་བདག་ཉིད་ཕྱོགས་ཀྱི་རང་གི་གནས་ལ་ཡིད་སྦྱོར་བར་གྱུར་ན་ནི་འཁོར་བའི་དུས་ན་ནི་ཟད་པ་དང[306]། ཤེས་པ་འབྱུང་བར་འདོད་ལ། ཐར་པའི་དུས་ན་ནི་རྣམ་པར་མི་རྟོག[307]་པའི་ཡེ་ཤེས་འབྱུང་བར་འགྱུར་རོ[308]ཞེས་བྱ་བའི་འདོད་པ་ཉམས་པ་ཡིན་ནོ།།

[MHK: D. 27b2; C. 27b2; P. 30b3; N. 27b3; G. 36b1]

[TJ: D. 249a5; C. 249a5; P. 280b6; N. 268b6; G. 359a3]

ཕྱོགས་ཆ་དབྱེར་མེད་པ་ཡིན་པའི་ཕྱིར་ན་ཡང་།

---

300 DK CK PK NK GK བོར

301 DC མེད

302 DC བ

303 D དུ

304 PNG ins. རང

305 PNG ins. །

306 ལས*; cf. MHK k. 24d.

307 PNG རྟོགས

308 PNG ins. །།

实不能成立的缘故。

[MHK: D. 27b2; C. 27b2; P. 30b3; N. 27b2; G. 36b1]

[TJ: D. 249a3; C. 249a3; P. 280b2; N. 268b3; G. 358b6]

另外,如果(胜论派)说:"意安住于自我时就是解脱",那么,对此,

若境与自无差别,
谁能成为自我性?
承许与我相结合,
则从念生一切智。[309] **(24)**

我具有色形的话,也就会有方分,意本身就安住(在)具有方分的我性,而意本身如何安住于没有方分的我?

只要我性在方分本身的所依中与意结合的话,"轮回的时候从忆念产生(一切)智"的主张就会违犯"解脱的时候无分别智产生"的观点。

[MHK: D. 27b2; C. 27b2; P. 30b3; N. 27b3; G. 36b1]

[TJ: D. 249a5; C. 249a5; P. 280b6; N. 268b6; G. 359a3]

方分是无差别的缘故,那么,

[309] 本颂意为:对象与自体没有差别的话,谁能成为自我性?根据(胜论派)认为的(意)与我相结合,就可以从忆念产生一切智。

མ་མཐོང་ངེས་པའང་སྔར་བཞིན་དུ།།
ཐལ་འགྱུར་ལན་ཡང་འདི་ལ་ཡིན།།
མེད་པའི་སྐྱེ་བ་བཀག་པས་ན།།
དེ་ཡི་སྦྱོར་བའང་མི་འདོད་དོ།། (25)

མ་མཐོང་བའི་ངེས་པ་ནི་[310-]ངེས་པར་[-310]ཆོས་ལ་མངོན་པར་སྦྱོར་བ་ན་ཆོས་མ་ཡིན་པ་སྤྱངས་པའོ།། དེ་ནི་ཕྱོགས་ཆ་མེད་པའི་བདག་ལ་མི་རིགས་སོ།། ཆོས་དང་བདག་གཉིས་སྦྱོར་བར་འགྱུར་ན་ཡང་[311]ཅི་ཕྱོགས་གཅིག་གིས་སྦྱོར་རམ་[312]འོན་ཏེ་བདག་ཉིད་[313-]ཐམས་ཅད་[-313]ཀྱིས་ཡིན། དེ་ལ་ཕྱོགས་གཅིག་གིས[314]་སྦྱོར་རོ་ཞེ་ན་ནི། ཕྱོགས་གཅིག་པ་ཡིན་པའི་ཕྱིར་བུམ་པ་ལ་སོགས་པ་བཞིན་དུ་མི་རྟག་པ་ཉིད་ཡིན་ནོ།། བདག་ཉིད་[315-]ཐམས་ཅད་[-315]ཀྱིས་སྦྱོར་བ་ཡིན་ན་ནི་གཅིག་ཆོས་དང་ལྡན་པར་གྱུར་པ་ན།[316] ཀུན་ཀྱང་ཆོས་དང་ལྡན་པར་འགྱུར་ལ། གཅིག་ཆོས་མ་ཡིན་པ་དང་ལྡན་པར་གྱུར་པ་ན་[317-]ཐམས་ཅད་[-317]ཀྱང་ཆོས་དང་མི་ལྡན་པར་འགྱུར་བ་ལ་སོགས་པ་ཇི་ལྟར་གྲངས་ཅན་གྱི་དེ་ཁོ་ན་ཉིད་ལ་འཇུག་པར་སྨྲས་པ་དེ་བཞིན་དུ་འདིར་ཡང་སྦྱར་བར་བྱའོ།། མེད་པ་ལ་ནི་སྐྱེ་བ་ཡང་མེད་པར་བདག་གིས་སྔར་བསྒྲུབས་ཟིན་པས་སྐྱེ་བ་མེད་པའི་ཕྱིར[318]་ཡིད[319]་དམ་མ་མཐོང་བའི་སྐྱོན་མེད་པ་ཇི་ལྟར་བདག་དང་སྦྱོར་བར་འགྱུར།

[MHK: D. 27b3; C. 27b3; P. 30b4; N. 27b3; G. 36b2]
[TJ: D. 249b2; C. 249b2; P. 281a3; N. 269a3; G. 359b1]

310 PNG om.
311 PNG ins. །
312 PNG ins. །
313 G ཐིད
314 P གི
315 G ཐིད
316 PNG om. །
317 G ཐིད
318 DC om. ཕྱིར
319 DC ཡི

不可见定犹如前，
应成对答复于此，
无之产生破除时，
彼之结合亦不许。[320] **（25）**

不可见力的决定即确实地勤修法、断灭非法。那（不可见力）是无方分的我是不合理的。法和我二者结合的话，（法）是与（我性的）一部分结合还是与一切我性（结合）？其中，如果说“（法）与一部分（我性）结合”的话，是一部分的缘故，就像瓶等一样是非常住性的。如果“（法）与一切我性结合”的话，一个（我性）具有法的时候，一切（我性）也都会具有法，而一个（我性）具有非法的时候一切（我性）也不具有法等等，就像在《入（抉择）数论之真实品》中说的一样，这里也适用。对于“无”来说，产生也是无，根据我（佛教徒）在前面证明的，无生的缘故，意或者不可见力如何无错地与我相结合？

[MHK: D. 27b3; C. 27b3; P. 30b4; N. 27b3; G. 36b2]
[TJ: D. 249b2; C. 249b2; P. 281a3; N. 269a3; G. 359b1]

320 本颂意为：不可见力的决定也像前面（所说的）一样，但在这里还应该再次应成对答。无的产生被破除的时候，它的结合也就不被承认了。

གཞན་ཡང་།

ཡིད་དང་བདག་གི[321]་མེད་པ་ལ།།[322]
རྟེན་དང་བརྟེན[323]་པར་མི་འདོད་དོ།།
བདག་དང་ཡིད་ནི་ཡོད་[324-]ན་ཡང[-324]་།།
རྟེན་དང་བརྟེན[325]་པར་མི་འདོད་དོ།། (26)

རེ་ཞིག་བདག་[326]ནི་མེད་དེ། དམིགས་པར་མ་གྱུར་པའི་ཕྱིར་རོ།། ཡིད་ཀྱང་མེད་དེ། མ་སྐྱེས་པའི་ཕྱིར་རོ།། ཡོད་པ་མ་ཡིན་པའི་བདག་དང་ཡིད་དག་རྟེན་དང་བརྟེན་པར་ཇི་ལྟར་འགྱུར། ཡང་གལ་ཏེ་བདག་དང་ཡིད་ནི་ཡོད་དོ་ཞེ་ན། དེ་ལྟ་ན་ཡང་འདི་དག་རྟག་[327-]པ་མེད་[-327]པར་མི་འགྱུར་བའི་ཆོས་ཅན་ཡིན་པས། རྟེན་དང་བརྟེན་པའི་ངོ་བོར་ཇི་ལྟར་འགྱུར། དེས་ན་ཐར་པ་རྒྱུ་མེད་པར་བསྟན་པ་ཡིན་ཏེ།

[MHK: D. 27b3; C. 27b3; P. 30b5; N. 27b4; G. 36b2]
[TJ: D. 249b4; C. 249b4; P. 281a6; N. 269a6; G. 359b4]

རྣམ་རྟོག་རྒྱུ་མཚན་བཅས་པའི་ཕྱིར།།
རྫས་སོགས་མཐོང་བས་གྲོལ་བར་ནི།།
ཇི་ལྟར་ཁུག་པ་མི་འདོད་པ།།
[328-]དེ་བཞིན་ཁུག་པ་པ་མི་འདོད།།[-328] (27)

རྣམ་རྟོག་[329-]ཐམས་ཅད་[-329]དང་བྲལ་བ་ཤིང་ཟད་པའི་མེ་བཞིན་དུ་ཡོངས་སུ་འདའ་བར་འདོད་པ་ནི་ཁྱོད་ཀྱི[330]་འདོད་པ་ཡིན་ནོ།། རྣམ་པར་མི་རྟོག་པ་དེ་ཡང་རྫས་ལ་སོགས་པ་ཚིག་གི་དོན་འཛིན་པར་བྱེད་པས་ཡོད་

321 ནི*; cf. MHK k. 26c.

322 PNG om. །།

323 C རྟེན

324 DCPNG ནའང

325 C རྟེན

326 PNG ins. མེད

327 PNG om.

328 PNG om.

329 G ཐཾད

而且，

如若意与我是无，
不许所依与能依，
或若我与意是有，
不许所依与能依。[331] **（26）**

首先，我是无，那（我）没有所缘的缘故；意也是无，那（意）不产生的缘故。非有的我和意两者如何成为所依与能依？其次，如果说“我与意是有”的话，那么，这两者就不会成为无常的有法，所以如何成为所依与能依的本体？因此判定（胜论派的）解脱是没有根据的。

[MHK: D. 27b3; C. 27b3; P. 30b5; N. 27b4; G. 36b2]
[TJ: D. 249b4; C. 249b4; P. 281a6; N. 269a6; G. 359b4]

具有分别因相故，
看见实等即解脱，
如是不许优楼迦，
同样不许胜论徒。[332] **（27）**

认为“远离一切分别，就像木尽之火一样完全出离”是你（胜论派）的主张。那无分别（智）因为能够执持实等句义而不是有。

---

[330] PNG ཀྱིས

[331] 本颂意为：如果意和我是无，那么所依和能依（关系）就不被承认；如果我和意是有，那么所依和能依（关系）也不被承认。

[332] 本颂意为：分别具有因相的缘故，根据看见实等而解脱，这样的优楼迦（的解脱）是不被承认的，同样，优楼迦弟子们（的解脱）也不被承认。

པ་མ་ཡིན་ནོ།། དེས་ན་གང་ཐམས་ཅད་མཐོང་བར་འདོད་པའི་ཐུབ[333]་པ་འུག་པ[334]་ཡང་རེ་ཞིག་གྲོལ་བར་གྱུར་པ་མ་ཡིན་ཏེ། རྫས་ལ་སོགས་པ་རྟོགས་པས་རྣམ་པར་རྟོག་པའི་རྒྱུ་མཚན་དང་བཅས་པའི་ཕྱིར་ན། ཡང་དེའི་གཞུང་གི་རྗེས་སུ་འབྲང་བ་འུག་པ་པ[335]་རྣམས་རྫས་ལ་སོགས་པའི་ཚིག་གི་དོན་དེ་ཁོ་ན་ཉིད་དུ་གོམས་པར་བྱས་པས་ཐར་བ་ཐོབ་པར་འགྱུར་རོ་ཞེས་བྱ་བ་ནི་སྲིད་པ་མ་ཡིན་ནོ་ཞེས་བྱ་བར་བསམས་པ་ཡིན་ནོ།།

[MHK: D. 27b4; C. 27b4; P. 30b5; N. 27b4; G. 36b3]

[TJ: D. 249b7; C. 249b7; P. 281b1; N. 269b2; G. 360a1]

གཞན་ཡང་།

ས་སོགས་དེ་ཉིད་འབྱུང་བའི་བློ།།
ཐར་པ་མིན་པར་གཟིགས་ཟན་འདོད།།
ཁྱད་པར་དག་ནི[336-]མི་འཛིན[-336]་ཕྱིར།།
འཚོ་བའི་དེ་ཉིད་བློ་བཞིན་ནོ།། (28)

(19a1)①⁻kāṇādasyeṣyate⁻① muktau na pṛthivyāditattvadhīḥ/
agṛhītaviśeṣatvād② yathā jīvāditattvadhīḥ// (28)

(①=Ms; SG audkasyeṣyate?, kāṇādasyeṣyate?; L kāṇādair iṣyate;
②=L; Ms āgṛhīta°; SG a?ā?gṛhīta°)

ས་ལ་སོགས་པའི་དེ་ཁོ་ན་ཉིད་ནི་ས་ལ་སོགས་པའི་དེ་ཉིད་དེ། རྫས་དང་། ཡོན་ཏན་དང་།[337] ལས་དང་། འདུ་བ་དང་། སྤྱི་དང་། ཁྱད་པར་ཞེས་བྱ་བའོ།། ས་ལ་སོགས་པའི་དེ་ཁོ་ན་ཉིད་ལ་འབྱུང[338]་བའི་བློ་ནི་ས་ལ་སོགས་པའི་དེ་ཉིད་འབྱུང་བའི་བློ་ཞེས་བྱ་བ་སྟེ། ཆོས་ཅན་ནོ།། དེ་ནི་གྲོལ་བའི་ཡུལ་མ་ཡིན་པས་གཟིགས་ཟན་ལ་སོགས་པའི་དེ་ཁོ་ན་ཉིད་ནི་བློ་ཉིད་དུ་མི་རིགས་པ་དེ་ནི་དེའི་ཆོས་སོ།། ཀུན་ཏུ[339]་འཛིན་པ་ནི་ཉེ་བར་ལེན་

---

333 PNG ཐུག
334 DC ins. པ
335 PNG om. པ
336 འཛིན་པ*
337 PNG om. །
338 PNG འདུག

所以，那被认为已经认识一切的圣者优楼迦首先没有解脱，（优楼迦）通达实等（句义）而具有分别的因相的缘故的话，那么，他的经典的追随者们——优楼迦徒们所谓的“真正修习实等句义而获得解脱”也被认为是“不可能的”。

[MHK: D. 27b4; C. 27b4; P. 30b5; N. 27b4; G. 36b3]

[TJ: D. 249b7; C. 249b7; P. 281b1; N. 269b2; G. 360a1]

而且，

不许食米斋仙徒，
地等真知解脱中，
执着差别性之故，
如同命我等真知。[340]**（28）**

地等的真实就是地等的本性，即“实、德、业、和合、同、异”。

“在地等的真实中产生的智就是地等真知”是“有法”。

“那不是解脱的对象，所以食米斋仙人等的真实是知是不合理的”是“法”。

[339] DC ཏུ

[340] 本颂意为：食米斋仙弟子们的地等的真实知不被认为是解脱，执着差别性的缘故，就像命我等真实知一样。

པའི་ཁྱད་པར་གང་ལ་ཡོད་པ་དེ་ནི་ཀུན་ཏུ[341]་འཛིན་པའི་ཁྱད་པར་ཏེ། དེའི་ངོ་བོ་ནི་ཀུན་ཏུ[342]་འཛིན་པའི་ཁྱད་པར་ཉིད་དོ།། [343-]དེ་ཡི་[-343]ཕྱིར།[344] ཀུན་ཏུ[345]་འཛིན་པའི་ཁྱད་པར་ཉིད་ཅེས་བྱའོ།། གང་དང་གང་ཀུན་ཏུ[346]་འཛིན་པའི་ཁྱད་པར་ཡིན་པ་དེ་ནི་གཟེགས་ཟན་ལ་སོགས་པའི་གྲོལ་བ[347]་སྟེ། དེ་ནི་རིགས་པ་མ་ཡིན་ཏེ། འདི་ལྟ་སྟེ། དཔེར་ན་འཚོ་བ་དང་། ཟག་པ་དང་། སྡོམ་པ་དང་། རྣམ་པ་མེད་པ་དང་། འཆི་བ་དང་། ལས་དང་། སྡིག་པ་དང་། བསོད་ནམས་དང་། ཐར་པ་ཞེས་བྱ་བའི་ཚིག་གི་དོན་དགུ་ལ་དམིགས་པ་གཅེར་བུར་སྤྱོད་པ་རྣམས་ཀྱི[348]་དེ་ཁོ་ན་ཉིད་ཀྱི་བློ་བཞིན་ནོ།།

[MHK: D. 27b4; C. 27b4; P. 30b6; N. 27b5; G. 36b4]

[TJ: D. 250a4; C. 250a4; P. 281b7; N. 269b6; G. 360a6]

རབ་ཏུ་བྱེད[349]་པ་ཡོངས་སུ་རྫོགས་པའི་མདོར་བསྡུས་པས་གཟེགས་ཟན[350]་ལ་སོགས་པའི་མཐའ་སྤྱང་བའི་ཕྱིར་[351]སྨྲས་པ།

བྱེ་བྲག་པ་ཡི་དེ་ཉིད་ལའང་།

ལྟ་ངན་[352-]རབ་རིབ[-352]་སྐྱེས་པས་ན།།

དེས་ན་རིགས[353]་པ་དང་བྲལ་ཕྱིར།།

---

[341] DC ཏུ

[342] DC ཏུ

[343] PNG དེའི

[344] PNG om. །

[345] DC ཏུ

[346] DC ཏུ

[347] PNG བའི

[348] PNG ཀྱིས

[349] C སྤྱོད

[350] D བྲན

[351] PNG ins. །

[352] GK རང་རིང

[353] PK NK GK རིག

“执着”存在于任何近取的差别中，那就是执着的差别，而它的本性就是执着的差别性，所以称为“执着差别性”。

那执着的差别就是食米斋仙人等的解脱的话，那是不合理的，这就像以“命我、漏、缚、遮、灭、业、恶、善、解脱”九句义为所缘的裸行者们（Nagnacaryā）的真实知一样。

[MHK: D. 27b4; C. 27b4; P. 30b6; N. 27b5; G. 36b4]

[TJ: D. 250a4; C. 250a4; P. 281b7; N. 269b6; G. 360a6]

为了简要地圆满（本）品，断灭食米斋仙人等的最后的残余，颂曰，

胜论师之真实中，
邪见翳病生起时，
与理不相应之故，

བློ་ནི་དགའ་བར་མི་བྱེའོ།། (29)

na vaiśeṣikatattve 'pi kudṛk timirakāriṇi/

iti yuktiviyuktitvāt① prītir ādhīyate dhiyaḥ// (29)

(①=Ms, SG; L yuktiviyuktatvāt)

ལྟ་བ་ངན་པ་ཉིད་རབ་རིབ་ཡིན་པས་ལྟ་ངན་རབ་རིབ་སྟེ། མུན་པའི་བདག་ཉིད་ཡིན་པའི་ཕྱིར་རོ།། གང་ལ་འདིར་ལྟ་བ་ངན་པའི་རབ་རིབ་ཀྱི་དང་ཚུལ་ཡོད་པ་དེ་ནི་བྱེ་བྲག་པའི་མངོན་པར་འདོད་པའི་དེ་ཁོ་ན་ཉིད་དེ། ཇི་སྐད་སྨྲས་པའི་དཔྱད་པའི་རིམ་པས་རིགས་པ་དང་བྲལ་བ་ཡིན་པའི་ཕྱིར། ཁོ་བོ་ཅག་བདེ་བར་གཤེགས་པའི་བསྟན་པ་ལ་དམིགས་པ་རྣམས་ཀྱི་བློ་ནི་དེ་ལ་དགའ་བར་མི་འགྱུར་རོ།། དེས་ན་ཇི་སྐད་དུ། ས་ལས་གཞན་པའི་གཟུགས་ལ་སོགས།། གང་དག་མ་མཐོང་བ་རིག་ཅེས།། མངོན་སུམ་ལ་ཡང་སླུ་བྱེད་ན།། ལྐོག་ཏུ་གྱུར་ལ་དེ་ཅི་ལྟར།། ཇི་ལྟར་དཀར་སོགས[354]་ངེས་པ་ལ།། ཅི་ཡིན་ཞེས་ནི་རྟོགས[355]་བྱེད་ཅིང་།། ལྐོག་ཏུ་གྱུར་པའི་རྫས་གཞན་ཅིག[356]། ཡོད་ཅེས་རྟོག་པར་བྱེད་པ་གྲག། རྨོངས་པས[357]་འདི་ནི་མི་ཤེས་པས།། ཇི་སྲིད་གཟུགས་ཀྱི་བསགས་པ་ལ།། བསགས་ཞེས་འདུ་ཤེས་རྒྱུས་འབྱུང་བ།། མཐོང་ལ་དེ་དག་ཐེ་ཚོམ་ཟ།། སོར་མོ་གཉིས་ལས་གཞན་གྱུར་པའི།། སོར་གཉིས་ཞེས་བྱ་གཞན་ཡོད་ན།། ངོས་ན་གནས་པ་གཅིག་ཉིད་ལས།། གཞན་པའི་སོར་མོ་གཉིས་མི་དམིགས།། དེ་ཡི་ཕྱེད་ནི་དེར་ཡོད་པ།། མ་ཡིན་ཡིན་ན་ཕྱེད་གཉིས་[358]འགྱུར།། སོར་མོ་དེ་གཉིས[359]་ཀྱི་ཕྱེད་བས[360]།། དེས་ན་ཕྱེད་སོར[361]་འཇུག་མ་ཡིན།། རྟེན[362]་ནི་གཟུང[363]་བ་མེད་པས་ན།། རྫས་གཟུང[364]་བར་མི་འདོད་ཅེ་ན།། རྡུལ་གཅིག་རྡུལ་གཉིས་ཀྱིས་བརྩམས་པས།། འཛིན་པ་མེད་པ་མ་ཡིན་ནམ།།

---

354 PNG ins. པོ

355 PNG རྟོག

356 G གཅིག

357 PNG པ

358 DC ins. མི

359 PNG ཉིད

360 PNG པས

361 PNG པོར

362 PNG བརྟེན

363 PNG བཟུང

364 PNG བཟུང

觉之喜乐不被思。[365]（29）

邪见本身就是翳病，所以（说）“邪见翳病”，因为是暗的本性。这里存在的邪见翳病（般）的道理就是胜论师们所欲求的真实。根据已经阐述的观察次第，那（胜论派的真实）是与道理相违背的，所以我们依据善逝的教说获得的觉，对那（胜论派）来说不成为喜乐。

所以，如下说：

“不同于地之色等，如何称不可见触？如若现前是虚妄，隐匿之中彼如何？如是白等确定中，如何称说是能知？隐匿之中其他实，谓有则是共许知。愚痴故彼非是知，乃至色之聚集中，谓集是念全清净，看见之时怀疑彼。不同二指之其他，所谓二指是他有，安住一边是一性，其他二指无所缘。彼之部分彼中有，非是是则成二分，彼指即是二之分，是故分指不作为。所依即是无所取，若说不许实所取，一尘二尘结合故，非是无有能取尔。色与理被增胜者，用线即做成衣裳，

[365] 本颂意为：在胜论派的真实中，也就是在邪见的翳病产生的时候，不与道理相符合的缘故，（佛教的）觉的喜乐不被（胜论派）所认可。

གཟུགས་དང་རིགས་ཀྱིས[366]་ཁྱད་འཕགས་པའི།། སྐྲད[367]་པ་ལས་ནི་གོས་བྱས་པས།། དེ[368]་ལས་གཞན་པའི་སྣ་ཚོགས་ཅན།། གཟུགས་དང་[369-]རིས་སུ་[-369]རྟོག[370]་པར་བྱེད།། དེ་བཞིན་མུད་ག[371]་ཆུ་དང་ཚྭ[372]།། སོགས་ལས་གཞན་པའི་ཚོད་མ་མེད།། མཚོན[373]་ལས་གཞན་པ[374]་མདུང་ཡང་མེད།། གསེར་དང་ཤིང་ལས་གཞན་ཁྲི་མེད།། སྙིང་འོག་འབྱུང་དང་གནས་པ་དང[375]་།། ཕྱོགས[376]་གཅིག་གོས་ལ་གནས་པ་ཡིན།། ལུས[377]་ལས་གཞན་པའི་འགྲོ་བ་དང་།། གནས་པ་ཞེས་བྱ་འགའ་ཡང་མེད།། གང་ཕྱིར་ཡུལ་ཀུན་བརྟེན[378]་པ་ཡི[379]།། ཡུལ་ཅན་ཉམས་པའང་མི་འདོད་དོ།། ཡུལ་རྣམས་འགྲོ་ལས་བཟློག་པའི་ཕྱིར།། བརྐྱང་བསྐུམ་སོགས་ཀྱང་མ་ཡིན་ནོ།། བྱ་བ་བྱེད་པའི་རྩོམ་པ་དང་།། སྲང་ལས་གཞན་པའི་དམའ[380]་བ་ནི།། མིག་འཕྲུལ[381]་མཁན་ལས་གཞན་པ་ཡི།། རབ་ཏུ་གྲགས་པ་མི་འགྲུབ་པོ།། མི་རྩོམ་ཞེ་ན་གང་ཇི་ལྟར།། འདུ་བའི་བྱ་བ་དག་དང་རྒྱུར།། བྱེད་པ[382]་གནས་པར་མི་རིགས་ཏེ།། དེ་ལྟར་ཡོན་ཏན་ལ[383]་ཡང་ངོ་།། རྩོམ་པའི་རྒྱུ་ཕྱིར་མ་ཉམས་ལ།། ཆ་ཤས་ཀྱིས་ནི་གནས་ན་ཡང་།། བྱ་བ་དང་ནི་མི་འགལ་ཉིད།། གོས་ཀྱི་ཕྱེད་དང་ཉེ་བར་གནས།། དེ་བཞིན་མར་མེ་དང་སྦྱོར་བས།། གཟུགས་གཞན་ཉིད་དུ་འགྱུར་འདོད་ལྟར།། རྫས་གཞན་དག་གི་ཁྱད་པར་ཀྱིས།། གསལ་བར་བྱེད་པ་ཡོད་མིན་

---

366 PNG ཀྱི

367 PNG ཀྲེད

368 G དེས

369 P རིགས་སུ; NG རིགསུ

370 PNG རྟོགས

371 PNG དགའ

372 PNG ཚ

373 PNG ins. ཆ

374 PNG om. པ

375 PNG དག

376 N ཕྱུགས

377 DC ལུང

378 PNG བསྟེན

379 P ཡིན

380 PNG སྨྲ

381 PNG འཁྲུལ

382 PNG པར

383 PNG ལས

除彼之外种种有，色与形即成分别。犹如豆水与盐等，此外无有他佐料，器外亦无其他矛，金木之外无他床。上下产生与依止，一分依止于衣裳，不同于身之行走，称为安住仅是无。是故一切境能依，违犯有境亦不许，诸境众生颠倒故，屈与伸等亦非是。所作能作之积集，不同于两之低微，幻术家外其他人，世间共许不成立。若问非集是如何？合之结果与原因，具有能作亦非理，如是德中亦同样。积集因故不违犯，依据部分而有时，不与结果相违背，衣之部分亦靠近。如同与灯相结合，其他色性中被许，其他实之差别故，能显明是非有尔。

ནོ།། དེ་ལྟར་མིག་གིས་མཐོང་དོན་ལའང་།། རྟོག་གེ་ངན་པས་ཉམས་པའི་སེམས།། ཇི་བཞིན་དོན་དུ་མི་མཐོང་ན།། ནང་ལ་ཇི་ལྟར་སེམས་པར་བྱེད[384]།།[385] ཅེས་བྱ་བ་ལྟ་བུ་སྟེ།། དེ་ལྟ་བས་ན་སྔར་བསྟན་པའི་དེ་ཁོ་ན་ཉིད་ནི།[386] རིགས་པ་དང་མི་འགལ་བ་ཡིན་པའི་ཕྱིར་དགའ་བ་སྐྱེད་པར་བྱེད་པ་ཡིན་ནོ།།

དབུ་མའི་སྙིང་པོའི་འགྲེལ་པ་རྟོག་གེ་འབར་བ་ལས[387] བྱེ་བྲག་པའི་དེ་ཁོ་ན་ཉིད་ལ་འཇུག་པ་སྟེ།[388] ལེའུ་བདུན་པའོ།། །།

384 N བྱད

385 PNG om. ||

386 PNG ||

387 PG ins. |; N ins. ||

388 PNG om. |

如是用眼见对象，错误逻辑违犯思，不是如理看见时，于内如何作思维？”

因此，先前宣说的（佛教的）真实是不违背道理的，所以能够产生喜乐。

《中观心论注·思择焰·入（抉择）胜论之真实品第七》（终）

附 录 三

《入抉择吠檀多之真实品》梵本、藏译校订及汉译

[MHK: D. 27b5; C. 27b5; P. 30b7; N. 27b5; G. 36b5]

[TJ: D. 251a1; C. 251a1; P. 282b6; N. 270b4; G. 361b3]

དེ་ནས་ད་ནི་རིག་བྱེད་ཀྱི་མཐའ་སྨྲ་བའི་དེ་ཁོ་ན་ཉིད་གཏན་ལ་དབབ་པ་ལ་འཇུག་པས་ལེའུ་བརྒྱད་པ་བརྩམ་པར་བྱའོ།། དེ་ལ།[1]

　　རིག་བྱེད་མཐར་སྨྲས་སྨྲས་པ་ནི།།
　　འདུས་བྱས་སྟོང་པར[2]་སྨྲ་བ་ཡི།།
　　ཕྱི[3]་རོལ་པ་ལ་བདག་རིག་དཀོན།།
　　བདག་སྡང[4]་ཐར་པ་ག་ལ་ཡོད།། (1)

(19a1)vedāntavādinaḥ prāhur ātma(19a2)vid durlabho bahiḥ/

kuta① ātmadviṣāṃ mokṣaḥ śūnyasaṃskāravādinām②// (1)

(①=SG, GV, Q, L; Ms kutaḥ. ②=Ms, SG, GV, Q; L śūnyasaskāravādinām)

རིག་པའི་མཐར་ཕྱིན་པ་ནི་རིག་བྱེད་མཐའ་པ་སྟེ[5]།། ཆགས་པ་མེད་པར་ངེས་པར་རིག་པའོ།། དེ་སྨྲ་བའི་དང་ཚུལ་ག་ལ་ཡོད་པ་འམ།[6] ཚིག་དེ་གང་ལ་ཡོད་པ་ནི་རིག་བྱེད་ཀྱི་མཐར་སྨྲ་བའོ།། དེ་དག་ནི་འདི་སྐད་སྨྲ[7]་སྟེ། རིག་བྱེད་ཀྱི་མཐར་ལྟ་བ་ལས་གཞན་པ་ཕྱི[8]་རོལ་གྱི་བསྟན་བཅོས་ལ་བདག་རིག་པ་ཡང་ཤིན་ཏུ་དཀོན། བདག་ལ་སྡང་བའི་སངས་རྒྱས་པ་རྣམས་གང་ལ་བརྟེན་ནས་ཐར་པ་ཐོབ་པར་འགྱུར།། གང་གི་ཕྱིར་དེ་དག་ནི་འདུས་བྱས[9-]་ཐམས་ཅད་[-9]སྟོང་པའོ་སྙམ་དུ་སེམས་ཤིང་འདུས་བྱས་སྟོང་པ་ངོ་བོ་ཉིད་དང[10]་བྲལ་བ་ནི་སྐད་ཅིག་སྐད་ཅིག་ལ་འཇིག་པ་ཡིན་པས་སུ་ཞིག་བཅིངས་ཤིང་གྲོལ་བར་འགྱུར། བདག་རྟག་པའི་ངོ་བོ་ནི་དེའི་རྟེན་ཡིན་པའི་

---

1 PNG om. །

2 C པས

3 C ཕྱིར

4 PK NK GK དང

5 C ལྟ

6 G om. །

7 N སྨྲང

8 C ཕྱིར

9 G ཐིད

10 PN ins. །

[MHK: D. 27b5; C. 27b5; P. 30b7; N. 27b5; G. 36b5]

[TJ: D. 251a1; C. 251a1; P. 282b6; N. 270b4; G. 361b3]

复次，由入抉择吠檀多之真实而作第八品。其中，

吠檀多师开示道，
他派极难认识我，
恨我有为空论者，
如何才是能解脱？[11]（1）

达到智慧的究竟就是吠檀多（Vedānta），即无贪染而决定的智慧。任何持有那种言论的本质，或者持有那种声（的人）就是吠檀多论师（Vedāntavādin）。

他们（吠檀多论师）如此说：除了吠檀多派的学说，通过其他教派的论典极少能够认识“我”（ātman），否定我的佛教徒们依靠什么获得解脱呢？因为他们（佛教徒）认为“一切有为法是空”而且“有为法空、无自性、是刹那灭”，那么何人被束缚然后得解脱？常住的我的

[11] 本颂意为：吠檀多派的论师们说道：其他学派很难认识“我”，对于否定我的“有为空论者”来说，怎么样才是解脱？

ཕྱིར་བཅིངས་པ་དང་གྲོལ་བར་རིག་པའི་ངོ་བོ་ཡིན་པས་དེས་ན་རིག་བྱེད་ལས་གྲགས་པའི་སྐྱེས་བུ་ནི་ཉེ་བར་བསྟགས་པར་བྱ་བ་ཡིན་པས།

[MHK: D. 27b5; C. 27b5; P. 30b7; N. 27b6; G. 36b5]

[TJ: D. 251a5; C. 251a5; P. 283a3; N. 271a1; G. 362a2]

མུན་པ་ལས་གཞན་སྐྱེས་བུས[12]་ནི།།
ཆེན་པོར་གྱུར་པ་ཉི་མའི་འོད།།
དབང་ཕྱུག་ཆེན་པོ་བདག་དེ་ཉིད།།
མཁས་པས་ཤེས་ན་འཆི་མེད་འགྱུར།། (2)

tamaḥparastāt① puruṣaṃ mahāntaṃ sūryavarcasam/
②-mṛtyum atyeti-② matimān matvātmānaṃ③ maheśvaram//(2)
(①=GV, Q, L; Ms, SG tamaḥpurastāt. ②=GV, Q, L; Ms, SG mṛtyubhyeti.
③=GV, Q, L; Ms, SG satvātmānaṃ)

མི་བདེ་བར་གྱུར་ཅིང་མི་བདེ་བར་བྱེད་པས་ན་མུན་པ་སྟེ། རྒྱུ་དང་འབྲས་བུའི་ཆ་བསགས་པ་ཉིད་ཀྱི་ཁམས་གསུམ་དུ་སྲིད་པའོ།། ཁམས་གསུམ་ཞེས་བྱ་བར་གྲགས་པའི་མུན་པ་དེ་ལས་གཞན་པ་ནི་ཁམས་གསུམ་ལས་འདས་པ་ཞེས་བྱ་བའི་ཐ་[13-]ཚིག་གོ[-13]།། སའི་དཀྱིལ་འཁོར་ལས་ཤིན་ཏུ་འདས་པ་ན་མུན་པའི་དཀྱིལ་འཁོར་རོ།། མུན་པའི་དཀྱིལ་འཁོར་ལས་ཤིན་ཏུ་འདས་པ་ན་[14]སྐྱེས་བུ་གནས་པ་ཡིན་ཏེ། སྐྱེས་བུ་དྲང་སྲོང་ཆེན་པོ་ཉི་མའི་མདོག། མུན་པ་ལས་གཞན་གྱུར་པ་དེ་རིག་ན།། འཆི་བ་མེད་པར་འགྱུར་ཏེ་བདག་གིས་རྟོགས།། སྐྱེ་མེད་གནས་འགྲོ་བ་ལ་ལམ་གཞན་མེད།།[15] ཅེས[16]་བྱ་བའོ།། འཇིག་པའི་སྔོན་རོལ་ནས་ཡོད་པ་འམ་[17]གཉིད་

---

[12] DK CK PK NK GK, PNG བུ

[13] P ཚོགས་སོ

[14] PNG ins. |

[15] PNG om. ||

[16] PNG ཞེས

[17] PNG ins. |

本性是那（束缚和解脱）的依止的缘故，束缚和解脱是（吠陀的）智慧的本质，因此，应该极力赞叹吠陀中公认的“原人”（puruṣa）。

[MHK: D. 27b5; C. 27b5; P. 30b7; N. 27b6; G. 36b5]
[TJ: D. 251a5; C. 251a5; P. 283a3; N. 271a1; G. 362a2]

原人不同于黑暗，
是大且是太阳光，
又是大自在与我，
智者知后战胜死。[18]（2）

不安乐而且造成不安乐就是“黑暗”（tamas），（黑暗）存在于因和果积集的三界中。所谓“三界”就是公认的黑暗，不同于那（黑暗）是“超越三界”的意思。超越了地轮就是暗轮。超越了暗轮就是原人的所在。所谓“当认识到原人是大仙、太阳的颜色、不同于黑暗的时候，就是不死，（这）即是我们的认识；没有其他通向不生的道路。”

---

[18] 本颂意为：原人不同于黑暗，（原人）是大、太阳光、大自在天、我，智者认识（原人）之后就战胜了死亡。

ཡོག་པ་ལས་གཞན་ཡིན་པའི་ཕྱིར་སྐྱེས་བུ་འམ། སྐྱོང་བར་བྱེད་པ་འམ། འགེངས་པར་བྱེད་པས་ན་སྐྱེས་བུའོ།། ཆེན་པོར་གྱུར་པ་ནི་ཐམས་ཅད་པས[19]་ལྷག་པ[20]་ཡིན་པའི་ཕྱིར་རོ།། ཁ་དོག་སྣ་ཚོགས་ཅན་ཡིན་པའི་ཕྱིར་ཉི་མའི་འོད་དོ།། ཉི་མ་ནི་འོད་སྣ་ཚོགས་ཅན་ཡིན་ཏེ། འདི་ལྟར་དཀར་པོ་དང་། སྔོན་པོ་དང་། དམར་པོ་དང་། བ་བླ་དང་། ཡུང་བ་དང་། ཤུག་རོན་དང་། བཙོད[21]་དང་། ཀ་པི[22]་ཛ[23]་ལའི་ཁ་དོག་འཛིན་པའོ།། ཅིའི་ཕྱིར་ཉི་མའི་འོད་ཟེར་འདི་དག་དང་ལྡན་ཞེ[24]་ན། ལྷ་ཐམས་ཅད་ཀྱི་བདག་ཉིད་ཡིན་པ་འམ། དབང་ཕྱུག་ཆེན་པོའི་ངོ་བོ་ཡང་འདི་ཡིན་པའི་ཕྱིར་རོ།། གང་འདིར་ཉི་མའི་དཀར་པོའི་ངོ་བོར་འདུག་པ[25]་ནི་ཟླ་བའི་བདག་ཉིད་ཡིན་ནོ།། གང་མེ་ལྷ་དང་ཟླ་བ་གཉིས་ལས་ནི་ཆུའི་མདོག་གོ།། གང་ནོར་ལྷ་དག་གིས་བརྟེན་པ་ལས་ནི་དེ་དམར་པོའོ།། གང་རུ་དྲ[26]་བདེ་བྱེད་དག་གི་བདག་ཉིད་ཡིན་པས་ནི་དཀར་ལ་དམར་བའོ།། གང་དབང་པོ་ཡིན་པ་ལས་ནི་དུ་བ་ལྟ་བུའོ།། གང་བཤེས་གཉེན་ཡིན་པ་ལས་ནི་ཡུང་གི་མདོག་གོ།། གང་བཤེས་གཉེན་དང་ཆུ་ལྷ་ཡིན་པའི་བདག་ཉིད་ལས་ནི་རྡུལ་དང་ཡུང་གི་མདོག་གོ། གང་དཀར་ཀ་ཉིད་ཀྱི་ནི་སྨུག་པོར་རོ།། གང་སྣ་ཚོགས་ཀྱི་ལྷ་ཡིན་པས་ནི་སྨུར་བའོ།། གང་དབང་ཕྱུག་ཡིན་པ་དེ་ལས་ནི་ཚངས་པའི་མདོག་གོ། ཨ[27]་ཏ་ཞེས་བྱ་བ་རྟག་ཏུ་འགྲོ་བ་སྟེ། འབྱུང་པོ་ཐམས་ཅད་རྟག་ཏུ་འདིར་འགྲོ་བ་འམ[28]་འབྱུང་པོ་ཐམས་ཅད་ལ་རྟག་ཏུ་འདིར་འགྲོ་བས་བདག་གོ། དེ་ཉིད་ནི་ཀུན་ལ་ཁྱབ་པ་ཡིན་པའི་ཕྱིར་ཆེན་པོའོ།། དབང་ཕྱུག་ནི་འཇིག་རྟེན་ཐམས་ཅད་ལས་འདས་པའོ།། དེ་ལྟ་བུའི་རྣམ[29]་པ་ཅན་ཉིད་ཀྱི་སྐྱེས་བུ་རྣལ་འབྱོར་པ་གང་གིས་ལྟའི་མིག་གིས་མཐོང་བ་དེ་ནི་འཆིང་བ་ལས་ཤིན་ཏུ་འདས་ནས་རྒ་བ་དང[30]་འཆི་བ་མེད་པ་ཐོབ་པར་འགྱུར་རོ།།

---

[19] PNG ལས

[20] C པར

[21] C བཅད

[22] PNG བི

[23] PNG ཙ

[24] PNG ཅེ

[25] PNG པའི

[26] DC ཏྲ

[27] PNG ཡ

[28] PNG ins. །

[29] P རྣམས

[30] PNG ins. །

灭以前存在或者因为超越睡眠而（被称为）原人；或者因为守护或者因为能填满（所以被称为）原人。（原人被称为）“大”是（原人）胜过万物的缘故。具有各种颜色的缘故，（所以被称为）“太阳光”。太阳具有各种光，即持有：白、青、赤、黄、姜黄以及鸽子、茜草、迦毗罗树的颜色。[31] 如果问：“为什么太阳的光线具有这些（颜色）？”（回答：）因为这是一切天神的自性，或者是大自在天的本性。这里，呈现太阳的白的本性的时候，是月神的自性。根据火神和月神二者是水的颜色（=青）。依止于诸财神的时候那是赤色。因为诸乐神的自性而是白中赤。因为帝释天的（自性）而像烟一样（=鸽子灰）。因为亲友神（的自性）而是姜黄色。因为亲友神和水神的自性而是土黄色。（因为）二分性的（自性）而是紫色。因为是各种神（的自性），所以（变化）迅速。因为是自在天的（自性）而是梵天的颜色。所谓“阿哒”（at-）意为恒常运动，即“一切生物恒常在此（我）中运动”或者“在一切生物中，此（我）恒常运动”，所以（原人被称为）我。那（原人）的本性是遍在于一切的缘故，（所以被称为）“大（自在天）”，（大）自在天是超越一切世界的。任何瑜伽师用天眼看见具有如此相的原人，那（瑜伽师）就超越了束缚而且获得了不老、不死。

[31] 后三种即鸽子灰、褐色、茶色。中村元译为：“薄青色、玉葱色、鹧鸪色”。参见中村元[1989], p.240。

[MHK: D. 27b6; C. 27b6; P. 30b8; N. 27b6; G. 36b6]

[TJ: D. 251b6; C. 251b6; P. 283b6; N. 271b4; G. 363a1]

སྐྱེས་བུ་ནི་ཁ་དོག་སྣ་ཚོགས་ཅན་ཡིན་ན་ཡང་དེ་ལྟ་ན་ཡང་གྲོལ[32]་བར་གྱུར་པའི་དུས་ན་རྣལ་འབྱོར[33]་པའི་མཚན་མ་འདི་ཡིན་ཏེ།

བྱེད་པོ་དབང་ཕྱུག་གསེར་མདོག་ཏུ།།
གང་ཞིག[34]་མཐོང་ཞིང་ལྟ[35]་བ་དེ།།
སྡིག་དང་བསོད་ནམས་ལས་འདས་ནས།།
མཆོག་ཏུ་ཞི་བ་ཐོབ་པར་འགྱུར།། (3)

rukmavarṇaṃ yadā paśyan① paśyet kartāram īśvaram/

vihāya pāpaṃ puṇyaṃ ca paraṃ sāmyaṃ② tadāpnuyāt// (3)

(①=Ms, SG, GV, Q; L paśyaḥ. ②=GV, Q, L; Ms, SG sātmyaṃ)

གསེར་ནི་ས་ལེ་སྦྲམ་སྟེ། དེ་དང་འདྲ་བའི་མདོག་ཅན་གྱི་བདག་གང་ཡིན་པ་དེ་ཡང་དག་པར་བརྟགས་ནས་བསམ་གཏན་གྱི་མིག་གིས་མཐོང་བར་གྱུར་པ་ན་བདག་གིས་དབང་ཕྱུག་ཆེན་པོ་མཐོང་ངོ་ཞེས་འདི་ལྟར་ངེས་པར་བྱའོ།། དེ་ལྟ་བུར་མཐོང་བ་ན་སྡིག་པ་དང་བསོད་ནམས་ཀྱི་བདག་ཉིད་དང་། གཉི་གའི་ངོ་བོའི་འཆིང་བ་རྣམས་བཅད་ནས་མཆོག་སྟེ། ཁྱད་པར་ཅན་ནི་ཞི་བ་སྟེ། ཞི་བའི་ངོ་བོ་ཉིད་བྱ་བ་ཐམས་ཅད་ལས་ལོག་པ་རྣམ་པར་མི་རྟོག་པ་ཉིད་འཐོབ[36]་པར་འགྱུར་རོ།།

[MHK: D. 27b7; C. 27b6; P. 30b8; N. 27b7; G. 37a1]

[TJ: D. 252a2; C. 252a1; P. 284a2; N. 271b7; G. 363a4]

འདི་འཇིག་རྟེན་གསུམ་ལས་ཤིན་ཏུ་འདས་པ་ཡིན་ན་བྱེད་པ་པོ་ཇི་ལྟར་ཡིན། རིང་ནས་གནས་པ་ཡིན་ན་གང་གི་

---

[32] DC འགྲོ

[33] P འབྱོལ

[34] DK CK PK NK GK གིས

[35] DK CK PK NK GK བལྟ

[36] NG ཐོབ

[MHK: D. 27b6; C. 27b6; P. 30b8; N. 27b6; G. 36b6]

[TJ: D. 251b6; C. 251b6; P. 283b6; N. 271b4; G. 363a1]

原人具有各种颜色，但是，解脱的时候，瑜伽师的特相如下：

若见金色则看见，
作者以及自在天，
灭除罪恶福德后，
则获最上之平等。[37]**（3）**

“金”就是纯净，即“当正确认识那具有与它（金）相似的颜色的我，且用禅定的眼睛观察的时候，我（=瑜伽师）就看见了大自在天”应如此理解。如是观察的时候，断除罪恶和福德的本性以及二者的自性的各种束缚就是“最上”。具有特殊就是“寂静”，寂静的自性即是还灭一切所作、获得无分别性。

[MHK: D. 27b7; C. 27b6; P. 30b8; N. 27b7; G. 37a1]

[TJ: D. 252a2; C. 252a1; P. 284a2; N. 271b7; G. 363a4]

如果问：“这（原人）是超越三界的话，如何成为（万物的）作者？存在于很远的地方的话，如何成为自在天？”虽然存在于很远的地方，

[37] 本颂意为：如果看到金黄色，就应该看见作者和自在天，灭除罪恶和福德之后，就能获得最上的平等。

དབང་ཕྱུག་ཡིན་ཞེ[38-]ན།[-38] རིང་ན་གནས་སུ་ཟིན་ཀྱང་ཀུན་ལ་ཁྱབ་པ་ཉིད་དུ་སྨྲས་པ།

བྱུང་གྱུར་བྱུང་དང་འབྱུང[39]་བ་དག།
ཐམས་ཅད་སྐྱེས་བུ་ཡིན་འདོད་དེ[40]།།
དེ་ནི་ཕྱི་ནང་རིང་བ་དང་།
དེ་ནི་ཉེ[41]་དང་དེ་ལས་བྱེད།། (4)

bhūtaṃ bhavad bhaviṣyac ca sarvaṃ puruṣa iṣyate/

so ’ntar bahiś ca dūre ca so ’ntike (19a3)sa ca karmakṛt// (4)

གང་མི་ལ་སོགས་པ་འདས་པར་གྱུར་པ་དང་། ད་ལྟར་བྱུང[42]་བ་མཐོང་བར་གྱུར་པའི་གཟུགས་དང་། གང་ཕྱིས་འབྱུང་བར་འགྱུར་བ་དེ་ཐམས་ཅད་སྐྱེས་བུས་བྱིན་གྱིས་བརླབས་ནས་གནས་བ་འམ། ཁམས་གསུམ་ཐམས་ཅད་ལ་འདིས་ཁྱབ་པ་ཡིན་ཏེ། གང་གི་ཕྱིར་སྟེང་གི་ཕྱོགས་ནི་འདིའི་མགོ་བོའོ།། འོག་གི་ཕྱོགས་ནི་རྐང་པའོ།། [43-]ནམ་མཁའ[-43]་ནི་ལྟོའོ།། ཕྱོགས་རྣམས་ནི་ལག་པའོ།། གཟའ་དང་རྒྱུ་སྐར་རྣམས་ནི[44]་སྐྲའོ།། རི་བོ་རྣམས་ནི་བྲང་ངོ་།། རིའི་ཕྲེང་བ་ནི་རུས་པའོ།། ཆུ་ཀླུང་རྣམས་ནི་རྩའི་དྲ་བའོ།། ནགས་ཚལ་རྣམས་ནི་སྤུ་དང་སེན་མོའོ།། རྒྱབ་ནི་མཐོ་རིས་ཀྱི་འཇིག་རྟེན་ནོ།། དཔྲལ་བ་ནི་ཚངས་པའོ།། ཆོས་དང་ཆོས་མ་ཡིན་པ་ནི་སྨིན་མ་གཉིས་སོ།། ཁྲོ་གཉེར[45]་ནི་འཆི་བདག་གོ།། ཉི་ཟླ་ནི་མིག་གཉིས་སོ།། དབུགས་འབྱུང[46]་བ་དང་རྔུབ་པ་ནི་རླུང་ངོ་།། རི་བྲན་རྣམས་ནི་སོའོ།། ལྷ་ནི་དབྱངས་ཅན་མའོ།། ཨོཾ་ཞེས་བྱ་བའི་ཡི་གེ་དང་། བ་ཤ་ཊ་ཞེས་བྱ་བའི་ཡི་གེ་ནི་མཆུ[47]་གཉིས་སོ།། མིག་ཕྱེ་བ་དང་བཙུམས་པ་ནི་དུས་སོ།། ག་ཡོན་པའི་ཕྱོགས་ནི་བུད་མེད་དོ།། ག་ཡས་པའི་ཕྱོགས་ནི་སྐྱེས་པའོ།། འཇིག་རྟེན་དང་འཇིག་རྟེན་མ་ཡིན་པ་ནི་ནུ་མའི་བར་རོ།། སོར་མོ་རྣམས་ནི་རིའི་བར་རོ།། ཕུས་

38 N ནས
39 PNG བྱུང
40 D ད
41 CK ཉིད
42 D གྱུར
43 NG ནམཁའ
44 PNG om. ནི
45 C ཉེར
46 PNG དབྱུང
47 PNG ཆུ

但根据遍在一切性回答：

已生正生和将生，
承许一切是原人，
彼是内外彼在于，
远近彼是作业者。[48]（4）

那过去已产生的人等、看见现在产生的色形、以及此后将要产生的那一切都是由原人加持而存在的。或者，在所有三界中，这（原人）是遍在的，因为上方是它的头，下方是足，虚空是腹部，诸方位是手，诸星曜是发，诸山岳是胸，山脉是骨，诸江河是脉络，诸森林是毛甲。

背是天界，额是梵天，法和非法是双眉，怒纹是死神，日月是双眼，呼吸是风，诸小丘是牙，舌是辩才天，“吽”（oṃ）字和“婆娑”（vaṣaṭ）字是双唇，睁眼和闭眼是时间。

左边是女人，右边是男人。世界和非世界是乳房的中间，诸指是

---

[48] 本颂意为：（吠檀多派）认为：已经产生的、正在产生的、将要产生的，一切都是原人；那（原人）存在于内、外，那（原人）存在于远近，那（原人）是作业者。

མོ་གཉིས་ནི་གསེར་འདབ་གཉིས་སོ།། རྗེ་དར་གཉིས་ནི་ཐ་སྐར་གྱི་བུ་གཉིས་སོ།། རྐེད་སྨད་ནི་ཉིན་ཞག་གོ།། མཛེ་རྡིག་ནི་དབང་པོའོ།། དགའ་བའི་རང་བཞིན་ནི་སྐྱེ་དགུའི་བདག་པོའོ།། རྐང་པ་གཉིས་ནི་ཁྱབ་འཇུག་གོ།། ཁ་དོག་རྣམས་ནི་ཁྲག་གོ།། དེ་ནི་ཕྱི་དང་ནང་དང་རིང་བ་དང་ཉེ་བ་ན[49]་གནས་པ་ཡིན་པས་དུས་ཐམས་ཅད་དུ་འགྲོ་བ་དང་། འོང་བ་དང་སྒྲིན་པར་བྱ་བ་ལ་སོགས་པ་རྣམས་ལ་འཇུག་པ་ཉིད་ཡིན་ནོ།།

[MHK: D. 27b7; C. 27b7; P. 31a1; N. 27b7; G. 37a1]

[TJ: D. 252b1; C. 252b1; P. 284b3; N. 272a7; G. 364a1]

གལ་ཏེ་གཅིག་ཉིད་ཡིན་ན་བྱ་བ་དུ་མ་རྣམས་ལ་འཇུག་པ་དང་། མི་ཟད་པར་འགྱུར་བ་ཉིད་ཇི་ལྟ་བུ་ཡིན་ཞེ་ན། དཔེའི་སྒོ་ནས་སྒྲུབ་པར་བྱེད[50]་དེ།

སྲིད་པ་སྣ་ཚོགས་དེ་ལས་སྐྱེས།།
དར་གྱི་སྲིན་བུའི་སྐུད་པ་བཞིན།། (5ab)

viśve bhāvās tato jātā ūrṇanābhād ivāṃśavaḥ/ (5ab)

ཇི་ལྟར་སྲིན་བལ་བྱེད་པའི་སྲིན་བུ་སྲིབ་བལ་གྱི་སྣལ་མ་མང་པོ་སྐྱེད་པར་བྱེད་ཀྱང་འགྱུར་བ་ཡང་མེད་ལ། ཟད་པ་ཡང་མེད་པ་དེ་བཞིན་དུ་སྐྱེས་བུས་ཁམས་གསུམ་དུ་སྐྱེད་པར་བྱེད་དུ་ཟིན་ཀྱང་འགྱུར་བ་ཡང་མེད་ལ། ཟད་པ་ཡང་མེད་པ་ཡིན་ནོ།། འདི་ནི་སྲིད་པ་འབའ་ཞིག་གི་རྒྱུ་མ་ཟད་ཀྱི། སྲིད་པ་དང་བྲལ་བའི་ཡང་བྱེད་པ་པོ་ཡིན་ནོ་ཞེས་སྨྲས་པ།

[MHK: D. 27b7; C. 27b7; P. 31a1; N. 27b7; G. 37a1]

[TJ: D. 252b3; C. 252b3; P. 284b6; N. 272b1; G. 364a2]

མཁས་པ་[51-]དེ་ཡི[-51]་ཆར་ཐིམ་པ།།
ཡང་སྲིད་ལེན་པར་མི་འགྱུར་རོ།། (5cd)

tasmin pralīnā vidvāṃso nāpnuvanti punarbhavam// (5cd)

---

[49] C ནང

[50] C བྱེ

[51] PK NK GK, PNG དེའི

山的中间，两膝是黄金的双翼，两胫是双马神，下腰是昼夜，阳具是因陀罗神，（性）欲的本性是造物主，二足是遍入天，诸颜色是血。

那（原人）存在于外、内、远、近，在一切时间中进入往复的（世界）和应成的事物等等。

[MHK: D. 27b7; C. 27b7; P. 31a1; N. 27b7; G. 37a1]

[TJ: D. 252b1; C. 252b1; P. 284b3; N. 272a7; G. 364a1]

如果问："（原人）是唯一性的话，如何进行很多活动而且是无尽的？"（回答：）可以通过譬喻来证明：

从彼一切物产生，

犹如从蛛产生丝。[52]（5ab）

"譬如，能吐丝的蜘蛛能产生出很多丝线，而（蜘蛛本身）是无变化而无尽的，同样，原人能在三界中产生（一切万物）但是（原人本身）是无变化而无尽的。这（原人）不仅是轮回的唯一的因，而且也是远离轮回的作者。"如此回答，

[MHK: D. 27b7; C. 27b7; P. 31a1; N. 27b7; G. 37a1]

[TJ: D. 252b3; C. 252b3; P. 284b6; N. 272b1; G. 364a2]

智者沉浸于彼中，

则即不复得再生。[53]（5cd）

---

[52] 本颂意为：从那（原人）产生一切万物，就像从蜘蛛产生丝一样。

[53] 本颂意为：沉浸于那（原人）之中，智者就不会有再生了。

གང་གི་ཚེ་མཁས་པ་བསམ་གཏན་ལ་རྣལ་འབྱོར་བས་བློ་གྲོས་ཀྱི་མིག་གིས་དེ་མཐོང་བར་གྱུར་པ་ན། དེ་ཉིད་དུ་ཐིམ་པར་འགྱུར་གྱི། དེ་ནི་སྡིག་པ་ཐམས་ཅད་སྤངས[54]་པ་ཡིན་པས་ཡང་སྲིད་ཀྱི་འགྲོ་བར་སྐྱེ་ཞིང་སྡུག་བསྔལ་གྱི་སྣོད་དུ་འགྱུར་བ་མ་ཡིན་ནོ།།

[MHK: D. 27b7; C. 27b7; P. 31a1; N. 28a1; G. 37a2]

[TJ: D. 252b4; C. 252b4; P. 284b7; N. 272b4; G. 364a4]

ཡང་གང་གི་ཕྱིར་རྣལ་འབྱོར་པས་སྐྱེས་བུ་མ་མཐོང་ན་བདུད་རྩི་འཐོབ་པ་མ་ཡིན་པས། འདིའི་རྒྱུ་བསྙད་པ།

འཆི་བཅས་རྣམས་ལ་བདུད་རྩི་མེད།།
མེ་ལ་གྲང[55]་བ་ཇི་བཞིན་ནོ།།
དེས་ན[56]་བདུད་རྩི་སྐྱེས་བུ་ཉིད།།
མ་རྟོགས[57]་བདུད་རྩི་ཡོད་མི་རིགས།། (6)

amṛtatvaṃ ①-na martyasya-① vahneḥ śaityam iveṣyate/

tasmād amṛtatā ’yuktā ’prabodhāt puruṣe ’mṛte// (6)

(①=GV, Q, L; Ms, SG tamabhyasya.)

འཆི་བར་འོས་པ་འམ། འཆི་བ་ཡིན་པས་ན་འཆི་བཅས་ཏེ་འཇིག་རྟེན་[58]-ཐམས་ཅད-[58]་དོ།། དེ་ནི་ངོ་བོ་ཉིད་ཀྱིས་རྟག་ཏུ་འཆི་བ་ཡིན་པས་བདུད་རྩི་ཉིད་ཡིན་པར་མི་རིགས་ཏེ། དེའི་ངོ་བོ་ཉིད་མ་ཡིན་པའི་ཕྱིར་མེའི[59]་རང་བཞིན་ཚ་བ་ཉིད་ལ[60]་གྲང་བའི་ངོ་བོ་མ་ཡིན་པ་བཞིན་ནོ།། དེའི་ཕྱིར་ན་འཆི་བདག་གི་ཡུལ་ལས[61]་འདས་པའི་

---

[54] C སྤྲངས
[55] N གྲངས
[56] PNG ནི
[57] C རྟོག
[58] G ཐོད
[59] D མའི
[60] PNG om. ལ
[61] DC ins. མ

在智慧禅定中，瑜伽师用慧眼看见那（原人）的时候，沉浸于那（原人的）本性，因为那（原人）断除一切恶，所以不再生于轮回的世界而且不再有痛苦的资具。

[MHK: D. 27b7; C. 27b7; P. 31a1; N. 28a1; G. 37a2]

[TJ: D. 252b4; C. 252b4; P. 284b7; N. 272b4; G. 364a4]

另外，为什么瑜伽师不看见原人的话，就不能获得不死？这个原因回答（如下）：

有死不许为不死，
犹如火不许为寒，
尚未觉悟不死我，
是故不死不合理。[62]（6）

“应该死或者是死”就是“有死”，即是一切世界。根据自性，那（一切世界）恒常是死，所以（一切世界）是不死性是不合道理的；（不死性）不是那（一切世界）的自性的缘故；就像火的本性是热性而不是寒性一样。因此，不认识那超越有死性的对象的原人，而根据

---

[62] 本颂意为：有死不被认为是不死，就像火（不被认为）是寒一样；所以尚未认识到不死的原人的时候（而获得）不死是不合道理的。

སྐྱེས་བུ་རྟོགས[63]་པར་མ་གྱུར་པ་[64-]འཆི་བ་[-64]་དང་བཅས་པ་རྣམས་ཀྱིས[65]་བདུད་རྩི་འཐོབ་པར་མི་རིགས་སོ།།

[MHK: D. 28a1; C. 28a1; P. 31a2; N. 28a1; G. 37a2]

[TJ: D. 252b7; C. 252b7; P. 285a2; N. 272b6; G. 364b1]

འདི་ནི་མཐུ་ཆེ་བ་ཉིད་བསྔགས་པར་བྱ་བའི་ཕྱིར།

  གང་ལས་མཆོག་གྱུར་གཞན་མེད་ཕྱིར།།

  གང་ལས་དམ་པ་གཞན་མེད་ལ[66]།།

  འདི་ལས་ཕྲ་གྱུར་གཞན་མེད་པས།།

  སྣ་ཚོགས་འདི་དག་རྒྱུ[67]་གཅིག་ཉིད།། (7)

yataḥ paraṃ paraṃ nāsti yato jyāyān na vidyate/

aṇīyān nāpi① tenedaṃ viśvam ekena saṃtatam// (7)

(①= Ms, SG, GV; Q, L vāpi)

གང་གི་ཕྱིར་མཆོག་ཏུ་གྱུར་པ་ཉིད་དང་། དམ་པར་གྱུར་པ་ཉིད་དང་།[68] གཙོ་བོར་གྱུར་པ་ཉིད་དང་། ཕྲ་བར་གྱུར་པ་ཉིད་འདི་ལས་གཞན་མེད་དོ།། དེ་ལྟ་བུའི་ཡོན་ཏན་བརྒྱད་དང་ལྡན་པས་ཕྱུག[69]་པར་གྱུར་པའི་རྣལ་འབྱོར་བ་ཉིད་བསྟན་པ། [71-]དེ་ནི་ཕྲ་དང་རགས་དང་ལྡན།། ཡང་ལྡན་གཙོ་བོ་དབང་སྒྱུར[70]་བ།། རབ་ཕྱེ་འདོད་པའི་མཐར་ཐུག་གང་།། རྣལ་འབྱོར་ཇི་ལྟར་འདོད་པར་འགྲོ།།[-71]

---

[63] PNG རྟོག

[64] G ཐཾད

[65] PNG ཀྱི

[66] PK NK GK པ

[67] རྒྱུན*, cf. MHK Skt. k. 7d.

[68] PNG om. །

[69] C ཕག

[70] DK CK བསྒྱུར

[71] 该句在藏译 MHK 和 TJ 中都被当作偈颂，但梵本无。根据上下文意，可知是藏译误将本句当作了 MHK 中的一颂，而实际上应是 MHK 第 7 颂的注释。

有死等获得不死是不合理的。

[MHK: D. 28a1; C. 28a1; P. 31a2; N. 28a1; G. 37a2]

[TJ: D. 252b7; C. 252b7; P. 285a2; N. 272b6; G. 364b1]

为了赞颂这（原人）的大威德性（mahānubhāva），（颂曰）：

此外无有更无上，
此外无有更殊胜，
此外无有更微细，
是故一切被一续。[72]（7）

因为除了这（原人）以外没有其他更高的殊胜性（paratva）、无上性（jyāyastva）、首要性（jyaiṣṭhya）、细微性（aṇīyastva）。宣说具有如下八种功德的瑜伽师的特性：彼有微细与粗大，亦具主宰与统治，承许轻重与究竟，瑜伽如此转成欲。

[72] 本颂意为：除了这（原人）以外没有更无上的，除了这（原人）以外没有更殊胜的、没有更微细的，所以，一切（万物）都被唯一（的原人）所控制。

[MHK: D. 28a2; C. 28a2; P. 31a3; N. 28a2; G. 37a4]

[TJ: D. 253a2; C. 253a2; P. 285a4; N. 273a2; G. 364b3]

དེ་ནི་གཅིག་ཉིད་ཡིན་ཡང་ཁམས་གསུམ་སྣ་ཚོགས་བསྡུས་པའི་བདག་ཉིད་ཡིན་ནོ།།

　　དེར་ནི་འབྱུང་བ་ཐམས་ཅད་ཀྱང་།།

　　བདག་ཉིད་དུ་ནི་འདུས་པར་མཐོང་།། (8ab)

tasmin sarvāṇi bhūtāni bhavanty① (19a4)ātmaiva paśyataḥ/ (8ab)

(①=Q, L; Ms, SG, GV bhavaty)

གཡོ་བ་དང་མི་གཡོ་བའི་འབྱུང་བ་ཐམས་ཅད་ཀྱང་བདག་དེ་ཉིད་ཀྱི[73]་ཁོངས་སུ་འདུས་པར་གྱུར་པ་ཡིན་ནོ།།

[MHK: D. 28a2; C. 28a2; P. 31a3; N. 28a2; G. 37a4]

[TJ: D. 253a4; C. 253a3; P. 285a5; N. 273a3; G. 364b4]

གཞན་ཡང་བདག་དེ་ཉིད་མཐོང་[74]ན།།

　　བྱིས་དང་མཁས་[75]དང་གདོལ་པ་དང་།།

　　བྲམ་ཟེ་སོགས་རྣམས་མཉམ་པ་ཉིད།། (8cd)

bālapaṇḍitacaṇḍālaviprādīnāṃ ca tulyatā// (8cd)

སྡིག་དང་བསོད་ནམས་ཁྱད་པར་མེད་པར་གྱུར་པས་མཉམ་པ་ཡིན་ནོ་ཞེས་བྱ་བར་སྨྲར་རོ།།

[MHK: D. 28a3; C. 28a3; P. 31a4; N. 28a3; G. 37a4]

[TJ: D. 253a4; C. 253a3; P. 285a7; N. 273a4; G. 364b5]

གལ་ཏེ་འབའ་ཞིག་འདི་སྐད་དུ། གང་སྐྱེས་བུ་ནི་ཐམས་ཅད་དུ་ཁྱབ[76]་པ་[77]གཅིག་ཉིད་ཡིན་ལ།[78] དེ་ལས་ལྷ་

---

[73] PNG གྱི

[74] PNG ins. བ

[75] PNG ins. པ

[76] G ཁྱད

[77] PNG ins. ||

[78] PNG om. |

[MHK: D. 28a2; C. 28a2; P. 31a3; N. 28a2; G. 37a4]

[TJ: D. 253a2; C. 253a2; P. 285a4; N. 273a2; G. 364b3]

那（原人）既是唯一性的，也具有摄取的各种三界的本性。

于彼一切物产生，

对于见者即是我。[79]**（8ab）**

动和不动的一切生物都属于"我"本身的范围。

[MHK: D. 28a2; C. 28a2; P. 31a3; N. 28a2; G. 37a4]

[TJ: D. 253a4; C. 253a3; P. 285a5; N. 273a3; G. 364b4]

另外，看见"我"本身的时候，

凡圣以及旃陀罗，

婆罗门众亦等同。[80]**（8cd）**

"因为罪恶和福报是没有差别的，所以是平等的。"补充道。

[MHK: D. 28a3; C. 28a3; P. 31a4; N. 28a3; G. 37a4]

[TJ: D. 253a4; C. 253a3; P. 285a7; N. 273a4; G. 364b5]

如果有人这样问："原人是遍在于一切、是唯一性的话，从那（原

---

[79] 本颂意为：对于见者来说，在那（原人）中产生的一切万物就是"我"。

[80] 本颂意为：对于愚人、圣人、旃陀罗、婆罗门等来说，都是平等的。

དང་མི་ལ་སོགས་པ་འགྲོ་བ་རྣམ་པ་སྣ་ཚོགས་ཀྱི་ལུས་རྣམས་འབྱུང་བར་འགྱུར་བ་ཡིན་ན། ཇི་ལྟར་ལུས་ཅན་བཞིན་དུ་མི་རྟག་པ་དང་། 81-ཐམས་ཅད་-81་དུ་མ་ཁྱབ་པའི་ངོ་བོར་མི་འགྱུར་ཞེ་ན། དེ་ལ་ལན་གདབ་པར་བྱ་བའི་ཕྱིར་སྨྲས་པ།

བུམ་པ་འབྱུང་ཞིང་འཇིག་པ་ལྟར།།
82-ནམ་མཁའ་-82་དེ་ཡི་བདག་ཉིད་མིན།།
ལུས་ཅན་འབྱུང་ཞིང་འཇིག་པ་ལྟར།།
དེ་བདག་ཡིན་པས་བདག་མི་འདོད།། (9)

ghaṭotpattau vināśe vā nākāśasya tadātmatā/
tadātmatātmano ’pīṣṭā na dehādyudayavyaye①// (9)
(①=GV, Q, L; Ms, SG dehādyudayavyayam)

ཇི་ལྟར་བུམ་པ་དང་རྫ་བོ83་ལ་སོགས་པ་འབྱུང་ཞིང་འཇིག་པར་འགྱུར་བ་ན་84-ནམ་མཁའ་-84་ནི་བུམ་པའི་རང་བཞིན་དུ་འགྱུར་བ་མ་ཡིན་པ་ལྟར་དེ་བཞིན་དུ་སྐྱེས་བུ་ཡང་ལུས་ཅན་རྣམ་པ་སྣ་ཚོགས་ཀྱི་དབྱེ་བ་སྐྱེ85་ཞིང་འཇིག་པ་ཉམས་སུ་མྱོང་དུ་ཟིན་ཀྱང་ལུས་ཅན་གྱི་ངོ་བོ་ཉིད་དུ་ནི་གྱུར་པ་མ་ཡིན་ནོ།།

[MHK: D. 28a3; C. 28a3; P. 31a4; N. 28a3; G. 37a5]
[TJ: D. 253a6; C. 253a6; P. 285b2; N. 273a7; G. 365a3]

གཞན་ཐེ་ཚོམ་ཟ་བ་བཟློག་པར་བྱ་བའི་ཕྱིར་86-ནམ་མཁའི་-86་དཔེ་སྒྲུབ་པར་སྟོན་པ།

བུམ་པའི་87-ནམ་མཁའ་-87་བཞིན་དུ་གཅིག།
དུ་མའོ་ཞེ་ན་བུམ་པ་དག།

---

81 G ཐཾད
82 NK GK, NG ནམཁའ
83 DC སོ
84 NG ནམཁའ
85 C སྐྱུ
86 NG ནམཁའི
87 NK GK, NG ནམཁའ

人）产生天、人等各种各样众生的身体等的时候，（原人）为什么不像有身者（dehin）一样是非常住、不遍在于一切的？”为了回答这个（问题），颂曰：

瓶生或者坏灭时，
虚空不具彼本性，
有身者等生灭时，
我不被许彼本性。[88]（9）

譬如，瓶和壶等产生或者坏灭的时候，虚空不是瓶的自性；同样，原人虽然亲证各种各样有身者的不同的生与灭，但是（原人）不会有有身者的自性。

[MHK: D. 28a3; C. 28a3; P. 31a4; N. 28a3; G. 37a5]
[TJ: D. 253a6; C. 253a6; P. 285b2; N. 273a7; G. 365a3]

为了破除其他怀疑，开示虚空譬喻的成立，

若问犹如瓶中空，
唯一即是多样性，

[88] 本颂意为：当瓶产生或者坏灭的时候，虚空不具有那瓶的本性；当众生的身体等产生或消亡的时候，我（原人）不具有世间万物的本性。

ཆག[89]་ན་དབྱེར[90]་མེད་གཅིག་ཉིད་དུ།།
[91-]ཐམས་ཅད[-91]་མཉམ[92]་པར་འགྱུར་བར་འདོད།། (10)

ghaṭākāśavad ekasya nānātvaṃ ①-ced abhedataḥ-①/
ghaṭabhedena caikatvaṃ② sāmyaṃ sarvasya ③-yan matam-③// (10)

(①=GV, Q, L; Ms, SG dehabhedataḥ. ②=GV, Q, L; Ms, SG caikasya. ③=SG, GV; Ms janmatam; Q, L yan matam)

གང་ཕྱོད་ཀྱི[93-]ནམ་མཁའ[-93]་གཅིག་ཉིད་ཡིན་ཡང་བུམ་པ་ཆེ་ཆུང་ལ་སོགས་པའི་དབྱེ་བས་ཐ་དད་པ་ཉིད་དུ་འགྱུར་བ་ལྟར་བདག་ཀྱང་དེ་དང་འདྲའོ་ཞེ་ན། དེ་ནི་མི་རིགས་ཏེ། བུམ་པ[94-]ཐམས་ཅད[-94]་ཀྱི[95-]ནམ་མཁའ[-95]་ལ་ཁྱད་པར་མེད་པ་ཉིད་ཡིན་ཏེ། བུམ་པ་གཅིག་ཆག་པར་གྱུར་པའི[96-]ནམ་མཁའ[-96]་དང་།[97] བུམ་པ་གཞན་ཆག་པའི[98-]ནམ་མཁའ[-98]་ཁྱད་པར་མེད་པ་དེ་བཞིན་དུ་བུམ་པ[99-]ཐམས་ཅད[-99]་ཀྱི[100-]ནམ་མཁའ[-100]་ཡང་ཡིན་ལ། དེ་བཞིན་དུ་བདག་ཀྱང་ལུས་ཅན[101-]ཐམས་ཅད[-101]་ལ་ཁྱད་པར་མེད་པ་ཡིན་པས་ལུས་ཐ་དད་ན་ཡང་བདག་ནི[102-]ཐམས་ཅད[-102]་ལ་མཉམ་པར་ཡོད་པའི་ཕྱིར་བུམ་པའི[103-]ནམ་མཁའི[-103]་དཔེ་མ་

[89] PK NK GK ཆགས
[90] PK NK GK དབྱེ
[91] NG ཐཾད
[92] PK NK GK ཉམས
[93] NG ནམཁའ
[94] G ཐཾད
[95] NG ནམཁའ
[96] NG ནམཁའ
[97] PNG om. །
[98] NG ནམཁའ
[99] G ཐཾད
[100] NG ནམཁའ
[101] G ཐཾད
[102] G ཐཾད
[103] NG ནམཁའི

破瓶一性无差别，

亦许一切皆平等。[104]**（10）**

如果说："即使你的虚空是唯一性，但根据大小等的不同的瓶，（虚空）是多样性的，我也与那（虚空）相似。"（回答：）这是不合理的，所有瓶（中）的虚空都是无差别的，一个已经破损的瓶的虚空和其他正在破损的瓶的虚空是没有差别的，所有瓶的虚空也是同样（没有差别）；如是，我在一切有身中也是没有差别的，所以即使有身多样，我在一切（有身）中也是平等的。

[104] 如果问："就像瓶中的虚空一样，唯一性的（原人）也是多样性的。"（回答：）破瓶中（的虚空）是唯一性、无差别的，所以对于一切（万物）来说，（原人）被认为是平等的。

གྲུབ་པ་མ་ཡིན་ནོ།།

[MHK: D. 28a4; C. 28a4; P. 31a5; N. 28a4; G. 37a5]

[TJ: D. 253b2; C. 253b2; P. 285b6; N. 273b3; G. 365a6]

ཡང་ཚུལ་གཞན་གྱིས་བདག་གཅིག་པ་ཉིད་དུ་སྒྲུབ་པའི་ཕྱིར།

ཇི་ལྟར་བུམ་སོགས་ཐ་དད་ཀྱང་།།
ས་ལ་ཐ་དད་འགའ་ཡང་མེད།།
དེ་བཞིན་ལུས་ནི་ཐ་དད་ཀྱང་།།
བདག་ལ་ཐ་དད་འགའ་ཡང་མེད།། (11)

yathā ghaṭādibhede ’pi mṛdbhedo nāsti kaścana/ (11ab) [105]

ཇི་ལྟར་བུམ་པ་དང་ཁམ་ཕོར་ལ་སོགས་པ་རྣམས་ཐ་དད་དུ་ཡོད་དུ་ཟིན་ཀྱང་། དེའི་རྒྱུར་གྱུར་པས་ཡིན་པ་ལ་དབྱེ་བ་འགའ་ཡང་མེད་པ་དེ་བཞིན་དུ་ལྷ་ལ་སོགས་པའི་ལུས་ཀྱི་དབྱེ་བ་ཡོད་དུ་ཟིན་ཀྱང་།[106] བདག་ལ་ནི་དབྱེ་བ་འགའ་ཡང་མེད་དོ།།

[MHK: D. 28a4; C. 28a4; P. 31a5; N. 28a4; G. 37a6]

[TJ: D. 253b4; C. 253b4; P. 285b8; N. 273b5; G. 365b2]

གཞན་ཡང་།

ཇི་ལྟར་བུམ་པའི་[107-]ནམ་མཁའ་[-107]གཅིག།
རྡུལ་དང་དུ་བས་བསྒྲིབས་པ་ན།།
ཐམས་ཅད་དེ་བཞིན་མ་ཡིན་ལྟར།།
བདེ་སོགས་དེ་བཞིན་བདག་ལ་མིན[108]།། (12)

---

105 现存梵本只有第 11ab 颂，Gokhale 根据藏译将第 11cd 颂还原为：tathaiva dehabhede ’pi nātmabhedo ’sti kaśçana//，详见 Gokhale[1958], p.175。

106 PNG om. །

107 NK GK, NG ནམཁའ

108 C མན

因此，瓶空喻不是不能成立。

[MHK: D. 28a4; C. 28a4; P. 31a5; N. 28a4; G. 37a5]
[TJ: D. 253b2; C. 253b2; P. 285b6; N. 273b3; G. 365a6]

此外，为了用其他道理证明我的唯一性，（颂曰）

犹如瓶等虽有别，
土却绝无任何异，
如是有身虽有别，
我却绝无任何异。[109]**（11）**

譬如，瓶和壶等互不相同的实有是存在的，但它们（瓶、壶）的质料因（泥土）是没有任何差别的，同样，天等的身体的差别虽然存在，但我是没有任何差别的。

[MHK: D. 28a4; C. 28a4; P. 31a5; N. 28a4; G. 37a6]
[TJ: D. 253b4; C. 253b4; P. 285b8; N. 273b5; G. 365b2]

另外，

犹如一个瓶中空，
盛满灰尘与烟等，
但非所有皆如此，
同样乐等亦非我。[110]**（12）**

---

[109] 本颂意为：譬如，瓶等虽然是有差别的，但泥土没有任何差别；同样，身体虽然是有差别的，但我（原人）没有任何差别。

[110] 本颂意为：就像一个瓶中的虚空被尘烟等充满的时候，不是所有（瓶中的虚空）都是那样（被尘烟等充满），同样乐等也不是我的。

ghaṭākāśe yathaika(19a5)smin rajodhūmādibhir vṛte/

tadvattā na hi sarveṣāṃ sukhāder① na tathātmanaḥ②// (12)

(①=SG, GV, Q, L; Ms sukhādair. ②=Ms, SG, GV, Q; L tadātmanaḥ)

གང་སངས་རྒྱས་པས་བདག་ཏུ་སྨྲ་བ་རྣམས་ལ་སྨྲར་སྨྲས[111]·པའི་སྐྱོན་བདག་ཐམས་ཅད་དུ་ཁྱབ་པ་ཡིན་ན་[112] གཅིག་བདེ་བར་གྱུར[113]·པ་ན་ཐམས་ཅད་ཀྱང་བདེ་བར་འགྱུར་རོ་[114]ཞེས་བྱ་བ་ལ་སོགས་པ་འདིར་སྨྲང་བར་བྱ་བའི་ཕྱིར་སྨྲས་པ། [115-]ནམ་མཁའ་[-115]·ནི་ཀུན་ལ་ཁྱབ་པ་ཡིན་ན[116]·ཡང་།[117] བུམ་པ་གཅིག་གི་ནང་གི་ [118-]ནམ་མཁའ་[-118]·རྡུལ་དང་དུ་བ་ལ་སོགས་པས་བསྒྲིབས་པ་ན་བུམ་པ་ཐམས་ཅད་ཀྱི[119.120-]ནམ་མཁའ་[-120]·བསྒྲིབས་པར་གྱུར་པ་མ་ཡིན་ཞིང་། གཅིག་བསྒྲིབས་པ་དང་བྲལ་བར་གྱུར་པས་ཐམས་ཅད་བསྒྲིབས་པ་དང་བྲལ་བ་མ་ཡིན་པ་དེ་བཞིན་དུ་[121]འདིར་སྐྱེས་བུ་གཅིག་བདེ་བ་དང་ལྡན་པར་གྱུར་པ་ན་ཐམས་ཅད་བདེ་བ་དང་ལྡན་པར་གྱུར་པ་མ་ཡིན་ཞིང་།[122] གཅིག་སྡུག་བསྔལ་བར་གྱུར་པ་ན་ཐམས་ཅད་ཀྱང་སྡུག་བསྔལ་བར་གྱུར་པ་མ་ཡིན་པ་བཞིན་ནོ།།

[MHK: D. 28a5; C. 28a5; P. 31a6; N. 28a5; G. 37b1]

[TJ: D. 253b7; C. 253b7; P. 286a5; N. 274a1; G. 365b6]

ཡང་ཇི་ལྟར་འདི་དག་སོ་སོའི་རྒྱུད་ལ་བདེ་བ་དང་། སྡུག་བསྔལ་འབྱུང་བར་འགྱུར་བ་ཡིན་ཞེ་ན། སྨྲས་པ།

[111] G སྨྲས

[112] PNG ins. །

[113] N གྱུད

[114] PNG ins. །།

[115] NG ནམཁའ

[116] PNG om. ན

[117] PNG om. །

[118] NG ནམཁའ

[119] DC ཀྱིས

[120] NG ནམཁའ

[121] PNG ins. །

[122] NG །།

佛教徒先前指出的有我论者（ātmavādin）等的错误："我是遍在于一切的话，一个（我）是乐的时候一切（我）也都应该是乐"等等，为了断除这种(错误)，（吠檀多派）说：虽然虚空是遍在于一切的，但是一个瓶中的虚空被尘、烟等充满的时候，并不是一切的瓶（中）的虚空都被（尘烟等）充满；而且一个（瓶中的虚空）没有（尘烟等的）充满的时候，并不是一切（瓶中的虚空）都没有充满。同样，这里，一个原人具有乐的时候，并不是一切（原人）都具有乐；而且一个（原人）是苦的时候，并不是一切（原人）都是苦。

[MHK: D. 28a5; C. 28a5; P. 31a6; N. 28a5; G. 37b1]

[TJ: D. 253b7; C. 253b7; P. 286a5; N. 274a1; G. 365b6]

如果问："在这些各自的相续中，乐和苦是如何产生的？"答曰：

བདག་མ་ཤེས་ཤིང་མ་རྟོགས་པས།།
རྨི་ལམ་ལོངས་སྤྱོད་ང་རྒྱལ་བཞིན།།
ལས་རྣམས་སོགས་ཤིང་དགེ་བ་དང་།
མི་དགེའི་འབྲས་བུ་སྤྱོད་པ་ཡིན།། (13)

aprabodhād anātmajñaḥ svapne bhogābhimānavat①/
cinoti karma bhuṅkte ca tatphalaṃ yac chubhāśubham//(13)
(①=SG, GV, Q; Ms bhogābhimānivat; L mohābhimānavat)

ཇི་སྲིད་དུ་འདིས་བདག་མཐོང་བར་མ་གྱུར་ཅིང་བདག་མ་ཤེས་པ་དེ་སྲིད་དུ། རྨི་ལམ་གྱི་ནང་དུ་མི་བདེན་པའི་གཟུགས་ལ་སོགས་པ་ལ་ཉེ་བར་ལོངས་སྤྱོད་པར་ང་རྒྱལ་བྱེད་པ་དེ་བཞིན་དུ། བདག་ཀུན་ནས་མི་ཤེས་པ་ཉིད་ཀྱང་དགེ་བ་དང་མི་དགེ་བའི་ལས་བསགས[123]་ནས། དགེ་བ་དང་མི་དགེ་བ་དེའི་འབྲས་བུ་ཉེ་བར་ལོངས་སྤྱོད་པར་བྱེད་པ་ཡིན་ནོ།། །།

དབུ་མའི་སྙིང་པོའི་འགྲེལ་པ་རྟོག་གེ་འབར་བ་[124]བམ་པོ་ཉི་ཤུ་གཉིས་པ།[125]

[MHK: D. 28a5; C. 28a5; P. 31a7; N. 28a6; G. 37b1]
[TJ: D. 254a3; C. 254a2; P. 286a8; N. 274a4; G. 366a4]

སྐྱེས་བུ་ནི་བྱེད་པ་པོ་དང་སྤྱོད་པ་པོ་ཉིད་ཡིན་ཏེ། སྡིག་པ་དང་།[126] བསོད་ནམས་ཉེ་བར་སོགས་པར་བྱེད་པ་དང་། ཉེ་བར་སྤྱོད་པར་བྱེད་པ་ཡིན་པའི་ཕྱིར། སྡིག་པ་ལ་སོགས་པའི་བྱེད་པ་པོ་ཡོད་པའི་སྐྱོན་ཡོད་པར་འགྱུར་རོ་ཞེ་ན།

ལུས་ལ་གནས་ཀྱང་མ་ཆགས་དང་།།
སྤྱོད་པར་བྱེད་ཀྱང་མི་གོས[127]་ཏེ།།

---

123 DC བྱས; cf. MHK k. 13c.

124 PNG ins. །།

125 PNG །།

126 PNG om. །

未觉悟故不知我，
犹如梦中享我慢，
积集行业并享受，
善与不善彼果报。[128]（13）

只要这（众生）看不见我而且不认识我，那（众生）就在梦中享受虚妄的色等的我慢，同样，完全不认识我，就会积集善和不善的业，然后享受那善和不善的果。

《中观心论注·思择焰》卷二十二。

[MHK: D. 28a5; C. 28a5; P. 31a7; N. 28a6; G. 37b1]
[TJ: D. 254a3; C. 254a2; P. 286a8; N. 274a4; G. 366a4]

如果说："原人是作者和享受者，积集罪恶和福德并享受的缘故，罪恶等的作者是有缺点的。"（回答：）

无贪着故依于身，
即便享受不被染，

---

[127] PNG དགོས

[128] 本颂意为：尚未觉悟的缘故，不认识我（原人）的（众生）就像在梦中享受我慢一样，积集业并且享受这（业的）善与不善的果报。

འདོད་བཞིན་སྤྱོད་ཀྱང་རྒྱལ་པོ་བཞིན།།
སྡིག་པས་གནོད་པར་མི་འགྱུར་རོ།། (14)

dehasaṃstho ’py asaṅgatvād bhuñjāno nopalipyate/

rājavat kāmacārī ca pāpenānaparādhy asau//(14)

ཇི་ལྟར་འདིས་ལུས་ཐམས་ཅད་ལ་གནས་པ་ཡིན་དུ་ཟིན་ཀྱང་དེ་ལྟ་ན་ཡང་མ་ཆགས་པ་ཉིད་ཡིན་པ་དང་། ཡུལ་རྣམས་ལ་སྤྱོད་དུ་ཟིན་ཀྱང་ཡུལ་གྱིས་ཀྱང་གོས་པ་མེད་དེ། ཇི་ལྟར་རྒྱལ་པོ་འདོད་པ་བཞིན་དུ་སྤྱོད་དུ་ཟིན་ཀྱང་ཕྱིར་གནོད་པ་བྱེད་པ་མེད་པ་དེ་བཞིན་ནོ།། འདི་ཡང་ཐམས་ཅད་ཀྱི་དབང་ཕྱུག་ཡིན་པའི་ཕྱིར་སྡིག་པ་སྤྱོད་དུ་ཟིན་ཀྱང་སྡིག་པའི་འབྲས་བུའི་སྣོད་དུ་ནི་མི་འགྱུར་རོ།།

[MHK: D. 28a6; C. 28a6; P. 31a7; N. 28a6; G. 37b2]

[TJ: D. 254a5; C. 254a5; P. 286b3; N. 274a7; G. 366b1]

དེ་བཞིན་དུ་ཇི་སྐད་བསྟན་པའི་རིམ་པས།
གཅིག་པུ[129]་ཀུན་ཁྱབ་རྟག་པ་སྟེ།།
ཚངས་མཆོག་འཆི་བ་མེད་པའི་གནས།།
རྣལ་འབྱོར་པ་ཡིས[130]་གོམས་བྱས་ན[131]།།
དེ་ནི་ཡང་སྲིད་ལེན་མི་འགྱུར།། (15)

ekaṃ sarvagataṃ nityaṃ paraṃ brahmācyutaṃ① padam/

yogī ②-yuñjān yadā ve(19a6)tti-② na tadaiti punarbhavam// (15)

(①=SG, GV, Q, L; Ms brahmācchutaṃ?. ②=Q; Ms, SG yuñjāna[ ]tti; GV yuñjāna (āve)tti; L yuñjan yadā vetti)

ལུས་ཐམས་ཅད་ཀྱི་དབང་ཕྱུག་ཡིན་པའི་ཕྱིར་གཅིག་པུའོ[132]།། འགྲོ་བ་ཐམས་ཅད་ལ་ཁྱབ་པ་ཡིན་པའི་ཕྱིར་

[129] DK CK པོ

[130] PNG ཡི

[131] PNG ནས

[132] PNG པའོ

犹如纵欲之国王，
彼并不被恶损害。[133]（14）

虽然这（原人）依止于所有身体但是并不贪着，而且虽然享受各种对象但是并不被对象所沾染，那就像国王虽然如是享受欲望也不被外物所损害一样。因为这（原人）也是一切的主宰，所以虽然作恶，但是不存在恶果的受器中。

[MHK: D. 28a6; C. 28a6; P. 31a7; N. 28a6; G. 37b2]
[TJ: D. 254a5; C. 254a5; P. 286b3; N. 274a7; G. 366b1]

同样，宣说次第：

瑜伽行者修习时，
知彼遍在一常住，
最胜不死梵所依，
此时不会得再生。[134]（15）

因为是一切身体的主宰，所以是唯一。因为遍在于一切世界，所

---

[133] 本颂意为：没有贪着的缘故，依止于身体的（原人）即使享受也不会被沾染；就像国王一样，即使纵欲，他也不会被恶所损害。

[134] 本颂意为：瑜伽行者修习的时候，认识到（原人）是唯一、遍在、常住、最胜、梵、不死、所依，就不会有再生了。

ཀུན་ཁྱབ་བོ།། ཉམས་པ་མེད་པའི་ཕྱིར་རྟག་པའོ།། མྱ་ངན་ལས་འདས་པའི་བདག་ཉིད་ཡིན་པའི་ཕྱིར་ཚངས་པའོ།། ཕྱལ་དུ་བྱུང་བ་ཡིན་པས་མཆོག་གོ།། ཐོག་མ་དང་ཐ་མ་མེད་པའི་ཕྱིར་འཆི་བ་མེད་པའོ།། དམིགས་པའི་གནས་ཡིན་པའི་ཕྱིར་གནས་སོ།། རྣལ་འབྱོར་པ་ནི་བསམ་གཏན་གྱི་སྦྱོར་བས་དམིགས་པར་བྱེད་པ་སྟེ། འདི་ལྟར་ངེས་པར་གོམས་པར་བྱས་པ་ན་འདི་ལྟ་བུའི་ཚངས་པ་ཀུན་ཏུ[135]་རྟོགས་པ་ཡིན་ཏེ། ངེས་ན་དེའི་ཡང་སྲིད་ལྡོག་པར་འགྱུར་རོ།།

[MHK: D. 28a7; C. 28a6; P. 31a8; N. 28a7; G. 37b3]

[TJ: D. 254b1; C. 254b1; P. 286b7; N. 274b3; G. 366b6]

དགེ་བ་དང་མི་དགེ་བ་ལ[136]་སོགས་པ་དང་ཉེ་བར་སྤྱོད་པ་ལོག་པར་གྱུར་པའི་བདག་དེའི་མཚན་ཉིད་ཉེ་བར་བསྟགས་པ་ནི།

དེ་ནི་རྟག་པར་རྟོག་མེད་པ།།
ངག[137]་གི་སྤྱོད་ཡུལ་གང་མ[138]་གྱུར།།
བློ་ནི་དབྱེ་བས་ཕྲོགས[139]་རྣམས་ཀྱིས།།
དེ་ལ་ཚིག་ཏུ་སྦྱོར་བར་བྱེད།། (16)

nityaṃ tadavikalpaṃ ca yatra vācām agocaraḥ/

giras tatra prayujyante bhedāpahṛtabuddhibhiḥ// (16)

ཚངས་པ་དེ་ནི་དུས[140-]ཐམས་ཅད[-140]་དུ་རྣལ་འབྱོར་པ་རྣམས་ཀྱིས་དམིགས་པར་བྱ་བ[141]་ཡིན་པའི་ཕྱིར་རྟག་པའོ།། དབང་པོ་དང་རྣམ་པར་ཤེས་པ་ལས་གཞན་ཉིད་ཡིན་པའི་ཕྱིར་རྟོག་པ་མེད་པའོ།། བློ་དག་གི་སྤྱོད་ཡུལ་

---

135 D དུ

136 PNG om. ལ

137 DK CK, DCPNG གང

138 DC མི

139 PNG ཕྲོག

140 G ཐིད

141 C བར

以是遍在。因为无损减，所以是常住。因为是涅槃的本性，所以是梵。因为殊胜，所以是最胜。因为无始无终，所以不死。因为是对象的依止，所以是所依。

瑜伽师根据禅定的修习能够观察到，即如此确实修行的时候，就能完全通达这样的梵，所以那（瑜伽师）也能还灭轮回。

[MHK: D. 28a7; C. 28a6; P. 31a8; N. 28a7; G. 37b3]

[TJ: D. 254b1; C. 254b1; P. 286b7; N. 274b3; G. 366b6]

赞颂还灭善、不善等以及享受的那“我”的特性，即：

彼是常住无分别，
其中言语非行处，
通过执持差别觉，
言词被用描述彼。[142]**（16）**

因为那“梵”在任何时候都能被瑜伽师所观察到，（所以是）常住。因为是不同于根和识的东西，（所以是）无分别。

---

[142] 本颂意为：那（原人）是常住的、无分别的、超越言语的对象的，通过执持有差别的觉，很多言词都被用来描述那（原人）。

དུ་གྱུར་པ་ནི་ཚིག་བརྗོད་པ་རྣམས་ཀྱི་ཡང་ཡུལ་ཡིན་པར་འགྱུར་ལ། བློའི་སྤྱོད་ཡུལ་དུ་མ་གྱུར་པ་[143-]ཉིད་དེ་[-143]ནི་ཚིག་གི་སྤྱོད་ཡུལ་ཡང་མ་ཡིན་ནོ།། འོན་ཀྱང་དབྱེ་བས་ཕྲོགས་པ་ནི་དབྱེ་བ་ལ་ཉེ་བར་སོང་བའི་བློ་སྟེ། དེ་གང་ལ་ཡོད་པ་ནི་བློ་ནི་དབྱེ་བས་ཕྲོགས[144]་པའོ།། དེས་དེ་ལ་ཚངས་པའོ་[145]ཞེས་ཚིག་སྦྱོར་བར་བྱེད་དེ། འདི་ལྟ་སྟེ། བདག་དང་། སྐྱེས་བུ་དང་། དབང་ཕྱུག་དང་། ཀུན་ལ་ཁྱབ་པ་དང་། རྟག་པ་ཞེས་བྱ་བ་ལ་སོགས་[146]པར་རོ།། ཅིའི་ཕྱིར་ཞེ་ན། ཀུན་ཏུ[147]་ཐ་སྙད་དུ་བྱ་བའི་ཕྱིར་ཏེ། གཞན་དག་[148-]གིས་ཇི་ལྟར་བདག་[-148]གི་དོན་ཇི་ལྟ་བ་བཞིན་དུ་རྟོགས[149]་པར་འགྱུར་ཞེས་བྱ་བར་རོ།། འདིའི་ངོ་བོ་ནི་བརྗོད་པར་བྱ་བ་མ་ཡིན་པ་ཉིད་ཡིན་ཏེ། རིག་བྱེད་ལས་རང་བྱུང་བྱེད་པ་མེད་པ་བོང་ཚད་མེད་པ་སྟེ། མུན་པ་ལས་གཞན་པའི་སྐྱེས་བུ་ནི། སྐྱེས་བུ་དྲང་སྲོང་ཆེན་པོ་ཉི་མའི་མདོག། མུན་པ་ལས་གཞན་གྱུར་པ་དེ་རིག[150]་ན།། འཆི་བ་མེད་པར་འགྱུར་ཏེ་བདག་གིས་རྟོགས།། སྐྱེ་མེད་གནས་འགྲོ་བ་ལ་ལམ་གཞན་མེད།། ཅེས་བྱ་བ་དང་།[151] དེ་བཞིན་དུ། དེ་ནི་ཕྲ་གྱུར་སྐྱེ་གནས་རྣམས་ན་གཅིག་པུ་གནས[152]།། དེ་ནི་རྒྱས་པ་འདི་དག་ཡང་དག་བསགས་པ་ཡིན།། དེ་ནི་གཙོ་བོ་མཆོག་དང་ལྷ་དང་བསྟོད་བྱ་སྟེ།། བདག་ངེས་བཟུང་ནས་ཤིན་ཏུ་ཞི་བར་འགྲོ་བར་འགྱུར།། གང་ལས་མཆོག་ཏུ་གྱུར་པ་གཞན་པ་འགའ་ཡང་མེད།། གང་ལས་ཕྲ་དང་གཙོ་བོར་གྱུར་པ་གཞན་[153]འགའ་ཡང[154]་མེད།། མ་བཀག་བསྒྲིབས་པ་མེད་པར་ལྷ་དེ་གཅིག་པུ་གནས།། སྐྱེས་བུ་དེ་ཡང་ཀུན་ལ་ཁྱབ་ཅིང་རྒྱས།། ཕྲ་བ་ལས[155]་ཀྱང་ཕྲ་ཞིང་ཆེ་བས་ཆེ། འགྲོ་རྣམས་བདག་གི[156]་ཡོན་ཏན་ཁྱབ་ནས་གནས།། སྒྱུ་དང་བྲལ་བས[157]་མཆོད་སྦྱིན་

---

[143] N དེ་ཉིད་དེ; G དེ་ཉིད

[144] DC འཕྲོགས

[145] CPNG ins. ||

[146] PNG ins. པའི

[147] D དུ

[148] PNG om.

[149] C རྟོག

[150] PNG རིགས

[151] PNG om. |

[152] DC ནས

[153] PNG ins. པ

[154] DC འང

[155] DC བས

[156] PN གིས

存在于觉的对象中就是各种言语的对象，而不存在觉的对象中也就不是言语的对象。而且，“执持差别”是接近差别的觉，即具有那（觉）就是“执持差别觉”。

如此，其中解释“梵”一词，那（梵）即“我、原人、自在天、遍在、常住”等等。如果问：“为什么？”（回答：）“名言假说的缘故，其他（自在天等假名）就像我的意义一样如实被了解。”

他的本性是不可说的，从吠陀自生、无动作、无量，是不同于黑暗的原人，即[158]：“当认识到原人是大仙、太阳的颜色、不同于黑暗的时候，就是不死，（这）即是我们的认识；没有其他通向不生的道路。”

同样，“那（原人）是微细的，在胎藏等中是唯一存在的，他增长并积集，他是主宰者、最上者、神、应该被赞颂者，确定把握我之后就走向绝对的寂静。”

“除此之外绝无更优秀的，除此之外绝无更微细、更首要的，不灭、无覆、那神是唯一的存在，那原人既遍在于一切又广大。”

“比微细更微细、比伟大更伟大，用我的德遍满于众生，远离痛

---

[157] G om. བས

[158] 以下直接引语部分的藏译为七字或九字的偈颂，为了便于理解译成行长。

མེད་པར་མཐོང་།། ཁམས་རྣམས་དང་བ་[159]གཙོ[160]་བོའི་[161]ཆེ་བ་ཉིད།། དེ་བཞིན་དུ། ལུས་[162]མེད་པ་ཡི་ལུས་ལ་ནི།། ཀུན་ཏུ་[163]གནས་མེད་གནས་པ་ནི།། ཆེན་པོར་[164]གཙོ་བོའི་བདག་ཉིད་དེ།། ཤེས་ནས་མཁས་པ་མྱ་ངན་མེད།། དེ་བཞིན་དུ། གཡོ་བ་དེ་ཡིན་མི་གཡོ་དེ།། རིང་བ་དེ་ཡིན་[165]ཉེ་བ་དེ།། ནང་ཡང་དེ་ཡིན་[166-]ཐམས་ཅད་[-166]ཀྱི[167]།། གཉིས་ག་དེ་ཡིན་ཕྱི་རོལ་ཉིད།། དེ་བཞིན་དུ། དར་གྱི་སྲིན་བུའི་སྐུལ་མ་བཞིན།། ཆུ་ཤེལ་ནོར་བུའི་ཆུ་བཞིན་དུ།། ཉ[168]་གྲོ་ཡན་ལག་ཟུག་རྒྱུ་བཞིན།། [169-]དེ་ནི་ལུས་ཅན་ཀུན་གྱི་རྒྱུ།།[-169] ཞེས་བྱ་བ་ལ་སོགས་པ་རིག[170]་བྱེད་ཀྱི་ལུང་ལས་མཐོང་བའི་ཚད་མས་སྐྱེས་བུ་མཐོང་བ་ཞེས་བྱ་བ་ནི་དེ་ཁོ་ན་ཉིད་ཡིན་ཏེ། གཞན་གྱིས་[171]ཉམས་པར་བྱ་བར་མི་ནུས་སོ་ཞེས་བྱ་བ་ནི་རིག[172]་བྱེད་ཀྱི་མཐའ་སྨྲ་བ་རྣམས་ཀྱི[173]་བཀོད་པའི་ཕྱོགས་སྔ་མ་ཡིན་ནོ།།

[MHK: D. 28a7; C. 28a7; P. 31a8; N. 28a7; G. 37b3]

[TJ: D. 255a4; C. 255a3; P. 287b4; N. 275b1; G. 367b5]

དེ་ལ་ལན་བརྗོད་པར་བྱ་བའི་ཕྱིར་བསྟན་བཅོས་བྱེད་པས་སྨྲས་པ།

159 G ins. །

160 G ཙོ

161 G བོ

162 C ins. པ

163 D དུ

164 PNG པོ

165 C ins. ཏེ

166 G ཐོད

167 PNG ཀྱིས

168 n-ya

169 G om.

170 N རིགས

171 G ins. མ

172 G རིགས

173 DCG ཀྱིས

苦所以认识到无有祭祀，诸界是纯净的主宰者的大性。”

同样，“在没有身体的身体中，依止于完全不存在的所依，知道那伟大、主宰的我之后，贤者就没有了痛苦。” 同样，“他是动又不是动，他是远又是近，他是万物的内在，又是两者的外在。” 同样，“就像蜘蛛（是）丝（的原因）一样，就像水晶（是）宝石水（的原因）一样，就像尼枸卢树（是）枝的原因一样，他是一切有身者的原因。” 根据（如上）等等吠陀圣典所承认的量，所谓“看见原人”是真实的，是其他人所不能损减的。

（以上）就是吠檀多论师们设立的前分。

[MHK: D. 28a7; C. 28a7; P. 31a8; N. 28a7; G. 37b3]

[TJ: D. 255a4; C. 255a3; P. 287b4; N. 275b1; G. 367b5]

为了对那作出回答，（此）论的作者说：

ཕྱོགས་སུ་ལྷུང[174]་བ་མ་ཡིན་པས།།
འདིར་ནི་འདི་ཡང་འདི་ལྟར་དཔྱད།།
ཕྱོགས་ལ་ཆགས་པས་བསྒྲིབས་པའི་བློས།།
ཇི་ལྟར་བདེན་པའང་རྟོགས་མི་འགྱུར།། (17)

atrāpīdaṃ parīkṣante pakṣapātānapekṣiṇaḥ/

pakṣarāgāvṛtamatiḥ① ②-satyaṃ yathā(19b1)pi-② nekṣate// (17)

(①=Q, L; Ms, SG pakṣarāgāvikalamatiḥ; NH pakṣarāgāvikṛtamatiḥ(?).

②=Q, L; Ms, SG saty[ ]pi; NH sa[ ]pi)

འདིར་ནི་ཞེས་བྱ་བ་ནི་རིག་བྱེད་ཀྱི་མཐའ་སྨྲ་བ་རྣམས་ཀྱིས[175]་བཀོད་པའི་ཕྱོགས་སྔ་མར་རོ།། འདི་ཡང་ཞེས་བྱ་བའི་སྒྲ་ནི་སྔར་བསྟན་པའི་རབ་ཏུ་བྱེད་པར་དཔྱད་པ་བྱས་པ་ཡང་ཉེ་བར་བསྡུ་བའི་དོན་ཏོ།། འདི་ལྟར་ཞེས་བྱ་བ་ནི་བརྗོད་པར་བྱ་བའི་དོན་གྱིས[176]་དངོས་པོའི་ཚིག་དཔྱད་པ་སྟེ། འདི་ལྟར་བརྟག[177]་པར་བྱ། འདི་ལྟར་དཔྱད[178]་པར་བྱ་ཞེས་བྱ་བའི་ཐ་ཚིག་གོ།། སུ་ཞིག་དཔྱོད་པར་བྱེད་ཅེ་ན། གང་དག་རང་དང་གཞན་གྱི་ཕྱོགས་ལ་རིགས་སམ་མི་རིགས་པ་དཔྱད[179]་པ[180]་བྱས་ནས་རྗེས་སུ་ཆགས་པ་དང་།[181] ཁོང་ཁྲོ་བ་མི་འབྱུང་བའོ།། དེ་ཅིའི་ཕྱིར་ཞེ་ན། གང་གི་ཕྱིར་ཕྱོགས་སུ་ལྷུང་བས་དྲི་མ་ཅན་དུ་བྱས་པའི་སེམས་ཀྱིས་ནི་སྐྱོན་མེད་པའི་ཚིག་དག་ལ་ཡང[182]་ཡིད་ཆེས་པར་མི་འགྱུར་ཏེ། རང་གི་ཕྱོགས་ལ་ཆགས་པ་དང་བཅས་པའི་ཕྱིར་རོ།།

[MHK: D. 28b1; C. 28a7; P. 31b1; N. 28b1; G. 37b4]

174 C ལྷུང

175 PN ཀྱི

176 PNG གྱི

177 PNG བརྟགས

178 C བྱེད

179 C དཔྱོད

180 G པར

181 PNG om. །

182 C ཡིད

不堕落于宗趣者，
对此亦应如是思，
贪着宗趣觉被缚，
不能得见如是谛。[183]（17）

“对此”即吠檀多论师们设立的前分。

“亦”这个词是包括考察先前所说的论题的意思。

“如是”即根据所说的对象来考察事物的词义，即“如是分别、如是观察”的意思。

如果问：“谁能观察？”（回答：）那些观察自、他的宗趣合理或不合理之后不生起贪着、瞋恚的人。

如果问：“为什么？”（回答：）因为堕落于宗趣而根据有垢的心的话，对无过错的话语就不能生起信解，贪着于自宗的缘故。

[MHK: D. 28b1; C. 28a7; P. 31b1; N. 28b1; G. 37b4]

[183] 本颂意为：不堕落于宗趣的人们，对于这（吠檀多派的理论）应该这样再次考察；因为贪着于宗趣而觉被覆盖的人，看不见这样的真谛。

[TJ: D. 255a7; C. 255a7; P. 287b8; N. 275b4; G. 368a3]

དེ་ཁོ་ན་ཉིད་ཀྱི་ཤེས་པ་འཚོལ[184]་བའི་རབ་ཏུ་བྱེད་པ་དང་། གྲངས་ཅན་དང་བྱེ་བྲག་པའི་དེ་ཁོ་ན་ཉིད་བརྟག་པའི་དབང་དུ་བྱས་ནས།

བདག་ཡོད་པ[185]་ནི་བཀག་པས[186]་ན།།
འགྲོ་བའི་རྒྱུ་ཡང་དེ་བཞིན་ཏེ།།
དེས་ན་དེ་མཐོང་གྲོལ་བ་ནི།།
མི་བདེན་པར་ནི་རབ་བརྟགས་ཉིད།། (18)

niṣiddham① ātmano ’stitvaṃ jagatkāraṇatā tathā/
atas taddarśanān muktir abhūtaiva prakalpitā// (18)
(①=Ms, NH, Q, L; SG niṣaddham)

བདག་ཡོད་པ་ཉིད་དུ་ཡང་བསྒྲུབ[187]་པར་ཤིན་ཏུ་དཀའ[188]་སྟེ། ཇི་སྐད་དུ་སྔར་བསྟན་པའི་རིགས[189]་པས་ཡོད་པར་ཡང་མ་གྲུབ་ན། བདེན་པ་མ་ཡིན་པ་དེ་མཐོང་བས་ཡང་དག་པར་གྲོལ་བར་ལྟ་ཇི་ལྟར་འགྱུར། ཡོད་པ་མ་ཡིན་པའི་རི་བོང་གི་རྭ་ནི་དམིགས་པར་འགྱུར་བ་མ་ཡིན་པ[190]་བཞིན་དུ་དེ[191]་མཐོང་བས་ཀྱང་གྲོལ་བར་འགྱུར་བ་མ་ཡིན་ནོ།།

[MHK: D. 28b1; C. 28b1; P. 31b2; N. 28b1; G. 37b4]
[TJ: D. 255b2; C. 255b2; P. 288a3; N. 275b7; G. 368a5]

སྐྱེས་བུར་བལྟ་བ་ལ་སྐྱོན་ཆེན་པོ་འདི་ཡང་ཡོད་དེ།

གྲོལ་སོང་རྣམས་ལ་འཇིག[192]་ཚོགས་ལྟ[193]།།

---

184 DC ཚོལ
185 DK CK PK NK GK པས
186 DK CK PK NK GK པ
187 C བསྒྲུབས
188 PNG དགའ
189 PNG རིག
190 C པར
191 G དུ

[TJ: D. 255a7; C. 255a7; P. 287b8; N. 275b4; G. 368a3]

根据《探求真实之知品》以及对数论派和胜论派的真实的考察，

我有已经被遮断，
世界之因亦如是，
是故见此获解脱，
非真仅是虚妄想。[194]**（18）**

证明“我是有”是极其困难的，根据前面已经宣说的道理，“（我）有”不成立；（吠檀多派）根据不是真理的“看见那（原人）”，如何得到正确的解脱？就像不存在的兔角不可能成为所缘一样，根据“看见那（原人）”不可能解脱。

[MHK: D. 28b1; C. 28b1; P. 31b2; N. 28b1; G. 37b4]
[TJ: D. 255b2; C. 255b2; P. 288a3; N. 275b7; G. 368a5]

“看见原人”还有这样的大错：

萨迦耶见俱生者，

---

[192] PK, PNG འཇིགས

[193] PK NK GK བལྟ

[194] 本颂意为：我的存在性已经被否定，（原人作为）世界的原因也同样（被否定）；所以从认识那（原人）而解脱是完全不可能的，只是妄想而已。

ལྷན་ཅིག་སྐྱེས་ཡོད་ཞི་མ་གྱུར།།
ཀུན་ཉོན་མོངས་ཀུན་རྩ་བའི་ཕྱིར།།
དེ་ཉིད་ཁྱོད་ཀྱིས[195]་ཤིན་ཏུ་སྤེལ།། (19)

satkāyadṛṣṭiḥ sahajā paśūnām apy aśāntaye/

sarvasaṃkleśamūlatvāt saiva tvayā① vivardhitā// (19)

(①=Q, L; Ms bhūyā; SG bhūyā(t); NH bhūyo)

སྡུག་བསྔལ་བར་གྱུར[196]་པས་ན་འཇིག[197]་པ་ཡིན་ལ་བསགས་པ་ན་ཚོགས་ཏེ། དེ་ནི་འཇིག[198]་པ་ཡང་ཡིན་ལ། ཚོགས་པ་ཡང་ཡིན་པས་འཇིག[199]་ཚོགས་སོ།། དེ་ལ་གང་མངོན་པར་ཞེན[200]་པ་ནི་འཇིག[201]་ཚོགས་ལ་ལྟ་བ་སྟེ། ཉེ་བར་ལེན་པའི་ཕུང་པོ་ལྔ་པོ་ལ་བདག་དང་བདག་གིར་འཛིན་པའོ།། དེ་ནི་ཐོག་མ་མེད་པའི་དུས་ནས་བདག་ཏུ་འཛིན་པའི་བག་ཆགས་ཀྱིས[202]་བསྒོམ[203]་པའི་བ་ལང་ལ་སོགས་པ་དུད་འགྲོ་རྣམས་ཀྱི་སེམས་དག་གི་སྤྱོད[204]་པ་དང་བྲལ་བ།[205] དེར་རྟོགས[206]་པར་མི་བྱེད་པ་རྣམས་ལ་ཡང་ཞི་བ་སྒྲུབ་པར་[207]བྱེད་པ་མ་ཡིན་ནོ།[208] ཡང་བློའི་བརྗོད་པ་དང་ལྡན་པའི་མི་རྣམས་བདག་ཏུ་ལྟ་བ་དུ་མའི་རྣམ་པར་རྟོག་པ་ཡོད་པ་ཚིག་ཏུ་བརྗོད་པ་དང་བཅས་པས་གཞན་དག་ཀྱང་འཛིན་དུ་འཇུག་པ་རྣམས་ལ་[209]ཇི་ལྟར་ཞི་བ་སྒྲུབ་པར་འགྱུར་ཏེ།

[195] PK NK GK ཀྱི
[196] PNG འགྱུར
[197] PNG འཇིགས
[198] PN འཇིགས
[199] NG འཇིགས
[200] PNG ཞེས
[201] G འཇིགས
[202] PG ཀྱི
[203] PNG བགོས
[204] C སྤྱོད
[205] PNG om. །
[206] PNG རྟོག
[207] PNG ins. མི
[208] PNG ན

旁生等都无寂静，

一切烦恼之根故，

汝却使彼获增长。[210]**（19）**

苦恼逼迫的缘故，积集坏灭之物就是“身”；那既是坏灭又是积集，所以是“有身”（satkāya）。贪着于那（有身）就是“有身见”（萨迦耶见），即在五蕴之中执着我和我所。

那（萨迦耶见）使从无始时以来被我执的习气所熏习的牛等各种旁生远离心的所行，不能认识那（萨迦耶见）的人就不能获得解脱。

另外，具有觉的言词的人们分别各种我见、根据所说的话语来教导别人，如何获得寂静？

---

[209] PNG ins. དེ་ལྟ

[210] 本颂意为：（“看见原人”）和萨迦耶见（satkāyadṛṣṭi）一起产生的，即使旁生等都不能寂静，因为（萨迦耶见）是一切烦恼的根本，那（萨迦耶见）却被你（吠檀多派）发展了。

དེས་ན་འདི་ནི་རིགས[211]་པའི་ཚུལ་མ་ཡིན་པ་ཡིན་ནོ།། ཅིའི་ཕྱིར་ཞེ་ན། ཀུན་ནས་ཉོན་མོངས་པ་[212-]ཐམས་ཅད[-212]་ཀྱི་རྒྱ་བ་ཡིན་པའི་ཕྱིར་ཏེ། བདག་ཏུ་ང་རྒྱལ་བ་དང་། བདག་ཏུ་རློམས་པ་དང་། བདག་ཏུ་ལྟ[213]་བ་དང་། བདག་ལ་ཆགས་པ་ལ་སོགས་པས་ཉོན་མོངས་པ་ཅན་དུ་བྱས་པ་ཡོད་པ་ལས་འཇིག[214]་ཚོགས་ལ་ལྟ་བ་ཡིན་པའི་ཕྱིར་རོ།། དེ་ནི་ཁྱེད་ཀྱིས[215]་ཤིན་ཏུ་འཕེལ་བར་བྱས་པ་ཡིན་ན་དེ་ལ་ཇི་ལྟར་ཐར་པ་ཡོད་པར་འགྱུར།

[MHK: D. 28b2; C. 28b1; P. 31b2; N. 28b2; G. 37b5]

[TJ: D. 255b7; C. 255b7; P. 288b2; N. 276a5; G. 368b5]

འཇིག[216]་ཚོགས་ལྟ་ལ[217]་ཞེན་པ་ཡི[218]།།
བདག་འཛིན་བདག་གིར[219]་འཛིན་པ་དག[220]།
གང་ལས་འཁོར་བ[221]་འབྱུང་[222-]འགྱུར་བ[-222]།།
དེ་ཉིད་གྲོལ་བ་ཡིན་པར་སྨྲ[223]།། (20)

satkāyadṛṣṭyāviṣṭānāṃ mamāhaṃkārakāriṇām①/
②-yato bhāvitaḥ-② (19b2)saṃsāro muktir apy uditā tataḥ// (20)
(①=Q, L; Ms °kāriṇā[ ]; SG, NH °kāriṇā. ②=Q, L; Ms, SG [ ]ka;

---

[211] PNG རིག

[212] G ཐོད

[213] G བལྟ

[214] G འཇིགས

[215] G ཀྱི

[216] G འཇིགས

[217] PNG བ

[218] C ཡིན; G ཡིས

[219] PK NK GK གིས

[220] C དང་; PNG དེ

[221] PK NK GK བར

[222] PNG བར་འགྱུར

[223] D སྨྲ

所以，这不是合理的方法。

如果问："为什么？"（回答：）因为（萨迦耶见）是一切烦恼的根本，即具有我慢、我痴、我见、我爱等烦恼者就是"萨迦耶见"。那（萨迦耶见）被你极度增长的话，如何从其获得解脱？

[MHK: D. 28b2; C. 28b1; P. 31b2; N. 28b2; G. 37b5]

[TJ: D. 255b7; C. 255b7; P. 288b2; N. 276a5; G. 368b5]

贪着萨迦耶见者，
以及我执我所执，
纵使由此生轮回，
也被说成是解脱。[224] **（20）**

[224] 本颂意为：对于贪着萨迦耶见、执着我和我所的人们来说，即使由此进入轮回，也被说成是解脱。

NH [yatobhavi]ka[ḥ])

བདག་གཟུགས་ཡིན།[225] བདག་གཟུགས་དང་ལྡན། གཟུགས་བདག་གི་ཡིན། གཟུགས་ལ་བདག་གནས། བདག་ཚོར་བ་ཡིན། བདག་ཚོར་བ་དང་ལྡན། ཚོར་བ་བདག་གི[226]་ཡིན། ཚོར་བ་ལ་བདག་གནས་ཞེས་བྱ་བ་ལ་སོགས་པ་འཇིག[227]་ཚོགས་ལ་ལྟ་བའི་རིའི་རྩེ་མོ་ཉི་ཤུ[228]-མཐོ་བ[-228]་རྣམ་པར་བཅོམ་ནས་དེ་ཁོ་ན་ཉིད་མཐོང་བར་འགྱུར་རོ[229]་ཞེས་ཐམས་ཅད་རིག[230]་པ་ཉིད་ཀྱིས[231]་གསུངས་པ།[232] ཕྱིན་ཅི་ལོག་གི་ལྟ་བ་ཅན་བདག་དང་བདག་གིར་འཛིན་པའི་གདོན་གྱིས་ཟིན་པས་སེམས་བརླམས་པར་གྱུར་པ་ཁྱོད་ཀྱིས་ནི། གང་ལས་འཁོར་བ་མངོན་པར་འཕེལ་བར་འགྱུར་བ་དེ་ཉིད་གྲོལ་བའི་རྒྱུ་ཡིན་ནོ[233]་ཞེས་ཟེར་ཏེ། དེ་ནི་འདི་ལྟར་རབ་ཏུ་འབར་བར་གྱུར་པའི་མེ་ལ་ཞི་བར་བྱ་བའི་ཕྱིར་བུད་ཤིང་ཤིན་ཏུ་མང་བ་བསྣན་པར་གྱུར་པ་བཞིན་ནོ།།

[MHK: D. 28b2; C. 28b2; P. 31b3; N. 28b2; G. 37b6]

[TJ: D. 256a3; C. 256a3; P. 288b6; N. 276b2; G. 369a3]

འདིར་གཞན་གྱིས[234]་སྨྲས་པ། གང་གང་གི་ཞི་བའི་རྒྱུར་གྱུར་པ་མ་ཡིན་པ་དེ་ཡང་ཚུལ་འགའ་ཞིག་གིས[235]་ཞི་བའི་རྒྱུར་ཡང་འགྱུར་ཏེ། ཇི་ལྟར་ཆང་ཤིན་ཏུ་བསྟེན་པས་མྱོས་པར་གྱུར་པ་ལ་ཡང་མྱོས་པར་འགྱུར་བ་ཉིད་བསྟེན་ན། ཕན་པར་འགྱུར་བ་དེ་བཞིན་དུ། ཐབས་ལ་མི་མཁས་པས་བདག་ཏུ་ལྟ་བ་བསྟེན་པས་ཀུན་ནས་ཉོན་མོངས་པ་སྐྱེ་བར་འགྱུར་ལ།། རྣལ་འབྱོར་གྱི་ལུགས་འབའ་ཞིག་གིས་བདག་ཏུ་ལྟ་བ་དེ་ཉིད་གོམས་པར་བྱས་པ་

---

[225] PNG om. །

[226] G གིས

[227] G འཇིགས

[228] G ཐོབ

[229] C ins. །།

[230] C རིགས

[231] PG ཀྱི

[232] PNG om. །

[233] PN ins. །།

[234] PG གྱི

[235] G གི

一切智者说："摧毁'色是我，我有色，色是我所，我在色中；受是我，我有受，受是我所，我在受中'等等二十种萨迦耶见的高峰之后才能看见真实。"

颠倒见者因为被我执和我所执的邪魔所摄而心被牵引，你所谓的"轮回增长就是解脱的因"就像为了熄灭熊熊燃烧的火，却带去更多的柴薪一样。

[MHK: D. 28b2; C. 28b2; P. 31b3; N. 28b2; G. 37b6]

[TJ: D. 256a3; C. 256a3; P. 288b6; N. 276b2; G. 369a3]

这里，其他人（吠檀多论师）说："（我见）即使不是寂灭的原因，也能通过一些方法而成为寂灭的原因。就像对于因为饮酒过度而醉倒的人来说，依赖于酒性也是有好处的一样，不通晓方便的人依赖于我见虽然会生起烦恼，但是用一些瑜伽的方法，通过修习这种我见的本

ལས་[236]ཉོན་མོངས་པ་ཞི་བར་འགྱུར་རོ་[237]ཞེ་ན།[238] དེ་ལ་བརྗོད་པར་བྱ་སྟེ།

ཟོས་པར་གྱུར་ལ་ཟོས་འགྱུར་བཞིན།།

དེ་ལྟ་བ་ཡིས་[239]་ཞི་འགྱུར་[240]་ན།།

ཤིན་ཏུ་མ་ཞུའི་ནད་ལྡན་ལ།།

ཁ་ཟས་ཟོས་པས་ཕན་པར་འགྱུར།། (21)

taddṛṣṭau ced bhavec chāntir madād iva madātyaye/

ajīrṇāt saṃnipannasya bhojanāt svasthatā bhavet// (21)

གང་ལ་གང་གིས་གནོད་པར་གྱུར་[241]་པ་དེས། དེ་ཉིད་ཞི་བར་འགྱུར་རོ་[242]ཞེས་བྱ་བ་ནི་གཅིག་ཏུ་མ་ངེས་པ་ཡིན་ནོ།། གལ་ཏེ་ངེས་པར་གྱུར་ན་ནི་ཤིན་ཏུ་མ་ཞུ་བའི་སྐྱོན་དང་བཅས་པར་གྱུར་པ་དེ་ལ་ཡང་ཁ་ཟས་ཟོས་པས་ཕན་པར་འགྱུར་རོ།། གལ་ཏེ་དུག་ལ་ཡང་དུག་ཉིད་ཕན་པར་གྱུར་པ་མ་ཡིན་ནམ་ཞེ་ན། དུག་གིས་[243]་དུག་ཞི་བར་འགྱུར་རོ་[244]ཞེས་བྱ་བ་དེ་ཡང་མ་ངེས་པ་ཉིད་ཡིན་ན་ནོར་བུ་དང་། སྔགས་དང་སྨན་ལ་སོགས་པའི་སྦྱོར་བ་དང་ལྡན་ན། ངེས་པ་ཡིན་པ་བཞིན་དུ་ལམ་གོམས་པར་བྱས་ན་ལེགས་པ་ཡིན་གྱི།[245] བདག་ཏུ་ལྟ་བས་ནི་མ་ཡིན་ནོ།།

[MHK: D. 28b3; C. 28b2; P. 31b3; N. 28b2; G. 37b6]

[TJ: D. 256a7; C. 256a7; P. 289a4; N. 276b6; G. 369b2]

---

236 PNG ins. །

237 P ins. །; NG ins. །།

238 PNG om. །

239 PK NK GK ཡི

240 DK CK PK NK GK གྱུར

241 C འགྱུར

242 PNG ins. །།

243 G གི

244 PNG ins. །།

245 PNG om. །

性就能灭除烦恼。" 对此（佛教徒）回答如下：

如若寂灭彼见中，
犹如用酒来醒醉，
如是不消化病人，
吃食应复得安乐。[246]（21）

"通过任何（办法）损害某物，此物的本性就寂灭"是一种不正确（的说法）。如果（这种说法）是正确的话，那么对于患有严重不消化病的人来说，也能因为吃食物而有所好转。如果说："以毒攻毒不是也有好处吗？"（回答：）所谓"以毒攻毒"也是不正确的，而结合使用宝石、真言、药等才是正确的，同样，勤修道是善好的，而（修习）我见不是。

[MHK: D. 28b3; C. 28b2; P. 31b3; N. 28b2; G. 37b6]
[TJ: D. 256a7; C. 256a7; P. 289a4; N. 276b6; G. 369b2]

---

[246] 本颂意为：如果寂灭能够存在于这种（我）见之中，就像用（更多的）酒去清醒醉酒一样，那样的话不消化的病人也能因为吃食物而有所好转。

གཞན་ཡང་།[247] [250]-རིག་བྱེད་སྨྲ་བས་བདག་དེ་ནི།། རྣམ་པ་གཉིས་སུ་འདོད་བྱེད་དེ།། ལུས་ཞེས[248]་བྱ་བ་བཅིངས་བདག་དང་།། མཆོག་ན[249]་གནས་པ་གྲོལ་བའི་བདག།-[250]

མཆོག་ཏུ་འཛིན་པ་བདག་གི[251]་ཡུལ།།
བདག་བློ་ཇི་བཞིན་དོན་མ་ཡིན།།
བདག་ནི་འདི་ཞེས་མཆོག་འཛིན་ཕྱིར།།
ལུས་ལ་བདག་གི་བློ་བཞིན་ནོ།། (22)

na pareṣṭātmaviṣayād① yathārthātmeti dhīr matā②/

ātmany evaṃ parāmarśād③ dehādāv ātmadhīr yathā// (22)

(①=Ms, SG, NH; L °viṣayā; Q pareṣṭhātma°. ②=Ms, SG, NH, Q; L yathā.
③=N, Q, L; Ms parāmarṣā; SG parāmarṣ(?))

མཆོག་གི་གནས་ན་གནས་པས་མཆོག་ན་གནས་པའོ།། གང་ཞེ་ན་བདག་གོ། ཡུལ་དེ་གང་ལ་ཡོད་པ་དེ་ནི་དེའི[252]་ཡུལ་ཅན་ཏེ་གང་ཞེ་ན་བློའོ།། དེ་ནི་དོན་ཇི་ལྟ་བ་བཞིན་མ་ཡིན་ནོ་[253]ཞེས་བསྒྲུབ[254]་པར་བྱའོ།། [255]ཅིའི་ཕྱིར་ཞེ་ན། བདག་ནི་འདི་ལྟ་བུའོ་ཞེས་དེ་ལ་རྒྱུ་བ་འབྱུང་བའི་ཕྱིར་རོ།། ཅི་ལྟ་བུར་ཞེ་ན། ལུས་དང་།[256] དབང་པོ་དང་།[257] ཡུལ་[258]བདག་གི[259]་བློ་བྱུང་བ་བཞིན་ནོ།། ལུས་དང་ཡུལ་གྱི་བློ་ཉིད་ནི་ཀུན་རྫོབ་ཏུ་དོན་

[247] PNG om. །

[248] PK ཞེ

[249] CK ནི

[250] 该句在藏译 MHK 和 TJ 中都被当作偈颂，但梵本无。根据上下文意，可知是藏译误将本句当作了 MHK 中的一颂，实际应为 MHK 第 22 颂的前言。

[251] G གིས

[252] P དེ

[253] PNG ins. །།

[254] PNG སྒྲུབ

[255] G ins. དེ

[256] PNG om. །

[257] PNG om. །

[258] PNG ins. ལ

此外，吠檀多师宣说曰，认为彼我有两种，所谓身即系缚我，妙住即是解脱我。

极度贪着我对象，
如义我觉不被许，
我中如是执取故，
犹如身中之我觉。[260] **（22）**

安住于最高的境地即是“妙住”。如果问：“是什么？”（回答：）是（解脱）我。那有对象存在的即是有境者。如果问：“是什么？”（回答：）是觉。那已被证明“不如其义”。如果问：“为什么？”（回答：）从那“我如是”世界产生。如果问：“怎么样？”（回答：）就像身、根、

[259] G གིས

[260] 本颂梵藏文有异，依梵本译，意为：觉不被认为是“极度贪着我的对象的、如义的我”，我如是被执取的缘故，就像在身中的我觉一样。

ཇི་ལྟ་བ་བཞིན་དུ་ཡང་དག་པར་འབྱུང་བར་འགྱུར་ཏེ། མངོན་སུམ་ཉིད་ཀྱིས་ཉེ་བར་དམིགས་པ་ཡིན་པའི་ཕྱིར་རོ།། མཚོག་ན་གནས་པ་ནི་མ་ཡིན་ཏེ། ཉེ་བར་མ་དམིགས་པའི་ཕྱིར་རོ།།

[MHK: D. 28b4; C. 28b4; P. 31b5; N. 28b4; G. 38a1]

[TJ: D. 256b4; C. 256b4; P. 289a8; N. 277a3; G. 369b5]

གང་ཏེ་ཡང་དུས་རིང་པོར་བདག་ཏུ་མངོན་པར་ཞེན་པའི་བག་ཆགས་ཀྱི་སྟོབས་ཀྱིས[261]·འདི་ལ་བདག་ཅེས་ཡོངས་སུ་རྟོག་གོ་ཞེ་ན། ཡོངས་སུ་བརྟགས་པས[262]·ཞེས་བྱ་བས་ནི་དོན[263]·ཅི་ཡང་སྒྲུབ་པ་མ་ཡིན་པས་དེས་ན་སྨྲས་པ།

ཡོངས་སུ་བརྟགས[264]·པས[265]·ཡོད་ན་ཡང[266]·།།
ཁྱོད་ཀྱིས[267]·བདག་གིས[268]·ཅི་ཞིག་བྱེད།།
གཟུགས་དང་སྒྲ་སོགས་ཡུལ་རྣམས་ལ།།
བློའོ[269]·ཞེ་ན་དེ་མི་རིགས།། (23)

parikalpitasattvo ’pi kim ātmā kurute tava/
rūpaśabdādiviṣayāṃ buddhiṃ ①-cet tan-① na yujyate// (23)
(①=Q, L; Ms, SG, NH catan)

རྒྱུ་ཅིའི་ཕྱིར་ཞེ་ན། ལུས་ཐམས་ཅད་ཀྱི་དབང་ཕྱུག་གི[270]·སྐྱེས་བུ་ཡོངས་སུ་བརྟགས་པ་དེ་མེད་དུ་ཟིན་ཀྱང་།

---

261 PNG ཀྱི
262 PNG པ
263 C དེན
264 DK CK PK NK GK བརྟགས
265 DK CK PK NK GK པ
266 PK NK GK འང
267 DK CK PK NK GK, G ཀྱི
268 PK གི
269 C བློའི
270 G གིས

境产生我觉一样；身和境的觉在世俗中如实正确产生，可以根据现量详细观察的缘故。“妙住”则不能，不能详细观察的缘故。

[MHK: D. 28b4; C. 28b4; P. 31b5; N. 28b4; G. 38a1]

[TJ: D. 256b4; C. 256b4; P. 289a8; N. 277a3; G. 369b5]

如果（吠檀多论师）说：“在长时间中，因为执着我的习气的力量，这（原人）被分别为‘（系缚）我’。”（回答：）所谓“分别”不能证成任何对象，因此，颂曰：

纵被分别成实有，
汝会如何使用我？
若以色声为对象，
称为觉乃不合理。[271]**（23）**

如果问：“原因是什么？”（回答：）一切身体的主宰的原人不能被分别。

[271] 本颂意为：即使（原人）被分别为实有，你（吠檀多派）如何使用这样的“（系缚）我”？（系缚我）如果以色、声等为对象而被称为“觉”，那是不合道理的。

[MHK: D. 28b4; C. 28b4; P. 31b5; N. 28b4; G. 38a2]

[TJ: D. 256b5; C. 256b5; P. 289b2; N. 277a5; G. 370a1]

གཟུགས་སོགས་ཡུལ་ལ་བློ་དག་ནི།།
བྱེད་པོ་བདག་ནི་མེད་ཀྱང་སྐྱེ[272]།།
རྐྱེན་ལ་ལྟོས[273]་པའི་སྐྱེ་ཡིན་ཕྱིར།།
མེ་ཤེལ[274]་གྱི[275]་ནི་མེ་བཞིན་ནོ།། (24)

(19b3①)dhiyo rūpādiviṣayā jāyante nātmakartṛkāḥ/

pratyayāyattajanmatvāt② sūryakāntād ivānalaḥ// (24)

(①Ms. rūpādiviṣ[ ](19b3)cetannayujya. ②=NH, Q, L; Ms °janmatvā;

SG °janmatvā(t))

གཟུགས་ལ་སོགས་པ་ཡུལ་ལ་བློ་སྟེ། གང་མིག་ལ་སོགས་པའི་རྣམ་པར་ཤེས་པའོ།། དེ་ནི་བྱེད་པ་པོ་བདག་གིས་བསྐྱེད་པ་མ་ཡིན་ཏེ་[276]ཞེས་བྱ་བ་ནི་བསྒྲུབ་པར་བྱ་བའོ[277]།། རྐྱེན་ལ་ལྟོག[278]་པ་ནི།[279] རྐྱེན་ལ་ལྟོས[280]་པའི་བློ་སྟེ། འདིའི་སྐྱེ་བ་ནི་རྐྱེན་ལ་ལྟོས[281]་པའི་སྐྱེ་བ་ཡིན་ནོ།། དེའི་ངོ་བོ་ནི་རྐྱེན་ལ་ལྟོས[282]་པའི་སྐྱེ་བ་[285-]ཉིད་དོ།། དེས་ན་རྐྱེན[283]་ལ་ལྟོས[284]་པའི་སྐྱེ་བ་[-285]ཡིན་པའི་ཕྱིར་ཏེ། དཔེར་ན་ནོར་བུ་མེ་ཤེལ་ནི་ཉིན་

---

[272] PK NK GK སྐྱེ

[273] PK NK GK, PNG བལྟོས

[274] P ཤེས

[275] PNG གྱིས

[276] PNG ins. །

[277] N བྱེ་བའོ; G བྱའོ

[278] C ལྟོས; PNG བལྟོས

[279] PNG om. །

[280] PNG བལྟོས

[281] PNG བལྟོས

[282] PG བལྟོས; N བརྟོས

[283] N རྐྱན

[MHK: D. 28b4; C. 28b4; P. 31b5; N. 28b4; G. 38a2]

[TJ: D. 256b5; C. 256b5; P. 289b2; N. 277a5; G. 370a1]

以色等为境之觉，
作者我等不产生，
依止缘而生起故，
犹如从火晶生火。[286]（24）

“以色等为境之觉”即眼等识。“那不是作者我所生”已经被证明。

“依止缘”是依止缘的觉，即这（觉）的“生起”是依于缘的生起。这（觉）的本性是依缘生性。所以“依止缘而生起故”。

譬如，火晶宝石和太阳光接触，碰到干燥的牛粪粉的缘的时候，

---

284 PN བསྒྲོས

285 G om.

286 本颂意为：作者我不产生以色等为对象的觉，依于缘而生起的缘故，就像从火晶生火一样。

མོར[287]་བྱེད་པའི་འོད་ཀྱིས་རིག་པ་དང་། བ་ལང་གི་ལྕི་བ་སྐམ་པོའི་ཕྱེ་མའི་རྐྱེན་ཉེ་བར་གནས་པ་ལ་བརྟེན[288]་ནས་བྱེད་པ་པོ་བདག་གིས་མ་བྱས་ཀྱང་བཟོད་པར་དཀའ་བའི[289]་མེའི་ཕུང་པོ་བསྐྱེད་ནས་རྩྭ[290]་དང་ཤིང་དང་འབྲི་ཤིང་མང་པོ་རབ་ཏུ་རྒྱས་པར[291]་སྲེག་པ་དང་། [292-]བཙོ་བ་དང་།[-292] གསལ[293]་བར་བྱེད་པ་ལ་སོགས་པའི་བྱ་བ་རྣམས་བྱེད་དོ།། དེ་བཞིན་དུ་ཡུལ་དང་། བདང་པོ་དང་། རྣམ་པར་ཤེས་པ་དང་། ཡིད་ལ་བྱེད་པའི་ཚོགས་པ་ལ་བརྟེན་ནས་མིག་ལ་སོགས་པའི་རྣམ་པར་ཤེས་པ་ནི་བྱེད་པ་པོ་བདག་གིས་མ་བསྐྱེད་ཀྱང་། ལྟ་བ་དང་། མཉན་པ་དང་། བསྣམས[294]་པ་དང་། མྱང་བ་དང་། རེག[295]་པ་དང་། ཡིད་ལ་བྱེད་པ་ལ་སོགས་པའི་བྱ་བ་རྣམས་བྱེད་ན་ཡུལ་དང་། དབང་པོ་དང་། རྣམ་པར་ཤེས་པ་ལ་མ་གཏོགས་པའི་བདག་བཏགས་པས་ཅི་ཞིག་བྱ།

[MHK: D. 28b5; C. 28b5; P. 31b6; N. 28b4; G. 38a3]
[TJ: D. 257a3; C. 257a3; P. 290a1; N. 277b3; G. 370a6]

གཞན་ཡང་།[296]

གང་ཡང་ཡི་གེའི་བདག་ཉིད་སྒྲ།།
དེ་ཡི་བྱེད་པོ་བདག་མི[297]་འདོད།།
མཉན་བྱའི་ཕྱིར་དང་སྒྲ་ཡིན་ཕྱིར།།
དཔེར་ན་བྲག་ཅ[298]་རྡི[299]་བཞིན་ནོ།། (25)

[287] DC པར
[288] DC བརྟན
[289] C om. བའི
[290] C རྩ
[291] PNG བ
[292] PNG om.
[293] DC བསལ
[294] PNG བསྣམ
[295] N རག
[296] PNG om. །
[297] DK CK མིན
[298] PK NK GK, PNG ཆ

即使“作者我”无所作为，熊熊大火也能生起，然后用一些草、木、藤就能产生焚烧、冶炼、照明等结果。

同样，依止于境、根、识、作意和合的眼等的认识不是根据“作者我”而生的，那么造作见、闻、嗅、尝、触、作意等的各种果的时候，如何设立不属于境、根、识的我？

[MHK: D. 28b5; C. 28b5; P. 31b6; N. 28b4; G. 38a3]

[TJ: D. 257a3; C. 257a3; P. 290a1; N. 277b3; G. 370a6]

此外，

任何字音性之声，
不被许是作者我，
所闻性故声性故，
犹如彼是回音声。[300]**（25）**

---

[299] C ཏེ

[300] 本颂意为：那字音性的声音不被认为是作者我（所作的），所闻性以及声性的缘故，就像回声一样。

dhvanir① varṇātmako yaś ca so 'pīṣṭo nātmakartṛkaḥ/

śrāvaṇatvād dhvanitvād vā tadyathā pratiśabdakaḥ// (25)

(①=NH, Q, L; Ms, SG dhvani)

གང་ཡང་གནས་དང་བྱེད་པ་དང་།། རྩོལ་བ་ལས་ཀུན་ཏུ[301]·འབྱུང[302]·བའི་ཡི་གེའི་བདག་ཉིད་ཅན་གྱི་སྒྲ་ཁའི་སྒོ་ནས་བརྗོད་པ་དེ་ཡང་བདག་གིས་བྱས་པ་མ་ཡིན་ཏེ། དེ[303]·ཅིའི་ཕྱིར་ཞེ་ན། རྣ་བའི་དབང་པོས་གཟུང[304]·བྱ་ཡིན་པ་འམ། སྒྲ་ཡིན་པའི་ཕྱིར་དཔེར་ན་ནགས་བསྡིགས་པའི་མིའི་སྒྲ་དང་། རླུང་ཆེན[305]·པོས་བསྐྱོད་པའི་ནགས་ཚལ་གྱི་སྒྲ་འམ། རྒྱ་མཚོ་འཁྲུགས་པ་འམ། རིའི་འབབ་ཆུ་དྲག་པོས་རྡོ་ཆེན་པོ་བསྐྱོད་པའི་སྒྲ་ལ་སོགས་པ་རི་རྫོས་སམ། བྲག་སྐྱིབས་དང་ཉེ་བ་ལ་བརྟེན་ནས་ཀུན་ཏུ[306]·བྱུང་བའི་སྒྲ་བརྙན[307]·ནི་བདག་གིས་བྱས་པ་མ་ཡིན་པ་བཞིན་ནོ།།

[MHK: D. 28b5; C. 28b5; P. 31b6; N. 28b5; G. 38a3]

[TJ: D. 257a5; C. 257a5; P. 290a4; N. 277b6; G. 370b3]

འདིས་ནི་ལུས་ཀྱི་བྱ་བ་གཞན།།
འོང་བ་དང་ནི་འགྲོ་བ་དང་།།
ལག་པ་རྐང་པ་གཡོ་བ་ནི།།
མཚན་ཉིད་ལྷག་མ་རྣམས་ཀྱང་བཀག། (26)

etena śeṣāḥ pratyuktā gamanāgamanādikāḥ/

hastapādādivispandalakṣaṇā dehajāḥ① kriyāḥ②// (26)

(①=NH, Q, L; Ms, SG dehajā. ②=NH, Q, L; Ms, SG kriyā)

གང་ཅུང་ཞིག་ལུས་ལས་ཡང་དག་པར་འབྱུང་བའི་འོང་བ་དང་། འགྲོ་བ་དང་།[308] ལག་པ་དང་། རྐང་པའི་གཡོ་

[301] D ཏུ
[302] PNG བྱུང
[303] PNG om. དེ
[304] PNG བཟུང
[305] C ཆན
[306] D ཏུ
[307] P རྙན; G སྙན

从发声器官、感觉器官、发声动作产生的所有具有字音性的声音都是通过嘴巴说的，那都不是我的所作。如果问："原因是什么？"（回答：）耳根被执取，或者是声的缘故。就像森林着火的声音、大风摇动树林的声音、大海咆哮或者山涧激流撞击大石的声音等，靠近山坡或者石穴的时候产生的所有回声都不是我的所作一样。

[MHK: D. 28b5; C. 28b5; P. 31b6; N. 28b5; G. 38a3]

[TJ: D. 257a5; C. 257a5; P. 290a4; N. 277b6; G. 370b3]

其余被此所遮断，
来来以及往往等，
手足等等之活动，
性相皆是身体作。[309]**（26）**

从一些身体产生的来、去，以及手、足的行、住、坐、卧等的所

[308] PN om. །

[309] 本颂意为：其余也通过这被破除，即来来往往等以手、足等运动为特征的也都只是身体的动作。

པ་དང་། བཙོ་བླག[310]་དང་། འདུག་པ་དང་། ཉལ་བ་ལ་སོགས་པའི་བྱ་བ་དེ་དག་ཐམས་ཅད་རིམ་པ་འདི་ཉིད་ཀྱིས་བརྟག་པ་བྱས་པ་ཡིན་ནོ།། ཇི་ལྟར[311]་ཞེ་ན། ཇི་ལྟར་རི་དང་བྲག་གི་གསེབ་ནས་ཆུ་བོའི་རྒྱུན་བྱུང་ནས་ཡུལ་དུ[312]་མ་ཁྱབ་པར་བྱེད་ཅིང་རྒྱས་པར་འབྱུང་བ་ན། བདག་མེད་དུ་ཟིན་ཀྱང་ཆུ་འོང་ངོ་ཞེས་ཚིག[313]་ཏུ་རྗོད་པར་བྱེད་པ་དང་། རྩ་ཁྲོན་ཆེན་པོར་གནས་པའི་ཕྱོགས་གཅིག་ནས་མེ་མཆེད[314]་པ་ན[315]་མེ་བྱུང་ངོ་ཞེས་ཚིག་ཏུ[316]་བརྗོད་པར་ཉམས་སུ་མྱོང[317]་བ་ལྟར་དེ་བཞིན་དུ་འདུན་པའི་རྒྱུ་ཅན་གྱི[318]་འབད་པས་བསྐྱེད་པའི་རྐང་པ་འདེགས་པ་དང་འཇོག[319]་པའི་མཚན་ཉིད་ཅན་གྱི་བྱ་བ་དང་ལྡན་པའི་འབྱུང་བ་དང་། འབྱུང་བ་ལས་གྱུར་པའི་འདུས་པ་ལ་སྣ་ཚོགས་ཀྱི་བུ་དང་། བྱམས[320]་མའི་བུ་ལ་སོགས་པ་འགྲོ་ཞིང་འོང་ངོ་[321]ཞེས་བྱ་བའི་བརྗོད་པ་ཐོབ[322]་བོ།། ཡང་བདག[323]་མེད་དུ་ཟིན་ཀྱང་ཤིང་གི་འཁྲུལ་འཁོར་གྱི[324]་གཟུགས་ལག་པ་གཉིས་ལ་མདའ་དང་གཞུ་ཐོགས་ནས[325]་འཕེན་པ་དང་། ཆུའི་རྒྱུན[326]་ཕན་ཚུན་བརྡབ[327]་པའི་དབང་གིས་བལ་བ་ཛ[328]་ཐག་པ་ལྟར་བསྒྲིལ་བར་གྱུར་པ་དང་། རྫ་སོའི[329]་ནང་དུ་ཆུ་དང་འབྲས་བླུགས་ཤིང་མེ་བཏང་ནས་སྐྱོ་བས་དཀྲུགས་པ་

---

310 PNG ལག
311 D ལྟ
312 C ཏུ
313 DC ཆིག
314 C མཆོད; G ཆེད
315 P ins. །
316 C དུ
317 D མོང
318 PNG གྱིས
319 G འཇོག
320 PNG བྱམ
321 PNG ins. །།
322 PN འཐོབ; G འཐོ
323 G དག
324 G གྱིས
325 PNG ན
326 PNG རྒྱ་མཚན
327 PNG བརྡབས
328 D ཛ

有那些动作都应该用这样的道理观察。

如果问："怎么样？"

（回答：）就像说"从山和石的中间产生的瀑流遍满很多地方而且不断泛滥的时候，虽然没有我（的作用）但是水仍流"这样的句子，以及亲证"从大草原的一角火势蔓延的时候，（没有我的作用）但是火仍生起"的话一样，因为有欲求者的努力而产生的具有行和住的运动特性的元素以及诸元素的构成物的集合，所以得到"弥勒的儿子等来来往往"这样的说法。

此外，我不存在，但是"木偶能用双手拿弓箭然后射出，流水能用彼此碰撞的力量绞合像马兰草绳一样（的东西），在陶罐里加入水和

329 DPNG ནའི

ལས་འབྲས་ཆན་ཆོས་པར་འགྱུར་རོ་[330]ཞེས་བྱ་བ་ཡང་བྲག་ཙ་ལ་སོགས་པ་བཞིན་ནོ།། དེས་ན་ལུས་དང་དབང་པོ་ལས་མ་གཏོགས་པའི་བདག་ནི་ཡོད་པ་མ་ཡིན་ཏེ།

[MHK: D. 28b6; C. 28b6; P. 31b7; N. 28b5; G. 38a4]

[TJ: D. 257b3; C. 257b3; P. 290b3; N. 278a5; G. 371a3]

> རྣམ་པར་བཅད་ནས་ཀུན་ཤེས་ལས།།
> ཀུན་ཤེས་དྲན་པ་ཉིད་ལས་དྲན།།
> སོ་སོར་རྣམ་པར་རབ་ཤེས་ལས།།
> ཤེས་རབ་ཉམས་སུ་མྱོང་ལ[331]་ཚོར།། (27)

vyavacchedena saṃjñāyā saṃ(19b4)jñānaṃ① smaraṇaṃ smṛteḥ/

prajñānaṃ ca prakāreṇa prajñāto vedanaṃ vidaḥ// (27)

(①=NH, Q, L; Ms, SG [ ]jñānaṃ)

ཡུལ་དང་དབང་པོ་དང་རྣམ་པར་ཤེས་པ་དང་། ཡིད་ལ་བྱེད་པའི་རྐྱེན་ཚོགས་པ་ལས་རབ་ཏུ་བྱུང་བ་ཉིད་ཀྱི་ལྡོན་ཤིང་དང་། གྲོང་ཁྱེར་དང་། རི་དང་། སྐྱེས་བུ་དང་[332]རི་དྭགས[333]་ལ་སོགས་པའི་རྣམ་པར་ཡོངས་སུ་གཅོད་པའི་འདུ[334]་ཤེས་ལས་འདུ་ཤེས་འབྱུང་ལ།[335] རྣམ་པར་ཤེས་པའི་ཚོགས་དྲུག་གིས་ཉམས་སུ་མྱོང་བའི་ཡུལ་དྲན་པ་ལས་ནི་དྲན་པའོ།། ཆོས་རྣམས་ཀྱི་རང་དང་སྤྱིའི་མཚན་ཉིད་སོ་སོའི་ཆར་རབ་ཏུ་འབྱེད་པའི་རྣམ་པ་རབ་ཀྱི་མཐར་ཕྱིན་པ་ཉིད་ཀྱི[336]་ཤེས་རབ་ལས་ཤེས་རབ་བོ།། བདེ་བ་དང་། སྡུག་བསྔལ་དང་། སྡུག་བསྔལ་ཡང་མ་ཡིན། བདེ་བ་ཡང་མ་ཡིན་པར[337]་ཡུལ་ཉམས་སུ་མྱོང་བ་ལས་ནི་ཚོར་བ་སྟེ། འདུ་ཤེས་དང་།[338]

---

[330] PNG ins. ||

[331] DK CK PK NK GK, PNG ལས

[332] PNG ins. |

[333] PNG དགས

[334] DC བདུ

[335] PNG om. |

[336] PN ཀྱིས

[337] PNG om. པར

米而且用火烧之后用搅棍搅拌干饭就能熟透”都和回声等一样。所以，除身、根之外的我是不存在的。

[MHK: D. 28b6; C. 28b6; P. 31b7; N. 28b5; G. 38a4]

[TJ: D. 257b3; C. 257b3; P. 290b3; N. 278a5; G. 371a3]

分别之智产生想，
从忆念则产生念，
分别所知即是慧，
亲证感知则是受。[339]（27）

从境、根、识、作意的缘和合产生的树木、城市、山、人、野兽等的各种分别的观念生起“想”。

根据识的和合，忆念曾经亲自体验的对象是“念”。

简择诸法自相和共相的各部分的差别的究竟智慧即是“慧”。

亲证乐、苦、非苦、非乐的对象即是“受”。

---

338 PNG om. །

339 本颂意为：从分别的观念（产生）“想”，从忆念（活动产生）“念”，分别所知就是“慧”，获得体验则是“受”。

དྲན་པ་དང་། ཤེས་རབ་དང་། ཚོར་བ་ལ་སོགས་པ་ལས་མ་གཏོགས་པའི་བདག་གི་བྱ་བ་གཞན་ཞིག་ངོ་བོ་ཉིད་ངེས་པར་གཟུང་བར་མི་ནུས་ཏེ། ནམ་མཁའི[340]་མེ་ཏོག་བཞིན་དུ་དེ་ནི་ཡོད་པ་མ་ཡིན་པར[341]་གཟུང་བར་བྱའོ།། དངོས་པོའི་ངོ་བོ་རྣམ་པར་ཤེས་པའི་མཚན་ཉིད་ཅན་གྱི་སེམས་དང་། དངོས་པོའི་ཁྱད་པར་སོ་སོར་རྣམ་པར་ཤེས་པའི་མཚན་ཉིད་ཅན་གྱི[342]་སེམས[343]་ལས་བྱུང་བ་ཚོར་བ་དང་། འདུན[344]་པ་དང་། རེག་པ་དང་། [345-]ཏིང་ངེ[-345]་འཛིན་ལ་སོགས་པ་དང་། མོས་པ་ལ་སོགས་པ་སེམས་དང་སེམས་ལས་བྱུང་བ་བསྟན་པར་མ་གཏོགས་པའི་སྐྱེས་བུའི་བྱ་བ་ནི་ཕྲ་མོ་ཙམ་ཡང་དམིགས་པར་མི་འགྱུར་ལ། འདི་དག་ལས་མ་གཏོགས་པའི་རང་གི་ངོ་བོ་ཡང་འགའ་ཡང་ཉེ་བར་མི་དམིགས་པས[346]།[347] དེས[348]་ན་གང་གི་ཕྱིར་འདི་དག་གི་ཡོད་པར་སྒྲུབ་པ་ཉིད་ནི་འགྲུབ་པ་མ་ཡིན་ནོ།། འདི་སྐད་སྨྲ་བར་ཡང་ནུས་ཏེ། [350-]བདག་ནི་བདེན་པར་ཡོད་པ་མ་ཡིན་ཏེ། བྱ་བའི་མཚན་ཉིད་མེད་པའི་ཕྱིར[349-]ནམ་མཁའི[-349]་མེ་ཏོག་བཞིན་ནོ།།[-350]

na cānyad ātmanaḥ① kāryaṃ svabhāvo nāvadhāryate/
khapuṣpavad atas tasya na sattāpy avadhāryate//(28)
(①=NH, Q, L; Ms ātmana; SG ātmana(ḥ))

[MHK: D. 28b6; C. 28b6; P. 31b7; N. 28b6; G. 38a4]

---

340 NG ནམཁའི
341 DC པས
342 G གྱིས
343 N སེམས
344 C བདུན
345 G ཏིངེ
346 G པ
347 PNG om. །
348 D དོས
349 C ནམཁའི
350 该句长行与 MHK k.28 颂基本一致，记为藏译第 28 颂，后文藏译偈颂编号作相应调整。

想、念、慧、受等是不属于我的其他所作，（我）的本性不能被确切把握，就像空华一样，那（我）不被认为是存在的。

物的自性是具有识的特征的“心”，事物的各种区别是具有识的特征的“心所”，即受、欲、触、三摩地等以及胜解等，心和心所不属于原人的所作，完全不是所缘。除这些以外的本性完全不能被观察到，因此这些（以外）的存在不能被证明。

（以上论证）也能如下这样说：“我不是真实存在的，没有所作的特性的缘故，就像空华一样。”

我不相似于其他，
所作自性不被许，
是故犹如空中华，
彼之有性不被许。[351] **（28）**

[MHK: D. 28b6; C. 28b6; P. 31b7; N. 28b6; G. 38a4]

351 本颂意为：我和其他不相似，所作的自性不被承认；所以，就像空华一样，它的有性也不被承认。

[TJ: D. 258a1; C. 258a1; P. 290b7; N. 278b2; G. 371b1]

གལ་ཏེ་འདིར་སྨྲས་པ། སྐྱེས་བུ་ཁོ་ནས་མཐོང་བ་དང་། ཐོས་པ་དང་། སྣོམ་པ་དང་། མྱང་བ་དང་། སྣམ་སེམས་པ་དང་། ཀུན་ཏུ[352]་ཤེས་པ་དང་། དྲན་པ་དང་། ཀུན་ནས་ཚོར་བ་ཡིན་ཏེ། ཅིའི་ཕྱིར་ཞེ་ན། ཤེས་པ་ལ་སོགས་པ་རྣམས་ནི་བྱེད་པར་བསྟན་[353]པ་ཡིན་པའི་[353]ཕྱིར་རོ།། གང་གི་ཕྱིར་སྨྲའི་བསྟན་བཅོས་ཀྱི་མཚན་ཉིད་ནི་འདི་ཡིན་ཏེ། བྱེད་པ་པོ་དང་། ལས་དང་། བྱེད་པ་དང་། ཡང་དག་པར་སྦྱིན་པ་དང་། གང་ལས་འོངས་པ་དང་། དབང་དུ་བྱ་བའི་ངོ་བོ་ཞེས་བྱ་བའི་བྱེད་པ་མ་ལུས་པའི་སྔོན་དུ་འགྲོ་བ་ནི་རང་དབང་ཅན་གྱི་བྱེད་པ་པོ་སྟེ[354,355] བྱེད་པ་པོ་དེ་ཡོད་པ་ལས་དེ་ལས་གཞན་པའི་བྱེད་པའི་ཁྱད་པར་རྣམས་ཡིན་ཏེ[356]།[357] དེས་ན་སྐྱེས་བུ་ནི་བྱེད་པ་པོ་ཡིན་ལ། དེའི་མིག་ལ་སོགས་པ་ནི་བྱེད་པར་གྱུར་པ་ཡིན་ཏེ། དེ་ནི་དེ[358]་དག་ནས་སྐར[359]་ཁྱུང་མང་པོ་བརྟོད་པའི་ཁང་པ་ན་གནས་པའི་སྐྱེས་བུ་བཞིན་དུ་སྒོ་ཁང[360]་དང་[361]ཉེ་བར་གནས་པའི་ཡུལ་ལ་རྗེས་སུ་མཚོན[362]་པར་བྱེད་པ་ཡིན་ནོ།། ཇི་ལྟར་ཟོར་བས[363]་གཅོད་པར་བྱེད་དོ་ཞེས་བྱ་བ་ཡང་ཟོར་བ་ཁོ་ནས་གཅོད་པ[364]་ནི[365]་མ་ཡིན་གྱི། འོན་ཀྱང་བྱེད་པ་ཟོར་བས་ལྷས་བྱིན་གྱིས་གཅོད་པར་བྱེད་དོ[366]ཞེས་བྱ་བ་བཞིན་དུ[367]མིག་གིས་མཐོང་ངོ་ཞེས་བྱ་བ་ཡང་མིག་ཁོ་ནས་མཐོང་བ་ནི་མ་ཡིན་ཏེ། འོན་ཀྱང་བྱེད་པ་དེས་སྐྱེས་བུས[368]་

---

352 D དུ

353 G པའི་ན་དེའི

354 C ལ

355 PNG ins. །

356 N ཏོ

357 PNG om. །

358 C ད

359 PNG དཀར

360 DC གང

361 PNG ins. །

362 DCP མཆོན

363 G བར

364 C པར

365 G om. ནི

366 PNG ins. །།

367 P ins. །; NG ins. །།

368 G བུ

[TJ: D. 258a1; C. 258a1; P. 290b7; N. 278b2; G. 371b1]

如果这里（吠檀多论师）说：“只有原人见、闻、嗅、尝、想、识、思、受。”如果问：“为什么？”（回答：我们）认为觉等是作具的缘故。所以，以声的论典为特性，是这称为“体格、业格、具格、为格、从格、依格的本性”的一切作具的前行都是具有自由的作者的，即那作者是存在的，那（作者）与其他作具是有差别的。所以，原人是作者，而那眼等是作具。

譬如，那住在墙上有很多窗户的房子里的原人，靠近窗户的时候，通过（窗户），（外面的）对象就能够显现。

譬如，所谓“用镰刀割”，只用镰刀是不能割的，而是“用作具镰刀，天授割”，同样，所谓“用眼睛看”，只用眼睛是不能看的，而是“用那（眼）作具，原人看”。

མཐོང་བ་ཡིན་ནོ།། དེ་བཞིན་དུ་རྣ་བས[369]་ཐོས་པའི་སྒོར[370]་གྱུར་པ[371]་ནས[372]་སྐྱེས་བུས་ཐོས་པ་ཡིན་གྱི[373]། རྣ་བ་ཁོ་ན་ནི་མ་ཡིན་ཞེས་བྱ་བ་ལ་སོགས་པ་ཡིན་ནོ།། དེ་ལྟར་ན་ཚུལ[374]་འདི་ལྟར་བྱ་བ་འགྲུབ་པ་ཡིན་ཏེ[375] འདིས[376]་མཐོང་བས་ན་མིག་གོ།། འདིས་ཐོས་པས་ན་རྣ་བའོ[377]་ཞེས་བྱ་བ[378]་ནས་ཇི་སྲིད་དུ།[379] འདིས་མྱོང་བས་ན[380]་ཚོར་བའོ་ཞེས་བྱ་བའི་བར་དུའོ[381]་ཞེ་ན།[382] དེ་ལ་བརྗོད་པར་བྱ་སྟེ།

ཤེས་སོགས་བྱེད་པར་སྨྲ་ཞེ་ན།།
བྱེད་པ་ཉིད་དུ་སྒྲུབ་པ་འམ།།
དེ་ལས་གཞན་པའི་བྱེད་པོ་ཉིད།།
གཅོད་བྱེད[383]་བཞིན་དུ་རིགས་ལྡན་མིན།། (29)

jñānādeḥ karaṇokteś cet karaṇatvaṃ prasādhyate/
tadanyakartṛkatvaṃ vā dātṛvat① tan na yuktimat// (29)
(①=NH, Q, L; Ms dātūvat; SG dātū(?)vat)

[MHK: D. 28b6; C. 28b6; P. 31b7; N. 28b6; G. 38a4]

---

369 PNG བ
370 DPN སྒྲོར
371 PNG པས
372 PNG ན
373 DC གྱིས
374 D ཚུལ
375 PNG ins. །
376 DC འདེས
377 PNG ins. །།
378 G བས
379 PNG om. །
380 P ins. །།; N ins. །
381 PNG ins. །།
382 PNG om. །
383 C བྱད

同样“耳朵是听的门户，通过（耳朵）原人听，只用耳朵是不能（听的）”等等。

如此，这个道理被证明，即“这（原人）看的时候是眼，这（原人）听的时候是耳”乃至“这（原人）体验的时候是受”。

对此，（佛教徒）回答：

如若觉等是作具，
能作性是已被证，
或者作者性异彼，
如同割者彼非理。[384] **（29）**

[MHK: D. 28b6; C. 28b6; P. 31b7; N. 28b6; G. 38a4]

---

[384] 本颂意为：如果（吠檀多论师认为）觉等是作具，（我的）能作性已经被证明，或者作者性异于其他，像割者一样，那是不合道理的。

[TJ: D. 258b1; C. 258b1; P. 291b1; N. 279a3; G. 372a5]

ཅི་ལྟར་རིགས་པ་དང་མི་ལྡན་ཞེ་ན།

  བྱེད་པ་པོ་ལ[385]་རྐྱེན་ལྡན་གྱི[386]།།

  གང་ཕྱིར་བྱེད་པ་ལ་མིན་པས།།

  དེས[387]་ན་གཏན[388]་ཚིགས་མ་གྲུབ་པའམ།།

  མ་ངེས་པ་ཉིད་ཡིན་པར་འགྱུར།། (30)

kartari pratyayotpatter naiṣāṃ karaṇatā yataḥ/

ato 'siddhārthatā hetor anekāntikatāpi vā① // (30)

(①=NH, Q, L; Ms va; SG va(ā))

མིག་ནི་རང་ཉིད་ཀྱིས་ལྟ[389]་བ་ཡིན་གྱི། ཡང་གཞན་གྱི[390]་བྱེད་པ་ནི་མ་ཡིན་ནོ།། ཉན་པས་ན་རྣ་བ། སྣོམ་པས་ན་སྣ། མྱང་བས་ན་ལྕེ། རེག་པར་བྱེད་པས་ན་[391-]རེག་པ། སྙམ་དུ་སེམས་པས་ན་[-391]ཡིད།[392] ཀུན་ཤེས་པས་ན་འདུ་ཤེས། དྲན་པར་བྱེད་པས་ན་དྲན་པ། སོ་སོར་ཤེས་པས[393]་ཤེས་རབ་ཡིན་ཏེ། དེའི་ཕྱིར་ན་ཤེས་པ་ལ་སོགས་པ་བྱེད་པར་བསྟན་པ་ལ་སོགས་པའི་གཏན་ཚིགས་འདི་དག་གི་དོན་མ་གྲུབ་པ་ཉིད་ཡིན་ནོ།། ཡང་ན་མི་མཐུན་པ་ལ་ཡང་ཞུགས་པའི་ཕྱིར་མ་ངེས་པ་ཉིད་ཡིན་ནོ།།

[MHK: D. 28b7; C. 28b7; P. 32a1; N. 28b7; G. 38a5]

[TJ: D. 258b3; C. 258b3; P. 291b6; N. 279a7; G. 372b1]

མིག་ཁོ་ནས་མཐོང་བ་ཡིན་གྱི། འོན་ཀྱང་བྱེད་པ་དེས་བདག་གིས་མཐོང་བ་ཡིན་ཏེ། ཤེས་པ་ལ་སོགས་པ་བྱེད་

385 PNG ནི

386 DK CK PK NK GK ཞིང

387 C དས

388 G གདན

389 PNG བལྟ

390 N གྱིས

391 G om.

392 PNG om. |

393 C ན

[TJ: D. 258b1; C. 258b1; P. 291b1; N. 279a3; G. 372a5]

如果问："为什么不合道理？"（回答：）

作者之中缘生故，
此等非是作具性，
是故因既不成立，
而且又是不决定。[394] **（30）**

眼睛是用自己看，而不是用其他的作具（看）。听是耳，嗅是鼻，尝是舌，接触是触，思考是意，熟知是想，忆念是念，分别所知是慧。因此，宣说觉等作具等的这些因的意义是不成立的，而且非同类的缘故，所以又是不决定。

[MHK: D. 28b7; C. 28b7; P. 32a1; N. 28b7; G. 38a5]

[TJ: D. 258b3; C. 258b3; P. 291b6; N. 279a7; G. 372b1]

其他人（吠檀多论师）说："虽然只是眼看，但是我用那作具（眼）

[394] 本颂意为：在作者中生起缘，所以那些不是作具性的；因此（吠檀多论师）的因既不成立又不决定。

པར་བསྟན་པའི་ཕྱིར་ཇི་ལྟར་ཐོར་བས་གཅོད་ཅེས་བྱ་བ་ལྟ་བུའོ་[395]ཞེས་གཞན་གྱིས[396]་སྨྲས་པ་དེ་ལ་ཁོ[397]་བོས་ལན་བརྗོད་པར་བྱ་སྟེ།[398] མིག་ཁོ་ནས་མཐོང་བ་ཡིན་གྱི་བདག་གིས་ནི་མ་ཡིན་ཏེ། བྱེད་པ་པོར[399]་བསྟན་པ་ཡིན་པའི་ཕྱིར་ཇི་ལྟར་ལྷས་བྱིན་གྱིས་གཅོད་ཅེས[400]་བྱ་བ་ལྟ་བུའོ།། དེས་ན་སྨྲས་པ།

ཤེས་ལ་སོགས་པ་བྱེད་པོ་ཉིད།།
བྱེད་པོའི[401]་སྒྲ་ཡིས[401]་བརྗོད་པའི་ཕྱིར།།
ལྷས་བྱིན[402]་གྱིས་ནི་གཅོད་དོ་ཞེས།།
ཇི་ལྟར་བྱེད་པོར་མཐོང་བ་བཞིན།། (31)

(19b5)jñānādīnāṃ hi kartṛtvaṃ kartṛśabdābhidhānataḥ/

devadattaś chinattīti yathā dṛṣṭātra kartṛtā// (31)

གལ་ཏེ་ལྷས[403]་བྱིན་གྱིས་གཅོད་པ་མ་ཡིན་གྱི་རལ་གྲིས་གཅོད་པ་ཡིན་ཏེ། དེས་ན་འདི་ནི་རིགས[404]་པ་མ་ཡིན་ནོ་ཞེ་ན། མི་རིགས་པ་མ་ཡིན་ཏེ། བདག་གི་ཕྱིར་བྱེད་པ་པོ་དང་ལས་དང་།[405] ཚོགས་པ་ལས་འདིར་བྱ་བ[406]་འགྲུབ་པར་འགྱུར་བའི་ཕྱིར་རོ།། དེ་ལ་རེས་འགའ་ནི་བྱེད་པ་པོ[407]་གཙོ་བོར་སྟོན་པར་བྱེད་དེ། ལྷས་བྱིན་གྱིས་གཅོད[408]་ཅེས[409]་བྱ་བ་ལྟ་བུའོ།། རེས་འགའ་ནི་བྱེད་པ་གཙོ[410]་བོར་སྟོན་པར་བྱེད་དེ། རལ་གྲིས་བཅད་དོ་

---

395 PNG ins. ||

396 PN ཀྱི

397 DC བོ

398 G ||

399 G པར

400 G ཅས

401 PK NK GK སྒྲའི

402 PK NK GK སྦྱིན

403 G ལྷ

404 G རིག

405 PNG om. |

406 C བར

407 PG པོར

408 PN བཅད་དོ; G བཅདོ

看，宣说觉等作具的缘故，就像说‘用镰刀割’一样”。对此，我们回答如下：“只是眼看而不是我（看），宣说作者的缘故，就像说‘天授割’一样”。因此，颂曰：

觉等中之作者性，
作者一词言诠故，
犹如叙述天授割，
其中所见之作者。[411]（31）

如果说：“不是天授割而是刀割，所以这不是合理的。”（回答：）不是非理，我的缘故，作者与作具和合之后这里才有动作的缘故。

其中，有时说作者是主要的，如说“天授割”。有时说作具是主要的，如说“刀割”。

---

[409] PNG ཞེས

[410] C ཀཙོ

[411] 本颂意为：对于觉等来说，作者性就是所说的“作者”一词，就像说“天授割”中看到的作者一样。

ཞེས་བྱ་བ་ལྟ་བུ་སྟེ། གཙོད་པའི་བྱ་བ་ནི་གཉི་ག་ལ་ལྟོས[412]་པ་ཡིན་ཏེ། བྱེད་པ་པོ་མེད་པར་བྱེད་པས་ཀྱང་མ་ཡིན་ལ། བྱེད་པ་མེད་པའི་བྱེད་པ་པོས་ཀྱང་མ་ཡིན་པས[413]་འདི་དག་གཉི་ག་ཡང[414]་ལ་མ་ལྟོས[415]་པར་བྱེད་པ་པོ་དང[416]བྱེད་པ་ཞེས་བྱ་བར་བསྟན་པ་འཐད་པ་མ་ཡིན་ནོ།། དེ་ལྟ་བས་ན་རྐྱེན་ཚོགས་པ་ལས་དངོས་པོ་མངོན་པར་འགྲུབ་པ་ཡོད་པ་ཡིན་གྱི[417]། འདི་ལ་གཙོ་བོ་ནི་འགའ་ཡང་ཡོད་པ་མ[418]་ཡིན་ཏེ།[419] གཞན་དུ་ན་ཉེ་བར་བཏགས[420]་པ་ཉིད་ཡིན་ནོ།།

[MHK: D. 29a1; C. 29a1; P. 32a1; N. 28b7; G. 38a6]

[TJ: D. 259a1; C. 259a1; P. 292a5; N. 279b6; G. 373a1]

སྐྱེས་བུ་ནི་ཉེ་བར[421-]་མི་དམིགས[-421]་པ་ཉིད་ཡིན་པའི་ཕྱིར་ཚོགས་པར་གཏོགས་པ་མ་ཡིན་པར་བྱེད་པ་པོར་བསྟན་དུ་ཡོད་པ་མ་ཡིན་ནོ[422]ཞེས་བྱ་བར་སྨྲས་པ།

འདུས་བྱས་ཕུང་པོ་བྱེད[423]་བྲལ་ཉིད།།
འདི་ལ་བྱེད་པོར[424]་བརྗོད་བྱ་སྟེ།།
བྱེད་པ་ཡིན་ཕྱིར་མར་མེ་ཡིས[425]།།

---

[412] PNG བལྟོས

[413] PN ins. །; G པ།

[414] DC ins. ལས

[415] PNG བལྟོས

[416] PNG ins. །

[417] N གྱིས

[418] G མི

[419] G om. །

[420] C བརྟགས

[421] G བརྟགས

[422] PNG ins. །།

[423] PK NK GK, PNG བྱེ

[424] PK NK GK པར

[425] PK NK GK ཡི

割的动作是依赖于（作者和作具）二者的。没有作者的作具不能（割），没有作具的作者也不能割，所以，没有这两者就不可能有所说的“作者和作具”。

因此，从缘和合产生事物，其中完全没有主宰者，否则就只是假名。

[MHK: D. 29a1; C. 29a1; P. 32a1; N. 28b7; G. 38a6]

[TJ: D. 259a1; C. 259a1; P. 292a5; N. 279b6; G. 373a1]

（佛教徒）说：“原人是不可观察的缘故，不属于和合之物，不能被称为‘作者’。”

有为法之聚合中，
无作用被称作者，
作具性故如于灯，

གསལ་བར་བྱེད་པ་ཡིན་པ[426]་བཞིན།། (32)

nirīha eva saṃskārarāśau syāt kartṛvācyatā/

kāraṇatvād yathā dīpe dīpo dyotayatīti te// (32)

འདུས་བྱས་ཀྱི་ཆའི་ཚོགས[427]་པ་ནི་བྱ་བ་དང་བྲལ་བ་ཡིན་དུ་ཟིན་ཀྱང་བྱེད་པ་པོ་ཉིད་དུ་ཡོད་དེ[428]། བྱ་བ་ཡིན་པའི་ཕྱིར་དཔེར་ན་མར་མེ་བྱེད་པ་པོར་མཐོང་བ་བཞིན་ནོ།། ཇི་ལྟར་སྣུམ་དང་། སྡོང་བུ་དང་། སྣོད་དང་། མེའི་རྐྱེན་ལས་མངོན[429]་པར་གྲུབ་པའི་མར་མེ་ནི་བྱ་བ་དང་བྲལ་དུ་ཟིན་ཀྱང་གསལ་བར་བྱེད་པས་ན་བྱེད་པ་པོ་ཞེས་བྱ་བར་བསྟན་པ་ཡང་འཐོབ་པོ།། དེ་བཞིན་དུ་ལུས་དང་། ངག་དང་། ཡིད་འདུས་པའི་ཆ་འདི་དག་ཀྱང་བྱ་བ་དང་[430]བྲལ་དུ་ཟིན་ཀྱང་།[431] ཡུལ་དང་དབང་པོ་དང་རྣམ་པར་ཤེས་པའི་རྐྱེན་ཚོགས་པའི་དབང་གིས་བྱེད་པ[432]་པོ་ཞེས་བསྟན་པ་ཉམས་སུ[433]་མྱོང་བ་ཡིན་ནོ།།

[MHK: D. 29a2; C. 29a1; P. 32a2; N. 29a1; G. 38b1]

[TJ: D. 259a4; C. 259a4; P. 292b1; N. 280a3; G. 373a4]

འདིར་གཞན་གྱིས་སྨྲས་པ། བདག་ཉིད་ནི་མཆོག་ཡིན་ཏེ། གཙོ་བོའི་བྱེད་པ་པོ་དེ་ལ་ལྟོས[434]་པ་ཉིད་ཀྱང[435]་བྱ་བ་ཐམས་ཅད་ལ་འཇུག་པ་ཉིད་ཡིན་གྱི། མར་མེ་ལ་སོགས་པ་ནི་ཉེ་བར་བཏགས་པ་ཉིད་ཡིན་ཏེ། ཇི་ལྟར་རྫ་མཁན་གྱིས[436]་ས་ལ་སོགས་པ་རྐྱེན་མང་པོ་ཉེ་བར་གནས་ཀྱང་རྫ་མཁན་ཉིད་བྱེད་པ་པོར་གྱུར་པ་ཡིན་ནོ་ཞེ་ན། བརྗོད་པར་བྱ་སྟེ།

---

[426] C པར

[427] C ཚོགས

[428] PN དོ

[429] N མངོན

[430] G ins. །

[431] PNG om. །

[432] PNG om. པ

[433] D སུ

[434] PNG བལྟོས

[435] PN ཀྱིས; G ཀྱི

[436] PNG གྱི

说灯能够照明彼。[437]**（32）**

有为法的方分的和合虽然没有作用，但是有作者性；那（有为法）是作具的缘故；就像看见灯是作者一样。如根据油、灯芯、瓶、火的缘实现照明的灯（本身）虽然没有作用，但是能照亮（事物）的时候（灯）就可以被称为“作者”。

同样，身、语、意和合的这些部分虽然也没有作用，但是境、根、识的缘和合的力就是经验上所说的“作者”。

[MHK: D. 29a2; C. 29a1; P. 32a2; N. 29a1; G. 38b1]

[TJ: D. 259a4; C. 259a4; P. 292b1; N. 280a3; G. 373a4]

这里，其他（吠檀多论师）说：“我才是至上者，所有作用也都依赖于那首要的作者，灯等只是假名，譬如，陶师虽然需要土等很多缘（来做瓶），但陶师本身才是作者。”

回答如下：

---

[437] 本颂意为：在有为法的聚合中，无作用（的有为法）也应被称为“作者”，是作具性的缘故，就像就灯来说“灯能照明”一样。

ཡང་དག་གཙོ་གཅིག་བྱེད་པོ་མིན།།
གང་ཕྱིར་གཅིག་གིས་བུམ་མི་བྱེད།།
དེས་ན་མར་མེ་སོགས་བྱེད་པོ།།
གདགས་པ་བར་ནི་མི་འདོད་དོ།། (33)

na mukhyas tattvataḥ kartā naiko hi ghaṭakṛd yataḥ/
na upacārikakartṛtvaṃ dīpāder① iṣyate tataḥ// (33)
(①=NH, Q, L; Ms, SG dvīpāder)

ཀུན་རྫོབ་ཉིད་དུ་ནི་རྐྱེན་རྣམས་ཚོགས་པར་བྱེད་པ་པོ་ཡིན་པར་སྟོན་པ། དཔྱད་པས་ཀྱང་རྟོགས་ཤིང་དེ་ལྟར་སྣང་བ་ཡང་ཡིན་ནོ།། དོན་དམ་པར་ནི་གཙོ་བོའི་བྱེད་པ་པོ་ཉིད་ཡིན་པར་འགའ་ཡང་མི་འགྲུབ་སྟེ། གང་གི་ཕྱིར་རྒྱུ་གཅིག་གིས་བུམ་པ་མངོན་པར་སྒྲུབ་པར་ནུས་པ་མ་ཡིན་གྱི། འཇིམ[438]་པའི་གོང་བུ་དང་། དབྱུག་པ་དང་། འཁོར་ལོ་དང་། སྣད་པ་དང་། ཆུ་དང་། རྫ་མཁན་གྱི་འདོད་པ་ལ་སོགས་པའི་རྐྱེན་མང་པོ་ཚོགས་པ་ལས་བུམ་པ་རབ་ཏུ་འགྲུབ་པ་ཉིད་ཡིན་ནོ།། དེ་བཞིན་དུ་བདག་གཅིག་པུ[439]་བྱ་བ་དང་། [440-]རྩོམ་པ[-440]་ཐམས་ཅད་མངོན་པར་འགྲུབ་པའི་རྒྱུ་མ་ཡིན་ཏེ། རྒྱུ་ཚོགས་པ་དུ་མ་ལྟོས[441]་པ་དང་བཅས་པ་ཡིན་པའི་ཕྱིར་ཏེ། དངོས་པོ[442-]ཐམས་ཅད[-442]་ཅེས་བྱ་བར་སྦྱར་རོ།། མར་མེ་ལ་སོགས་པ་དང་། མིག་ལ་སོགས་པ་ནི་བཏགས་པ་པའི་བྱེད་པ[443]་པོ་ཉིད་མ་ཡིན་གྱི། འོ་ན་ཅི་ཞེ་ན། གཙོ་བོ་ཉིད་ཡིན་ཏེ། དེ་ལས་གཞན་པའི་གཙོ་བོའི་བྱེད་པ་པོ་མ་གྲུབ་པའི་ཕྱིར་རོ།།

[MHK: D. 29a2; C. 29a2; P. 32a2; N. 29a1; G. 38b1]
[TJ: D. 259b2; C. 259b2; P. 292b7; N. 280b1; G. 373b4]

---

438 C འཇིམ
439 DCP བུ
440 P བརྩོན་བ; N བརྩོ་མ་པ; G བརྩོ་མས་པ
441 PNG བལྟོས
442 G ཐིད
443 PNG om. པ

真实中非首作者，
一个陶师不做瓶，
是故不承许灯等，
假名施设作者性。[444] **（33）**

在世俗中，诸缘和合称为“作者”，还应观察而且通达如下所说：在胜义中，“（我）是主宰的作者”是完全不成立的，因为根据一个（陶师）完全不能做成瓶，而是需要泥团、棒、轮、线、水、陶师的构想等的很多缘的和合才能做成瓶。

同样，一个我不是实现所有结果的因，因为所有事物都需要很多因和合（才能成立），结合（偈颂解释）。

如果（吠檀多论师）问：“灯等和眼等不是假立的作者的话，是什么？”

（佛教徒回答：）是首要（的作者），因为除了那（灯等）其他的首要作者都不成立。

[MHK: D. 29a2; C. 29a2; P. 32a2; N. 29a1; G. 38b1]
[TJ: D. 259b2; C. 259b2; P. 292b7; N. 280b1; G. 373b4]

444 本颂意为：在真实中，我不是首要的作者，因为一个陶师不能做（瓶）；所以灯等的假名施设的作者性不被承认。

གལ་ཏེ་ཡང་འདི་སྐད་དུ།[445] འདི་ནི་དེ་ཁོ་ན་ཉིད་ཀྱི་དབང་དུ་བྱས་པ་ཡིན་པས། སྐད་ཅིག་མ་ཉིད་ཀྱིས་འཇིག་པ་ནི་བྱེད་པ་མེད་པ་ཡིན་པའི་ཕྱིར།[446] བྱས་པའི་ཤུགས་ཀྱིས་རྒྱུན་ལ་བཅིངས་པ་དང་གྲོལ་བ་མི་འཐད་པས་བདག་ཁོ་ན་བཅིངས་པ་དང་[447]གྲོལ་བ་དང་།[448] གནས་པའི་རྟེན་ཡིན་པར་ཤེས་པར་བྱའོ་ཞེ་ན། དེ་ལ་བརྗོད་པར་བྱ་སྟེ། སྐད་ཅིག་མ་[449-]རེ་རེ[-449]་སོ་སོར་འཇིག་ཅིང་རང་དབང་མེད་པ་ཡིན་ན་ཡང་རང་གི་ངོ་བོ་དང་བྲལ་བ་ཐོག[450]་མ་མེད་པའི་དུས་ནས་ཆུ་བོའི་རྒྱུན་བཞིན་དུ་གནས་པའི།

འདོད་ཆགས་སོགས་ཀྱི་དབང་ཕྱུག་སེམས།།
གཟུགས་སོགས་ཡུལ་ལ་མངོན་[451]ཞེན་པའི།།
ཐར་པ་མི་མཐུན་ཕྱོགས་ཀྱིས་ཕྲོགས།།
འཁོར་བའི་བཙོན་རང་བཅིངས་པ་ཡིན།། (34)

cittaṃ rāgādivaśagaṃ① saktaṃ rūpādigocare/
pratibaddhaṃ② ③-ni(19b6)rmokṣe ca-③ baddhaṃ④ saṃsāracārake// (34)

(①=NH, Q, L; Ms, SG °vaśaga. ②=NH, Q, L; Ms pratibaddhaḥ; SG pratibandhā. ③=Q; Ms [ ]mokṣe; SG [ ]mokśeva; NH [vi?]mokṣe ca; L ca nirmokṣe. ④=Q, L; Ms baddhaḥ; SG, NH duḥkha)

ཁྱོད་ཀྱིས་བཏགས་པའི་བདག་ནི་མེད་དུ་ཟིན་ཀྱང་། སེམས་ཉིད་ཡུལ་ཡིད་དུ་འོང་བ་དང་། ཡུལ་ཡིད་དུ་མི་འོང་བ་ལ་ཞུད་པ་དང་[452]འབྲལ་བར་འདུན་པའི་ཡོངས་སུ་གདུང་བའི་ཉོན་མོངས་པའི་ལྕུགས་སྒྲོག་གིས་སྲིད་པ་གསུམ་གྱི་བཙོན་རང་ཡང་དག་པར་བསྡམས་པས་རང་དབང་མེད་པར་གྱུར་པ། ཤེས་རབ་ཀྱི་སྣང་བ་མེད་པས་

[445] G om. །
[446] N om. །
[447] PNG ins. །
[448] PNG om. །
[449] G རེ
[450] G ཐོར།
[451] N ins. པར
[452] PNG ins. །

如果（吠檀多论师）这样说："这（我）是真实的增上力，根据刹那性，灭是无作用，所以根据作用力，相续（即身体等）是不能系缚和解脱的，所以应该知道只有我才是系缚、解脱、安住的依处。"对此回答："即使刹那间各个不同（的相续）灭而且不自在，但（我）没有自性，就像无始时来的瀑流一样。"

心即随行于贪等，
耽著色等对境中，
解脱之时相系属，
轮回牢狱中被缚。[453] **（34）**

（佛教徒）回答："你施设的我是不存在的，但是心被与可意和合、与不可意分离的欲望的痛苦烦恼的铁链牢牢地系缚于三界的牢狱中而

[453] 本颂意为：心与贪等相随行，耽著于色等对象中，在解脱的时候被系属，在轮回的牢狱中被束缚。

ཐར་པའི་ལམ་མི་ཤེས་པ་ནི་བཅིངས་པ་ཞེས་བརྗོད་པར་བྱའོ།།

[MHK: D. 29a3; C. 29a3; P. 32a3; N. 29a2; G. 38b2]

[TJ: D. 259b6; C. 259b5; P. 293a4; N. 280b5; G. 374a2]

ཀུན་རྫོབ་ཏུ་ནི།[454] སེམས་ལས་བྱུང་བས་བསླང་བ་ལ།
ལག[455]·པ་ལ་སོགས་ཚོགས་པ་ནི།།
སེམས་བཅས·[456-]སེམས་ཅན[-456]·ཞེས་བྱ་སྟེ།།
གཏོང་བ་ལ་སོགས་སེམས་འབྱུང་བ།།[457]
ཡོད་པ་གཏོང་པོ[458]·ལ་སོགས་བརྗོད།། (35)

pāṇyādisamudāyo ’yaṃ sa cittaḥ sattvasaṃjñakaḥ/

tyāgādicetanotpatter dātetyādi nigadyate// (35)

མགོ་དང་།[459] མིག་དང་། ཁ་དང་། ལག[460]·པ་དང་། རྐང་པ་ལ་སོགས་པ་འདུས་པ་ཉིད་མངོན་སུམ་དུ·[461-]མངོན་པར[-461]·གྱུར་པ་ཉིད[462]·འདོད་པ་དང་། སེར་སྣ་དང་། ཕྲག་དོག་གི་འཆིང་བ་ལས་གྲོལ་བར་གྱུར་པ།[463] ཕྱི་དང[464]·ནང་གི་བདག་ཉིད་ཀྱིས[465]·དངོས་པོ་གཏོང་བའི་སེམས·[466]འབྱུང་བར་གྱུར་པ་ལ་སྦྱིན་བདག་ཅེས་

---

[454] PNG om. །

[455] G ལགས

[456] G སེན

[457] G ins. གཏོང་བ་ལ་སོགས་སེམས་འབྱུང་བ།།

[458] PK NK GK, PNG པོར

[459] PN om. །

[460] G ལགས

[461] PNG མཐོང་བར

[462] C ཉིད

[463] PNG om. །

[464] C om. དང

[465] G ཀྱི

[466] PNG ins. བ

无有自在，智慧光明不显现，不知道解脱的道就是系缚”。

[MHK: D. 29a3; C. 29a3; P. 32a3; N. 29a2; G. 38b2]

[TJ: D. 259b6; C. 259b5; P. 293a4; N. 280b5; G. 374a2]

在世俗中，对于生起的心所来说，

手等相合之时候，
此心被称为有情，
施舍等觉生起时，
即被称为施主等。[467]（35）

现证头、眼、口、手、足等和合性，从贪欲、悭吝、嫉妒的系缚中获得解脱，即外我和内我生起施舍事物的心的人，就称为“施主”。

---

[467] 本颂意为：手等相合的时候，心被称为“有情”；施舍等意识生起的时候，（心）被称为 “施主”等。

རྗོད[468]་པར་བྱེད་ལ། ཆགས་པའི་སེམས་ཀྱིས་བཅིངས་པའི་བློ་ཅན་འབྱུང་བ་དང་། འབྱུང་བ་ལས་གྱུར་པ་འདུས་པ་ལ་ནི་འཛིན་ཆགས་ཅན[469]་ཞེས་ཟེར་རོ།། དེ་བཞིན་དུ་གཞན་དག་གི[470]་སྲོག་གཅོད་པ་དང་། མ་བྱིན་པར་ལེན་པ་ལ་སོགས་པ་ལས་ལྡོག་པ་ལ་སོགས་པས་ལེགས་པར་བསྡམས་པའི་ལུས་དང་། ངག་དང་། ཡིད་ཀྱི་ཚོགས་ཀྱིས[471]་ཕུང་པོའི་རྒྱུན་ནི་ཚུལ་ཁྲིམས་དང་ལྡན་པ་ཞེས་བྱའོ།། སེམས་ལས་བྱུང་བ[472]-ཐམས་ཅད[-472]་ལ་ཡང་དེ་བཞིན་དུ་སྦྱར་བར་བྱའོ།། དེ་བཞིན་དུ་གཏོང་བ་ལ་སོགས་པའི་སྦྱོར[473]་བ་དང་། གཏོང་བ་དང་། མངོན་པར་ལྡན་པ་ལ་ཡང་ངོ་།།

[MHK: D. 29a3; C. 29a3; P. 32a4; N. 29a2; G. 38b3]
[TJ: D. 260a3; C. 260a3; P. 293b1; N. 281a2; G. 374a6]

རིག[474]་པ་སྐྱེས་པས་མ་རིག[475]་སོགས།།
ཀུན་སྦྱོར་ལྡོག་པར་གྱུར་པའི་ཕྱིར།།
ཆགས་སོགས་འཆིང་བ་ལས་གྲོལ་བ།།
གྲོལ་བ་ཞེས་ནི་བརྗོད་པ་ཡིན།། (36)

vidyotpattāv avidyādisaṃyojananivṛttitaḥ/
rāgādibandhanān mukto mukta ity abhidhīyate// (36)

ཕུང་པོའི་རྒྱུན་ཉིད་ཐོས་པ་དང་།[476] བསམས[477]་པ་དང་། བསྒོམས་པ་ལས་བྱུང་བའི་ཤེས་རབ་ཀྱི་སྣང་བས་

---

468 PNG བརྗོད

469 PNG om. ཅན

470 PNG གིས

471 PNG ཀྱི

472 G ཐོད

473 C སྦྱར

474 CPNG རིགས

475 PK NK GK རིགས

476 PNG om. །

477 C བསམ

被爱欲的心所系缚的有情产生，并且由生而和合就称为“贪恋者”。

同样，止息杀生、偷盗等，善好地守护身、语、意的聚合的相续就称为“守戒者”。

一切心所都同样解释。

同样，施舍等的修行和具有施舍也是（这样解释）。

[MHK: D. 29a3; C. 29a3; P. 32a4; N. 29a2; G. 38b3]

[TJ: D. 260a3; C. 260a3; P. 293b1; N. 281a2; G. 374a6]

智慧生时无明等，
各种烦恼止息故，
解脱从贪等系缚，
即被认为是寂灭。[478] **（36）**

蕴的相续本身从闻、思、修产生的智慧光明证成解脱道，断除所

[478] 本颂意为：当智慧生起的时候，无明等的烦恼就被止息的缘故，从贪等系缚中解脱，就被称为“寂灭”（解脱）。

གྲོལ་བའི་ལམ་བསྒྲུབས[479]་ནས་འདོད་ཆགས་དང་། ཁོང་ཁྲོ་དང་། ང་རྒྱལ་དང་། མ་རིག་པ་དང་། ལྟ་བ་ཞེས་བྱ་བ་ཀུན་དུ་སྦྱོར་བ་རྣམས་བཅད[480]་པ་ནི་གྲོལ་བ་ཞེས་བྱ་བའི་སྐབས་བསྟན་པར་རིགས་པ་ཡིན་ལ། གང་སྐྱེ་བ་དང་།[481] འགག་པའི་ཆོས་ཅན་ཉིད་ཀྱི་སེམས་དང་སེམས་ལས་བྱུང་བའི་ཚོགས་སྐད་ཅིག་མ་སྔ་མ་ལས་ཁྱད་པར་ཅན་དུ་གྱུར་པའི་སེམས་ཀྱི་སྐད་ཅིག་མ་ཕྱི་མ་འབྱུང་བར་འགྱུར་བ་ནི་ཐར་པ་ཞེས་བྱ་བར་བརྗོད་པར་རིགས་སོ།།

[MHK: D. 29a4; C. 29a4; P. 32a4; N. 29a3; G. 38b3]

[TJ: D. 260a5; C. 260a5; P. 293b4; N. 281a5; G. 374b2]

ཡང་མུ་སྟེགས་ཅན་གཞན་གྱིས་ཡོངས་སུ་བརྟགས་པའི།

[482-]ནམ་མཁའ[-482]་འདྲ་བའི་བདག་ལ་ནི།།

འདི་དག་[483-]ཐམས་ཅད[-483]་བརྗོད་པར་དཀའ།།

གལ་ཏེ་བདག་ལ་ལྷག་ཆགས་ན།།

[484-]ནམ་མཁའི[-484]་མེ་ཏོག་བདག་འདོད་ཀྱིས[485]།། (37)

ātmani vyomakalpe tu sarvam etat sudurvacaḥ/

khapuṣpam astu [①-]vāpy ātmā[-①] [②-]yady ātmātīva[-②] vallabhaḥ[③]// (37)

([①]=NH, Q; Ms vāryāte; SG vāryāte(?); L vātmā te. [②]=NH, Q, L; Ms, SG yadyātīva. [③]=Ms, NH, Q, L; SG vallabhā)

ཁ་བ་དང་། བ་མོ་འབབ་པ་དང་། རླུང་ཤིན་ཏུ་དྲག[486]་པོ་ལང[487]་བ་དང་། མེ་ཆེན་པོ་འབར་བར[488]་གྱུར་པ་

---

[479] DC བསྒྲུབས

[480] C བཅོད

[481] PNG om. |

[482] NK GK, NG ནམཁའ

[483] G ཐཾད

[484] NK GK, NG ནམཁའི

[485] DC ཀྱི

[486] C བྲག

谓“贪、瞋、我慢、无明、恶见”的所有结合，称为“解脱”是合理的。

从那具有生、灭性质的心和心所的前一刹那的和合，生起后一刹那的殊胜的心，称为“解脱”是合理的。

[MHK: D. 29a4; C. 29a4; P. 32a4; N. 29a3; G. 38b3]

[TJ: D. 260a5; C. 260a5; P. 293b4; N. 281a5; G. 374b2]

另外，其他外道施设：

当我犹如虚空时，
此之一切极难答，
如若极贪爱于我，
空华亦应成为我。[489]**（37）**

雪霜降下，狂风刮起，大火燃烧，太阳光猛烈地照耀，四方生起

487 PNG ལངས

488 G om. བར

489 本颂意为：但是，我就像虚空一样的时候，这（我的）一切是极难解释的；如果一定要贪爱于我的话，那么空华也就成了我。

དང་། ཉི་མའི་འོད་ཟེར་[490]ཤིན་ཏུ་ཚ་བ་འབབ་པ་དང་། ཕྱོགས་བཞི་ནས་ལངས་པའི་རླུང་ཆེན་པོས་དཀྲུགས་པའི་སྤྲིན་གྱི་[491]ཕུང་པོ་ཆེན་པོས་[492]ཁེབས་པར་གྱུར་ཅིང་འཇིགས་སུ་རུང་བའི་འབྲུག་གི་སྒྲ་ཆེན་[493]པོ་སྒྲོགས་[494]པ་དང་། གློག་[495]གི་ཚོགས་[496]ཀྱི་ཕྲེང་བ་འབྱུང་བར་འགྱུར་ཡང་[497]ནམ་མཁའ་[497]ལ་གནོད་པ་དང་། ཀུན་ནས་[498]ཉོན་མོངས་པ་བསྐྱེད་པ་མ་ཡིན་ལ། ཇི་སྐད་བསྟན་པའི་གནོད་པ་དེ་དག་དང་བྲལ་བར་གྱུར་པ་ཡང་སྔར་གྱི་མཚན་ཉིད་ལས་མཚན་ཉིད་གཞན་དུ་གྱུར་པ་ཡང་མེད་དོ།། དེ་བཞིན་དུ་བདག་ཀྱང་སྔོན་དང་ཕྱི་མའི་དུས་སུ་ཁྱད་པར་ཡོད་པར་མི་སྐྱེ་བས། འདོད་ཆགས་དང་། ཁོང་ཁྲོ་དང་། ང་རྒྱལ་སྐྱེ་བར་གྱུར་པ་ན་ཡང་འགྱུར་བ་ཡོད་པ་མ་ཡིན་ལ། ཉོན་མོངས་པ་ཞི་བར་གྱུར་པ་ན་ཡང་སྐད་ཅིག་མ་སྔམ་ལས་རང་བཞིན་གཞན་དུ་གྱུར་པ་མེད་པས་བཅིངས་པ་དང་། གྲོལ་བ་ལ་སོགས་པ་ཤིན་ཏུ་སྡུག་བསྔལ་དང་བཅས་པས་ཀྱང་བརྗོད་པར་མི་ནུས་པ་ཡིན་ནོ།། དེས་ན་བཅིངས་པ་དང་[499]ཐར་པ་ལ་སོགས་པའི་རྟེན་དུ་ཡང་འདི་ནི་དམིགས་པ་མ་ཡིན་ནོ།།
གལ་ཏེ་ཐོག་མ་མེད་པའི་དུས་ནས་བདག་ཏུ་འཛིན་པའི་བག་ཆགས་ཀྱིས་[500]མངོན་པར་ཞེན་པའི་དབང་གིས་ཁྱོད་བདག་ལ་ཤིན་ཏུ་ཆགས་པར་བྱེད་ན་[501]ནམ་མཁའི་[501]མི་རྟག་ཀྱང་འདི་ལྟ་བུའི་མཚན་ཉིད་ཅན་ཡིན་པས་དེ་ཡང་བདག་ཡིན་པར་འགྱུར་ཏེ། བསྒྲུབ་པར་བྱ་བའི་ཆོས་དང་། དཔེའི་ཆོས་མཚུངས་[502]པའི་མཚན་ཉིད་ཅན་ཡིན་པའི་ཕྱིར་རོ་[503]ཞེས་བྱ་བར་བསམས་པའོ།།

---

490 PNG ins. ཚ་བ
491 PNG ཀྱིས
492 PNG པོ
493 C ཆན
494 G ལོགས
495 C གློག
496 C ཚོགས
497 NG ནམཁའ
498 G om. ནས
499 PNG ins. །
500 PNG ཀྱི
501 NG ནམཁའི
502 DC མཆུངས
503 PNG ins. །།

的大风搅拌而成的云层遍布，可怕的龙声响起，闪电的队列生起，（这些）既不损害虚空又不产生烦恼。即使没有如上所说的那些损害（变化），（虚空）也不产生异于先前的性相的其他性相。

同样，我在前后际也不产生区别，所以即使贪、瞋、慢生起，（我）也没有变化；止息烦恼的时候，（我）不产生异于前一刹那的其他性质，所以即使具极苦者也不能说系缚或解脱等话。

因此，这（我）不是系缚和解脱等的所依。

如果从无始时以来，因为耽著于我执的习气，你极度耽著于我的话，空华也具有这样的性相，那（空华）也成了我，所立的法和譬喻的法具有相似的特性的缘故。这样认为。

[MHK: D. 29a4; C. 29a4; P. 32a5; N. 29a4; G. 38b4]

[TJ: D. 260b4; C. 260b4; P. 294a4; N. 281b5; G. 375a2]

གཞན་ཡང་།[504]

གང་ཕྱིར་བདག་ནི་རང་བཞིན་གྱིས[505]།།
ཤེས་པའི་ངོ་བོར་འདོད་ན་ནི།།
བྱེད་པ་ལ་སོགས་ལྟོས[506]་པའི་ཕྱིར།།
དེ་ནི་གཅིག་ཏུ་མི་རིགས་སོ།། (38)

svabhāvato hi yady ātmā jñāna(20a1)bhāva① itīṣyate/

na tarhy asyaikatā② yuktā karaṇādivyapekṣaṇāt③// (38)

(①=NH, Q, L; Ms, SG [ ]bhāva. ②=NH, Q, L; Ms, SG asyekatā.
③=NH, Q, L; Ms, SG kāraṇādi°)

གལ་ཏེ་བདག་འདི་སྔ[507]་ནས་ཤེས་པའི་ངོ་བོ་ཞིག་ཡིན་ན། ཅིའི་ཕྱིར་མིག་ལ་སོགས་པ་བྱེད་པ་རྣམས་ལ་ལྟོས[508]་པ་ཡིན།[509] ཡང་གལ་ཏེ་མིག་ལ་སོགས་པ་མེད་པར་འདི་ཤེས་པ་ཉིད་མི་དམིགས་སོ[510]་ཞེ་ན།[511] བྱེད་པ་ལ་སོགས་པ་ལས་གཞན་པ་ཉིད་མི་དམིགས་པའི་ཕྱིར་གཅིག་ཉིད[512]་ཉམས་པར་གྱུར[513]་ཏེ། གྲུབ་པའི་མཐའ་དང་འགལ་བ་ཡིན་ནོ།།

---

504 PNG om. །

505 PK NK GK གྱི

506 PK NK GK, PNG བལྟོས

507 G ལྔ

508 PNG བལྟོས

509 PNG །།

510 PNG ins. །།

511 PNG om. །

512 PNG om. ཉིད

513 PNG འགྱུར

[MHK: D. 29a4; C. 29a4; P. 32a5; N. 29a4; G. 38b4]

[TJ: D. 260b4; C. 260b4; P. 294a4; N. 281b5; G. 375a2]

此外，

若许我之自性者，
实乃觉之自性者，
观待作具等缘故，
是则此一不合理。[514]（38）

如果这我从前以来就是一种觉自性的话，为什么观待于眼等各种作具？而且说“如果没有眼等（作具）的话，这种觉性就不可得。”不同于作具等的其他不可得的缘故，（否则）就损害（原人的）唯一性，即与（吠檀多派）的宗趣相违背。

---

[514] 本颂意为：如果认为“我的自性就是觉性”，观待于作具等的缘故，所以这（我）是唯一性的是不合道理的。

[MHK: D. 29a5; C. 29a5; P. 32a5; N. 29a4; G. 38b5]

[TJ: D. 260b6; C. 260b6; P. 294a6; N. 281b7; G. 375a4]

འདི་ལྟར་གཞན་ཡང་།

བདག་སོགས་ཤེས་བྱ་ཡོད་པས་ན།།
ཤེས་པ་ལྡོག་པར་མི་འགྱུར་ཏེ།།
དོན་བྱས་ཟིན་པའི་མར་མེ་ཡང་།།
རང་གི་རྒྱུད[515]་ལས་སྐྱེ་བར་མཐོང་།། (39)

sati vātmādike jñeye jñānaṃ [①-]tan na[-①] nivartate/

kṛtārthasyāpi dīpasya dṛṣṭaṃ janma svakāraṇāt// (39)

([①]=NH, Q, L; Ms, SG tadva)

གལ་ཏེ་དོན་བྱ་བ་བྱས་ཟིན་ནས་རྣམ་པར་ཤེས་པ་ཡུལ་ལ་འཇུག་པར་མི་འགྱུར་ཏེ། ཇི་ལྟར་མཐོང་བར་འདོད་པའི་དོན་གསལ་བར་བྱ་བའི་ཕྱིར་བཟུང་བའི་མར་མེས་དངོས་པོ་མཐོང་བར་གྱུར་ཟིན་ནས་ཕྱིས་འཇུག་པ་མེད་པ་བཞིན་ནོ་[516-]ཞེ་ན།[-516] འདི[517]་མི་འདྲ་བ་ཉེ་བར་བཀོད་པ་ཡིན་ཏེ། ཇི་ལྟར་མར་མེ་ནི་དོན་བྱ་བ་བྱས་ཟིན་ནས། སྣུམ་དང་། སྙིང་པོ་ལ་སོགས་པ་རང་གི་རྒྱུ་རྒྱུན་མ་ཆད་པར་འབྱུང་བ་ཉིད་ཡོད་ན་ལྡོག་པར་མི་འགྱུར་རོ།། དེ་བཞིན་དུ་དོན་བྱ་བ་བྱས་སུ་ཟིན་ཀྱང་བདག་རྣམ་པར་ཤེས་པའི་འགྲོ[518]་བ་ཐམས་ཅད་ལ་ཁྱབ་པར་མཐོང་བས་ལྡོག་པར་མི་འགྱུར་ཏེ། འདི་ནི་མར་མེ་བཞིན་དུ་གྲོལ་བའི་དུས་ན་ཡང་འཇུག་པ་མེད་པར་རིགས་པ་མ་ཡིན་ནོ།། དེས་ན་ཤེས་པའི་མིག་གིས་སྐྱེས་བུ་མཐོང་བར་གྱུར་ན་ཡང་གྲོལ་བ་བསྐྱེད་པ་མ་ཡིན་ཏེ།[519]

[MHK: D. 29a5; C. 29a5; P. 32a6; N. 29a5; G. 38b5]

[TJ: D. 261a2; C. 261a2; P. 294b2; N. 282a3; G. 375b2]

---

515 DK CK PK NK GK, PNG རྒྱུ

516 N ཞེས་ན།; G །། ཞེ་ན

517 PNG ins. ནི

518 DC གྲོལ

519 PNG om. །

[MHK: D. 29a5; C. 29a5; P. 32a5; N. 29a4; G. 38b5]

[TJ: D. 260b6; C. 260b6; P. 294a6; N. 281b7; G. 375a4]

如此，另外，

我等所知存在时，
彼觉并不会止息，
义已成办之油灯，
仍被见从自因生。[520]**（39）**

如果（吠檀多论师）说："实现目的之后，觉就不再认识对象了；譬如，为了看到欲望的对象显现，用拿着的灯去看事物，（看见）之后，就不再需要拿着（灯）了。"（回答：）这（比喻的）构成是不相似的，譬如，灯实现目的之后，油和灯芯等自身的相续还在不断产生，具有这种性质的时候（灯）不会熄灭。同样，虽然目的已经实现，但是看见我遍在于一切认识的众生之中，所以（觉）并不止灭。"这就像灯一样，解脱的时候不再活动"是不合理的。因此，用慧眼看见原人的时候并不能获得解脱。

[MHK: D. 29a5; C. 29a5; P. 32a6; N. 29a5; G. 38b5]

[TJ: D. 261a2; C. 261a2; P. 294b2; N. 282a3; G. 375b2]

[520] 本颂意为：我的认识对象存在的时候，那觉就不会止息，就像对于虽然已经完成目的的灯来说，（灯的功能）还是被看到从自身的因（继续）产生。

གང་གི[521]་ཕྱིར།

ཅི་སྲིད་ཡིན་ལ་ཤེས་འབྱུང[522]་བ།།
དེ་སྲིད་ས་བོན་སོགས་འགྱུར་ཏེ།།
ཅི[523]་སྲིད་སྒྲ་ནི་ཡོད་གྱུར་པ།།
དེ་སྲིད་སྒྲ་བརྙན་འབྱུང་བ་བཞིན།། (40)

sato[①] jñānodayo yāvat tāvad bījaṃ pracīyate/

ārāvaprabhavo yāvat tāvat pratiravo yathā// (40)

([①]=Q, L; Ms, SG, NH ato)

བྱེད་པ་མེད་པར་ཤེས་པ་ནི།།
འཁོར་བ་ཇི་ལྟར་ཤེས་པ་ཡིན།།
ཀུན་དུ་ཁྱབ་མེད་ཡིན་པའི་ཕྱིར།།
གང་ལས་ཇི་ལྟར་བཅིངས་དང་གྲོལ།། (41)

saṃsāraś ca kathaṃ jñasya[①] jñānaṃ ca karaṇaṃ vinā/

sarvadā vāviśiṣṭatvād[②] bandha(20a2)mokṣau[③] kutaḥ katham// (41)

([①]=NH, Q, L; Ms, SG jñāsya. [②]=NH, Q; Ms, SG vāviśiṣṭa; L ca viśiṣṭatvād. [③]=NH, Q, L; Ms mokṣau; SG (bandha) mokṣau)

ཇི་ལྟར་ཇི[524]་སྲིད་དུ་སྒྲ་འཇུག་པ་ཡོད་པ་དེ་སྲིད་དུ་སྒྲ་བརྙན་ཡང[525]་འབྱུང་བར་འགྱུར་ལ། སྒྲ་འཇུག་པར་གྱུར[526]་པ་མེད་ན་ནི། སྒྲ་བརྙན་ཡང་འབྱུང་བར་མི་འགྱུར་རོ།། དེ་བཞིན་དུ་ཤེས་བྱ་མེད་པར་གྱུར་ན་ཤེས་པ་ཡང་འབྱུང་བར་མི་འགྱུར་ཏེ། དུས་ཇི་སྲིད་དུ་སེམས་དང་སེམས་ལས་བྱུང་བ་བདག་ལ་དམིགས་ནས་འཇུག་

[521] C གིས
[522] G བྱུང
[523] DK CK ཇི
[524] G om. ཇི
[525] C བར
[526] NG འགྱུར

因为，

只要有中觉产生，
种子就会被积集，
犹如只要有声出，
同样就会有回声。[527]（40）

智者如何入轮回？
无有作具如何觉？
恒常无有分别故，
如何系缚如何脱？[528]（41）

譬如，只要发出声音就会有回声产生，不发出声音的时候回声也就不会产生。同样，没有所知的话，觉也就不会生起；任何时候只要心和心所缘取我，那么种子就会积集。

---

527 本颂意为：只要有（即轮回）中有觉产生，种子就会积集，就像只要发出声音，就会（产生）回声一样。

528 本颂意为：对于智者来说，轮回如何（存在）？没有作具，觉如何（产生）？而且，（我）在任何时候都是无分别性的缘故，（这样的我）怎么可能有系缚和解脱？

པར་གྱུར་པ་དེ་སྲིད་དུ་ས་བོན་ཡང་སོགས་པར་འགྱུར་ཏེ། གང་གི་ཕྱིར་ཞེ་ན། འཁོར་བའི་ཞེས་བྱ་བར་འབྲེལ་ཏོ།། གཞན་ཡང་སྐྱེས་བུ་གྲོལ་བའི་དུས་ན་ནི་བྱེད་པ་ལ་ལྟོས[529]་པ་དང་བྲལ་བའི་ཕྱིར། ཅི་ལྟར་ཤེས་པ་སྐྱེ་བར་འགྱུར།[530] གཞན་ཡང་སྐྱེས་བུ་འདི་ནི་དུས་ཐམས་ཅད་དུ་རྟག་པ། གཅིག་པུ་ཉིད་ཡིན་པའི་ཕྱིར[531,532-]ནམ་མཁའ[-532]་དང་འདྲ་བ་འདི་ལ་ཇི་ལྟར་བཅིངས་པ་དང་གྲོལ་བར་རིགས་པར་འགྱུར།

[MHK: D. 29a6; C. 29a6; P. 32a7; N. 29a6; G. 38b6]

[TJ: D. 261a6; C. 261a5; P. 294b7; N. 282a7; G. 376a1]

གཞན་ཡང་།[533] སྐྱེས་བུ་ནི་དངོས་པོའི་དོན་ཐམས་ཅད་ལས་ཐ་མི་དད་པ་ཡིན་པའི་ཕྱིར།

སྡུག་བསྔལ་ལས་ཀྱང་ཐར་མིན་ཏེ།།
ཐར[534]་དང་གཅིག་ཏུ་སྨྲ་བའི་ཕྱིར།།
བདག་ལས་དེ་ནི་གཞན་མིན་ཕྱིར།།
ཇི་ལྟར་མེ་དང་ཚ་བ་བཞིན།། (42)

na duḥkhenāpi nirmokṣo mokṣe ’py ekātmavādinaḥ/
ātmanas tadananyatvād① yathoṣṇena vibhāvasoḥ②// (42)

(①=NH, Q, L; Ms tadatanyatvād; SG tadata(na?)nyatvād.
②=NH, Q, L; Ms vibhāvayoḥ; SG vibhāvayo(so?)ḥ)

ཇི་ལྟར་མེ་དང་ལྷན་ཅིག་སྤྱོད[535]་པའི་ཚ་བ་ནི། མེ་མེད་པར་ནམ་ཡང་ཡོད་མ་མྱོང་བ་དེ་བཞིན་དུ།[536] སྡུག་བསྔལ་དང་[537]ལྷན་ཅིག་སྤྱོད་པའི་སྐྱེས་བུ་ཡང་ཐར་པའི་དུས་ན་ཡང་ཐར་པར་རིགས་པ་མ་ཡིན་ནོ།།

---

[529] PNG བལྟོས

[530] PNG །།

[531] C ins. །

[532] CNG ནམཁའ

[533] PNG om. །

[534] G མཐར

[535] C སྤྱད

[536] PNG om. །

如果问："为什么？"（回答：）"轮回"的关系。

另外，原人解脱的时候，由于不依赖作具，觉如何产生？而且，这个原人在一切时中是常住的、是唯一性的缘故，就像虚空一样，对于这样（的原人）来说系缚和解脱如何可能合理？

[MHK: D. 29a6; C. 29a6; P. 32a7; N. 29a6; G. 38b6]

[TJ: D. 261a6; C. 261a5; P. 294b7; N. 282a7; G. 376a1]

此外，原人与有所事物的意义不相异的缘故，

不从苦难得解脱，
解脱之时我是一，
我不相异于彼故，
犹如火不异于热。[538]（42）

譬如，与火一起产生的热，没有火的话，任何时候都没有（热的）感受；同样，和苦一起存在的原人，即使解脱的时候，（从苦）解脱也是不合理的。

[537] PNG ins. །

[538] 本颂意为：（我）并不从苦解脱，即使解脱的时候我也是一性的，我不异于那（苦）的缘故，就像火不异于热一样。

[MHK: D. 29a7; C. 29a7; P. 32a8; N. 29a6; G. 39a1]

[TJ: D. 261a7; C. 261a7; P. 295a1; N. 282b2; G. 376a3]

གཞན་ཡང་།[539]

ཉམས་དང་མ་སྐྱེས་པ་ཡི་བློ།།
བྱེད་པ་མེད་པ[540]་ཇི་ལྟར་ཡིན།།
གང་པོས་གཅོད་པར་བྱེད་པ་ཡང་།།
སྟ་རེ་མེད་པར་ཇི་ལྟར་རིགས།། (43)

līnānutpannabuddhiś ca katham jñaḥ karaṇaṃ vinā/
yathā hi ①-pūrṇakaśchettā-① na yuktaḥ② paraśuṃ vinā// (43)
(①=NH, Q, L; Ms, SG pūrvakaś cittān. ②=Ms, NH, Q, L; SG yuktā)

གང་གི་ཕྱིར་འདིའི་མིག་ལ་སོགས་པའི་བློ་དངོས་པོ་མ་མཐོང་བས་མ[541]་སྐྱེས་པར་གྱུར་པ་དང་། སྐྱེས་པ་ཡང་ཉམས་པར་གྱུར་པ་དེའི་ཚེ་འདི་ཤེས་པ་ཉིད་དུ་མི་རིགས་ཏེ། ཇི་ལྟར་གང་པོ་ཞེས་བྱ་བས་ཤིང་གཅོད་པ་ན[542]་བྱེད་པ་སྟ་རེ་ལ་མ་ལྟོས[543]་པར[544]་གཅོད་པ་པོ་ཞེས་བསྟན་པར་མི་རིགས་པ་བཞིན་ནོ།།

[MHK: D. 29a7; C. 29a7; P. 32a8; N. 29a7; G. 39a1]

[TJ: D. 261b2; C. 261b1; P. 295a3; N. 282b4; G. 376a5]

ཡང་གལ་ཏེ་ཇི་ལྟར་མེས་སྲེག་པ་ཡིན་ན་ཡང་སྐྱེས་བུས་མེས་སྲེག་ཅེས་སྟོན་པར་བྱེད་པ[545]་དེ་བཞིན་དུ་[546-]ཤེས་པས[-546]་ཤེས་པ་ཡིན་ན་ཡང་སྐྱེས་བུས་ཤེས་སོ་ཞེས་ཟེར་གྱི[547]་ཤེས་པས་ནི་མ་ཡིན་ནོ་ཞེ་ན[548]དེ་ནི་མི་

539 PNG om. །
540 DK CK PK NK GK པར
541 DC om. མ
542 PNG ins. །
543 PNG བལྟོས
544 G པ
545 C པར
546 G om.
547 G གྱིས

[MHK: D. 29a7; C. 29a7; P. 32a8; N. 29a6; G. 39a1]

[TJ: D. 261a7; C. 261a7; P. 295a1; N. 282b2; G. 376a3]

此外，

衰败以及不生觉，
无有作具如何知？
犹如砍者满愿子，
斧头无则不合理。[549]（43）

因为这（我）的眼等的觉看不见事物，所以（知）不生，而且产生和衰败的时候，（说）这就是觉本身也是不合理的。就像叫做“满愿”（的人）砍树的时候，没有用作具斧头而说他是“砍者”是不合理的一样。

[MHK: D. 29a7; C. 29a7; P. 32a8; N. 29a7; G. 39a1]

[TJ: D. 261b2; C. 261b1; P. 295a3; N. 282b4; G. 376a5]

如果（吠檀多论师）说：“譬如，即使是火烧，也说‘原人用火烧’，同样，即使是觉认识，但是说‘原人认识’而不是觉（认识）。”这种

---

[548] PNG ins. །

[549] 本颂意为：衰败和不生的觉，没有作具的话如何被认识？就像砍者满愿子，没有斧头的话，（称为“砍者”）是不合理的。

རིགས་ཏེ།[550] གང་གི་ཕྱིར།

མེ་ཡིས[551]་སྲེག[552]་ཅེས[553]་སྨྲས་པ་ན།།
མེ་ཡིས་བསྲེགས་ཀྱི་བྱེད་པས་མིན།།
དེ་བཞིན་བློ་ཡིས[554]་རིག[555]་སྨྲས་པས།།
ཤེས་པས[556]་རིག་གི་སྐྱེས་བུས་མིན།། (44)

agninā dahatīty ukte dahaty① agnir na rādhakaḥ/
tadvad vetti dhiyety ukte jñānaṃ vetti na vaḥ pumān// (44)

(①=NH, Q, L; Ms na dahaty; SG na(?) dahaty)

འདི་ལྟར་ངེས་པར་དཔྱད་པར་བྱ་སྟེ། མེས་བསྲེགས་ཞེས་བྱ་བ་འདིར་མེ་ཉིད་ཀྱིས[557]་ཡིན་ནམ། འོན་ཏེ་ལྷ་བྱིན[558]་གྱིས་ཡིན། དེ་ལ་སྲེག་པ་ཞེས་བྱ་བ་འདི་ནི་མེ་ལ་ཡོད་པ་ཡིན་[559-]གྱི།[-559] སྲེག་པ་པོ་ལ་ནི་མ་ཡིན་ནོ།། དེ་བཞིན་དུ་བློས་རིག་ཅེས་སྨྲས་པས་བློ་ཉིད་ཀྱིས་རིག་པ་ཡིན་[560-]གྱི།[-560] སྐྱེས་བུས་ནི་མ་ཡིན་ནོ།། དེས་ན་དཔེ་མེའི[561]་དཔེས་བསྟན་པའི་དོན་སྒྲུབ་པ་མ་ཡིན་ནོ།།

[MHK: D. 29b1; C. 29b1; P. 32b1; N. 29a7; G. 39a2]

---

550 PNG om. །
551 PK NK GK ཡི
552 DK CK བསྲེག; PK NK GK བསྲེགས
553 PNG བྱེད
554 PNG ཡི
555 DC རིགས
556 DC པར
557 C ཀྱི
558 DC སྦྱིན
559 PN om. །; G གྱིས
560 PN གྱིས།; G གྱིས
561 PNG མེ་ཡིས

（说法）是不合道理的。因为，

叙说用火烧之时，
是火烧非作者烧，
如是说用觉认识，
是觉识非原人识。[562]**（44）**

应该如下确定思考，即，说“用火烧”的时候是火本身（烧）还是天授（烧）？其中，这“烧”是存在于火中而不是（存在于）烧者中。同样，说“用觉认识”是觉本身认识而不是原人（认识）。因此，（吠檀多派）所说的火的譬喻的意义不能成立。

[MHK: D. 29b1; C. 29b1; P. 32b1; N. 29a7; G. 39a2]

---

562 本颂意为：说“用火烧”的时候，是火烧而不是作者烧；同样，说“用觉认识”的时候，是觉认识而不是原人认识。

[TJ: D. 261b5; C. 261b4; P. 295a7; N. 282b7; G. 376b2]

གལ་ཏེ་འདིར་སྨྲས་པ། ཇི་ལྟར་རྫ་མཁན་ལ་རྫ་མ་མི་བྱེད་པའི་དུས་ན་ཡང་རྫ་མཁན་ཞེས་རྗོད[563]་པར་བྱེད་ལ། ཇི་ལྟར་མེས[564]་ཤིང་མི་སྲེག་པའི་དུས་ན་ཡང་སྲེག་བྱེད[565]་ཅེས་རྗོད་པར་བྱེད་པ་དེ་བཞིན་དུ་སྐྱེས་བུ་ཡང་བྱེད་པ་ལ་མི་ལྟོས[566]་ཀྱང་། ཤེས་པའི་ངོ་བོ་ཡིན་ནོ་ཞེས་བརྗོད་པར་བྱའོ[567]་ཞེ་ན། འདི་ལ་བརྗོད་པར་བྱ་སྟེ།

རྫ་མཁན་བཞིན་དུ་དེ་མི་འགྲུབ།།
དེ་ཡི་ངོ་བོ་མེད་པའི་ཕྱིར།།
སྲེག་བྱེད་བཞིན་དུའང་འགྲུབ་མི་འདོད།།
བསྲེག་བྱ་མེད་པས་མེ་མེད་ཕྱིར།། (45)

kulālavan na tatsi(20a3)ddhis① tatsvabhāvo yato na saḥ/
neṣṭā ②-dahanavat siddhiḥ-② dāhyābhāve③ ’gnyasaṃbhavāt④// (45)

(①=NH, Q, L; Ms ta[ ]ddhis; SG [ ]ddhis. ②=NH, Q, L; Ms, SG dahanavad asmin. ③=NH, Q, L; Ms, SG bāhyābhāve. ④=NH, Q, L; Ms hy agnisaṃbhavāt; SG hy(?)agnisaṃbhavāt)

དུས་གང་གི[568]་ཚེ་འདིས་རྫ་མའི་བྱ་བ་ལ་ཞུགས་པར་གྱུར་པ་དེའི་ཚེ་རྫ་མཁན་ཞེས་བྱ་བར་རིགས་ཀྱི། འདིས་རྫ་མ་བྱེད་པར་འགྱུར་གྱི[569]་འདིས་རྫ་མ་བྱས་པའི་ཕྱིར[570]་རྫ་མཁན་ཞེས་བྱ་བ་ཉིད་ནི་ཉེ་བར་བཏགས་པ་ཡན་ཀྱི། རྫ་མཁན་གྱི་རང་གི་ངོ་བོ་ནི་མ་ཡིན་ནོ།། དེ་བཞིན་དུ་གང་གི་ཚེ་མེས་ཤིང་སྲེག་པར་བྱེད་པ[571]་དེའི་ཚེ་

563 CPNG བརྗོད
564 PNG མེའི
565 PNG om. བྱེད
566 PNG བལྟོས
567 P ins. ||
568 C གིས
569 PNG ins. |
570 N ཕྱིར
571 PNG ins. ཡོད་པ

[TJ: D. 261b5; C. 261b4; P. 295a7; N. 282b7; G. 376b2]

这里，如果（吠檀多论师）说："譬如，陶师即使不做瓶的时候也能被称为'陶师'，火即使不烧木的时候也能被称为'能烧者'；同样，原人即使不观待于作具，也应说'具有觉的本性'。"对此回答道：

陶师喻彼不成立，
是故此无彼自性，
如烧者证不被许，
所烧无时火无故。[572]**（45）**

任何时候，这（人）只要在做瓶，那时称为"陶师"就是合理的。这（人）能做瓶且瓶被做成的缘故，"陶师"这个称呼本身是假名施设而不是陶师的自性。同样，任何时候，只要火烧木，那时称为"能烧

[572] 本颂意为：像陶师一样，那是不成立的，所以这（原人）没有那（觉）的自性；像能烧者一样的证明不被承许，因为所烧没有的时候火不存在。

སྲེག་[573]བྱེད་ཅེས་བཏགས་པ་ལེགས་པ་ཡིན་གྱི། བསྲེག[574]་པར་བྱ་བ་ཐལ་བའི་གནས་སྐབས་སུ་གྱུར་པ་ན། མེའི་རང་གི་ངོ་བོ་ཡང་མེད་པས་སྲེག་བྱེད་ཡིན་པར་མི་འགྲུབ་པ[575]་ལྟར། དེ་བཞིན་དུ་སྐྱེས་བུ་ཡང་གང་གི་ཚེ་བྱེད་པའི་སྒོ་ནས་འཇུག་པ་ཡོད་པ་དེའི[576]་ཚེ་ཤེས་པའི་རང་གི་ངོ་བོ་ཡིན་པར་རིགས་ཀྱི[577]། དེ་ལས་གཞན་པ་ནི་མི་ཤེས་པའི་ངོ་བོ་ཉིད་[578-]ལ་ཤེས་པ་ཉིད་[-578]དུ་བཏགས་པ་ཙམ་ཡིན་ནོ།།

[MHK: D. 29b1; C. 29b1; P. 32b1; N. 29b1; G. 39a3]

[TJ: D. 262a2; C. 262a1; P. 295b4; N. 283a5; G. 377a1]

ཤེས་པ་མ་ཡིན་པ་ལ་བསྟན་པ་ཙམ་གྱིས་ཤེས་པར་འགྱུར་པ་མ་ཡིན་པས།

གལ་ཏེ་མི་ཤེས་བྱེད་པོ་དང་།།
ཟ་པོ་ཁྱོད་ཀྱིས་ཤེས་ཅེ[579]་ལྟར།།
མཁའ་འདྲ་རྟོག་པ་མེད་པ་ཡང་།།
ལུང་འབའ་ཞིག་གིས་བཏགས[580]་ཅི་བྱ།། (46)

na cājñājñaḥ① kathaṃ kartā bhoktā ca sa bhavet tava/

vyomakalpo ’vikalpaś ca kiṃ kalpyaḥ② kevalāgamāt// (46)

(①=Ms, SG; NH, Q, L cājño jñaḥ. ②=NH, Q, L; Ms kupta; SG kupta(?yati))

གལ་ཏེ་ཡང་མི་ཤེས་པའི་ངོ་བོ་ཉིད་ཡིན་ན་ཡང་འདིའི་བྱེད་པ་ཉེ་བར་གནས་པ་ན་ཤེས་པའི་ངོ་བོ་ཉིད་དུ་འགྱུར་རོ་ཞེ་ན། དེ་ལྟ་ན་ཡང་དང་པོ་སྲིད་པའི་སྔོན་རོལ་ན་བྱེད་པ་སྐྱེས་པ་མེད་པས་མི་ཤེས་པའི་ངོ་བོ་ཉིད་ཡིན་ཏེ། རྡོ་ལས་བརྐོས་པའི་གཟུགས་སམ་རི་མོར་བྲིས་པ་བཞིན་དུ་སེམས་པ་མེད་པ་ཡིན་པས་སྲིད་པ་རྣམ་པ་དུ་མའི་

[573] PNG ins. པར

[574] N སྲིག

[575] C པར

[576] PNG དེ

[577] PNG ཀྱིས

[578] P om.

[579] PK NK GK ཛེ

[580] DK CK PK NK GK བརྟགས

者”就是合理的假名施设，但是烧完变成灰的状态的时候，火的本性就没有了，所以“能烧者”就不成立了。

同样，原人依靠作具而有活动的时候，（说原人）具有觉的本性是合理的，除此之外是非觉的本性，仅仅施设为觉性而已。

[MHK: D. 29b1; C. 29b1; P. 32b1; N. 29b1; G. 39a3]

[TJ: D. 262a2; C. 262a1; P. 295b4; N. 283a5; G. 377a1]

（吠檀多论师反驳：）对于（原人）不是觉（这种说法），仅仅根据圣教就知道是不成立的，

汝怎知道非觉者，
非是作者享受者？
仅据经教如何知，
如同虚空无分别？[581]（46）

如果（吠檀多论师）说：“即使（原人）是非觉的本性，接近作具的时候也会变成觉的本性。”这样的话，在初有（即最初的轮回）之前因为作具不产生，所以（原人）是非觉的本性，那么就像在石头上雕

[581] 本颂意为：你（吠檀多派）怎么知道非觉的就不是作者和享受者？仅仅根据经教如何认识（原人）如同虚空、是无分别的？

ངོ་བོའི་བྱེ་བྲག་ཐ་དད་པ་རྣམས་བསྐྱེད[582]·པའི་བྱེད་པ་པོ་ཇི་ལྟར་ཡིན། སེམས་པ་མེད་པ་ཡིན་པའི་ཕྱིར་ཟ་བ་པོ་ཉིད་ཡིན་པར་ཡང་མི་རིགས་ཏེ། ཡུལ་ཐམས་ཅད་ནི་རྣམ་པར་ཤེས་པས་སྤྱད[583]·པར་བྱ་བ་ཡིན་པའི་ཕྱིར་རོ།། གཞན་ཡང་།[584] [585-]ནམ་མཁའ[-585]·དང་མཉམ་པ་ཡིན་པ་དང་། རྣམ་པར་རྟོག་པ་མེད་པ་ཡིན་པར་ཁྱོད་ཀྱིས་སྨྲས་པས་བྱེད་པ་པོ་དང་ཟ་བ་པོ་ཉིད་བསལ[586]·བ་ཡིན་ནོ།།

[MHK: D. 29b2; C. 29b2; P. 32b2; N. 29b1; G. 39a3]

[TJ: D. 262a5; C. 262a5; P. 295b8; N. 283b2; G. 377a5]

གལ་ཏེ་བདག་གི་ལུང་ལས་གྲགས་པ་ཡིན་ནོ་ཞེ་ན། རིགས་པ་དང་བྲལ་བའི་ལུང་འབའ་ཞིག་ཙམ་ནི་ཚད་མ་མ་ཡིན་ཏེ། ལུང་ཙམ་གྱིས་མངོན་པར་འདོད་པའི་དོན་འགྲུབ་པ་མ་ཡིན་ནོ།།[587]

> མི་ཤེས་པའམ་ཤེས་དངོས་མིན།།
> འདི་ནི་དངོས་པོ་མེད་པར་འགྱུར།།
> དངོས་མེད་བདག་ཏུ[588]·མི་འགྱུར་ཏེ།།
> འདི་ནི་མོག་ཤམ་བུ་བཞིན་ནོ།། (47)

na cājñājñaḥ[①] svabhāvo vā niḥsvabhāvo bhaved asau/

niḥsvabhāvaś ca nātmā syād bandhyātanayavat sa ca// (47)

([①]=Ms, SG, Q, L; NH cājño jñaḥ)

གལ་ཏེ་འདི་མི་ཤེས་པ་ཡང་མ་ཡིན། ཤེས་པའི་ངོ་བོ་ཡང་མ་ཡིན་ནོ[589]·ཞེ་ན།[590] འོ་ན་འདི་དངོས་པོ་མེད་པ་ཉིད་

---

[582] PNG སྐྱེད

[583] C སྤྱོད

[584] PNG om. །

[585] NG ནམཁའ

[586] DC གསལ

[587] PNG om. །།

[588] PNG དུ

[589] P ins །།; NG ins. །

[590] PNG om. །

刻或者画画一样，依靠无意识，多种“有”的本性如何成为产生各自差别相的作者？没有意识的缘故，（原人）成为享受者是不合理的，一切对象都是觉的所作的缘故。此外，根据你说的“（原人）和虚空相似，是无分别的”，那样就否定了（原人）是作者和享受者。

[MHK: D. 29b2; C. 29b2; P. 32b2; N. 29b1; G. 39a3]

[TJ: D. 262a5; C. 262a5; P. 295b8; N. 283b2; G. 377a5]

如果（吠檀多论师）说：“根据我的圣典能成立。”（回答：）（你的圣典）仅仅是违背正理的圣典而已，不是正量，只根据圣典是不能证明所希求的意义的。

非觉与觉非自性，
或者此是无自性，
无自性物非是我，
此即如同石女儿。[591]**（47）**

如果说：“这既不是非觉也不是觉性。”（回答：）那么这就成为无

[591] 本颂意为：觉和非觉都不是（原人的）自性，或者这（原人）是无自性的；无自性的就不是我，这就像石女儿一样。

དུ་འགྱུར་རོ།། དེས་ན་གང་དངོས་པོ་མེད་པ[592]་དེ་བདག་ཏུ་འགྱུར་བ་མ[593]་ཡིན་ཏེ། མོ་གཤམ་གྱི་བུ་བཞིན་ཏེ།། དཔེར་ན་མོ་གཤམ་གྱི་བུ་ནི་མི་ཤེས་པའི་ངོ་བོ་འམ། ཤེས་པའི་ངོ་བོར་ཡང་དམིགས་པར་མི་འགྱུར་བ་ཉིད་དོ།།

[MHK: D. 29b2; C. 29b2; P. 32b3; N. 29b1; G. 39a4]

[TJ: D. 262a7; C. 262a7; P. 296a3; N. 283b4; G. 377b2]

གཞན་ཡང་ལུས་ཐམས་ཅད་ལ་ཁྱབ་པ[594]་ཡིན་པའི་ཕྱིར་དེ་ནི་ཐམས་ཅད་ཀྱི་བདག་གཅིག་པུ་ཞིག[595]་ཡིན་ནོ་ཞེས་གང་འདོད་པ་ཡང་།

གང་ལ་གནོད་དང[596]་ཕན་པ་ལས།།
གང་ལ་གནོད་པ[597]་བདེ་མི་འབྱུང་།།
དེ་དེའི[598]་བདག་ཏུ་མི་རིགས་ཏེ།།
[599-]ནམ་མཁའ་[-599]་དེ་བ་ཤར་མ[600]་བཞིན།། (48)

yat pīḍānugrahe① yasya ②-na duḥkhānugrahodbhavaḥ-②/
na ③-tasyātmā hy a(20a4)sau-③ yukto yathā khaṃ devaśarmaṇaḥ// (48)
(①=NH, Q, L; Ms, SG pītānugrahe. ②=NH, Q; Ms, SG, L tadduḥkhaº. ③=NH, Q, L; Ms, SG tasyātm[ ]sau)

གལ་ཏེ་དམྱལ་བ་ལ་སོགས་པར་སྡུག་བསྔལ་གྱིས[601]་ལུས་ལ་གནོད་པར་གྱུར་པ་ན།[602] བདག་ལ་ཡང་གནོད་

---

592 PNG om. པ
593 G om. མ
594 C པར
595 PNG om. ཞིག
596 CK པར; PNG པ
597 CK PK NK GK དང
598 PK NK GK ཡི
599 NK GK, CNG ནམཁའ
600 DK CK PK NK GK མའི
601 D གྱིས
602 PNG om. །

自性的。因为那无自性不可能成为我，就像石女儿一样，即譬如石女儿是非觉的本性还是觉的本性都是不能被观察到的。

[MHK: D. 29b2; C. 29b2; P. 32b3; N. 29b1; G. 39a4]

[TJ: D. 262a7; C. 262a7; P. 296a3; N. 283b4; G. 377b2]

此外，（吠檀多论师）认为："遍在于一切身体中的缘故，那（原人）是万物的唯一的我。"（回答：）

无论损减与饶益，
苦乐并不会产生，
故彼我是此非理，
犹如提婆舍摩空。[603]**（48）**

如果身体被地狱等苦损害的时候，我也被损害；而（身体）享受

[603] 本颂意为：当那（身体）损减或饶益的时候，对那（我）来说并不产生苦或乐，所以"那我是这"是不合理的；就像（说）虚空是提婆舍摩（的我）一样。

པ་སྐྱེ་བར་འགྱུར་ལ། མཐོ་རིས་ལ་སོགས་པར་བདེ་བ་ཉམས་སུ་མྱོང་བ་ན་ཡང་འདི་ལ་ཕན་པར་འགྱུར་བཞིག་ཡིན་ན་ནི། འདི་ཐམས་ཅད་ཀྱི་བདག་ཡིན་ནོ་ཞེས་བྱ་བར་རིགས་ན། གང་གི་ཕྱིར་འདི་ནི་རྟག་པ་མི་འགྱུར་བའི་ངོ་བོ་ཉིད[604]་ཡིན་པའི་ཕྱིར་བདེ་བ་དང་། སྡུག་བསྔལ་གྱིས་གནོད་པ་མ་ཡིན་ན། འདི་ཇི་ལྟར་ན་བདག་གིས་བདག་ཡིན་ཞེས་བརྗོད་པར[605]་རུང་། ཇི་ལྟར་[606]ནམ་མཁའ་[606]ནི་དེ་བ་ཤར་མའི་བདག་ཡིན་པར་མི་རིགས་པ་བཞིན་ནོ།།

[MHK: D. 29b3; C. 29b3; P. 32b3; N. 29b2; G. 39a4]

[TJ: D. 262b3; C. 262b3; P. 296a7; N. 283b7; G. 377b5]

ཉེ་ཚེའི་བདག་གང[607]་གྲོལ་བར་ནི།།
བསམ་གཏན[608]་ཤེས་སོགས་ཀྱིས་འདོད་ན།།
བདག་མེད་དོན་ལ་འབད་པ་ཡིས[609]།།
ཤི་བ་མི་འཆི[610]་ཇི་ལྟར་འགྱུར།། (49)

dhyānajñānādi ced iṣṭaṃ muktaye ’rthāntarātmanaḥ/

anātmārthaḥ prayatnaḥ syān martyaḥ syān amṛtaḥ katham// (49)

སྔར་ནས་ཉེ་ཚེའི་བདག་འདི་འཆི་བའི་ངོ་བོ་ཉིད་ཡིན་ན་དེས་ན་འཆི་བ་མེད་པར་ཐོབ་པར་བྱ་བའི་ཕྱིར་བསམ་གཏན་གྱི[611]་ཤེས་པ་ལ་མངོན་པར་སྦྱོར་བར་བྱེད་ཅིང་། བདག་མཆོག་གི་དོན་དུ་འབད་པ་བྱས་ཀྱང་དེ[612]་མི་འགྲུབ་སྟེ། འཆི་བའི་ངོ་བོ་ལས་འགྱུར་བ་མེད་པ་ཡིན་པའི་ཕྱིར་ཇི་ལྟར་འཆི་བ་མེད་པ་ཉིད་དུ་འགྱུར་ཏེ། རང་གི་

604 DC དེ

605 C བ

606 CNG ནམ་ཁའ

607 PK NK GK དང

608 G གཉན

609 PK NK GK ཡི

610 DK CK PK NK GK འཆིར

611 C གྱིས

612 PNG om. དེ

天界等乐的时候，这（我）也同样获得益处的话，所谓“这（我）是万物的我”是合理的。但是，因为这（我）是常住不变性的，所以不会因为乐和苦而（益）损，这样的话，怎么能说“（甲）我是（乙）我”？就像（说）“虚空是提婆舍摩的我”是不合理的一样。

[MHK: D. 29b3; C. 29b3; P. 32b3; N. 29b2; G. 39a4]

[TJ: D. 262b3; C. 262b3; P. 296a7; N. 283b7; G. 377b5]

禅定智等若被许，
别义之我为解脱，
精进乃是无我义，
死性如何变不死？[613]（49）

从前，这“个我”是死性的时候，为了获得不死，修行禅定的智慧，以“最高我”为努力的目的，但是没有实现。死性是不变的缘故，（死性）如何变成不死性？自性不会损减的缘故。

[613] 本颂意为：如果禅定等智慧被承许的话，对于为了解脱的别义我来说，精进努力就是否定我的意义，如何从死性变成不死？

ངོ་བོ་ལས་ཉམས་པ་མེད་པའི་ཕྱིར་རོ།། གལ་ཏེ་འཆི་བའི་ངོ་བོ་ཉིད་བཏང་ནས་འཆི་བ་མེད་པ་ཉིད་དུ་འགྲོ་བར་འགྱུར་རོ་ཞེ་ན། དེ་ལྟ་ན་ནི་མི་རྟག་པ་ལ[614]་སོགས་པའི་སྐྱོན་རྣམས་འབྱུང་བར་འགྱུར་རོ།།

[MHK: D. 29b3; C. 29b3; P. 32b4; N. 29b2; G. 39a5]

[TJ: D. 262b6; C. 262b6; P. 296b2; N. 284a3; G. 378a2]

གལ་ཏེ་འདི་ལྟར་ཉེ་ཚེ་བའི་བདག་དང་། བདག་དམ་པ་གཉིས་གཞན་དང་གཞན་མ་ཡིན་པ་ཡིན་ནོ་ཞེ་ན། འདིར་འདི་ལྟར་དཔྱད་པར་བྱ་སྟེ།

ཉེ་ཚེའི་བདག་ནི་བདག་ལས་གཞན།།
ཞེ་ན་ཐམས་ཅད་སྐྱེས་བུ་ཡིན།།
དེ་ནི་ཉེ་ཚེ་གཉིས་དག[615]་དང་།།
ཕྱི་ཞེས་དམ་བཅས་ཉམས[616]་པ་ཡིན།། (50)

antarātmātmano① 'nyaś cet pratijñā te ca hīyate/ (50ab)

Skt. 50cd. om.

(①=Ms, SG, Q, L; NH antarātmano.)

བདག་ལས་ཉེ་ཚེའི་བདག་དེ་ནི།།
གཞན་མིན་ཞེ་ནའང་དམ་བཅས་ཉམས།།
གང་ཡང་བདག་གི[617]་བདེ་སྡུག་སོགས།།
འགྲོ་བས་མི་ཤེས་གཙོ་བོ་མིན།། (51)

nāntarātmātmano 'nyaś cet pratijñā te ca hīyate①/ (51ab)

Skt. 51cd. om.

(①=NH, Q, L; Ms, SG dīyate)

---

614 N om. ལ
615 DCPNG བདག
616 P om. ཉམས
617 PNG གིས

如果（吠檀多论师）说："舍弃死性之后就趋向不死性"的话，那么就会产生（原人是）无常等的各种错误。

[MHK: D. 29b3; C. 29b3; P. 32b4; N. 29b2; G. 39a5]

[TJ: D. 262b6; C. 262b6; P. 296b2; N. 284a3; G. 378a2]

如果（吠檀多论师）说："如此，个我和最高我两者是不一不异的（bhedābheda）。"对此，应该如下观察：

如若个我异于我，
则会违背汝宗趣，
一切都是原人故，
彼有上下两种我。[618]**（50）**

如若个我不异我，
亦会违背汝宗趣，
任何我之苦乐等，
众生不知且非首。[619]**（51）**

[618] 本颂意为：如果"个我异于（最高）我"，就会违背你（吠檀多派）的"一切是原人"的宗趣，那（原人）有个我和（最高）我两种。

[619] 本颂意为：如果"个我不异于（最高）我"，也违背你（吠檀多派）的宗趣，任何（最高）我的苦乐等不是世间众生所能认识的，而且不是首要的（作者）。

ཞེས་བྱ་བ་ལ་སོགས་པས་གཞན་མ་ཡིན་པ་ཉིད་ཡིན་ན་དེ་ཉིད་ཀྱིས་ཇི་ལྟར་སྐྱུལ་བར་བྱེད།།[620]

[MHK: D. 29b5; C. 29b4; P. 32b5; N. 29b3; G. 39a6]

[TJ: D. 263a1; C. 263a1; P. 296b5; N. 284a5; G. 378a5]

ཕ་རོལ་པོ་ལ་འདི་ལྟར་ཡང་བརྗོད་པར་བྱ་སྟེ།

གལ་ཏེ་ཕྲ་ཡིན[621]་འདི་ཆེ་མིན།།
ཆེན་པོ་ཡིན་ན་ཕྲ་བ་མིན།།
གཅིག་ཀྱང་མ་ཡིན་གཟུགས་ཀྱི་ཆོས།།
ཇི་ལྟར་གཟུགས་མེད་བདག་གི་ཡིན།། (52)

yadi① sūkṣmo mahān nāyaṃ mahāṃś cen nāsya sūkṣmatā/

na caiko rūpidharmaś ca katham ātmany arūpiṇi// (52)

(①=NH, Q, L; Ms, SG ati)

གཟུགས་དང་ལྡན་པ་ཞིག་ཡིན་ན་འདིར་ཕྲ་བ་དང་། ཆེན་པོ་དང་། གཅིག་དང་དུ་མ་ལ་སོགས་པའི་རྣམ་པར་རྟོག་པ་རྣམས་འབྱུང་བ་ཡིན་ན།[622] ཡང་ངོ་བོ་མེད་པའི་སྐྱེས་བུ་ལ་ནི[623]་འདི་ལྟར་གལ་ཏེ་ཕྲ་བ་ཡིན་ན་ནི་ཆེན་པོ་ཇི་ལྟར་ཡིན།[624] འོན་ཏེ་ཆེན་པོ་ཡིན་ན་ཡང་ཕྲ་བ་ཇི་ལྟར་ཡིན། གལ་ཏེ་གཅིག་ཡིན་ན་ནི་དུ་མར་ཇི་ལྟར་འགྱུར།[625] འོན་ཏེ་དུ་མ་ཡིན་ན་ཡང་གཅིག་ཏུ་ཇི་ལྟར་འགྱུར། དེས་ན་རང་གི་ཚིག་དང་འགལ་བ་ཡིན་ནོ།།[626]

[MHK: D. 29b5; C. 29b5; P. 32b6; N. 29b4; G. 39b1]

---

[620] DC །

[621] DC མིན

[622] PNG om. །

[623] PNG ins. །

[624] PNG om. །

[625] G །།

[626] G །

如上所述,“(个我与最高我)是不异性”的话,据此,如何教示?

[MHK: D. 29b5; C. 29b4; P. 32b5; N. 29b3; G. 39a6]

[TJ: D. 263a1; C. 263a1; P. 296b5; N. 284a5; G. 378a5]

还应该这样回答对方(吠檀多派):

如若是小此非大,
如若是大此非小,
非是唯一之色法,
如何存于无色我?[627] **(52)**

如果(原人)是具有色形的,那么这里就会生起小、大、一、多等各种分别认识,对于无形色的原人来说,如果这样的话,(原人)是小的话如何是大?但是大的话又如何是小?如果是一的话如何成为多?但是多的话又如何成为一?所以,是与自己的言词相矛盾的。

[MHK: D. 29b5; C. 29b5; P. 32b6; N. 29b4; G. 39b1]

627 本颂意为:如果是小,这(原人)就不是大;如果是大,那么对它来说就不是小性;而且,不是唯一的色法如何存在于没有色形的我中?

[TJ: D. 263a3; C. 263a3; P. 296b8; N. 284b1; G. 378b1]

འདིར་ཕ་རོལ་པོས་གླང་པོ་ཆེ་དཔེར་ཉེ་བར་འགོད་པར་བྱེད་དེ། དམུས་ལོང་མང་པོ་ཞིག་གླང་པོ་ཆེ་རང་གི་ངོ་བོས་ཤེས་[628]པར་འདོད་ནས་འདུས་པ་ལས།[629] གང་སྣ་ལ་རེག་པ་དེ་དག་གིས་ནི་གླང་པོ་ཆེའི་གསོལ་མདའ་འདྲ་བཞིག་གོ་ཞེས་བྱ་བར་ཤེས་སོ།། གང་རྐང་པ་ལ་རེག་པ་དེ[630]་དག་གིས་ནི[631]་གཏུན་ཤིང་འདྲ་བ་ཞིག་ཏུའོ།། གང་རྣ་བ་ལ་རེག་པ་དེ་དག་གིས་ནི་ཞེབ་མ་དང་འདྲ་བར་རོ།། གང་དང་གང་གིས་ཕྱོགས་གང་ལ་རེག་པར་གྱུར་པ་དེས་དེ་ལྟ་བུའི་རྣམ་པ་ཞིག་ཏུ་གླང་པོ་ཆེ་རྟོགས་སོ།། དེ་བཞིན་དུ་བདག་ལ་ཡང་དེ་ཁོ་ན་ཉིད་མ་མཐོང་བ་རྣམས་ཀྱིས[632]་རྣམ་པ་དུ་མ་ཞིག་ཏུ་ལྟ་བར་བྱེད་དེ[633]། ཁ་ཅིག[634]་གིས་ནི་ཀུན་ལ་ཁྱབ་པར་རོ།། གཞན་དག་གིས་ནི་ལུས་ཀྱི་ཚད་ཙམ་དུའོ།། ཡང་གཞན་དག་གིས་ཕྲ་རབ་ཀྱི་ངོ་བོ་ཙམ་ཡིན་ནོ་སྙམ་དུ་སེམས་ཏེ། གླང་པོའི་རང་གི་ངོ་བོ་བཞིན་དུ་གཅིག་ཉིད་ཀྱང་ཡིན་ལ།[635] ཡན་ལག་དང་ཉིད་ལག་བཞིན་དུ་དུ་མ་ཉིད་ཀྱང་ཡིན་ནོ་ཞེ་ན། དེ་ལ་བརྗོད་པར་བྱ་སྟེ།

གཅིག་ཉིད་དུ་མའི་ངོ་བོ་རུ།
གླང་པོའི་དཔེ་འདི་མི་རིགས་ཏེ།།
སྣ་ནི་གླང་དུ་མི་འདོད་ཕྱིར།།
སྣ་ཚོགས་རྣམས་ཀྱང་གཅིག་ཉིད་མིན།། (53)

na yuktā ha(20a5)stidṛṣṭāntād① ekasyānekarūpatā/
karaḥ karī yato neṣṭaḥ karādīnāṃ na caikatā// (53)
(①=Ms, NH, Q, L; SG dastidṛṣṭāntād)

---

[628] G ins. |

[629] NG om. |

[630] N དོ

[631] PNG ན

[632] PNG ཀྱི

[633] PG དོ

[634] N གཅིག

[635] PNG om. |

[TJ: D. 263a3; C. 263a3; P. 296b8; N. 284b1; G. 378b1]

这里，对方（吠檀多派）举出大象的比喻：有很多天生盲人想要认识大象的本性，于是（触摸大象的）身体，那些摸到（大象的）鼻子的（盲人）认为“大象如犁杖”；那些摸到（大象的）脚的（认为）“（大象）如杵”；那些摸到（大象的）耳朵的（认为）“（大象）如簸箕”；不同的人从不同的角度触摸大象所以对大象有这样不同的认识。同样，对我来说，那些不认识真实的人们也看见很多不同，所以有些人认为（我）遍在于一切之中，有些人认为（我）只有身量（大小），还有一些人认为（我）只是极微的本性，也就是说，（我）既如同大象的本性是唯一性的，也如同（大象的）肢体等是多样性的。对此，应该回答：

是一且多之形色，
大象喻故不合理，
象鼻不被许象故，
象鼻等等非一性。[636]（53）

[636] 本颂意为：根据大象的譬喻，既是一又是多的形色是不合理的；因为象鼻不被认为是象，象鼻等等（多的集合）不是唯一性的。

གང་གླང་པོ་དེའི་སྣ་ནི་སྣ་ཉིད་ཡིན། རྐང་པ་ནི་རྐང་པ་ཉིད་ཡིན། རྣ་བ་ནི་རྣ་བ་ཉིད་ཡིན་པས་གླང་པོ་ཉིད་མེད་པ་ཡིན་པའི་ཕྱིར།། གཅིག་གི་ངོ་བོ་ཉིད་མེད་དེ་སྣ་ལ་སོགས་པ་དུ་མ་ཉིད་ལ་གཅིག་གི་ངོ་བོ་ཉིད་མེད་པ་ཡིན་ནོ།།

[MHK: D. 29b6; C. 29b5; P. 32b6; N. 29b4; G. 39b1]

[TJ: D. 263b1; C. 263a7; P. 297a5; N. 284b5; G. 379a1]

གཞན་ཡང་།

 གང་ཡང་བདག་ནི་ཉི་སོགས་མདོག།
 ཡིན་ན་མདོག་བྲལ་ཇི་ལྟར་ཡིན།།
 བདག་དེ་དུ་མའི་ངོ་བོ་ཡི[637]།།
 དཔེར་ན[638]་པ་ལ་ཤ་མི་འདོད།། (54)

sūryādivarṇo yady ātmā syād avarṇaḥ kathaṃ ca saḥ/

neṣṭā palāśadṛṣṭāntād ātmano ’nekarūpatā// (54)

གཟུགས་མེད་པ་ཡིན་པའི་ཕྱིར་[639]ཁ་དོག་མེད་པ་ཞིག་ཡིན་ན།[640] ཉི་མ་བཞིན་དུ་ཁ་དོག་དུ་མ་ཅན་དུ་ཇི་ལྟར་འགྱུར་[641]གལ་ཏེ་ཡང[642]་ཤིང་པ་ལ་ཤ་བཞིན་དུ་གཅིག་ཉིད་ཀྱིས་ཐམས་ཅད་ལ་ཁྱབ་པ་ཡིན་ཏེ། ཇི་ལྟར་པ་ལ་ཤ་རྩ་བ་དང་། སྡོང་པོ་དང་། ཡལ་ག་དང་། ཡལ་ག་ཕྲ་མོ་དང་། དེའི་ཡལ་ག་ལ་སོགས་པ་ཡོད་པ་བཞིན་དུ་དེ་ཡང་དུ་མའི་ངོ་བོ་ཉིད་ཡིན་ཏེ། རྒྱ་མང་པོ་ཡོད་པའི་ཕྱིར་རོ་ཞེ་ན།

---

[637] N ཡིས

[638] PK NK GK ནི

[639] PNG ins. འདི

[640] PNG om. །

[641] CPG ins. །

[642] G ཡས

那大象的鼻只是鼻，足只是足，耳只是耳，（这些都）不是大象本身的缘故，所以唯一性本身不存在，那鼻等多性（的集合）不是唯一性。

[MHK: D. 29b6; C. 29b5; P. 32b6; N. 29b4; G. 39b1]

[TJ: D. 263b1; C. 263a7; P. 297a5; N. 284b5; G. 379a1]

此外，

如若我有日等色，
彼又如何是无色？
依据波罗舍树喻，
我多色形不被许。[643]（54）

（原人）是无色形的缘故，没有颜色的话，怎么会像太阳一样具有很多颜色？而且，如果（吠檀多论师）说：“（原人）像波罗舍树一样，唯一性遍在于一切之中，即如同波罗舍树有根、干、枝、条、杈等，那（原人）也有多的本性，具有多因的缘故。”

---

643 本颂意为：如果我有太阳等颜色，那（我）怎么又是无色的？根据波罗舍树的比喻，我的多种色形不被承认。

[MHK: D. 29b6; C. 29b6; P. 32b7; N. 29b5; G. 39b2]

[TJ: D. 263b2; C. 263b2; P. 297a7; N. 285a1; G. 379a3]

དེ་ནི་མི་བདེན་ཏེ། གང་གི་ཕྱིར།[644]

གཅིག་པུ་པ་ལ་ཤ་མེད་དེ།།

ཀུན་ཏུ[645]·འགྱུར་བའི་བདག་ཉིད་དང་།།

རྩ་ལྟར་རྩ་བ་སོགས་དུ[646]·མར།།

རྐྱེན་ལ་སོགས་པས་འབྱེད་པའི་ཕྱིར།། (55)

yataḥ palāśo naiko ’sti sarvadā vikṛtātmakaḥ/

mūlādayo yato naike pratyayaiś cāpi bhedinaḥ// (55)

པ་ལ་ཤའི་ལྗོན་ཤིང་ནི་གཞོན་ནུ་དང་། བར་མ་དང་། ཐ་མའི་གནས་སྐབས་སུ་འགྱུར་བའི་བདག་ཉིད་ཅན་ཡིན་པ་དང་། མེ་དང་།[647] རླུང་དང་།[648] སྔ་རེ་ལ་སོགས་པའི་རྐྱེན་རྣམས་ཀྱིས་ཀུང་ཐ་དད་དུ·[649]-བྱེད་པར-[649]·ནུས་པ་ཡིན་ལ། བདག་ནི་མི་འགྱུར་བའི་ཆོས་ཅན་ཡིན་པ་དང་། རྐྱེན་རྣམས་ཀྱིས་ཀུང་དབྱེ་བར་མི་ནུས་པ་ཡིན་པས་དེས་ན་པ་ལ་ཤའི་དཔེས·[650]དཔེ་བསྟན་པའི་དོན་འགྲུབ་པར་འགྱུར་བ་མ་ཡིན་ནོ།།

[MHK: D. 29b7; C. 29b6; P. 32b7; N. 29b5; G. 39b2]

[TJ: D. 263b5; C. 263b5; P. 297b2; N. 285a3; G. 379a6]

སྐྱོན་མང་པོ་གཞན་འདི་ཡང[651]·ཡོད་དེ།

གཙོ་བོ་ཉིད་དང་དམ་པ་ཉིད།།

---

[644] PNG om. །

[645] D དུ

[646] PNG སུ

[647] PNG om. །

[648] PNG om. །

[649] དབྱེ་བར*, cf. རྐྱེན་རྣམས་ཀྱིས་ཀུང་དབྱེ་བར་མི་ནུས་པ་ཡིན་པས

[650] PN ins. །

[651] P om. ཡང

[MHK: D. 29b6; C. 29b6; P. 32b7; N. 29b5; G. 39b2]

[TJ: D. 263b2; C. 263b2; P. 297a7; N. 285a1; G. 379a3]

那是不正确的，因为：

波罗舍树非是一，
恒常变化自性故，
由此根等不是一，
依据诸缘即易坏。[652]**（55）**

波罗舍树幼年、中年、老年各阶段具有变异的本性，而且用火、风、斧等各种缘就能把（波罗舍树）分成不同的部分；但我是不变的有法，即使用各种缘也不能分开；所以用波罗舍树喻不能达到宣说譬喻的目的。

[MHK: D. 29b7; C. 29b6; P. 32b7; N. 29b5; G. 39b2]

[TJ: D. 263b5; C. 263b5; P. 297b2; N. 285a3; G. 379a6]

这还有其他很多错误：

首要性与最胜性，

[652] 本颂意为：因为波罗舍树不是一，（波罗舍树）总是变化自性的；由此，根等不是一，只要用各种缘就会被分开的缘故。

དེ་ལས་གཞན་ལ་ལྟོས[653]་ནས་འདོད།།
གཅིག་ཉིད་ཡིན་ན་ཚུལ་འདི་ཉིད།།
ཡོད་པར་ཇི་ལྟར་འདོད་པར་བྱ།། (56)

jyāyastā① ca paratvaṃ ca tadanyāpekṣam iṣyate/
sa(20a6)ṃbhavo② ’muṣya ca vidher ekatve katham iṣyate// (56)
(①=NH, Q, L; Ms jñayastā; SG jña(?)yastā. ②= SG, NH, Q, L; Ms [ ]mbhavo)

འདི་ནི་གཙོ་བོ་ཡིན།[654] འདི་ཡང་གཙོ་བོ་ཡིན་ལ། འདི་དག་གམ། འདི་རྣམས་གཙོ་བོར་མ་གྱུར་པ་དག་ལས་ཤིན་ཏུ་གཙོ་བོར་གྱུར་པ་ཡིན་ནོ་ཞེས་བརྗོད་པར་རིགས་པ་ཡིན་ལ།[655] དེ་བཞིན་དུ་དམན་པར་གྱུར་པ་མང་པོ་དག་ལས་མཆོག་ཏུ་གྱུར་པ་ལ་དམ་པ་ཞེས་བྱ་སྟེ། གཞན་དག་གཙོ་བོ་མ་ཡིན་པ་དང་། དམ་པ་མ་ཡིན་པ་[656]ལ་ལྟོས[657]་ནས། བདག་དེ་གཙོ་བོའམ། དམ་པར་འགྲུབ་པར་འགྱུར་ན[658]།[659] དངོས་པོ་ཐམས་ཅད་དང་ཐ་མི་དད་པར་གྱུར་པ་ཉིད་ཀྱི་ཕྱིར། འདི་གཞན་གང་ལ་ལྟོས[660]་ནས་གཙོ་བོ་ཉིད་དང་དམ་པ་ཉིད་ཡིན་པར་འགྱུར།

[MHK: D. 29b7; C. 29b7; P. 32b8; N. 29b6; G. 39b3]
[TJ: D. 263b7; C. 263b7; P. 297b6; N. 285a6; G. 379b3]

ཡང་འདི་རྫས་ཉིད་དང་ཐམས་ཅད་ལ་ཁྱབ་པ་ཉིད་ཡིན་པར་ཡང་ཇི་ལྟར་རིགས་ཏེ།
གལ་ཏེ་བདག་དེ་རྫས་ཡིན་ན།།
རྫས་ཡིན་ཕྱིར་ན་ཀུན་ཁྱབ་མིན།།

653 PK NK GK, PNG བལྟོས
654 PG ||
655 PNG om. |
656 G ins. དང་། དམ་པ་མ་ཡིན་པ
657 PNG བལྟོས
658 N བ
659 PNG om. |
660 PNG བལྟོས

观待其他才被许，
道理生而不丧失，
一性之中如何许。[661]（56）

说“这是重要的，这也是重要的，这两个或者这些都不是首要的，除此之外才是最首要的”是合理的。同样，比多数低劣之物优秀就是所谓“最胜”，即（首要性和最胜性）是观待于其他非首要和非优胜的。

那我是首要者或最胜者成立的话，不异于一切事物的缘故，这（我）观待于其他什么事物而成为首要者和最胜者？

[MHK: D. 29b7; C. 29b7; P. 32b8; N. 29b6; G. 39b3]
[TJ: D. 263b7; C. 263b7; P. 297b6; N. 285a6; G. 379b3]

而且，这（我）是实有性又是遍在一切性如何合理？

如若我是实有物，
是实有故非遍在，

[661] 本颂意为：首要性和最胜性是观待于其他事物才能被承认的，这种道理产生而不丧失，在一性之中如何能被承认？

བུམ་པ་བཞིན་དུ་རྟག་མི་འགྱུར།།
དེས་ན་འགྲོ་བ་རྒྱས་ཅི[662]་ལྟར།། (57)

dravyaṃ yadi bhaved ātmā dravyatvāt sarvago na saḥ/

ghaṭavan nāpi nityaḥ syāt tena pūrṇaṃ kuto jagat// (57)

བགྲོད[663]་པར་[664-]བྱ་བས[-664]་ན་རྫས་ཡིན་ཏེ། ཇི[665]་སྲིད་ཕྱིན་པར་བྱ་བར་རོ།། རྫས་ཀྱི་མཚན་ཉིད་ནི་འདི[666]་ཡིན་ལ། དེ་ནི་བུམ་པ་ལ་སོགས་པ་མི[667]་རྟག་པ་ཉིད་དང་[668]ཀུན་ལ་མ་ཁྱབ་པ་ལ་ཡང་མཐོང་ལ། དེས་ན་གལ་ཏེ་བདག་རྫས་ཡིན་ན་མི་རྟག་པ་ཉིད་དང་། ཀུན་ལ་ཁྱབ་པ་མ་ཡིན་པ[669]་ཉིད་ཡིན་ཏེ། རྫས་ཡིན་པའི་ཕྱིར་བུམ་པ་ལ་སོགས་པ་བཞིན་ནོ།།

[MHK: D. 30a1; C. 29b7; P. 32b8; N. 29b6; G. 39b4]

[TJ: D. 264a2; C. 264a2; P. 297b8; N. 285b1; G. 379b5]

གང་ཡང་བྱུང་བར་[670-]གྱུར་པ[-670]་དང་བྱུང་བ་དང་། འབྱུང་བར་འགྱུར་བ་ཐམས་ཅད་སྐྱེས་བུ་ཡིན་ནོ[671]་ཞེས་བྱ་བ་ལ་སོགས་པ་སྨྲས་པ་དེ་ལ་ཡང་།

རྫས་ནི་རྟེན་དུ་རིགས་འགྱུར[672]་ན།།
བདག་ནི་རྫས་སུ་མི་རིགས་ཏེ།།
[673-]ནམ་མཁའི[-673]་མེ་ཏོག་ཇི་ལྟ་བར།།

---

[662] DK CK PK NK GK ཇི

[663] DC བཀོད

[664] DC བྱས

[665] PNG ཅི

[666] DC om. འདི

[667] DC ནི

[668] PNG ins. །

[669] P om. པ

[670] DC འགྱུར་བ

[671] G ins. །

[672] PK NK GK གྱུར

且如瓶非恒常住,
众生如何被彼满?[674](57)

(万物)流转的时候是实有,乃至消失。实有的性相如下:那(实有)被认为是瓶等既非常住性又非遍在一切性的,所以,如果我是实有的话,(我)就是非常住性和非遍在一切性的,即,是实有的缘故,譬如瓶等。

[MHK: D. 30a1; C. 29b7; P. 32b8; N. 29b6; G. 39b4]
[TJ: D. 264a2; C. 264a2; P. 297b8; N. 285b1; G. 379b5]

而且,对于"一切已生、正生、将生都是原人"等(说法),回答如下:

实有之依合道理,
我与实有不相应,
如同空华不生故,

---

673 NK GK, NG ནམ་ཁའི

674 本颂意为:如果我是实有的话,实有性的缘故,这(我)就不是遍在的,而且就像瓶一样不是常住的,众生如何被那(我)遍满?

དེ་བཞིན་མ་སྐྱེས་ཕྱིར་རྫས་མེད[675]།། (58)

dravyasyādhāratā yuktā dravyaṃ cātmā na yujyate/

khapuṣpavad ajātatvān nādhāratvaṃ yatas tataḥ// (58)

རྫས་ཉིད་ཡོད་ན་རྟེན[676]་དང་བརྟེན་པའི་ངོ་བོར་གནས་པ་ཡིན་ཏེ། ཇི་ལྟར་རྒྱུ[677]་སྣོད་ལ་ཞིང་ཐོག་[678]ཞིང་ལ་བྱ་ཚང་ཞེས་བྱ་བ་ཡིན[679]་ནོ།། བདག་ནི་རྫས་སུ་ཡོད་པར་མི་འགྲུབ་སྟེ། མ་སྐྱེས་པའི་ཕྱིར་[680-]ནམ་མཁའི[-680]་མེ་ཏོག་བཞིན་ནོ།།

[MHK: D. 30a1; C. 30a1; P. 33a1; N. 29b7; G. 39b4]

[TJ: D. 264a4; C. 264a4; P. 298a3; N. 285b3; G. 380a2]

གང་གི་ཕྱིར་བདག་རྫས་ཉིད་དུ་མ་གྲུབ་པས་དེས་ན་འདིར།

ཐམས་ཅད་བྱུང་གྱུར་བྱུང་བ་དང་།།

འབྱུང་འགྱུར་བདག་མེད་ཇི་ལྟར་མཐོང་།། (59ab)

kasmin sarvāṇi bhūtāni bhavanty ātmaiva paśyataḥ/ (59ab)

རྟེན་མ་གྲུབ[681]་ན་བརྟེན་པ་གང་ལ་སྦྱོར་བར་འགྱུར་ཞེས་བྱ་བར་བསམས་པའོ།། རྫས་སུ་མེད་པ་ཉིད་ཡིན་པའི་ཕྱིར།།

བདག་མེད་བདག་ཏུ་མི་རིགས་ཏེ།།

ཇི་ལྟར་དངོས་མེད་ངོ་བོ་བཞིན།། (59cd)

ātmatānātmano① neṣṭā yathābhāvasya bhāvatā// (59cd)

(①=NH, Q, L; Ms, SG ātmatādyātmano)

---

675 D མད

676 G བརྟེན

677 PNG རྒྱང

678 PNG ins. ལ

679 PNG བཞིན

680 NG ནམཁའི

681 G གྲུག

无论如何不是依。[682]**（58）**

实有是存在的话，就有能依和所依的本性，譬如说“水面有果子，树上有鸟巢”。我是实有是不成立的，不生的缘故，就像空华一样。

[MHK: D. 30a1; C. 30a1; P. 33a1; N. 29b7; G. 39b4]

[TJ: D. 264a4; C. 264a4; P. 298a3; N. 285b3; G. 380a2]

因为我是实有性是不成立的，所以，这里，

如何能够看得见，

一切生物即是我？[683]**（59ab）**

（佛教徒）认为：“能依不成立的话，什么与所依结合？”（我）是实无性的缘故，

我之无我不被许，

犹如非有之自性。[684]**（59cd）**

[682] 本颂意为：实有的依止是合理的，我与实有是不相应的，就像空华是不生的一样，所以，（我）无论如何都不是依止。

[683] 本颂意为：如何看见一切已生、正生、将生就是我？

[684] 本颂意为：我的无我本性是不被承认的，就像非实在之物的本性一样。

བདག་མེད་པའི་རྟས་བདག་གི་བདག་ཉིད་དུ་རིགས་པ་མ་ཡིན་ཏེ། ཇི་ལྟར་·685-ནམ་མཁའི་-685·མེ་ཏོག་ལ་སོགས་པའི་དངོས་པོ་མེད་པའི་ངོ་བོ་ཉིད་བཞིན་ནོ།།

[MHK: D. 30a2; C. 30a1; P. 33a2; N. 29b7; G. 39b5]

[TJ: D. 264a6; C. 264a6; P. 298a5; N. 285b5; G. 380a4]

　　བྱིས་སོགས་ཁྱད་པར་མེད་མ་ཡིན།།
　　བརྟེན[686]·མེད་པ་དང་དཔེ་མེད་ཕྱིར།།
　　བདག་གཅིག་ཡིན་ན་དུ་མ་ཡི།།
　　སྐྱོན་རྣམས་འབྱུང་བར་འགྱུར་མ་ཡིན།། (60)

na (20b1)bālādyaviśeṣo① 'to nirādhāro② 'nidarśanaḥ/

ekatvenātmano naikadoṣopaplavasaṃbhavaḥ// (60)

(①=NH, Q, L; Ms, SG na[ ]viśeṣā. ②=SG, NH, Q, L; Ms nidhādhāro)

གང་སྨྲས་པ།[687] བྱིས་པ་དང་། མཁས་པ་དང་། གདོལ་པ་དང་། བྲམ་ཟེ་ལ་སོགས་པ་རྣམས་མཉམ་པ་ཉིད་དོ་ཞེས་ཟེར་བ་དེ་ཡང་དམ་པའི་བདག་ཉིད་མ་གྲུབ་ན་གང་བྱིས་པ་ལ་སོགས་པ་རྣམས་ཁྱད་པར་མེད་པ་དེའི་རྟེན་གང་ཞིག་ཡིན། རྟག་པ་ཀུན་ལ་ཁྱབ་པ་གཅིག་པུ་ལས་རིགས་མཐུན་པའི་དངོས་པོའི་དོན་གཞན་མེད་པས། འདི་ལ་དཔེ་མེད་པ་ཡིན་པའི་ཕྱིར་བྱིས་པ་ལ་སོགས་པ་ཁྱད་པར་མེད་པ་ཉིད་མི་འགྲུབ་པོ་ཞེས་བྱ་བར་བསམས་པའོ།།

[MHK: D. 30a2; C. 30a2; P. 33a2; N. 30a1; G. 39b5]

[TJ: D. 264b1; C. 264b1; P. 298a8; N. 285b7; G. 380a6]

བདག་གཅིག་པུ་ཉིད་དུ་ཡོད་པ་ཡིན་ན་སྐྱོན་མང་པོ་དང་ལྡན་པར་འགྱུར་ཏེ། སྐྱོན་དེ་དག་ཀྱང་གང་ཞེ་ན།

---

685 NG ནམཁའི

686 DCPNG རྟེན

687 PNG om. |

无我的实有是我的本性是不合理的，就像空华等非实在的事物的本性一样。

[MHK: D. 30a2; C. 30a1; P. 33a2; N. 29b7; G. 39b5]

[TJ: D. 264a6; C. 264a6; P. 298a5; N. 285b5; G. 380a4]

凡愚等非无差别，
无理由且无喻故，
若我根据唯一性，
众多错灾则产生。[688]（60）

所谓："凡愚、贤圣、旃陀罗、婆罗门等都是平等的。"那最高我不成立的话，那凡愚等是无差别的依据是什么？常住、遍在于一切、唯一（的原人）没有其他同类的事物，所以这里也没有譬喻，因此（佛教徒）认为"凡愚等无差别是不成立的"。

[MHK: D. 30a2; C. 30a2; P. 33a2; N. 30a1; G. 39b5]

[TJ: D. 264b1; C. 264b1; P. 298a8; N. 285b7; G. 380a6]

我以唯一性而存在的话，就会产生很多错误，如果问："那些错误是什么？"

[688] 本颂意为：凡愚等等不是没有差别的，没有理由、没有譬喻的缘故；根据唯一性，我的很多错误灾难就会产生。

ཅཻ[689]་ཏྲའི་བདག་དེ་མཻ[690]་ཏྲའི་བྱེད།།
མཻ[691]་ཏྲའི་བདག་གིའང་དེ་བཞིན་ཏེ།།
ཅཻ[692]་ཏྲའི[693]་ཐ་དད་མིན་དངོས་ཕྱིར།།
ཡང་ན་ཡུལ་ལ་དབྱེ[694]་མེད་ཕྱིར།། (61)

①-maitrātmā caitrakaraṇaiś-① caitrātmavad apīkṣatām/
caitrād abhinnamūrtitvād deśābhedād athāpi vā// (61)
(①=NH, Q, L; Ms, SG maitrātmacaikatrakaraṇaiś)

ཅེ་ཏྲའི་ལུས་ཀྱི་ནང་ན་ཡོད་པའི་བདག་[695]ནི་དེ་ཉིད་ཀྱི་ལུས་ལ་ཡོད་པའི་མིག་ལ་སོགས་པ་དེ་ཉིད་ནས་ལྟ་བར[696]་བྱེད་པ་ཡིན་གྱི་གཞན་གྱི་ལུས་ལ་ཡོད་པ་ནས་ནི་མ་ཡིན་ནོ་[697]ཞེས[698]་ཕ་རོལ་པོས[699]་འདོད་པ་ཡིན་ལ། བདག་ནི་གཅིག་ཉིད་ཡིན་པའི་ཕྱིར་ཇི་ལྟར་ཅཻ་ཏྲའི་རང་གི་བྱེད་པ་རྣམས་ནས་མཐོང་བ་དེ་བཞིན་དུ། མཻ་ཏྲའི་བྱེད་པ་རྣམས་ནས་ཀྱང་མཐོང་བར་འགྱུར་ཏེ། ཅིའི་ཕྱིར་ཞེ་ན། ངོ་བོ་ཐ་མི་དད་པ་ཡིན་པའི་ཕྱིར་ཏེ། གཟུགས[700]་ལ་དབྱེ་བ་མེད་པའི་ཕྱིར་ཞེས་བྱ་བའི་ཐ་ཚིག་གོ། བདག་གི་ཡུལ་ལ་བྱེད[701]་བ་མེད་པ་ཡིན་པས་མཻ་ཏྲའི་བདག་གི་ཡུལ་གྱི་ཕྱོགས་ན་ཡང་ཅེ་ཏྲའི་བདག་ཀྱང་གནས་པ་ཡིན་ལ། ཇི་ལྟར་དེ་རང་གི་བྱེད་པ་ནས་མཐོང་བ་དེ་བཞིན་དུ། གཞན་གྱི་བྱེད་པ་ནས་ཀྱང་མཐོང་བར་འགྱུར་བར་རིགས་ན་དེ[702]་ལྟར་མཐོང་བ་ནི་མེད་པས་དེས་ན་འདི་

[689] DK CK PK NK GK ཅེ
[690] DK CK PK NK GK མེ
[691] DK CK PK NK GK མེ
[692] DK CK PK NK GK ཅེ
[693] DK CK PK NK GK, PNG ཏྲ
[694] DK CK དབྱེར
[695] PNG ins. དེ
[696] DC ins. དེ
[697] PNG ins. ||
[698] D ཞེས
[699] C པས; PNG པོའི
[700] C གཞུགས
[701] DC བྱ

弥勒我被旃勒见，
旃勒我亦如此复，
实不异于旃勒故，
或境无有差别故。[703]**（61）**

虽然对方（吠檀多派）认为："旃勒的身体中存在的我，只能通过只存在于那（旃勒）的身体中的眼等（作具）观察，通过存在于其他人身体中（的眼等作具）不能（观察）。"但我是唯一性的缘故，就像旃勒用自己的各种作具观察一样，也可以用弥勒的各种作具观察。如果问："为什么？"（回答：）本性不相异的缘故，即"色中无差别"的意思。"我的对象是无差别的，所以弥勒的我的对象的种类也是旃勒的我所具有的，就像他用自己的作具观察一样，用其他人的作具也能观察"是合理的，但这种观察是不存在的。

702 N ད

703 本颂意为：弥勒的我可以被旃勒的作具观察到，旃勒的我也同样；实在性不异于旃勒的缘故，或者对象没有差别的缘故。

དག་གཅིག་པ་ཉིད་མ་ཡིན་ནོ།།

[MHK: D. 30a3; C. 30a2; P. 33a3; N. 30a1; G. 39b6]

[TJ: D. 264b5; C. 264b4; P. 298b4; N. 286a4; G. 380b5]

གཞན་ཡང་།[704]

བདེ་[705]དང་སྡུག་བསྔལ་སྤྱོད[706]་པ་དང་།།
དེ་གྲོལ་བས་ཀྱང་གྲོལ་བ་དང་།།
དེ་བཅིངས་པས་ཀྱང་བཅིངས་པ་དང་།།
དེ་སྡུག་པས་ཀྱང་སྡུག་ཉིད་འགྱུར།། (62)

sukhaduḥkhopabhoktā ca tanmuktau① cāpi mucyatām/
tadbandhe② cāpi bandho 'sya tadduḥkhe vāstu duḥkhitaḥ// (62)
(①=NH, Q, L; Ms, SG tanmukto. ②=Q, L; Ms, SG tadvatve; NH tadvat(t)ve)

བདག་གཅིག་པ་ཉིད་ཡིན་པའི་ཕྱིར།[707] ཙཻ[708]་ཏྲའི་བདག་བདེ་བར་གྱུར་པ་ན་མཻ[709]་ཏྲའི་བདག་ཀྱང་བདེ་བར་འགྱུར་ཞིང་། ཙེ[710]་ཏྲའི་བདག་གྲོལ་བ་ན་མེ[711]་ཏྲའི་བདག་ཀྱང་གྲོལ་བར་འགྱུར། མཻ་ཏྲའི་བདག་བཅིངས་པར་གྱུར་པ་ན་ཙེ་ཏྲའི་བདག་ཀྱང་བཅིངས་པ་ཐོབ་པར་འགྱུར་ཞིང་། ཙཻ་ཏྲའི་བདག་སྡུག་བསྔལ་བར་གྱུར་པ་ན་མཻ་ཏྲའི་བདག་ཀྱང་སྡུག་བསྔལ་བ་ཉིད་དུ་འགྱུར་རོ།།

[MHK: D. 30a3; C. 30a3; P. 33a4; N. 30a2; G. 39b6]

704 PNG om. །
705 N ins. བ
706 D སྤྱེད
707 PNG om. །
708 D ཙེ
709 D མེ
710 ཙཻ*
711 མཻ*

所以这些（我）不是唯一性的。

[MHK: D. 30a3; C. 30a2; P. 33a3; N. 30a1; G. 39b6]

[TJ: D. 264b5; C. 264b4; P. 298b4; N. 286a4; G. 380b5]

此外，

乐与苦之享受者，
彼获解脱亦解脱，
彼被系缚亦系缚，
彼受苦难亦苦难。[712] **（62）**

我是唯一性的缘故，旃勒的我享乐的时候，弥勒的我也应该享乐；旃勒的我解脱的时候，弥勒的我也应该解脱；弥勒的我被系缚的时候，旃勒的我也应该被系缚；旃勒的我受苦的时候，弥勒的我也应该受苦。

[MHK: D. 30a3; C. 30a3; P. 33a4; N. 30a2; G. 39b6]

[712] 本颂意为：苦乐的享受者解脱的时候那也应该解脱，系缚的时候那也应该被系缚，受苦的时候那也应该受苦。

[TJ: D. 264b6; C. 264b6; P. 298b7; N. 286a6; G. 381a1]

གལ་ཏེ་འབྱུང་བ[713]་ལ་སོགས་པའི་རྟེན་ཉིད་དང་། བྱིས་པ་ལ་སོགས་པའི་ཁྱད་པར་མེད་པ་གཅིག་པ་ཉིད་དུ་བདག་གིས་བཏགས་སུ་ཟིན་ཀྱང་གནོད་པ་ནི་ཅི་ཡང་མེད་དེ། ཇི་ལྟར་བདག་གིས་ཕྱོགས་གཉི་ག་ལ་གྲགས་པའི་བུམ་པའི་[714-]ནམ་མཁའ[-714]་དཔེར་བསྟན་པ་ཡིན[715]་ནོ་ཞེ་ན། དེ་ལ་བརྗོད་པར་བྱ་སྟེ།

བུམ་པའི་[716-]ནམ་མཁའ[-716]་དཔེར་བསྟན་པ།།
ཀུན་ལ་དེ་ནི་འབྱུང་མ་[717]ཡིན།། (63ab)

na ghaṭākāśadṛṣṭāntāt① sarveṣāṃ tadasaṃbhavaḥ/ (63ab)

(①=NH, Q, L; Ms, SG ghaṭākāśadṛṣṭāntā)

བདེ་བ[718]་དང་སྡུག་བསྔལ་ལ་འབྱུང་བ་མ་ཡིན་ནོ་ཞེས་བྱ་བའི་ཐ་ཚིག་སྟེ། ཇི་ལྟར[719]་ཞེ་ན།

གང་ཕྱིར་[720-]ནམ་མཁའ[-720]་གཅིག་ཉིད་དུ།།
ཁྱོད་ཀྱི[721]་དེ་ནི་མ་གྲུབ་སྟེ།། (63cd)

①-ākāśasya (20b2)yato-① 'siddham ekatvaṃ bhāvatāpi② ca// (63cd)

(①=NH, Q, L; Ms, SG ākāśa[ ]grato. ②=Ms, SG, Q; L bhavatāpi; NH bhavato 'pi.)

[722-]ནམ་མཁའི[-722]་དཔེ་བསྟན་པ་དེ་ནི་ཤིན་ཏུ་མ་གྲུབ[723]་པ་ཡིན་ནོ།།

[MHK: D. 30a4; C. 30a4; P. 33a4; N. 30a2; G. 40a1]

---

713 DC om. བ
714 NG ནམཁའ
715 PNG བཞི
716 NK GK, NG ནམཁའ
717 DC བ
718 DC om. བ
719 DC ལྟ
720 NK GK, NG ནམཁའ
721 N ཀྱིས
722 NG ནམཁའི
723 N སྒྲུབ

[TJ: D. 264b6; C. 264b6; P. 298b7; N. 286a6; G. 381a1]

如果（吠檀多论师）说："即使大种等的依性、凡愚等的无差别唯一性只是我（吠檀多派）的假设，（这种假设）也不会有过错；就像我说的双方共同承认的瓶空喻一样。"对此，回答：

瓶空喻故不可能，

一切万物彼不生。[724]**（63ab）**

"（唯一性）在苦乐中不产生"的意思，如果问："为什么？"

由此虚空存在性，

唯一性均不成立。[725]**（63cd）**

（吠檀多派）说的虚空的譬喻是绝对不成立的。

[MHK: D. 30a4; C. 30a4; P. 33a4; N. 30a2; G. 40a1]

---

[724] 本颂意为：根据"瓶空喻"，（唯一性）是不可能的，那（唯一性）不为一切万物而产生。

[725] 本颂意为：因为虚空的存在性和唯一性都是不成立的。

[TJ: D. 265a2; C. 265a1; P. 299a1; N. 286b2; G. 381a5]

གང་གི་ཕྱིར།

　　རྫས་ཀྱི[726]་ངོ་བོས་གང་སྟོང་པ།།

　　དེ་ནི་ཀུན་རྫོབ་[727]-ནམ་མཁའ-[727]་ཡིན།།

　　དེ་ལ་འགྲོ་ལྡན་འགྲོ་བ་དང་།།

　　དེ་ནི་སྐབས་འདོད་སྐབས་ཅན་ནོ།། (64)

mukto① dravyasya yo bhāvas tad ākāśaṃ hi sāṃvṛtam/

gatir gatimatāṃ tatra sa ’vakāśo ’vakāśinām// (64)

(①=Q, L; Ms, SG mukta; NH rikto)

མདོ་སྡེ་པའི་ལྟ་བའི་རྗེས་སུ་འབྲངས་ནས་ཐོགས་པ་དང་བཅས་པའི་རྫས་ཀྱི་དངོས་པོ་མེད་པ་ཙམ་[728]-ནམ་མཁའོ-[728]་ཞེས་བདག་གཅིག་ཀུན་རྫོབ་ཏུ་ཁས་བླངས་པ་ཡིན་པས་གང་གི་ཕྱིར་དེ་ནི་རྫས་ཀྱང་མ་ཡིན། རྟག་པ་ཡང་མ་ཡིན་པས་དེའི་ཕྱིར་འགྲོ་བ་དང་ལྡན་པ་རྣམས་དེ་ལ་འགྲོ་བ་དང་འོང་བ་ལ་སོགས་པའི་བྱ་བ་ཡང་འཇུག་པར་བྱེད་ལ། དེ་ཉིད་ལ་སྐབས་འདོད་པ་རྣམས་ཀྱིས་ཀྱང་སྐབས་ཐོབ་པར་འགྱུར་བས་དེས་ན་[729]-ནམ་མཁའ-[729]་ཞེས་བརྗོད་པ་ཡིན་ཏེ། ཡང་འདིའི་མདོའི་དོན་ནི་འདི་ཡིན་ཏེ། ཐོགས་པ་དང་བཅས་[730]པའི་རྫས་ཀྱི་དངོས་པོ་རི་དང་ཤིང་ལ་སོགས་པར་གནས་པ་དེ་ལ་ནི་[731]-ནམ་མཁའ-[731]་ཞེས་འདོགས་པར་མི་བྱེད་ལ། གནས་གང་ཐོགས་པ་དང་བཅས་པའི་རྫས་མེད་པར་གྱུར་པ་དེ་ནི་[732]-ནམ་མཁའ-[732]་ཞེས་བྱ་བ་རྫས་མེད་པ་ཙམ་ཡིན་གྱི། དེ་ལ་དངོས་པོ་ནི་ཕྲ་མོ་ཙམ་ཡང་ཡོད་པ་མ་ཡིན་ཏེ། གང་གི་ཕྱིར་དེ་ནི་རྫས་མེད་པར་གྱུར་པ་ལ་ལྟོས[733]་པ་དང་བཅས་པ་ཡིན་པས་ལྟོས[734]་པ་དང་བཅས་པ་ཉིད་ཡིན་པའི་ཕྱིར་ན་ཡང་ཐུང་ངུ་དང་རིང་པོ་

726 PNG ཀྱིས

727 NG ནམཁའ

728 NG ནམཁའོ

729 NG ནམཁའ

730 PNG ins. པ

731 NG ནམཁའ

732 NG ནམཁའ

733 PNG བལྟོས

734 PNG བལྟོས

[TJ: D. 265a2; C. 265a1; P. 299a1; N. 286b2; G. 381a5]

因为，

如若实有性是空，
彼应则是世俗空，
去只在于去者中，
此空间是空间者。[735] **（64）**

根据经量部（Sautrāntika）的观点“只要不存在有质碍的实有物就是虚空”，唯一的我在世俗中是被承认的，因为那（我）既不是实有也不是常住，所以具有去的（动作的）人在那（虚空）中进行来往等动作。而空间论者说：“因为能获空间，所以是虚空”。

另外，这经（量部）的意趣如下：在那具有质碍的实有，即山和树等存在中是不能施设虚空的，没有任何有质碍的实有才称为“虚空”，（虚空）只是实无，那（虚空）中连极微都不存在。因为那（虚空）观待于实无而有观待性的缘故，就像长短一样，这（观待性）是不确

[735] 本颂意为：如果实有物的本性是空无，那只是世俗意义上的虚空；去（这一动作）只存在于去者中，那空间（只存在于）有空间者中。

བཞིན་དུ་འདི་ལ་ངེས་པ་མེད་པ་ཡིན་པའི་ཕྱིར་མི་རྟག[736]་པ་ཉིད་ཡིན་ནོ།། དེའི་ཕྱིར་བཏགས་པར་ཡོད་པ་ཡིན་པས་ན[737,738-]ནམ་མཁའ[-738]་ནི་མེད་པའི་བདག་ཉིད་ཡིན་པའི་ཕྱིར་རང་གི་ངོ་བོ་ཡོད་པ་ཞིག་རྫས་སུ་ཡོད་ཅིང[739]་གནས་པའི་རྟེན་དུ་གྱུར་པ་ཡིན་ལ། དེ[740]་ལས་གཞན་པའི་ངོ་བོ་ནི་བརྟེན་པར་གྱུར[741]་པའོ[742]ཞེས་བྱ་བ་ནི་མེད་དོ།། གལ་ཏེ་འདི་ལྟར[743-]ནམ་མཁའ[-743]་ཤིན་ཏུ་མེད་པ་ཞིག་ཡིན་ན། ཅིའི་ཕྱིར་ཁྱོད་ཀྱི[744]་སྟོན་པ་སངས་རྒྱས་ཀྱིས་དེ་རླུང་གི་རྟེན[745]་ཡིན་པར་བསྟན[746]། [747-]ཇི་ལྟ[-747]་ཞེ་ན། གཽ་ཏ་མ་ས་ཅི་ལ་བརྟེན་ཏེ[748]གནས་ཞེས་གསོལ་པ་དང་། བྲམ་ཟེ་ས་ནི་ཆུ་ལ་བརྟེན[749]་ཏེ་གནས་སོ།། ཆུ་ཅི་ལ་བརྟེན་ཆུ་ནི་རླུང་ལ་བརྟེན[750]་ཏོ།། རླུང་ཅི་ལ་བརྟེན་རླུང་ནི[751-]ནམ་མཁའ[-751]་ལ་བརྟེན་ཏོ[752]ཞེས་འབྱུང[753]་བ་མ་ཡིན་ནམ་ཞེ་ན། མདོ་དེ་ཉིད་ལས་ངེས་པར་བྱས་ནས་བསྟན་པ་ཡིན་ཏེ། གཽ་ཏ་མ[754-]ནམ་མཁའ[-754]་ཅི་ལ་བརྟེན་ཞེས་གསོལ་པ་དང་། བྲམ་ཟེ་ཤིན་ཏུ་འདའ་བར་བྱེད་དེ་དྲིས་པའི་མཐའ་རྫོགས་པར་ནུས་པར་དཀའོ།། [755-]ནམ་མཁའ[-755]་ནི་

---

736 P རྟོག; G རྟོགས

737 NG om. ན

738 NG ནམཁའ

739 G ཅང

740 C ད

741 P འགྱུར

742 PNG ins. །།

743 NG ནམཁའ

744 G ཀྱིས

745 PNG བརྟེན

746 DC བརྟེན

747 PNG ཅི་ལྟར

748 PNG ins. །

749 G རྟེན

750 PNG རྟེན

751 G ནམཁའ

752 PNG ins. །།

753 བྱ*

754 NG ནམཁའ

755 P ནམ་མཁའི; NG ནམཁའི

定的缘故，所以（虚空）是无常性的。因此，（虚空）是施设有的话，虚空就是无的本性，所以不能说“（虚空）是有自性的实有而且是存在物的所依，不同于那（虚空的）其他事物都是能依。”

如果（吠檀多论师）说：“这样，虚空是完全不存在的话，为什么你的祖师佛陀说‘那（虚空）是风的所依’？”如果问“为什么？”（吠檀多论师）说：“（佛经中）不是这样的吗？‘（婆罗门）问：乔达摩，地依于什么而存在？’‘婆罗门，地依于水而存在。’‘水依于什么（而存在）？’‘水依于风（而存在）。’‘风依于什么（而存在）？’‘风依于虚空（而存在）。’”的话，那部经中还如下确定地宣说：“（婆罗门）问：‘乔达摩，虚空依于什么（而存在）？’‘婆罗门，最极超过，这种问题的尽头（你）是很难理解的。’”

གཟུགས་མེད་པ། བསྟན་དུ་མེད་པ། ཐོགས་པ་མེད་པ་[756]ཡིན་ན་དེ་ཅི་ཞིག་ལ་བརྟེན་པར་འགྱུར། འོན་ཀྱང་སྣང་བ་ལ་བརྟེན་ནས་[757-]ནམ་མཁའ་[-757]ཞེས་འདོགས་པར་བྱེད་དེ། དེའི་ཕྱིར་གཟུགས་མེད་པ།[758] བསྟན་དུ་མེད་པ། ཐོགས་པ་མེད་པ་ཉིད་དང་། རྟེན་མེད་པ་ཉིད་ཡིན་པའི་ཕྱིར་[759-]ནམ་མཁའ་[-759]ནི་རྫས་མེད་པ་ཉིད་དུ་བསྟན་པ་ཡིན་ཏེ། སྣང་བ་ལ་བརྟེན་ནས་བཏགས་པ་ཉིད་ཡིན་པས་བཏགས་པ་ཙམ་ཉིད་ནི་ཀུན་རྫོབ་ཀྱི་བདེན་པ་ཡིན་ནོ།། དེས་ན[760-]ནམ་མཁའ་[-760]ཞེས་བྱ་བའི་རྫས་ནི་ཅུང་ཞིག་ཀྱང་ཡོད་པ་མ་ཡིན་ནོ།།[761] གང་གི་ཕྱིར་འདི་ནི་རྟག་པ་དང་།[762] ཐམས་ཅད་ལ་ཁྱབ་པ་དང་[763]གཅིག་པུ་ཉིད་དོ་ཞེས་བྱ་བའི་བདག་གི་དཔེར་བསྟན་པ་དང་ཆོས་མཐུན་པ་ཉིད་དུ་འགྱུར་པ་མ་ཡིན་པས་འདི་ལྟར་གཞན་[764-]ལ་མ་[-764]གྲུབ་པ་ཉིད་ཡིན་ནོ།།

[MHK: D. 30a4; C. 30a4; P. 33a5; N. 30a3; G. 40a1]

[TJ: D. 265b4; C. 265b4; P. 299b6; N. 287a5; G. 382a3]

དེས[765]་ན་[766-]ནམ་མཁའ་[-766]སྒྲིབ[767]་མེད་མིན[768]།།
སྐབས་སྦྱིན་པ་ཡང་མ་ཡིན་ཏེ།།
དེ་ཡོད་གཏན་ཚིགས་སྨྲས་པ་ཡིས།།
གཏན་ཚིགས་འདི་ཡང་མ་གྲུབ་ཉིད།། (65)

---

[756] G ins. །

[757] NG ནམཁའ

[758] G om. །

[759] NG ནམཁའ

[760] NG ནམཁའ

[761] PNG om. །།

[762] PNG om. །

[763] PNG ins. །

[764] DC ལས; cf. MHK k. 65, TJ ad 65.

[765] N དས

[766] PK ནམ་མཁའི; NK GK ནམཁའི; G ནམཁའ

[767] G གྲིབ

[768] PNG ཡིན

虚空是无色、不可见、无质碍的话，那（虚空）依于什么而存在？然而，（虚空）依于光而施设称为“虚空”， 因此，（虚空）是无色、不可见、无质碍性、无所依性的，所以宣说“虚空是实无性”的，即是依于光的施设，而施设仅仅是世俗谛的，因此，称为“虚空”的实有是绝对不存在的。

因为宣说的这“常住、遍在于一切、唯一性”的我的譬喻与法不相符，所以，这样就是随一不成。

[MHK: D. 30a4; C. 30a4; P. 33a5; N. 30a3; G. 40a1]

[TJ: D. 265b4; C. 265b4; P. 299b6; N. 287a5; G. 382a3]

是故虚空非无障，
非是空间给予者，
说彼因是彼有时，
因却不能被成立。[769]**（65）**

[769] 本颂意为：所以，虚空不是无障碍的，而且不是空间的给予者；那（虚空的）存在性作为那因被说的时候，因却是不被成立的。

nāto ’nāvṛtir[①] ākāśaṃ nāvakāśasya dātṛ ca/

taddhetūktau tadastitve hetos tu syād asiddhatā// (65)

([①]=NH, Q, L; Ms, SG ’nāvṛ[ ]r)

[770-]ནམ་མཁའ་[-770]་ནི་སྒྲིབ་པ་མེད་པའི་མཚན་ཉིད་ཅན་ཡིན་ལ། སྐབས་སྦྱིན་པར་བྱེད་པ་ཞེས་བྱ་བ་ནི་དེའི་འབྲས་བུ་ཅན་ཡིན་ནོ་ཞེས་བྱ་བྲག[771]་ཏུ་སྨྲ་བས་འདོད་[772]ལ་དེ་ཡང་ཡོད་པ་མ་ཡིན་ཏེ། [773-]ནམ་མཁའ་[-773]་ནི་རྫས་ཡོད་པ་དང་ལྡན་པ་མ་ཡིན་པའི་ཕྱིར་རོ།། གལ་ཏེ་ཡང་[774-]ནམ་མཁའ་[-774]་ནི་ཡོད་དེ། སྒྲིབ་པ་མེད་པའི་མཚན་ཉིད་ཅན་ཡིན་པའི་ཕྱིར་རམ། སྐབས་སྦྱིན་པར་བྱེད་པའི་འབྲས་བུ་ཅན་ཡིན་པའི་ཕྱིར་རོ།། ཡོད་པ་མ་ཡིན་པའི་རི་བོང་གི་རྭ་ལ་སོགས་པ་ལ་ནི་སྒྲིབ་པ་མེད་པའི་མཚན་ཉིད་དང་། སྐབས་སྦྱིན་པར་བྱེད་པ་མེད་དོ།། [775-]ནམ་མཁའ་[-775]་ལ་ནི་[776-]སྒྲིབ་པ་[-776]་མེད་པའི་མཚན་ཉིད་དང་[777]སྐབས་སྦྱིན་པར་བྱེད་པའི་འབྲས་བུ་ཡོད་པའི་ཕྱིར་ཡོད་པ་ཡིན་ནོ།། དེ་སྐད་སྨྲས་པའི་གཏན་ཚིགས་འདི་དག་ནི་གཞན་ལ་མ་གྲུབ་པ་ཉིད་ཡིན་ཏེ། [778-]ནམ་མཁའ་[-778]་ནི་རྫས་ཀྱི་དངོས་པོ་དང་བྲལ་བ་ཙམ་ཉིད་ཡིན་པར་ཁོ་བོས་ཁས་བླངས་པའི་ཕྱིར་རོ།།

[MHK: D. 30a5; C. 30a5; P. 33a5; N. 30a3; G. 40a2]

[TJ: D. 266a1; C. 266a1; P. 300a2; N. 287b2; G. 382b1]

གཞན་ཡང་དངོས་པོ་རྟག་པ་ཐམས་ཅད་ལ་ཁྱབ་པའི་བདག་དངོས་པོ་ཐམས་ཅད་ཀྱི་རྟེན་དུ་གྱུར་པ་[779-]ནམ་མཁའ་[-779]་དང་[780]་འདུ་བ་ཡིན་ནོ་ཞེས་སྨྲས་པ་དེ་ལ། དེ་ལས་གཞན་དུ་རྟོག་གེའི་[781]་གནོད་པ་ཉེ་བར་

---

[770] NG ནམཁའ

[771] བདག*

[772] PNG ins. | ད

[773] NG ནམཁའ

[774] NG ནམཁའ

[775] NG ནམཁའ

[776] PNG སྦྱིན་པར་བྱེད་པ

[777] PNG ins. |

[778] NG ནམཁའ

[779] PNG ནམཁའ

[780] N om. དང

[781] DN གའི

有我论者认为“虚空具有无障碍的特性，是‘给予空间者’且具有那（给予空间者）的果。”但那（虚空）是不存在的，即虚空不是具有存在的实有的缘故。

如果（吠檀多论师说：）“虚空是存在的，具有无障碍的特性的缘故，或者具有给予空间者的果的缘故。不存在的兔角等既没有无障碍的特性也不能给予空间。虚空因为有无障碍的特性和给予空间的果，所以是存在的。”

那样说的这些因是随一不成的，因为我们认为虚空的确与实有物相违背。

[MHK: D. 30a5; C. 30a5; P. 33a5; N. 30a3; G. 40a2]

[TJ: D. 266a1; C. 266a1; P. 300a2; N. 287b2; G. 382b1]

此外，（如果吠檀多论师）说：“实有、常住、遍在于一切的我是一切万物的所依，与虚空相似。”

དགོད[782]་པའི་སྒོ་ནས་སློབ་དཔོན་གྱིས་སྨྲས་པ།

རྒྱུ་ལས[783]་ཉེ་བར་མ་བྱུང་བ།།
[784-]ནམ་མཁའ[-784]་དངོས་པོར་མི་འདོད་དོ[785]།།
དེ་ནི་གཅིག་ཀྱང་མ་ཡིན་ཏེ།།
མོ་གཤམ[786]་གྱི་ནི་བུ་བཞིན་ནོ།། (66)

nāpi hetvanupādānād ākāśaṃ bhāva iṣyate/

vandhyāt anayavan nāpi tad ekam ata eva hi// (66)

[787-]ནམ་མཁའ[-787]་ཞེས་བྱ་བ་ནི་ཆོས་ཅན་ནོ།། དེ་ནི་དངོས་པོ་མ་ཡིན་ཏེ་[788]ཞེས་བྱ་བ་ནི་དེའི་ཆོས་སོ།། རྒྱུ་ལས་ཉེ་བར་མ་བྱུང་བའི་ཕྱིར་ཞེས་བྱ་བ་ནི་གཏན་ཚིགས་སོ།། འབྱུང་བར་འགྱུར་བས་ན་དངོས་པོ་སྟེ།[789] རྒྱུ་དང་རྐྱེན་ལས་བསྐྱེད་ནས་འབྱུང་བ་ཞེས་བྱ་བའི་ཐ་ཚིག་གོ། [790-]ནམ་མཁའ[-790]་ནི་སྐྱེད་པར་བྱེད་པའི་རྒྱུ་འགའ་ལས་ཀྱང་བྱུང་བ་མ་ཡིན་པས། རྒྱུ་དང་ལྡན་པ་མ་ཡིན་པ་འདི་དངོས་པོར་ལྟ་ག་ལ་འགྱུར་ཏེ། མོ་གཤམ་གྱི་བུ་བཞིན་ནོ།། དེ་ནི་ཕ་དང་མའི་ཁུ་བ་དང་ཁྲག[791]་ལ་སོགས་པ[792]་རྒྱུ་ལས་བྱུང་བ་མ་ཡིན་པས་ཇི་ལྟར་དེ[793]་མེད་པ་ཉིད་ཡིན་པ་ལྟར་[794-]ནམ་མཁའ[-794]་ཡང་དེ་བཞིན་ཏེ། དེ་ནི་[795-]གཅིག་པུ[-795]་ཀུན་ལ་ཁྱབ་[796-]པར་རོ[-796]་

[782] PNG དགོས
[783] PK NK GK ལ
[784] GK, CNG ནམཁའ
[785] CK དེ
[786] PK NK GK ཤམ
[787] NG ནམཁའ
[788] G ins. །
[789] PNG །།
[790] NG ནམཁའ
[791] G ཁབག
[792] PNG པའི
[793] PNG om. དེ
[794] NG ནམཁའ
[795] PNG om.
[796] PNG པའོ

鉴于这种推论的危害，阿阇梨说：

虚空是有不被许，
因无所取之缘故，
是故如同石女儿，
彼应不是唯一性。[797] **（66）**

“虚空”是有法。“那不是实有”是那（宗）的法。“因无所取之缘故”是因。

因为将来能产生所以是实有，即（实有是）“从因和缘产生然后存在”的意思。虚空连一点能生的因都没有，没有因的这个（虚空）怎么能成为实有？即“如同石女儿”。那（石女儿）不是从父母的精血等因产生的，所以那（石女儿）是不存在的，虚空也同样（不存在），即所谓“那（原人）是唯一、遍在于一切”等等所有（说法）都是不合

---

[797] 本颂意为：虚空不被认为是存在的，因无所取的缘故，就像石女儿一样，所以那（原人）不是唯一性的。

ཞེས་བྱ་བ་ལ་སོགས་པ་ཐམས་ཅད་ཀྱང་རིགས་པ་མ་ཡིན་ནོ།།

[MHK: D. 30a5; C. 30a5; P. 33a6; N. 30a4; G. 40a3]

[TJ: D. 266a5; C. 266a5; P. 300a7; N. 287b6; G. 382b5]

གང་ཡང་ཇི་ལྟར་བུམ་པ་ལ་སོགས་པ་ལ་དབྱེ་བ་ཡོད་དུ་ཟིན་ཀྱང་ས་ཉིད་ཡིན་པ་ལ་ནི་དབྱེ་བ་འགའ་ཡང་མེད་དོ་[798]ཞེས་བྱ་བ་ལ་སོགས་པ་བརྗོད་པ་དེ་ལ་ལན་འདི་ཡིན་ཏེ།

བུམ་སོགས་གཟུགས་ཀྱི་ས་རྣམས་ནི།།
ས་ཡི་རིགས་སུ་གཅིག་ན་ཡང་།།
རྫ[799]་སོགས་གཞན་དང་གཞན་ཡིན་ལྟར།།
དེས་ན་བདག་ནི་གཅིག་མ་ཡིན།། (67)

mṛdo ghaṭādirūpāyā mṛ(20b3)jjātīyatayaikatā/
anyā cānyā ca kuṇḍādāv ato naikatvam ātmanaḥ①// (67)
(①=NH, Q, L; Ms, SG ānataḥ)

སའི་རིགས་སུ་གཅིག་པ་ཉིད་ཡིན་ན་ཡང་།[800] དེ་ལྟ་ན་ཡང་བུམ་པ་དང་རྫ་བོ[801]་ལ་སོགས་པའི་[802]བྱས་པའི་བྱེ་བྲག་གི་དབྱེ་བ་ཡོད་པ་ཡིན་ཡང་སར་གཅིག་པ་བཞིན་དུ་འདི་ཡང་གཅིག་ཉིད་ཡིན་ན་ཡང་འགྱུར་བའི་ཆོས་ཅན་ཡིན་པ་དང་། གཟུགས་དུ་མ་ཅན་དུ་འགྱུར་བ་ཡིན་ཏེ། དེ་ལྟར་ན་བདག་གི་གཅིག་པ་ཉིད་དུ་མ[803]་གྲུབ་བོ།།[804]

[MHK: D. 30a6; C. 30a6; P. 33a7; N. 30a4; G. 40a4]

---

[798] PNG ins. །།

[799] DCPNG ས

[800] PNG །།

[801] སོ*

[802] PNG ins. བྱ་བ

[803] DC om. མ

[804] N om. །།

道理的。

[MHK: D. 30a5; C. 30a5; P. 33a6; N. 30a4; G. 40a3]

[TJ: D. 266a5; C. 266a5; P. 300a7; N. 287b6; G. 382b5]

而且，对于“譬如，瓶等是有差别的，但是土本身完全没有差别。”等等说法，如下回答：

瓶等色形之泥土，
泥土种类是一性，
壶等之中相互别，
故我非是唯一性。[805] **（67）**

虽然土的种类是一性的，但瓶和壶等的作用是有种种差别的；而且就像土是同一的一样，这（我）即使是一性的但也是变化的有法而且具有多种形色，所以我是唯一性是不成立的。

[MHK: D. 30a6; C. 30a6; P. 33a7; N. 30a4; G. 40a4]

[805] 本颂意为：对于（做成）瓶等形色的土来说，土的种类是一性的，但在壶等中（土的形态）是各不相同的，所以我不是唯一性的。

[TJ: D. 266a7; C. 266a7; P. 300b2; N. 288a1; G. 383a2]

གང་ཡང་། [808-]བདག་མ་ཤེས་ཤིང་མ་རྟོགས[806]·པས།། རྨི་ལམ་ལོངས་སྤྱོད་ང[807]·རྒྱལ་བཞིན།།[-808] ཞེས་བྱ་བ་ལ་སོགས་པ་སྨྲས་པ་དེ་ཡང་ཤེས་པའི་ངོ་བོ་ཞིག་ཡིན་པས་མངོན་པའི་ང་རྒྱལ་བྱེད་པར་འགྱུར་རམ། མི་ཤེས་པའི་ངོ་བོ་ཞིག་ཡིན་པར་འགྱུར་ཞེས་དེ་ལ་ཡང་།

ཤེས་ཉིད་ཕྱིན་ཅི་མ[809]·ལོག[810]·པས།།[811]
ཤེས་འདི་ང་རྒྱལ་མི་རིགས་སོ།།
མི་ཤེས་ཉིད་ནའང་ལོག་མེད་པས།།
མི་ཤེས་ང་རྒྱལ་མི་འདོད་དོ[812]།། (68)

jñatve saty aviparyāsān[①] neṣṭā jñasyābhimānitā/
ajñatve cāviparyāsān neṣṭā ’jñasyābhimānitā// (68)
([①]=NH, L, Q; Ms, SG aviparyāsā)

ཞེས་བྱ་བ་སྨྲས་ཏེ། རེ་ཞིག་ཤེས་པའི་ངོ་བོ་ཉིད་ཡིན་ན་ནི་མིག་དང[813-]·ལྡན་པའི[-813]·སྐྱེས་བུ་བཞིན་དུ། དོན་ཅི[814]·ལྟ་བ་བཞིན་དུ་རིགས་པ་ཡིན་པས་ཕྱིན་ཅི་ལོག་མེད་པ་ཡིན་ནོ།། མི་ཤེས་པ་གཅིག་ཡིན་ན་ཡང་དམུས་ལོང་བཞིན་དུ་ཅི་ཡང་ཤེས་པ[815-]·མེད་པ[-815]·ཡིན་པའི་ཕྱིར་རོ།། ཕྱིན་ཅི་ལོག་མེད་པ་ཡིན་ན་ཅི་ལྟར་ལོངས་སྤྱོད་པར་མངོན་པའི་ང་རྒྱལ་བྱེད་པར་འགྱུར།

[MHK: D. 30a7; C. 30a6; P. 33a7; N. 30a5; G. 40a4]

---

806 DK CK རྟགས; PNG གཏོགས

807 C པར

808 PNG om. ||. 该句被当作颂文出现在藏译 MHK 中，但实际上该句是引用了第 13ab 颂，故不将其作为偈颂计算。

809 G om. མ

810 PK NK GK, CPNG ལོགས

811 G om. ||

812 P པས

813 PNG om.

814 PNG ཇི

815 PNG om.

[TJ: D. 266a7; C. 266a7; P. 300b2; N. 288a1; G. 383a2]

而且，“未觉悟故不知我，犹如梦中享我慢”等说法，那是根据有知的本性生起增上我慢还是根据无知的本性生起（增上我慢）？其中，

有知中无颠倒故，
知者我慢不被许，
无知亦无颠倒故，
无知我慢不被许。[816]（68）

这样说，即，首先，是知的本性的话，就像具有眼睛的人一样，如实（观察）对象，所以是无颠倒的。（其次，）是无知的本性的话，就像天生盲一样，什么都不知道的缘故（也是无颠倒的）。由此，无颠倒的话，如何享受而生起增上我慢？

[MHK: D. 30a7; C. 30a6; P. 33a7; N. 30a5; G. 40a4]

---

[816] 本颂意为：有知中没有颠倒的缘故，有知我慢不被承许；无知中也没有颠倒的缘故，无知我慢不被承许。

[TJ: D. 266b3; C. 266b3; P. 300b6; N. 288a4; G. 383a5]

གང་ཡང་འདི་སྐད་དུ། ལུས་ལ་གནས་ཀྱང་མ་ཆགས་དང་། སྤྱོད་པར་བྱེད་ཀྱང་མི་གོས་ཏེ།། ཞེས་བྱ་བ་ལ་སོགས་པ་སྨྲ་བར་བྱེད་པ་དེ་ལ་ཡང་།

817-ནམ་མཁའ་-817·བཞིན་དུ་འགྱུར་མེད་ཕྱིར།།

དེ་བཞིན་ཆགས་པ་མེད་པའི་ཕྱིར།།

བདག་ནི་བྱེད་པོར་818·མི་རིགས་ལ།།

ཟ་བ་པོར་ཡང་མི་རིགས་སོ།། (69)

vyomavac cāvikāritvād asaṅgatvād athāpi vā/

nātmanaḥ kartṛtā yuktā yuktā nāpi ca bhoktṛtā// (69)

འགྱུར་བའི་ཆོས་ཅན་ཞིག་ཡིན་ན་·819བྱེད་པ་པོ་དང་ཟ་བ་པོར་རིགས་ཏེ། རྒྱུན་820·པ་ལ་སོགས་པ་རྟག་ཏུ་བྱ་བ་དེ་ལ་ཞུགས་ཤིང་བྱེད་པ་པོ་ཉིད་ཡིན་པས་འབྲས་བུ་སྨིན་པའི་དུས་ན་ཡང་821·ཟས་ལ་སོགས་པ་ལ་ཆགས་པས་ཟ་བ་པོ822·ཉིད་ཡིན་པ་བཞིན་ནོ།། ཡང་གང་དག་སྔོན་དང་ཕྱི་མའི་དུས་ན་ངོ་བོ་གཅིག་ཏུ་གྱུར་ཅིང་རང་གི་བྱ་བ་ལ་འཇུག་པར་ཡང་མི་བྱེད་ལ། ཡུལ་རྣམས་ལ་ཆགས་པ་མེད་པ་དེ་ནི་བྱེད་པ་པོ་དང་། ཟ་བ་པོ་ཡིན་ནོ་ཞེས་བྱ་བའི་ཚིག་དེ་ལ་བློ་ཡིད་ཆེས་པ་སྐྱེ་བར་མི་འགྱུར་རོ།། །།

དབུ་མའི་སྙིང་པོའི་འགྲེལ་པ་རྟོག་གེ་འབར་བ། བམ་པོ་ཉི་ཤུ་གསུམ་པ།།823

[MHK: D. 30a7; C. 30a7; P. 33a8; N. 30a5; G. 40a5]

[TJ: D. 266b6; C. 266b6; P. 301a2; N. 288b1; G. 383b3]

---

817 NK GK, NG ནམཁའ

818 N པར

819 PNG ins. ནི

820 N རྒྱུན

821 PNG ins. །

822 D པ

823 DC །

[TJ: D. 266b3; C. 266b3; P. 300b6; N. 288a4; G. 383a5]

如果（吠檀多论师）这样说："无贪着故依于身，即便享受不被染"等等，对此，

如虚空无变化故，
且亦无有贪着故，
我是作者乃非理，
享受者亦不合理。[824]**（69）**

是变化的有法的话，作者和享受者是合理的，即，譬如农民等在进行日常劳作的时候就是作者，而果子成熟的时候贪着于食物等就是享受者。但是，那前后际的时候，自性是一而且不进行自己的作为，不贪着于各种对象，称那（我）为"作者和享受者"的言词，对其是不能生起信任的。

《中观心论注·思择焰》卷二十三（终）。

[MHK: D. 30a7; C. 30a7; P. 33a8; N. 30a5; G. 40a5]
[TJ: D. 266b6; C. 266b6; P. 301a2; N. 288b1; G. 383b3]

[824] 本颂意为：像虚空一样是无变化的缘故，或者是无贪着的缘故，我是作者是不合理的，是享受者也是不合理的。

གཞན་ཡང་།

བྱེད་པོ་བདག་ཡིན་མི་གོས་པ།།

བྱེད་པོའི་འབྲས་བུ་འདོད་ཅི[825]་ལྟར།།

མི་དབང་སྡིག་དང་བཅས་པའི་ཕྱིར།།

རྒྱལ་པོའི་དཔེ་ནི་མི་རིགས་སོ།། (70)

kartā cel lipyate nātmā kartur iṣṭaṃ phalaṃ katham/

na yukto ①-rājadṛṣṭāntaḥ pāpabhāg-① nṛ(20b4)patir yataḥ// (70)

(①=NH, Q, L; Ms rājadṛṣṭāntapāpabhāg; SG rājadṛṣṭāntupāpabhāg)

བྱེད་པ་པོའི་བྱེད་པ་པོ་ཡིན་པའི་མཚན་མ་ནི་འདི་ཡིན་ཏེ།[826] གང་འདི་དགེ་བ་དང་མི་དགེ་བའི་ལས་ཀྱི་འབྲས་བུས་གོས་པར་འགྱུར་བའོ།། འབྲས་བུ་རྗེས་སུ་སྤྱོད་པར་འགྱུར་བ་མེད་ན། བྱེད་པ་པོའི་བྱ་བ་ཐམས་ཅད་དོན་མེད་པར་འགྱུར་ཏེ། དེས་ན་ཟ་བ་པོ་ཉིད་དང་ཡང་ལྡན་པར་མི་འགྱུར་བས་བྱེད་པ་པོ་ཉིད་སྒྲུབ་པར་ཤིན་ཏུ་དཀའོ།། འདིའི་དཔེ་རྒྱལ་པོས་བསྟན་པ་ཡང་རིགས་པ་མ་ཡིན་ཏེ། སྡིག་པས[827]་རྗེས་སུ་གོས་པ་ཉིད་ཡིན་པའི་ཕྱིར་བསྒྲུབ་པར་བྱ་བ་དང་། ཆོས་མི་མཐུན་པ་ཡིན་ཏེ། སྲོག་གཅོད་པ་དང་། མ་བྱིན་པར་ལེན་པ་དང་། བརྫུན་དུ་སྨྲ་བ་ལ་སོགས་པ་མི་དགེ་བ་བྱས་པས་རྒྱལ་པོ་ཡང་སྡིག་པའི་སྐལ[828]་བ་དང་ལྡན་པར་འགྱུར་བ་བཞིན་ནོ།། གང་གི་ཕྱིར་དམྱལ་བ་ལ་སོགས་པར་ལྟུང[829]་བས་འཇིགས་པ་ཡོད་པས་འདི་ནི་ཆོས་ལ་མཐུན་པར་སྤྱོད་པ་ལ་སོགས་པ་ཡང་བསྟན་པ་ཡིན་གྱི།[830] ཡང་གལ་ཏེ་འདི་ལ་སྡིག་པ་ལ་སོགས་པས་མི་གོས་པ་གཅིག་ཡིན་ན་ནི་ཇི་ལྟར་འདོད་པ་བཞིན་དུ་སྤྱོད་ཀྱང་འགལ་བར་འགྱུར་བ་མ་ཡིན་པ་ཞིག་ཡིན་ན་དེ་ལྟར་ན་ནི་མི་འགྱུར་ཏེ། དེས་ན[831]་མིའི[832]་བདག་པོ་ཡང་སྡིག་དང་བཅས་པར་འགྱུར་བ་བཞིན་དུ་སྐྱེས་བུ་ཡང་དགེ་བ་དང་མི་དགེ་བའི་

---

825 PK, PNG ཇི

826 PNG ནོ།།

827 PNG པ

828 P རྒྱལ

829 PNG ལྟུང

830 N om. །

831 PNG ནི

832 PNG མའི

此外，

如若我是作业者，
何许作者不染果？
人主具有罪障故，
国王之喻不合理。[833]**（70）**

“作者”作为作者的特征如下：这（作者）沾染任何善或不善的业的果报。如果（作者）不受果报的话，作者的一切活动就没有了意义，所以（我）不具有享受性的话，作者性就很难成立。

之前说的国王的譬喻也是不合理的，（国王）也会被罪障污染的缘故，所立与法相违背，即，国王也会因为杀生、偷盗、妄语等不善的行为而获得相应的罪障。因为具有堕入地狱等的恐惧，所以这（国王）被教育应该如法地行为等，但是如果这（国王）是唯一不沾染罪障等的话，就像纵欲而不违（法）一样，这样是不可能的。由此，人主也会成为有罪者。

[833] 本颂意为：如果我是作者的话，作者不被果所沾染怎么能被承许？人主（即国王）也是有罪障的，所以国王喻是不合理的。

འབྲས་བུ་མི་སྨྱོང་བར་མི་རིགས་ཏེ། དགེ་བ་དང་། མི་དགེ་བའི་འབྲས་བུ་རྣམས་བདག་གིས་སྨྱོང་བར་འགྱུར་རོ།། དེས་ན་མི་རྟག་པ་དང་ཀུན་ལ་ཁྱབ་པ་མ[834]·ཡིན་པའི་སྐྱོན་ཡོད་པར་འགྱུར་ཏེ། ཞིང་པ་ལ་རྐྱེན་མོ་ལ་སོགས་པ་འབྱུང་བ་བཞིན་ནོ།།

[MHK: D. 30b1; C. 30b1; P. 33b1; N. 30a6; G. 40a5]

[TJ: D. 267a4; C. 267a4; P. 301b1; N. 288b6; G. 384a4]

གང་ཡང་ཁྱོད་ཀྱིས[835]·འདི་སྐད་དུ།། གཅིག་པུ་ཀུན་ཁྱབ་རྟག་པ་སྟེ།། ཞེས་བྱ་བ་ལ་སོགས་པ་སྨྲས་པ་དེ་ཡང་མི་བདེན་ཏེ།། གང་གི་ཕྱིར།

ཕྱི་རོལ་ལ་ནི་མ་ལྟོས[836]·པར།།
གཅིག་ཉིད་ངོ་བོ་ཉིད་མི་རིགས།།
གཅིག་ཉིད་དང་ལྡན་པས་ཤེ[837]·ན།།
དེ་ནི་དེ་དང་ལྡན་མ་ཡིན།། (71)

na caikatādvitīyasya yuktā bāhyānapekṣaṇāt①/

ekatvayogād ekaś ced yogas tasyaiva netaraḥ②// (71)

(①=NH, Q, L; Ms, SG pohyānapekṣaṇāḥ. ②=NH, Q, L; Ms, SG nenannaḥ)

གཉིས་མེད་པའི་གཅིག་པུ་ཞེས་བྱ་བ་ནི་ཇི་ལྟར་སྐྱེ་བོ་དབུལ་པོ་མང་པོའི་ནང་ན་མིའི་བདག་པོ་ནི་གཅིག་པུའོ་ཞེས་ཕྱི་རོལ་གྱི་སྐྱེ་བོ་མང་པོ་ལ་ལྟོས[838]·ནས། མིའི་བདག་པོ་གཅིག་པུ་ཡིན་པར་རྗོད་པར་བྱེད་ལ། ཡང་བདག་ནི་ནང་དང་ཕྱི་རོལ་ཐམས་ཅད་དུ་དེ་ཉིད་གནས་པ་ཡིན་པས་གང་ལ་ལྟོས[839]·ནས་གཅིག་ཉིད་དུ་འགྱུར། གལ་ཏེ་ཡང་གྲངས་གཅིག་ཉིད་དང་ལྡན་པས་གཅིག་ཉིད་ཡིན་ནོ་ཞེ་ན། བདག་ལས་གཞན་པའི་གཅིག་ཅེས་བྱ་བ་ནི་

---

[834] G om. མ

[835] G ཀྱི

[836] PK NK GK, PNG བལྟོས

[837] PK NK GK ཞེ

[838] PNG བལྟོས

[839] PNG བལྟོས

同样，原人不受善和不善的业的果报是不合理的，即我（原人）应享受善和不善的业的各种果报。这样的话，非常住、不遍在于一切的过错就会产生，就像在农民中产生盗贼等一样。

[MHK: D. 30b1; C. 30b1; P. 33b1; N. 30a6; G. 40a5]

[TJ: D. 267a4; C. 267a4; P. 301b1; N. 288b6; G. 384a4]

另外，你（吠檀多派）的如下“（原人）是唯一、遍在、常住”等等主张都是不正确的，因为：

不观待于外物故，
不二唯一不合理，
若与一性合故一，
合则唯它无其余。[840]（71）

“不二的唯一”就像在很多穷人中间，人主是“唯一”，观待于外面的众人，所以可以说主人是唯一的。

但是，我存在于内外一切事物中的话，观待于什么而成为一性？

如果（吠檀多论师）说：“与数字一相结合，所以（我）是一性”

[840] 本颂意为：不观待于外物的缘故，不二的唯一性是不合理的；如果因为与一性结合而是一，结合只能是那（原人）本身而不是其他。

ཡོད་པ་མ་ཡིན་ན[841]། དེས་ན་ཇི་ལྟར་དེ་དེ་དང་ལྡན་པར་འགྱུར་ཏེ། སོར་མོ་དེ་ཉིད་ཀྱིས་སོར་མོ་དེ་ཉིད་ཀྱི་རྩེ་མོ་ལ་རེག་པར་མི་ནུས་པ་བཞིན་ནོ།།

[MHK: D. 30b1; C. 30b1; P. 33b1; N. 30a6; G. 40a6]

[TJ: D. 267a7; C. 267a7; P. 301b6; N. 289a3; G. 384b1]

འོན་ཏེ་ཡང་ཡུལ་དང་ཡུལ་ཅན་གྱི་ངོ་བོ་དུ་མ་ཉིད་དུ་བཏགས་པ་ཡིན་ལ་དེ་བསལ[842]་བའི་སྒོ་ནས་བདག་གཅིག་པུ་ཉིད་དུ་བརྗོད་པར་བྱའོ་ཞེ་ན། དེ་ཡང་འདི་ལྟར་མི་རིགས་ཏེ།

དུ་མ་ཉིད་དུ་བཏགས[843]་པ་དག།
བསལ[844]་བ་གཅིག་ཉིད་ཡིན་ཞེ་ན།།
ཇི་ལྟར་བཏགས[845]་པ་ཀུན་རྫོབ་ཕྱིར།།
དེས་ན་གཅིག་དེ[846]་དོན་དམ་མིན།། (72)

anekaṃ kalpayitvā ced ekatā tadapohataḥ/

ekatvaṃ tattvato na syāt kalpanā sāṃvṛtī yataḥ// (72)

གཅིག་ཉིད་ཀྱི་རང་བཞིན་ནི་མེད་པས་གཅིག་ཅེས་བྱ་བ་དེ་བཏགས་པ་ཡིན་པར་འགྱུར་ལ། གང་བཏགས་པ་ཡིན་པ་དེ་ནི་དོན་དམ་པར་གཅིག་མ་ཡིན་ཏེ། བཏགས་པ་ནི་ཀུན་རྫོབ་ཉིད་ཡིན་པའི་ཕྱིར་རོ།།

[MHK: D. 30b2; C. 30b2; P. 33b2; N. 30a7; G. 40a6]

[TJ: D. 267b2; C. 267b2; P. 301b8; N. 289a5; G. 384b3]

གལ་ཏེ་ཡང་།

རྟག་དང་གཅིག་སོགས་ངོ་བོ་ཡིས།།

---

[841] DC ཏེ

[842] PNG གསལ

[843] DK CK PK NK GK བརྟགས

[844] DK CK PK NK GK, PNG གསལ

[845] DK CK PK NK GK བརྟགས

[846] DK CK སྟེ

的话，（回答：）除我之外的其他“一”是不存在的，所以那（我）如何与那（一性）结合？就像手指本身不可能触碰到它自己的指尖一样。

[MHK: D. 30b1; C. 30b1; P. 33b1; N. 30a6; G. 40a6]
[TJ: D. 267a7; C. 267a7; P. 301b6; N. 289a3; G. 384b1]

但是，如果（吠檀多论师）说：“虽然施设境和有境的本性是多性的，但是通过否定那（多性）就可以说我是唯一性的。”这种说法也是不合理的，

如若多性是施设，
消除彼即是一性，
施设乃是世俗故，
一性不是真实有。[847] **（72）**

一性的本性是不存在的，所以那所谓“一性”只是假名施设而已，而那施设在胜义上就不是一，因为施设只是世俗性的。

[MHK: D. 30b2; C. 30b2; P. 33b2; N. 30a7; G. 40a6]
[TJ: D. 267b2; C. 267b2; P. 301b8; N. 289a5; G. 384b3]

如果，

如若真实谛之中，

[847] 本颂意为：如果多性是施设性的，去除那（多性）就是唯一性的话；因为施设是世俗性的，所以一性不可能是真实的。

དོན་དམ་དེ་ཡོད་ཡིན་ཞེ་ན།།
གཅིག་སོགས་སྒྲ་དང་བློ་འཇུག་པ།།
དོན་ཡོད་ན་ནི་སྐྱོན་མེད་འགྱུར།། (73)

nityaikatvādirūpeṇa tattvataś cet sa vidyate/

ekādiśabdadhīvṛttir arthe sati niratyayā// (73)

སྒྲ་གང་དག་གིས་རྟག་པ་ཉིད་དང་།[848] གཅིག་པ་ཉིད་ལ་སོགས་པར་རྗོད་པར་བྱེད་པ་ལ་བློ་གང་དང་གང[849]་གིས[850]་རྟག་པ་ཉིད་དང་། གཅིག་པ་ཉིད་དུ་རྟོགས་པར་འགྱུར་བའི་སྒྲ་དེ་དག་དང་བློ་དེ་དག་འཇུག་པ་ནི་དེ་དག་མེད་པར་འགྱུར་ན། དེ་ལས་གཞན་པའི་དངོས་པོ་ནི་མེད་པས་མ་ངེས་པ་[851]མ་ཡིན་པ་[851]མ་ཡིན་ཏེ། བློ་དང་རྟོགས[852]་པར་བྱ་བ་གཉིས་གཅིག་ཉིད་ཡིན་པའི་ཕྱིར། ལུགས་འདི་ནི་སྐྱོན་དང་བཅས་པ་ཡིན་ནོ།།

[MHK: D. 30b2; C. 30b2; P. 33b2; N. 30a7; G. 40b1]

[TJ: D. 267b4; C. 267b4; P. 302a3; N. 289a7; G. 384b6]

གཅིག་ལ་སོགས་པར་རྣམ་[853]རྟོག་པ།།
འདི་ནི་ཅི[854]་ལྟར་མི་རྟོག[855]་ཉིད།།
རྣམ་པར་རྟོག[856]་པའི་ཡུལ་དོན་ལ།།[857]
ཚིག་འཇུག་པ[858]་ནི་མ་བཀག་གོ།། (74)

---

[848] NG ||

[849] G om. གང

[850] G གི

[851] om.*

[852] C རྟོག

[853] PNG ins. པར

[854] PK NK GK ཇི

[855] DK CK PK NK GK རྟག

[856] NK རྟོགས

[857] G |

[858] DK CK PK NK GK པར

常住一等形存在，
一等声觉作用者，
对象存时无乖离。[859]**（73）**

根据一些声音，常住性和唯一性得到言诠；根据一些觉，常住性和唯一性被认识；那些声音和那些觉的作用是不存在的话，除那以外的事物是不存在的就不是不确定的，即觉和所知两者是一性的缘故，这种主张是有错误的。

[MHK: D. 30b2; C. 30b2; P. 33b2; N. 30a7; G. 40b1]
[TJ: D. 267b4; C. 267b4; P. 302a3; N. 289a7; G. 384b6]

一性等等分别故，
此又如何无分别？
分别境与义之时，
言语作用无妨害。[860]**（74）**

[859] 本颂意为：如果（原人）在真实中以常住、唯一等性相存在的话，对象存在的时候，一性等声和觉作用是正确的。

[860] 本颂意为：一性等是分别的缘故，这（原人）如何又是无分别的？分别对象和意义的时候，言语作用是无妨害的。

ekatvādivikalpāc ca katham asyā(20b5)vikalpatā①/
vikalpaviṣaye cārthe vācāṃ vṛttir avāritā// (74)
(①=Q, L; Ms as[ ]vikalpatā; SG asya vikalpatā; NH asyāvikalpanā)

གལ་ཏེ་བློས་འདི་རྟག་པ་ཞེས་བྱ་བ་ལ་སོགས་པའི་ངོ་བོར་རྣམ་པར་རྟོག་པར་བྱེད་ཀྱི། ཡང་འདི་ཉིད་ནི་གང་ལ་ཡང་རྣམ་པར་རྟོག་པ་མེད་དོ།། དེས་ན་འདི་རྣམ་པར་རྟོག་པ་མེད་པ་ཉིད་ཡིན་ནོ་ཞེ[861]་ན། དེ་ནི་མི་བདེན་ཏེ་བློ་དང་བདག་ལ་ཐ་དད་པ་ཡོད་པ་མ་ཡིན་པའི་ཕྱིར་རོ།།

[MHK: D. 30b3; C. 30b2; P. 33b3; N. 30b1; G. 40b2]
[TJ: D. 267b5; C. 267b5; P. 302a5; N. 289b2; G. 385a1]

གང་ལ་རྣམ་པར་རྟོག[862]་པ་འཇུག་པ་ཡོད་པ་དེ་ལ་བདག[863]་ཀྱང་འཇུག་པ་ཡོད་པས་དེས་ན།

འདི་ལྟར་[864]-བློ་ཡི་-[864]་ཡུལ་མིན་དང་།།
ངག་གི་སྤྱོད་ཡུལ་མིན་ཏེ[865]་ལྟར།།
བརྗོད་མེད་རྟོག[866]་པ་མེད་པ་ཡང་།།
སྔར་བསྟན་རིགས[867]་པས་བརྫུན་པ་ཉིད།། (75)

dhiyām aviṣayo① hy evaṃ kathaṃ vāgocaro girām/
avācyo nirvikalpo 'pi vitathaḥ pūrvanītivat// (75)
(①=NH, Q, L; Ms, SG ca viṣayo)

བློས་ཉེ་བར་མཚོན་པ་ཉིད་ཀྱི་ཤའི་གོང་བུ་ལ་ལྟོས་བྱིན་ཞེས་ངག་བརྗོད་པར[868]་ཡང་འཇུག་པར་འགྱུར་བ་ལྟར་

861 N ཞེས
862 C རྟག
863 PNG དག
864 PNG བློའི
865 DK CK PK NK GK ཏེ
866 DCPNG རྟོགས
867 PK NK GK རིག
868 PNG པ

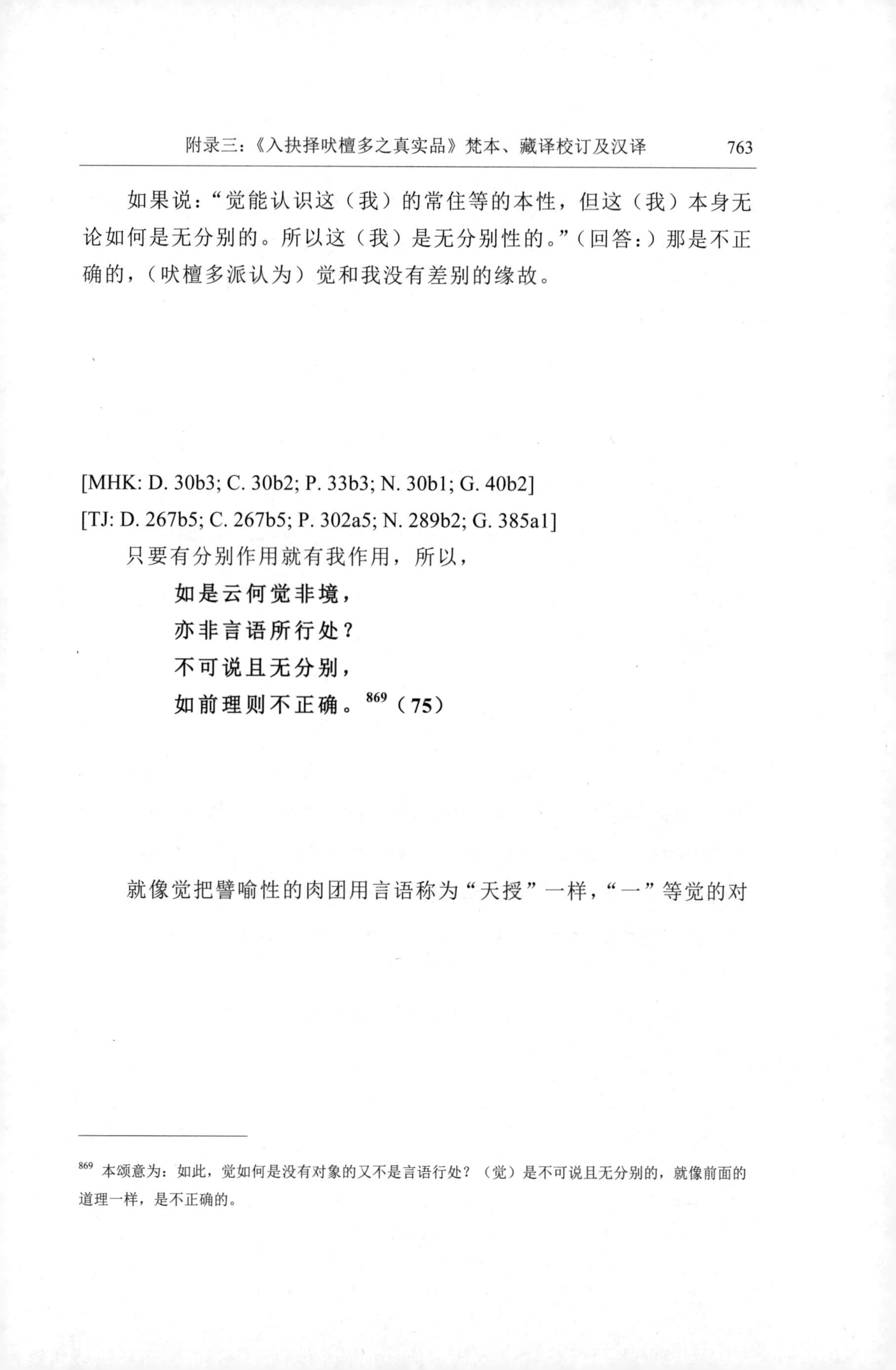

如果说："觉能认识这（我）的常住等的本性，但这（我）本身无论如何是无分别的。所以这（我）是无分别性的。"（回答：）那是不正确的，（吠檀多派认为）觉和我没有差别的缘故。

[MHK: D. 30b3; C. 30b2; P. 33b3; N. 30b1; G. 40b2]

[TJ: D. 267b5; C. 267b5; P. 302a5; N. 289b2; G. 385a1]

只要有分别作用就有我作用，所以，

如是云何觉非境，
亦非言语所行处？
不可说且无分别，
如前理则不正确。[869]**（75）**

就像觉把譬喻性的肉团用言语称为"天授"一样，"一"等觉的对

---

[869] 本颂意为：如此，觉如何是没有对象的又不是言语行处？（觉）是不可说且无分别的，就像前面的道理一样，是不正确的。

དེ་བཞིན་དུ་གཅིག་ལ་སོགས་པའི་བློའི་ཡུལ་དུ་གྱུར་པ་ཉིད་ནི་གཅིག་ལ་སོགས་པའི་ངག་འཇུག་པའི་ཡུལ་ཡང་ཡིན་ནོ།། དེས་ན་བརྗོད་པ་མེད་པ་དང་རྣམ་པར་རྟོག་པ་མེད་པ་ཞེས་བྱ་བར་འགྲུབ་པ་མ་ཡིན་ཏེ། འདི་ནི་སྔར་སྨྲས་པའི་རིགས་པས་མི་བདེན་པ་ཉིད་ཡིན་པས་རི་བོང་གི་རྭ་བཞིན་ཡོད་པ་མ་ཡིན་ནོ།།

[MHK: D. 30b3; C. 30b3; P. 33b3; N. 30b1; G. 40b2]

[TJ: D. 268a1; C. 268a1; P. 302a8; N. 289b4; G. 385a4]

གལ་ཏེ་སངས་རྒྱས་པ་རྣམས་ཀྱང་ངག་དང་བློའི་སྤྱོད་ཡུལ་ལས་འདས་པ་ནི་དོན་དམ་པའོ་ཞེས་འདོད་པ་མ་ཡིན་ནམ[870]་ཞེ་ན། དེ་ནི་བདེན་ན་འོན་ཀྱང་རིགས་པ་ནི་འདི་ཡིན་ཏེ།

ཤེས་བྱ་ཡི་ནས་མ་གྲུབ་པས།།
བློ་ཡི་ཡུལ་དུ་མི་རིགས་སོ།།
བློ་ཡི་ཡུལ་ལས་ལོག་པས་ན།།
ངག་གི[871]་ཡུལ་ལས་ལོག་པའང་ཡིན།། (76)

jñeyasya① sarvathāsiddher② nyāyo buddher agocaraḥ/
dhīgocaranivṛttau ca syād girām apy agocaraḥ// (83)[872]

(①=NH, Q, L; Ms jñeya; SG jñeya(?) sa. ②=NH, Q, L; Ms, SG sarvathāsiddhe)

ཀུན་རྫོབ་ཏུ་རྣམ་པར་ཤེས་པ་དྲུག་གི་ཡུལ་གྱི་ཤེས་བྱ་ཡོངས་སུ་བརྟགས་པ་ཡིན་ལ། དེ་ཁོ་ན་ཉིད་དུ་ནི་ཡོངས་སུ་བརྟགས་པ་ནི་རྣམ་པ་ཐམས་ཅད་དུ་གྲུབ་པར་གྱུར་པ་མེད་པས་ཡུལ་དེ་ལ་བློ་ཡང་སྐྱེ་བར་མི་འགྱུར་བའི་ཕྱིར་བློའི་སྤྱོད་ཡུལ་དུ་གྱུར་པ་ཡང་མ་ཡིན་ལ། བློའི་སྤྱོད་ཡུལ་ལས་ལོག་པར་གྱུར་པས་རྟེན་མེད་པའི་ཕྱིར་ངག་ཀྱང་འཇུག་པར་མི་འགྱུར་ཏེ། དེས་འདི་ལྟར་དོན་དམ་པ་ཉིད་དུ་ངག[873]་གི་སྤྱོད་ཡུལ་དུ་གྱུར་པ་ཡང་མ་ཡིན་ནོ།།

[MHK: D. 30b4; C. 30b4; P. 33b4; N. 30b2; G. 40b3]

---

[870] DC ནོ

[871] C གིས

[872] 藏译无梵本第 76-82 颂，此七颂梵文校订见本附录最后。

[873] PNG དག

象是变化的话，“一”等言语作用的对象也是（变化的）。所以“不可说且无分别”是不成立的，即这先前说的道理是不正确的，就像兔角一样是不存在的。

[MHK: D. 30b3; C. 30b3; P. 33b3; N. 30b1; G. 40b2]

[TJ: D. 268a1; C. 268a1; P. 302a8; N. 289b4; G. 385a4]

如果（吠檀多论师）说：“佛教徒们不也承认‘超越言语和觉的所行就是胜义’吗？”那是正确的，但道理如下：

所知一切不成立，
觉无所行正如理，
断灭觉之所行时，
言语亦是无所行。[874]（76）

在世俗中，六识的对象的所知是假名设施的，但在胜义中，假名施设对于一切行相来说都是不成立的，所以对于那对象来说，觉不会产生，因此觉的所行也是不存在的。断灭觉的所行的话，无所依的缘故，言语也就没有作用了，所以，这样的话，在胜义中，言语的所行也是不存在的。

[MHK: D. 30b4; C. 30b4; P. 33b4; N. 30b2; G. 40b3]

---

[874] 本颂意为：（在胜义中）对于所知来说，一切都是不成立的，觉无所行是合理的；断灭觉的所行的时候，言语也成为无所行的。

[TJ: D. 268a3; C. 268a4; P. 302b4; N. 289b7; G. 385b2]

དེ་བཞིན་གཤེགས་པའི་མི་བརྫུན་པའི།།
ལུགས་འདི་དགེ་བར་ཤེས་ནས་ནི།།
དེ་ཕྱིར་མུ་སྟེགས་འདོད་སྐྱེས་ཏེ།།
དེ་ལ་བདག་གིར་བྱས་པ་ཡིན།། (77)

tāthāgatīm avitathāṃ① matvā nītim imāṃ śubhām/

tasmāj jātaspṛhais tīrthyaiḥ② kṛtaṃ tatra mamāpi tat// (84)

(①=NH, Q, L; Ms avitathā; SG avitathā(ḥ). ②=NH, Q, L; Ms tīrthaiḥ; SG tīvraiḥ)

བརྒྱ་ལ་རེས་འགའ་དེ་བཞིན་གཤེགས་པ་འཇིག་རྟེན་དུ་བྱུང་བར་གྱུར་ཅིང། དེས་བརྫུན་པ་མ་ཡིན་པའི་གསུང་རབ་ཀྱི་ལུགས་ཀྱང་རབ་ཏུ་བསྟན་ནས་ཡོངས་སུ་མྱ་ངན་ལས་འདས་པ་ཡང་བསྟན་པ་ན་དེའི་ལུགས་དེ་ལ་མུ་སྟེགས་པ་རྣམས་འདོད་པ་སྐྱེས་པར་གྱུར་ནས་རང་གི་གྲུབ་པའི་མཐའི་ནང་དུ་བསྲེས་ཤིང་ལུགས་འདི་ནི་བོ་བོ་ཅག་གི་ཡིན་ནོ་ཞེས་བདག་གིར་ཡང་བྱེད་དོ།། དེ་ནི་སྟོན་དང་ཕྱི་མར་ཡང་འགལ་བའི་སྐྱོན་དང་བཅས་པའི་གྲུབ་པའི་མཐའ[875]·འདྲེས་པས་རྣམ་པར་རྟོག་པ་ཡིན་པར་མཚོན་པར་བྱ་བ་ཡིན་ཏེ།

[MHK: D. 30b4; C. 30b4; P. 33b4; N. 30b2; G. 40b3]

[TJ: D. 268a6; C. 268a6; P. 302b7; N. 290a3; G. 385b5]

དེས་ན།[876]

སྟོན་དང་ཕྱི་མར[877]·འགལ་བ་ཡི[878]།།
དེ་ཡི་ལུགས་ལ་སུ་ཞིག[879]·དང་།།

[875] PNG མཐས

[876] PNG om. །

[877] N མའི

[878] CK ཡིན

[879] N ཞན

[TJ: D. 268a3; C. 268a4; P. 302b4; N. 289b7; G. 385b2]

知道如来是真实，
此理清净善好后，
于是生贪之外道，
甚至其中彼我作。[880]**（77）**

百年不遇，如来出现于世间，那（如来）不仅宣说真实不虚的佛经义理而且还开显入涅槃，那时，外道徒们对那（如来）的教法产生贪欲，然后混合进自己的宗趣里，并且还说"这教理是我的"而作为自己的。这就是有前后矛盾之错误的（吠檀多派的）宗趣，应该被指明是虚妄分别而已。

[MHK: D. 30b4; C. 30b4; P. 33b4; N. 30b2; G. 40b3]
[TJ: D. 268a6; C. 268a6; P. 302b7; N. 290a3; G. 385b5]

所以，

谁会相信彼之说？
其中前后相矛盾，

[880] 本颂意为：知道如来是真实的、这样的教法是善好的之后，由此生起贪欲的外道徒们，甚至把那（如来）的教法当作自己创造的。

ཤིན་ཏུ་རིགས་མི་གཅིག་པའི་ཕྱིར།།

ལྷུགས་ལས་ནོར་བུ་རིན་ཆེན་བཞིན།། (78)

kaḥ① [21a2]śraddhāsyati tāṃ tatra pūrvāparavirodhinīm/

atyantātulyajātīyaṃ maṇiratnam ivāyasaḥ// (85)

(①=NH, Q, L; Ms, SG [ ])

ཇི་ལྟར་འགའ་ཞིག་ལྷུགས་ཀྱི[881]་རང་བཞིན་གྱི[882]་ནོར་བུ་ལ་[883-]ནོར་བུ[-883]་རིན་པོ་ཆེ་དང་འདྲ་བར་བྱའོ་[884] ཞེས་ཤིན་ཏུ་ཕྱི་བདར་བྱས་ཀྱང་དེ་ནི་བསྲེག[885]་པ་དང་ཕྱི་བ་དང་བདར་བ་ལ་སོགས་པ་བཟོད་པ་མ་ཡིན་པའི་ཕྱིར། ཤིན་ཏུ་མི་འདྲ་བར་གྱུར་པ་ཡིན་པས་ནོར་བུ་རིན་པོ་ཆེ་རྟོག་པ་ལ་མཁས་པ་སུ་ཞིག་དེ་ལ་རིན་པོ་ཆེའི་འདུ་ཤེས་བསྐྱེད་པར་འགྱུར། དེ་བཞིན་དུ་[886]བདག་དང་།[887] རྟག་པ་དང་། ཀུན་ལ་ཁྱབ་པ་དང་། གཅིག་པུ་ལས་བཟློག་པ་བདག་མེད་པ་མི་རྟག་པ་ཀུན་ལ་མ་ཁྱབ་པ་དུ་མའི་ངོ་བོ་ཉིད་འགལ་བ་ཡིན་པའི་ཕྱིར་ཤིན་ཏུ་མི་འདྲ་བའི་རྣམ་པར་གྱུར[888]་པ་ཡིན་པས་དེ་ཁོ་ན་ཉིད་རྟོག་པ་ལ་མཁས་པ་སུ་ཞིག་དེ་ལ་དེ་ཁོ་ན་ཉིད་ཀྱི[889]་འདུ་ཤེས་སྐྱེད[890]་པར་བྱེད།[891] དེས་ན་འདི་ནི་[892-]རི་དགས[-892]་ཀྱི་རྗ་མ་བསྟན་ནས་རྟའི་ཤ་འཚོང་བར་བྱེད་པ་དང་འདྲའོ།།

[MHK: D. 30b5; C. 30b5; P. 33b5; N. 30b3; G. 40b4]

---

881 PNG ཀྱིས

882 G གྱིས

883 PNG om.

884 PNG ins. ||

885 PNG བསྲེགས

886 NG ins. |

887 PNG om. |

888 G འགྱུར

889 PNG ཀྱིས

890 G སྐྱེས

891 D ||

892 C རིད་ཀྱ

不是可比之种类，

犹如铁之于宝珠。[893]（78）

譬如，有些人说“铁的本性的宝石与如意宝珠相似”。但是如果努力擦拭的话，那（铁石）是不能忍受烧、擦、磨等的，所以（铁石与如意宝珠）完全不相似，那么，认识如意宝珠的智者，谁会对那（铁石）生起如意宝珠的想法？同样，（佛教）否定（吠檀多派）我、常住、遍在于一切、唯一（等主张），因为与无我、无常、不遍在、多的本性相矛盾，所以（吠檀多派是与佛教）是完全不相似的种类，那么，认识真实的智者，谁会对那（吠檀多派的主张）生起真实的想法？因此，这（吠檀多派）就像是挂羊头卖狗肉的。[894]

[MHK: D. 30b5; C. 30b5; P. 33b5; N. 30b3; G. 40b4]

---

[893] 本颂意为：谁会相信那（吠檀多派的主张）？那里前后相矛盾，是（与佛教）完全没有可比性的种类，（吠檀多派之于佛教）就像铁石之于如意宝珠一样。

[894] 藏文直译为：指鹿尾卖马肉。

[TJ: D. 268b2; C. 268b2; P. 303a3; N. 290a7; G. 386a3]

གལ་ཏེ་ཡང་དབུ་མར་སྨྲ་བ་རྣམས་ལ་ཡང་[895-]བདག་དང་[-895]བཅས་པ་ཉིད་དང་། བདག་མེད་པ་ཉིད་དང་། སྟོང་པ་ཉིད་དང་། ཕྱི[896]་སྟོང་པ་ཉིད་དང་། སྐྱེ་བ་དང་། སྐྱེ་བ་མེད་པ་དང་། དངོས་པོ་དང་། དངོས་པོ་མེད་པར་སྨྲས་པས་འགལ་བ་ཆེན་པོ་འབྱུང་བར་འགྱུར་བ་མ་ཡིན་ནམ་ཞེ་ན། འདི་ལ་ལན་བརྗོད་པ།

འདི་ལྟར་འདི་ནི་ལུགས་འདི་ལ།།
ཁ་ཅིག་དག་ནི་དྲང་ཕྱིར་དང་།།
ལྷག་མ་འཛིན་ལས[897]་བཟློག་པའི་ཕྱིར།།
སྣ་ཚོགས་དག་ཏུ་བསྟན་པ་ཡིན།། (79)

deśanāyās tu vaicitryād ihaivaṃ syād ayaṃ nayaḥ/

ākarṣaṇārtham ekeṣāṃ śeṣagrāhanivṛttaye// (86)

རྒྱུ་དང་འབྲས་བུ་ལ་སྐུར་བ་འདེབས་པའི་ལྟ་བས་སེམས་ཉམས་པར་བྱས་པ་མེད་པར་སྨྲ[898]་བ། ཡོད་པ་མ་ཡིན་པར་[899-]འཛིན་པ་རྣམས་བཟློག་པར་[-899]བྱ་བའི་ཕྱིར། བདག་ཡོད་པ་ཉིད་དུ་[900-]བཅོམ་ལྡན་འདས[-900]་ཀྱིས་བསྟན་ཏེ། དེ་དག་འདྲེན་པར་མཛད་པ་དང་། བདག་ཏུ་སྨྲ་བ་རྣམས་བདག་ཏུ་འཛིན་པ་ལ་མངོན་པར་ཞེན་ཅིང་འཛིག[901]་པ་རྣམས་བཟློག་པར་བྱ་བའི་ཕྱིར་བདག་མེད་དོ་ཞེས་སྟོན་པར་མཛད་པ་ཡིན་ཏེ། ཀུན་རྫོབ་ཏུ་དེ་དག་ཏུ་འཛིན་པ་སྤང་བར་བསྟན་པ་ཡིན་ནོ།། དོན་དམ་པར་ནི་བདག་ཀྱང་མ་ཡིན་བདག་མེད་པ་ཡང་མ་ཡིན་ནོ་ཞེས་ཟབ་ཅིང་རྒྱ་ཆེ་བའི་ཆོས་ལ་བཟོད་པ་དང་ལྡན་པ་རྣམས་ལ་བསྟན་པ་ཡིན་ཏེ། དེ་ལྟར་ན་བཅོམ་ལྡན་འདས་ཀྱིས[902]་གསུང་རབ་[903-]རྣམ་པ་[-903]དུ་མར་བསྟན་པ་ཉིད་ནི་ཀུན་རྫོབ་དང་དོན་དམ་པའི་རྗེས་སུ་འབྲངས་ནས་

895 PNG om.
896 མི*
897 PNG ལ
898 C སྨྲས
899 G om.
900 G བཅོས
901 འཛིན*
902 PG ཀྱི
903 PNG རྣམས

[TJ: D. 268b2; C. 268b2; P. 303a3; N. 290a7; G. 386a3]

如果(吠檀多论师)说:"中观论者们主张的'我有与我无、空性与不空、生与不生、实有与实无'不是也会产生很大的矛盾吗?"对此,回答:

教法多种多样故,
如是此亦为真理,
一为接引众生故,
一为破除余执故。[904] **(79)**

为了破斥心被诽谤因果之见损害的无论者、即执着于非存在的人们,世尊宣说"我有",即引导那些(无论者)。

有我论者贪着于"我执",为了破除(有我论者的)各种执着,(世尊)宣说"我无",即开示在世俗中断除对那些(我等)的执着。

对能堪忍者,(世尊)开示"在胜义中,既没有我也没有无我"的甚深广大的教法。

因此,世尊宣说多种多样的教法,根据世俗和胜义(的不同)而

[904] 本颂意为:但是,(佛陀的)教法是多种多样的缘故,这样的话,这(佛教)就是真理;一些(教法)是为了引导,一些(教法)是为了破除剩下的执着。

བསྟན་པ་སྟེ[905]་འགལ་བ་མེད་དོ།།

[MHK: D. 30b5; C. 30b5; P. 33b6; N. 30b3; G. 40b4]

[TJ: D. 268b6; C. 268b6; P. 303b1; N. 290b4; G. 386b1]

དེ་ཇི་ལྟ་བུ་ཞེ་ན།

དངོས་པོ་རྣམས་ནི་མ་སྐྱེས་ཉིད།།
རང་བཞིན་བཅོས་མ་མེད་པའི་ཕྱིར།།
འདི་ལ་ཉམས་པ་མེད་པས་ན།།
བདག་ཅེས་ཀྱང་ནི་བརྗོད་པ་ཡིན།། (80)

ajātatā hi bhāvānāṃ svabhāvo ’kṛtrimatvataḥ/
anapāyitvataś cāsāv ātmety① api nigadyate// (87)
(①=NH, Q, L; Ms, SG ātmany)

བདག་དང་གཞན་དང་གཉི་ག་དང་[906]རྒྱུ་མེད་པ་ལས་ཡོད་པ་དང་མེད་པ་སྐྱེས་པ་མ་ཡིན་པས་དངོས་པོ་རྣམས་མ་སྐྱེས་པ་ཉིད་དུ་བདག་གིས་སྨར་བསྒྲུབས་ཟིན་པ་དེ་ཉིད་དངོས་པོ་རྣམས་ཀྱི་རང་བཞིན་བཅོས་མ་མ་ཡིན་པ་ཉམས་པ་མེད་པ་[907]ཡིན་པས་དེ་ཉིད་དངོས་པོ་ཐམས་ཅད་ཀྱི་བདག་ཡིན་པར་འགྱུར་རོ།།

[MHK: D. 30b6; C. 30b6; P. 33b6; N. 30b4; G. 40b5]

[TJ: D. 269a1; C. 269a1; P. 303b3; N. 290b6; G. 386b3]

ཐ་དད་དངོས་ཀྱང་དབྱེར[908]་མེད་ཕྱིར།།
ངོ་བོ་གཅིག་ཕྱིར་གཅིག་ཉིད་ཡིན།།
ཀུན་ཁྱབ་ཆོས་རྣམས་[909-]ཐམས་ཅད[-909]་ཕྱིར།།

---

[905] PNG ཡིན་ཏེ།

[906] PNG ins. ||

[907] P ins. ཡིན་པ་ཉམས་པ་མེད་པ

[908] PK NK GK དབྱེ

开示（不同的教义），是没有矛盾的。

[MHK: D. 30b5; C. 30b5; P. 33b6; N. 30b3; G. 40b4]

[TJ: D. 268b6; C. 268b6; P. 303b1; N. 290b4; G. 386b1]

如果问："那怎么样？"（回答：）

诸实有是不生故，
自性非是造作故，
复亦不会损减故，
此即被称为是我。[910]**（80）**

从自、他、两者、无因不产生有和无，"各种实有是不生性的"我之前已经证明了，那各种实有的自性非是造作也不会损减，所以那（自性）本身就是一切实有的我。

[MHK: D. 30b6; C. 30b6; P. 33b6; N. 30b4; G. 40b5]

[TJ: D. 269a1; C. 269a1; P. 303b3; N. 290b6; G. 386b3]

一色性故彼是一，
异实有中无差别，
一切法性故遍在，

---

[909] G ཉིད

[910] 本颂意为：各种实有物是不生性的，自性不是造作的而且不会被损减，所以这（自性）就被称为"我"。

རྟག་པའང[911]་དེ་ཡིན་མི་ཉམས་ཕྱིར།། (81)

eko ’sāv ekarūpatvād bhāvabhede ’py abhedataḥ/

sarvagaḥ① (21a3) sarvadharmatvān nityaś cāpy avināśataḥ// (88)

(①=NH, Q, L; Ms, SG sarva[ ])

དེ་ནི་མ་སྐྱེས་པའི་ངོ་བོ་ཉིད་ཡིན་པས་བདག་ཡིན་ནོ།། ཕུང་པོ་དང་། ཁམས་དང་། སྐྱེ་མཆེད[912]་ཐ་དད་དུ་ཟིན་ཀྱང་དབྱེ་བ་མེད་པའི་ཕྱིར་གཅིག་ཉིད་ཡིན་ནོ།། དངོས་པོ་ཐམས་ཅད་མཚན་ཉིད་མེད་པའི་རང་གི་མཚན་ཉིད་འཛིན་པའི་ཆོས་ཅན་ཡིན་པས་ཀུན་ལ་ཁྱབ་པའོ།། འདི་ནི་མ་སྐྱེས་པས་ཉམས་པ་མེད་པ་ཡིན་པའི་ཕྱིར་རྟག་པའོ།།

[MHK: D. 30b6; C. 30b6; P. 33b7; N. 30b4; G. 40b6]

[TJ: D. 269a2; C. 269a2; P. 303b6; N. 291a1; G. 386b5]

མ་སྐྱེས་ཕྱིར་ན་སྐྱེ་མེད་ཉིད།།
དེ་ཉིད་ཕྱིར་ན་རྒ་ཤི་མེད།།
འཕོ་བ་མེད་ཕྱིར་འདི་འཕོ་མེད།།
རབ་མཐར་ཕྱུག[913]་ཕྱིར་མཆོག་[914-]ཉིད་ཡིན[-914]།། (82)

ajātatvād ①-ajāto ’yam-① ata evājarāmaraḥ/

acyutaś cyutyabhāvāc ca prakarṣatvāt paraṃ matam// (89)

(①=NH, Q, L; Ms, SG ajātaś cāyam)

མ་སྐྱེས་པ་ཉིད་ཀྱི་ཕྱིར་ན་སྐྱེ་བ་མེད་པའོ།། སྐྱེ་པ་མེད་པ་ཉིད་ཀྱི་ངོ་བོ་ལ་རྒ་བ་དང་འཆི་བ་མེད་པས་རྒ་ཤི་མེད་པའོ།། མ་སྐྱེས་པ་ནི་འཕོ་བ་[915-]ཡོད་པ་མ[-915]་ཡིན་པས་དེས་ན་འཕོ་བ་མེད་པའོ།། དེ་ལས་གཞན་པའི་ངོ་བོ

---

[911] PNG པ

[912] N མཆོད

[913] PK NK GK ཕྱུགས

[914] DK CK PK NK GK ཡིན་ཉིད

[915] PNG མེད་པ

亦是常住不坏灭。[916]（81）

那是不生的本性，所以是我。蕴、界、处虽然是不同的但是没有差别，所以是一性。一切实有物是执取无相为自相的有法，所以是遍在于一切。这是不生的，所以是不坏的，因而是常住。

[MHK: D. 30b6; C. 30b6; P. 33b7; N. 30b4; G. 40b6]
[TJ: D. 269a2; C. 269a2; P. 303b6; N. 291a1; G. 386b5]

不生性故无有生，
由是此亦无老死，
不流转故无坏灭，
最上性故最胜许。[917]（82）

“不生性的缘故，是无生。以无生性为自性中没有老与死，所以是无老死。不生就是没有流转，所以是无坏灭。除此之外没有更优秀

---

[916] 本颂意为：一色性的缘故，这（我）就是唯一的，即使在不同的实有中也是无差别性的；一切法性的缘故，是遍在的，而且是常住而不坏灭的。

[917] 本颂意为：“不生性的缘故，这（我）是不生的，由此就是没有老死的；而且不流转的缘故，没有坏灭；最上性的缘故，是最胜”（这样）认为。

ཉིད་མཆོག་ཏུ་གྱུར་པའི་ངོ་བོ་ཡོད་པ་མ་ཡིན་པས་མཆོག་ཅེས་བྱ་བར་འདོད་དོ།།

[MHK: D. 30b7; C. 30b7; P. 33b7; N. 30b5; G. 40b6]

[TJ: D. 269a4; C. 269a4; P. 303b8; N. 291a3; G. 387a1]

གཟུགས་དང་སྒྲ་དང་དྲི་སོགས་མིན།།
ས་དང་མེ་དང་ཆུ་རླུང་མིན།།
[918-]ནམ་མཁའ་[-918]་ཟླ་བ་ཉི་མ་མིན།།
ཡིད་དང་ཤེས་པའི་མཚན་ཉིད་མིན།། (83)

na rūpaśabdagandhādir na bhūmyagnijalānilāḥ①/

nākāśaśaśisūryādir na manojñānalakṣaṇaḥ// (90)

(①=NH, Q, L; Ms, SG bhūmyagnijalānilaḥ)

དངོས་པོ་ཐམས་ཅད་ཀྱི་ཡུལ་དུ་མ་གྱུར་པའི་ཕྱིར་དེ་ནི་དངོས་པོ་མེད་པའི་ངོ་བོ་ཉིད་ཡིན་པས་ཡུལ་གྱི་བདག་ཉིད་དུ་གྱུར་པ་ཡང་མ་ཡིན་ནོ།། སྲ་བ་དང་གཤེར་བ་དང་།[919] ཚ་བ་དང་།[920] གཡོ་བ་ཞེས་བྱ་བ་འབྱུང་བའི་མཚན་ཉིད་དུ་གྱུར་པ་ཡང་མ་ཡིན་པས་དེའི་ངོ་བོ་ཉིད་མ་ཡིན་ནོ།། རྫས་སུ་མེད་པ་ཉིད་ཡིན་པའི་ཕྱིར་འགའ་ལ་ཡང་གོ་འབྱེད་པ་མེད་པ་དང་། སྣང་བའི་རང་བཞིན་ཡང་མ་ཡིན་པས་[921-]ནམ་མཁའ་[-921]་དང་རི་བོང་ཅན་དང་ཉི་མ་ལ་སོགས་པ་ཡང་མ་ཡིན་ནོ།། སེམས་པར་བྱེད་པས་ན་ཡིད་དང་དངོས་པོ་རབ་ཏུ་ཤེས་པའི་མཚན་ཉིད་ཅན་ཡིན་པས་ན་ཤེས་པ་སྟེ། འདས་པ་དང་མ་འོངས་པའི་མཐོ་རིས་དང་། བྱང་གྲོལ་ལ་སོགས་པའི་ཡུལ་ཅན་ནོ།།

[MHK: D. 30b7; C. 30b7; P. 33b8; N. 30b5; G. 41a1]

[TJ: D. 269a7; C. 269a7; P. 304a4; N. 291a6; G. 387a4]

ཡང་དེ་ནི་དེ་ཁོ་ན་ཉིད་ཀྱི་ངོ་བོར་ཡོད་པར་གྱུར་པ་མ་ཡིན་ནོ།།

918 NK GK, NG ནམཁའ

919 PNG om. །

920 PNG om. །

921 NG ནམཁའ

的本性，所以是最胜。”这样认为。

[MHK: D. 30b7; C. 30b7; P. 33b7; N. 30b5; G. 40b6]
[TJ: D. 269a4; C. 269a4; P. 303b8; N. 291a3; G. 387a1]

非是色声香等等，
非是地水火风等，
非是虚空日月等，
非是意识之性相。[922]（83）

不存在于一切万物的对象中的缘故，那是实无的自性，所以也不成为对象的自性。因为也不存在于“坚、湿、热、动”的元素的性相中，所以它的本性不是（地水火风）。是实无性的缘故，对于任何来说都不可分，而且也不是显现的自性，所以也不是虚空、月亮、太阳等。能思维就是意、具有认识实有的性相者就是识，即（意和识）是过去、未来的天界和解脱等的有境者。

[MHK: D. 30b7; C. 30b7; P. 33b8; N. 30b5; G. 41a1]
[TJ: D. 269a7; C. 269a7; P. 304a4; N. 291a6; G. 387a4]

而且，那并不作为真实的本性而存在。

---

922 本颂意为：（我）不是色、声、香等，不是地、水、火、风等，不是虚空、太阳、月亮等，不具有意和识的性相。

ཐམས་ཅད་འདི་ཡིན་རང་བཞིན་ཕྱིར།།
ཉམས་པ་མེད་ཕྱིར་ཐམས་ཅད་མིན།།
དེ་ལ་ཉོན་མོངས་[923]སྐྱེ་མེད་ཕྱིར།།
དག་པ་འདི་ཡིན་ཞི་ཉིད་འདི།། (84)

①-sarvaś cāsau-① svabhāvatvān na sarvaṃ cāvināśataḥ/
tatra kleśādyanutpatteḥ śuddho ’sau śānta eva ca// (91)
(①=NH, Q, L; Ms, SG sarvasyāsau)

དངོས་པོ་ཐམས་ཅད་ཀྱི་རང་བཞིན་གཅིག་ཉིད་ཡིན་པའི་ཕྱིར་འདི་ནི་ཐམས་ཅད་ཡིན་ནོ།། ཀུན་ཀྱང་ཉམས་པར་འགྱུར་བའི་བདག་ཉིད་ཅན་ཡིན་ལ། ཡང་དེ་ནི་ཉམས་པར་འགྱུར་བ་མ་ཡིན་པས་ཐམས་ཅད་མ་ཡིན་ནོ།། རྣམ་སྨིན་པ་མེད་པས་རྟེན་མེད་པའི་ཕྱིར་ཉོན་མོངས་པས་ཀྱང[924]་སྐྱེ་བར་འགྱུར་བ་མ་ཡིན་པས་འདི་ནི་དག་པ་སྟེ་དྲི་མ་མེད་པའོ།། དེ་ཉིད་ནི་ཞི་བ་སྟེ་བྱ་བ་ཐམས་ཅད་ལས[925]་ཤིན་ཏུ་འདས་པའི་ཕྱིར་རོ།།

[MHK: D. 31a1; C. 31a1; P. 34a1; N. 30b6; G. 41a1]
[TJ: D. 269b2; C. 269b2; P. 304a6; N. 291b1; G. 387a6]

དེ་ནི་བརྟགས[926]་པས་སྒྲོ་བཏགས་ནས[927]།།
བརྗོད་བྱ་ཡང་དག་བརྗོད་བྱ་མིན།།
ཡེ་ནས་བརྗོད་བྱ་མ་ཡིན་ཕྱིར།།
འདི་ནི་དྲི་མ་མེད་ཅེས་བསྟན།། (85)

sa ①-kalpanāsamāropād vā(21a4)cyo-① ’vācyas tu tattvataḥ/
sarvathā cāpy avācyatvād ukta eṣa② nirañjanaḥ// (92)
(①=NH, Q, L; Ms, SG kalpanāsamāropa[ ]cyo. ②=Ms, Q, L; SG, NH eva)

---

923 N ins. པ
924 PNG ཡང
925 G ལ
926 DCPNG བཏགས
927 PK NK GK ན

自性故此是一切，
不被损故非一切，
其中烦恼等不生，
此即清净又寂静。[928]**（84）**

一切实有的自性是一性的缘故，这就是一切。一切（实有）具有损减的本性，但那不会损减，所以就不是一切。实有是不生的，所以无所依，那么烦恼也不会生起，这就是清净的，即没有污垢。那本身是寂静的，即最极超过一切所作的缘故。

[MHK: D. 31a1; C. 31a1; P. 34a1; N. 30b6; G. 41a1]
[TJ: D. 269b2; C. 269b2; P. 304a6; N. 291b1; G. 387a6]

是施设故彼可说，
但是真实不可说，
一切不可说性故，
此被称为无垢者。[929]**（85）**

---

[928] 本颂意为：是（万物的）自性的缘故，这（我）就是一切；不被损减的缘故又不是一切；在那里烦恼等不会产生，这（我）就是清净和寂静的。

[929] 本颂意为：分别施设的缘故，那（我）是可说的，但是真实中是不可说的；而且一切都是不可说性的缘故，这（我）被称为是无垢的。

ཡང་དེ་ནི་དེ་ཁོ་ན་ཉིད་དུ་བརྗོད་པར་བྱ་བ་མ་ཡིན་ན་ཡང་བཏགས[930]་པས་སྒྲོ་བཏགས་ནས་དེ་ལ་སྐྱེ་བ་མེད་པ་དང་། དངོས་པོ་མེད་པ་དང་འགག་པ་མེད་པ་ཞེས་བྱ་བ་ལ་སོགས་པའི་ཡི་གེས[931]་ཀུན་རྫོབ་ཏུ་གཞན་དག་གིས་རྟོགས་པར་བྱ་བའི་དོན་དུ་ཚིག[932]་ཏུ་རྗོད་པར་བྱེད་དོ།། གསལ་པོར་གྱུར་པ་མེད་པའི་ཕྱིར་རྣམ་པ་ཀུན་གྱིས་བརྗོད་པར་བྱ་བ་མ་ཡིན་པས་དྲི་མ་མེད་པ་ཞེས་བརྗོད་དོ།།

[MHK: D. 31a2; C. 31a1; P. 34a1; N. 30b6; G. 41a2]

[TJ: D. 269b4; C. 269b4; P. 304b1; N. 291b3; G. 387b3]

གང་ཞིག་འདི་ལྟར་མངོན་འདོད་པ།།
ཁྱོད་ཀྱིས་བདག་ཀྱང་ཡིན་ན་ནི།།
མིང་སོགས་ཆོས་མང་འདྲ་བ་ལ།།
སྐྱོན་མེད་རིགས[933]་པ་དང་བཅས་ཡིན།། (86)

īdṛśo yady abhipreta ātmā hi bhavatām① api/

nāmādibahusādharmyān nirdoṣaḥ sopapattikaḥ// (93)

(①=NH, Q, L; Ms, SG tavatām)

གང་སྐྱེ་བ་མེད་པར་སྨྲའི[934]་མཚན་ཉིད་ཇི་སྐད་བསྟན་པའི་རིགས་པ་དང་བཅས་པ་ཡིན་པ་བཞིན་དུ་སྐྱོན་དང་བྲལ་བ་ཉིད་དུ་ཁྱོད་ཀྱིས[935]་བདག་ཀྱང་འདོད་ན་ནི་མིང་ཙམ་ལ་རྩོད[936]་པར་ཟད་དེ། ཁྱོད་ནི་བདག་མཆོག་ཅེས་ཟེར་ལ་ཁོ་བོ་ཅག་ནི་སྐྱེ་བ་མེད་པ་ཞེས་ཟེར་བས་འདི་ལ་འགལ་བ་ཅི་ཞིག་ཡོད།[937]

---

[930] བཏགས*; cf. MHK k. 85a.

[931] PNG གེ

[932] G ཚིག

[933] PK NK GK རིག

[934] CPN སྨྲའི

[935] PNG ཀྱི

[936] PNG བརྩོད

[937] PNG །།

而且，那在胜义中不是可说的，但是通过施设分别，根据“不生、非实、不灭”等文字，在世俗中，其他人所认识的对象是能用言词诠说的。不显明的缘故，一切行相都是不可说的，所以称为“无垢”。

[MHK: D. 31a2; C. 31a1; P. 34a1; N. 30b6; G. 41a2]

[TJ: D. 269b4; C. 269b4; P. 304b1; N. 291b3; G. 387b3]

倘若纵使如是我，
亦被汝等所承许，
名等多法相似故，
彼无过错且合理。[938]**（86）**

那无生作为共同的性相是符合如前所说的道理的，同样是没有错误的，你主张我的时候只是在争论名而已，你说的“最高我”与我们说的“无生”在这里有什么矛盾？

---

[938] 本颂意为：所以，如果这样的（我）也被你们承认的话，与多个名等相似的缘故，那（我）就是没有错误的、合理的。

[MHK: D. 31a2; C. 31a2; P. 34a2; N. 30b7; G. 41a3]

[TJ: D. 269b5; C. 269b5; P. 304b3; N. 291b5; G. 387b4]

དེས་ན།[939]

བདག་མེད་ཉིད་ཀྱིས་འཇིགས་པ་རྣམས།།
འཇིགས་ཀྱང་དེ་ཉིད་ལ་གནས་ཏེ།།
[940-]ནམ་མཁས[-940]་འཇིགས[941]་པར་གྱུར་པ་དག།
གཞན་པའི་གནས་འགའ[942]མེད་པ་བཞིན།། (87)

nairātmyād eva bhītānāṃ bhītyā① tatraiva ca② sthitiḥ/
ākāśād iva bhītasya kva cānyatra sthitir bhavet// (94)
(①=NH, Q, L; Ms, SG dṛṣṭyā. ②=NH, Q, L; Ms, SG va)

ཇི་ལྟར་བླུན་པོ་འགའ་ཞིག[943-]ནམ་མཁས[-943]་འཇིགས་ཤིང་སྐྲག་ན་ཡང་། དེ་ལས་གཞན་པའི་གནས་མ་མཐོང་བས[944-]ནམ་མཁའ[-944]་དེ་ཉིད་ལ་གནས་པར་བྱེད་དོ།། དེ་བཞིན་དུ་ཁྱོད་ཀྱང་བདག་མེད་པས་འཇིགས་ཤིང་སྐྲག་ན་ཡང་བདག་མེད་པ་དེ་ཉིད་ལ་བརྟེན་ཅིང་གནས་ཏེ། དེ་ལས་གཞན་པའི་རྟེན་མེད་པའི་ཕྱིར་རོ།།

[MHK: D. 31a3; C. 31a3; P. 34a3; N. 30b7; G. 41a3]

[TJ: D. 269b7; C. 269b7; P. 304b5; N. 291b7; G. 387b6]

སངས་རྒྱས་འཇིག་རྟེན་གཉེན[945]་རྣམས་ཀྱིས[946]།།
དེ་ཉིད་བདུད་རྩི་མཆོག་འདི་ལ།།

[939] PNG om. །

[940] DK CK PK ནམ་མཁའ; GK NK ནམཁའ; NG ནམཁས

[941] G འཇིག

[942] DK CK ins. འང

[943] NG ནམཁས

[944] N ནམཁའ

[945] NK གཉན

[946] DK CK PK NK GK ཀྱི

[MHK: D. 31a2; C. 31a2; P. 34a2; N. 30b7; G. 41a3]

[TJ: D. 269b5; C. 269b5; P. 304b3; N. 291b5; G. 387b4]

所以，

无我性故怖畏者，
纵使怖畏住其中，
如同虚空故畏者，
除此别无它住处。[947] **（87）**

譬如，有些愚人虽然怖畏而且恐惧虚空，但是看不见除此（虚空）之外的其他依处，所以安住于虚空本身。同样，你虽然怖畏而且恐惧无我，但是依止而且安住于无我本身，除此之外别无所依的缘故。

[MHK: D. 31a3; C. 31a3; P. 34a3; N. 30b7; G. 41a3]

[TJ: D. 269b7; C. 269b7; P. 304b5; N. 291b7; G. 387b6]

善来能够满愿望，
于此不被任何遮，

[947] 本颂意为：因为无我性而怖畏的人们，虽然怖畏（无我）但仍安住于那（无我）中，就像因为虚空而怖畏的人（仍旧安住于虚空中）一样，因为除那（虚空）之外没有其他任何依处。

འདི་ནི་འགའ་ཡང་བཀག་མེད་པས།།

ལེགས་པར་འོངས་སོ་ངོམས[948]·པ་གྱིས།། (88)

svāgataṃ kriyatāṃ tṛptir nātra kaścin nivāryate①/

buddhānāṃ lokabandhūnāṃ tattvāmṛtam② (21a5) idaṃ param//(95)

(①=Q, L; Ms, SG, NH na vāryate. ②=NH, Q, L; Ms ta[ ]m; SG tattvā[ ])

དེ་བཞིན་གཤེགས་པའི་གསུང་རབ་ཀྱི་རོ་མྱང་བའི་ཕྱིར་འདིར་འོངས་པ་ལེགས་ཀྱིས[949]། ཆོས་བདུད་རྩིའི་རོས་ཚིམ་པར་གྱིས་ཤིག། སྐྱེ་གནས་དང་། ན་ཚོད་དང་། རིགས་དང་། ཡུལ་དང་། དུས་ཀྱི་སྔོན་ཐུགས[950]·རྗེ་ཆེན་པོས་སྤྱངས་པར་མཛད་པའི་ཐུགས་ཅན་ཡང་དག་པའི་ལྟ་བ་བཞིན་གྱི་དོན་རིག[951]·པའི་སངས་རྒྱས་རྣམས་ཀྱི་གསུང་རབ་འདི་ལ་བཀག་པ་མེད་དོ།། དེ་ཁོ་ན་ཉིད་ནི་བདུད་རྩི་སྟེ། ངོམས་པར་བྱེད་པའི་ཕྱིར་རོ།། དེ་དང་འདྲ་བའི་དེ་ཁོ་ན་ཉིད་གཞན་མེད་པས་མཆོག་སྟེ་དམ་པའོ།།

[MHK: D. 31a3; C. 31a3; P. 34a3; N. 31a1; G. 41a4]

[TJ: D. 270a2; C. 270a3; P. 304b8; N. 292a2; G. 388a3]

ཡང་དག་ལྟ་ལ་སྒྲིབ་མེད་པའི།།

བདག་ནི་བྱེད་པོ་ཟ་པོ་སོགས།།

རྟེན་མེད་བརྫུན་པའི་འཛིན་པ་ནི།།

ངེས་ན་སྤང[952]·བ་ཁོ་ནར་གྱིས།། (89)

api tv ātmatvakartṛtvabhoktṛtvādir① nirāspadaḥ/

saṃtyajyatām asadgrāho② bhūtadṛkpratibandhakaḥ// (96)

(①=Q, L; Ms, SG °vādi; NH ātmā°. ②=NH, Q, L; Ms, SG asadgraho)

---

948 G དམས

949 DC ཀྱི

950 C ཐུག

951 PNG རིགས

952 C སྤོང

诸佛世间众生中，
此是最胜真甘露。[953]**（88）**

为了品尝如来经典的美味，在这里，善来能满足于法甘露的滋味。用大悲断灭胎（yoni）、年龄（vayas）、阶级（jāti）、境、时的错误的具悲心者，在那清净见、如意知的诸佛的经教中是不会被遮止的。"甘露"就是真实，能满足的缘故。与那（佛教）相似的其他真实不存在，所以（佛教）是"最胜"，即"最上"。

[MHK: D. 31a3; C. 31a3; P. 34a3; N. 31a1; G. 41a4]
[TJ: D. 270a2; C. 270a3; P. 304b8; N. 292a2; G. 388a3]

我性作者受者性，
但是彼等无所依，
应该舍弃之邪执，
妨害遮断真实见。[954]**（89）**

[953] 本颂意为：善来者能够得到满足，在这里任何都不被遮止；对于诸佛、世间众生来说，这（佛法）就是最殊胜的真实甘露。

[954] 本颂意为：但是，我性、作者性、受者性等都是无所依的，应该被断除的邪执是障害真实见的。

གལ་ཏེ་ཁྱོད[955]་དེ་ཁོ་ན་ཉིད་ཀྱི་བདུད་རྩི[956]་འདི་ལ་དགའ་བར་བྱེད་ན་དེ་ལྟ་ན་ཡོད་པ་མ་ཡིན་པའི་བདག་བྱེད་པ་པོ་དང་། ཟ་བ་པོ་ཉིད་དུ་རྟེན་མེད་པར་བརྟུན་པའི་འཛིན་པ་ཡང་དག་པའི་ལྟ་བའི་བར་དུ་གཅོད་པར་བྱེད་པ་འདི་ངེས་པར་ཐོང[957]་ཤིག[958]།

[MHK: D. 31a4; C. 31a4; P. 34a4; N. 31a1; G. 41a5]

[TJ: D. 270a4; C. 270a4; P. 305a2; N. 292a4; G. 388a5]

གལ་ཏེ་ཁོ་བོ་ཅག་གི་བདག་དང་ཁྱེད་ཀྱི་བདག་མེད་པ་གཉིས་འདྲ་བར་གྱུར་ན་དེས་ཁྱེད་དང་བདག་ཅག་གི་གྲུབ་པའི་མཐའ་མཚུངས་པར་འགྱུར་རོ་ཞེ་ན[959]་དེ་ནི་མ་ཡིན་ཏེ། གང་གི་ཕྱིར།

དངོས་རྣམས་རང་བཞིན་སྐྱེ་མེད་ཕྱིར།
དེ་ཉིད་དུ་ན་སྐྱེ་མེད་འདོད།།
ངོ་བོ་ཉིད་ཀྱིས[960]་སྐྱེ[961]་མེད་ཉིད།།
འདི་ཡི་ངོ་བོ་ཉིད་དུ་བསྟན།། (90)

svabhāvājātito ’jātir bhāvānāṃ tattvato matā/
svabhāvato hy ajātatvād uktaiṣā niḥsvabhāvatā①// (97)

(①=NH, Q, L; Ms nisvabhāvatā; SG ni(ḥ)svabhāvatā)

དངོས་མེད་ཉིད་ནི[962]་བདག་མེད་པ།།
དེ་ནི་བདག་མིན་འགལ[963]་བ་ཉིད།།

---

955 G ཁྱེད

956 P རྩིའི

957 PNG མཐོང

958 PNG ཞིག

959 P ins. །

960 P ཀྱི

961 N སྐྱེས

962 PK NK GK ན

963 N དགལ

如果你喜欢这真实的甘露的话，那么，就不会依止于并不存在的我、作者和受者，也就能用正见断除虚妄执着，这是可以确定观察到的。

[MHK: D. 31a4; C. 31a4; P. 34a4; N. 31a1; G. 41a5]

[TJ: D. 270a4; C. 270a4; P. 305a2; N. 292a4; G. 388a5]

如果（吠檀多论师）说："我们的我和您的无我两者是相似的，所以您（的宗趣）和我们的宗趣是一致的。"那是不对的，因为：

自性不生之实有，
真实不生是被许，
自性不生性之故，
此被说是无自性。[964] **（90）**

无我即是无自性，
彼与我非相矛盾，

[964] 本颂意为：自性是不生的各种实有物在真实中是不生的（观点）被认可，自性是不生性的缘故，那（实有物）被认为是无自性的。

བདག་མེད་བདག་ཏུ་འགྱུར་ཞེ་ན།།
བ་ལང་མིན་པའང་བ་ལང་འགྱུར།། (91)

naiḥsvabhāvyaṃ① ca nairātmyaṃ na tadātmā virodhataḥ/

anātmā ced bhaved ātmā gor abhāvo ’pi gaur bhavet// (98)

(①=NH, Q, L; Ms, SG naisvābhāvyaṃ)

རྒྱུ་དང་རྐྱེན་དང་མཐུན་པར་སྐྱེས་པ་ཡིན་ན་ཡང་། དངོས་པོ་རྣམས་རང་བཞིན་གྱིས་མ་སྐྱེས་པར་ཁས་བླངས་ནས་མ་སྐྱེས་པའོ་ཞེས་བརྗོད་པར་བྱའོ།། དེ་ཉིད་ནི་རང་བཞིན་མེད་པ་ཡིན་པས་རང་བཞིན་གྱིས་མ་སྐྱེས་པ་ཉིད་དོ།། བདག་ནི་རང་བཞིན་དང་དོན་ཐ་དད་པ་མ་ཡིན་པའོ།། གང་གི་ཕྱིར་དེ་དང་བྲལ་བར་གྱུར[965]་པ་དེ་ནི་བདག་མེད་པའོ།། བདག་མེད་པའི་ངོ་བོ་ནི་བདག་མེད་པ་ཉིད་དོ།། དེ་ནི་བདག་མེད་པ་ཡིན་པས་བདག་མ་ཡིན་ཏེ། [966]ཅིའི་ཕྱིར་ཞེ་ན། འགལ་བའི་ཕྱིར་ཏེ།[967] གང་བདག་ཡིན་ན་ནི་བདག་མེད་པ་ཇི་ལྟར་ཡིན། འོན་ཏེ་བདག་མེད་པ་ཡིན་ན་ཡང་བདག་ཇི་ལྟར་ཡིན་ཏེ། ཇི་ལྟར་རྟའི་ངོ་བོ་བ་ལང་གི་ངོ་བོ་མ་ཡིན་པ་ལྟར།[968] དེ་བཞིན་དུ་བདག་མེད་པ་འདི་བདག་[969]ཏུ་འགྱུར་བ་མ་ཡིན་නོ།།

[MHK: D. 31a5; C. 31a5; P. 34a5; N. 31a2; G. 41a6]

[TJ: D. 270b1; C. 270b1; P. 305a8; N. 292b1; G. 388b3]

གང་གི་ཕྱིར།[970]
དངོས་པོའི་ངོ་བོ་མེད་འདི་ནི།།
ཇི[971]་ལྟར་བྱེད་པོ་ཟ་པོར་རིགས།།

[965] G འགྱུར

[966] PNG ins. དེ

[967] PNG om. ।

[968] G ||

[969] P ins. མེད་པ་འདི་དག; G ins. མེད་པ་འདི་བདག

[970] G ||

[971] DK CK PK NK GK འདི

若说无我即是我，

非牛则能成为牛。[972]**（91）**

因与缘和合就是生，但是各种实有的自性是不生的，所以根据宗趣应该说“不生”。那（实有）本身是无自性的，所以（实有的）自性是不生性。我不是与自性意义相异的。因为没有那（自性），那就是无我。无我的本性就是无我性。那是无我，所以不是我，如果问：“为什么？”（回答：）（无我和我）矛盾的缘故，即如果是我的话，那如何是无我？如果是无我的话，那又如何是我？譬如，马的自性不是牛的自性，同样，这无我也不会成为我。

[MHK: D. 31a5; C. 31a5; P. 34a5; N. 31a2; G. 41a6]

[TJ: D. 270b1; C. 270b1; P. 305a8; N. 292b1; G. 388b3]

因为：

此是无自性实有，

作者受者如何理？

---

[972] 本颂意为：无自性就是无我，那（自性）与我不是相矛盾的；如果无我成为我的话，那么非牛也会成为牛。

གང་ཕྱིར་མོ་གཤམ་དག་གི་བུ།།
བྱེད་པོ་ཟ་པོར་མ་ཡིན་བཞིན།། (92)

yuktaḥ① svabhāvābhāvo ’sau kathaṃ kartṛtābho(21a6)ktṛte②/

dṛṣṭe bandhyāsutasyeha nākasmāt kartṛbhoktṛte// (99)

(①=L; Ms, SG, NH yataḥ; Q yuktā. ②= NH, Q; Ms kartṛ[ ]ktṛte;

SG kartṛ[ ]kyate; L syāt kartṛbhoktṛte)

བྱེད་པ་པོ་དང་། ཟ་བ་པོར་ཡང་དེ་མི[973]་རིགས་ཏེ། རང་བཞིན་ངོ་བོ་ཉིད་མེད་པ་ཡིན་པའི་ཕྱིར། དཔེར་ན་མོ་གཤམ་གྱི་བུ་བཞིན་ནོ།།

[MHK: D. 31a5; C. 31a5; P. 34a5; N. 31a3; G. 41a6]

[TJ: D. 270b2; C. 270b2; P. 305b1; N. 292b2; G. 388b4]

དེ་ལྟར་གྱུར་ལ་སྐྱེ་ཇི་ལྟར།།
དེ་ལས[974]་ཉམས་པར་འགྱུར་ཅི[975]་ལྟར།།
མཁའ་ལ་མེ་ཏོག་མེད་པ་ལ།།
ཇི་ལྟར་སྐྱེ་འཇིག་བརྟགས[976]་པ་བཞིན།། (93)

itthaṃbhūtāt① kathaṃ janma pralayas tatra vā katham/

na vyomakusume yuktā pralayotpādakalpanā// (100)

(①=NH, Q, L; Ms, SG icchaṃbhūtāt)

རྣམ་པ་དེ་ལྟ་བུར་བདག་མེད་པའི་བདག་ལ་འགྲོ་བ་མ་ལུས་པ་སྐྱེ་ཞིང་འགག་པ་ཇི་ལྟར་འགྱུར། དངོས་པོ་མེད་པའི་ངོ་བོ་ཉིད་ནི་ཇི་ལྟར་[977]ནམ་མཁའི་[977]་མེ་ཏོག་བཞིན། སྐྱེ་བ་དང་། འགག་པར་རིགས་པ་མ་ཡིན་ནོ།།

---

[973] DC ནི

[974] PNG ལ

[975] DK CK PK NK GK, PNG ཇི

[976] DK CK PK NK GK, PNG བཏགས

[977] NG ནམཁའི

于此石女儿之见，
作者受者无理由。[978]**（92）**

那（我）是作者和受者也是不合理的，本性是无自性的缘故，就像石女儿一样。

[MHK: D. 31a5; C. 31a5; P. 34a5; N. 31a3; G. 41a6]
[TJ: D. 270b2; C. 270b2; P. 305b1; N. 292b2; G. 388b4]

如此云何是产生？
此中云何是坏灭？
在于天空花蔓中，
分别生灭不合理。[979]**（93）**

如此，在无我的我中，一切众生如何生和灭？非实有的本性就像空华一样，生和灭是不合理的。

---

[978] 本颂意为：这没有自性的实有（成为）作者和享受者怎么合理？这里，就像石女儿之见一样，（成为）作者和享受者是没有理由的。

[979] 本颂意为：这样的话，什么是产生？在其中什么又是坏灭？在空华之中分别生灭是不合理的。

[MHK: D. 31a6; C. 31a6; P. 34a6; N. 31a3; G. 41b1]

[TJ: D. 270b3; C. 270b3; P. 305b3; N. 292b4; G. 388b6]

དངོས་པོ་མེད་པའི་ཡུལ་དག་ལ།།
ཇི་སྲིད་བློ་ནི་འཇུག་གྱུར་པ།།
བློ་ཡིས[980]་བརྟགས[981]་པས་སྒྲོ་བཏགས་ཕྱིར།།
དེ་སྲིད་གཅིག་ལ་སོགས་པར་འདོད།། (94)

svabhāvābhāvaviṣayā yāvad buddhiḥ pravartate/

dhīkalpanāsamāropās① tāvad ekādikā② matāḥ③// (101)

(①=NH, Q, L; Ms, SG dhīḥkalpanāsamāropā; ②=NH, Q, L; Ms, SG ekāntikā. ③=NH, Q, L; Ms, SG matā)

དངོས་པོ་ཉིད་མེད་པར་གྱུར་པ་ནི་དངོས་པོ་མེད་པ་སྟེ། ཡུལ[982-]་དེ་ལ[-982]་དུས་ཇི་སྲིད་དུ་བློ་འཇུག་པར་གྱུར་པ་དེ་སྲིད་དུ་གཅིག་ལ་སོགས་པའི་རྟོག་པ་འབྱུང་བར་འགྱུར་ཏེ། ཅིའི་ཕྱིར་ཞེ་ན། གཅིག་ཉིད་མེད་དུ་ཟིན་ཀྱང་བློས་བརྟགས[983]་པས་སྒྲོ་བཏགས་ནས་གཅིག་ཅེས་བྱ་བ་ལ་སོགས་པར་བརྗོད་པའི་ཕྱིར་རོ།།

[MHK: D. 31a7; C. 31a6; P. 34a7; N. 31a4; G. 41b1]

[TJ: D. 270b5; C. 270b4; P. 305b5; N. 292b6; G. 389a2]

རྟོག་བཅས་རྟོག་པ་མེད་པ་ལས[984]།།
གང་ཚེ་བློ་ནི་ལོག[985]་གྱུར་པ།།
དེ་ཚེ་བློ་ནི[986]་ཡུལ་མེད་ཕྱིར།།

980 G ཡི
981 DK CK PK NK GK, PNG བཏགས
982 G om. དེ་ལ
983 PNG བཏགས
984 PK ལ
985 G ལོགས
986 DK CK PK NK GK ལ

[MHK: D. 31a6; C. 31a6; P. 34a6; N. 31a3; G. 41b1]

[TJ: D. 270b3; C. 270b3; P. 305b3; N. 292b4; G. 388b6]

自性无性之对象，
只要觉能做产生，
觉依分别而施设，
由此一等即被许。[987]（94）

没有实有性就是自性无，在那对象中，只要有觉作用，那“一”等的分别就会产生。如果问：“为什么？”（回答：）虽然一性是不存在的，但是觉可以根据分别而施设“一”等说法的缘故。

[MHK: D. 31a7; C. 31a6; P. 34a7; N. 31a4; G. 41b1]

[TJ: D. 270b5; C. 270b4; P. 305b5; N. 292b6; G. 389a2]

有分别与无分别，
当觉还灭之时候，
其中觉无对象时，

[987] 本颂意为：自性是无性的对象，只要觉能产生（作用），觉根据分别而施设，那么“一”等等就能被承认。

སྤྲོས་པ་ཉེར་ཞི་ཞི་བ་ཉིད༎ (95)

savikalpāvikalpā① ca yadā buddhir nivartate/

dhiyām aviṣaye tasmin ②-prapañcopaśamaḥ śivaḥ-②// (102)

(①=Q, L; Ms, SG savikalpāvikalpāś; NH savikalpāvikalpāṃś.

②=NH, Q, L; Ms, SG prapañcopaśama[ ])

ངོ་བོ་དང་བཅས་[988-]པའམ་ངོ་བོ་[-988]མེད་པར་རྣམ་པར་བརྟགས[989]་པའི་རྣམ་པར་རྟོག་པ་དེ་དག་གཉི་ག་ཡང་མེད་པའི་བདག་མེད་པ་ལ་དམིགས་པའི་རྣམ་པར་མི་རྟོག་པ་ལས་གང་གི་ཚེ[990]་བློ་ལོག་པར་གྱུར[991]་ཅིང་།[992] བློའི་ཡུལ་ཐམས་ཅད་མེད་པར་གྱུར་པ་དེའི་ཚེ[993]་དངོས་པོ་ཐམས་ཅད་ཡོངས་སུ་མ་གྲུབ་པའི་ངོ་བོ་དེ་ནི་དེ་ཁོ་ན་ཉིད་དེ། ཐམས་ཅད་དུ་གང་གིས་བརྗོད་པར་བྱ་བ་མ་ཡིན་པས་ཉེ་བར་ཞི་བར་གྱུར་པ་ཡིན་ནོ༎ དེ་བཞིན་དུ་ངག་དང་བློ་ལས་ཤིན་ཏུ་འདས་པའི་དེ་ཁོ་ན་ཉིད་ནི་དེ་ཁོ་ན་ཉིད[994]་ཡིན་པར་རིགས་ཀྱི[995]་ཁྱོད་ཀྱིས་ཀུན་དུ་བརྟགས[996]་པའི་བདག་ཏུ་ལྟ་བ་ནི་མ་ཡིན་ཏེ། སྔར་བསྟན་པའི་སྐྱོན་རྣམས་ཡོད་པར་འགྱུར་བ་དང་། གཞན་ཡང་རྣ་བ་བྱིན་ནས་ཉལ་བའི་བུད་མེད་བཞིན་ནམ། གླུན་པོ་ཐ་མར་གྱུར་པ་ཞིག་ལ[997]་བ་ལང་གི་ཤན་པས་དབང་པོ་བཅོལ་བ་བཞིན་ནོ༎ དེ་ལྟ་བས་ན[998]་ཇི་སྐད་བསྟན་པའི་དེ་ཁོ་ན་ཉིད་ནི་གནོད་པ་མེད་པར་གནས་པ་ཡིན་ནོ༎

---

988 PN པའི་ངོ་བོ; G པའི་བོ

989 PNG བཏགས

990 D ཆེ

991 G འགྱུར

992 PNG ༎

993 D ཆེ

994 PNG om. ཉིད

995 PN ཀྱིས།; G ཀྱིས༎

996 PNG བཏགས

997 PNG །

998 PNG ins. །

戏论熄灭即寂静。[999]**（95）**

以分别有自性或无自性这样两种分别中都没有的无我为所缘的无分别，根据（这种无分别），觉还灭而且觉的所有对象不存在的时候，那完全不成立一切实有的本性的就是真实，那在一切（万物）中不被诠说，所以是熄灭（戏论）。

同样，最极超越言语和觉的真实是合理的。但是，你看见分别一切的我不是（真实），即（你的我见）具有先前所说的各种错误，而且就像犒赏睡觉的女人一样，或者就像极其愚蠢的人把感官托付给屠夫一样。所以，如是所说的（吠檀多派的）真实是不会有危害的。

---

[999] 本颂意为：不管是有（自性的）分别还是无（自性的）分别，当觉还灭的时候，觉没有对象的时候，戏论熄灭就是寂静。

དབུ་མའི་སྙིང་པོ་ལས་རིག་བྱེད་ཀྱི་མཐའ་རྒྱུར་སྨྲ་བའི་དེ་ཁོ་ན་ཉིད་ལ་འཇུག་པ་སྟེ་ལེའུ་བརྒྱད་པའོ།།

དབུ་མའི་སྙིང་པོའི་འགྲེལ་པ་རྟོག་གེ་འབར་བ་ལས། རིག[1000]་བྱེད་ཀྱི་མཐའ་རྒྱུར་སྨྲ་བའི་དེ་ཁོ་ན་ཉིད་ལ་འཇུག་པ་སྟེ་ལེའུ་བརྒྱད་པའོ།།

梵本第 76 颂至 82 颂：

buddhyā ced darśanān muktis tadbhedāt katham ekatā/
nānātvadhīvat sā ca syād vitathā pūrvavad grahāt// (76)

ajātisamatāṃ yāte jñāne ’bhedāt kva darśanam/
adarśanād vimuktiḥ[①] syān muktir vā nāst(20b6)i[②] kasyacit// (77)
([①]=NH, Q, L; Ms, SG vimukti. [②]=NH, Q, L; Ms, SG nā[ ]i)

bodhe sati tadutpādād ajātisamatā kutaḥ/
satyabhāvād anutpāde tadvikalpasamo[①] ’pi saḥ// (78)
([①]=SG, NH, Q, L; Ms tadvikṣayo)

ajātir jātivad dharmas tadabhāve ca sā satī/
naivātmasamatā tasya yuktā nāpi na tatsthatā// (79)

[1000] P རིགས

《中观心论·入（抉择）吠檀多之真实品第八》（终）。

《中观心论注·思择焰·入（抉择）吠檀多之真实品第八》（终）。

梵本第 76 颂至 82 颂汉译：

若据觉见而解脱，彼有别故如何一？
此是虚妄如多觉，如前所述执着故。（76）

觉得无生平等时，无分别故如何见？
根据无见而解脱，或者无人得解脱。（77）

从彼产生菩提时，如何无生且平等？
非真有故不生时，此即等同分别彼。（78）

无生是法犹如生，此以彼无而存在，
彼不与我相等同，住于其中亦非理。（79）

①-ajaś ca-① ko na ②-bhedo ’sti-② matā③ yena samarthanam/

na jātājātayor iṣṭam ajatvaṃ tattvato yataḥ// (80)

(①=Ms, SG, NH; Q, L ajasya. ②=SG, Q, L; Ms, NH ced asti.

③=Ms, SG, NH; Q, L mato)

khapuṣpāt tadabhedaś ced asatpakṣaparigrahaḥ①/

parini(21a1)ṣpatte② bhedaś ced advaitaṃ na prasidhyati// (81)

(①=Q, L; Ms, SG, NH asatpakṣaparigraha[ ]. ②=Q; Ms, SG, NH [ ]ṣpatte;

L pariniṣpatti)

nāto bhāvo na cābhāvo na pṛthag nāpṛthak pumān/

na nityo nāpy anityaś ①-ca na-① buddhidhvanigocaraḥ②// (82)

(①=NH, Q, L; Ms, SG cāto. ②=Ms, Q, L; SG, NH buddhir dhvanigocaraḥ)

无生不是谁分别，据彼功用不被许，
生和不生不被许，是故真实无生性。（**80**）

如若彼是无分别，如空华故执非宗，
如若究竟中分别，不二论则不成立。（**81**）

故我非有亦非无，非差别亦非无别，
非常住亦非非常，非是觉言所行处。（**82**）

参考文献

中文

曹志成　1993　《清辨对瑜伽行派的三性思想之批判的探讨——试以〈般若灯论〉第二十五章有关唯识学的附录部分为解释线索》,《东方宗教研究》第 3 期,第 59-76 页。

1996　《清辨〈中观心论〉及其〈思择焰〉对瑜伽行派三性思想之批判》,《东方宗教研究》第 5 期，第 21-68 页。

褚俊杰　1994　《〈根本中论无畏疏〉解读（序品 · 初品）——兼论藏译佛典的语言特点及其学术价值》,《中国藏学》, 1994 年第 2 期，第 77-92，41 页。

何欢欢　2008　《〈中论〉“皈敬颂”汉藏对比释读》,《西藏研究》, 2008 年第 1 期，第 31-53 页。

2010a　《〈中观心论〉与〈思择焰〉所传数论思想释读》,《中国佛学》第 1 期，第 136-160 页。

2010b　《藏译〈思择焰〉所破胜论派解脱思想释读》,《西藏研究》第 124 期，第 12-26 页。

2012a　《瓶空与虚空——清辩对吠檀多哲学的批判》,《哲学研究》2012 年第 2 期，第 106-112 页。

2012b　何欢欢译，斋藤明著《清辩对数论派映像理论的批判》,《宗教研究》（2011 卷），第 221-231 页。

2012c 《清辩：陈那的忠实信徒？》，《第二届梵学与佛学研讨会论文集》，政治大学，台北。

黄心川 1986 《印度吠檀多哲学评述（上）》，《南亚研究》1986年第4期，第32-44页。

1987 《印度吠檀多哲学评述（下）》，《南亚研究》1987年第1期，第42-51页。

1989 《印度哲学史》，商务印书馆，北京。

1997 《印度吠檀多哲学与中国佛道思想的交流》，《中国文化研究》总第16期，第15-21页。

蒋忠新 1991 《梵文〈思择焰经〉抄本影印版》，李铮、蒋忠新、段晴主编《季羡林教授八十华诞纪念论文集》，江西人民出版社，第111-118页，南昌。

郭和卿 1986 郭和卿译，布顿著《佛教史大宝藏论》，民族出版社，北京。

刘立千 2000 刘立千译注，土观·罗桑却吉尼玛著《土观宗派源流》，民族出版社，北京。

吕 澂 2002 《印度佛学源流略讲》，上海人民出版社，上海。

2011 吕澂译，肖永明整理，《中观心论·入抉择瑜伽师真实品》，《世界哲学》2011年第6期，第72-91页。

蓝吉富 1973 《汉译本〈中论〉初探》，《华冈佛学学报》第3期，第79-134页。

1985 《世界佛学名著译丛》，第8、21、38、39、40、62、63、64、69、70、71册，华宇出版社，台北。

刘 威 1996 《清辨对“空”的逻辑证明》，《佛学研究》，第62-68页。

欧阳竟无 1991 《藏要》第3辑，上海书店，上海。

宋立道 2006 宋立道译，亚瑟·伯林戴尔·凯思著《印度逻辑和原子论》，中国社会科学出版社，北京。

孙　晶　1987　《试论乔荼波陀的核心哲学》，《南亚研究》1987年第3期，第49-58页。

　　　　2004　《印度吠檀多不二论哲学》，东方出版社，北京。

　　　　2005　《〈乔荼波陀颂〉文献学研究》，《哲学研究》2005年第3期，第58-65页。

　　　　2008　《商羯罗的解脱观及其思想渊源》，《哲学研究》2008年第12期，第44-53页。

释惠敏　1996　《生命缘起观——梵本〈净明句论·第二十六品观十二支分〉初探》，台北法鼓文化事业股份有限公司出版，台北。

释会晟　1997　《〈思择焰〉IV.〈入声闻之真实〉之基础研究》，法光佛教文化研究所硕士毕业论文。

释见弘　2005　《印度中期中观思想家的佛身——以月称和清辨为中心》，《中华佛学学报》第18期，第1-29页。

太　虚　1928　《论掌珍论之真性有为空量》，《海潮音》9卷2期，第19-21页。

王世安　1987　王世安译，沃德尔著《印度佛教史》，商务印书馆，北京。

王　森　1997　《西藏佛教发展史略》，中国社会科学出版社，北京。

王　尧　1995　《宗喀巴评传》，南京大学出版社，南京。

万金川　1998　《中观思想讲录》，香光书乡出版社，嘉义。

吴汝钧　1990　吴汝钧译，梶山雄一著《佛教中观哲学》，佛光出版社，高雄。

巫白慧　1989　《印度吠檀多主义哲学》，《南亚研究》1989年第1期，第9-25页。

　　　　2007　《圣教论》，商务印书馆，北京。

肖平、杨金萍
2006 肖平、杨金萍译，山口益著《般若思想史》，上海古籍出版社，上海。

徐梵澄 2007 《五十奥义书》，中国社会科学出版社，北京。

姚卫群 1996 《佛教般若思想发展源流》，北京大学出版社，北京。

2002 《佛学概论》，宗教文化出版社，北京。

2003 《古印度六派哲学经典》，商务印书馆，北京。

2006 《印度宗教哲学概论》，北京大学出版社，北京。

叶少勇 2011 《〈中论颂〉与〈佛护释〉》，中西书局，上海。

印　顺 1992 《空之探究》，台北正闻出版社，台北。

1993 《印度佛教思想史》，台北正闻出版社，台北。

张保胜 2007 《薄伽梵歌》，中国社会科学出版社，北京。

张建木 1988 张建木译，多罗那它著《印度佛教史》，四川民族出版社，成都。

日文（依假名顺）

足立　修 1955 「數論哲學の細身について」『印度学仏教学研究』3-2, pp.508-509。

安達俊英 1984 「ヴァイシェーシカ・スートラにおける解脱について」『印度学仏教学研究』64, pp.136-137。

池田澄達 1932 『根本中論疏無畏論譯註』，東洋文庫，東京。

今西順吉 1961 「大乘『大般涅槃経』に言及されたサーンキヤ思想」『印度学仏教学研究』18-2, pp.174-179。

一郷正道 1967a 「中観派と数論派との対論：『般若灯論』第十八章における」『印度学仏教学研究』15-2，pp. 250-260。

1967b 「中観派と勝論・正理学派の対論」『東方学』

34，pp. 1-20。
宇井伯寿 1965a 『印度哲学研究』（巻三），岩波書店，東京。
1965b 『印度哲学史』，岩波書店，東京。
江島恵教 1969 「Bhāvavivekaの聖典観」『印度学仏教学研究』17-2, pp.70-75。
1970 「Bhāvavivekaの小乗聖典批判」『印度学仏教学研究』18-2, pp.98-103。
1980a 『中観思想の展開』，春秋社，東京。
1980b 「*Madhyamakaratnapradīpa*について」『印度学仏教学研究』28-2, pp.37-43。
1987 「『大乗掌珍論』の瑜伽行学説批判」『高崎直道博士還暦記念』，春秋社，東京，pp. 201-214。
1990 「Bhāvaviveka/Bhavya/Bhāviveka」『印度学仏教学研究』76-2, pp.98-106。
1992 「Bhāviveka の言語観—瑜伽行学説批判との関連において—」『成田山仏教研究所紀要』15, pp.75-93。
興津香織 2006 「日本における金七十論の注釈書」『印度学仏教学研究』54-2, pp.20-23。
金倉圓照 1965 『インド哲学史』，平楽寺書店，京都。
1971 『インドの自然哲学』，平楽寺書店，京都。
1974a 『インド哲学の自我思想』，大蔵出版株式会社，東京。
1974b 『インド哲学仏教学研究 II』，春秋社，東京。
1984 『真理の月光』，講談社，東京。
川崎信定 1973 「バヴィヤの伝えるミーマーンサー思想」『中村元博士還暦記念論集・インド思想と仏教』，春秋社，東京，pp. 71-86。

1985 「肉食と Bhāvaviveka」『東方』1, pp.174-184。
1992 『一切智思想の研究』，春秋社，東京。
榊亮三郎 1998 『翻訳名義大集——梵蔵漢和四訳対校』，臨川書店，京都。
斎藤　明 1981 「lCaṅ-skya 宗義書における経量行中観自立派の章について」『日本西蔵学会会報』27, pp.7-10。
1982 「『中論頌』解釈の異同をめぐって一第 13 章<真実の考察>を中心として一」『仏教学』14, pp.65-88。
1985 「中観系資料『敦煌胡語文献』」,『講座敦煌』6，大東出版社，東京，pp. 311−347。
1987 「『根本中論』チベット語訳批判」『仏教研究の諸問題』，山喜房仏書林，東京，pp.221-246。
1988 「<初期>中観派とブッダパーリタ」『仏教学』24, pp.29-51。
1999 「バーヴィヴェーカの勝義解釈とその思想史的背景」『論集』9, pp.66-81。
2000a 「バヴィアの規定する madhyamaka とその解釈をめぐって」『加藤純章博士還暦記念論集・アビダルマ仏教とインド思想』，春秋社，東京，pp.267-279。
2000b 「空性論者から縁起論者へ一Buddhapālita を中心として一」『空と実在』,春秋社,東京,pp.93-115。
2003 「『無畏論』の著者と成立をめぐる諸問題」『印度学仏教学研究』51-2, pp.863-869。
2005 「『中観心論』の書名とその成立をめぐる諸問題」『印度学仏教学研究』53-2, pp.832-838。
2007a 『大乗仏教の起源と実態に関する総合的研究』，

東京大学研究成果報告書，東京。

2007b 「*lTa ba'i khyad par* における『経（部）中観』の意味」『印度学仏教学研究』55-2, pp. 918–910。

2008 「バーヴィヴェーカの識二分説批判」『印度学仏教学研究』56-2, pp.134-140。

高崎直道 1980 「如来蔵思想をめぐる論争——清弁造『中観心論』声聞真実決択章を素材として」『仏教思想』3,平楽寺書店，京都，1980, pp.219-258。

高木訷元 1965 「『数論偈』第二頌に対する一考察」『密教文化』71-72, pp.171-160。

1991 『マータラ評註の原典解明』，法蔵館，京都。

寺本婉雅 1937 『龍樹造・中論無畏疏』，大東出版社，東京。

辻直四郎 1994 『リク・ウェーダ讃歌』，岩波書店，東京。

中田直道 1972 「中観心論の頌第 6 章および論理の炎——インドの二元論の哲学〔サーンキヤ説〕を紹介せる部分の和訳と註」『鶴見女子大学短期大学部紀要』6, pp.156-185。

1983 「中観心論の頌第 6 章第五～第七カーリカーおよび論理の炎和訳その二（摂大乘論釈所出の韓世師那耶修摩の説く我と比較して）」『鶴見大学紀要』20-4, pp.4-7。

中村　元 1948 「仏教学者バヴィヤの伝えるヴェーダーンタ哲学」『哲学雑誌』699, pp.1-65。

1968 「初期ヴェーダーンタ哲学の発展」『印度学仏教学研究』16-2, pp.10-22。

1976 「『中観心論頌』と初期ヴェーダーンタ説」『印度学仏教学研究』24-2, pp.17-22。

1989a 『初期のヴェーダーンタ哲学』，岩波書店，東京。
1989b 『ブラフマ・スートラの哲学』，岩波書店，東京。
1989c 『ヴェーダーンタ哲学發展』，岩波書店，東京。
1989d 『ことばの形而上学』，岩波書店，東京。
1989e 『シャンカラの思想』，岩波書店，東京。
1996a 『ヨーガとサーンキヤの思想』，春秋社，東京。
1996b 『ニヤーヤとヴァイシェーシカの思想』，春秋社，東京。
中村了昭 1982 『サーンクヤ哲学の研究』，大東出版社，東京。
长尾雅人 1954 『西藏仏教学研究』，岩波書店，東京。
1978 『中観と唯識』，岩波書店，東京。
野沢正信 1981 「ヴァイシェーシカにおける生死について」『日本仏教学会年報』46, pp.459-472。
1993 「ヴァイシェーシカ学派における「結果」(kārya)の定義」『印度哲学仏教学』8, pp.1-23。
1997 「ヴァイシェーシカは自然哲学か」『印度哲学仏教学』12, pp.67-78。
2004 「ヴァイシェーシカ学派の輪廻・解脱説」『インド学諸思想とその周延：仏教文化学会十周年北條賢三博士古稀記念論文集』，山喜房仏書林，東京，pp.293-312。
野沢静証 1941 「印度に於ける大乗仏説非仏説論——大乗荘厳経論成立大乗品の研究」『大谷学報』22-2, pp.45-71.
1944 「清弁の声聞批判（上）——続印度に於ける大乗仏説非仏説論」『密教研究』88, pp.66-79。
1954-1972 「清弁造『中観学心髄の疏・思択炎・真実智を

求むる』章第三（I）——（X）」『密教文化』28, 29, 30, 31, 34, 43, 44, 66, 68, 74, 97, 100。

1972b 「清弁の声聞批判——インドにおける大乗仏説論」『佐藤教授古稀記念・仏教思想論叢』，山喜房佛書林，東京，pp.209-225。

羽田野伯猷

1943 「数論のプラティビンバ（反映）説について」『文化』10-9, pp.1-38。

1944 「数論学派の論理説ヴィータ・アヴィータについて」『文化』11-3, pp.1-43; 11-4, pp.36-62。

1952 「数論派における解脱論と数論頌」『印度学仏教学研究』1-1, pp.164-171。

本多　恵 1953 「六十科論の内容と著者」『印度学仏教学研究』3, pp.133-134。

1954 「カーリカー以前のサーンキヤの典籍」『印度学仏教学研究』2-2, pp.135-136。

1973 「バヴィヤの伝えるサーンキヤ哲学」『日本仏教学会年報』38, pp.227-244。

1979 「清弁の紹介するサーンキヤ説」『東海仏教』24, pp.46-57。

1980 『サーンキヤ哲学研究(上)』，春秋社，東京。

1981 「ヴァイシエーシカ哲学の自我観」『仏教の歴史的展開に見る諸形態：古田紹欽博士古稀記念論集』，創文社，東京，pp.214-227。

1990 『ヴァイシェーシカ哲学体系』，国書刊行会，東京。

北條賢三 1977a 「勝論学派の解脱説」『大正大学研究紀要』56, pp.19-55。

1977b 「勝論学派の瑜伽観」『仏教の実践原理』，山喜房佛書林，東京，pp.43-70。

古坂紘一 1976 「大乗仏教における二諦説の一考察：『般若灯論』観聖諦品を中心として」『大阪教育大学紀要』第I部門 25，pp. 117−131。

1980-1981 「中観における輪廻観の否定」『大阪教育大学紀要』第I部門 29-2/3, pp. 171−1841; 30-1/2, pp. 1−14。

松本史朗 1981 「*lTa ba'i khyad par* における中観理解について」『曹洞宗研究員研究生研究紀要』13，pp. 93−124。

宮坂宥勝 1952 「バヴィヤとヴァイシェーシカ学派」『宗教研究』133, pp.173-177。

1954a 「清弁引用のヴァイシェーシカ哲学説」『文化』18-3, pp.24-40。

1954b 「ヴァイシェーシカ学派におけるアートマン観と解脱」『智山学報』1, pp.112-128。

1958 「論理の炎におけるヴァイシェーシカ哲学」『高野山大学論叢』1, pp.1-37。

宮元啓一 1991 「初期ヴァイシェーシカ学派のアートマン観」『前田専学先生還暦記念：我の思想』，春秋社，東京，pp.17-31。

2009 『ヴァイシェーシカ・スートラ——古代インドの分析主義的実在論哲学』，臨川書店，京都。

村上真完 1972 「サーンキャ（数論）の解脱の主体について」『佐藤教授古稀記念・仏教思想論叢』，山喜房佛書林，東京，pp.393-422。

1975 「サーンクヤ哲学の霊我とヴェーダーンタ哲学

の個我」『東北大学文学部研究年報』24, pp.98-115。

1976a 「ヴァイシェーシカ哲学のアートマン——サーンクヤ哲学のプルシャと対比される」『日本文化研究所研究報告』12, pp.141-175。

1976b 「ヴァイシェーシカ哲学におけるアートマン存在の論証」『東北大学文学部研究年報』25, pp.1-56。

1978 『サーンキヤ哲学研究——インド哲学における自我観』，春秋社，東京。

1982 『サーンクヤの哲学』，平楽寺書店，京都。

山口恵照 1964 『サーンキヤ哲学体系序説：サーンキヤへみちびくもの』，あぽろん社，京都。

1974 『サーンキヤ哲学体系の展開：究極的な「転迷開悟」の道』，あぽろん社，京都。

山口　益 1941 『仏教における無と有との対論』，山喜房佛書林，東京。

山本快竜 1933 「自在黒年代考」『常盤博士還暦記念仏教論叢』，弘文堂書房，東京，pp. 525-534。

1939 「数論頌と六十科論」『智山学報』12, pp. 46-63。

安井広済 1961 『中観思想の研究』，法蔵館，京都。

安間剛志 2007 「*Tarkajvālā* の二諦説」『印度学仏教学研究』113, pp.101-104。

湯田　豊 1983 「サーンキヤ・カーリカー（1）」『神奈川大学人文学研究所報』No.17, 1983。

1985 「サーンキヤ・カーリカー（2）」『神奈川大学人文学研究所報』No.19, 1985。

2002 『ウパニシャッド：翻訳および解説』，大東出版社，東京。

2006 『ブラフマストラ——シャンカラの注釈（上）』，

大東出版社，東京。

渡辺俊和 2008　「ディグナーガとサーンキヤ学派との論争」『印度学仏教学研究』57-1, pp.278-282。

渡辺瑞巌 1940　「中観心論の数論破」『清水龍山先生古稀記念論文集』，清水龍山先生教育五十年古希記念會，pp.640-667。

西文

Bahulkar 1994　Shrikant S. Bahulkar, "The *Madhyamaka-hṛdaya-kārikā* of Bhāvaviveka: A Photographic Reproduction of Prof. V.V.Gokhale's Copy", *Nagoya Studies in Indian Culture and Buddhism (Saṃbhāṣā)*15, pp.i-iv, pp.1-49.

Belvalkar 1917　Sripad Kṛṣṇa Belvalkar, "*Māṭharavṛtti* and the Date of the Īśvarakṛṣṇa", *Commemorative essays presented to Sir Ramkrishna Gopal Bhandarkar*, Bhandarkar Oriental Research Institute, Poona, pp.171-184.

Bhattacharya 1943　Vidhushekhara Bhattacharya, *The Āgamaśāstra of Gauḍapāda*, University of Calcutta, Calcutta.

Braarvig 1997　Jens Braarvig, "Bhavya on Mantras: Apologetic Endeavours on Behalf of the Mahāyāna", *Studia Indologiczne*, vol. 4, pp.31-39.

Chakravartinayanar & Upadhye 1975　A. Chakravartinayanar and A.N. Upadhye, *Pañcāstikayasāra*, Bharatiya Jnanpith Publication, New Delhi.

Colebrooke

1839 *The Sāṃkhyakārikā, or memorial verses on the Sāṃkhya philosophy by Īśvarakrishna*, translated from the Sanskrit by Henry Thomas Colebrooke. *Also the bhāshya or commentary of Gauḍapāda*, translated and illustrated by an original comment, by Horace Hayman Wilson, Oxford.

Deodikar 1992 Sanjay Govind Deodikar, *Upaniṣads and Early Buddhism*, Easter Book Linkers, Delhi.

Dvivedi 1894 Manilal N. Dvivedi, tr., *The Māndūkyopanishad with Gaudapāda's Kārikās and the Bhāshya of Śankara*, Bombay.

Dvivedin 1984 Vindhyesvari Prasad Dvivedin, ed., *The Praśastapāda Bhāṣya with Commentary Nyāyakandalī of Śrīdhara*, Sri Satguru Publications, Delhi.

Dvivedī & Śāstri

1919 Mahāmahopādhyāya Vindhyeśvarī Prasāda Dvivedī and Dhuṇḍirāja Śāstri, eds., *The Aphorisms of the Vaiśeṣika Philosophy by Kaṇāda with the Commentary of Praśastapāda, and the Gloss of Udayanācārya*, Benaras Sanskrit Series, Poona.

Eckel 1980 Malcolm David Eckel, *A Question of Nihilism: Bhāvaviveka's Response to the Fundamental Problem of Mādhyamika Philosophy*, unpublished Ph.D. Dissertation, Harvard University, Cambridge.

1992 *To See the Buddha, A Philosopher's Quest for the Meaning of Emptiness*, Princeton University Press, Princeton.

2008 *Bhāviveka and His Buddhist Opponents*, Harvard

University Press, Cambridge.

Gokhale 1958 Vasudev V. Gokhale, "The Vedānta Philosophy Described by Bhavya in his *Madhyamaka-hṛdaya*", *Indo-Iranian Journal* 2-3, pp.165-180.

1963 "Masters of Buddhism Adore the Brahman through Non-Adoration (Bhavya, *Madhyamakahṛdaya* III)", *Indo-Iranian Journal* 5-4, pp.271-275.

1972 "The Second Chapter of Bhavya's *Madhyamaka-hṛdaya*: Taking the Vow of an Ascetic", *Indo-Iranian Journal* 14-1/2, pp.40-45.

Gokhale & Bahulkar

1985 Vasudev V. Gokhale and Shrikant S. Bahulkar, "*Madhyamaka-hṛdaya-vṛtti-Tarkajvālā*, Chapter I", *Miscellanea Buddhica* (Indiske Studier 5), pp.76-108.

Halbfass 1992 Wilhelm Halbfass, *On Being and What There Is: Classical Vaiśeṣika and the History of Indian Ontology*, State University of New York Press, Albany.

Hattori 1994 Hattori Masaaki, "The *Vaiśeṣikasūtra* as Referred to by Bhāvaviveka in his *Tarkajvālā*", *Asiatische Studien / Études asiatiques* 48-2, pp.699-706.

Heitmann 1997 Annette L. Heitmann, "Bibliographie zur Bhavya-Literatur", *Glimpses of the Sanskrit Buddhist Literature*, vol.1, pp.106-154.

1998 *Textkritischer Beitrag zu Bhavyas Madhyamaka-hṛdayakārikā, Kapitel 1-3: Ausgabe des Textes nach indischen und tibetischen Quellen*, Videnkabbutikkeno, Københavns Universitet, København.

Honda 1967 Honda Meguchi, "Sāṃkhya philosophy described by his opponent Bhavya", *Journal of Indian and Buddhist Studies* 31, pp.33-38.

1968 "Dharmapāla's report on Sāṃkhya", *Journal of Indian and Buddhist Studies* 33, pp.1-6.

Hoornaert 1999 Paul Hoornaert, "An Annotated Translation of *Madhyamakahṛdaya-vṛtti-Tarkajvālā* V.1-7", *Studies and Essays, Behavioral Sciences and Philosophy* 19, Faculty of Letters, Kanazawa University, pp. 127-159.

2000 "An Annotated Translation of *Madhyamakahṛdaya-vṛtti-Tarkajvālā* V.8-26", *Studies and Essays, Behavioral Sciences and Philosophy* 20, Faculty of Letters, Kanazawa University, pp.75-111.

2001a "An Annotated Translation of *Madhyamakahṛdaya-vṛtti-Tarkajvālā* V.27-54", *Studies and Essays, Behavioral Sciences and Philosophy* 21, Faculty of Letters, Kanazawa University, pp.1-42.

2001b "An Annotated Translation of *Madhyamakahṛdaya-vṛtti-Tarkajvālā* V.55-68, Bhāvaviveka's critique of 'parikalpitasvabhāva' and of Dignāga's 'anyāpoha' theory", *Kokuriku Syukyō Bunka* 13, pp.13-47.

Iida 1966 Iida Shotaro, "Āgama and Yukti in Bāvaviveka", *Indogaku Bukyōgaku Ronkyō: Kanakura Hakusi Koki Kinen*, Heirakuji Bookstore, pp.79-96.

1980 *Reason and Emptiness: A Study of Logic and Mysticism*, Hokuseido Press.

1991 “Buddhist Controversies Concerning Existence and Non-Existence, Bhāvaviveka on the Yogācāra-vijñānavāda”, *The View of Man in Indian Thought: Studies in Commemoration of the 65th Anniversary of the Establishment of the Chair of Indology & History of Buddhism at Tohoku University*, Heirakuji Bookstore, pp.107-132.

Isaacson 1995 Harugana Isaacson, *Materials for the Study of the Vaiśeṣika System*, unpublished Ph.D. Dissertation, Rijksuniversiteit Leiden, Leiden.

Jambūvijayajī
1982 Muni Śrī Jambūvijayajī, ed., *Vaiśeṣikasūtra of Kaṇāda with the commentary of Candrānanda*, Oriental Institute, Baroda.

Jha 1963 Durgdhara Jha, ed. and tr., *Praśastapādabhāṣya with Śrīdhara's Nyāyakandalī*, Varanaseya Sanskrit University, Varanasi.

Jha 1957 Ganganatha Jha, ed., *The Tattva-Kaumudī*, Oriental Book Agency, Poona.

Kajiyama 2005 Kajiyama Yuichi, *Studies in Buddhist Philosophy*, Rinsen Book Company, Kyoto.

Kaviraj & Shastri
1930 Pandit Gopinath Kaviraj and Pandit Dhundhiraj Shastri, eds., *The Praśastapādabhāṣyam by Praśastadevācārya with Commentaries (up to dravya), Sūkti by Jagadīśa Tarkālaṅkāra, Setu by Padmanābha Miśra, and Vyomavatī by Vyomaśivācārya (to the end)*, Chowkhamba Sanskrit Series, Benares.

Kawasaki 1974 Kawasaki Shinjo, "Quotations in the Mīmāṃsā Chapter of Bhavya's *Madhyamaka-hṛdaya-kārikā*", *Journal of Indian and Buddhist Studies* 22-2, pp. 1-8.

1976 "The Mīmāṃsā Chapter of Bhavya's *Madhyamaka-hṛdaya-kārikā*, Text and Translation, (1) Pūrva-pakśa", *Tsukuba Daigaku Tetsugaku Sisogakusi Ronji*, pp.1-16.

1992 "Discrepancies in the Sanskrit and Tibetan Texts of Bhavya's *Madhyamaka-hṛdaya-Tarkajvālā* (the IXth and Xth Chapters)", Ihara Shoren and Ysama-guchi Zuiho, eds., *Tibetan Studies: Proceedings of the 5th Seminar of the International Association for Tibetan Studies*, Narita, pp.131-143.

Keith 1975 Arthur B. Keith, *A History of the Sāṃkhya Philosophy: the Sāṃkhya System*, Nag Publishers, Delhi.

Krasser 2012 Helmut Krasser, "Bhāviveka, Dharmakīrti and Kumārila", François Voegeli [and five others] eds., *Devadattīyam: Johannes Bronkhorst Felicitation Volume*, New York.

Lalou 1953 Marcelle Lalou, "Les textes bouddhiques au temps du Roi Khri Srong lde bcan", *Journal asiatique* 241, pp.313-353.

La Vallée Poussin

1933 Louis de La Vallée Poussin, "Madhyamaka: I. Réflexions sur le Madhyamaka; II. L'auteur du Joyau dans la main; III. Le Joyau dans la main", *Mélanges Chinois et Bouddhiques* 2.

Lindtner 1985 Christian Lindtner, "Remarks on the *Gauḍapādīya-kārikās* (GK)", *Indo-Iranian Journal* 28, pp.275-279.

1986 "Bhavya, the Logician", Golden Jubilee Volume, *The Adyar Library Bulletin*, Vol.50, p.58-84.

1995 *Bhavya's Madhyamaka-hṛdaya-kārikā (Pariccheda Five): Yogācāratattvaviniścayāvatāra*, The Adyar Library and Research Centre, Chennai.

1997 "Bhavya on Mīmāṃsā", *Studia Indologiczne* 4, pp. 91-123.

2001a *Madhyamakahṛdayam of Bhavya*, The Adyar Library and Research Centre, Chennai.

2001b *Bhavya on Mīmāṃsā, Mīmāṃsātattvanirṇayāvatāraḥ with English translation*, The Adyar Library and Research Centre, Chennai.

Lopez 1987 Donald S. Lopez, *A Study of Svātantrika*, Snow Lion Publications, Ithaca.

Mainkar 1964 Trimbak Govind Mainkar, *The Sāṃkhyakārikā of Īśvarakṛṣṇa: with the commentary of Gauḍapāda translated into English and with notes*, The Oriental Book Agency, Poona.

Miyamoto 1996 Miyamoto Keiichi, *The Metaphysics and Epistemology of the Early Vaiśeṣikas*, Bhandarkar Oriental Research Institute, Pune.

2007 *Daśapadārthī: an ancient Indian literature of thoroughly metaphysical realism*, Rinsen Book Company, Kyoto.

Miśra 1969 Śrī Nārāyaṇa Miśra, edited, *Vaiśeṣikasūtropaskāra of Śrī Śaṅkara Miśra with the 'Prakāśikā' Hindī Commentary by Ācārya Ḍhuṇḍhirājaśāstrī* (The Kashi Sanskrit Series 195), The Chowkhamba Sanskrit Series Office, Varanasi.

Nagashima

2004 Nagashima Jundo, "The Distinction between Svātantrika and Prāsaṅgika in Late Madhyamaka: Atiśa and Bhavya as Prāsaṅgikas", *Nagoya Studies in Indian Culture and Buddhism (Saṃbhāṣā)* 24, pp. 65-98.

Nakada 1972 Nakada Naomichi, "The Sanskrit Text of the *Madhyamaka-hṛdaya-kārikā (dBu-ma'i snying-po'i tshig-le'ur byas-pa)* and the Tibetan text of the *Madhymaka-hṛdaya-vṛtti-Tarkajvālā (dBu-ma'i snying-po'i 'grel-pa rtog-ge 'bar-ba)*, ṣaṣṭhaḥ paricchedaḥ/ Sāṃkhya tattvāvatāraḥ // (Part 1. Pūrvapakṣa)", *Tsurumi Jyosi Daigaku Tankidaigaku bu Kiyo* 6, pp.145-155.

1983 "The Sanskrit Text of the *Madhyamakahṛdaya-kārikā (dBu-ma'i snying-po'i tshig-le'ur byas-pa)* and the Tibetan text of the *Madhymakahṛdaya-vṛtti-Tarkajvālā (dBu-ma'i snying- po'i 'grel-pa rtog-ge 'bar-ba)*, ṣaṣṭhaḥ paricchedaḥ/ Sāṃkhya tattvāvatāraḥ // (Part 2. Uttarapakṣa, (a)vv.5-7)", *Tsurumi Daigaku Kiyo* 20-4, pp.1-3.

Nakamura 1958 Nakamura Hajime, "The Tibetan Text of the *Madhyamaka-hṛdaya-vṛtti-Tarkajvālā (dBu-ma'i snying-po'i 'grel-pa rtog-ge 'bar-ba)* Corresponding to

Prof. Gokhale's Translation", *Indo-Iranian Journal* 2-3 pp.181-190.

1965 "The Vedānta as Presented by Bhavya", *Journal of the Oriental Institute* 14-3/4, pp.287-296.

1972 "The Vedānta Thought as Referred to in the Texts of Bhavya", *Professor M. Hiriyanna birth Centenary Commemoration Volume*, University of Mysore, pp.174-176.

1975 "The Vedāntic Chapter of Bhavya's *Madhyamakahṛdaya*", *The Adyar Library Bulletin* 39, pp.300-329.

Nozawa 1986 Nozawa Masanobu, "A Comparative Table of the *Vaiśeṣikasūtra*", *Division of Liberal Arts, Numazu College of Technology* 20, pp.75-93.

1993 "The *Vaiśeṣikasūtra* with Candrānanda's Commentary (1)", *Division of Liberal Arts, Numazu College of Technology* 27, pp.97-116.

Pandeya 1967 Ram Chandra Pandeya, ed., *Yuktidīpikā, An Ancient Commentary on the Sāṃkhya-Kārikā of Īśvarakṛṣṇa*, Motilal Banarsidass, Delhi.

Potter 1981 Karl H. Potter, ed., *Encyclopedia of Indian Philosophies, Volume III: Advaita Vedanta up to Samkara and his Pupils*, Motilal Banarsidass Publishers, India.

2004 *Encyclopedia of Indian Philosophies, Volume II, Indian Metaphysics and Epistemology: The Tradition of Nyāya-Vaiśeṣika before Gaṅgeśa*, Motilal Banarsidass Publishers, India.

2006 *Encyclopedia of Indian Philosophies, Volume IV, Sāṃkhya*, Motilal Banarsidass Publishers, India.

Qvarnström

1989 Olle Qvarnström, *Hindu Philosophy in Buddhist Perspective: The Vedānta-tattvaviniścaya Chapter of Bhavya's Madhyamakahṛdaya-kārikā*, Plus Ultra, Lund.

Radhakrishnan

1953 Sarvepalli Radhakrishnan, *The Principal Upaniṣads, edited with introduction, text, translation and notes*, George Allen & Unwin Ltd., London.

Saito 1984 Saito Akira, *A Study of the Buddhapālita-mūla-madhyamakavṛtti*, unpublished Ph.D. Dissertation, The Australian National University, Canberra.

1985 "Textcritical Remarks on the *Mūla-madhyamaka-kārikā* as Cited in the *Prasannapadā*", *Journal of Indian and Buddhist Studies* 33-2, pp.842-846.

1996 "Śāntideva in the History of Mādhyamika Philosophy", *Buddhism in India and Abroad*, Mumbai, pp.257-263.

1998 "Bhāviveka and the *Madhya(anta)vibhāga/-bhāṣya*", *Journal of Indian and Buddhist Studies* 46-2, pp. 1032-1038.

2004 "Bhāviveka's Theory of Meaning", *Journal of Indian and Buddhist Studies* 52-2, pp.924-931.

2006 "Bhāviveka's Theory of Perception", *Journal of Indian and Buddhist Studies* 54-3, pp.1212-1220.

Sāṅkṛtyāyana

1935 Rāhula Sāṅkṛtyāyana, "Sanskrit Palm-Leaf MSS. in Tibet", *Journal of the Bihar and Orissa Research Society*, XXI, pp.21-43.

1937 "Second Search of Sanskrit Palm-Leaf MSS. in Tibet [with plates]", *Journal of the Bihar and Orissa Research Society*, XXIII, pp.1-57.

Sastri 1948 S. S. Suryanarayana Sastri, ed., & tr., *The Sāṃkhya-kārikā of Īśvara Kṛṣṇa*, University of Madras, Madras.

Sastri 1995 Shri Anant Krishna Sastri ed., *Brahmasūtra-śāṅkarabhāṣyam: Bhāmatyādivyākhyopavyākhyānavakopetam*, foreword by Jagadguru Shankaracharya, introduction by Dr. Madan Mohan Agrawal, Chaukhamba Sanskrit Pratishthan, Delhi.

Seyfort Ruegg

1981 David Seyfort Ruegg, *The Literature of the Madhyamaka School of Philosophy in India*, Otto Harrassowitz, Wiesbaden.

1987 "On the authorship of some works ascribed to Bhāvaviveka/Bhavya", *Earliest Buddhism and Madhyamaka*, Brill, Leiden, pp.59-71.

2000 *Three Studies in the History of Indian and Tibetan Madhyamaka Philosophy: Studies in Indian and Tibetan Madhyamaka Thought, part 1*, Institut für Buddhismuskunde und Tibetologie, Wien.

Sharma 1933 Har Dutt Sharma, *The Sāṃkhya-kārikā: Īśvara Kṛṣṇa's memorable verses on Sāṃkhya philosophy with the commentary of Gauḍapādācārya*, The

		Oriental Book Agency, Poona.
Shastri	1949	N. Aiyaswami Shastri, *Karatalaratna*, Visva-Bharati Studies No.9, Santiniketan.
Solomon	1973a	Esther A. Solomon, ed., *Sāṃkhya-Vṛtti*, Gujarat University, Ahmedabad.
	1973b	*Sāṃkhya-Saptati-Vṛtti*, Gujarat University, Ahmedabad.
Śarmā	1922	Viśṇu Prasad Śarmā, ed., *Māṭhara-vṛtti-saṃhitā,* Chowkhamba Sanskrit Series Office, Benares.
	1994	*Sāṃkhya-kārikā of Śrīmad Īśvarakṛṣṇa with the Māṭharavṛtti of Māṭharācārya,* edited by Viśṇu Prasad Śarmā, *and The Jayamaṅgalā of Śrī Śaṅkara,* critically edited with an introduction by Śri Satkāriśarmā Vaṅgīya, Chowkhamba Sanskrit Series Office, Varanasi.
Śukla	1961	*The Vākyapadīya: a treatise on the philosophy of Sanskrit grammar by Bhartrī Hari (Brahma-kānda), with the Bhāvapradīpa Sanskrit commentary & notes by Sūryanārāyaṇa Śukla,* Chowkhamba Sanskrit Series Office, Varanasi.
Tachikawa		
	1994	Tachikawa Musashi, "The Concept of Universal in Bhāvaviveka's Writings", *Asiatische Studien/ Études asiatiques* 48-2, pp.891-902.
Thakur	1957	Anantalal Thakur, ed., *Vaiśeṣikadaraśana of Kaṇāda with an anonymous commentary*, Mithila Institute, Darbhanga.
	1960	"Bhaṭṭavādīndra—The Vaiśeṣika", *Journal of the*

Oriental Institute, vol.10, pp.22-31.

1985 ed., *Vaiśeṣika-darśanam: Bhaṭṭavādīndraracita-Vaiśeṣikavārtika-Kṛṣṇabhūpālaracita-Trisūtrīprakāśājñātakarttṛkavṛttibhir vilasitam maharṣikaṇāda-praṇītam*, Kāmeśvarasiṃha-Darabhaṅgā-Saṃskṛta-Viśvavidyālaya, Darbhanga.

Ui 1962 Ui Hakuju, *The Vaiśeṣika philosophy according to the Daśapadārtha-śāstra*, Chinese text with introduction, translation, and notes by H. Ui; edited by F. W. Thomas, Chowkhamba Sanskrit Series Office, Varanasi.

Walleser 1910 Max Walleser, *Der ältere Vedānta—Geschichte, Kritik und Lehre*, Otto Harrassowitz, Heidelberg.

Watanabe 1998 Watanabe Chikafumi, "A Translation of the *Madhyamaka-hṛdaya-kārikā* with the *Tarkajvālā* III.137-146", *Journal of the International Association of Buddhist Studies* 21-1, pp.125-155.

Wezler 1982 Albrecht Wezler, "Remarks on the Definition of 'yoga' in the *Vaiśeṣikasūtra*", L.A. Hercus et al. eds., *Indological and Buddhist studies: volume in honour of Professor J.W. de Jong on his sixtieth birthday*, Australian National University. Faculty of Asian Studies, Canberra, pp.643-686.

Wezler & Motegi 1998

Albrecht Wezler and Motegi Shujun, *Yuktidīpikā: the Most Significant Commentary on the Sāṃkhya-kārikā*, vol. 1, Franz Steiner, Stuttgart.

Ye 2009 Ye Shaoyong, "A Preliminary Survey of Sanskrit

Manuscripts of the Mādhyamika Texts Preserved in the Tibet Autonomous Region", Ernst Steinkellner, Duan Qing, Helmut Krasser eds., *Sanskrit Manuscripts in China, Proceedings of a Panel at the 2008 Beijing Seminar on Tibetan Studies,* China Tibetology Publishing House, Beijing, pp. 307-335.

后　记

本书是在2011年5月提交北京大学哲学系博士学位论文《〈中观心论〉及其古注〈思择焰〉对外道思想批判的研究》的基础上修改而成的。从2007年准备以《中观心论》的相关研究为博士论文至今已经过去了整整五年。或许可以说从23岁到28岁，人生的后半段青春几乎每个日夜都与《中观心论》、《思择焰》相伴，道不尽其中的酸甜苦辣。

虽然付梓出版，但本书只是自己近几年来学习的笔记与心得而已——通过《中观心论》与《思择焰》这两部不可思议的论著来学习梵文、藏文、日文、佛教、数论派、胜论派、吠檀多派等等几乎所有相关的专业知识与学术技巧，而不是掌握了必备的技能之后再去研读《中观心论》与《思择焰》。这或许就是“读博士”的意义所在吧。经过恩师的悉心指导和自己的不断学习，日积月累，从无知到有所知是一种很快乐的人生经历。

也许正因为是学习过程的产物，本书至今仍有半成品之感。每次翻看都会发现不少问题，或是校订的标识有误、或是翻译用词欠妥、或是脚注引用不当等等大大小小的错误曾让我相当沮丧，迟迟不敢将书稿交予出版社，总想着多改一天就能少一处遗憾。如今，只能说我已经尽了最大的努力，希望给这几年的学习做一个小结，书中的各种错谬之处恳请各方专家学者不吝赐教！

本书的写作从北京大学开始，在东京大学完成，期间得到了很多师长的关心、帮助与支持，让我受益一生！

首先要感谢我的导师，恩师姚卫群教授。姚老师引领我走入印度哲学与佛教学研究的领域，鼓励我学习梵文和藏文，从博士论文开题之初到本书最后定稿，姚老师倾注了太多的心血，每一次的论文指导都让我受益无穷。师恩难报，远非一两句感谢之词能够表达！

特别感谢我的日方导师——斋藤明先生。2008 年留学以来，斋藤先生给予了无微不至的关怀，提供各种便利条件帮助我学习。特别是专门为我开设了一年多的课程讲读《入抉择数论之真实品》，手把手地教我如何进行基于梵、藏文文献的学术研究，而且在本书的写作和修改过程中都提出了大量宝贵的意见和建议。先生之学问，仰之弥高、钻之弥坚！

有两位恩师同时指导博士论文的写作与本书的出版，实乃三生之大幸！

衷心感谢哈佛大学范德康教授（Leonard W. J. van der Kuijp）通读了本书下卷的藏文文本校订、西文参考文献以及英文简介等部分，提出的宝贵的修改意见不仅提升了本书的学术品质，而且让我受益无穷。

感谢北京大学哲学系楼宇烈老师、周学农老师、李四龙老师、王颂老师、王宗煜老师，东语系段晴老师、高鸿老师、萨尔吉老师、叶少勇老师，中央民族大学王尧先生及夫人薛纫蘅女士，中国社会科学院孙晶老师，灵鹫山释了意师等师长这些年来对我的教诲和关怀，无论是学术还是为人，各位师长都值得我终生敬仰和学习。

此外，丸井浩教授、下田正弘教授、蓑轮显量教授、释大田（庄昆木）博士、加藤弘二郎博士、高桥晃一博士、新作庆明博士、一色大悟博士、加藤隆宏博士等等东京大学印度哲学佛教学研究室的师长，在我留日期间给予了各种帮助与关心，谨此对所有师友的帮助致以最诚挚的感谢！

无法一一例举曾经帮助过我的所有人，感激一切善知识、善因缘！

中国国家留学基金委“建设高水平大学公派研究生项目”提供我首次赴日留学的奖学金（2008-2010），极大地鼓励和支持了本书初稿的写作。

日本“佛教传道协会”提供我再次赴日研究的奖学金（2012 BDK Scholarship），让我又有机会重回东京大学学习，并集中精力修改完成本书。感恩佛教传道协会沼田智秀会长以及所有工作人员，他们的无私和热情让我备受感动！

中国社会科学院哲学研究所、中国社会科学院科研局、中国社会科学出版社给予本书出版的大力资助，让刚进入工作岗位的我受到了极大的鼓舞；责任编辑冯春凤老师为本书的出版做了大量辛苦的工作；感恩中国社科院的所有师长！

最后特别感谢我的父母、爱人和女儿，家人的理解与支持是一生最大的福报！

何欢欢

2012 年 12 月 · 东京寓所

A Study of the *Madhyamakahṛdayakārikā* and the *Tarkajvālā*

HE Huanhuan

The *Madhyamakahṛdayakārikā* (MHK) is the only work of Bhāviveka (6th c. AD) that is extant in Sanskrit. Its Tibetan translation and that of the *Tarkajvālā* (TJ), its sole commentary, date from the eleventh century and are preserved in the various editions of the *Tanjur*, the Tibetan Buddhist canon. Three chapters of the MHK and the TJ, that is to say, the *Sāṃkhyatattvāvatāra*, *Vaiśeṣikatattvaviniścaya* and *Vedāntatattvanirṇayāvatāra*, comprise the earliest Buddhist works that systematically describe and critique the thought of the Sāṃkhya, Vaiśeṣika, and Vedānta schools of Indian philosophy. Based on the unique Sanskrit manuscript of the MHK, its Tibetan translation and that of the TJ, together with other related Sanskrit and Chinese texts of both Buddhist and non-Buddhist traditions, this study aims to understand how an exponent of the Buddhist Madhyamaka school, a Mādhyamika, described and critiqued the Sāṃkhya, Vaiśeṣika, and Vedānta positions.

This study has four components:

I. First of all, based on previous research, the Sanskrit manuscript of the aforementioned chapters of the MHK was re-edited, and the resultant texts were collated with the corresponding Tibetan translations of the MHK and the TJ as found in the five different editions of the *Tanjur*, four printed ones and one handwritten one. Some of the representative works of these non-Buddhist schools, such as the *Sāṃkhyakārikā*, *Vaiśeṣikasūtra*, and *Upaniṣad*s/*Brahmasūtra*, among others, were also taken into consideration to elucidate unclear expressions and passages. The critical editions in this study are the very first of these portions of the MHK and the TJ.

II. In the second place, in this study, the relevant Sanskrit and Tibetan texts were translated into Chinese and annotated where appropriate. Use was made of such Chinese treatises as Bhāviveka's *Dasheng zhangzhen lun* 大乘掌珍论 (**Mahāyānakaratalaratnaśāstra*), the Chinese and Tibetan translations of his *Prajñāpradīpa*, the Sāṃkhya text of the *Jin qishi lun* 金七十论 (*S*uvarṇasaptatiśāstra*) and the Vaiśeṣika text of the *Shenzong shijuyi lun* 胜宗十句义论 (**Daśapadārthaśastra*) as reference material. The critical edition and the Chinese translation are the major results of this largely philological study of the MHK and the TJ.

III. Thirdly, the ideas presented in the edited and translated texts were analyzed and examined. The main points are:

[1] The *prakṛti*-theory, the *puruṣa*-theory, the *pratibimba*-theory, and the theory of liberation of the Sāṃkhya school are described and

critiqued in the *Sāṃkhyatattvāvatāra* chapter.

[2] The *padārtha*-theory, the *ātman*-theory, and the theory of liberation of the Vaiśeṣika school are described and critiqued in the *Vaiśeṣikatattvaviniścaya* chapter.

[3] The theory of the *puruṣa* of the Vedānta school is described and critiqued in the *Vedāntatattvanirṇayāvatāra* chapter in which Bhāviveka also compared Vedānta ideas with some basic Buddhist notions. In this study, the verses in which these theories are described and critiqued in the MHK and the TJ were extensively analyzed.

IV. Fourthly, three questions were posed in order further to evaluate and understand the edited texts: How are the ideas of these three non-Buddhist schools described in the MHK and the TJ? What methods are employed to critique these thoughts? What ideas that run counter to certain Buddhist teachings do these texts display? The answers to these questions are as follows:

[1] The description of non-Buddhists ideas in the MHK and the TJ originates mainly from the basic texts of the respective schools, namely, the *Sāṃkhyakārikā*, the *Vaiśeṣikasūtra*, and the *Upaniṣad*s/*Brahmasūtra*. It soon became clear that these descriptions concern the most important theories of these non-Buddhist schools, and their accuracy is one that is rarely found in other Buddhist texts.

[2] Four methods of argumentation are employed in the MHK and the

TJ: the inference scheme, sometimes called a syllogism, which consists of *pakṣa*, *hetu*, and *dṛṣṭānta*; the *reductio ad absurdum* that was inherited from Nāgārjuna (2nd c. AD); argumentation on the basis of the canonical teachings of the Buddha; argumentation by using metaphors and analogies.

[3] The fundamental difference between the Madhyamaka school of which Bhāviveka was a major exponent, and the non-Buddhist schools as described in the MHK and the TJ hinges on the question of the existence of an absolute being. Buddhism in general, and the Madhyamaka school in particular, deny the existence of any form of absolute being, whereas non-Buddhist thinkers posit such an entity. This difference is fundamentally related to their irreconcilable theories of liberation. The theory of liberation of the three non-Buddhist schools can be called "*ātman*-liberation", whereas the Madhyamaka school maintains what can be called "*nirvāṇa*-liberation."

The description and critique of the non-Buddhist schools found in the MHK and the TJ provide us with a vivid picture of the interactions among major Indian philosophical schools in the sixth century. Their doxography also furthers our understanding of how inordinately varied and rich the Indian subcontinent was in analysis and philosophical thinking.